9501

COURS COMPLET

D'HISTOIRE ET DE GÉOGRAPHIE

HISTOIRE DE FRANCE

HISTOIRE DU MOYEN AGE ET DES TEMPS MODERNES

DU XIVᵉ SIÈCLE AU MILIEU DU XVIIᵉ

Classe de Seconde.

LE COURS COMPLET
D'HISTOIRE ET DE GÉOGRAPHIE,

SPÉCIALEMENT RÉDIGÉ

d'après le Programme du 12 août 1857

PAR MM. ANSART FILS ET AMBROISE RENDU,

se compose des ouvrages suivants :

———

CLASSE DE SIXIÈME.

HISTOIRE ANCIENNE, 2me Édition, revue avec soin. 1 vol. in-12,
broché. 2 fr. 50 c.
Le même volume, suivi de la Géographie physique du globe et de la Géographie générale de l'Asie moderne. 1 vol. in-12, broché. . . . 3 fr.

CLASSE DE CINQUIÈME.

HISTOIRE GRECQUE, 2me Édition, revue avec soin. 1 vol. in-12, broché. . . . . 2 fr. 50 c
Le même volume, suivi de la Géographie de l'Europe et de l'Afrique modernes. 1 vol. in-12, broché. . . . . 3 fr.

CLASSE DE QUATRIÈME.

HISTOIRE ROMAINE, 2me Édition, revue avec soin. 1 vol. in-12, broché.. . . . . 2 fr. 50 c.
Le même volume, suivi de la Géographie générale de l'Amérique et de
l'Océanie. 1 vol. in-12, broché. . . . . 3 fr.

CLASSE DE TROISIÈME.

HISTOIRE DE FRANCE ET HISTOIRE DU MOYEN AGE, DU Ve
AU XIVe SIÈCLE, 2me Éd.t., revue avec soin. 1 vol. in-12, broc. 3 fr. 25c.
Le même volume, suivi de la description particulière de l'Europe. 1 vol.
in-12, broché. . . . . 4 fr.

CLASSE DE SECONDE.

HISTOIRE DE FRANCE, HISTOIRE DU MOYEN AGE ET DES
TEMPS MODERNES, DU XIVe SIÈCLE AU MILIEU DU XVIIe.
2me Édition. 1 vol. in-12, broché. . . . . 3 fr. 25 c.
Le même volume, suivi de la description particulière de l'Asie, de l'Afrique, de l'Amérique et de l'Océanie. 1 vol. in-12, broché. . . . 4 fr.

CLASSE DE RHÉTORIQUE.

HISTOIRE DE FRANCE, HISTOIRE MODERNE depuis l'avénement
de Louis XIV jusqu'à 1815. 1 vol. in-12, broché. . . . . 3 fr. 25 c.
Le même volume, suivi de la Géographie physique et politique de la
France. 1 vol. in-12, broché. . . . . 4 fr.

Le cartonnage se paye en sus 25 centimes par volume.

Tous les cahiers de Géographie ajoutés à la fin de chaque volume peuvent se vendre séparément, savoir :

Ceux destinés aux classes de sixième, cinquième et quatrième, 75 c.,
cartonné.

Ceux destinés aux classes de troisième, seconde et rhétorique, 1 fr., cartonné.

Chaque volume contient les CARTES CORRESPONDANTES AUX QUESTIONS
DE GÉOGRAPHIE prescrites par les Programmes.

Ces volumes répondent également, au moyen de renvois détaillés, à
toutes les questions d'Histoire et de Géographie posées par les PRO-
GRAMMES DES BACCALAURÉATS ÈS LETTRES ET ÈS SCIENCES, lesquels sont
insérés intégralement dans le premier volume, et par extraits dans chacun
des volumes suivants. |

———

Paris. — Imprimerie de ÉDOUARD BLOT, rue Saint-Louis, 46.

COURS COMPLET

D'HISTOIRE ET DE GÉOGRAPHIE

D'APRÈS

LES NOUVEAUX PROGRAMMES

ARRÊTÉS PAR S. E. LE MINISTRE DE L'INSTRUCTION PUBLIQUE

LE 12 AOUT 1857

POUR L'ENSEIGNEMENT DANS LES LYCÉES,

PAR

MM. ED. ANSART FILS

Professeur d'histoire et de géographie, membre de la Société de Géographie,

ET

AMBROISE RENDU

Docteur en droit, Auteur de divers ouvrages classiques.

CLASSE DE SECONDE.

HISTOIRE DE FRANCE,

HISTOIRE DU MOYEN AGE ET DES TEMPS MODERNES

DU XIVᵉ AU MILIEU DU XVIIᵉ SIÈCLE

SUIVIES DE LA

Description particulière de l'Asie, de l'Afrique, de l'Amérique et de l'Océanie.

DEUXIÈME ÉDITION, REVUE ET CORRIGÉE

PARIS

LIBRAIRIE CLASSIQUE ET ECCLÉSIASTIQUE

DE CH. FOURAUT

47, RUE SAINT-ANDRÉ-DES-ARTS, 47.

1862

Tout exemplaire non revêtu de la signature de l'un des auteurs et de celle de l'édi-
teur sera réputé contrefait.

Le dépôt légal de tous les ouvrages annoncés ci-dessus et d'autre part ayant été
effectué, les auteurs feront poursuivre rigoureusement toute contrefaçon ou traduction
faite au mépris de leurs droits.

EXTRAIT DES PROGRAMMES

DE

L'ENSEIGNEMENT DE L'HISTOIRE

Et de la Géographie

DANS LES LYCÉES

PRESCRITS PAR ARRÊTÉ DE M. LE MINISTRE DE L'INSTRUCTION
PUBLIQUE, DU 12 AOUT 1857.

CLASSE DE SECONDE.

Histoire de France, Histoire du Moyen âge et des Temps Modernes du XIVᵉ siècle au milieu du XVIIᵉ.

Pages.

1. Les Valois. — Commencement de la guerre de Cent ans. — Philippe de Valois et Édouard III. — Affaires de Flandre et de Bretagne. — Bataille de Crécy. — Siége de Calais...... 1

2. Jean et le prince Noir. — Bataille de Poitiers. — États généraux. — La Jacquerie. — Paix de Brétigny...... 11

3. Charles V et Duguesclin. — Les grandes compagnies en France et en Espagne. — Reprise des hostilités avec les Anglais. — Ordonnances de Charles V. — Grand schisme d'Occident...... 18

4. Charles VI et Richard II. — Troubles en France et en Angleterre. — Avénement des Lancastres. — Assassinat du duc d'Orléans...... 29

5. Les Armagnacs et les Bourguignons. — Henri V. — Bataille d'Azincourt. — Traité de Troyes...... 38

6. Henri VI et Charles VII. — Jeanne d'Arc. — Traité d'Arras. — La Praguerie...... 44

7. Fin de la guerre de Cent ans. — Institutions de Charles VII. 56

8. Allemagne : maison de Luxembourg. — La bulle d'or. — Guerre des Hussites. — Fin du grand schisme d'Occident. — Maison d'Autriche : Maximilien...... 63

9. Les Turcs en Europe. — Bajazet 1ᵉʳ et Tamerlan. — Mahomet II. — Prise de Constantinople...... 74

10. Géographie politique de l'Europe en 1453...... 87

11. Louis XI et Charles le Téméraire. — Agrandissement du domaine royal. — Gouvernement de Louis XI...... 105

12. Guerre des deux Roses en Angleterre. — Avénement des Tudors...... 125

Pages.

13. Formation du royaume d'Espagne. — Ferdinand et Isabelle. — Prise de Grenade........ 136

14. Découvertes maritimes des Portugais et des Espagnols. —
Christophe Colomb. — Empire portugais aux Indes. —
Empire espagnol au Nouveau Monde.................. 150

15. Charles VIII et Anne de Beaujeu. — État de l'Italie vers
la fin du xvᵉ siècle. — Expédition d'Italie. — Bataille
de Fornoue........................... 167

16. Louis XII. — Conquête du Milanais. — Expédition de
Naples. — Jules II. — La ligue de Cambrai. — La sainte
ligue. — Bataille de Ravenne..................... 200

17. François Iᵉʳ. — Bataille de Marignan. — Charles-Quint.
— Rivalité de la France et de la maison d'Autriche. —
Bataille de Pavie. — Traités de Madrid et de Cambrai.... 214

18. Suite de la rivalité des maisons de France et d'Autriche.
— Soliman le Grand. — Henri VIII. — Traités de Crépy et
d'Ardres.......................... 228

19. Henri II. — Conquête des Trois-Évêchés. — Abdication
de Charles-Quint. — Philippe II. — Bataille de Saint-
Quentin. — Prise de Calais. — Paix de Cateau-Cambrésis 244

20. Découverte et influence de l'imprimerie. — La renaissance
en Italie et en France.................... 253

21. La Réforme en Suisse et en Allemagne. — Zwingle et Luther.
— Les protestants. — Bataille de Muhlberg. — Paix
d'Augsbourg.......................... 290

22. La Réforme en Angleterre. — Henri VIII; Édouard VI;
Marie Tudor; Élisabeth et Marie Stuart.............. 310

23. La Réforme dans les Pays-Bas. — Affranchissement des
Provinces-Unies. — Philippe II et l'Espagne. — Conquête
du Portugal........................... 327

24. La Réforme en France. — Calvin. — Guerres de religion.
— François II et Charles IX..................... 335

25. Henri III et la Ligue..................... 370

26. Henri IV. — Fin des guerres de religion. — Sully. — Administration de Henri IV. — Ses projets................. 389

27. Louis XIII. — Le maréchal d'Ancre et le duc de Luynes.
— Richelieu. — Abaissement des protestants et de la
noblesse.......................... 426

28. L'Allemagne et les pays du Nord à l'époque de la guerre
de Trente ans. — Guerre de Trente ans. — Paix de Westphalie.......................... 457

29. Les Stuarts en Angleterre. — Jacques Iᵉʳ et Charles Iᵉʳ.
— Révolution de 1648. — Olivier Cromwell.......... 481

30. Géographie politique de l'Europe en 1648............. 495

EXTRAIT DES PROGRAMMES

ANNEXÉS

AU RÈGLEMENT SUR L'EXAMEN DU BACCALAURÉAT ÈS LETTRES

ARRÊTÉ PAR M. LE MINISTRE DE L'INSTRUCTION PUBLIQUE
LE 30 AOUT 1857.

Pages.

15. *Moyen âge.* — Guerre de Cent ans entre la France et l'Angleterre. — Batailles de Crécy et de Poitiers. — Charles V. — Duguesclin..................... 1

16. Charles VI. — Les Armagnacs et les Bourguignons. — Bataille d'Azincourt. — Avénement des Lancastres...... 29

17. Charles VII. — Jeanne d'Arc. — Nouveaux progrès de l'autorité royale en France...................... 44

20. Allemagne. — La bulle d'or.................. 63

Union de Kalmar....................... 458

Turcs, Ottomans. — Chute de Constantinople........... 74

Géographie politique de l'Europe en 1453.............. 87

1. *Histoire moderne.* — État politique et divisions géographiques de l'Europe au milieu du quinzième siècle. — Gouvernement et situation intérieure de la France. — Louis XI. — Charles le Téméraire. — Charles VIII..... 105

2. De l'Angleterre au milieu du quinzième siècle. — Guerre des deux Roses.................... 125

3. L'Espagne au milieu du quinzième siècle. — Ferdinand et Isabelle. — Chute de Grenade.................. 136

4. Allemagne et Italie au milieu du quinzième siècle. — Frédéric III et Maximilien. — Venise et Gênes. — Les Médicis. — Politique du Saint-Siége............... 63

Les Turcs sous Mahomet II. — Étendue et puissance de l'empire ottoman en 1520.................. 74

5. Guerres d'Italie. — Charles VIII. — Louis XII. — Tableau de l'Italie au moment de l'invasion française..... 167 et 200

6. Usage de la poudre à canon et de la boussole. — Découverte de l'imprimerie.................. 253

Christophe Colomb et Vasco de Gama.............. 150

7. La Réforme religieuse en Allemagne, en Suisse......... 290

— — en Angleterre.................. 310

8. Rivalité de François Ier et de Charles-Quint.......... 214

9. Soliman II. — Siége de Vienne.................. 239

Henri II. — Conquête des Trois-Évêchés.............. 244

10. Le concile de Trente.................. 304

La Réforme en France. — Guerres de religion. — François II. — Charles IX.................. 335

Henri III. — Les Guises.................. 370

Pages.

11. Élisabeth et Marie Stuart........................ 320
    Philippe II d'Espagne. — Soulèvement des Pays-Bas.
    — Guillaume de Nassau...................... 327
12. Henri IV. — Ses victoires. — Son gouvernement. —
    Sully.. 389
13. Jacques Ier d'Angleterre. — Charles Ier. — Révolution de
    1648. — Cromwell............................ 481
14. Louis XIII et Richelieu.......................... 426
    Guerre de Trente ans. — Abaissement de la maison d'Au-
    triche...................................... 457

EXTRAIT DU PROGRAMME

ANNEXÉ AU

Règlement sur l'examen du Baccalauréat ès Sciences

(Arrêté de M. le Ministre du 30 août 1857).

10. *Histoire de France.* — Première partie de la guerre de
    Cent ans entre l'Angleterre et la France. — Phi-
    lippe VI et Édouard III. — Batailles de Crécy et de
    Poitiers. — La Jacquerie. — Charles V et Dugues-
    clin.. 1, 11, 18
11. Dernière partie de la guerre de Cent ans entre la France
    et l'Angleterre. — Folie de Charles VI. — Alliance
    momentanée avec l'Angleterre. — Les Armagnacs et les
    Bourguignons. — Bataille d'Azincourt. — Traités de
    Troyes. — Charles VII et Jeanne d'Arc. — Expulsion
    des Anglais............................ 29, 38, 44, 56
12. Administration des Valois et progrès de l'autorité royale
    sous Charles VII et Louis XI. — Pragmatique sanction
    de Bourges. — Taille perpétuelle. — Armée permanente.
    — Abaissement de la féodalité princière créée par les
    apanages. — Mariage de Charles VIII avec Anne de
    Bretagne.................................. 56, 167
13. Commencement des guerres d'Italie. — Charles VIII et
    Louis XII. — Rivalité de François Ier et de Charles-
    Quint................................. 194, 200, 214
14. Henri II et le traité de Cateau-Cambrésis............. 244
    Résultats des guerres d'Italie. — La Renaissance et la Ré-
    forme en France......................... 269, 335
    Guerres de religion.......................... 357
15. Henri IV. — Ses réformes; ses projets. — Sully........ 389
    Minorité de Louis XIII. — La guerre de Trente ans. —
    Richelieu.............................. 426, 457

CLASSE DE SECONDE

CHAPITRE PREMIER.

FRANCE ET ANGLETERRE

COMMENCEMENT DE LA GUERRE DE CENT ANS. — PHILIPPE DE VALOIS ET EDOUARD III.

(1328-1350.)

—

SOMMAIRE.

1. Philippe de Valois, d'abord régent, puis roi, sacrifie la Navarre pour s'assurer le trône (1328). Son avénement agrandit le domaine royal.

2. Les prétentions d'Isabelle, fille de Charles IV, au nom de son fils Édouard d'Angleterre, amènent la guerre de Cent ans.

3. Philippe bat à Cassel les Flamands révoltés contre leur comte. Il force Édouard III (1329) à lui rendre hommage; celui-ci déclare la guerre, prend le titre de roi de France et fait alliance avec Arteveld, chef des Flamands. La flotte Française est battue à l'Écluse, mais l'armée est victorieuse à Saint-Omer, et le roi Edouard est obligé de lever le siège de Tournai.

4. La guerre continue en Bretagne, où Philippe soutient Charles de Blois, et Edouard, Jean de Montfort. Les deux rois font une trève (1343). La guerre, continuée d'abord par les prétendants, l'est, après leur captivité, par leurs femmes, les deux Jeanne; elle se termine par le traité de Guérande (1365).

5. La trève est rompue (1345). Édouard et le prince de Galles descendent en Normandie, parcourent une partie de la France, et se retirent devant l'armée de Philippe, qui, cependant, se fait battre à la sanglante journée de Crécy (26 août 1346).

6. Édouard va assiéger Calais, qui, obligé de se rendre, est sauvé par le dévouement d'Eustache de Saint-Pierre et de ses compagnons (1347). Une trève est signée avec l'Angleterre la même année.

7. La France est désolée par la peste noire, la famine et par les exactions financières; les réclamations faites par les États sur le dernier sujet obtinrent seulement la répression de quelques abus.

8. Le domaine s'accrut par l'acquisition du Dauphiné, cédé par le dauphin de Viennois; et de Montpellier, vendu par le roi de Majorque. Philippe de Valois rendit des ordonnances relatives aux finances, au commerce, à la justice.

**1. Les Valois. --- Philippe VI de Valois. — Puis-
sance du roi de France.** — La mort successive des trois
fils de Philippe le Bel, décédés sans héritiers mâles (voir *Cours
de Troisième*, n° 418), appelait au trône le *comte de Valois,
Philippe*, fils de Charles, frère puîné de Philippe le Bel. Cousin
germain et le plus proche parent du dernier roi, Philippe de
Valois avait, comme Philippe le Long, gouverné d'abord comme
régent, en attendant les couches de la reine. Son droit n'était
cependant pas tellement incontestable aux yeux de tous, malgré les décisions successives des états généraux et des légistes,
qu'il ne crût devoir faire quelques sacrifices pour se débarrasser
du plus redoutable de ses compétiteurs, *Philippe d'Evreux*,
son cousin, mari de *Jeanne*, fille de Louis le Hutin, à laquelle
serait revenue la couronne si le droit de succession des femmes
eût été admis. Le royaume de Navarre, dont Louis le Hutin
avait hérité du chef de sa mère, était, par conséquent, un fief
féminin ; Philippe de Valois le sépara de la couronne de
France, à laquelle il était réuni depuis quatorze ans, et le
restitua à la fille de ce prince, sa légitime héritière, et à Philippe d'Evreux, son époux, à la condition que ce dernier
adhérerait à l'abandon fait par sa femme de tous ses droits à
la couronne de France à l'avénement de Philippe VI (1328).
— Malgré cette restitution, le royaume de France était alors
plus étendu et plus puissant qu'il ne l'avait encore été depuis
Charlemagne. L'extension du domaine du roi avait assuré sa
suprématie sur tous les grands vassaux. Aux fiefs réunis par ses
prédécesseurs, Philippe, chef de la maison de Valois, ajoutait,
en montant sur le trône, les comtés de Valois, d'Anjou, du Maine
et de Chartres. Les rois d'Angleterre, de Navarre, de Majorque
lui rendaient hommage pour leurs possessions françaises. —
La résidence des papes à Avignon lui donnait sur les affaires
même de l'Église une grande influence. Plusieurs rois étrangers se faisaient gloire d'être ses alliés, et l'on dit que Philippe
songeait à entreprendre une dernière croisade à la tête de sa
brillante chevalerie. Il fut détourné de ce projet par des événements survenus à l'intérieur.

2. Prétentions d'Edouard III (v n° 24). — **Causes
de la guerre de Cent ans.** — Déjà s'élevaient, en effet,
des prétentions, qui, sans pouvoir inspirer par elles-mêmes des
craintes sérieuses au nouveau roi de France, faisaient pressentir
la rivalité terrible qui allait bientôt ébranler toute sa puissance,
et réduire notre patrie aux plus déplorables extrémités. Malgré
les décisions récentes des états généraux qui avaient exclu du
trône les filles de Louis le Hutin et de Philippe le Long, dé-

cisions encore renouvelées contre les filles de Charles le Bel ; malgré l'existence de la fille de Louis le Hutin, qui seule aurait pu avoir droit à la couronne de France, si elle eût pu se transmettre par les femmes, *Isabelle*, reine d'Angleterre, fille du dernier roi, crut devoir protester contre l'avénement de Philippe de Valois. Elle n'élevait pas, il est vrai, des prétentions personnelles ; mais elle revendiquait les droits de son fils Édouard III, roi d'Angleterre, auquel elle n'avait pu cependant transmettre plus de titres qu'elle n'en avait elle-même. Ces prétentions d'un prince qui avait pour les soutenir l'influence et les facilités que lui donnait la possession, sur le sol français, de la Guyenne, reste de la dot d'Éléonore d'Aquitaine et de plusieurs autres domaines, amenèrent entre la France et l'Angleterre le renouvellement de ces guerres qui leur avaient déjà coûté tant de sang. Celle que suscita cette nouvelle rivalité ne dura pas moins de cent seize ans (1336-1453), et fut pour la France, la source des plus grands revers et des plus longues calamités qu'elle ait jamais éprouvées.

5. AFFAIRES DE FLANDRE. — ARTEVELD. — COMBAT NAVAL DE L'ÉCLUSE. — Une première guerre préluda à la grande lutte qui allait s'engager. A peine sacré à Reims (mai 1328), Philippe VI courut combattre les Flamands révoltés contre leur comte, qui avait porté atteinte à leurs libertés. Il les rencontra établis dans une forte position et eut la prudence de ne pas les attaquer, mais il envoya de tous côtés, aux alentours, des détachements brûler et saccager le pays ; les Flamands ne purent se contenir à cette vue, et, sortant de leurs retranchements, ils vinrent attaquer le roi jusque dans son camp, sous les murs de *Cassel*, où ils avaient, deux cent cinquante-sept ans auparavant, défait le roi Philippe Ier. Philippe de Valois faillit éprouver le même sort et être fait prisonnier ; mais ses chevaliers se rallièrent autour de lui et fondirent sur les rebelles, qui perdirent treize mille des leurs dans cette sanglante journée.

Philippe, affermi sur le trône par ce triomphe, se crut assez fort pour sommer son rival, le roi d'Angleterre Édouard III, de venir lui rendre l'hommage qu'il lui devait, comme à son suzerain, en sa qualité de duc de Guyenne. Les embarras que donnaient à ce prince les mécontentements des seigneurs anglais ne lui permirent pas de résister plus longtemps. Il vint donc rendre hommage entre les mains du roi, dans la cour plénière d'Amiens (1329) ; mais cette cérémonie, humiliante pour son orgueil, ne fit que rendre plus vif le désir qu'il conservait de faire valoir ses prétentions, bien que cet acte même en fût la renonciation la plus formelle. Il accepta donc avec empressement la proposition de prendre le titre et les armoiries de roi de France que lui firent *Robert d'Artois*, exilé du royaume, et le brasseur *Jacques Artevelle*, ou *Arteveld*, chef des Flamands de nouveau révoltés (1336). La guerre commença immédiatement. La flotte française fut battue près du fort de l'*Écluse* (1340); mais Robert d'Artois, qui commandait une division de l'armée anglaise, fut vaincu près de *Saint-Omer*, et Édouard lui-même, après avoir vainement assiégé *Tournai*, fut obligé de quitter la France pour aller combattre les Écossais, soulevés contre le roi qu'il leur avait donné.

4. AFFAIRES DE BRETAGNE. — GUERRE DES DEUX JEANNE. — Après deux ans de trève, les hostilités recommencèrent du côté de la Bretagne, dont la possession était disputée par deux prétendants, *Charles de Blois*, mari de *Jeanne de Penthièvre*, reconnue par la cour des pairs de France comme légitime héritière de ce duché, et *Jean de Montfort*, son frère puiné. Le premier fut soutenu par le roi de France, et le second par le roi d'Angleterre, auquel il promit de le reconnaître comme roi de France, et qui vint lui-même en Bretagne, à la tête d'une puissante armée (1342); mais bientôt les deux rois cessèrent, à la suite d'une nouvelle trève conclue entre eux (1343), de prendre part à cette lutte. Dans l'intervalle, les deux prétendants avaient été faits prisonniers; la guerre se continua néanmoins entre leurs femmes, nommées toutes deux Jeanne et qui méritèrent l'une et l'autre, par leur héroïsme, l'admiration de leur siècle. Jean de Montfort avait été pris le premier, dans la ville de Nantes, par son rival; mais tandis qu'il était enfermé à Paris dans la tour du Louvre, la vaillante Jeanne de Montfort, qui résidait alors à Rennes, et qui, selon Froissart, *défendait avec un courage d'homme et un cœur de lion* les droits prétendus de son époux, présenta son jeune fils à ses soldats et à ses chevaliers, leur fit jurer de combattre avec elle pour sa cause, parcourut toutes les places fortes, animant partout le courage des siens, et se prépara à une résistance acharnée. — Rennes ayant été prise par Charles de Blois, que soutenait une nombreuse armée française, Jeanne de Montfort alla s'enfermer dans la place d'Hennebon, qu'elle défendit en personne, employant les femmes elles-mêmes à porter aux soldats des munitions et des vivres, et s'illustrant par des coups de main dignes des guerriers les plus hardis.

Jeanne de Penthièvre, comtesse de Blois, amenée à son tour sur le champ de bataille par la captivité de son mari, se montra la digne émule de son intrépide ennemie. Cette *guerre des deux Jeanne*, pendant laquelle la chevalerie bretonne s'acquit par ses exploits une brillante renommée, devait se prolonger jusqu'au traité de *Guérande* (1365), qui assura la possession de la Bretagne à la maison de Montfort (n° 16).

5. EXPÉDITION D'ÉDOUARD III EN FRANCE. — BATAILLE DE CRÉCY. — Le supplice d'*Olivier de Clisson*, chef de la plus illustre maison de Bretagne, et d'un grand nombre d'autres seigneurs de cette province, prisonniers de Philippe VI, qui n'avait à leur reprocher d'autre crime que leur dévouement à l'Angleterre, amena, au bout de deux ans (1343), la rupture de la trêve. La guerre entre la France et l'Angleterre recommença sur trois points à la fois. Tandis qu'elle se rallumait en Bretagne, et que le comte de Derby, débarqué en Gascogne, poussait ses conquêtes jusqu'à Angoulême, Edouard lui-même, accompagné de son fils, le prince de Galles, descendait (1346) avec une nombreuse armée à la Hougue, sur les côtes de Normandie. Guidé par un seigneur de cette province, le traître *Godefroy d'Harcourt*, il s'empare successivement de toutes les villes de la basse Normandie, et, suivant la rive gauche de la Seine, dont les Français avaient coupé tous les ponts, il marche sur Paris, pillant et ravageant tout sur son passage. Un mois après le jour où il avait pris terre sur la côte de France, il arrive à Poissy, et tandis qu'il y fait construire un pont pour traverser le fleuve, il envoie des partis piller *Saint-Cloud, Bourg-la-Reine* et les autres villages des environs de Paris. Philippe, surpris par cette attaque imprévue et par la marche rapide de son ennemi, avait cependant réuni une armée bien plus nombreuse que celle de son rival. Celui-ci, effrayé bientôt de la témérité de son entreprise, veut commencer sa retraite ; il marche précipitamment vers la Flandre. Mais, arrivé aux bords de la Somme, il trouve tous les ponts gardés ou coupés. Cependant Philippe le poursuivait activement, et Edouard allait se trouver pris entre la rivière et une armée considérable, lorsqu'un prisonnier lui indiqua, près de Saint-Valeri, un gué où la rivière peut être traversée par douze hommes de front aux heures du reflux. Aussitôt, dit Froissart, *plus lie (gai) que si on lui eût donné vingt mille écus*, le roi d'Angleterre décampe en pleine nuit et gagne, au soleil levant, le gué nommé de *Blanque-Taque* (Blanche-Tache) *pour le fort et dur gravier de blanche marne qui en forme le fond*. Au même instant paraît sur l'autre bord un corps de douze mille hommes des milices du pays, envoyé par Philippe de Valois, sous les ordres de Godemar du Fay.

Les Anglais n'avaient pas le temps d'hésiter, les gens d'armes se serrèrent en colonne, et *se férirent en l'eau au nom de Dieu et de saint Georges*, tandis que les archers lançaient une grêle de traits. Le combat livré, dans le lit même de la rivière, fut sanglant, et le passage défendu avec acharnement; c'en était fait des Anglais si Philippe fût arrivé; mais, n'ayant que le choix de vaincre ou de mourir, ils étaient décidés à passer *à quelque méchef* (perte) *que ce fût;* ils dispersèrent le corps qui leur était opposé. Philippe, arrivé trop tard, n'enleva que quelques traînards (24 août) Il alla passer la Somme à Abbeville, et atteignit le surlendemain l'armée anglaise au delà de cette ville, près de *Crécy* (le 26 août 1346).

Les Anglais s'étaient arrêtés depuis la veille sur le penchant d'une colline où ils avaient bien établi leur position. Edouard avait fait mettre pied à terre à toute sa cavalerie, et partagé son armée en trois corps disposés sur trois lignes échelonnées l'une au-dessus de l'autre, et en avant desquelles se trouvaient les archers saxons, renommés pour leur habileté. Le jeune prince de Galles (1) se trouvait à l'avant-garde avec les comtes de Warwick, de Hereford, le traître Godefroy d'Harcourt et le brave chevalier Jean Chandos; les comtes de Northampton et d'Arundel commandaient le centre; le roi était à l'arrière-garde. Les Anglais, au nombre d'environ trente mille combattants, attendaient assis par terre, leurs casques et leurs armes posés devant eux, que les Français vinssent les attaquer.

L'armée française, beaucoup plus nombreuse puisqu'elle comptait près de soixante mille hommes, était loin d'être en aussi bon état; les chevaliers marchaient sans ordre, et les milices communales les suivaient à l'aventure; on cheminait depuis le matin sous une pluie battante qui avait détrempé les cordes des arbalètes; tout le monde était harassé et nullement disposé pour engager la bataille; aussi les chevaliers envoyés par Philippe pour reconnaître la position conseillèrent - ils d'attendre au lendemain; le roi donna l'ordre d'arrêter. Mais ce fut parmi les chevaliers à qui irait se loger le plus près de l'ennemi, si bien qu'ils s'approchèrent de plus en plus des Anglais, qui à leur approche se levèrent tous ensemble. Le roi étant arrivé, « lorsqu'il vit les Anglais, *le sang lui*

---

(1) Qui s'est rendu si célèbre et si terrible à la France sous le nom de *Prince Noir*, qu'il dut à la couleur de sa cotte de mailles.

mua, *car il les haïssoit;* il dit alors à ses maréchaux : *Faites passer nos Génois devant et commencez la bataille au nom de Dieu et de monseigneur saint Denis.* » Les arbalétriers génois firent vainement valoir leur fatigue et le mauvais état de leurs armes, disant qu'ils n'étaient *mie adonc ordonnés de faire grand exploit de bataille.* Il ne fut tenu aucun compte de leur réclamation; ils durent donc engager le combat; mais aussitôt les archers anglais, qui avaient tenu les cordes de leurs arcs cachées pendant la pluie, criblèrent leurs adversaires de traits, tandis que ceux lancés par les Génois tombaient sans force au bout de quelques pas. Quand ils voulurent battre en retraite, toute la chevalerie française était derrière eux leur fermant le passage. Philippe les vit se retourner pour fuir; entrant alors dans une grande colère, il cria : « Or, tuez-moi toute cette ribaudaille, car ils nous empêchent la voie sans raison. » Une horrible mêlée suivit cet ordre barbare; les malheureux, écrasés par la cavalerie, se défendaient avec leurs couteaux, et les archers anglais couvraient de flèches toute cette masse en désordre. Dès ce moment la bataille était perdue. Édouard avait placé entre les archers *des bombardes qui, avec du feu, lançoient des petites balles de fer pour effrayer et détruire les chevaux; et ces bombardes menoient si grand bruit et tremblement, qu'il sembloit que Dieu tonnât avec grand massacre de gens et renversement de chevaux....* C'était la première apparition de l'artillerie dans une bataille; les chevaliers, désespérés de se voir massacrés sans gloire, firent un effort furieux, et plusieurs d'entre eux, s'étant ralliés, chargèrent si violemment les Anglais, qu'ils enfoncèrent l'avant-garde et en vinrent aux mains avec le corps de bataille. Un instant le prince de Galles parut en si grand danger, que l'on vint prier Édouard, qui, du haut de la butte d'un moulin, considérait la bataille, de secourir son fils : « Mon fils est-il mort, renversé ou blessé au point de ne se pouvoir aider? » demanda le roi; il lui fut répondu que non : « Dites, reprit-il, à ceux qui vous ont envoyés, qu'on ne m'envoie quérir d'aujourd'hui tant que mon fils sera en vie. Qu'ils laissent à l'enfant gagner ses éperons; je veux, si Dieu permet, que la journée soit sienne... »

Les Anglais ne tardèrent pas à se remettre de ce premier choc et à reformer leurs rangs après avoir abattu tous ceux qui y avaient pénétré. Le soir venant, les troupes françaises ne purent se mettre en bataille, et allèrent donner séparément en petites troupes sur les Anglais, qui les battirent en détail. Les chevaliers qui s'étaient trop avancés furent massacrés, et parmi eux restèrent le duc de Lorraine, le comte d'Alençon, frère du roi, ceux de Flandre, de Savoie, de Blois, d'Auxerre, de Saint-Pol, etc. Le vieux roi de Bohême, Jean de Luxembourg, un des plus braves chevaliers de la chrétienté, ayant appris le mauvais état des choses, demanda, bien qu'il fût aveugle, à ses chevaliers *de le mener si avant qu'il pût férir un coup d'épée*. Ceux-ci attachèrent leurs chevaux avec le sien et allèrent mourir au milieu des rangs anglais, où on les retrouva tous attachés ensemble. La défaite fut complète, et cette journée, ainsi que celle du lendemain, qui vit continuer la déroute, comptent parmi les plus funestes que la France ait jamais eu à déplorer. Onze princes, douze cents chevaliers et trente mille soldats restèrent sur le champ de bataille (Henri Martin). Philippe, après avoir eu son cheval tué sous lui, et avoir reçu deux blessures, fut emmené malgré lui du champ de bataille. Il arriva, épuisé de fatigue, au château de *la Broye*, à quelques lieues de Crécy. La crainte des ennemis en avait déjà fait fermer les portes : *Ouvrez, ouvrez, châtelain*, s'écria le roi, *c'est la fortune de la France*. (1).

6. SIÉGE DE CALAIS. — EUSTACHE DE SAINT-PIERRE. — La brillante victoire que venait de remporter Édouard, forcé malgré lui à combattre, ne changea rien à ses projets. Tandis que Philippe, reconnaissant l'impossibilité de rassembler les débris de son armée, regagnait sa capitale, le roi d'Angleterre, continuant sa marche vers le nord, allait mettre le siége devant Calais. La valeur avec laquelle les habitants se défendirent l'arrêta pendant près d'un an et l'irrita au dernier point. Enfin les bourgeois, manquant de vivres, et n'ayant plus aucune espérance d'être délivrés par le roi de France, qui avait vainement tenté de les secourir, offrirent à Édouard de se rendre (1347). Celui-ci n'y consentit qu'à la condition que six des plus notables lui seraient remis, en chemise, la corde au cou, pour être conduits au supplice. *Eustache de Saint-Pierre*, un des plus riches bourgeois de la ville, s'offrit le premier, et son dévouement fut imité par cinq de ses amis et parents. Ils allèrent présenter leurs têtes au vainqueur, qui, furieux de la résistance qu'il avait éprouvée, ne voulait pas entendre parler de pardon,

---

(1) Nous n'avons pas voulu changer ces paroles, consacrées, on peut le dire, par une sorte de tradition nationale; mais nous devons convenir que ce n'est point ainsi qu'elles sont rapportées par l'historien Froissart, dont tous les autres ont copié le récit. S'il l'en faut croire, Philippe aurait dit : « Ouvrez, ouvrez, châtelain; c'est l'infortuné roi de France. » Voir les *Chroniques de Froissart*, édit. de M. Buchon, t. II, p. 370.

et avait déjà répondu à ceux qui le priaient d'épargner ces braves gens : *Qu'on fasse venir le coupe-tête* (le bourreau). Mais la reine d'Angleterre, « qui étoit durement enceinte et pleuroit si tendrement de pitié qu'elle ne se pouvoit soutenir, » vint se jeter aux pieds d'Édouard pour demander leur grâce, et obtint, par ses sollicitations, qu'il ne ternît pas sa gloire par le supplice de ces généreux citoyens. Il se borna à exiler les habitants et à repeupler Calais d'Anglais, afin de s'affermir dans la possession de cette ville, dont la position vis-à-vis de la côte d'Angleterre assurait ses communications avec le continent. Il put dès lors se vanter « de tenir les clefs de la France à sa ceinture. »

Cette longue guerre avait épuisé les deux pays : Édouard et Philippe consentirent donc (1347) à signer une trêve, dont le pape Clément VI fut le médiateur.

7. FIN DU RÈGNE DE PHILIPPE VI. — LA PESTE DE FLORENCE. — LA GABELLE. — La guerre à peine terminée, la France fut encore désolée par deux autres fléaux. — Une peste, la plus terrible dont l'Europe ait conservé le souvenir, y enleva, disent les historiens, le quart des habitants. La contagion, appelée *peste noire* ou *peste de Florence*, parce qu'elle avait sévi dans cette ville avec une violence inouïe (voir *Cours de Troisième*, nº 360), avait ravagé et dépeuplé plusieurs contrées quand elle vint fondre sur notre patrie. La ville de Paris perdit à elle seule quatre-vingt mille habitants. Le peuple consterné s'en prit aux juifs, qu'il accusa d'empoisonner les puits, et un grand nombre de ces malheureux furent massacrés. Ce fléau avait été précédé et fut suivi de famines épouvantables, qui étaient en partie le résultat des fausses mesures financières adoptées par Philippe de Valois. Pour suffire aux frais de la guerre, il avait eu recours à toutes les exactions dont ses prédécesseurs lui avaient donné l'exemple : spoliation des marchands italiens et juifs, subsides arrachés au clergé, altération des monnaies, qui furent successivement réduites au cinquième de leur valeur ; vente des offices de judicature ; enfin, création de nouveaux impôts et particulièrement du monopole du sel et de la *gabelle* et une imposition de quatre deniers par livre sur toutes les ventes. Les états généraux de la langue d'oïl, assemblés à Paris, et ceux de la langue d'oc, réunis à Toulouse (1346), réclamèrent vainement contre ces impôts, et obtinrent seulement la réforme d'un petit nombre d'abus. L'ordonnance qui prescrivait l'établissement des greniers à sel attira à Philippe les plaisanteries d'Édouard, qui l'appelait par dérision *le roi de la loi salique;* Philippe crut y répondre en

1.

appelant Édouard *marchand de laine ;* mais les mesures fiscales du roi de France ruinaient son peuple, tandis que l'immense commerce de laine que le roi d'Angleterre encouragea entre ses sujets et les Flamands, fit la prospérité de son pays, qui, pour en perpétuer le souvenir, fait encore asseoir aujourd'hui sur une balle de laine le président de la chambre des communes.

8. Acquisition de Montpellier et du Dauphiné. — Tant de malheurs et de revers éprouvés par la France sous le règne d'un prince brave, mais violent et prodigue, ne furent que faiblement compensés par deux acquisitions que fit le roi l'année avant sa mort (1349) : ce furent celle du *Dauphiné,* qui lui fut cédé par le dauphin de Viennois *Humbert,* à la condition que le fils aîné du roi de France porterait le nom et les armes du Dauphin, et celle de la seigneurie de *Montpellier* et du château de *Lattes,* situé dans le voisinage, qui furent vendus à la France par le dernier roi de Majorque, au prix de cent vingt mille écus.

Parmi les ordonnances de Philippe de Valois, outre celles qui ont rapport à la fabrication des monnaies, on n'en peut citer qu'une relative aux priviléges, utiles pour le commerce, accordés aux foires de Champagne, et une autre qui abrégeait les délais judiciaires et régularisait la juridiction du parlement de Paris en cas d'appel (1344).

Ouvrages a consulter. — Voir à la fin du chapitre suivant, p. 18

Questionnaire. — 1. Comment s'éteignit la branche directe des Capets? — Quel était le plus proche héritier du trône? — En quelle qualité gouverna d'abord Philippe de Valois? — Quelle concession fit-il à Philippe d'Evreux? — Quelles provinces furent remises à l'avénement de Philippe de Valois? — 2. Quelles prétentions fit valoir Isabelle, reine d'Angleterre, et en faveur de qui? — Quelle guerre devait s'ensuivre? — 3. Racontez la guerre de Flandre. — Par quelles victoires et par quelles défaites des Français fut-elle signalée? — Qui était Jacques Arteveld? — 4. Dans quelle province recommencèrent les hostilités? — Comment se continua la guerre de Bretagne pendant la trève entre la France et l'Angleterre, et sous quels chefs? — Comment se termina cette guerre? — 5. Parlez des premiers faits de la guerre de Cent ans et de la descente d'Édouard III en France. — Quels événements amenèrent la bataille de Crecy? — Quelles furent les pertes de la France à cette journée? — De quelles armes se servirent les Anglais dans cette bataille? — 6. Dites avec quelle valeur se défendirent les habitants de Calais, assiégés par le roi d'Angleterre. — Quelle condition leur imposa Édouard? — Dites le beau dévouement d'Eustache de Saint-Pierre. — Comment le roi d'Angleterre s'assura-t-il la possession de Calais? — 7. Comment fut suspendue la guerre entre la France et l'Angleterre, et quels autres fléaux désolaient alors la France? — Quel impôt établit Philippe, et comment répondait-il aux plaisanteries d'Édouard à ce

sujet? — 8. Quelles acquisitions compensèrent, en partie, les revers de
la France? — Quelles sont les plus utiles des ordonnances de Philippe
de Valois?

CHAPITRE DEUXIÈME.

JEAN II LE BON

(1350-1364)

SOMMAIRE.

9. L'avénement de Jean, duc de Normandie (1350), est signalé par
le meurtre du connétable Raoul d'Eu. Le roi, ayant convoqué les
états généraux (1351), n'en obtient pas de subsides, et fabrique de
la fausse monnaie; il les convoque de nouveau (1355); ceux-ci re-
vendiquent le droit de voter périodiquement les impôts et d'en
contrôler l'emploi.

10. Le prince Noir, engagé imprudemment au milieu de la France,
est vainqueur, grâce à l'indiscipline de la chevalerie française, qui
essuie, près Poitiers, une sanglante défaite (19 septembre 1356); le
roi est fait prisonnier, ma gré le courage de son fils Philippe.

11. Une trève est conclue avec l'Angleterre. Les états de la langue d'oc
accordent ce que demande le régent, mais ceux de la langue d'oïl
(1356), livrés aux intrigues d'Étienne Marcel et du roi de Navarre,
Charles le Mauvais, sont congédiés. Ils sont rappelés (1357), et
le régent est contraint d'accepter des commissaires chargés de surveiller l'administration.

12. Les paysans se soulèvent, et sous le nom de *Jacques* ils désolent
le royaume, de concert avec les *Grandes Compagnies*; ils sont massacrés sous les murs de Meaux (1358). Le Dauphin, forcé de rassembler les états généraux (novembre 1357), est bientôt obligé de
quitter Paris, soulevé par les intrigues d'Étienne Marcel et de
Charles le Mauvais; il est proclamé régent à Compiègne, puis rentre
à Paris, après le meurtre du prévôt des marchands.

13. L'absence du roi augmentait les difficultés ; après avoir d'abord
repoussé les conditions de l'Angleterre, il fallut pourtant accepter le
honteux traité de Brétigny (1360), qui céda l'Aquitaine, Calais, le
Ponthieu, Montreuil, etc., en échange de la liberté du roi.

14. Jean réunit à la couronne : la Normandie, le comté de Toulouse
et la Bourgogne (1361), qui fut donnée au duc Philippe le Hardi
(1363); fondateur de la seconde maison de Bourgogne. Les brigandages des Grandes Compagnies continuèrent à désoler la France. Un
des otages donnés par Jean s'étant échappé d'Angleterre, celui-ci
alla se remettre en captivité, où il mourut (1364).

9. Jean II (1350-1364). — États généraux de 1355.
— *Jean*, duc de Normandie, l'aîné des deux fils de Philippe, fut son successeur au trône. Ce prince, auquel le peuple, touché de ses malheurs et séduit par ses qualités chevaleresques, sa bravoure et sa loyauté, donna le surnom de *Bon*, a cependant mérité, par son emportement et ses violences, le jugement sévère de la postérité. Ce fut par un crime qu'il commença son règne; le connétable *Raoul d'Eu*, sur un simple soupçon de trahison, fut, par son ordre, mis à mort sans jugement. — Mais ce qui signale surtout ce règne, le plus désastreux de la monarchie, c'est moins encore les malheurs dont fut affligée alors la France que l'esprit d'indépendance qui se manifesta dans toutes les classes de la nation. Il semblait que le peuple puisât dans ses souffrances une énergie qui ne s'était point révélée jusqu'alors. L'année même qui suivit son avénement (1351), Jean convoqua les états généraux; mais il en obtint si peu de chose, qu'il prit, comme ses prédécesseurs, le parti de recourir à la fabrication de la fausse monnaie. Les nouveaux états, qu'il réunit (1355) afin de leur demander les subsides nécessaires pour continuer la guerre contre l'Angleterre, qui venait de rompre la trêve, se montrèrent généreux, mais aussi plus exigeants. S'ils lui accordèrent des secours considérables en hommes et en argent, ils voulurent que cet argent demeurât entre les mains de leurs commissaires, chargés d'en surveiller l'emploi, et ils demandèrent à être réunis tous les ans. Cette double prétention des états de voter l'impôt et d'en contrôler régulièrement et périodiquement l'emploi contenait en elle-même le germe des réformes de la révolution française, les principes essentiels de notre droit public, et les bases du gouvernement représentatif.

10. Le prince Noir. — Bataille de Poitiers (1356).
— Déjà la guerre était commencée en Guyenne. Le *prince Noir*, fils du roi d'Angleterre, renouvela l'imprudence commise par son père en 1346; il s'engagea avec douze mille combattants au milieu d'un pays ennemi, où il se trouva en face du roi Jean, commandant une armée de cinquante mille hommes; mais les défaites de Courtrai et de Crécy n'avaient pas corrigé la chevalerie française de son indiscipline. Ce fut encore son ardeur désordonnée qui causa la perte de la bataille de *Maupertuis*, plus connue sous le nom de bataille de *Poitiers* (19 septembre 1356). Le roi lui-même, cédant à l'impétuosité de son courage, oublia tous ses devoirs de général pour se jeter, comme un simple chevalier, au milieu des ennemis. — Le prince de Galles s'était retranché sur une colline qui n'était abordable que par une route étroite, où quatre hommes

à peine pouvaient passer de front. Encore ce chemin était-il défendu dans toute sa longueur par des haies derrière lesquelles étaient embusqués les archers anglais. Au lieu de cerner l'ennemi et de le prendre par la famine, ce qui eût été facile, Jean veut attaquer de front. Les chevaliers s'élancent dans le chemin, mais, criblés de flèches, leurs chevaux se cabrent et se renversent. Ceux qui parviennent jusqu'aux Anglais sont massacrés; les autres, revenant en déroute sur les troupes françaises qui n'avaient pas encore combattu, y portent la confusion. Le prince Noir, profitant du désordre, charge avec deux mille hommes d'armes le corps commandé par le roi. Celui-ci fut bientôt entouré; il se défendit vaillamment, mais, après des prodiges d'intrépidité, qui firent proclamer par son jeune vainqueur, bon juge en pareille matière, qu'il avait, dans cette terrible journée, mérité le prix de la valeur. Jean fut fait prisonnier avec le jeune *Philippe*, son fils. Ce dernier, trop faible pour combattre, s'était cependant obstiné à rester auprès de son père. A chaque attaque il disait à Jean, qui combattait à pied avec une hache d'armes : *Père, gardez-vous à droite! père, gardez-vous à gauche!* Il fut lui même blessé en parant les coups qu'on portait au roi. Les princes captifs furent magnifiquement traités par le vainqueur, qui servit le roi à table, et ne consentit pas à prendre place à ses côtés; ils furent conduits à Bordeaux, puis à Londres, où le héros de cette campagne, le prince Noir, alors âgé de vingt-six ans à peine, fut reçu en triomphe. La captivité du roi rendit la défaite de Poitiers plus désastreuse pour la France que celle de Crécy, quoiqu'elle ne lui eût coûté que onze mille combattants. « La noblesse, qui, cette fois, s'était laissé prendre, au lieu de se faire tuer, ruina la France pour payer sa rançon. » (M. Michelet.)

11. RÉGENCE DU DAUPHIN CHARLES. — ÉTATS GÉNÉRAUX DE 1559. — ÉTIENNE MARCEL. — CHARLES LE MAUVAIS. — La captivité du roi devint pour la France une source de calamités de toute espèce. Le Dauphin, qui depuis fut roi sous le nom de Charles V, n'avait encore que dix-neuf ans; il prit les rênes du gouvernement en qualité de lieutenant-général du royaume, et parvint du moins à mettre un terme aux ravages de la guerre en concluant avec les Anglais (1357) une trêve de deux ans; mais il ne put triompher des factions qui se manifestèrent au sein des états généraux. En même temps qu'il tenait tête à l'ennemi du dehors, il était aussi obligé de lutter à l'intérieur contre l'esprit d'indépendance qui se manifestait de toutes parts. Les états généraux, qui dans leurs précédentes réunions avaient déjà attaqué le pouvoir absolu de la royauté,

se montrèrent encore plus entreprenants quand ils n'eurent plus à combattre que l'ombre de ce pouvoir. Tandis que les états de la langue d'oc, réunis à Toulouse, se montraient favorables aux demandes du Dauphin, ceux de la langue d'oïl, rassemblés à Paris (1356), voulurent lui imposer les conditions les plus dangereuses pour son autorité. Dans cette assemblée composée de huit cents membres, quatre cents représentaient les communes et se trouvaient placés sous l'influence du prévôt des marchands de Paris, *Etienne Marcel*, et de *Robert le Coq*, évêque de Laon. Parmi eux s'était formé un parti puissant, qui voulait porter au trône le roi de Navarre, *Charles le Mauvais*, gendre du roi, petit-fils par sa mère de Louis le Hutin, et par conséquent le représentant de la branche féminine de la maison capétienne. Inquiet des intrigues tramées par ce prince avec l'Angleterre et avec ce même Marcel, déjà président des députés des villes aux états généraux de 1355, le roi Jean l'avait fait arrêter : il était encore en prison ; les nouveaux états généraux demandèrent sa liberté. De plus, ils exigeaient le renvoi et la mise en jugement des conseillers actuels du Dauphin et leur remplacement par une commission de quatre prélats, de douze seigneurs et de douze députés des villes qu'ils nommeraient eux-mêmes, et qui formeraient désormais le conseil du prince. Effrayé de ces prétentions, et ne voulant surtout pas mettre en liberté Charles le Mauvais, le Dauphin les congédia ; mais en vain eut-il recours, comme son père, à l'altération des monnaies, l'argent lui manqua bientôt. Il lui fallut réunir de nouveau les états (février 1357) et leur accorder tout ce qu'ils demandèrent : éloignement de ses conseillers, nomination de trente-six commissaires chargés de surveiller toute l'administration, rétablissement de la bonne monnaie d'or et d'argent, enfin droit pour les députés de s'assembler deux fois par an, afin de s'assurer de l'exécution des lois.

12. LA JACQUERIE. — L'accomplissement de toutes ces conditions et la conclusion de la trève avec l'Angleterre semblaient devoir donner à la France le repos. Mais l'affaiblissement du pouvoir royal et le mépris dans lequel la noblesse était tombée depuis ses défaites de Crécy et de Poitiers donnèrent naissance à de nouveaux troubles. Les paysans, vexés depuis si longtemps par les nobles, qui les appelaient par dérision *Jacques Bonhomme*, se voyant encore pressurés par eux afin de fournir l'argent nécessaire à la rançon des captifs de Poitiers, se soulevèrent de toutes parts, brûlèrent les châteaux et s'organisèrent, dans la Picardie et la Champagne surtout, en troupes formidables qui portèrent partout le meurtre et le pillage. Aux

dévastations de la *Jacquerie* se joignirent celles d'autres bandes formées en grande partie des soldats des armées licenciées, et désignées sous le nom de *Grandes Compagnies*, de *Malandrins* et aussi de *Routiers*, parce que ces brigands pillaient tous les voyageurs qu'ils rencontraient sur les routes. Pendant que ces bandes répandaient la terreur dans le centre et dans le midi, les Jacques vinrent mettre le siége devant Meaux, où s'étaient réfugiées un grand nombre de familles nobles ; mais leurs horribles dévastations et leurs atroces vengeances les avaient rendus tellement odieux, que les Anglais et les Navarrois s'unirent aux Français pour exterminer ces barbares. Plus de sept mille furent passés au fil de l'épée sous les murs de Meaux, ou noyés dans les flots de la Marne.

Cependant, de nouveaux troubles avaient éclaté dans Paris, où dominait toujours le prévôt des marchands, Étienne Marcel, qui se fit même pendant quelque temps l'allié des Jacques, dont il avait espéré pouvoir se servir dans l'intérêt de sa politique.

Le Dauphin, fatigué de la surveillance des trente six commissaires, voulut s'en affranchir, et leur défendit de s'assembler : mais les murmures du peuple et l'épuisement des finances le forcèrent à convoquer de nouveau les états généraux (novembre 1357). Le lendemain de leur ouverture, le roi de Navarre, Charles le Mauvais, est délivré de sa prison et salué comme roi de France par ses partisans, toujours dirigés par Étienne Marcel. Leur audace s'exaltant par le succès, ils forcent le palais du Dauphin, et massacrent à ses pieds les maréchaux de Champagne et de Normandie. Ce prince quitte Paris, et les états se dispersent ; mais bientôt ils se réunissent de nouveau à Compiègne et reconnaissent le Dauphin, alors parvenu à l'âge de vingt et un ans, comme régent du royaume. — Cependant Marcel et les partisans du roi de Navarre se disposaient à livrer à ce prince la ville de Paris : mais déjà le peuple, désabusé, commençait à reconnaître que ces hommes, qui se proclamaient ses défenseurs, n'étaient que des ambitieux qui se servaient de lui pour s'élever à ses dépens. Au moment où le traître Marcel allait ouvrir les portes de Paris aux Navarrois et aux Anglais, il fut massacré avec ses complices par l'échevin *Jean Maillard*, accompagné de *Jean de Charny* et de *Pépin des Essarts*, chefs des royalistes. Le régent, rappelé par le vœu du peuple, rentra dans Paris, et après la condamnation des complices du prévôt, il proclama une amnistie générale (1358).

13. Traité de Brétigny (1360). — Cet heureux événement n'avait pas mis fin aux malheurs qui affligeaient la France.

Le roi de Navarre, déçu dans ses projets ambitieux, déclara la guerre au régent, et les ravages exercés par les bandes d'étrangers enrôlés sous ses bannières achevèrent de ruiner les campagnes, plus que jamais désolées par les excès auxquels se livraient les *Routiers*. Le retour du roi pouvait seul rendre quelque repos à la France ; mais les conditions mises par les Anglais à sa délivrance étaient tellement onéreuses, que les états généraux (1359), auxquels le Dauphin les soumit, répondirent « qu'ils auroient plus cher à endurer et porter encore le grand meschef et misère où ils étoient, que le noble royaume de France fût aussi amoindri et défraudé » Cependant, la trêve était expirée, et les maux d'une guerre nouvelle vinrent encore s'ajouter à tous ceux que souffrait la France. Bientôt Édouard fut aux portes de Paris ; il fallut souscrire à presque toutes les conditions héroïquement repoussées par les états ; la paix fut accordée moyennant la cession en toute souveraineté, au roi d'Angleterre, de toutes les provinces qui composaient l'ancien duché d'Aquitaine, avec Calais, les comtés de Ponthieu et de Guines, la vicomté de Montreuil, et la liberté fut rendue au roi Jean moyennant une rançon de trois millions d'écus d'or. Telles furent les stipulations du traité de *Brétigny* (1360), le plus désastreux et le plus humiliant dont il soit fait mention dans nos annales.

14. SECONDE MAISON DE BOURGOGNE. — MORT DE JEAN II. — Comme compensation à tant de pertes, le roi réunit à la couronne la *Normandie*, qu'il avait reçue en apanage, le comté de *Toulouse*, annexé depuis près d'un siècle au domaine royal, celui de *Champagne*, vainement réclamé par le roi de Navarre, enfin, le duché de *Bourgogne*, qui revint à Jean (1361), comme étant le plus proche héritier de Philippe de Rouvre.

Mais cette dernière province fut de nouveau démembrée de la couronne deux ans après sa réunion (1363) et donnée par le roi à son quatrième fils, *Philippe le Hardi*, qui avait si bravement combattu à ses côtés à Poitiers, et qui fut la tige de *la seconde maison de Bourgogne*, dont l'ambition devint si fatale à la monarchie. Le mariage de Philippe avec *Marguerite*, fille du comte de Flandre, en 1384, devait lui assurer la succession de ce grand feudataire et le rendre un des plus puissants souverains de l'Europe. Nous le verrons prendre une part active aux affaires de France pendant le règne de son neveu Charles VI.

Le retour du roi ne rendit pas à la France le repos qu'elle en avait espéré. Les soldats des deux partis, que le rétablissement de la paix laissait sans emploi, allèrent grossir les *Grandes*

Compagnies, et portèrent le ravage dans toutes les provinces. Le comte de la Marche, *Jacques de Bourbon*, fut blessé à mort en combattant à *Brignais* (1362) quinze mille de ces brigands.

Dans l'état d'épuisement où se trouvait la France, il avait été impossible de payer, au moment de la signature du traité de Brétigny, la somme fixée pour la rançon du roi. Ce prince n'avait donc été remis en liberté qu'après avoir donné pour garantie de l'exécution de ce traité des otages, du nombre desquels furent son frère et deux de ses fils. L'un de ces derniers, violant la parole donnée à Édouard, s'enfuit d'Angleterre. À cette nouvelle, Jean alla prendre sa place à Londres, en disant que *si la bonne foi était bannie du reste de la terre, elle devait trouver un asile dans le cœur des rois*. Peu de temps après, il termina en Angleterre un règne dont chaque année avait été marquée par quelque grand malheur (1364).

OUVRAGES A CONSULTER. — Lévesque, *la France sous les cinq premiers Valois*; de Choisy, *Histoire de France sous les règnes de Philippe de Valois et du roi Jean*; Daru, *Histoire de Bretagne*, liv. IV, et celle de M. de Bonjour, liv. IX et X; D. Vaissette, *Histoire générale du Languedoc*, liv. XXXI; Henrion de Pansey, *des Assemblées nationales en France*, chap. VII; Bonamy, *Mémoires sur le traité de Brétigny*, t. XVII de ceux de l'Académie des Inscriptions; Secousse, *Mémoires pour servir à l'histoire de Charles de Navarre*, t. XVI de l'Académie des Inscriptions; Pasquier, *Recherches de la France*, liv. II; M. de Chateaubriand, *Études historiques*, t. IV; M. Michelet, *Histoire de France*, t. III; M. Filon, *Histoire comparée de France et d'Angleterre*, leçon IV; Cayx, *Précis*; Mézeray, *Histoire de France*, t. II; Villaret, t. V; et les autres auteurs déjà cités; Lingard, *Histoire d'Angleterre*, t. IV, et les autres historiens de l'Angleterre. — OUVRAGES ORIGINAUX. — Froissart, *Chroniques*: mais en lisant cet intéressant historien, il faut se tenir en garde contre sa partialité reconnue en faveur de l'Angleterre, que M. de Sismondi a eu le tort grave d'exagérer encore; *Continuateurs de la Chronique*, de Guillaume de Nangis; *Ordonnances des rois de France*, t. II et III, etc.

QUESTIONNAIRE. — 9. Quel fut le successeur de Philippe de Valois? — Quels furent les rapports du roi avec les états généraux? — Quel principe fondamental fut posé par les états de 1355? — 10. Quelle guerre Jean eut-il à soutenir et quel en fut le résultat? — Par quelle cause fut perdue la bataille de Poitiers? — Cette défaite ne fut-elle pas plus désastreuse encore que celle de Crécy? — 11. Qui gouverna la France pendant la captivité du roi Jean? — Quels furent les rapports du Dauphin-régent avec les états généraux, et quelles furent les exigences de ceux-ci? — Qui était Étienne Marcel, et quelle influence exerça-t-il? — Faites connaître le caractère et les intrigues de Charles le Mauvais? — Comment finirent-elles, et qui fit échouer les complots d'Étienne Marcel? — 12. Les paysans ne se soulevèrent-ils pas? — Quel nom reçurent-ils et comment furent-ils exterminés? — 13. Par quel humiliant traité la France acheta-t-elle la délivrance du roi? — 14. Quelle acquisition fit la couronne sous ce règne? — Quelle maison importante prit naissance? — Faites connaître la bonne foi et les belles paroles du roi Jean? — Où mourut ce prince?

CHAPITRE TROISIÈME.

CHARLES V DIT LE SAGE.

(1364-1380.)

—

SOMMAIRE.

§ Ier. 15. Le règne de Charles V le Sage est un règne réparateur. Ce prince fait la guerre avec discernement et prudence; il enlève l'administration aux mains avides et insubordonnées, restaure les finances par son économie et réduit les impôts.

16. La guerre continuait en Bretagne; le brave du Guesclin entra au service du roi, il battit à Cocherel Charles le Mauvais, qui dut céder au roi ses fiefs de Normandie; mais, à la bataille d'Auray, Charles de Blois fut tué, du Guesclin fait prisonnier, et le traité de Guérande (1365) donna la Bretagne à Montfort.

17. Les Grandes Compagnies, restes des anciennes armées, pillaient les provinces: après de vains efforts pour les éloigner, Charles les envoie en Espagne avec du Guesclin pour secourir Henri de Transtamare contre Pierre le Cruel; le plus grand nombre des pillards y resta.

18. Les provinces du midi, opprimées par les Anglais, invoquent la protection de Charles, qui cite le prince Noir à comparaître; celui-ci refuse avec hauteur; Charles déclare la guerre et les états généraux lui accordent de riches subsides.

19. Charles attaque les Anglais sur tous les points et substitue une lutte de détail aux grandes batailles des derniers règnes. Les prudentes manœuvres du duc Philippe le Hardi rendent vaines les provocations de Robert Knolles sous Paris.

20. Du Guesclin, connétable (1370), s'empare du Poitou; la flotte anglaise est détruite (1372) par la flotte espagnole. La Bretagne, conquise par Olivier de Clisson, fut perdue par suite d'une révolte (1379). Après une trêve de deux ans (1375-1377), le connétable remporte de nouveaux succès, mais il meurt au siège de Châteauneuf de Randon (1380). Les Anglais ne conservent que Calais, Cherbourg, Nantes, Brest, Bordeaux, Bayonne et quelques autres places à la mort de Charles V (1380).

21. Charles gouverne avec une grande sagesse. Il publie une ordonnance qui fixe à quatorze ans la majorité des rois, prohibe les guerres privées. La marine reçoit des développements. Défense est faite d'établir des impôts non votés par les états. Enfin Charles protège les lettres et fonde la bibliothèque du Louvre.

§ II. 22. Édouard III succède à Édouard II (1347), il venge l'assassinat de son père, reconquiert l'Écosse, gagne contre la France les batailles de Crécy et de Poitiers, mais est battu par Charles V et perd ses conquêtes. — A l'intérieur, la constitution anglaise achève de se développer par la consécration des droits du parlement divisé en deux chambres. — Édouard III meurt en 1367.

§ III. 23 Le saint-siége ayant été transporté à Avignon par Clément V, il s'ensuit une querelle avec Louis de Bavière, suscitée par la politique française. Benoît XII veut retourner en Italie, mais les troubles civils l'obligent à revenir en France. Clément VI voit éclater le soulèvement excité par le tribun Rienzi (1347-1354).

24. L'autorité pontificale est rétablie à Rome par le cardinal Albornoz. — Urbain V (1362-1370) retourne pour un temps en Italie; et Grégoire XI y rétablit définitivement la papauté (1377).

25. Les Italiens élisent Urbain VI, les Français, Clément VII, qui s'établit à Avignon (1378). Le grand schisme d'Occident commence; il ne peut être apaisé par le concile de Pise, et continue sous Benoît XIII, Grégoire XII, Alexandre V, Jean XXIII.

§ Iᵉʳ. FRANCE ET ANGLETERRE.

15. RÉTABLISSEMENT DE L'ORDRE DANS LE PAYS ET DANS LES FINANCES. — « Le règne de Charles V fut un règne de réparation et de recomposition de la monarchie. » (Chateaubriand.) C'est par la prudence avec laquelle ce prince s'appliqua à porter remède à tous les maux qui désolaient son royaume qu'il a mérité le surnom de *Sage*. Sa complexion faible et maladive, qui l'éloigna constamment des champs de bataille, se trouvait en rapport avec les besoins du royaume, auquel avaient si mal réussi les grandes batailles des deux règnes précédents. Ce n'est pas, toutefois, que Charles V redoutât la guerre; il la fit, au contraire, pendant tout son règne; mais sa froide prudence et le discernement avec lequel il sut choisir les hommes auxquels il en remit la conduite changèrent les défaites en triomphes. A la valeur inconsidérée qui avait failli entraîner la perte de la France aux champs de Crécy et de Poitiers, il substitua le talent consommé de capitaines renommés par leur expérience et leur habileté autant que par leur audace et leur courage. En même temps, il bannissait de l'administration et les seigneurs insubordonnés, qui anéantissaient toute autorité, et les courtisans dilapidateurs, qui avaient ruiné les finances sous les règnes précédents.

Charles V allait, par son économie, remplir le trésor au point de pouvoir supprimer une partie des gabelles et employer de fortes sommes à relever partout les fortifications démantelées. Il allait se servir de la guerre elle-même, source de tant de maux et de désordres, pour délivrer le pays de la présence désastreuse des Grandes Compagnies, ces bandes pillardes qui, depuis la paix, faisaient éprouver à la France toutes les calamités d'une invasion. Cette œuvre, l'une des premières de son règne, devait être accomplie par le fameux *Bertrand du Guesclin*, chevalier breton, déjà célèbre par ses exploits dans cette guerre de la succession de Bretagne, qui durait depuis plus de vingt ans.

16. Fin de la guerre de Bretagne. — Du Guesclin. — La paix signée entre la France et l'Angleterre n'avait mis fin ni à la guerre de Bretagne (n° 4), plus vivement engagée que jamais, ni aux folles prétentions de Charles le Mauvais. Du Guesclin fut chargé de lutter contre la maison de Montfort en Bretagne, et contre le roi de Navarre. Fils d'un simple gentilhomme breton, Bertrand du Guesclin avait montré dès l'enfance une énergie, une audace, une vigueur de corps et de caractère qui, mêlées à beaucoup de finesse et de ruse, pouvaient faire présager sa brillante carrière. Formé à l'art de la guerre dans les armées bretonnes, il entra au service de la France au moment où Charles V allait monter sur le trône. Charles de Navarre, furieux d'avoir perdu par stratagème les villes de Mantes et de Meulan, venait de rassembler une nombreuse armée de Navarrois, d'Anglais et de Gascons, pour tirer du roi de France une vengeance éclatante. Du Guesclin, rencontrant l'ennemi dans une forte position près de *Cocherel*, sut l'attirer dans la plaine, et inaugura par une brillante victoire le règne de Charles V (1364).

Tandis que le roi obligeait Charles le Mauvais à lui céder ses fiefs de Normandie en échange de la seigneurie de Montpellier, du Guesclin courait en Bretagne, où les brillants faits d'armes des chevaliers des deux partis n'amenaient aucun résultat décisif (1) A la faveur d'une clause du traité de Brétigny, qui permettait aux rois de France et d'Angleterre de secourir les deux partis sans se déclarer la guerre, Charles V confia à du Guesclin une troupe de ses plus vaillants hommes d'armes pour combattre avec Charles de Blois, au moment où le capitaine *Chandos* venait avec un grand nombre de cheva-

(1) Le fait d'armes le plus célèbre de cette longue guerre civile est le *combat des Trente*, livré en 1351 sur la lande qui s'étend entre Josselin et Ploermel. Jean, sire de Beaumanoir, ayant adressé un défi au châtelain anglais de Ploermel, il fut convenu que trente Bretons et trente Anglais se livreraient un combat à outrance. La lutte se prolongea une partie du jour. Au milieu de la mêlée, Beaumanoir, blessé et mourant de soif, demandait à boire à l'un de ses compagnons : *Bois ton sang, Beaumanoir!* répondit celui-ci, et ce mot héroïque demeura la devise des Beaumanoir. Enfin neuf Anglais ayant été tués, et parmi eux le châtelain de Ploermel, les autres crièrent merci et se rendirent aux Français, qui n'avaient perdu que quatre des leurs. Presque tous étaient couverts de blessures.

liers anglais au secours de Jean de Monfort. Les deux partis se rencontrèrent près d'*Auray* (1464). Les Anglais occupaient une hauteur où l'on ne pouvait les attaquer sans une témérité insigne, et le prudent du Guesclin refusait d'engager le combat dans des conditions aussi défavorables. Mais telle était l'impatience de son armée, qu'il fut forcé de livrer bataille. On avait juré de part et d'autre de mettre à mort le chef du parti ennemi pour terminer enfin une guerre si longue et si désastreuse. Malgré les habiles dispositions prises par du Guesclin, son armée fut vaincue comme il l'avait prévu, et l'infortuné Charles de Blois fut trouvé parmi les morts avec un grand nombre de chevaliers. Du Guesclin lui même fut fait prisonnier et ne put se racheter qu'au prix d'une rançon de cent mille livres.

La mort de Charles de Blois assurait la Bretagne au comte de Montfort. Par le *traité de Guérande*, qui mit fin aux hostilités (1365), Jeanne de Penthièvre conserva seulement son comté héréditaire et la vicomté de Limoges (n° 4). Jean de Montfort vint, l'année suivante, rendre hommage au roi de France, son suzerain, pour le duché de Bretagne, qui n'en conserva pas moins pour longtemps encore une indépendance presque complète.

17. — LES GRANDES COMPAGNIES EN FRANCE ET EN ESPAGNE. — La paix de Guérande fournissait de nouvelles recrues aux *Grandes Compagnies*, dont une partie avait combattu en Bretagne et revenait mettre à contribution les provinces de France. Vainement le roi avait tenté, quelques années auparavant, d'en débarrasser le pays en les poussant à une croisade, et les enrôlant sous les ordres du marquis de Montferrat. La plupart, préférant aux risques des expéditions lointaines les profits assurés de leur séjour en France, s'étaient mis à parcourir les riches et paisibles provinces du centre, où ils ne rencontraient aucun obstacle. Quelques bandes, sous la conduite de l'archiprêtre *Arnaut de Cervolles*, avaient ravagé la Provence, la Bourgogne et la Lorraine ; mais, quand ils passèrent les Vosges, les Alsaciens les reçurent si rudement qu'il leur fallut reculer. — Ce fut alors que du Guesclin, sachant leurs principaux chefs réunis près de Châlon-sur-Saône, alla les trouver et leur proposa deux cent mille florins de la part du roi pour aller en Espagne soutenir Henri de Transtamare (voir n° 136) contre Pierre le Cruel, assassin de sa femme, Blanche de Bourbon, sœur de la reine de France. Les routiers acceptèrent ; ils descendirent la Saône et le Rhône, rançonnèrent le pape en passant devant Avignon, se recrutèrent en route de

tous les aventuriers qu'ils rencontrèrent et passèrent en Espagne au nombre de trente mille environ.

Mais, lorsque le prince Noir, allié de Pierre le Cruel, descendit en Espagne, la plupart des capitaines de *Grandes Compagnies* passèrent à la solde de ce général heureux : Henri de Transtamare fut battu et du Guesclin pris à Navarrette (1367). Mais la France fut débarrassée des pillards pour un temps au moins, et lorsque ceux que le climat d'Espagne épargna y rentrèrent, la guerre, qui ne tarda pas à reprendre avec l'Angleterre, délivra d'eux le pays d'entre Seine et Loire qu'ils appelaient leur *chambre* et qu'ils avaient dévasté de nouveau.

18. REPRISE DES HOSTILITÉS AVEC LES ANGLAIS. — Charles V, quelque éloignement qu'il eût pour la guerre, ne reportait qu'avec douleur ses regards sur les honteuses stipulations de ce traité de Brétigny, qui lui avait à l'avance ravi la plus belle partie de son héritage. Les Anglais se faisaient détester, par leur hauteur et leurs vexations, des habitants de ces riches contrées du Midi. Le prince Noir mit le comble aux mécontentements en réclamant de fortes contributions pour le payement des frais de la guerre de Castille, qu'il n'avait pu obtenir de Pierre le Cruel. Les provinces, dans leur détresse, élevèrent leur voix plaintive vers ce trône devenu depuis deux siècles le refuge des opprimés. Charles V les accueillit avec empressement. Au mépris des termes du traité de Brétigny, qui cédait les régions du midi *en toute souveraineté*, il cita le prince de Galles, qui les gouvernait, à comparaître devant la cour des pairs, pour *ouir droit sur lesdites complaintes* (1368).

Le prince, non moins surpris qu'irrité d'une audace à laquelle il était loin de s'attendre après ses brillantes victoires, répond à ceux qui lui signifient l'ajournement : « Nous irons volontiers à Paris, puisque mandé nous est du roi de France, mais ce sera le bacinet en tête et soixante mille hommes en notre compagnie. » L'état languissant de sa santé et la prudence de Charles le Sage rendirent vaines ces superbes menaces. Le roi y répondit par une déclaration de guerre envoyée au roi Édouard III par un marmiton (1369). Les états généraux lui donnèrent les moyens de la soutenir en votant avec empressement tous les subsides nécessaires.

19. NOUVEAU SYSTEME DE GUERRE. — Sans laisser aux ennemis le temps de se reconnaître, Charles fait commencer les hostilités sur trois points à la fois. Le Ponthieu est conquis par le comte de *Saint-Pol* et le sire de *Châtillon*, avant que les Anglais aient pu songer à le défendre ; le duc d'Anjou, l'un

des frères du roi, fait de rapides progrès en Aquitaine, où des provinces entières s'empressent de secouer le joug des Anglais. Le duc de Lancastre, débarqué à Calais, s'avance dans la Picardie : mais il se trouve bientôt en présence d'un autre frère du roi, le duc de Bourgogne, qui, fidèle aux ordres de Charles, se contente de le tenir en échec, en évitant toujours d'en venir aux mains avec lui. Il en coûta beaucoup au duc *Philippe le Hardi* de se conformer à cette prudente politique. Ce fut elle pourtant qui sauva la France.

En vain l'habile général anglais, *Robert Knolles*, pénétra-t-il jusqu'au cœur du royaume, et vint-il brûler, jusque sous les yeux du roi, les villages des environs de Paris ; Charles V le laissait faire, et se contentait de dire : *Je sais bien que ces forcenés ne peuvent me tollir mon héritage, ni me bouter hors par fumières* ; en vain la noblesse murmurait-elle de se voir interdire les batailles rangées, Charles n'oubliait pas que c'était son indiscipline et sa valeur désordonnée qui avaient rendu si fatales les journées de Crécy et de Poitiers : il persista donc dans le système qu'il avait sagement adopté, et qui faisait dire à Édouard III qu'*il n'y eut oncques roi qui si peu s'armât et qui tant lui donnât d'affaire*.

29. LES ANGLAIS NE CONSERVENT QUE CALAIS, BORDEAUX, BAYONNE, ETC. — Du Guesclin, revêtu de la dignité de connétable, la plus élevée qui fût alors en France, avec le commandement général des armées (1370), battit Robert Knolles et fit la conquête du Poitou, tandis que la flotte du roi de Castille, allié de Charles V, détruisait devant la Rochelle celle des Anglais (1372.) — L'année suivante, la Bretagne, dont le duc était toujours l'allié de l'Angleterre, est conquise à son tour par du Guesclin et son compagnon d'armes, le brave *Olivier de Clisson*, qui appartenait à l'une des plus illustres familles bretonnes : Montfort fut puni de son alliance avec les ennemis de la France par la perte de son duché, mais il le recouvra par l'imprudence que commit Charles V en voulant soumettre à un impôt odieux cette importante province, dont la révolte (1379) compromit les utiles résultats obtenus par sa sagesse.

La guerre, interrompue par une trêve de deux ans (1375-1377), se continua jusqu'à la fin du règne de Charles V. Le connétable, poursuivant ses succès, avait presque entièrement achevé la conquête de toutes les provinces occupées par les Anglais, lorsque la mort vint mettre un terme à tant de brillants exploits. Il mourut de maladie (1380) au siége de *Châteauneuf de Randon* (en Gévaudan). Le commandant lui avait donné parole, quelque temps auparavant, de se rendre à un jour fixé, s'il n'était pas secouru. Le jour venu, il tint sa promesse, et plein d'admiration pour le héros français, il lui rendit un dernier hommage en déposant les clefs de la place sur son cercueil. L'histoire a conservé les dernières paroles adressées par ce vaillant guerrier à ses vieux compagnons d'armes : *N'oubliez pas*, leur dit-il, *qu'en quelque pays que vous fassiez la guerre, les gens d'Église, les femmes, les enfants et le menu peuple ne sont point vos ennemis.*

Le roi Charles V ne survécut que deux mois au plus habile de ses généraux ; mais, au moment où il fut enlevé par une mort prématurée, il avait presque accompli la glorieuse entreprise de la délivrance de la France ; les Anglais n'y possédaient plus qu'un petit nombre de villes maritimes, parmi lesquelles les plus importantes étaient celle de Calais, qu'ils devaient encore garder près de deux siècles, celles de Cherbourg, Nantes, Brest, et les cités commerçantes de Bordeaux et Bayonne, qui devaient être reprises au milieu du quinzième siècle, sous le règne de Charles VII (voir ci-après, chap. VII). — Nous verrons bientôt quelles fatales circonstances anéantirent tous les résultats de ce règne si utile (1).

21. Sages ordonnances de Charles V. — Charles V possédait une des qualités les plus utiles à un souverain, la connaissance des hommes et l'intelligence nécessaire pour les apprécier. Il sut aller chercher du Guesclin, gentilhomme d'une famille assez obscure, pour lui confier l'épée de connétable, et ne montra pas moins de discernement dans le choix de ses conseillers. — Il n'assembla qu'une fois les états généraux, qui s'étaient montrés plus dangereux qu'utiles sous le règne de son père. Il les remplaça par ces solennités judiciaires appelées *lits de justice*, où étaient admis, avec le parlement,

---

(1) *Froissart.* — Les guerres du temps de Charles V ont été racontées par un chroniqueur inimitable, Jean Froissart, qui a fait revivre dans ses récits toute cette dramatique époque. Né à Valenciennes vers 1337, il embrassa l'état ecclésiastique, mais sans en remplir les fonctions. Historien et poëte, il passa sa vie errante dans les plus brillantes cours de l'Europe, en Flandre, en Angleterre, en Écosse, en Guyenne, visitant les châteaux des grands seigneurs, charmant les rois et les princes par ses contes et ses vers, recueillant de tous côtés les faits dignes de mémoire qu'il a su grouper en tableaux pleins de vie et d'intérêt.

Froissart, attaché successivement à la reine d'Angleterre, femme d'Édouard III, au prince Noir, au duc de Brabant, au comte de Foix, le beau Gaston Phœbus, montre dans ses écrits peu d'affection pour la France et une extrême partialité pour l'Angleterre. Son grand ouvrage est la *Chronique de France, d'Angleterre, d'Écosse et d'Espagne*, qui est restée un de nos principaux monuments historiques.

les grands officiers de la couronne, des prélats et des députés de la bourgeoisie et de l'université, qui, depuis longtemps déjà, formait un corps puissant et considéré. Ce fut dans une de ces séances royales que Charles V fit enregistrer l'ordonnance qui fixait à quatorze ans commencés la majorité des rois de France.

Ce prince, qui *ne trouvait les rois plus heureux que les autres hommes que parce qu'ils ont plus de pouvoir de faire le bien*, s'efforça de soulager les maux de ses sujets par une foule de règlements utiles, entre lesquels on ne saurait blâmer que celui par lequel le produit des amendes était imprudemment attribué aux magistrats qui les prononçaient. L'ordonnance contre les guerres privées fut renouvelée ; le tribunal des maréchaux de France, chargé de réprimer les brigandages des gens de guerre, vit son autorité circonscrite dans d'étroites limites quand il tenta d'en abuser. Le commerce, favorisé à l'intérieur, fut aidé dans ses développements à l'extérieur par la formation d'une marine capable de le protéger, et cette utile création, négligée par tous les rois précédents à l'exception de saint Louis, assura à la France un nouveau moyen de combattre les Anglais avec succès.

Charles défendit d'établir de nouveaux impôts sans le consentement des états. L'ordre avec lequel les finances étaient administrées lui donna d'ailleurs les moyens de suffire aux frais de la guerre, sans recourir, comme ses prédécesseurs, à l'altération des monnaies ; il put même en employer une partie à faire, pour le compte du domaine, des acquisitions assez importantes, telles que celles des comtés de *Dreux*, de *Pézenas*, etc.

Enfin Charles V donna une preuve de la protection éclairée qu'il accordait aux lettres en formant au Louvre une bibliothèque royale, composée de quelques volumes recueillis par son père, et dont le nombre fut par ses soins porté à plus de neuf cents. La littérature nationale fit sous son règne des progrès notables, et, à côté des œuvres de Froissart, on peut citer la *Vie de Charles V*, par une femme, *Christine de Pizan*, et la *Chronique de Bertrand du Guesclin*, écrite en vers au quatorzième siècle, lecture assidue de tous les seigneurs, et qui, traduite en prose alors que les chroniques versifiées cessaient d'être en vogue, conserva longtemps, sous cette forme nouvelle, son premier succès.

Charles fit bâtir le château de Saint-Germain-en-Laye : il fonda un collége avec un observatoire, en faveur d'un savant nommé maître *Gervais*, qui passait pour fort habile dans l'astrologie ; car le roi Charles le Sage avait, comme presque tous ses contemporains, la faiblesse d'ajouter foi à cette science mensongère, qui prétendait lire dans les astres les secrets de l'avenir, et dont le crédit devait se maintenir plusieurs siècles encore.

Ce fut sous le règne de Charles V que le prévôt de Paris, *Hugues Aubriot*, fit construire dans cette capitale le *petit Châtelet*, le *pont aux Changeurs*, ainsi que les premiers *égouts* souterrains, et posa (1372) la première pierre de la *Bastille*, redoutable prison d'Etat dont la ruine devait être, quatre siècles plus tard, le signal de la révolution française.

§ II. HISTOIRE INTÉRIEURE DE L'ANGLETERRE.

22. ÉDOUARD III. — SES CONQUÊTES. — ADMINISTRATION INTÉRIEURE. — Nous avons vu (cours de troisième nº 428) comment fut déposé et mis à mort l'infortuné Edouard II (1327). Son fils âgé de quinze ans lui succéda, et régna d'abord sous la tutelle de sa mère, Isabelle de France, secondée par son favori Mortimer. Mais Edouard ne tarda pas à prendre en main l'autorité (1330) ; il découvrit bientôt par quel crime son père avait perdu la vie, et le vengea en faisant pendre Mortimer, qui en avait été l'instigateur. La reine mère fut enfermée dans une forteresse. Une guerre heureuse contre l'Ecosse replaça ce pays sous le joug de l'Angleterre, et Edouard songea à faire valoir les droits qu'il croyait avoir à la couronne de France.

On connaît les différents épisodes de cette lutte dans laquelle Edouard se vit si vaillamment secondé par son fils le fameux *prince Noir*. Vainqueur de Philippe de Valois à Crécy, vainqueur aussi de Jean II à Poitiers, le roi d'Angleterre put un instant se croire au moment de réaliser son rêve ambitieux. Mais Charles V, comme nous venons de le voir, mit un terme à ses succès. Le prince Noir mourut en 1376, au retour de son expédition en Espagne (nº 17), et lorsque le roi mourut à son tour (1377), il ne conservait plus en France que quelques places maritimes.

A l'intérieur, ce règne est également mémorable dans l'histoire d'Angleterre. La constitution anglaise acheva régulièrement de recevoir ses développements essentiels, malgré les prétentions despotiques d'Edouard III. Le parlement s'était nettement divisé en deux chambres, et avait fait reconnaître définitivement les trois principes essentiels du gouvernement anglais : l'illégalité des impôts levés sans le consentement des communes, la nécessité du concours des deux chambres pour changer la loi, et enfin le droit établi pour les communes de s'enquérir des abus et de mettre en accusation les ministres du roi. Le *bon parlement*, rassemblé la cinquantième année du règne d'Edouard III, consacra solennellement cette triple et importante prérogative (1376). Edouard III, dominé dans sa vieillesse par d'indignes courtisans, termina au milieu des revers un règne commencé avec tant d'éclat (1377). Ce prince avait institué l'ordre de la Jarretière (1349) qui est encore aujourd'hui, en Angleterre, la plus haute distinction honorifique.

§ III. GRAND SCHISME DE L'OCCIDENT.

28. RÉSIDENCE DES PAPES EN FRANCE. — TROUBLES EN ITALIE. — RIENZI TRIBUN A ROME — Nous avons vu (*Cours de troisième*, chap. xxv) que le roi *Philippe le Bel* avait décidé *Clément V* à transporter à Avignon la résidence des papes. Un des résultats de cette translation du saint-siège fut une nouvelle lutte avec l'empire. *Jean XXII* (1516-1554) refusa de reconnaître Louis de Bavière, et réclama pour lui-même le droit de nommer un vicaire impérial pendant la vacance de l'Empire. *Benoît XII* et *Clément VI*, pour servir la politique française, et souvent malgré eux, poursuivirent l'empereur de leurs anathèmes. Benoît XII (1554), honteux de son esclavage, voulut s'y soustraire en retournant en Italie; mais les querelles renaissantes des Guelfes et des Gibelins le ramenèrent en France.

Sous Clément VI (1542), successeur de Benoît, les troubles de Rome rendaient le retour plus difficile encore. — Un nouveau tribun, *Nicolas Rienzi* (Cola Gabrini), faillit enlever Rome à la puissance pontificale (1547). — Cet homme, fils d'un cabaretier et d'une blanchisseuse, avait enflammé son imagination ardente par la lecture de l'histoire des anciennes républiques. Doué d'une vive éloquence, il assemblait le peuple autour des monuments de l'antique gloire de Rome, et l'excitait par les souvenirs du passé à se montrer digne de ses aïeux. La multitude, entraînée par ses discours, l'investit du pouvoir suprême, et chassa les sénateurs du Capitole. Rienzi s'intitula : *Nicolas, sévère et clément, tribun de la justice, de la paix et de la liberté, illustre libérateur de la patrie*; et, enivré de son triomphe subit, il conçut le projet d'une république universelle, dont Rome serait le centre. Il célébra au palais de Latran une fête splendide, se fit remettre les insignes de la chevalerie, et, tirant l'épée qu'il venait de recevoir, il la brandit vers l'Orient et vers l'Occident en s'écriant : *Tout cela est à moi!* Dans son fol orgueil, il osa sommer le pape Clément VI, Louis de Bavière et Charles de Bohême, de venir défendre leurs droits devant son tribunal. Mais les Romains se lassèrent bientôt de leur nou-

veau maître. Chassé de Rome (1348), et rétabli par la protection
d'*Innocent VI*, qui voulait l'opposer au préfet *Jean de Vico*, Rienzi
s'attira une seconde fois la haine du peuple par son insolente tyrannie :
il fut assiégé dans le Capitole et mis en pièces par la foule (1354).

24. Retour du pape a Rome. — Enfin un envoyé du
pape, le cardinal espagnol *Albornoz*, vaillant guerrier dans sa jeunesse et armé chevalier par le roi Alphonse XI, entreprit la tâche
périlleuse de rétablir l'ordre et l'obéissance après tant d'agitations
et de révoltes. A force d'adresse, de fermeté, de persévérance, cet
habile politique, employant tour à tour les armes et la persuasion,
parvint enfin à faire rentrer Rome sous l'autorité du saint-siége, et
prépara un retour, devenu plus nécessaire que jamais.

Le désordre effroyable qui régnait alors en France achevait de
rendre le séjour d'Avignon odieux aux souverains pontifes. Pendant
le pontificat d'*Innocent VI* (1352), une bande d'aventuriers (n° 17)
se jeta sur le territoire de la ville, et ne cessa de le piller que pour
courir en Italie faire la guerre sous les drapeaux du marquis de
Montferrat. Le pape *Urbain V* (1362) vit les bandes que du
Guesclin menait en Espagne se répandre dans le comtat et lever
sur le trésor pontifical un impôt de deux cent mille florins. Ces
injures multipliées, les instances des Italiens, la soumission de
Rome, les promesses des empereurs, décidèrent Urbain V à quitter le territoire français, qu'il rejoignit pourtant avant sa mort.
C'était à son successeur, *Grégoire XI* (1370), qu'il était réservé
de rétablir définitivement la papauté en Italie. Celui-ci fit son entrée dans Rome avec une pompe triomphale, au milieu des acclamations du peuple entier, et choisit pour demeure le Vatican, qui
devint désormais la résidence des souverains pontifes (1377).

**25. Double élection d'Urbain VI et de Clé-
ment VII.** — **Commencement du schisme d'Occident.**
— La France n'avait pas renoncé de bon gré au privilége de posséder les papes dans son sein, et son ressentiment fit naître le *grand
schisme* d'Occident, qui dura un demi-siècle. L'élection qui suivit
la mort de Grégoire, élection arrachée par l'intrigue et la violence,
fut le prétexte de cette scission ; des gens armés avaient menacé les
cardinaux, dont un grand nombre étaient français, *de leur faire
la tête plus rouge que leurs chapeaux*, s'ils n'élisaient pas un pape
romain. Les membres du conclave cédèrent et nommèrent l'Italien
Urbain VI (1378). Mais bientôt plusieurs d'entre eux, mécontents
de la sévérité avec laquelle le nouveau pape réprimait leurs désordres, protestèrent contre sa nomination, et proclamèrent un
Français qui, sous le nom de *Clément VII*, s'établit à Avignon. —
Toute l'Église fut divisée par ce schisme. Les États chrétiens
prirent parti les uns pour le pape, les autres pour l'antipape; et
ce funeste démêlé continua sous leurs successeurs. Après la double
élection de *Benoit XIII* (1394) et de *Grégoire XII*, le concile de
Pise (1409) s'efforça en vain de terminer cette querelle en obtenant
l'abdication des deux papes. Il crut vaincre leur résistance en

donnant la tiare pontificale au vertueux *Alexandre V*, qui, réduit autrefois à mendier son pain dans l'île de Candie, s'était élevé par son seul mérite à l'archevêché de Milan. Cette mesure n'eut d'autre résultat que d'augmenter la confusion. Enfin, *Jean XXIII* (1410-1415), successeur d'Alexandre, résolut d'assembler un concile général à *Constance* pour mettre fin aux maux de l'Église (voir la fin du schisme, chap. VIII).

OUVRAGES A CONSULTER. — Voir à la fin du chapitre V.

QUESTIONNAIRE. — § I. 15. Comment Charles V mérita-t-il le surnom de Sage? — Quel fut le caractère de son règne? — Comment rétablit-il l'ordre et les finances? — 16. Racontez la suite de la guerre de Bretagne. — Faites connaître du Guesclin. — Quel traité termina la guerre? — 17. Faites connaître les Grandes Compagnies et leurs ravages. — Comment du Guesclin en débarrassa-t-il la France? — 18. Comment éclata la guerre avec l'Angleterre? — 19. Quel nouveau système fut suivi dans la guerre contre les Anglais? — 20. Quelle dignité fut la récompense de du Guesclin? — Faites connaître le résultat des dernières campagnes de ce guerrier. — Que restait-il en France aux Anglais à la mort de Charles V? — Caractérisez le chroniqueur Froissart. — 21. Quelles furent les plus remarquables qualités de Charles V? — Qu'était-ce que les lits de justice? — Quels règlements importants publia Charles V? — Que fit-il en faveur de la marine? — Quelles acquisitions fit-il pour le compte du domaine royal? — Quels établissements fonda-t-il et quels monuments furent édifiés sous son règne? — § II. 22. Faites connaître l'histoire intérieure de l'Angleterre sous Édouard III. — Comment mourut ce prince? — § III. 23. Quelle fut la conséquence de la résidence des papes en France? — Quels papes tentèrent de retourner à Rome, et comment en furent-ils empêchés? — Racontez l'histoire du tribun Rienzi. — 24. Comment fut rétablie l'autorité pontificale à Rome? — Quelles vexations eurent à subir les papes à Avignon? — Comment la papauté fut-elle rétablie à Rome? — 25. Comment éclata le grand schisme de l'Occident? — Que fit le concile de Pise?

CHAPITRE QUATRIÈME.

CHARLES VI

(1380-1422)

RICHARD II ET HENRI IV DE LANCASTRE.

(1377-1413)

—

SOMMAIRE.

§ Ier. 26. Charles VI devient roi à l'âge de douze ans et règne de 1380 à 1422. Ses oncles les ducs d'Anjou, de Berri, de Bourgogne, se disputent le pouvoir et se partagent les provinces. Le duc d'Anjou prend le trésor public et l'emploie à une expédition en Italie, où il meurt.

27. Une taxe sur les denrées provoque à Paris l'insurrection des *Maillotins*; et la révolte des *Tuchins* éclate dans le Languedoc, tyrannisé par le duc de Berri.

28. Les Flamands se soulèvent avec Philippe Arteveld contre leur comte. Charles VI marche contre eux et les bat à Rosebecque (1382). Au retour, il punit cruellement la révolte des Maillotins. Les Anglais secourent les Flamands, et la guerre se prolonge jusqu'en 1385. La princesse Marguerite apporte la Flandre en dot à la maison de Bourgogne.

29. Charles VI devenu majeur éloigne ses oncles et rétablit l'ordre dans le gouvernement; mais, frappé de démence par suite d'une apparition bizarre au milieu de la forêt du Mans (1392), il est délaissé par sa femme et sa famille, et destiné à finir sa carrière misérablement.

30. Les ducs de Berri et de Bourgogne, ayant repris le gouvernement, maintiennent la tranquillité pendant dix ans. — Une croisade organisée en 1396 contre le sultan Bajazet se termine par la défaite et le massacre de la chevalerie française à Nicopolis et par la captivité de Jean sans Peur, fils du duc de Bourgogne. — Gênes se donne à la France.

31. En 1404 commence la rivalité de Jean sans Peur et du duc d'Orléans, frère du roi, soutenu par la reine Isabeau de Bavière, princesse cruelle et dépravée.

32. Après une réconciliation apparente, le duc de Bourgogne fait assassiner le duc d'Orléans, et s'assure l'impunité de ce crime.

§ II. 33. Sous Richard II (1377-1399), le peuple est soulevé par les prédications des disciples de Wicklef, met Watt Tyler à sa tête; celui-ci est tué et les autres rebelles sont dispersés, mais les luttes du roi contre le parlement et contre ses oncles occupent tout ce règne. Les possessions françaises sont perdues.

34. Le roi est déposé pendant qu'il réprimait une révolte de l'Irlande. Henri IV de Lancastre lui succède (1399), le fait assassiner et lutte contre des révoltes permanentes, à peine un moment contenues par la victoire de Shrewsbury (1403), il se rend odieux par ses vengeances et meurt détesté (1413).

§ Ier. CHARLES VI. — TROUBLES EN FRANCE. — ASSASSINAT
DU DUC D'ORLÉANS.

26. LES ONCLES DU ROI. — La France semblait sauvée, quand la mort de Charles V vint la replonger, pour un demi-siècle encore, dans l'abîme de maux d'où l'avaient tirée la prudence et l'habileté de ce prince. Son fils, *Charles VI* (1380-1422), n'avait pas douze ans quand il se vit appelé au trône.

Les malheurs de ce règne eurent pour première cause les rivalités de trois oncles du roi, le duc d'Anjou, le duc de Berri et le duc de Bourgogne, qui se disputèrent la régence. Poussés par leur ambition effrénée et leurs passions cupides, ces princes, étrangers à toute pensée de bien public, songèrent à profiter de la minorité du roi pour accroître leur puissance et leurs richesses. Ils dilapidèrent les finances, et, par la ruine de l'autorité royale, amenèrent le funeste réveil de cet esprit d'insubordination et de révolte si heureusement comprimé par Charles le Sage. — Se saisissant du domaine comme d'une proie, les ducs se le partagèrent aussitôt. Le duc de Bourgogne prit le gouvernement de la Normandie et de la Picardie ; le duc de Berri celui du Languedoc et de l'Aquitaine. Quant au duc d'Anjou, il s'empara des trésors amassés par Charles V, et les employa à faire les préparatifs d'une expédition contre le royaume de Naples, dans laquelle il perdit la vie quelques années après (1384).

27. Soulèvements a Paris, a Rouen, dans le Languedoc. — La dilapidation du trésor public nécessita la création de nouveaux impôts, qui soulevèrent contre le gouvernement du roi la capitale et les provinces. A Paris eut lieu une insurrection redoutable à l'occasion de la perception d'une taxe sur toutes les denrées. A la première tentative des gens du fisc pour percevoir la nouvelle contribution, le peuple furieux, se souleva, s'empara de l'Hôtel de ville et de l'Arsenal, et s'armant de maillets de plomb préparés comme armes de défense, il s'en servit pour assommer les percepteurs. De là le nom de *Maillotins* donné aux rebelles.

Un soulèvement semblable éclata à Rouen, tandis que, dans le Midi, les paysans du Languedoc, exaspérés par la tyrannie du duc de Berri, s'insurgeaient sous le nom de *Tuchins* et renouvelaient les horreurs de la Jacquerie (n° 12). La plupart se réfugièrent dans les montagnes des Cévennes pour échapper à la poursuite des troupes ; et. de là, organisés en bandes nombreuses, ils répandirent impunément la dévastation et la terreur dans les contrées d'alentour.

28. Guerre de Flandre. — **Bataille de Rosebecque.** — La crainte de provoquer des troubles plus graves détermina les oncles du roi à différer la punition de ces révoltes. Le duc de Bourgogne proposa à Charles VI d'aller combattre les Flamands révoltés de nouveau contre leur comte. *Philippe Arteveld*, fils du célèbre brasseur qui avait joué un rôle si actif dans les guerres précédentes (n° 3), s'était mis comme son père à la tête des mécontents. Vainqueur du comte de Flandre à la bataille de *Bruges*, il avait pour lui Gand, Bruges, Ypres et la plupart de ces puissantes cités de Flandre, qui semblaient de véritables républiques. Arteveld fit offrir à

Richard II d'Angleterre de le reconnaître comme roi de
France, s'il voulait lui accorder ses secours, tandis que le
comte Louis de Flandre implorait la protection de Charles VI,
son suzerain.

Le jeune roi, qui brûlait de signaler sur les champs de bataille son courage naissant, accueillit avec ardeur la pensée
d'une expédition contre les Flamands révoltés. Une brillante
armée fut bientôt équipée, et le roi en personne commença les
hostilités à la tête des plus vaillants chevaliers du royaume. A
l'approche des troupes françaises, un grand nombre de villes
ouvrirent leurs portes, et Arteveld se vit contraint de livrer
une bataille décisive. L'engagement eut lieu près de *Rosebecque*,
le 27 novembre 1382. Les soldats flamands s'étaient attachés
entre eux pour rendre la fuite impossible ; mais les chevaliers
français tournèrent facilement ce bataillon immobile, et avec
leurs longues lances ils firent un affreux carnage. Vingt-six
mille morts restèrent sur le champ de bataille, et parmi eux
Philippe Arteveld.

Cette défaite du parti populaire en Flandre eut un contre-
coup terrible pour les Parisiens, qui avaient secondé de tous
leurs vœux les Flamands, avec lesquels ils entretenaient des
intelligences. Les Parisiens, espérant intimider le roi par l'étalage de leurs forces, étaient sortis pour aller au-devant de lui,
au nombre de vingt mille hommes en armes. Le roi refusa de
les voir en cet appareil, il leur fit donner par le connétable
l'ordre de rentrer dans leurs maisons, puis le lendemain, ayant
fait abattre un pan de mur, il entra dans la ville par la brèche,
pour faire voir l'intention où il était de tirer une terrible vengeance de la révolte des Parisiens. En effet, les bourgeois furent désarmés, les charges municipales, qui garantissaient
leurs priviléges, supprimées, et les auteurs présumés de la révolte des Maillotins envoyés au supplice. Les oncles du roi firent
comprendre dans ce nombre l'avocat général *Jean Desmarets*,
qui n'avait commis d'autre crime que d'opposer une sévère
intégrité aux dilapidations des ducs de Berri et de Bourgogne.
Il marcha au supplice (1383) avec une admirable fermeté.
« Maître Jean, lui disaient ceux qui l'entouraient, criez merci
au roi afin qu'il vous pardonne. — J'ai servi, leur répondit-il,
au roi Philippe, son grand aïeul, au roi Jean et au roi Charles,
son père, bien et loyalement ; ne oncques ces trois rois ne me
surent que demander, et aussi ne feroit cestui, s'il avoit âge
et connoissance d'homme : à Dieu seul veux crier merci. »

Cependant les grandes cités de la Flandre, toujours plus
menaçantes après leurs défaites, avaient levé de nouveau l'é-

tendard de la révolte. Celle de *Gand*, la plus puissante alors par sa population, son commerce et ses richesses, était à leur tête. Charles VI, naturellement brave, et saisissant avec empressement toutes les occasions d'acquérir de la gloire, marcha de nouveau vers la Flandre. Il y trouva une armée anglaise, qui avait profité des troubles survenus dans ce malheureux pays pour le mettre au pillage. La guerre s'y prolongea entre le roi de France et les Gantois, soutenus par les Anglais, jusqu'à l'an 1385. Dans cet intervalle, la mort du comte de Flandre avait fait passer la souveraineté des riches provinces qui formaient son héritage à sa fille *Marguerite*, épouse du duc de Bourgogne, dans la maison duquel cette importante succession se transmit pendant quatre générations.

Irrité des secours donnés aux Flamands par les Anglais, Charles VI résolut d'en tirer vengeance, et conçut le hardi projet de transporter sur le sol même de l'Angleterre cette guerre si désastreuse pour la France. Il fit équiper une flotte tellement nombreuse, qu'elle aurait suffi, dit un historien, *pour faire un pont de Calais à Douvres*. Quoique marié tout récemment (juillet 1385) avec *Isabeau de Bavière*, le roi s'arracha des bras de sa jeune épouse pour aller prendre lui-même le commandement de l'expédition (1386); mais elle manqua par suite des retards concertés du duc de Berri, et, l'hiver suivant, la flotte fut brisée par les tempêtes et brûlée ou prise par les Anglais.

29. Charles VI gouverne par lui-même. — Sa démence. — Charles VI, proclamé majeur l'année même où il était monté sur le trône, avait cependant toujours gouverné sous la tutelle de ses oncles; s'apercevant enfin qu'ils s'étaient rendus odieux à la nation par leurs vexations, et se sentant assez fort pour gouverner lui-même, il les éloigna de la cour (1389), et retira même au duc de Berri (1390) le gouvernement des provinces méridionales, où ses horribles exactions avaient occasionné la révolte des Tuchins. La retraite des oncles du roi fut suivie d'une trêve conclue avec l'Angleterre (1389) et du rappel des sages conseillers du roi Charles V. Les taxes vexatoires établies par les princes furent abolies, et une ordonnance signée par le roi lui-même défendit au parlement d'obéir aux ordres injustes qu'il pourrait recevoir de lui. Il semblait avoir un pressentiment du malheur qui allait le frapper et de l'abus qu'on devait faire de son nom.

La France commençait à goûter quelque repos, lorsqu'un événement bizarre devint une source de nouvelles calamités. Un gentilhomme nommé *Pierre de Craon*, irrité d'une disgrâce

qu'il attribuait au connétable de Clisson, tenta de l'assassiner
au milieu même de Paris (1392); mais il ne fit que le blesser et
courut chercher un asile auprès du duc de Bretagne. Celui-ci
ayant refusé de livrer l'assassin, le roi lui avait déclaré la
guerre et marchait contre lui, lorsque, au milieu de la forêt du
Mans, un homme couvert de haillons s'élance tout à coup au
milieu de la route, et, saisissant la bride de son cheval, lui dit :
Roi, ne chevauche plus avant, mais retourne, car tu es trahi.
Cette apparition inattendue jette le trouble dans l'esprit naturellement faible de Charles VI : il continuait néanmoins sa
route, lorsque celui de ses pages qui portait sa lance en heurte
le casque de son voisin. A ce bruit, le roi se croyant en effet
attaqué, est saisi d'une fureur soudaine; il s'élance l'épée à la
main sur ceux qui l'accompagnent, en blesse plusieurs, et veut
tuer son frère, le duc d'Orléans. Lorsqu'on fut parvenu à se
rendre maître de sa personne, il était dans un état de démence
complète (1392). — Délaissé par sa femme et par les princes
de sa famille, qui se servirent plus d'une fois de son nom pour
ordonner des mesures funestes à la France, ce prince infortuné, auquel le peuple, touché de son malheur, conserva le
nom de *Bien-Aimé*, passa les trente dernières années de sa vie
dans une situation misérable. On a prétendu que ce fut pour
l'occuper dans ses moments de calme que furent inventées les
cartes à jouer; mais cette invention paraît être plus ancienne.

30. Retour des oncles du roi au pouvoir. — Croisade de Nicopolis. — La démence du roi remit les affaires
de l'Etat entre les mains de ses deux oncles, les ducs de Bourgogne et de Berri. Malgré les efforts que fit le duc d'Orléans,
frère du roi, pour leur enlever la régence, et malgré quelques
actes blâmables, au nombre desquels il faut mettre l'éloignement des sages et habiles ministres de Charles VI, que les
princes traitaient de *marmousets*, parce qu'ils étaient sortis
des rangs du peuple, la France jouit de dix années de tranquillité. Clisson, que ses grandes richesses exposaient à la haine
des ducs, se retira en Bretagne.

Ce fut dans cet intervalle que, au bruit des progrès et des
menaces du terrible Bajazet, s'organisa une croisade qui réunit
toute la fleur de la chevalerie française. C'était toujours cette
brave, mais imprévoyante noblesse qui tenait la prudence pour
lâcheté et ne savait que courir à l'ennemi. Arrivés en Hongrie,
près de *Nicopolis*, les chevaliers français méprisèrent les conseils du roi Sigismond, qui les engageait à laisser marcher
devant eux ses nombreux et rudes fantassins. Ils se jetèrent sur
les janissaires de Bajazet tête baissée, ne cherchant qu'à se dé-

passer les uns les autres. Mais le sultan, à la faveur de leur désordre, les tailla en pièces et massacra les prisonniers. Le chef de ces vaillants guerriers, *Jean de Nevers*, fils du duc de Bourgogne, tomba entre les mains du sultan, qui, frappé de son air mâle et intrépide, lui donna le surnom de *Jean sans Peur*, mais ne lui rendit toutefois la liberté, deux ans après, qu'au prix d'une grosse rançon. L'année même de cette sanglante expédition la république de Gênes se donna à la France.

51. Rivalité des ducs d'Orléans et de Bourgogne. — Isabeau de Bavière. — Quelques années après (1404), Jean de Nevers recueillit l'importante succession de son père, et vint prendre place dans le conseil de régence. Ce fut alors qu'éclata entre lui et son cousin, le duc d'Orléans, frère du roi, cette rivalité des deux maisons d'Orléans et de Bourgogne qui devint pour la France la source des plus grands malheurs. Le duc d'Orléans avait pour lui la reine Isabeau, qui allait exercer sur la France la plus honteuse et la plus fatale influence. Cette princesse, amenée à quinze ans au milieu d'une cour brillante et corrompue, n'avait songé qu'à satisfaire son goût pour les plaisirs, et s'était livrée avec passion à tout l'enivrement du luxe et des fêtes. La dissipation et la frivolité la conduisirent à la dépravation, et à peine la démence du roi l'eut-elle affranchie de toute contrainte, qu'elle s'abandonna sans frein et sans pudeur à tous les désordres. Vindicative et cruelle autant que vicieuse, elle allait prendre une part active et sanglante aux scènes lamentables qui devaient se succéder, pour la honte et le malheur de la France, avec une déplorable rapidité.

52. Meurtre du duc d'Orléans. — Un crime affreux vint inaugurer cette triste période de notre histoire. Après quelques démêlés, la haine des ducs d'Orléans et de Bourgogne avait paru se calmer. Les princes, rapprochés par leur oncle, le duc de Berri, s'étaient embrassés, avaient mangé et communié ensemble. Cette apparente réconciliation cachait une lâche trahison. Le 23 novembre 1407, au soir, le duc d'Orléans, avec une suite peu nombreuse, suivait la vieille rue du Temple, quand des assassins, apostés par le duc de Bourgogne se jetèrent sur lui et le mirent en pièces.

Jean sans Peur parut en grand deuil et les larmes aux yeux aux funérailles de son rival; mais bientôt il craignit d'être découvert, avoua son crime à ses oncles, les ducs d'Anjou et de Berri, puis il s'enfuit en Flandre et alla battre les Liégeois à Hasbain. Éloigné de la cour pendant près de deux ans, il faisait néanmoins faire publiquement l'apologie de son crime, et l'inconsolable veuve du duc d'Orléans, la belle Valentine de Milan, mourait de douleur sans pouvoir obtenir vengeance. Cependant Jean luttait ouvertement contre le roi, soutenant le bas peuple dans ses révoltes; à force d'intrigues il réussit enfin à arracher au malheureux Charles VI des *lettres de rémission*, par lesquelles le roi, abandonnant la vengeance de son frère, déclarait le duc à l'abri de toutes poursuites.

Cette scandaleuse impunité fut le signal d'une guerre civile acharnée, que nous raconterons au chapitre suivant.

§ II. RICHARD II. — TROUBLES EN ANGLETERRE. — AVÉNEMENT DES LANCASTRE. — HENRI IV.

33. TROUBLES POLITIQUES ET RELIGIEUX SOUS RI-CHARD II. — A l'époque où la France était ainsi déchirée, l'Angleterre subissait une crise analogue. Le successeur du puissant Edouard III fut son petit-fils, Richard II (1377-1399), fils du célèbre prince Noir; lorsqu'il monta sur le trône, ce prince n'avait que onze ans, et sa minorité fut agitée par des troubles incessants.

Pendant que le roi de France et le vaillant connétable de Clisson, profitant de la diversion opérée par *Robert II Stuart*, roi d'Ecosse (1370-1390), après la mort de son oncle, David Bruce, enlevaient aux Anglais leurs dernières places en Aquitaine, en Normandie, en Picardie, les serfs d'Angleterre réclamaient, les armes à la main, l'abolition de l'esclavage, et la Grande-Bretagne avait aussi sa jacquerie. L'origine de cette insurrection fut une lutte avec le saint-siége commencée par le roi Edouard Ce prince prétendit nommer directement les titulaires des bénéfices, puis il refusa de payer au pape le tribut promis par Jean sans Terre, et se vit soutenu par le parlement. Un moine, *Jean Wicklef* (*Wickliffe*), se fit l'ardent défenseur de la cause royale; il attaqua la suprématie pontificale, et bientôt il en vint à nier les dogmes les plus vénérés du christianisme; suivant en cela les doctrines de *Lollard*, condamné à Cologne par l'inquisition (1322). Cette hérésie trouva, dans les campagnes, de nombreux partisans qui se nommèrent Lollards; bientôt ces doctrines eurent leur contre coup politique dans les prédications d'un disciple de Wicklef, *Jean Ball.* « Un fol prêtre de Kent, dit Froissart, avait prêché aux paysans, qu'au commencement du monde il n'y avait pas d'esclaves, et qu'ainsi, personne ne pouvait être réduit à l'esclavage s'il n'avait trahi son seigneur, comme Lucifer avait trahi son Dieu. » Ces idées fermentaient dans le peuple, lorsqu'un événement inattendu précipita la catastrophe. Un forgeron, *Watt Tyler*, tua un collecteur d'impôts qui avait insulté sa fille; le peuple des comtés du Sud se souleva à la voix du père indigné, et cette armée de paysans vint à Londres demander justice au roi dont les ministres furent mis à mort par la multitude (1381). Mais bientôt Watt Tyler fut assassiné, à son tour, dans une entrevue avec le roi; et les paysans furent dispersés ou massacrés.

Richard eut alors à lutter contre l'ambition de ses oncles, les ducs de Glocester, d'York et de Lancastre, qui, soutenus par le parlement, lui firent plusieurs fois renvoyer ses ministres ou ses favoris. Il réussit cependant (1389) à se débarrasser des entraves qu'on lui avait imposées, grâce à l'appui du duc de Lancastre. Il établit alors le pouvoir absolu, gouverna dix ans sans contrôle, et sut se défaire de ses ennemis, et parmi eux, du duc de Glocester, qui fut tué sur les côtes de France. Cependant la guerre avec la France n'était pas heureuse, toutes les provinces continentales étaient perdues, et Richard n'obtint la paix et la main d'une fille de Charles VI qu'en abandonnant les ports de Cherbourg et de Brest.

54. AVÉNEMENT DES LANCASTRE. — HENRI IV. — Un mécontentement général se manifestait, entretenu par les parents mêmes du roi. Profitant d'une insurrection qui avait appelé Richard en Irlande, Henri, fils du duc de Lancastre, revint de France, où il vivait réfugié; il souleva les mécontents et entra dans Londres, et fit prononcer, par le parlement, la déposition de Richard II. Le vainqueur réclama la couronne et se fit proclamer sous le nom d'Henri IV (1399-1413). Malgré l'appui du parlement une révolte ne tarda pas à éclater, elle fut réprimée et eut pour conséquence la mort de Richard II, assassiné secrètement dans sa prison (1400). Bientôt le pays de Galles se souleva à son tour; les fils du duc de Northumberland et leurs vassaux secondèrent l'insurrection; ils combattaient, disaient-ils : « pour soutenir la juste cause du roi Richard, s'il vivait encore, sinon pour venger sa mort. » D'autres révoltés enfin revendiquaient les droits de Roger Mortimer, petit-fils du duc de Clarence, second fils d'Henri III, et auquel eut dû revenir la couronne après Richard II. Vainqueur à Shrewsbury (1403), Henri exerça de sanglantes vengeances; mais cependant presque tout le règne de ce roi, qui mourut (1413) en butte à la haine universelle, se passa dans ces luttes permanentes, accompagnées ou suivies de persécutions contre les *Lollards* (1).

---

(1) Sous ce règne, l'Angleterre vit mourir un littérateur distingué.

OUVRAGES A CONSULTER. — Voir à la fin du chapitre v, ci-après.

QUESTIONNAIRE. — § Ier. 26. Indiquez les principales causes des malheurs du règne de Charles VI? — Comment les oncles du roi se partagèrent-ils les provinces? — Quel usage fit le duc d'Anjou des trésors amassés par Charles V? — 27. Où éclata la révolte des Maillotins? — Dans quelle ville éclata encore un soulèvement? — Par quelle cause et sous quel nom eut lieu une insurrection dans le Midi? — 28. Racontez la campagne que Charles VI entreprit contre les Flamands. — Quelle victoire le roi remporta-t-il? — Quelle vengeance le roi tira-t-il à son retour de la révolte des Parisiens? — Comment se termina la guerre de Flandre? — Qui Charles VI épousa-t-il? — Quel fut le résultat de l'expédition préparée contre les Anglais? — 29. Comment Charles VI s'affranchit-il de la tutelle de ses oncles? — Racontez les circonstances qui occasionnèrent la démence du roi. — Comment ce prince infortuné passa-t-il les trente dernières années de sa vie? — 30. Comment fut gouvernée la France pendant la démence de Charles VI? — Quelle croisade eut lieu à cette époque? — Quelle en fut l'issue? — 31. Faites connaître le caractère, la conduite de la reine Isabeau de Bavière, et l'influence qu'elle exerça. — 32. Par quelle odieuse trahison périt le duc d'Orléans? — Quelles furent les conséquences de ce meurtre? — § II. 33. Qui succéda à Édouard III? — Quel est le caractère du règne de Richard II? — Comment se termina ce règne? — 34. Quel fut le successeur de Richard II? — Qu'avez-vous à dire du règne de Henri IV? — Quel est le poète qui florissait à cette époque?

CHAPITRE CINQUIÈME.

LES ARMAGNACS ET LES BOURGUIGNONS. — HENRI V D'ANGLETERRE. — TRAITÉ DE TROYES.

SOMMAIRE

35. La France est divisée entre deux factions, celle d'Orléans ou Armagnacs, protégée par la reine, les princes et la noblesse, et celle des Bourguignons soutenue par la bourgeoisie et le peuple. Les bouchers de Paris s'emparent du pouvoir et forment la milice des *Cabochiens*, qui massacre le prévôt et se livre à d'effroyables excès. Les bourgeois, indignés, chassent les Bourguignons (1413).

---

persécuté sous Richard II pour avoir adopté les opinions de Wicklef, banni d'Angleterre pendant plusieurs années, mais rentré en faveur lors de l'avénement de Henri IV, à la famille duquel il était allié. *Geoffroy Chaucer* (1328-1400), dont le nom a conservé quelque gloire, se distingue dans ses nombreux poèmes par un style à la fois piquant et naïf, par une expression pleine d'originalité : c'est de lui que les critiques anglais datent le premier âge de la littérature poétique.

36. Le roi d'Angleterre Henri V envahit la France; les maladies le forcent à battre en retraite. Les Français lui livrent imprudemment la bataille d'Azincourt (1415); ils sont complétement battus. Les Armagnacs, maîtres de Paris, sont chassés par les Bourguignons, qui massacrent leurs ennemis. Le Dauphin Charles leur échappe.

37. Les Anglais s'avancent à la faveur des querelles des partis. Le duc de Bourgogne est assassiné au pont de Montereau. Son fils Philippe le Bon s'unit aux Anglais, et le traité de Troyes appelle le roi d'Angleterre au trône de France (1420). Mais Henri V et Charles VI meurent presque en même temps (1422).

38. La France est dans une situation désespérée. Les mœurs sont dépravées: des haines acharnées divisent les partis. Le duel judiciaire est rétabli. L'industrie les arts et la littérature ont cependant fait quelques progrès.

§ II. 39. Henri V d'Angleterre, débauché dans sa jeunesse, change de conduite en montant sur le trône (1413) il calme les troubles intérieurs; fait avec succès la guerre à la France, dont il devient régent; il meurt à Vincennes (1422).

55. Les Armagnacs et les Bourguignons. — Les Cabochiens.

— La cause du duc d'Orléans avait trouvé des vengeurs dans la plupart des princes et des seigneurs à la tête desquels figurait le duc d'Armagnac, beau-père de Charles, nouveau duc d'Orléans; la reine Isabeau se rangea de ce parti. Mais le peuple haïssait le duc d'Orléans à cause de ses violences et de ses dilapidations, le duc de Bourgogne sut se concilier cet auxiliaire en s'opposant à l'établissement des taxes nouvelles, il devint donc le chef du parti populaire. Dans ce déchirement du pays, le gouvernement semblait anéanti, les plus mauvaises passions se donnaient librement carrière, et, pour comble d'ignominie, Armagnacs et Bourguignons sollicitaient à l'envi la protection des Anglais. La guerre civile ensanglanta bientôt le royaume, mais comme la suprématie semblait acquise à celui qui occupait Paris, où résidait habituellement le roi, au palais de l'*Hôtel de Saint-Pol*, chacun chercha à occuper la capitale. Deux fois la paix fut conclue à Bicêtre (1410) et à Bourges (1412), mais elle fut de peu de durée. La bourgeoisie et l'université de Paris prièrent le roi de renvoyer dans leurs châteaux les seigneurs Armagnacs qui désolaient la ville et appelèrent le duc de Bourgogne. Celui-ci eut pour appui et pour soldats les bouchers de la capitale, qui formaient alors la corporation la plus forte et la plus turbulente. Ils organisèrent, sous la conduite de *Simonet Caboche*, écorcheur de son métier, une milice nombreuse qui prétendit réformer l'État, surveiller et épurer les mœurs de la cour qui étaient fort mauvaises, et enfin anéantir les factions ennemies. Les *Cabochiens* forcèrent la Sorbonne à se déclarer pour eux, le Dauphin, fils aîné de

Charles VI, à porter leurs couleurs, et le gouvernement à accepter une grande ordonnance, dite *cabochienne*, que d'habiles légistes avaient préparée pour la répression des abus. En même temps, ils affermissaient leur autorité par la terreur, égorgeaient le prévôt de Paris et livraient la capitale à toutes les violences d'une bande formée de la plus vile populace.

Cette troupe de brigands se livra à des pillages et à des excès si horribles, que la bourgeoisie parisienne finit par chasser les Bourguignons; les Armagnacs reparurent et mirent fin au désordre en réprimant la populace et anéantissant les Cabochiens. (1413). Le Dauphin, qui se trouva alors chargé du gouvernement, aurait pu devenir le sauveur de la France; mais ses mœurs dépravées le rendaient méprisable et odieux, et la rupture de la paix avec l'Angleterre amena bientôt de nouvelles calamités.

56. BATAILLE D'AZINCOURT (1415). — MASSACRE DES ARMAGNACS DANS PARIS. — Henri V d'Angleterre saisit avec empressement l'occasion favorable que lui offraient les dissensions intestines de la France pour y rétablir la puissance de ses prédécesseurs. Il réclamait l'exécution du traité de Brétigny, redemandait les provinces conquises et prétendait à la main de Catherine, fille du roi.

Sur le refus fait par le gouvernement du Dauphin, de satisfaire à ses réclamations, il débarqua en Normandie à la tête de cinquante mille hommes et s'empara de plusieurs places et enfin de Harfleur, après un siége pénible: mais, les maladies s'étant répandues parmi ses troupes, il se dirigea sur Calais avec vingt-cinq mille hommes environ pour se rembarquer. Une armée française de cinquante mille hommes commandés par les princes le suivait en lui proposant la bataille; il fut atteint dans la petite plaine d'Azincourt, près Saint-Pol (1415), et sa perte semblait certaine, car le passage lui était barré par trente mille archers et gens de pieds, avec vingt mille chevaux et de l'artillerie. Mais les mêmes fautes qui avaient causé les défaites de Crécy et de Poitiers devaient encore se renouveler ici. Les chevaliers, impatients de toute discipline, se formèrent en un seul et énorme escadron, ils passèrent à cheval la nuit qui précéda le combat; puis, s'avançant sans ordre dans un terrain labouré et détrempé par une longue pluie, ils rendirent inutiles les canons et les archers français, et restèrent embourbés en présence des Anglais, qui les criblèrent d'abord de traits, puis s'élancèrent contre eux avec des haches et de longs couteaux, éventrant les chevaux et tuant les hommes; dix mille Français restèrent sur le champ de bataille, dont plusieurs princes. La

France dut peu regretter toutefois la mort de quelques-uns des membres de la famille royale, dont les inimitiés lui causaient tant de maux, et moins encore la captivité du duc d'Orléans, qui resta longtemps prisonnier en Angleterre.

Malheureusement, malgré cette captivité, le comte d'Armagnac, qui s'était fait nommer connétable, profita des désastres mêmes de la France et de la mort successive des deux Dauphins pour augmenter la puissance du parti d'Orléans. Mais bientôt son despotisme le rendit odieux. Les villes refusèrent de payer les impôts tandis que divers princes traitaient directement avec les Anglais. Le duc de Bourgogne profita du mécontentement. La trahison de Périnet Leclerc, fils du gardien de la porte Saint-Germain, lui livra Paris, et la populace unie aux restes des Cabochiens sous les ordres du bourreau *Capeluche*, devint maîtresse de la ville. Les Armagnacs furent jetés en prison, quelques-uns se sauvèrent avec peine, emmenant avec eux le Dauphin *Charles*, qui avait succédé en cette qualité à ses deux frères, et qui fut sauvé des mains des Bourguignons par *Tanneguy du Châtel*, qui l'emmena à Melun (1418). Bientôt les plus sinistres bruits coururent dans la ville : les vivres manquaient, les Anglais menaçaient le faubourg ; la populace furieuse se porta à deux reprises sur les prisons où le connétable d'Armagnac et ses partisans étaient retenus, ils furent massacrés ainsi que tout ce qui était enfermé avec eux.

57. TRAITÉ DE TROYES. — MORT DE HENRI V ET DE CHALES VI. — Profitant de ces sanglantes dissensions, le roi d'Angleterre venait mettre le siége devant Rouen, la ville se défendit énergiquement pendant sept mois et ne succomba qu'à la famine, tandis que le duc de Bourgogne, revenu au pouvoir, ne faisait rien pour la secourir ; toute la Normandie se soumit et Henri marcha vers Paris. En présence de l'ennemi commun, Jean sans Peur offrit une réconciliation aux Armagnacs ; mais alors que l'union de tous les Français aurait seule pu sauver l'État, un nouveau crime la rendit plus impossible que jamais. Le duc de Bourgogne, Jean sans Peur, fut assassiné sur le pont de *Montereau* (1419), en se rendant à une conférence où il avait été appelé par le Dauphin. Son fils, *Philippe le Bon*, s'unit alors aux Anglais, et bientôt fut signé, par son influence, le traité de *Troyes* (mai 1420), qui donnait Catherine, fille du roi Charles VI, en mariage au roi d'Angleterre, Henri V, et le reconnaissait, à l'exclusion du Dauphin, comme héritier de la couronne et comme régent du royaume. Charles VI lui-même, dans un de ces instants où sa démence paraissait moins complète, présida l'assemblée des états généraux de Paris, qui acceptèrent solennellement le honteux traité de Troyes (décembre 1420).

Le Dauphin fugitif en *appela*, dit un historien, *à Dieu et à son épée*. Les provinces du centre et du midi avaient seules reconnu son autorité et se préparaient à soutenir ses droits, lorsque la mort de Henri V, suivie bientôt de celle de Charles VI, amena de nouveaux événement (1422).

38. RÉSULTATS DU RÈGNE DE CHARLES VI. — Ainsi se termina un règne dont la France avait un instant espéré la fin de ses maux : il la laissait, au contraire, dans une situation qui semblait désespérée. Le caractère même de la nation s'était dégradé au milieu des atrocités de la guerre civile et de la dépravation dont la reine et le Dauphin avaient donné l'exemple, et qui fit appeler ce règne le *tombeau des mœurs*. Chaque succès obtenu par l'un des partis qui déchiraient la France était suivi de massacres ou d'exécutions sanglantes. Les prisonniers, que l'on forçait à se précipiter du haut des remparts, étaient reçus sur la pointe des piques. Les Armagnacs tombés entre les mains des Bourguignons *étaient incisés sur le dos en forme de bandes*, pour retracer ainsi sur leur peau la bande blanche par laquelle ils se distinguaient des Bourguignons. Tous ceux de ce dernier parti que le bâtard de Vaurus faisait prisonniers étaient pendus à un arbre, célèbre sous le nom d'*Orme de Vaurus*. Les jugements par commissaires assuraient les vengeances des princes. Le parlement lui-même ressuscitait le *duel judiciaire*, aboli par saint Louis, ou bien il ordonnait des supplices atroces. Ce fut ainsi qu'un des complices des désordres de la reine fut jeté dans la Seine, cousu dans un sac de cuir, sur lequel était écrit : *Laissez passer la justice du roi*. Au milieu de tant de calamités, la France continuait pourtant à faire des progrès lents, mais incontestables, vers un état plus prospère : les arts se perfectionnaient, l'industrie se développait, la langue se formait peu à peu ; la *confrérie de la Passion de Notre Seigneur* représentait les *Mystères*, dans lesquels on reproduisait sur la scène les traits les plus frappants de la passion du Sauveur et de la vie des saints; enfin, l'université rachetait, par l'instruction qu'elle répandait, les désordres commis par les étudiants, qu'elle couvrait de ses priviléges. Son chancelier, l'illustre *Jean Gerson* (1), le docteur *très-chrétien*, écrivait (sui-

----

(1) *Jean Gerson* (n° 39). Né d'une famille obscure (1363), élevé au collége de Navarre, à Paris, avait acquis par ses talents et son éloquence une telle renommée, qu'il fut appelé après Pierre d'Ailly à la dignité de chancelier de l'université. Ce fut dans ce poste que le *docteur très-chrétien* sut déployer tout à la fois, et une admirable fermeté au milieu de nos troubles civils, et une science des choses divines et humaines qui le rendit une des lumières du concile de Constance. Gerson, aussi humble que savant, ne dédaigna pas de consacrer à l'éducation des petits enfants

vant l'opinion la plus accréditée) l'*Imitation de Jésus-Christ*, livre sublime, *le plus beau qui soit sorti de la main des hommes, puisque l'Évangile est sorti de la main de Dieu*, et qui venait, au milieu de la société la plus corrompue et la plus troublée qui fut jamais, élever les âmes au-dessus des passions et des orages de la terre.

§ II. ANGLETERRE.

59. HENRI V (1413-1422). — La jeunesse de Henri V était loin de promettre à l'Angleterre un règne glorieux, passant sa vie au milieu d'une troupe de jeunes seigneurs débauchés et de parasites méprisables, il se livra jusqu'à son avénement à des désordres de toute espèce. Monté sur le trône à vingt-cinq ans, on le vit tout à coup changer de conduite et montrer de grandes qualités. Il sut réprimer les troubles suscités par les partisans de Wicklef, puis, pour consolider sa puissance, il résolut de tourner vers les entreprises extérieures le besoin de mouvement qui avait causé les révoltes contre lesquelles son père avait eu à lutter pendant tout son règne. La guerre contre le France, qui avait tant enrichi ceux qui y avaient pris part sous Édouard III était restée très-populaire ; vigoureusement soutenu par le parlement, qui lui accorda de riches subsides, Henri réclama, comme nous l'avons dit, l'exécution du traité de Brétigny (n° 36), la guerre s'ensuivit signalée par la bataille d'Azincourt et terminée par le traité de Troyes ; Henri devint gendre du « pauvre fol roi, Charles VI » et régent du royaume et il en exerçait à peu près entièrement le pouvoir, lorsqu'il mourut à Vincennes, à l'âge de trente-quatre ans (1422). Il laissait un fils âgé de huit mois, la perspective d'une longue minorité lui faisait dire à ses derniers moments. « J'ai tout acquis pendant un court règne en voici venir un qui régnera longtemps et qui perdra tout. » Heureusement pour la France, cette prédiction se réalisa.

OUVRAGES A CONSULTER. — Christine de Pisan, *Livres des faits et bonnes mœurs du sage roi Charles V*; Juvénal des Ursins; le Laboureur; mademoiselle de Lussan, *Histoire de Charles VI*; Cuvelier, *Chroniques en vers de Bertrand du Guesclin*, et son *Histoire par du Chastelet*, Guyard de Berville et autres; Froissart et Enguerrand de Monstrelet, *Chroniques*; *Ordonnances des rois de France*, t. II et suivants; de Choisy, *Histoire de Charles V et de Charles VI*; Lévesque, *ouvrage cité*; M. de Chateaubriand, *Études historiques*, t. IV; M. Trognon, *Études sur l'histoire de France*,

les dernières années d'une vie si noblement employée, et il laissa parmi ses œuvres théologiques des traités pleins d'une onction sublime et simple à la fois.

t. XII et XIII; M. de Barante, *Histoire des ducs de Bourgogne*; Cayx, *Précis*, et les autres historiens de France et d'Angleterre.

QUESTIONNAIRE. — 35. Comment éclata la guerre entre les Bourguignons et les Armagnacs? — D'où les Armagnacs tiraient-ils leur nom? — Quels furent les excès de ces deux partis et comment étaient-ils composés? — Qu'était-ce que les Cabochiens? — Quelle était alors la conduite du Dauphin, fils aîné de Charles VI? — 36. Quels projets les dissensions intestines de la France inspirèrent-elles au roi d'Angleterre, Henri V? — Quelles causes firent encore perdre la bataille d'Azincourt? — Par qui le Dauphin Charles fut-il sauvé des mains des Bourguignons? — 37. Quelle conquête fit Henri V pendant la guerre civile? — Quel crime rendit impossible l'union de tous les Français? — Quel funeste traité fut alors conclu? — Comment Henri V fut-il appelé au trône de France? — Quand moururent Henri V et Charles VI? — 38. Donnez une idée des mœurs à cette époque et des cruautés en usage pendant les guerres civiles. — Quel était l'état intellectuel de la France? § II. 39. Quelle avait été la jeunesse d'Henri V d'Angleterre? — Racontez son règne. — Comment et où mourut-il?

CHAPITRE SIXIÈME.

CHARLES VII ET HENRI VI

(1422-1461 | 1422-1461.)

—

SOMMAIRE.

40. Henri VI d'Angleterre est couronné à Saint-Denis roi de France, et le duc de Bedford, régent du royaume, prend des mesures pour affermir la domination des Anglais (1422).

41. Charles VII, proclamé à Mehun-sur-Yèvre, est entouré de quelques chefs de partisans, et ne possède que les provinces peu belliqueuses du centre.; on le nomme le *roi de Bourges*.

42. Il emploie son temps et ses finances à des fêtes et à des débauches continuelles, au milieu des intrigues de sa belle-mère et de ses favoris. Les troupes sans direction sont vaincues à Cravant (1423), puis à Verneuil (1424).

43. Les Anglais viennent assiéger Orléans, le sentiment national se réveille, les villes de la Loire envoient des secours à Orléans, Dunois, Xaintrailles, Lahire s'y enferment, mais la détresse de la ville augmente après la funeste journée des Harengs.

44. Jeanne d'Arc, jeune paysanne de Domrémy, en Lorraine, se sent appelée par le ciel pour délivrer la France elle va voir le roi à Chinon, lui promet de délivrer Orléans et de le faire sacrer à Reims, et excite un enthousiasme universel.

45. Jeanne remporte plusieurs avantages sur les Anglais aux portes d'Orléans. Elle ravitaille la place, prend l'offensive, est blessée deux

fois, mais force l'ennemi, au bout de dix jours, à lever le siége (8 mai 1429).

46. Jeanne d'Arc, victorieuse à Patay, prend Troyes, entre à Châlons, puis arrive à Reims, dont les bourgeois chassent les Bourguignons et où Charles est sacré en grande pompe.

47. Jeanne d'Arc, retenue malgré elle à l'armée, va attaquer Paris ; elle y est blessée grièvement ; elle défend Compiègne ; mais, prise par les Bourguignons, elle est vendue aux Anglais, condamnée et brûlée vive, le 30 mai 1431, à Rouen.

48. Charles VII retombe dans son apathie, et Henri VI est couronné à Notre-Dame de Paris (1431). Cependant le mécontentement du peuple, les succès de Dunois (1432), amènent le congrès puis le traité d'Arras, par lequel le duc de Bourgogne faisait acheter sa réconciliation avec le roi (1435).

49. Le mécontentement de la noblesse, forcée de respecter l'ordre et la paix publique, se manifeste par le complot de la Praguerie dans lequel entre le Dauphin. L'insurrection est vigoureusement réprimée par le roi, qui fait mettre à mort le bâtard de Bourbon et plusieurs autres seigneurs.

40. HENRI VI, ROI D'ANGLETERRE, EST COURONNÉ ROI DE FRANCE. — « Charles VI était mort le 21 octobre 1422, et la nation hésitait à reconnaître quel devait être son successeur au trône. D'une part, son fils unique, le Dauphin Charles, déjà avancé dans l'adolescence et doué de ces avantages de figure, de ces grâces de manières qui gagnent les cœurs et entraînent les affections populaires, semblait désigné par les lois que la monarchie avait jusqu'alors suivies ; d'autre part, Henri VI, roi d'Angleterre, petit-fils de Charles VI par une femme, avait été désigné comme successeur de son aïeul par un traité de paix confirmé par les états généraux : il était maître de la capitale, et reconnu par le plus grand nombre des princes du sang, par l'université et le parlement de Paris, par la majeure partie du clergé et de la noblesse. » Ce fut en sa faveur que le choix parut fait d'abord. A peine le malheureux Charles VI était-il descendu dans les caveaux de Saint-Denis, que les voûtes étonnées de cette basilique, qui recouvraient les cendres de Philippe-Auguste et de Charles le Sage, retentirent du cri de *Vive Henri de Lancastre, roi d'Angleterre et de France !*

Pendant quelque temps encore un pareil outrage fait à tous les rois qui reposaient dans cette asile sacré semblait devoir rester impuni. Le duc de Bedford, frère de Henri V et tuteur du jeune Henri VI, revint de Saint-Denis, en procession, en faisant porter l'épée haute devant lui comme régent de France. Il fit aussitôt dans le gouvernement de nombreuses réformes pour s'assurer l'affection du peuple. En même temps, il rassemblait de nouvelles troupes pour combattre les partisans du roi légitime.

41. CHARLES VII NE POSSÈDE QUE LES PROVINCES AU SUD DE LA LOIRE. — Tandis que ces événements s'accomplissaient à Paris, le Dauphin recevait la nouvelle de la mort de son père, au château de Mehun-sur-Yèvre, au fond du Berri, suivant les uns, au château d'Espally, en Auvergne, suivant les autres. Le premier jour, il pleura et se vêtit de noir; le lendemain, il se rendit à la messe en robe vermeille, au milieu de quelques officiers restés fidèles à sa cause, et l'un d'eux déploya la bannière de France, que tous saluèrent au cri de *Vive le roi Charles VII!* Ces officiers n'étaient que des chefs de partisans qui avaient réuni autour d'eux des hommes intrépides, mais indisciplinés, vivant de rapines, et s'enrichissant de butin. Cette royauté ainsi défendue n'était reconnue que dans une partie des provinces du centre et du midi de la France : la Touraine, l'Orléanais, le Berri, le Bourbonnais, le Poitou et quelques autres contrées entre la Loire et la Garonne. Aussi les Anglais donnèrent-ils par dérision à Charles VII le titre de *roi de Bourges*. Les populations de la plupart de ces provinces étaient les moins belliqueuses de toute la France et fournissaient peu de soldats à Charles VII. Ses troupes étaient composées en grande partie d'étrangers, surtout d'Ecossais, à la tête desquels figurait le comte de *Buchan*, investi de la première dignité du royaume, celle de connétable.

42. INERTIE DU ROI DE BOURGES, FÊTES ET INTRIGUES CONTINUELLES A SA PETITE COUR. — Le prince dont l'antique héritage était ainsi en proie à l'étranger semblait bien peu capable de venger ses injures et de raffermir son trône. Faible, indolent et débauché, il détestait les fatigues de la guerre et paraissait dédaigner un pouvoir qu'il ne pouvait recouvrer sans efforts. Exilé de sa capitale, il se fit couronner à Poitiers, y établit sa cour et son parlement, et, comme s'il eût ainsi rempli tous les devoirs de la royauté, il ne songea plus qu'à ses plaisirs, oubliant qu'il avait tout à la fois « un grand crime à réparer (l'assassinat du duc de Bourgogne, n° 38), et son royaume à reconquérir.

Ce fut alors un triste et humiliant spectacle : d'un côté, une cour dissolue, où les fêtes se succédaient comme aux plus beaux jours de la monarchie, et où s'épuisaient en réjouissances les subsides péniblement fournis par les états rassemblés à Bourges; une cour agitée par les intrigues des favoris qui se disputaient encore, avec les bonnes grâces du roi, les débris du pouvoir; une cour où l'influence, appartenant au plus habile ou au plus hardi, passait d'*Yolande* d'Aragon, belle-mère du roi, dont elle flattait avec adresse le goût désordonné pour les plaisirs, à Tanneguy du Châtel, qui tuait impunément un de ses rivaux sous les yeux de Charles VII, puis au connétable de *Richemond*, qui faisait assassiner deux courtisans, et se voyait, à son tour, supplanté dans la faveur royale par *la Trémoille*. D'un autre côté, des troupes sans direction, qui, victorieuses dans quelques rencontres sans importance, se faisaient battre dans presque tous les engagements sérieux, comme par exemple à *Cravant*, dans l'Auxerrois (1424), puis dans la province de Picardie, puis enfin à *Verneuil*, en Normandie, où fut tué le connétable Buchan (1424).

43. SIÉGE D'ORLÉANS. — RÉVEIL DU SENTIMENT NATIONAL. — Bientôt les Anglais, ayant conquis le Maine, où plusieurs places tenaient encore pour Charles VII, marchèrent vers la Loire, et, menaçant les dernières possessions du roi de Bourges, vinrent sous les ordres de Salisbury, mettre le siége devant *Orléans*, qui lui servait de boulevard. L'attaque était décisive, car une fois la ville prise et le passage de la Loire assuré, rien ne semblait plus pouvoir arrêter la marche triomphante des Anglais. Un si pressant danger ne put arracher le roi à son inertie. S'étourdissant au milieu des fêtes et des voluptés, il paraissait insensible aux malheurs de la France, et l'un de ses capitaines put lui dire avec amertume qu'*il perdait gaiement son royaume!* Et cependant, de toutes parts s'élevaient les plaintes de son peuple, la famine et les contagions, conséquences inévitables des guerres civiles, désolaient la France, à ce point que cent mille individus périrent, dit-on, dans Paris et aux alentours, en quelques mois.

L'excès du mal provoqua cependant une réaction salutaire : stimulé par tant d'humiliations et de misères, le sentiment national reprit quelque énergie, et de généreux efforts signalèrent ce réveil du patriotisme. Au sein même des possessions anglaises, on vit des seigneurs tenter avec succès de hardis coups de main. Les populations, fatiguées du désordre, rançonnées par les Anglais, commençaient à s'agiter, et s'exerçaient, en divers lieux, à la résistance. Les moines, cordeliers et dominicains, s'en allaient dans les bourgs et les campagnes, prêchant la pénitence pour obtenir la délivrance du pays. Bientôt les Anglais, cause immédiate d'une partie des maux que l'on souffrait, devinrent l'objet de l'exécration générale, le sort de la ville d'Orléans fut l'objet de toutes les préoccupations, il semblait que les destinées de la nation y étaient attachées. De tous côtés on envoyait des renforts, les villes du Midi ne restèrent pas étrangères à ce mouvement, mais surtout celles de la Loire firent spontanément de grands sacrifices afin de pourvoir Orléans de vivres, de munitions et d'argent, tandis que des partis s'organisaient dans le Nord pour harceler et affamer les Anglais.

Plusieurs vaillants chevaliers s'étaient jetés dans la place assiégée, suivis d'un petit nombre de gens d'armes ; c'étaient, entre autres, le bâtard d'Orléans, si célèbre sous le nom de *Dunois*, l'intrépide *Xaintrailles*, et ce brave *la Hire*, qui, en s'élançant au combat, faisait cette prière : « Dieu, je te prie que tu fasses aujourd'hui pour la Hire autant que tu voudrais que la Hire fît pour toi, s'il était Dieu, et que tu fusses la Hire ! » *et si cuidoit très-bien prier et dire.* La présence de ces guerriers illustres releva le courage des assiégés ; mais, peu de temps après, le comte de Clermont se fit battre à la *journée des Harengs*, ainsi nommée parce que les Français avaient voulu s'emparer d'un convoi de poisson salé envoyé à l'armée anglaise. Malgré la bravoure des habitants et les efforts de ses défenseurs, les Anglais continuaient le siége avec tenacité, ils cherchaient à envelopper la ville d'une série de forts ou *bastilles*, qui reliés les uns aux autres, auraient privé les Orléanais de tout secours extérieur. Un grand nombre de ces forts étaient déjà construits et la chute de la ville était imminente, lorsqu'elle dut son salut à un événement auquel les récits contemporains ont peut-être ajouté quelques détails merveilleux, mais dont toutes les circonstances et les résultats tiennent en effet du miracle.

4. JEANNE D'ARC. — Au milieu du découragement général, une jeune bergère se présente pour sauver Orléans et la France.

Jeanne d'Arc était née, vers 1410, au village de Domrémy, en Lorraine, de pauvres et honnêtes paysans. Témoin, dès son enfance, de tous les malheurs de la guerre, elle voyait son pays ravagé tour à tour par chacun des partis qui se disputaient la France ; elle voyait ses parents et ses proches sans cesse les armes à la main pour sauver du pillage leurs champs ou leur demeure, et souvent il avait fallu fuir au fond de la forêt voisine pour se soustraire aux violences des Anglais et des Bourguignons. Les parents de Jeanne lui avaient inspiré dès l'enfance une piété ardente et un grand amour pour le roi. La jeune fille implorait chaque jour le ciel pour le prince dépouillé par l'étranger de son héritage. Dans l'été de l'année 1423, tandis qu'elle priait dévotement en gardant ses troupeaux, elle vit une grande clarté et entendit une voix qui lui ordonnait d'aller au secours du roi de France, et de lui rendre son royaume. « Je ne suis qu'une pauvre fille, répondit Jeanne toute émue, et ne saurais conduire des hommes d'armes. » Toutefois, pendant quatre ans, la même vision reparut sans cesse, les mêmes voix lui répétèrent les mêmes exhortations, lui promettant l'appui du sire de Baudricourt, commandant de la ville voisine de Vaucouleurs.

Jeanne obéit enfin à l'ordre du ciel, malgré ses craintes, malgré ses habitudes tranquilles, malgré le courroux de son père, qui l'avait menacée de la tuer plutôt que de la laisser partir avec des gens de guerre. Arrivée à Vaucouleurs, elle se vit fort rudement accueillie par Baudricourt, qui voulait la renvoyer à son village après l'avoir fait châtier. Mais le bruit des visions de la jeune fille s'était répandu parmi le peuple : on parlait avec enthousiasme de sa mission céleste ; on se réunissait pour lui fournir un cheval et une armure ; Baudricourt dut céder à l'opinion générale et aux instances de Jeanne, qui s'écriait avec fermeté « qu'il lui fallait voir le roi, dût elle, en y allant, user ses jambes jusqu'aux genoux. » Il lui donna une épée et une escorte de six hommes d'armes pour aller trouver Charles VII sur les bords de la Loire.

Il s'agissait de traverser la France, parcourue en tous sens par des bandes de partisans qui infestaient les routes et faisaient main basse sur les voyageurs. Jeanne, échappant à tous les périls du voyage, arriva le 24 février 1429 à Chinon, où résidait alors la cour de Charles VII ; avant d'être admise auprès du roi, elle eut à vaincre les refus du conseil, les railleries des seigneurs, qui la traitaient d'aventurière. Mais le danger d'Orléans, l'impossibilité de secourir la ville, levèrent enfin tous les scrupules.

Conduite devant le roi, elle le reconnaît, dit-on, au milieu de courtisans parmi lesquels il s'était confondu à dessein : « Gentil Dauphin, lui dit-elle hardiment, pourquoi ne me croyez-vous ? Je vous dis que Dieu a pitié de vous, de votre royaume et de votre peuple ; car saint Louis et Charlemagne sont à genoux devant lui en faisant prière pour vous. Si vous me baillez gens, je lèverai le siége d'Orléans et je vous mènerai sacrer à Reims ; car c'est le plaisir de Dieu, que ses ennemis les Anglais s'en aillent en leur pays, et que ce royaume vous demeure. » A ces fermes et prophétiques paroles, Jeanne ajoute des preuves de sa mission, en révélant au roi des secrets qui n'étaient connus que de lui seul. Elle en obtient des troupes, va prendre, derrière l'autel de l'église de Sainte-Catherine de Fierbois, une épée que l'on disait avoir été portée par Charles-Martel ; et, pleine d'un religieux enthousiasme, elle marche vers Orléans (28 avril 1429).

45. Levée du siége d'Orléans. — Une foule de guerriers, qui voient dans Jeanne d'Arc une envoyée du ciel, s'empressent de se ranger sous sa bannière. Elle arrive sous les murs d'Orléans, où le brave Dunois soutenait à grand'peine le courage des assiégés. Elle oblige ses soldats à quitter leurs habitudes de désordre et d'irréligion pour reprendre une vie pieuse et régulière ; elle les pénètre de sa sainte ardeur, et pour premier exploit, elle introduit elle-même dans Orléans un convoi de grains et de bestiaux qui ranime les assiégés pressés par la famine. Les bourgeois accueillent Jeanne comme une libératrice avec des transports de joie ; les villes voisines s'empressent d'armer des soldats et d'envoyer des renforts.

Après quelques jours passés dans la place, Jeanne en sort à la tête d'une armée brillante et nombreuse pour prendre à son tour l'offensive. Elle emporte plusieurs avantages sur les Anglais, que son audace glace de terreur. Attaquant un fort occupé par l'ennemi, elle se voit abandonnée des siens, qui prennent la fuite en présence d'une troupe bien supérieure en nombre. Déjà les Anglais crient victoire et poursuivent les Français en leur prodiguant les injures et les railleries : tout à coup Jeanne se retourne et marche à leur rencontre, son étendard à la main ; ils s'arrêtent à leur tour, se troublent et s'enfuient sans l'attendre. — Ses mains, toutefois, restèrent toujours pures de sang humain. Assurée de la protection du ciel, elle marchait à la tête des guerriers, portant un étendard fleurdelisé sur lequel était peinte l'image du Christ. Quand elle rencontrait l'ennemi, elle disait à ceux qui la suivaient : « *Entrez hardiment parmi les Anglais* » et y entrait elle-même. Aussi fut-elle blessée deux fois dans ces rencontres. Mais dix jours lui suffirent pour enlever aux Anglais leurs principales bastilles, et les forcer à lever le siége d'Orléans (8 mai 1429).

46. Le roi sacré a Reims. — Jeanne n'avait encore rempli qu'une partie de sa mission. Après avoir délivré Orléans, elle devait conduire le roi à *Reims* pour y être sacré. Mais cette ville était au pouvoir des ennemis, et, pour y arriver, il fallait traverser quatre-vingts lieues de pays également occupé par eux. Une victoire que Jeanne remporte à *Patay* sur les Anglais, qui laissent deux mille cinq cents morts sur le champ de bataille, et dont le brave général *Talbot* est fait prisonnier, lui ouvre le chemin de la cité royale. Sur la route, les paysans accueillaient bien le roi qui allait chercher sa couronne, mais la plupart des villes étaient remplies de troupes anglaises ou bourguignonnes. Auxerre refusa d'ouvrir ses portes, Troyes, défendue par une forte garnison, résista également ; mais l'armée manquait de vivres, et il fallait s'en procurer à tout prix. Jeanne ordonne l'assaut en promettant la victoire. En un instant, les fossés sont comblés et les Français s'élancent aux murailles avec une telle ardeur, que la garnison épouvantée se décide à capituler. A cette nouvelle, la forte ville de Châlons-sur-Marne ouvre d'elle même ses portes, et, le 13 juillet, le roi arrive devant Reims. Aussitôt les bourgeois de la ville chassent la garnison bourguignonne laissée dans les murs, et la vierge d'Orléans entre en triomphe avec Charles VII dans la ville royale. Le lendemain (17 juillet 1429), elle assiste au sacre du roi, tenant en main l'étendard qu'elle avait porté dans les combats : « Il a été à la peine, disait-elle, c'est bien raison qu'il soit à l'honneur. »

47. CAPTIVITÉ ET MORT DE JEANNE D'ARC. — Désormais la mission de Jeanne était accomplie : elle voulait retourner auprès de ses parents, *garder leurs brebis et b tail*; le roi et ses capitaines, témoins des miracles opérés par son courage, la retinrent malgré elle; mais elle cessa dès lors d'avoir foi en elle-même, et le bras qui l'avait jusqu'alors protégée sembla se retirer. Tandis que le roi retombait dans sa honteuse apathie, Jeanne, qui déployait toujours le même courage, fut blessée une troisième fois, et bien plus gravement, à l'attaque de Paris (29 août 1429). L'année suivante, trahie peut-être par la noblesse jalouse de l'ascendant qu'elle avait pris sur l'armée, elle fut faite prisonnière en défendant contre les Anglais et les Bourguignons, leurs alliés, la ville de *Compiègne* (24 mai 1430).

Ainsi se termina cette carrière militaire de treize mois, pendant laquelle Jeanne d'Arc, par un héroïsme surnaturel, par un courage qui ne se démentit pas un instant, avait acquis une gloire immortelle qui aurait mieux profité à la France si l'intrépide guerrière eût été mieux secondée. Vendue par les Bourguignons, entre les mains desquels elle était tombée, aux Anglais dont le *diabolique orgueil* ne trouvait d'autre moyen d'expliquer leurs défaites que par les relations qu'ils lui supposaient avec le démon, elle fut mise en jugement sous la double accusation de sorcellerie et d'hérésie. Un homme dont le nom doit être voué à l'exécration publique, l'indigne évêque de Beauvais, *Pierre Cauchon*, séduit par la promesse d'obtenir l'archevêché de Rouen, se chargea de soutenir cette abominable accusation. Soumise à de captieux interrogatoires, harcelée de questions perfides, Jeanne sut répondre à tout avec une simplicité et une présence d'esprit admirables; mais rien ne pouvait toucher des juges gagnés à l'avance. Par un premier arrêt, elle fut condamnée à *chartre perpétuelle avec pain de douleur et eau de tris-*

tesse, afin de pleurer là ses péchés et de n'en commettre plus.

Les Anglais trouvèrent la pénitence trop douce et se plaignirent. On sut trouver un prétexte pour recommencer le procès. Un de ses prétendus crimes était d'avoir porté des habits d'homme au lieu des vêtements de son sexe. Un matin, on lui enleva ses vêtements de femme, sans lui laisser autre chose pour se couvrir qu'un habit d'homme. Il fallut bien qu'elle se décidât à le prendre, malgré ses prières et ses supplications. Aussitôt on fit venir les juges, qui, la voyant ainsi vêtue malgré leur arrêt, la déclarèrent hérétique *relapse*, et la condamnèrent au supplice du feu. Cet arrêt infâme fut exécuté dans la ville de Rouen, à la honte éternelle de ses bourreaux.

Le mercredi 30 mai 1431, à neuf heures du matin, Jeanne fut amenée sur la place du Marché-Vieux. L'évêque de Beauvais, assisté des évêques de Thérouanne et de Noyon, étant monté sur son tribunal, lut la sentence par laquelle il la déclarait *déboutée et rejetée de l'unité de l'Église comme un membre pourri et délivrée à la justice séculière.* Aussitôt le bailli de Rouen ordonna qu'elle fût mise sur le bûcher où elle devait être brûlée. Pendant ce temps, Jeanne, qui s'était confessée avec dévotion, s'était jetée à genoux, répétant à haute voix ses prières, demandant merci à ceux qui pouvaient l'entendre, et les suppliant tous de prier pour elle. Sa jeunesse, sa beauté, ses douces paroles avaient ému tous les assistants; les gens du peuple et les seigneurs, les juges eux-mêmes pleuraient à chaudes larmes, et plusieurs se retiraient ne pouvant en voir davantage; seuls, les soldats anglais s'impatientaient et disaient grossièrement au dominicain *Martin Ladvenu*, qui adressait à Jeanne ses exhortations dernières : « Comment, prêtre! nous ferez-vous dîner ici? » Ils la saisirent, l'attachèrent au bûcher, et y mirent le feu avant même que son confesseur en fût descendu. A sa prière, il tint le crucifix élevé devant elle pour qu'elle pût contempler jusqu'à son dernier soupir l'image du Sauveur : « Elle, étant dans les flammes, dit plus tard Martin Ladvenu, ne cessa de résonner jusqu'à la fin et confesser à haute voix le nom de Jésus, en implorant et invoquant sans cesse l'aide des saints et des saintes du paradis; et en rendant son esprit à Dieu et inclinant sa tête, elle proféra le nom de Jésus, en signe qu'elle était fervente en foi de Dieu (1). »

48. Traité d'Arras. — Si Charles VII avait secondé

---

(1) M. Michelet, dans le tome V de son *Histoire de France*, a fait un émouvant récit de la mort de Jeanne d'Arc. C'est aussi le sujet d'une

l'enthousiasme que la délivrance d'Orléans et sa marche triomphale jusqu'à Reims avaient réveillé de toutes parts en sa faveur, la France, déjà fatiguée et humiliée du joug des Anglais, eût été immédiatement délivrée ; mais à peine ce prince eut-il reçu l'onction sacrée, qu'il retourna s'ensevelir à Chinon dans la mollesse et les plaisirs d'une cour voluptueuse. Le supplice même de Jeanne d'Arc ne put vaincre sa coupable apathie ; mais il excita dans le cœur des Français un ardent désir de vengeance.

Le duc de Bedfort tenta d'effacer l'impression produite sur le peuple par le sacre de Charles VII à Reims ; il fit sacrer Henri VI à Notre-Dame de Paris (16 novembre 1431) ; mais ce sacre fut fait par l'archevêque anglais de Winchester, et le roi ne fut assisté que par des seigneurs anglais, le peuple ne reçut aucune libéralité et le mécontentement augmenta. — D'autre part les soulèvements avaient lieu partout contre les Anglais ; déjà Dunois leur avait enlevé Chartres ; Rouen avait failli leur échapper, lorsque la réconciliation du duc de Bourgogne, Philippe le Bon, avec le roi Charles VII, assura le triomphe de la cause nationale.

Le duc de Bedford, oncle du jeune roi Henri VI, s'était démis de la régence du royaume de France en faveur du duc de Bourgogne, qu'il avait cru attacher ainsi davantage aux intérêts de son roi ; mais la discorde n'avait pas tardé à se mettre entre eux. Bedford et Glocester songeaient à se défaire de Phi-

admirable *Messénienne* de Casimir Delavigne, dont on ne peut oublier ces beaux vers :

> Du Christ avec ardeur Jeanne baisait l'image ;
> Ses longs cheveux épars flottaient au gré des vents.
> Au pied de l'échafaud, sans changer de visage,
>   Elle s'avançait à pas lents.
> Tranquille elle y monta. Quand, debout sur le faîte,
> Elle vit ce bûcher qui l'allait dévorer,
> Les bourreaux en suspens, la flamme déjà prête,
> Sentant son cœur faillir elle baissa la tête,
>   Et se prit à pleurer...
> Après quelques instants d'un horrible silence,
> Tout à coup le feu brille, il s'irrite, il s'élance.
> Le cœur de la guerrière alors s'est ranimé.
> A travers les vapeurs d'une fumée ardente,
>   Jeanne, encore mon gante,
> Montre aux Anglais son bras à demi consumé.
>   Pourquoi reculer d'épouvante,
>   Anglais ?.. Son bras est désarmé.
> La flamme l'environne, et sa voix expirante
> Murmure encore : « O France ! ô mon roi bien-aimé !... »
> Que faisait-il, ce roi ?...

lippe de Bourgogne ; celui-ci le sut et le laissa voir, « L'insolence des Anglais allait jusqu'à dire qu'on enverrait le duc de
Bourgogne boire de la bière en Angleterre. Ce fut lui qui les
y envoya. » (Michelet.) Un grand congrès se réunit à Arras,
toutes les puissances de l'Europe y avaient des envoyés ; les
Anglais réclamaient l'exécution du traité de Troyes, mais ne
purent l'obtenir ; le connétable de Richemont, qui représentait
le roi, fit de nombreuses avances au duc de Bourgogne, qui se
vit supplier par tous de rendre la paix à la France ; le duc de
Bedford étant venu à mourir, Philippe se trouva dégagé des
serments qu'il avait faits et se réconcilia avec le roi par le traité
d'Arras (1435). Charles VII désavoua toute participation au
meurtre de Jean sans Peur, dont il demanda pardon au duc Philippe. Ce dernier obtint, en outre, tout ce qu'il voulut : Auxerre,
Mâcon au centre, puis au nord, Péronne, ainsi que les autres
villes de la Somme c'est-à-dire la barrière de la France de ce
côté, et ce à quoi il tenait plus encore, la reconnaissance formelle et absolue de son indépendance féodale, tant pour lui que
pour ses vassaux. Charles prit, en outre, l'engagement solennel
de renoncer à toute alliance contre le duc, et de l'aider contre
tous ses ennemis.

Cet onéreux traité, qui trouve son excuse dans une impérieuse nécessité, eut du moins le résultat qu'on en attendait.
De ce moment, Philippe le Bon combattit loyalement pour la
cause du véritable roi de France.

**49. LA PRAGUERIE — SÉVÉRITÉ A L'ÉGARD DES NO-
BLES ET DES HOMMES D'ARMES.** — Un soulèvement intérieur
faillit compromettre les heureux résultats que la France devait
retirer du traité d'Arras. Lorsque Charles VII eut éloigné le
danger extérieur, il songea à rétablir la sécurité à l'intérieur
des provinces. En effet, tout y était désordre et confusion, les
seigneurs refusaient d'obéir aux ordres du roi, rançonnaient
les villes et les campagnes, et se servaient comme appuis ou
comme instruments des nombreuses bandes de gens armés que
la paix laissait sans emploi. Les grandes guerres avaient mis en
armes une partie de la population et attiré en France une
foule d'aventuriers étrangers. Lorsque vint la paix, ces troupes
vécurent aux dépens des bourgeois et des paysans, se livrant à
des cruautés qui leur valurent les noms d'Écorcheurs, *hous-
pilleurs*, etc. La répression était difficile à cause de la compli-
cité des seigneurs, qui profitaient du désordre pour s'enrichir.
Une ordonnance de 1439 enjoignit aux barons qui avaient des
soldats à leur service de les tenir en garnison sous peine d'être
responsables de leurs excès ; elle leur interdit de lever arbitrai-

rement des contributions pour l'entretien de leurs forteresses,
et prononça des peines sévères contre ceux qui dépouilleraient
à l'avenir les bourgeois et les manants. Les premières mesures
prises pour l'exécution de cette ordonnance firent comprendre
aux nobles qu'il ne s'agissait pas de vaines menaces. L'irritation qu'ils en ressentirent fut extrême ; ils résolurent de résister et menacèrent le roi du sort de Richard II d'Angleterre.
Alexandre, bâtard de Bourbon, fut un des principaux instigateurs de cette révolte, à laquelle prirent part les ducs Charles
et Louis de Bourbon, celui d'Alençon, La Trémoille, Dunois
et Chabannes, etc.; enfin ils se virent secondés par le fils du
roi lui-même, le Dauphin *Louis*, jeune homme d'un caractère
sombre, haineux et indocile, dont ils voulaient exploiter les
mauvais sentiments contre son père, mais dont ils ne pressentaient guère la future politique à leur égard. Telle fut la
Praguerie, véritable insurrection de la noblesse contre la
royauté (1440), et qui tira son nom de la ville de Prague, célèbre alors par les révoltes des Hussites. Charles VII déploya
contre les rebelles une habileté et une vigueur que nul ne lui
soupçonnait. Il se fit contre les seigneurs un appui des bourgeois et des paysans ; ceux-ci, reconnaissant en lui leur défenseur, marchèrent à sa suite, et votèrent des subsides ; ils lui
livrèrent Saint-Maixent et une partie des villes du Poitou ; l'artillerie, organisée par *Jean Bureau*, ouvrit les murailles des
châteaux féodaux. Dunois d'abord, puis les ducs de Bourbon
et d'Alençon, firent leur soumission ; le dauphin se vit forcé
de venir demander pardon à son père. il voulait obtenir l'impunité de ses compagnons rebelles, mais le roi s'y refusa et
justice fut faite des coupables. Charles, en effet, ne craignit
pas de déployer à l'égard des nobles une sévérité jusqu'alors
inconnue : un grand nombre de leurs hommes d'armes furent décapités ou noyés, et l'aristocratie vit avec effroi le bâtard de Bourbon, odieux pour ses brigandages, condamné
solennellement, cousu dans un sac, et jeté à la rivière. Le succès le plus complet couronna en peu de temps les efforts et la
persévérance du roi.

OUVRAGES A CONSULTER. — Voir à la fin du chapitre septième.

QUESTIONNAIRE. — 40. Qui les Anglais firent-ils proclamer roi de
France après la mort de Charles VI? — Où eut lieu cette proclama-
tion? — Qui gouverna alors la France? — 41. Quelles étaient les possessions de Charles VII? — Où fut-il proclamé? — Quel nom les Anglais
lui donnaient-ils? — 42. Que se passait-il à la cour du roi de Bourges?
— Que faisait ce prince pendant que les Anglais mettaient le siège devant Orléans? — 43. Comment se manifesta le réveil du sentiment national? — Que firent les villes voisines d'Orléans? — Quels braves cheva-

liers vinrent défendre Orléans, et quel fut le résultat de la journée des Harengs? — 44. Faites connaître la naissance et les premières démarches de Jeanne d'Arc. — Que fit-elle après son entrevue avec le roi? — 45. Comment fit-elle lever le siège d'Orléans? — 46. Comment parvint-elle à faire couronner Charles VII à Reims? — 47. Laissa-t-on repartir Jeanne d'Arc après qu'elle eut accompli sa mission? — Que lui arriva-t-il? — Pourquoi les Anglais la firent-ils condamner à mort, et où subit-elle son supplice? — 48. Quels événements préparèrent l'expulsion des Anglais? — Comment se fit la réconciliation du roi avec le duc de Bourgogne, à quelles conditions eut-elle lieu, et quelles en furent les conséquences? — 49. Quelles furent les causes et l'issue de la Praguerie? — Quels princes y prirent part?

CHAPITRE SEPTIÈME.

FIN DE LA GUERRE DE CENT ANS. — INSTITUTIONS DE CHARLES VII.

—

SOMMAIRE.

50. Après le traité d'Arras, les forces réunies du duc de Bourgogne et du roi décident la victoire. Paris est recouvré (1436). Charles VII bat les Anglais et reprend une partie des provinces (1436-1444). Une expédition contre les Suisses battus à Saint-Jacques se fait pendant la trêve conclue avec l'Angleterre.

51. A la reprise de la guerre, la prise de Rouen et Honfleur, la victoire de Formigny (1450) et la prise de Cherbourg couronnent la conquête de la Normandie.

52. L'année suivante la Guyenne est attaquée, conquise, puis perdue, et enfin délivrée définitivement par la victoire de Castillon et l'entrée du roi à Bordeaux (1453).

53. Le duc de Bourgogne, craignant la puissance du roi, lui suscite des embarras, c'est là qu'est désormais le danger pour le royaume.

54. Ses intrigues encouragent le Dauphin dans sa révolte contre le roi, qui, bien que vainqueur, meurt de chagrin (1461).

§ II 55. L'administration de Charles VII est active, énergique et intelligente, il supprime les désordres des barons, il forme une armée permanente de 10 000 hommes de cavalerie (1443); l'infanterie est créée à l'aide des francs-archers, et l'artillerie organisée par les frères Bureau : enfin la taille pour l'entretien des gens de guerre, votée pour un an, fut perçue perpétuellement. L'argentier Jacques Cœur établit l'ordre et le contrôle dans la perception et l'emploi des finances.

56. Charles VII institue le Conseil d'État et le parlement de Toulouse (1443), il ordonne la rédaction des Coutumes, réglemente l'université de Paris. Le développement du commerce est la source des richesses de Jacques Cœur, que la jalousie des grands fait condamner. L'imprimerie est inventée vers 1436. — L'assemblée de Bourges établit une nouvelle pragmatique sanction qui renouvelle celle de saint Louis.

57. Les résultats produits par cette série de malheurs puis de succès sont l'apparition des idées nouvelles, la transformation de la monarchie et la ruine de la féodalité.

50. RENTRÉE DU ROI A PARIS. EXPÉDITION EN SUISSE. — Le traité d'Arras, en détachant le duc de Bourgogne de l'alliance anglaise, pour le placer dans celle du roi, donnait à celui-ci un immense avantage, et les événements ne tardèrent pas à le prouver. Bientôt, en effet, Paris rentra sous l'autorité de Charles VII (1436). Nous avons vu (n° 36) comment les Bourguignons étaient devenus maîtres de cette ville; les Anglais, leurs alliés, s'y étaient installés après eux, et Henri VI y fut proclamé; mais ce roi étranger ne fut jamais populaire dans la capitale, et lorsque le sentiment national se réveilla, il quitta la ville qui pouvait devenir sa prison. Les bourgeois, fatigués d'obéir à la garnison anglaise, ouvrirent une porte au connétable de Richemont; et Willoughby, qui s'était réfugié à la Bastille, n'obtint qu'avec peine de sortir, avec armes et bagages, pour se retirer en Normandie (1436).

Le roi Charles VII, s'arrachant aux douceurs du repos, stimulé, dit-on, par les reproches de la belle *Agnès Sorel*, se mit à la tête de son armée, vainquit de nouveau les Anglais, et leur enleva les villes de Dieppe et de Meaux au nord, et les provinces de la Gascogne au sud. Ces expéditions furent suivies d'une trève (1445) conclue avec les Anglais pour deux ans, mais qui en dura quatre, et dont une des clauses fut le mariage d'Henri VI avec Marguerite d'Anjou. Pendant la trève, le roi et le Dauphin *Louis*, afin d'occuper leurs gens de guerre, toujours prêts à piller la France quand ils n'avaient plus d'ennemis à combattre, les conduisirent à des expéditions contre les villes libres de la Lorraine et contre les Suisses.

L'armée qu'ils menaient était de plus de vingt mille hommes, ramassis de plusieurs nations. Les Suisses vinrent en petit nombre attaquer le Dauphin, qui commandait l'avant garde, à Saint-Jacques sur la Birse (1444). Ils furent écrasés, mais ils firent chèrement payer cet avantage. Quelques villes de Lorraine furent soumises, au moins pour un temps; mais le plus grand avantage pour la France fut la destruction ou le départ d'une partie des aventuriers qui formaient l'armée royale. Charles VII, qui dans ce moment même organisait une armée permanente, dut peu regretter les soldats qu'il laissait hors de son royaume occupés à piller ses voisins, tandis que ceux qu'il ramenait étaient pliés à la discipline.

51. CONQUÊTE DE LA NORMANDIE. — BATAILLE DE FORMIGNY. — Ayant enfin constitué une armée solide, Charles

3.

recommença la guerre avec les Anglais, unis aux Bretons. Il
la poussa vigoureusement en Normandie; les petites places tombèrent rapidement, Rouen fit peu de résistance, car la bourgeoisie se souleva contre les Anglais; Honfleur et Harfleur
furent pris de force, et tout le cours de la Seine affranchi. Le
gouverneur Somerset se retirait devant l'armée victorieuse,
allant au-devant d'un renfort de six mille hommes que l'Angleterre, agitée par la guerre des deux roses, avait eu grand'
peine à lui envoyer. Ces forces furent attaquées près de Bayeux,
à *Formigny* (1450), par le connétable de Richemont, qui les
battit et leur tua quatre mille hommes. Caen et les villes voisines furent le prix de cette victoire. Cherbourg resta bientôt
seule aux Anglais; elle fut assiégée et bombardée par terre et
même du côté de la mer par des canons qui tiraient à marée
basse, et que les canonniers abandonnaient lorsque la mer
montait. Elle tomba enfin, et la Normandie entière fut reconquise.

52. CONQUÊTE DE LA GUYENNE. — FIN DE LA GUERRE
DE CENT ANS. — EXPULSION DES ANGLAIS. — Toutes les
forces du royaume furent alors envoyées en Guyenne. Bordeaux fut pris (1451); mais, l'année suivante, l'Angleterre
envoya le vieux Talbot, l'Achille *anglais*, qui, âgé de quatre-
vingts ans, rentra dans Bordeaux et reprit presque tout le
pays.

L'armée du roi reparut bientôt, se retrancha fortement, et
l'artillerie commença de battre en brèche les murs de la ville.
Talbot voulut livrer bataille; mais il fut tué par le canon qui
rompit les rangs des Anglais. Lorsqu'ils furent ébranlés, les
Français fondirent sur eux; plusieurs milliers d'ennemis restèrent sur le champ de bataille de *Castillon*, et Bordeaux,
serré de près, dut se rendre à Charles VII, qui y entra en
vainqueur (19 octobre 1453). La ville, qui avait ouvert ses
portes aux Anglais, fut punie par une grosse amende et par la
perte de tous ses privilèges.

Cette campagne victorieuse termina la guerre de Cent ans
(1453). La reconnaissance du peuple décerna à Charles VII
le titre de *Victorieux* et de restaurateur de la France. Les
Anglais, en effet, avaient perdu toutes leurs possessions en
France; à l'exception de *Calais* et de deux petites places aux
environs.

53. PUISSANCE DU DUC DE BOURGOGNE. — Le duc de
Bourgogne avait inutilement attaqué cette place; quant à
Charles VII, il ne fit aucun effort pour s'en rendre maître. Il
n'y avait en effet aucun intérêt, puisque Calais se trouvait

enclavée dans les provinces cédées à Philippe le Bon par le traité d'Arras. Les Anglais étaient d'ailleurs maintenant bien moins à craindre pour lui que son dangereux auxiliaire.

Philippe, en effet, n'avait pas tardé à regretter l'appui qu'il avait donné au roi. Il paya la rançon du duc d'Orléans, captif en Angleterre, qui y consacrait son temps à écrire de gracieuses poésies qui sont certainement le seul mérite dont la postérité doit lui savoir gré. Ce prince devait, dans les projets du duc de Bourgogne, être un auxiliaire à ses intrigues; il en noua également avec le duc d'Alençon qui fut cependant arrêté et mis à mort (1456); enfin, à plusieurs reprises, Charles dut réunir des troupes sur les limites des États bourguignons pour contenir ce puissant voisin, qui, outre les provinces cédées par le traité d'Arras, avait, en moins de quinze ans, réuni à ses États de Bourgogne et de Flandre le *Hainaut* (1427), le *Brabant* avec le *Limbourg* et le marquisat d'*Anvers* (1430), la *Hollande* et tout le cercle des *Pays-Bas* (1433, le *Luxembourg* (1443) et l'*Alsace* (1451). Le rival du roi de France n'était plus au couchant et au midi, mais au levant et au nord; ce n'était plus le roi d'Angleterre, duc de Guyenne et de Normandie, mais le duc de Bourgogne, comte de Flandre et de Vermandois.

54. RÉVOLTE DU DAUPHIN. — MORT DE CHARLES VII. — Cette rivalité ne tarda pas à se manifester avec tous ses dangers; le duc ne négligeait rien de ce qui pouvait susciter des embarras au roi, sans cependant le forcer à la guerre. Il encourageait le Dauphin, exilé dans son apanage du Dauphiné, dans toutes les intrigues que ce jeune prince ourdissait contre son père. Ce fut sur celui-ci que l'orage éclata; Louis avait épousé Charlotte de Savoie contre le gré du roi; il réunissait à sa cour tous les mécontents et prétendait donner à son père des ministres de son choix. Le roi s'avança jusqu'à Lyon avec une armée, et le Dauphin, effrayé, se hâta de se réfugier auprès du duc de Bourgogne, qui lui fit un accueil bienveillant (1456). *Le duc Philippe ne connaît pas le Dauphin*, disait Charles VII; *il nourrit un renard qui lui mangera ses poules*. Le malheureux père était moins confiant que Philippe le Bon; atteint à l'âge de cinquante-huit ans d'une maladie causée par l'épuisement prématuré de ses forces et par le chagrin que lui avaient causé les révoltes du Dauphin, il se laissa mourir de faim, dans la crainte d'être empoisonné par les émissaires secrets de ce fils dénaturé, dont il avait deviné l'odieux caractère (1461). — On a dit ingénieusement que Charles VII, surnommé, non sans raison, *Charles le Bien Servi*, n'avait été que le témoin des **merveilles**

de son règne : ce qui nous reste à exposer de l'administration intérieure de ce prince prouvera que cette assertion ne saurait être admise sans restrictions.

§ II. INSTITUTIONS DE CHARLES VII.

55. ADMINISTRATION INTÉRIEURE. — ARMÉE PERMANENTE. TAILLE PERPÉTUELLE — La seconde partie du règne de Charles VII, si bien remplie déjà par ses guerres heureuses, et la délivrance du royaume, est également remarquable par les heureux efforts qu'il fit pour la réorganisation intérieure. Les principaux monuments de son administration sont les ordonnances destinées à introduire des réformes qu'il sut opérer avec habileté et maintenir avec vigueur.

Nous avons signalé celle de 1439 (n° 49), qui mit fin aux pillage des seigneurs et des gens de guerre. La révolte de la Praguerie ne fit pas abandonner au roi ces salutaires mesures ; elle l'encouragea, au contraire, dans la réalisation d'un autre projet, qui eut pour conséquence la délivrance du pays : ce projet était la création d'une *armée permanente*, avec l'établissement d'une *taille annuelle* consentie par les trois ordres de l'Etat pour l'entretien et le payement de cette armée. — Cette création, chef-d'œuvre de la politique de Charles VII, avait été votée par les états d'Orléans (1439) en vue de faire cesser les pillages des gens de guerre. L'insurrection de la Praguerie, en mettant un instant obstacle à sa réalisation, vint en démontrer plus encore l'indispensable et urgente nécessité. L'organisation définitive (1443) d'une armée de quinze compagnies de *cent lances* (1) chacune, formant en tout neuf à dix mille cavaliers d'élite, dont Charles avait lui-même choisi les officiers avec le plus grand soin, délivra la France de la tyrannie des gens de guerre et affranchit le roi de la dépendance des grands feudataires, en remplaçant les secours incertains et momentanés qu'ils lui amenaient ou dont ils le privaient suivant leur caprice, par une armée continuellement sur pied et assez forte pour réprimer leurs ambitieuses tentatives. Bientôt l'ordonnance du 28 avril 1448, en prescrivant à chaque paroisse du royaume de fournir un *franc archer*, pourvut à la formation d'une infanterie régulière. Enfin les frères *Bureau* reçurent la mission

---

(1) Chaque *lance* comptait six cavaliers, le *chevalier*, son *écuyer* et quatre hommes d'armes.

d'organiser l'emploi des armes à feu et de l'artillerie, qui permirent aux troupes du roi de soutenir avec avantage la lutte contre les plus hardis chevaliers.

Les mesures financières répondirent à ces mesures politiques. *La taille des gens d'armes*, c'est-à-dire l'impôt pour l'entretien de l'armée, n'avait été votée que pour une année ; mais on continua de la lever sans nouveau vote des états, sous le prétexte que la milice ayant été déclarée permanente, la taille devait également être perpétuelle. Les avantages que le peuple retira de cette institution empêchèrent sans doute les réclamations. Ainsi, de ces guerres qui avaient ébranlé la monarchie jusque dans ses fondements, « il resta à la couronne un impôt non voté et une armée permanente, les deux pivots de la monarchie absolue. » (Chateaubriand.) Charles s'occupa autant d'assurer le bon emploi des finances que leur perception. L'*argentier du roi*, nommé *Jacques Cœur* (n° 56), fut chargé d'établir un système de comptes régulièrement rendus au roi lui-même, et le contrôle exercé par divers fonctionnaires, et en dernier ressort par la cour des comptes. L'ordre ainsi introduit dans la gestion des deniers publics put enfin empêcher des dilapidations que jusqu'alors il avait été à peu près impossible de prévenir.

56. Conseil d'État. — Pragmatique sanction de Bourges. — Université. — Commerce. — Charles VII institua le conseil d'État, qui devint le conseil exécutif. Le parlement, ne faisant plus partie du conseil du roi, vit les limites de ses fonctions judiciaires mieux tracées en même temps qu'il garda les fonctions politiques dont il s'était emparé, en se substituant aux états généraux, qu'on avait presque cessé de convoquer. Une autre ordonnance établit, pour les provinces qui suivaient le droit romain, le parlement de *Toulouse*, avec les mêmes droits et honneurs que celui de Paris, dont il fut considéré comme partie intégrante (1443). — C'est encore à Charles VII qu'est dû un édit qui renferme un code complet de procédure, d'une sagesse remarquable, et dont l'un des articles, qui ne reçut un commencement d'exécution que sous Charles VIII, prescrivait la rédaction par écrit des *Coutumes*, extrêmement variées, en usage dans les diverses provinces du royaume.

Enfin l'*Université* de Paris, qui comptait alors vingt-cinq mille étudiants, reçut de nouveaux règlements. On commença sous Charles VII (1458) à y enseigner publiquement le grec, langue dont la connaissance, possédée jusqu'alors par un petit nombre de savants, se répandit en Occident depuis la prise de

Constantinople, capitale de l'empire grec, qui était tombée au pouvoir des Turcs quelques années auparavant (1453).

Le *commerce*, favorisé par l'établissement de foires nouvelles, prit aussi une grande extension à cette époque, comme le prouvent les relations qu'entretenait dans toutes les parties du monde le marchand Jacques Cœur, qui avait acquis des richesses si considérables, qu'il put prêter au roi deux cent mille écus d'or (près de deux millions et demi) et entretenir quatre armées à ses frais. Nommé administrateur des finances, sous le titre d'*argentier royal* (n° 55), il se vit en butte à la jalousie des grands, qui l'accusèrent de concussion et réussirent à faire prononcer contre lui la confiscation de tous ses biens et la peine du bannissement (1453).

C'est enfin sous ce règne (vers 1436) (voir chap. xx) que fut inventé, à *Strasbourg* ou à *Mayence*, par Jean Guttenberg, *l'art de l'imprimerie*, qui devait opérer une révolution immense dans la civilisation et dans la politique des peuples modernes.

Les affaires religieuses attirèrent aussi l'attention du roi; le concile de Bâle (1431), qui prépara la fin du grand schisme d'occident, terminé en 1449 (voir n°s 49, etc.), avait publié un grand nombre d'articles destinés à remédier aux abus qui, au milieu des troubles du moyen âge, s'étaient introduits dans la discipline de l'Eglise. Il avait aussi rétabli les élections ecclésiastiques et aboli divers impôts levés par les papes sous les noms de *grâces expectatives, mandats, annates.*

Ces articles ayant été envoyés au roi de France par le concile, Charles VII tint à cette occasion, dans la ville de Bourges (1438), une grande assemblée où fut établie une nouvelle *Pragmatique sanction*, qui ne faisait, en quelque sorte, que renouveler celle de saint Louis (voir *Cours de troisième,* chap. XXIII). La Pragmatique de Bourges fut enregistrée par le parlement l'année suivante, et *a toujours été regardée depuis par les gens de bien du royaume*, dit Bossuet, *comme le fondement de la discipline en l'Eglise de France.*

Nous la verrons bientôt anéantie dans l'intérêt du pouvoir absolu sous Louis XI (n° 86) et sous François Ier (voir chap. XVIII).

57. RÉSULTATS DE CE RÈGNE. — « C'est ainsi, dit un illustre auteur, que vingt années de malheur mûrirent les esprits et leur communiquèrent une activité prodigieuse. Les lois, l'administration l'art militaire, les sciences, les lettres, s'éclairèrent des besoins d'une société tourmentée par tous les fléaux de la guerre civile et de la guerre étrangère... Les

grandes scènes et les grandes causes ne se jugent ni ne se plaident devant les peuples sans que de nouvelles idées s'introduisent dans les masses et que le cercle de l'esprit humain s'élargisse.... L'augmentation de la moyenne propriété, l'accroissement des cités et de leur population, le progrès du droit civil, l'anéantissement des lois de la féodalité, dont il ne demeurera que les habitudes : voilà les principales causes qui amenèrent pendant les règnes de Charles VI et de Charles VII une des grandes transformations de la monarchie. » (Chateaubriand.)

OUVRAGES A CONSULTER. — Allain Chartier, Godefroy, Baudot de Juilly et autres, Histoire de Charles VII; Hordal, Lebrun des Charmettes, Lenglet du Fresnoy et autres, Histoire de Jeanne d'Arc. Chroniques de Monstrelet, de Mathieu Coucy, de Richemont, de la Pucelle, ainsi que son Procès; Olivier de la Marche, Mémoires; Journal d'un bourgeois de Paris; Ordonnance des rois de France; M. de Barante, Histoire des ducs de Bourgogne; MM. de Chateaubriand, Michelet, Sismondi, Cayx, Lavallée, H. Martin, Filon, Lingard, et les autres historiens de France et d'Angleterre.

QUESTIONNAIRE. — § Ier. 50. Quelles furent pour la France les conséquences du traité d'Arras? — Quelles expéditions entreprirent Charles VII et le Dauphin Louis pendant la guerre avec l'Angleterre? — 51. Racontez la conquête de la Normandie. — 52. Comment la Guyenne fut-elle enlevée aux Anglais? — Que restait-il aux Anglais sur le territoire de France? — 53. Faites connaître la puissance et les intrigues du duc de Bourgogne. — 54. Comment se termina le règne de Charles VII? — Comment mourut ce prince? — § II. 55. Quel est le caractère de l'administration de Charles VII? — Quelles sont les plus saillantes des institutions de Charles VII? — Celles qui ont rapport à l'armée ne méritent-elles pas d'être remarquées? — Quelles furent les principales mesures financières de Charles VII? — Quel parlement créa ce prince? — Que fit-il pour l'université de Paris? — Quelle preuve a-t-on de l'extension du commerce à cette époque? — Quelle invention célèbre date du règne de Charles VII? — A quelle occasion fut rendue la pragmatique sanction de Bourges? — 57. Quels furent les résultats de ce règne?

CHAPITRE HUITIÈME.

ALLEMAGNE.

—

SOMMAIRE.

§. I. 58. Après la mort de Henri VII de Luxembourg, Frédéric le Bel (1313-1330), et Louis de Bavière sont élus concurremment. Louis, vainqueur, est excommunié et partage avec son rival qui meurt (1330); il meurt lui-même (1347), après avoir subi de nouveaux anathèmes.

59. Charles IV, roi de Bohéme, élu empereur (1347-1378), témoigne une grande soumission à la puissance pontificale. L'abaissement et l'humiliation de l'Empire sont augmentés par la Bulle d'or, qui confirme les priviléges des vassaux.

60. La période de décadence continue sous le règne honteux de Wenceslas. Son armée est défaite en Suisse. Il est mis en prison, puis déposé. Les électeurs choisissent Robert III de Bavière (1400-1410), qui éprouve des revers en Italie.

61. Sigismond de Luxembourg (1411) réunit la Hongrie et la Bohême. L'hérésie de Jean Huss jette le trouble dans l'Allemagne; il est condamné au concile de Constance. Mais les désordres de ses partisans désolent tout l'Empire. La mort de Sigismond met fin à la maison de Luxembourg (1438).

§ II 62. Le concile de Constance est convoqué pour terminer le grand schisme. Jean XXIII est déposé; Grégoire XII abdique; Benoît XIII est déclaré déchu. Martin V est élu (1417). Le concile se sépare sans avoir pu accomplir une réforme nécessaire de la discipline.

63. Le concile de Bâle condamne les Taborites (1431). La réunion de l'Eglise grecque à l'Eglise romaine y est prononcée. Félix V, opposé un instant au pape, abdique, et Nicolas V est seul pape (1449).

§ III 64. Sous Albert II la maison d'Autriche remonte sur le trône, ce bon prince ne regne que deux ans (1437-1439).

65. Frédéric III lui succède (1440-1493), il lutte contre les rois de Hongrie et de Bohême; sous ce prince faible et incapable, le désordre et l'anarchie régnent en Allemagne. Les Autrichiens assiégent l'Empereur dans Vienne; cette ville est prise par Mathias Corvin (1485). Il marie son fils Maximilien avec Marguerite de Bourgogne.

66. Maximilien (1493-1519), prince chevaleresque, veut relever la puissance impériale. Son défaut de persévérance frappe de stérilité la plupart de ses expéditions contre les Suisses et l'Italie, où il lutte tantôt pour, tantôt et plus souvent contre les Français; il est vainqueur à Guinegate, mais il est repoussé du Milanais, et meurt (1519).

67. A l'intérieur, Maximilien fonde la grandeur de la maison d'Autriche; il signe le traité de Senlis avec la France, reunit tous les domaines de la maison d'Autriche, acquiert l'Alsace, veut se faire élire pape; fait épouser à son fils Jeanne d'Espagne (1496), et fait de nouvelles et utiles conventions relativement aux couronnes de Hongrie et de Bohême.

68. L'Allemagne, pendant cette période, est en état de guerre perpétuelle. Frédéric III publie vainement une paix publique, confirmée par la diete de Worms (1495). La chambre impériale est créée. L'Autriche a le tribunal suprême appelé Conseil aulique. L'Empire est divisé en dix cercles (1500, 1512), qui doivent encore compromettre l'autorité centrale de l'Empereur.

69. Les crimes qui attaquent la paix publique et la religion sont réprimés par le tribunal indépendant de la Sainte-Vehme, qui brave l'autorité de l'Empereur.

70. La ligue hanséatique qui a été surtout puissante au milieu de l'anarchie de l'Allemagne, est ruinée par les grandes découvertes modernes.

58. LUTTE DE FRÉDÉRIC LE BEL ET DE LOUIS DE

BAVIÈRE. — L'Allemagne, profondément troublée par les guerres intestines, avait vu (*Cours de troisième*, n° 430) la maison de Habsbourg s'établir sur le trône impérial; le règne de Henri VII de *Luxembourg* (1308-1313) signala cependant l'avénement d'une autre famille qui ne devait pas porter long-temps la couronne.

Frédéric le Bel, duc d'Autriche, parvint à se faire proclamer après la mort de Henri. Un compétiteur, *Louis de Bavière*, lui fut opposé par plusieurs électeurs (1314), et la guerre éclata entre ces deux rivaux. Louis de Bavière avait pour lui la nais-sante confédération des cantons suisses, qu'il s'était hâté de reconnaître pour obtenir ses secours. Une armée de Frédéric, envoyée pour châtier les insurgés, fut détruite à *Morgarten*, et le duc d'Autriche lui-même, qui avait envahi la Bavière, fut battu et pris à la bataille de *Muhldorff* (1322). Mais le pape *Jean XXII* lança contre le vainqueur une bulle d'excommuni-cation, le cita à comparaître dans trois mois, et ce terme expiré, prononça contre lui un arrêt de déchéance. Louis, pour désar-mer le souverain pontife, rendit la liberté à son rival, et con-sentit à partager avec lui la dignité impériale.

Cependant, à la mort de Frédéric (1330), le pape lui op-posa encore *Charles* de France, et l'excommunia pour s'être fait couronner à Rome par le pré et *Colonna*. Louis de Bavière voulait abdiquer pour rétablir la paix; mais les électeurs le contraignirent à soutenir la lutte jusqu'au bout. Aux anathèmes de *Benoît XII*, la diète germanique répondit par la *Pragma-tique sanction de Francfort* (1338, qui proclamait légitime roi et empereur tout prince nommé par les électeurs, indépen-damment de l'investiture pontificale. Le règne de Louis n'en fut pas plus tranquille. Jean de Bohême, fils de Henri VII et rival de l'empereur, parvint à obtenir pour son fils *Charles* l'appui du pape *Clément VI*, qui lança de nouveaux anathèmes contre son rival (1346). Louis mourut au moment où les électeurs ve-naient de déclarer le trône impérial vacant (1347)

59 RÈGNE DE CHARLES IV — LA BULLE D'OR. — Jouet de toutes les exigences des grands, esclave des volontés du souverain pontife, *Charles IV de Bohême* (1347-1378) achète les suffrages de la diète en prodiguant les dignités de l'Empire, et il n'obtient les honneurs d'un second couronne-ment à Rome qu'en promettant de ne rester qu'un seul jour dans la ville, de n'y retourner jamais sans la permission du pape, et de reconnaître la suzeraineté du saint-siège (1355).

Ce règne est une triste période d'abaissement et d'humilia-tion pour l'Empire. A défaut de fermeté et de talent, Charles

gouverne par la corruption et l'intrigue; il remplit le trésor
épuisé avec le prix de l'aliénation des fiefs et des domaines impériaux. La cession du comtat Venaissin au saint-siége est solennellement confirmée. Le Dauphiné de Viennois est soustrait
par son seigneur à la suzeraineté de l'Empereur, et donné au
fils du roi de France; dans l'Helvétie, plusieurs villes se joignent
à la confédération nouvelle. Au delà des Alpes, l'Empereur
consacre lui-même l'indépendance des terres pontificales et
d'un grand nombre de cités lombardes. En Allemagne, il publie
(1356) la fameuse *Bulle d'or* (ainsi nommée du sceau d'or qui
y était apposé), qui ne fait que confirmer, par la sanction impériale, les droits et priviléges que se sont arrogés les grands
vassaux. Elle confirme le droit exclusif de suffrage aux sept
princes électeurs, qui sont les archevêques de Mayence, de
Trèves, de Cologne, le roi de Bohême, le comte palatin du
Rhin, le duc de Saxe et le margrave de Brandebourg. L'Autriche n'est pas comprise parmi les électorats : « mais si elle ne
vote pas l'Empire, elle en fera son patrimoine. » La Bulle d'or
soustrait entièrement les domaines électoraux à toute juridiction impériale; elle donne aux électeurs les droits régaliens sur
les mines, la monnaie, les impôts; elle leur assure la prééminence sur tous les autres princes, et déclare coupable de lèse-
majesté quiconque attentera à leurs priviléges. Les électeurs
sont appelés les *colonnes fondamentales*, les *sept flammes de
l'Empire*; la dignité électorale est élevée presque au niveau de
la dignité impériale. L'anarchie était ainsi portée à son comble.

Charles ne réussit qu'à agrandir les domaines de sa propre
maison aux dépens de l'Empire appauvri. Il avait incorporé à
la Bohême la Silésie, la Lusace et le Brandebourg, et il avait
obtenu pour son fils *Wenceslas* le titre de roi des Romains,
quand il mourut dans l'année 1378.

60. WENCESLAS. — ROBERT III. — PÉRIODE DE DÉ-
CADENCE. — Jamais l'Empire n'avait été plus divisé, jamais
le pouvoir plus avili qu'au moment où Wenceslas, dit l'*Ivrogne*
et le *Fainéant* (1378-1400), monta sur le trône. Le fils de
Charles IV n'essaya pas même de rendre à la dignité impériale
quelque grandeur et quelque énergie. Confiné dans son royaume
de Bohême, et content d'exercer sur ses propres domaines une
autorité qui, là seulement, n'était pas contestée, il n'apparut à
la diète de Nuremberg que pour assister en spectateur indiffé-
rent aux démêlés qui divisaient les orgueilleux vassaux, et les
villes liguées en Souabe et sur les bords du Rhin pour la défense de leurs libertés. Il laissa la noblesse renouveler les anciennes confréries de Saint-Georges et du Lion, contre la bour-

geoisie devenue riche et puissante; il se contenta de proclamer une nouvelle division de l'Allemagne (1387) (voir n° 68) et de publier une *paix publique* qu'il ne sut pas faire observer (1389). La nouvelle de la grande victoire de *Sempach*, remportée par les Suisses sur les troupes allemandes, n'avait pas ému davantage l'indolent Empereur (1386). Enfin, il fut jeté dans une prison par ses sujets de Bohême, délivré pour quelque temps (1396), puis déposé comme inutile par les électeurs, qui nommèrent à sa place *Robert III de Bavière* (1400). Celui-ci essaya une expédition au delà des Alpes, mais le malheureux résultat qu'elle eut, prouva que désormais l'Italie échappait à l'Empire, et Robert revint terminer en Allemagne un règne sans éclat (1410).

6 . SIGISMOND DE LUXEMBOURG. — GUERRE DES HUSSITES. — TROUBLES RELIGIEUX ET POLITIQUES. — *Sigismond de Luxembourg* (1410-1438), déjà roi de Hongrie, héritier du trône de Bohême qu'occupait encore son frère Wenceslas, l'empereur déposé, semblait capable de relever enfin la dignité de l'Empire. Mais les attaques des Ottomans et les dissensions religieuses paralysèrent tous ses efforts.

Jean Huss, professeur à l'université de Prague, renouvela les erreurs de l'Anglais *Wicklff*, qui, attaquant à la fois la hiérarchie de l'Eglise catholique et ses dogmes essentiels, avait été condamné, en 1383, par le concile de Londres. Jean Huss, à son tour, prêchait à peu près cette même doctrine qui, renouvelée au seizième siècle, devait enlever tant de nations à l'Eglise catholique. Non content de poursuivre les abus trop nombreux qui s'étaient introduits dans le clergé allemand à la suite des biens et des honneurs temporels. de concert avec son disciple *Jérôme de Prague*, il attaquait les vœux monastiques, la suprématie du pape, le culte des saints, c'est-à-dire plusieurs dogmes fondamentaux de la foi catholique. Jean Huss consomma sa révolte en brûlant publiquement les bulles pontificales lancées contre lui. — Le maître et le disciple furent tous deux condamnés au *concile de Constance*, livrés au bras séculier, et brûlés comme hérétiques (1416). Mais leurs disciples exercèrent de telles représailles, que le roi Wenceslas en mourut de frayeur (1419). — Plusieurs sectes réunies par leur haine contre la foi catholique, les *Adamites*, les *Orebites*, les *Orphelins*, déclarèrent ouvertement la guerre à l'Empereur. Les plus exaltés, sous le nom de *Taborites*, parcoururent la Bohême, l'Autriche, la Bavière, pillant les monastères, torturant les prêtres, saccageant les biens des catholiques, et proclamant que le nouveau royaume de Dieu commencerait quand

toutes les villes de la terre seraient brûlées et réduites à cinq.
Le concile de Bâle condamna ces hérésies, sans pouvoir les
arrêter. Sigismond essaya en vain de lutter par la force des
armes contre d'implacables ennemis ; une armée de quatre-vingt
mille hommes s'enfuit, à la vue des *Hussites*, dans un désordre
incroyable. Sigismond ne put suspendre un instant les hostilités
qu'en confirmant les concessions faites aux rebelles.

Avec lui finit la maison de Luxembourg (1438).

§ II. FIN DU SCHISME D'OCCIDENT.

62. CONCILE DE CONSTANCE. — Nous avons vu (n° 25)
comment avait commencé et comment s'était perpétué le schisme
d'Occident ; le pape Jean XXIII ayant voulu faire cesser le
désordre, un concile fut convoqué à Constance. Une foule de
princes laïques et schismatiques, les électeurs de l'Empire, les
plénipotentiaires de toutes les cours de la chrétienté, l'Empereur Sigismond lui-même, le pape Jean XXIII ainsi que les
légats des antipapes Benoît XIII et de Grégoire XII, « et, dit
un témoin oculaire, beaucoup de seigneurs païens, merveilleu-
sement habillés, avec un grand nombre de Grecs et de Musulmans, » se donnèrent rendez-vous à Constance (1414). Cent
cinquante mille chrétiens se réunirent dans la ville ou aux environs : toute l'Europe attendait avec anxiété les arrêts du concile qui devait à la fois terminer le schisme qui désolait l'Eglise,
et condamner l'hérésie de *Jean Huss* (n° 61).

L'œuvre principale du concile, l'extinction du schisme, ne
fut pas accomplie. Jean XXIII, pour se soustraire aux décisions du concile, s'était enfui sous un costume de postillon, et
s'était réfugié à Schaffhouse ; mais il fut atteint dans sa retraite,
et sa déposition fut prononcée (1415). Grégoire XII consentit
à abdiquer ; Benoît XIII (Pierre de Lune) résistait seul à toutes
les instances du concile et de l'Empereur ; il fut déclaré déchu
malgré son opposition et alla vivre en Espagne, d'où il lançait
sur toute la chrétienté des foudres sans effet ; il n'est pas
compté dans la série des papes. L'Italien Martin V fut élu en
1417 et la paix sembla enfin être rétablie dans l'Eglise : mais
de longues années de troubles et de divisions avaient introduit
dans la discipline une foule d'abus qui compromettaient et la
dignité des pasteurs et l'autorité de l'enseignement ecclésiastique. Les pères du concile demandaient instamment une réforme
profonde ; malheureusement le nouveau pape recula devant une
tâche difficile, mais nécessaire ; il éluda toutes les réclamations
des prélats, et déclara l'assemblée dissoute.

63. Concile de Bale. — Fin du schisme d'Occident.
—L'hérésie des *Taborites* et la nécessité toujours plus urgente
d'accomplir les réformes ajournées par Martin V suscitèrent la
réunion du concile de Bâle (1431). La grande œuvre de la réconciliation de l'Eglise grecque y fut tentée, mais les projets
de réforme effrayèrent encore une fois le souverain pontife.
Eugène IV (1431-1447) ajourna le concile, dont plusieurs
membres, irrités de ces hésitations, proclamèrent pape un ancien duc de Savoie, devenu ermite, Amédée VIII (1439), qui
prit le nom de *Félix V*. Toutefois, la plupart des évêques se
réunirent bientôt à *Ferrare*, puis à *Florence*, où Eugène IV
eut la gloire de faire proclamer la réunion des Eglises romaine
et grecque, dans un acte solennel qui reconnaissait le pape
comme chef de toute l'Eglise, et donnait le second rang au
patriarche de Constantinople. Cette grande réconciliation, qui
malheureusement devait être éphémère, prépara la fin du
schisme d'·ccident. *Monsieur de Savoie*, comme le roi de
France Charles VII appelait Félix V, mit, par son abdication
volontaire, un terme a l'affliction de la chrétienté, et *Nicolas V*, seul pape, affermit par sa prudence la pacification générale (1449). Dès lors, les papes résidèrent tranquillement
à Rome, où leur autorité acquit de jour en jour plus de force
et de grandeur.

§ III. LA MAISON D'AUTRICHE.

64. Albert II (1438-1439). — Après Sigismond, une
époque nouvelle toute d'organisation et d'administration régulière commença pour l'Allemagne avec la maison d'Autriche,
qui, depuis l'avénement du successeur de Sigismond, *Albert II*,
(1438), est restée presque sans interruption sur le trône de
Germanie. — Albert, gendre du précédent empereur, réunit les
trois couronnes de Sigismond , Autriche, Hongrie et Bohême).
Ses talents, son énergie promettaient un règne glorieux et prospère; mais il mourut la deuxième année après son avénement,
au retour d'une expédition contre les Turcs (1439).

65. Frédéric III (1440-1493). — **Anarchie et désordre en Allemagne.** — Le successeur d'Albert II (1440),
fut *Frédéric III*, d'une autre branche de la maison d'Autriche;
ce prince, d'un esprit médiocre et d'un caractère indolent et
impuissant à maintenir l'ordre dans ses Etats, eut cependant
la prudence de se concilier l'influence du souverain pontife; et
lui demanda la couronne impériale. — Aucun empereur après
lui ne demanda cette sanction du pouvoir ecclésiastique (1452).

Frédéric consentit aussi à remplacer la pragmatique sanction d'Augsbourg par le *concordat germanique*.

Le fils *posthume* d'Albert II, *Ladislas*, hérita de la Hongrie et de la Bohême, Frédéric n'eut donc que l'Autriche qu'il érigea en archiduché, et il essaya de reprendre les deux royaumes à la mort de Ladislas; mais sa honteuse inaction, pendant la lutte contre les Turcs qui envahissaient alors l'Europe, fit que les Hongrois préférèrent Mathias Corvin, et que les Bohèmiens élurent Podiebrad. Partout l'empereur trouvait la résistance; la noblesse autrichienne ne craignait pas d'envoyer des lettres de provocation à son suzerain, et un comte palatin du Rhin, mis au ban de l'Empire par Frédéric, ajoutait à son château de Heidelberg une tour qu'il appelait *Trutz-Kaiser* (nargue de l'Empereur). En 1462, les Autrichiens, soulevés par le prince Albert, propre frère de l'Empereur, l'assiégèrent dans le château de Vienne, et Frédéric, forcé d'implorer les secours de Podiebrad, roi de Bohême, fut réduit à capituler avec les rebelles. Bientôt il allait voir les Turcs ravager à trois reprises ses États héréditaires (1472, 1476, 1480), et le roi de Hongrie, *Mathias Corvin*, le digne successeur de Jean Hunyade (voir chap. IX), après une lutte constamment signalée par des victoires, s'emparer de la capitale même de l'Autriche (1485), qu'il conserva jusqu'à sa mort (1490).

L'acte le plus habile de Frédéric fut le mariage de son fils Maximilien avec Marie de Bourgogne, fille de Charles le Téméraire (1477). Ce mariage donna à la maison d'Autriche les Pays-Bas et la Flandre (n° 116).

66. MAXIMILIEN Iᵉʳ (1493-1519). — GUERRE EN ITALIE ET EN FLANDRE. — Le pouvoir impérial reprit quelque force sous *Maximilien*, successeur de Frédéric III, que sa fierté, sa hardiesse, sa bravoure enthousiaste feraient appeler le dernier représentant de la chevalerie du moyen âge, si François Iᵉʳ n'était venu après lui. Le désir de faire valoir les anciens droits de suzeraineté de l'Empire sur la Suisse et sur l'Italie le poussa à une lutte malheureuse contre les cantons (1499), et à une intervention active dans les guerres de la Péninsule, tantôt comme allié, plus souvent comme ennemi de la France. Après avoir contribué à chasser Charles VIII d'Italie (1496), il combattit contre les Vénitiens avec Louis XII (1508), qu'il abandonna bientôt pour s'allier à l'Angleterre. Le défaut de persévérance frappa tous ses efforts de stérilité. Peu après la brillante victoire de Guinegate, remportée en Flandre sur les Français (1513), il termina sa carrière militaire par une vaine menace contre Milan, dont il leva honteusement le siége (1516).

67. TRAITÉS QUI PRÉPARENT LA GRANDEUR DE LA MAISON D'AUTRICHE. — Les succès de la politique intérieure de Maximilien suffisent pour sa gloire. Il sut, au traité de Senlis, se faire céder par Charles VIII la Franche-Comté et l'Artois que Louis XI avait retenu de la succession de Charles le Téméraire. En 1497, à l'extinction de la branche du Tyrol, il réunit tous les patrimoines de la maison d'Autriche; un pacte de famille lui valut (1500) les comtés de Goritz et de Gradisca; l'an 1505, il obtint par ses négociations une partie de la Souabe et le landgraviat d'Alsace, détachés des domaines du duc de Bavière. La dignité impériale reprenait un ascendant qu'elle n'avait pas eu depuis bien des siècles. Maximilien osa concevoir l'audacieuse pensée d'obtenir aussi la couronne papale, de réunir ainsi en sa personne les deux plus hautes dignités de la chrétienté, et de réaliser la monarchie universelle (1). Cet étrange projet échoua, et d'autres événements élevèrent à son apogée la fortune de la maison d'Autriche. On verra (chap. XII) qu'en 1496, Philippe le Beau, fils de Maximilien et de Marie de Bourgogne, avait épousé Jeanne, fille de Ferdinand le Catholique et d'Isabelle de Castille, et héritière de leurs domaines : de nouvelles conventions avec la Hongrie accrurent encore l'héritage futur des enfants issus de ce mariage. Louis, fils unique de Ladislas, roi de Bohême et de Hongrie, fut fiancé à la petite-fille de Maximilien. Anne, sœur de *Louis*, dut épouser Charles ou Ferdinand, fils de Philippe le Beau. Sept ans après la mort de Maximilien, la mort du roi Louis (1526) allait réunir ses deux couronnes à celles d'Autriche, au moment où l'Espagne avec le Nouveau-Monde, Naples, la Sicile, la Sardaigne, les Pays-Bas, l'Empire, formaient, entre les mains d'un prince autrichien, une domination plus colossale que celle de Charlemagne.

68. VAINS EFFORTS POUR METTRE DE L'ORDRE EN ALLEMAGNE. — CHAMBRE IMPÉRIALE. — CONSEIL AULIQUE. — DIVISION EN DIX CERCLES. — Pendant que la maison d'Autriche préparait sa grandeur future par des alliances et des mariages (2), l'Empire s'efforçait, mais sans succès encore;

_____

(1) « Des lettres particulières de l'Empereur témoignent que dans une grave maladie du pape Jules II, l'an 1511, il fit des démarches sérieuses pour se faire élire pape en cas de mort du pontife; mais Jules II revint à la santé. » (Kohlrausch, *Histoire d'Allemagne*.)

(2) On fit à cette époque le distique suivant :

Dum pugnant alii, tu, felix Austria, nube;
Nam quæ Mars aliis, dat tibi regna Venus.

de régulariser sa constitution intérieure, et de rétablir les rapports d'autorité et de subordination entièrement rompus par l'anarchie féodale. L'Allemagne était en état de guerre perpétuelle, depuis que les papes, ayant perdu leur influence, ne pouvaient plus imposer la *paix de Dieu*. Toutes les professions étaient armées les unes contre les autres, et on avait vu, en 1471, les cordonniers de Leipsig envoyer une déclaration de guerre à l'université de cette ville. Frédéric III publia une *paix publique profane*; vingt-deux villes de Souabe formèrent une ligue pour la maintenir (1488). Sous Maximilien, la *diète de Worms* généralisa cette œuvre partielle (1495); elle décréta une *paix publique perpétuelle*, et établit, sous le nom de *Chambre impériale*, un tribunal souverain destiné à en punir les violations, ou à les prévenir en jugeant les différends des villes et des États. La Chambre impériale pouvait seule prononcer le *ban de l'Empire*, et recevait les appels de tous les tribunaux particuliers des diverses principautés.

L'Autriche avait son *Conseil aulique* (1491) établi à Vienne pour administrer la justice suprême dans les États héréditaires de l'Empereur. Maximilien ne tarda pas à étendre les attributions de ce tribunal, entièrement soumis à son influence, aux dépens de celles de la Chambre impériale. Ces empiétements devaient être plus tard au nombre des causes de la guerre de Trente ans. Enfin les diètes d'Augsbourg et de Trèves (1500, 1512), dans le but de rendre plus facile le maintien du bon ordre et de la police intérieure, divisèrent l'Empire en dix *cercles* ou cantons. Cette institution modifia d'une manière importante l'état intérieur de l'Empire, en donnant naissance à autant de petites républiques fédératives, qui eurent leurs lois, leurs ressources, leurs intérêts spéciaux, et dont les résolutions particulières firent plus d'une fois opposition aux mesures d'intérêt général, émanées de la grande diète germanique.

69. LA SAINTE-VÉHME. — Rien ne saurait donner une plus juste idée de l'anarchie qui déchirait l'Allemagne à cette époque, que l'inutilité des efforts de Frédéric III et de Maximilien pour soumettre à l'action régulière de l'autorité souveraine le tribunal mystérieux et terrible de la *Sainte-Véhme*, investi dès le treizième siècle de la connaissance de tous les crimes qui menaçaient la paix publique ou portaient atteinte à la religion.

Ce tribunal était composé de seigneurs de la plus haute noblesse, désignés sous le nom de *francs juges*, qui n'étaient admis à exercer leurs redoutables fonctions qu'après avoir subi des épreuves bizarres; ils jugeaient les affaires qui leur étaient soumises dans le secret le plus profond, sans même entendre le plus souvent l'accusé lui-même. — Le président, assis sur un fauteuil, avait devant lui une corde et une épée en signe du droit de vie et de mort qui appartenait au tribunal. Si l'accusé était convaincu de quelque crime, les juges prononçaient la sentence en ces termes : « Qu'il soit traité comme un condamné et un maudit, indigne de toute justice ou liberté, soit dans les châteaux, soit dans les villes ou dans les lieux sacrés. Maudits soient sa chair et son sang! Qu'il n'ait jamais de repos sur la terre; qu'il soit enlevé par les vents; que les corbeaux, les corneilles, les oiseaux de proie le poursuivent et le mettent en pièces! Je voue son cou à la corde, son corps aux vautours; mais que Dieu ait pitié de son âme! »

Personne ne devait avertir le condamné de la sentence prononcée contre lui, fût-il son père ou son frère. Elle n'était connue que des hommes chargés de l'exécuter. Ceux-ci se mettaient aussitôt à la recherche du coupable, et dès qu'ils le rencontraient, ils le pendaient à l'arbre le plus voisin. On laissait sur lui tout ce qu'il portait, et on enfonçait un couteau dans le tronc de l'arbre pour faire connaître aux passants que c'était par les ordres de la Sainte-Vehme que la victime avait été mise à mort.

L'existence de ce tribunal redoutable, qui faisait trembler les seigneurs dans leurs châteaux, comme les pauvres dans leurs chaumières, montre combien étaient profonds les maux auxquels il fallait apporter un pareil remède. Jamais le Conseil des Dix lui-même n'avait rendu des arrêts plus imprévus et plus cruels. Peu à peu, les cours véhmiques avaient étendu leur juridiction redoutable sur toutes les classes de la société, et leurs arrêts s'exécutaient au nom de l'Empereur, qu'elles proclamaient leur chef suprême, mais en bravant son autorité.

Dès que l'ordre commença à se rétablir en Allemagne, des plaintes s'élevèrent de tous côtés contre cette institution barbare qui frappait bien souvent l'innocent avec le coupable. Toutes les tentatives de Frédéric III et de Maximilien n'eurent pour résultat que de la ramener à sa destination primitive. Cependant elle devait se maintenir jusqu'au dix-huitième siècle, et, dans le pays de Munster, elle ne fut entièrement abolie qu'en 1811 par l'empereur Napoléon.

70. SITUATION DE LA LIGUE HANSÉATIQUE. — Cette grande association industrielle dont nous avons admiré la prospérité merveilleuse pendant le moyen âge, fut d'autant plus puissante en Allemagne, où elle avait son siège principal, que la régularité de son gouvernement contrastait davantage avec les désordres et l'anarchie des États qui l'entouraient (voir *Cours de troisième*, n° 455.) Mais les souverains du Nord limitèrent les privilèges qu'ils avaient jadis accordés à la Hanse, à mesure que leur autorité fut plus fortement constituée.

En même temps, l'invention de la boussole, la découverte de l'Amérique et du cap de Bonne-Espérance (chap. XIV) détournaient le commerce vers de riches contrées où les princes aimaient mieux envoyer leurs navires que de les mettre au service des entrepôts de la ligue. Les villes portugaises et espagnoles abandonnèrent le commerce du Nord pour celui du Midi; d'un autre côté, les rois de Danemark, en rivalité avec les villes Hanséatiques, attirèrent dans la Baltique la marine de la Hollande et de l'Angleterre. Dès lors, la Hanse s'affaiblit de jour en jour. Charles-Quint, ennemi d'une société qui ne servait pas ses vues ambitieuses, allait

en décider la décadence, et la ligue Hanséatique, qui avait vu s'u-
nir à elle tant de grandes villes, « finit comme le Rhin, qui n'est
plus qu'un ruisseau quand il se perd dans l'Océan. »

OUVRAGES A CONSULTER. — *Histoire d'Allemagne*, par Luden; *id.*, par
Kohlrausch. — Voir surtout l'*Histoire d'Allemagne* de Pfister (trad. par
Pasquis), t. V-VIII; Gaillardin, *Cahiers d'histoire du moyen âge*; Petit-
Baroncourt, *Histoire résumée du moyen âge*; Desmichels, *Précis*; *Allemagne*,
par M. Lebas.

QUESTIONNAIRE. — 58. Qui succéda à Henri VII? — Dites quelques
mots de la lutte de Frédéric le Bel et de Louis de Bavière? — 59. Quelle
fut la conduite de Charles IV et sa politique à l'égard des vassaux? —
60. Quels furent les successeurs de Charles IV? — Quel était alors l'é-
tat de l'Empire? — 61. Quelles couronnes porta Sigismond? — Quelles
nouvelles causes de troubles et de désordres augmentèrent les malheurs
de l'Allemagne? — Racontez la guerre des Hussites. — Que firent les
Taborites? — Quand mourut Sigismond? — 62. Quelles mesures prit le
concile de Constance pour terminer le schisme? — 63. Que fit le concile
de Bâle? — Où fut-il transféré? — Comment finit le grand schisme d'Occident? — 64. Quel fut le successeur de Sigismond? — Quelle fut sa politique? — 65. Quel était le caractère de Frédéric III? — Quels furent les résultats de son règne? — Quels événements principaux l'avaient signalé? —
66. Quelles entreprises forma Maximilien, et pourquoi échouèrent-elles?
— 67. Quelle fut la politique de Maximilien à l'intérieur? — Comment
fonda-t-il la grandeur de la maison d'Autriche? — 68. Donnez une idée
de l'anarchie de l'Allemagne à cette époque. — Quelles institutions
furent créées pour y rétablir l'ordre? — 69. Faites connaître la sainte-
Vehme. — Donnez quelques détails sur son organisation et sa procédure. — 70. Quelle devait être la cause de la décadence de la ligue
Hanséatique?

CHAPITRE NEUVIÈME.

LES TURCS EN EUROPE. — TURCS ET GRECS.

SOMMAIRE.

§ 1. 71 L'empire grec est faible et divisé à l'avénement de Michel Paléologue (1261). Michel essaye inutilement de faire cesser le schisme.
— Andronic consomme la séparation. Il appelle les aventuriers catalans contre les Turcs, mais ils refuse de les payer, ils s'emparent
du duché d'Athènes; les chevaliers de Saint-Jean de Jérusalem
s'emparent de l'Île de Rhodes.

72. Andronic III (1326-1341) se mêle aux controverses religieuses. —
Jean Cantacuzène et Jean Paléologue (1347), qui se disputent le
pouvoir, réclament tous deux le secours des Turcs. Mathieu, fils de
Cantacuzène, l'emporte enfin.

§ II. **73.** Le démembrement de l'empire des Seldjoucides est l'origine de la domination ottomane. Osman (m. 1326) fait des conquêtes en Asie Mineure et déploie de grandes qualités.

74. Ourkhan (1326) s'avance de succès en succès jusqu'aux portes de Constantinople, il institue les cadis, les janissaires. — Amurath Ier (1360) fait des conquêtes en Europe et en Arménie, bat le roi de Hongrie, et périt à Cassovie.

75. Bajazet Ier (1389) humilie Jean Paléologue, prend Thessalonique, assiège Constantinople, envahit la Hongrie, et gagne la grande bataille de Nicopolis (1396). Manuel II (1391) adresse des supplications inutiles aux princes d'Occident.

76. Timour-Lenk ou Tamerlan, chef des Mongols, est fameux par ses victoires et ses ravages effroyables en Asie ; il bat et prend Bajazet à la grande bataille d'Ancyre (1402).

77. Après Tamerlan (140..) son empire se dissout. — Les Turcs recommencent leurs conquêtes. Moussa (1402) et Mahomet Ier (1413) font peu de progrès ; mais Amurath II (1421-1451) assiège Constantinople, et Jean Paléologue II (1425-1448) achète la paix.

78. Amurath s'avance en Europe, il est battu par Jean Hunyade, mais Ladislas de Hongrie, ayant violé le traité de paix, est vaincu et tué à Varna (1444) ; Scanderbeg occupe en Albanie Amurath, qui ne peut le réduire (1450) et meurt l'année suivante (1451).

79. Constantin XII. (1448-1453) est le dernier empereur de Constantinople ; Mahomet II (1451-1481) vient mettre le siège devant la ville.

80. Constantin se défend avec vigueur. La mort héroïque de l'empereur est suivie de la prise de la ville (29 mai 1453).

81. Mahomet II adopte une habile politique à l'égard des chrétiens ; il fait la conquête du duché d'Athènes, de la Servie, de la Morée ; et s'empare de l'empire de Trébizonde, il lutte contre Mathias Corvin. Les exploits de Scanderbeg arrêtent les Turcs en Albanie jusqu'à sa mort (1467).

82. Mahomet fait la guerre aux Vénitiens ; assiège et prend Négrepont ; il soumet l'Albanie, fait des progrès en Grèce, défait Ouzoun-Hassan, lutte avec les chevaliers de Rhodes et meurt (1481).

83. La querelle de Bajazet et de son frère Djem et l'énergie des Mameluks arrêtent les progrès des Ottomans. Bajazet s'empare de la Moldavie et de la Croatie et prend plusieurs villes du Péloponèse aux Vénitiens ; il est menacé par les intrigues de ses fils, abdique et est assassiné (1512).

84. Sélim, parricide et fratricide, fait une guerre d'extermination aux Perses (1514) ; enlève la Syrie, puis l'Égypte aux Mameluks. L'Arabie se soumet. Barberousse livre au sultan la souveraineté de l'Algérie.

85. A la mort de Sélim (1520) l'empire ottoman, défendu par les janissaires, soumis au despotisme le plus absolu, s'étend de l'Euphrate et du golfe Persique en Asie, au Danube et à l'Adriatique en Europe, aux cataractes du Nil et à l'extrémité de l'Algérie, en Afrique.

§ Ier. — RÉSUMÉ DE L'HISTOIRE DE L'EMPIRE GREC AVANT L'APPARITION DES OTTOMANS.

71. LES PALÉOLOGUES. — Au moment ou Michel Paléo-

logue, en chassant Beaudoin II (1261), avait renversé l'empire
latin de Constantinople et reconquis le trône impérial, ce prince
n'avait recouvré qu'une bien faible partie de cet empire d'Orient
légué par Théodose à Arcadius. L'Egypte et la Syrie obéissaient
aux Mameluks. En Asie Mineure, l'empire ne possédait plus guère
que les côtes occidentales; dix principautés turques occupaient tout
le reste. En Europe, toutes les provinces situées au delà du mont
Hémus appartenaient aux Valaques, aux Bulgares, aux Hongrois.
Pendant deux siècles encore, la famille des Paléologues devait disputer à l'invasion musulmane les tristes lambeaux de la domination impériale, livrée au dedans aux misérables dissensions des
moines schismatiques et aux spéculations mercantiles des Vénitiens
et des Génois, qui travaillaient à la ruine de l'empire.

Michel Paléologue avait essayé inutilement de rattacher l'empire à l'Eglise romaine, de faire cesser le schisme et de se créer
ainsi des sympathies dans l'Occident; son successeur, Andronic II
(1282-1328), se déclara ouvertement partisan du schisme, il appela
des aventuriers catalans pour combattre les Turcs; mais après
qu'ils eurent vaincu l'ennemi, on les paya en monnaie fausse et
l'on assassina leur chef, *Roger de Flor*. Alors ils massacrèrent
les habitants de Gallipoli, dévastèrent les environs de Constantinople, et pour les éloigner, l'empereur fut contraint de leur
céder le duché d'Athènes (1312). L'empire à la même époque
avait perdu l'île de Rhodes, conquise par les chevaliers de Saint-
Jean (1309), qui ne posèrent les armes qu'après s'être rendus
maîtres de plusieurs îles de l'Archipel.

72. QUERELLES RELIGIEUSES ET POLITIQUES. — LES
TURCS OTTOMANS SONT APPELÉS COMME AUXILIAIRES. —
Échappé à ce double danger, les Grecs revinrent à leurs disputes religieuses. Des moines fanatiques, soutinrent avec acharnement d'absurdes doctrines, qui furent combattues dans un
concile de prélats grecs réunis dans l'église de Sainte-Sophie.
Andronic III (1328), qui avait détrôné son grand-père,
prit parti dans la querelle, fit de nouvelles et vaines tentatives
pour amener la réunion des deux Églises, et mourut de fatigue
après une violente controverse (1341); il avait su se faire adorer
de ses sujets.

Le favori *Jean Cantacuzène*, qui avait sans cesse soutenu la
faiblesse de son maître par ses conseils et par son exemple,
avait refusé la couronne que l'empereur malade et découragé
voulait le forcer d'accepter; toutefois, quelques années après
la mort d'Andronic, il ravit le trône à *Jean V Paléologue* (1347),
dont il avait reçu la tutelle. La rivalité de ces deux prétendants
porta le dernier coup à l'empire d'Orient. — Jean Paléologue
avait pris des troupes turques à sa solde. Cantacuzène appela à
son secours d'autres tribus musulmanes, rentra à Constantinople
avec leur appui, et, pour s'assurer leur alliance, il donna sa fille

à *Ourkhan*, chef des hordes ottomanes. Vainement, pour se soustraire à ce dangereux patronage, il se réconcilia avec le jeune Paléologue. L'influence des Turcs augmenta de jour en jour, et Cantacuzène, fatigué d'une résistance inutile, descendit du trône pour se retirer dans un monastère (1355). La lutte recommença entre *Matthieu*, fils de Cantacuzène, et Jean Paléologue, qui se mirent tour à tour sous la protection des Ottomans. Le dernier l'emporta enfin ; mais les Turcs, venus une fois comme alliés à Constantinople, jurèrent d'y revenir bientôt en conquérants.

§ II. — LES TURCS EN EUROPE.

73. COMMENCEMENT DE LA PUISSANCE DES OTTOMANS. — Ce n'était plus les Seldjoucides qui dominaient en Asie Mineure : leur empire, soumis par les Mongols, avait été définitivement démembré, après la mort du dernier sultan seldjoucide (1294), en dix petits États indépendants, au dessus desquels apparaît celui qui était destiné à s'élever sur les ruines accumulées des empires d'Iconium et de Constantinople. — Cette principauté avait dû son origine à une petite tribu, qui était sortie du Khorassan sous la conduite d'*Ertoghrul*, et qui trouva dans son fils *Osman* ou *Othman* le chef intrépide qui devait être le fondateur de la domination ottomane. A la mort de son père (1288), Osman s'était déjà signalé par ses exploits ; l'année suivante, il avait reçu du dernier sultan d'Iconium, pour prix de ses services, le titre de prince, avec un fief qu'il sut bientôt agrandir aux dépens des empereurs grecs. Il s'établit à Iconium en 1299 et ne cessa pendant trente-huit ans de faire de nouvelles conquêtes, couronnées par la prise de Pruse ou de Broussa, l'une des plus importantes villes de l'Asie Mineure. Fier d'avoir conquis une capitale et un tombeau dignes de lui, Osman mourut chargé d'ans et de gloire, et vénéré des Ottomans, qui se plaisaient à reconnaître en lui, avec un génie entreprenant et un courage indomptable, toutes les grandes qualités qui sont d'ordinaire le partage des fondateurs d'empire.

74. CONQUÊTES D'OURKHAN ET D'AMURATH Ier. — *Ourkhan*, fils et successeur d'Osman (1326-1360), poursuivit le cours de ses succès en Asie Mineure, favorisé par les divisions des faibles prétendants qui se disputaient l'empire de Constantinople (n° 72). Nicomédie et Nicée tombèrent successivement en son pouvoir. La conquête des États turcomans en Asie Mineure, et la prise de Gallipoli (1356), conduisirent les Ottomans aux portes de Constantinople. Déjà, ils avaient en moins d'un siècle fait dix-neuf descentes en Europe et ébranlé jusque dans ses fondements le trône des empereurs grecs, que

Cancatuzène espéra vainement raffermir en accordant à Our-khan sa fille en mariage (voir n° 72). Ce prince, dont le nom est encore aujourd'hui, comme celui d'Osman, en vénération parmi les Turcs, fonda sur des institutions énergiques la puissance ottomane. Il créa la magistrature des *cadis*, à la fois juges et officiers de police. On lui attribue également la création de la milice des janissaires (*yéni-schéri*, nouvelle troupe), composée d'esclaves chrétiens élevés dans la foi de Mahomet, « formidable milice, qui, abjurant sa patrie, sa famille, sa religion, ne devait avoir désormais pour religion pour famille et pour patrie, que la volonté de son chef et l'obéissance passive. »

Mourad ou *Amurath Ier* (1360-1389), successeur d'Ourkhan, intéressa les janissaires à la conquête en leur donnant des bénéfices militaires. Ces troupes nouvelles furent, dès l'origine, l'effroi des chrétiens, comme, plus tard, elles devaient être la terreur des sultans eux-mêmes. Amurath envahit les provinces de l'empire avec une effrayante rapidité, et força Paléologue à l'accompagner dans une expédition contre quelques gouverneurs d'Asie. Bientôt, Ancyre et Andrinople lui ouvrirent leurs portes, tandis que l'Arménie se soumettait presque sans résistance. Louis le grand, roi de Hongrie, fut défait près d'Andrinople, qu'il n'avait pu secourir. — En vain Jean Paléologue épouvanté courut-il en Italie abjurer le schisme entre les mains d'Urbain V (1370); il ne put obtenir un seul soldat des peuples de l'Occident, et, à son retour, il trouva Amurath maître de l'Acarnanie et de la Macédoine, il n'eut plus qu'à s'humilier devant le vainqueur. Le chef du royaume de Servie, *Lazare*, luttait seul contre les infidèles avec un courage indomptable. Vaincu à Belgrade en 1383, il reprit les armes avec le secours des rois de Bosnie et de Bulgarie, et attaqua Amurath à la tête d'une formidable armée. Les Turcs furent encore vainqueurs à *Cassovie*; mais Amurath périt dans la mêlée (1389).

75. BAJAZET Ier — **BATAILLE DE NICOPOLIS.** — **DÉTRESSE DE L'EMPIRE D'ORIENT.** — Trois grands princes s'étaient succédé à la tête de l'empire ottoman; leur gloire fut effacée par celle de *Bayézid* ou *Bajazet Ier* (1389), fils d'Amurath, à qui la rapidité de ses conquêtes mérita le surnom de *Yilderim* (la foudre, l'éclair). Jean Paléologue, qui avait montré vis-à-vis d'Amurath une déplorable faiblesse, fut le jouet du nouveau sultan, il lui payait tribut et lui fournissait des troupes pour conquérir les villes grecques d'Asie; il avait fait construire des tours de marbre auprès de la porte dorée de Constantinople; il les abattit lui-même sur une menace de Bajazet. Son fils *Manuel II* (1391), échappé des mains des Turcs, qui l'avaient retenu prisonnier, essaya d'opposer quelque résistance. Aussitôt Bajazet reprit le cours de ses conquêtes. Philadelphie, la dernière possession des Grecs en Asie Mineure, et la forte ville de Thessalonique tombèrent bientôt en son pouvoir; tous les villages furent rasés autour de Constantinople, et la ville impériale eut à souffrir un siége de cinq années. L'armée musulmane ne s'éloigna que pour envahir la Hongrie, où les peuples tributaires du roi Sigismond imploraient son appui. Ce prince appela l'Europe à la défense d'une cause qui était celle de la chrétienté tout entière. Une croisade d'aventuriers italiens, de chevaliers allemands et français, commandés par le célèbre Jean sans Peur (n° 30), se leva contre les infidèles. L'armée chrétienne, composée de cent trente mille hommes, rendit à Sigismond le courage et l'espoir : *Qu'avons nous à craindre des Turcs ?* disait-il ; *le ciel peut tomber, nous avons assez de lances pour le soutenir.* La victoire resta pourtant à Bajazet, dans les plaines de Nicopolis, malgré l'héroïque bravoure des chevaliers chrétiens; et le massacre de dix mille prisonniers vengea la mort des musulmans qui avaient péri sur le champ de bataille (1396).

Bajazet, vainqueur, mais épuisé, revint chercher en Orient des succès plus faciles, et gouverner à son gré les empereurs de Constantinople. Il bâtit une mosquée dans la ville même, et y établit un cadi pour juger les procès des musulmans. Constantinople semblait conquise : Manuel avait quitté sa capitale et cherchait à réveiller l'enthousiasme des chrétiens d'Occident pour une dernière croisade. Mais l'Europe se lassait de ses plaintes éternelles. Le long voyage de Manuel ne servit qu'à lui faire connaître les mœurs et les usages des peuples occidentaux. Le duc de Milan l'adressa au roi de France, le roi de France l'envoya au roi d'Angleterre : chacun s'en défit comme d'un suppliant importun, peu digne de secours ou même de pitié. — Cependant Bajazet, dans sa magnifique résidence de Broussa, jouissait, au milieu des voluptés, de sa grandeur et de sa puissance. Toutes les nations du monde avaient des représentants parmi ses esclaves. Il n'attendait plus qu'une occasion pour anéantir les derniers débris de la domination des Grecs et transporter son trône au sein de la ville impériale ; mais tout à coup, une effroyable invasion, terminant ses succès et son règne, vint retarder de quelques années la ruine de Constantinople.

76. TAMERLAN. — SES CONQUÊTES. — BATAILLE D'ANCYRE. — Le chef d'une des tribus de l'empire démembré de Tchenghis-Khan, *Timour*, surnommé *Lenk*, ou le boiteux, et appelé par les historiens occidentaux *Tamerlan*, dépouillé de

son héritage dès l'enfance, se mit, vers l'an 1360, à la tête de quelques Tartares errants ; il augmenta bientôt son armée, qu'il enrichissait de pillage, se fit reconnaître souverain de Samarkande (1370), et posa une couronne d'or sur sa tête, en faisant le serment de combattre tous les peuples de la terre. De rapides victoires l'eurent bientôt rendu maître de toute la haute Asie, ou plutôt, depuis l'Indus jusqu'au Tanaïs, tous les pays parcourus par le Barbare furent couverts de sang et de ruines : un nouveau Tchenghis-Khan épouvantait le monde.

Quelques émirs seldjoucides d'Asie Mineure l'appelèrent contre Bajazet, qui répondit à ses menaces en insultant ses envoyés. Tamerlan fondit sur l'Asie Mineure, laissant derrière lui Damas et Bagdad en cendres (1401), et une pyramide élevée avec quatre-vingt dix mille têtes humaines. Les deux grands dominateurs de l'Orient, Tamerlan et Bajazet, se rencontrèrent à Ancyre. Les cent mille soldats de Bajazet, malgré la résistance furieuse des janissaires, malgré le brillant courage des chrétiens de Servie, qui traversèrent trois fois les rangs ennemis, ne purent résister au choc de huit cent mille Mongols. Bajazet fut pris seul vivant, au milieu de ses janissaires égorgés (1402). Lorsqu'on l'amena près de Tamerlan, celui-ci s'occupait à disputer à son fils une partie d'échecs, affectant de dédaigner une victoire certaine. La haute fermeté du vaincu plut au farouche Mongol qui, suivant les traditions les plus vraisemblables, le garda près de lui jusqu'à sa mort dans une douce captivité. Des historiens racontent cependant que Bajazet fut enfermé dans une cage de fer, où il se tua en se frappant la tête contre les barreaux (1403).

Heureusement pour les peuples de l'Europe, le terrible Mongol revint vers l'Asie orientale, dont il voulait achever la conquête : *Je sais que j'ai péché,* disait-il, *en détruisant des créatures de Dieu. Je veux expier mes fautes en allant exterminer les idolâtres Chinois, et en renversant leurs temples pour en faire des mosquées.* Déjà il approchait des frontières de la Chine, quand il mourut tout à coup à l'âge de soixante-neuf ans (1405).

77. DISSOLUTION DE L'EMPIRE DE TAMERLAN. — LES TURCS RECOMMENCENT LEURS CONQUÊTES. — L'empire de Tamerlan eut le sort de celui d'Alexandre, qu'il surpassait en étendue ; et de cette immense domination, il ne resta que l'empire du *Grand Mogol,* au nord de l'Inde, empire qui devait jeter un grand éclat au dix-septième siècle et subsister jusqu'à la fin du dix-huitième. Les chrétiens de Constantinople eurent un moment d'espérance : la confusion était grande parmi les infidèles après la défaite de Bajazet, et les querelles des fils de ce sultan vinrent l'accroître encore. *Soliman Ier l'Audacieux* (1402-1410) rendit plusieurs villes à l'empereur Manuel pour obtenir sa protection. Mais la victoire de *Semendria*, remportée par le sultan *Mousa* (1410-1413) sur l'empereur Sigismond, et l'avénement de *Mahomet Ier* (1413-1421), meurtrier de ses frères, réveilla les craintes de Constantinople. Toutefois, Mahomet respecta jusqu'à sa mort l'alliance qu'il avait jurée. Sa belliqueuse activité se tourna contre les successeurs de Tamerlan, tandis que, de son côté, l'empereur d'Orient s'occupait de fortifier par des constructions nouvelles les frontières de l'empire. — Après la mort de Mahomet, Manuel s'efforça par ses intrigues de diviser la puissance renaissante des Ottomans. Mais *Amurath II* (1421-1451), vainqueur du rival que lui avait opposé l'empereur, se vengea en mettant le siége devant Constantinople. Une révolte, suscitée encore par Manuel, fit une diversion qui sauva la ville. *Jean Paléologue II* (1425-1448), successeur de Manuel, acheta la paix, et Amurath tourna ses armes contre les ennemis de l'empire grec.

78. **Lutte de Hunyade Corvin et de Scanderbeg contre les infidèles**. Amurath avait conquis la Grèce et la Morée ; il réduisit l'Épire et la Thessalie, et, montant vers le nord-est, il semblait devoir tout soumettre. Les peuples de l'Europe orientale, abandonnés par les grandes puissances chrétiennes, se levèrent pour résister aux Turcs. La Dalmatie, puis la Valachie et la Servie furent le théâtre de nombreux combats ; les chrétiens avaient pour chef un héros, le prince ou voïvode de Transylvanie, *Jean Hunyade Corvin*, que les Turcs dans leur effroi appelaient le *Diable*, et à qui les Hongrois qu'il secourut, appliquaient ces paroles de l'Evangile : « Il fut un homme envoyé de Dieu qui s'appelait Jean. » Hunyade livra de rudes batailles près d'*Hermanstadt* et de *Nissa*, battit souvent les Turcs, força Amurath à la retraite et lui arracha un traité par lequel il rendait la Servie et jurait de ne pas ravager la Hongrie.

Malheureusement le jeune roi de Pologne et de Hongrie, *Ladislas V*, excité à la guerre par un légat, qui déclarait nul le traité conclu avec le sultan, réunit une armée nombreuse, composée de Hongrois, de Polonais, d'Allemands, de Bohémiens, et vint chercher en Bulgarie l'armée d'Amurath, qu'il joignit auprès de *Varna*. Le sultan combattit en faisant porter devant les rangs le traité juré naguère, et en invoquant le Dieu qui punit les parjures. Il remporta une victoire complète : Ladislas et le légat furent

nemi, força Mahomet à lever le siége, et mourut au milieu de son triomphe. Mahomet répara ses pertes par la conquête du duché d'Athènes, de la Servie (1458), de Lesbos et de plusieurs îles de l'Archipel. Les divisions de deux princes grecs de la famille des Paléologues lui livrèrent la plus grande partie de la Morée (1463 et suiv.). Mais Scanderbeg le repoussa des frontières de l'Albanie. Mathias Corvin, digne successeur de son père, Jean Hunyade, lui ferma aussi le chemin de la Hongrie. En même temps, le pape Pie II, comme Nicolas V avant lui, appelait les chrétiens à la croisade. Déjà le rendez-vous des soldats du Christ était pris à Ancône; les vaisseaux des Vénitiens attendaient sur le rivage : le noble vieillard qui était l'âme de tous ces préparatifs mourut tout à coup (1464), et Paul II, son successeur, ne put réaliser une si grande tâche.

L'empire grec de Trébizonde avait été enlevé à David Comnène (1461), et en Europe, les principales villes de la Bosnie venaient de tomber au pouvoir de Mahomet (1463), sans avoir reçu aucun secours. Mathias Corvin lui-même, après de brillantes victoires, abandonna la cause de la chrétienté pour attaquer le royaume de Bohême (1468-1478). Scanderbeg seul lutta jusqu'à la fin, et triompha de toutes les armées musulmanes. « On l'avait vu comme Alexandre, dont les Turcs lui donnaient le nom, sauter seul dans les murs d'une ville assiégée. Deux ans après sa mort, les Turcs se parèrent de ses ossements, croyant devenir invincibles. Encore aujourd'hui, le nom de Scanderbeg est chanté dans les montagnes de l'Épire. » La mort de ce héros (1467) allait livrer l'Albanie à Mahomet, qui poursuivait avec une prodigieuse activité le cours de ses conquêtes.

82. GUERRE CONTRE LES VÉNITIENS. — CONQUÊTE DE L'ALBANIE. — EXPÉDITIONS DIVERSES. — Les Vénitiens avaient rompu la paix conclue en 1454 avec les Turcs et avaient insurgé le Péloponèse. Mahomet, furieux, jura de détruire la religion chrétienne, et attaqua l'île de Négrepont avec trois cents vaisseaux et soixante-dix mille hommes. La capitale fut prise après une courageuse résistance, et livrée aux plus horribles dévastations (1470). Aussitôt Mahomet tourna toutes ses forces contre l'Albanie, que les Vénitiens défendirent plusieurs années contre tous les efforts des Ottomans. Deux fois, il fut obligé de lever le siége de l'importante place de Scutari, dont la garnison, encouragée par le moine Barthélemy, fit des prodiges de valeur. Enfin les Vénitiens se lassèrent d'une guerre qui ruinait leur commerce; ils

abandonnèrent l'Albanie, qui tomba tout entière au pouvoir
des Turcs (1478), et promirent un tribut pour obtenir la libre
navigation de la mer Noire (1479). Pendant cette guerre, les
possessions génoises en Crimée étaient envahies (1475). Le
Tartare Ouzoun-Hassan, gendre de David Comnène, qui s'était
armé à la sollicitation du pape et des princes chrétiens, fut
vaincu et obligé de demander la paix. Victorieux de tous côtés,
Mahomet envoya ses lieutenants ravager la Styrie, la Carinthie,
la Carniole, et tandis que lui-même allait insulter les rivages
de l'Italie et s'emparer d'Otrante, cent soixante navires cin-
glaient vers l'île de Rhodes (1480). Mais le sultan mourut
tout à coup, après avoir vu les chevaliers de Saint-Jean braver
tous ses efforts, au moment où il arborait les *queues de cheval*
sur le rivage d'Asie, pour une expédition dont le but est resté
ignoré (1481).

83 BAJAZET II. — CONQUÊTE D'UNE PARTIE DE LA
VALLÉE DU DANUBE (1481-1512). — Les querelles des deux
fils de Mahomet II, *Bajazet II* et *Djem* (*Zizim*), suspendirent un
instant les progrès des Turcs. Djem réclamait la souveraineté de
quelques provinces d'Asie. « La fiancée de l'empire ne peut être
partagée entre deux rivaux, » lui répondit Bajazet. La guerre
éclata, et Djem, vaincu à deux reprises, fut abandonné de son
armée. Toutefois, les Mameluks d'Égypte prirent les armes à la
faveur de ces troubles, remportèrent une grande victoire, et forcèrent Bajazet à subir une paix désavantageuse. Djem, tombé entre
les mains des chevaliers de Rhodes et livré au pape, venait de
mourir en Italie, empoisonné par un émissaire de son frère, ou
peut-être par ordre d'Alexandre VI lui-même.

Délivré de la crainte que lui inspirait son rival, Bajazet reprit
les projets de ses prédécesseurs contre l'Europe centrale, et envoya ses troupes dans la vallée du Danube, où déjà les Turcs
s'étaient emparés de la Valachie. L'occupation de la plus grande
partie de la Bosnie, de la Croatie, de la Moldavie, rendit les Ottomans maîtres des deux rives du fleuve sur une partie considérable
de son cours. Cette expédition fut suivie d'une courte guerre contre
les Vénitiens, qui se virent forcés de céder au sultan les villes de
Lépante, de Modon et de Coron.

Les intrigues de Sélim, l'un des fils de Bajazet, troublèrent la
fin de son règne. Exilé par son père, il parvint à soulever les janissaires, et le sultan, las de lutter contre son fils, lui céda vo-
lontairement le trône. Sélim, craignant encore pour sa domination
usurpée, fit assassiner le malheureux prince dans son exil.

84. SÉLIM Iᵉʳ. — CONQUÊTE DE LA SYRIE, DE L'ÉGYPTE
ET D'ALGER (1512-1520). — Le règne du barbare *Sélim*, parvenu au trône par un parricide et affermi par le meurtre de son
frère, se passa en expéditions contre l'Orient. Il attaqua successivement les Perses et les Égyptiens, pour les punir d'avoir donné

asile à deux de ses neveux. La guerre de Perse fut signalée par d'effroyables massacres. Sélim, attaché à la secte des Sounnites (voir *Cours de troisième*, chap. x) et ennemi mortel des Schiites qui comptaient parmi leurs partisans presque tous les habitants de la Perse, leur déclara une guerre d'extermination. Mais une bataille gagnée par Sélim près de Tauris (1514) lui coûta quarante mille soldats, et les janissaires, effrayés d'un succès si chèrement acheté, le forcèrent à se retirer. Il marcha alors contre les Mameluks, maîtres de la Syrie et de l'Égypte. La victoire d'Alep, où le soudan des Mameluks périt après avoir tué quarante ennemis de sa main, entraîna la soumission de la Syrie (1516). L'Égypte fut envahie aussitôt et la population indigène s'unit aux Ottomans contre les maîtres du pays. Les Mameluks furent vaincus deux fois, et vingt mille d'entre eux furent égorgés de sang-froid après s'être rendus sur parole. L'Arabie épouvantée, se soumit presque entière, et la ville sainte de la Mecque tomba après Jérusalem au pouvoir du farouche conquérant (1517).

En même temps, l'audace de deux pirates ajoutait encore une vaste province à l'empire ottoman. Le fils d'un renégat grec, *Horuc Barberousse*, devenu célèbre sur les mers par ses courses aventureuses, se rendit maître de la ville d'Alger (1516) en détrônant le cheik arabe qui l'avait appelé à son secours. Vaincu lui-même et tué par les troupes de Charles-Quint, en 1518, il fut remplacé par son frère, *Kaïreddin Barberousse*, plus habile et plus hardi encore, mais qui, voulant se fortifier contre les attaques des Espagnols, se mit sous la protection de Sélim, en lui offrant la souveraineté d'Alger, à la condition d'en conserver le gouvernement.

85. ÉTENDUE ET PUISSANCE DE L'EMPIRE OTTOMAN. (1520). De si rapides accroissements de territoire avaient en peu d'années doublé l'étendue de l'empire ottoman. A la mort de Sélim, il embrassait toute l'Asie occidentale, entre l'Euphrate, les rivages de la mer Noire, ceux de la Méditerranée, de la mer Rouge et du golfe Persique; l'Europe orientale, jusqu'au Danube et à l'Adriatique; l'Afrique septentrionale, depuis le rivage de la mer Rouge et les cataractes du Nil jusqu'aux limites occidentales de l'Algérie.

Toute cette vaste domination, appuyée sur l'énergique constitution du pouvoir le plus despotique, défendue par la milice des janissaires, la plus redoutable du monde, passait aux mains d'un des souverains les plus illustres du seizième siècle, bientôt l'allié de François Ier et le rival de Charles-Quint, Soliman II le Magnifique (1520) (voir chap. xvii).

OUVRAGES A CONSULTER. — De Hammer, *Histoire des Ottomans*, et *Abrégé*, par Vincent; Lebeau, Gibbon, César Cantu, etc.

QUESTIONNAIRE. — § Ier. 71. Résumez l'histoire des deux premiers empereurs de la famille Paléologue. — Quelle tentative fut faite pour rétablir l'union avec l'Église romaine? — Quel rôle jouèrent les Catalans à Constantinople? — 72. Donnez une idée des querelles religieuses qui agitaient l'Orient. — Comment furent attirés les Turcs ottomans?

— § II. 73. Parlez de l'origine de la puissance des Ottomans. — 74. Quels furent les exploits d'Ourkhan et d'Amurath Ier? — 75. Racontez le règne de Bajazet. — 76. Donnez quelques détails sur Tamerlan. — 77. Comment s'anéantit son empire et quand recommencèrent les attaques des Turcs contre Constantinople? — 78. Quelle résistance rencontra Amurath II? — 79. Quels princes montèrent sur le trône des Turcs et des Grecs au milieu du quinzième siècle? — 80. Racontez le siège et la prise de Constantinople. — 81. Quelle fut la politique de Mahomet II, maître de Constantinople? — Par quels héros chrétiens fut-il arrêté? — Quels nouveaux progrès fit-il cependant en Asie et en Europe? — 82. Parlez de la guerre de Mahomet II contre les Vénitiens. — Quand s'empara-t-il de l'Albanie? — Parlez de son expédition contre la Perse et les chevaliers de Rhodes. — 83. Quel fut le successeur de Mahomet II? — Quelle rivalité agita l'empire ottoman? — Quelle acquisition fit-il sous ce règne? — 84. Comment Sélim parvint-il au trône et s'y affermit-il? — Quelle fut sa première expédition? — A qui enleva-t-il la Syrie et l'Egypte? — Quel autre pays d'Asie se soumit à lui? — Par quelles circonstances la ville d'Alger fut-elle réunie à l'empire ottoman? — 85. Faites connaître l'étendue de l'empire turc à la mort de Sélim. — Quels étaient les fondements de sa puissance?

CHAPITRE DIXIÈME.

GÉOGRAPHIE POLITIQUE DE L'EUROPE EN 1453.

SOMMAIRE.

86. L'Europe se partage en quatre grandes divisions : Europe septentrionale, centrale, méridionale, orientale

§ Ier. 87. L'Europe septentrionale comprend cinq Etats : 1° le royaume d'Angleterre avec celui d'Irlande, cap. Londres et Dublin; villes princ. Cantorbéry, Oxford;

88. 2° Le royaume d'Ecosse, cap. Edimbourg, possédant l'île de Man et les Hébrides;

89. 3° Le royaume de Danemark, cap. Copenhague, comprenant les îles danoises, le Jutland, le sud du royaume de Gothie, les îles de Bornholm, Rugen, Gottland; — 4° le royaume de Norvége, cap. Trondhein, comprenant les îles Shetland, Ferroé, l'Islande, le Groënland;

90. 5° Le royaume de Suède, cap. Stockholm; villes princ. Upsal, Kalmar. comprenant la Suède, la Gothie, le Norrland, la Laponie, la Bothnie, la Finlande, les îles d'Aland, Abo, etc.

§ II. 91. L'Europe centrale comprend six Etats, savoir : 6° le royaume de France; — 7° la Confédération helvetique réunissant les cantons de Schwyz, Uri, Unterwalden, Lucerne, Zurich, Glaris, Zug et Berne;

8° L'empire d'Allemagne comprenant les électorats-archevéchés de Trèves, Cologne, Mayence, la haute Lorraine, l'électorat du Palatinat du Rhin, la Hesse, les comté de Brunswick, d'Oldenbourg, le Wurtemberg, le duché-électorat de Saxe, ceux de Bavière, les Etats de la maison de Habsbourg-Autriche (réunissant avec l'archiduché d'Autriche, le royaume-électorat de Bohéme, la Styrie, la

Carinthie, la Carniole, le Tyrol, l'Alsace), le duché-électorat de
Brandebourg, le Mecklembourg, le Holstein, le duché de Poméranie,
les villes Hanséatiques (Lubeck, Hambourg, Brême, Groningue, Amsterdam, Cologne, Hanovre, Stralsund, Danzig, etc.), et une foule de
petites principautés et villes immédiates;

93. 9° Le royaume de Pologne, cap. Krakovie; ville princ. Varsovie,
réuni avec le grand-duché de Lithuanie, cap. Vilna; ville princ.
Kiev, et avec la principauté de Moldavie;

94. 10° La Prusse et la Livonie appartenant à l'ordre Teutonique
auquel était réuni celui des porte-glaive, cap. Marienbourg et Riga;

95. 11° Le royaume de Hongrie, avec la Transylvanie et la Valachie,
cap. Bude; ville princ. Albe-Royale, Belgrade. etc.

§ III 96. L'Europe méridionale comprend sept États: 12° le royaume
de Portugal, cap. Lisbonne; villes princ. Coïmbre, Ourique, possédant Ceuta, Madère, les Açores, etc. ;

97. 13° Le royaume de Castille et Léon, avec la Galice, cap. Léon;
villes princ. Madrid, Saint-Jacques de Compostelle, Burgos, Tolède,
Cordoue, Séville, Murcie;

98. 14° Le royaume de Navarre, cap. Pampelune;

99. 15° Le royaume d'Aragon, Majorque et des Deux-Siciles, comprenant l'Aragon, la Catalogne, le royaume de Valence, les comtés de
Cerdagne et de Roussillon, les Baléares, la Sardaigne, la Sicile et
l'Italie méridionale, cap. Saragosse, Palma, Palerme, Naples;

100. 16° Le royaume musulman de Grenade;

101. 17° L'Italie septentrionale, où se trouvent le duché de Savoie,
celui de Milan; la république de Venise, s'étendant le long de l'Adriatique et possédant des ports et îles de l'Archipel; le duché de
Ferrare, la république de Gênes avec la Corse, la Crimée et des
ports en Grèce, la république de Florence (villes princ. Livourne,
Pise); puis Lucques, Mantoue, Sienne, etc.;

102 18° Les États de l'Église, cap. Rome, coupés par beaucoup de
villes et principautés indépendantes, comprennent la principauté de
Bénévent, puis Avignon et le comtat Venaissin;

§ IV. 103. L'Europe orientale comprend trois États, savoir : 19° la grande
principauté de Russie ou de Moscovie, cap. Moscou; villes princ.
Vladimir, Novgorod, Pskof, Riazan;

104. 20° Les royaumes mongols, consistant dans les khanats: de Kaptchak Horde d'or), de Crimée, d'Astrakhan, de Kazan, de Tourof;

105. 21° L'empire ottoman s'étendant en Asie Mineure, cap. Constantinople. villes princ. Andrinople, Varna, Nicopolis, Cassovie, etc.,
ayant pour tributaires la Servie, la Bosnie, Raguse, le duché
d'Athènes, les principautés de d'Épidaure et de Sparte.

§ V. 106. La France est bornée par la mer du Nord, le Pas-de-Calais
et la Manche au N. O., l'Atlantique à l'O., les royaumes espagnols
et la Mediterranée au S., le Rhône, les Alpes et l'empire d'Allemagne à l'E.

107. Après les conquêtes de Charles VII, le domaine royal comprend:
le comté de Paris (Ile de France), la Picardie méridionale, la Champagne et la Brie, la Normandie, la Touraine, le comté de Chartres,
le Poitou, l'Aunis, la Saintonge, le Limousin, la Guyenne et une petite partie de la Gascogne, le Languedoc, la moitié du comté de
Lyon, le Dauphiné.

108. Les maisons féodales apanagées sont : 1° la branche royale d'Orléans-Valois, qui possède le duché d'Orléans, le comté de Valois, le comté de Blois, etc.; — 2° la maison de Valois-Angoulême : le comté d'Angoulême; — 3° le duché de Berri, apanage du second fils du roi ; — 4° la maison de Bourgogne possède le duché de Bourgogne, les comtés de Mâcon, d'Auxerre, de Flandre, d'Artois, de Bourgogne, de Ponthieu, de Vermandois, la Picardie septentrionale ; et sur les terres de l'empire germanique : la Franche-Comté, le Hainaut, les marquisats de Namur et d'Anvers, le Brabant, le Limbourg, la Hollande, la Zélande, la Frise, l'Alsace. La branche cadette de cette maison possède les comtés de Réthel, de Nevers et d'Etampes ; — 5° la maison de Bourbon, divisée en plusieurs branches, possède le comté de Clermont, les duchés de Bourbon et d'Auvergne, le Forez, le Beaujolais, le Roannais, le Dauphiné d'Auvergne, le comté de Sancerre; — 6° la maison d'Anjou, dont le chef prenait le titre de roi de Naples, possède l'Anjou, le Maine, la Provence; le duché de Lorraine, cédé au fils du roi René d'Anjou; — 7° la maison d'Artois n'a plus que le comté d'Eu ; — 8° la maison d'Alençon a le duché d'Alençon et le Perche;

109. Les maisons féodales non apanagées sont : le duc de Bretagne, qui a joint à ses domaines, Fougère, Montfort l'Amaury, etc. ; — au comté de Foix sont réunis le duché de Narbonne, la vicomté de Béarn, le comté de Bigorre. Les autres grandes maisons sont celle de Montmorency; celle de Vaudemont, qui a la sirerie de Joinville; celle de Laval; celle de Châlon, qui possède la principauté d'Orange, etc.; celles d'Albret, d'Armagnac, de Penthièvre, de la Trémoïlle, de Saint-Pol, etc. Le Roussillon et la Cerdagne appartiennent au roi d'Aragon; le comtat Venaissin au pape. Le domaine royal ne comprend que le tiers du royaume.

GÉOGRAPHIE POLITIQUE DE L'EUROPE.

86. DIVISION GÉNÉRALE DE L'EUROPE (1). — Après la prise de Constantinople par les Turcs ottomans, on pouvait considérer l'Europe comme divisée en vingt et un États, ou groupes d'États, que nous répartirons en quatre grandes divisions, savoir : l'*Europe septentrionale*, où les îles britanniques et la péninsule scandinave nous offriront cinq royaumes; l'*Europe centrale*, où nous trouverons six autres États, ou groupes d'États; puis l'*Europe méridionale*, où nous n'en compterons pas moins de sept, quoique nous réunissions sous le nom d'Italie septentrionale les nombreux États compris dans cette partie de la péninsule italique. Nous terminerons la description de l'Europe par les trois États placés à l'*Orient*, et que cette position même met en rapport continuel avec l'Asie, où plusieurs d'entre eux, et surtout l'empire

(1) Outre la carte de l'EUROPE en 1453 contenue dans l'*Atlas à l'usage des collèges*, consulter, dans l'*Atlas historique* de M. Ansart, celle de la France à la même époque.

ottoman, ont de vastes possessions. Nous traiterons la géographie de la France en dernier lieu et avec des détails que ne demandent pas les autres pays.

§ Ier. — EUROPE SEPTENTRIONALE.

Les cinq royaumes de l'Europe septentrionale étaient :

87. I. Le royaume d'ANGLETERRE, dont celui d'*Irlande* (cap. *Dublin*) était, depuis l'an 1175, considéré comme une dépendance. Le premier comprenait toute la partie méridionale de la *Grande-Bretagne* jusqu'à la rivière de la Tweed, et jusqu'au golfe du Solway, qui la séparaient au N. de l'Écosse, qui avait elle-même plusieurs fois subi la suzeraineté des rois d'Angleterre. — En France, il ne leur restait plus que *Calais*, avec les petites forteresses de *Guignes* et d'*Ardres*, situées dans le voisinage, et les *îles normandes* (*Alderney* ou *Aurigny*, *Guernesey* et *Jersey*).

Les villes les plus remarquables de l'Angleterre étaient : — LONDRES, sa capitale, dont la prospérité commerciale et l'opulence croissaient de jour en jour. — *Canterbury* ou *Cantorbéry*, au S. E. de cette même capitale, siège archiépiscopal. — *Oxford*, au N. O. de Londres, célèbre par son université.

88. II. Le royaume d'ÉCOSSE, composé de toute la partie septentrionale de la *Grande-Bretagne*, où les sauvages et pauvres habitants des hautes terres, *highlands*, exerçaient continuellement des ravages sur les basses terres, *lowlands*. Au N. O. de ce malheureux pays, où l'autorité royale était sans force, le *laird des îles*, possesseur du comté de *Ross*, ainsi que de l'ancien royaume de *Man* et des îles *Western* ou *Hébrides*, jouissait d'une autorité à peu près indépendante. — Parmi les villes remarquables de l'Écosse à l'époque qui nous occupe, outre ÉDIMBOURG, sa capitale, située sur un golfe de la côte orientale, nous pouvons citer : *Falkirk* et *Bannock-Burn*.

89. III. Le royaume de DANEMARK, détaché de la confédération de Kalmar, comprenait :

1° Les ILES DANOISES proprement dites, situées à l'entrée de la mer Baltique, et dont la plus grande, celle de *Seeland*, renfermait la ville de COPENHAGUE, qui avait succédé, depuis peu d'années, à *Roskild* dans la dignité de capitale du royaume; — 2° la grande péninsule du JUTLAND, divisée en *Nord-Jutland* et *Sud-Jutland*; — 3° les provinces méridionales du royaume de GOTHIE, composé lui-même de la partie la plus méridionale de la péninsule scandinave, et dont les rois de Danemark portaient le titre depuis l'an 1360; — 4° l'île de *Bornholm*, située assez loin à l'E. des îles danoises, dans la mer Baltique, et celle de *Rugen*, plus au S. O. Cette dernière était tout ce qui restait aux rois de Danemark de l'ancien royaume des *Wendes* ou de *Slavonie*; — 5° enfin l'île de *Gotland*, située beaucoup plus au N. E. encore, et dont la possession était disputée par la Suède au roi de Danemark.

IV. Le royaume de Norvége, qui n'avait pas cessé, depuis l'union de Kalmar, d'être réuni sous le même sceptre que celui de Danemark, embrassait toutes les parties occidentales et septentrionales de la péninsule scandinave, et avait pour villes principales : — Throkdheim ou *Drontheim*, sa capitale; — *Bergen*, plus au S. O., entrepôt du commerce des villes Hanséatiques.

Outre ses possessions continentales, la Norvége conservait encore : les *Orkney* ou *Orcades*, et les *Hialtaland* ou *Shetland*, qui devaient bientôt (en 1468) passer aussi sous la domination de l'Ecosse; — celles de *Fœroë*; — l'*Islande*, longtemps indépendante; — le Groenland enfin, où avait été établi, en 1122, l'evêché de *Gaarde* ou *Gardar*, mais dont les côtes s'étaient trouvées tellement obstruées par les glaces, au commencement du quinzième siècle, que l'évêque envoyé, en 1405, pour prendre possession du siége episcopal dont nous venons de parler, ne put y aborder. Il en résulta que ce pays resta oublié pendant près de deux siècles, et lorsqu'il fut retrouvé dans le cours du dix-septième, on y chercha vainement la trace des anciens établissements.

90. V. Le royaume de Suède, le troisième des États scandinaves, séparé de l'Union depuis l'an 1448, se composait de possessions nombreuses, répandues sur toutes les côtes et dans les îles du golfe de Botnie et même de la Baltique, et qui comprenaient : — 1° la Suède proprement dite, située au centre de la partie orientale de la péninsule scandinave; la ville d'Upsal, siège archiepiscopal, avait cédé le titre de capitale du royaume à Stockholm, située plus au S. E. sur le détroit qui unit le lac Mœlar à la Baltique; — 2° le royaume de Gothie, au S. de la Suède propre, qui se composait de la partie septentrionale du pays dont il conservait spécialement le nom, et dont la possession faisait prendre au roi de Suède, comme à celui de Danemark, le titre de *roi des Goths*. La ville la plus célèbre de la Gothie était *Kalmar*, située au S. E., sur le détroit qui sépare du continent l'île d'*Œland*, qui appartenait également à la Suède, ainsi que celles d'*Aland* et l'innombrable archipel d'*Abo*, plus au N. E.; — 3° le Norrland ou la *Noricie*, au N. de la Suède propre; — 4° le Lappmark ou la *Laponie*, au N. O. du Norrland, contrée misérable et glacée; — 5° la Botnie, autour du golfe auquel elle a donné son nom et qui la divise en *occidentale* et *orientale*; — 6° la Finlande, entre le golfe qui lui doit son nom et celui de Botnie; ville princ. *Abo*.

§ II. — EUROPE CENTRALE.

Europe centrale. — Nous plaçons dans l'Europe centrale les six États ou groupes d'États suivants, savoir :

VI. Le royaume de France (voir ci-après, n° 106 et suiv.).

91. VII. La Ligue suisse ou *Confédération helvétique*, dont les divers cantons étaient déjà au nombre de huit, savoir : les cantons de Schwyz, Uri et Unterwalden, qui entourent le lac des *Waldstetten* ou des Quatre-Cantons. — Lucerne, à l'O. du même lac, qui porte aussi son nom; ZURICH, plus au N.; GLARIS, plus à l'E.; ZUG, au S. de Zurich; et BERNE, dans la Suisse occidentale; la Confédération, à l'époque où nous la décrivons, avait encore conquis l'ARGOVIE, dans le N. O., où se trouvait le château de *Habsbourg*, berceau de la maison d'Autriche. Villes célèbres : *Morgarten*, sur la limite septentrionale du canton de Schwyz; *Sempach*, dans celui de Lucerne; *Nafels*, dans celui de Glaris; *Altorf*, capitale du canton d'Uri, dans lequel se trouve, sur le bord occidental du lac des *Waldstetten*, la petite prairie de *Grütli* ou *Rutli*, où fut prononcé le serment d'émancipation des Suisses.

92. VIII. L'EMPIRE ROMAIN GERMANIQUE ou *Empire d'Allemagne*, qui embrassait toutes les contrées qui s'étendent des rives de la Meuse jusque bien au delà du cours de l'Oder, et depuis les rivages de la Baltique jusqu'au pied des Alpes. Parmi les nombreux États réunis sous cette nomination, mais qui ne formaient cependant pas un corps constitué d'une manière solide et régulière, nous citerons seulement les plus importants, et particulièrement les sept dont les souverains possédaient l'*électorat*, ou droit d'élire l'empereur d'Allemagne, savoir : — I. II et III. Les trois archevêchés-*électorats ecclésiastiques*, de TRÈVES sur la Meuse, de COLOGNE et de MAYENCE sur le Rhin. — IV. Le duché de la HAUTE LORRAINE ou *Lorraine mosellane*, plus au S. O., capitale *Nancy*. — V. Le PALATINAT DU RHIN, situé sur les deux rives de ce fleuve et l'un des quatre *électorats séculiers* de l'Allemagne, capitale *Heidelberg*. — VI. Le landgraviat de HESSE, plus au N. E., capitale *Cassel*. — VII. Les trois comtés de la maison de BRUNSWICK, dans le N. O. de l'Allemagne, distingués par les noms de leurs capitales, *Grübenhagen*, *Lunébourg* et *Wolfenbuttel*, auxquels il faut ajouter les villes de *Hanovre* et *Gœttingue*, possédées en commun par les souverains des deux derniers duchés. — VIII. Le comté d'OLDENBOURG, plus au N. O. encore. — IX. Le duché-*électorat* de SAXE, plus au S. E., composé de plusieurs provinces, et dont la ville la plus importante était *Dresde*, sur l'Elbe. — Le margraviat de BADE, beaucoup plus au S. O., portant le nom de sa capitale. — XI. Les deux comtés de WURTEMBERG, à l'E. de Bade; capitales : *Stuttgard* et *Urach*, possédant en France le comté de *Montbéliard*, au N. E. de Besançon. — XI. Les trois duchés de BAVIÈRE à l'E. du Wurtemberg, distingués par les noms de leurs capitales; *Ingolstadt*, sur le Danube, *Munich* et *Landshut*, plus au S. E. — XIII. Les vastes et importantes possessions de la maison de HABSBOURG-AUTRICHE, élevée à l'Empire, et qui, outre ses domaines patrimoniaux en Suisse, réduits alors à peu de chose, et l'archiduché de la *haute* et de la *basse* AUTRICHE, capitales *Lintz* et *Vienne* sur le Danube, possédait encore : 1° le royaume et *électorat* de BOHÊME, plus au N., capitale *Prague*, avec la *Moravie* (Olmütz), la *Silésie* (Breslau), et la *Lusace* (Bautzen), qui en dépendaient; 2° les trois duchés de STYRIE, capitale *Grœtz*; de CARINTHIE, capitale *Klagenfurt*, et de CARNIOLE, capitale *Laybach*, plus au S.; 3° le comté de TYROL, capitale *Inspruck*, plus à l'O.; 4° enfin l'ALSACE, sur la rive gauche du Rhin. — XIV. Le duché-*electo-rat* de BRANDEBOURG, plus au N. O., composé aussi de plusieurs provinces, dont la plus importante était le margraviat électoral de *Brandebourg*, ainsi nommé de sa capitale remplacée plus tard par la ville de *Berlin* — XV. Les deux duchés de MECKLEM-BOURG *Schwérin* et *Stargard*, plus au N. O. — XVI. Le comté de HOLSTEIN, plus au N. O. encore, devint, peu de temps après l'époque qui nous occupe, une possession des rois de Danemark. — XVII. Enfin les trois duchés de POMÉRANIE, au N. O. du Brandebourg, villes principales *Stettin* et *Wolgast*.

A tous ces États et à beaucoup d'autres moins importants, il faudrait ajouter encore les nombreuses principautés ecclésiastiques possédées par des évêques ou des abbés qui avaient le titre de *princes de l'Empire*, et les *villes impériales*, qui relevaient immédiatement de l'empereur; enfin la fameuse ligue commerciale appelée *hanse Teutonique*, ou *ligue Hanséatique*, qui ne comprenait pas moins de quatre-vingts villes des plus florissantes de l'Allemagne, dont les plus célèbres étaient : — *Lubeck*, où était née cette utile association. — *Hambourg*, sur l'Elbe. — *Brême, Groningue, Amsterdam, Utrecht, Deventer, Wesel, Cologne, Munster, Paderborn*, dans le N. O. — *Hanovre, Brunswick, Magdebourg*, dans le centre. — *Kiel, Stralsund, Stettin, Danzig*, dans le N. E.

93. IX. Le royaume de POLOGNE, situé au N. E. de l'empire germanique, et réuni depuis l'an 1386 avec le grand-duché de LITHUANIE, situé lui-même au N. E. de la Pologne. Ces deux États, qui conservaient leurs limites et leurs constitutions respectives, formaient ensemble une des plus vastes monarchies de l'Europe, qui touchait la mer Baltique au N. O. par ses possessions à l'O. des bouches de la Vistule et par la *Samogitie*, et se prolongeait au S. E. par la *Podolie*, jusqu'aux rivages de la mer Noire. — KRAKOVIE, sur la Vistule, était la capitale du royaume de Pologne, où l'on distinguait encore *Varsovie*, plus au N., sur le même fleuve, qui était alors la capitale du puissant duché de MAZOVIE, gouverné par des princes devenus vassaux de la Pologne en 1355. — La LITHUANIE avait pour capitale VILNA, située dans le N. O. On y remarquait encore *Kiev*, capitale du grand-duché de KIOVIE. — On peut encore rattacher à la Pologne la principauté de MOLDAVIE, fondée au milieu du quatorzième siècle, et qui, d'abord vassale de la Hongrie, n'avait presque pas cessé, depuis l'an 1387, de reconnaître la suzeraineté de la Pologne, au S. de laquelle elle était située.

94. X. La PRUSSE et la LIVONIE, séparées entre elles par la Samogitie. Ces deux pays occupaient une grande partie des côtes orientales de la mer Baltique, et formaient deux *langues* ou provinces de l'*ordre Teutonique*, auquel s'était réuni celui des chevaliers *Porte-glaive* de la Livonie. — MARIENBOURG, sur la Vistule, était encore, en 1435, le siège de l'ordre; mais elle devait bientôt tomber au pouvoir des Polonais, et céder cet honneur à KOENIGSBERG sur la Prégel, la ville principale de la Prusse; RIGA était la capitale de la Livonie.

95 XI. Le royaume de HONGRIE, au S. E. de l'empire germanique et de l'Europe centrale. Outre sa capitale, BUDE ou *Ofen*, située sur la rive droite du Danube, on y remarquait encore : — *Albe-Royale*, plus au S. O., où l'on couronnait les rois et où étaient leurs tombeaux; — *Strigonie* ou *Gran*, plus au N. sur le Danube, archevêché primat du royaume; — *Hermanstadt*, dans la TRANSYLVANIE, province orientale de la Hongrie, dont elle était séparée par de vastes forêts, auxquelles elle doit son nom. Cette ville est célèbre par la victoire signalée que Jean Hunyade y remporta sur les Turcs en 1442; — *Belgrade*, importante forteresse, située au confluent de la Save et du Danube, et cédée en 1434 au roi de Hongrie par le prince souverain de Servie, qui désespérait, malgré tous les avantages de sa position, de pouvoir la défendre contre les Turcs. — La CROATIE, province située plus à l'O., était réunie au royaume de Hongrie, auquel on peut rattacher encore la principauté de VALACHIE, renfermée entre la Transylvanie à l'O. et le Danube à l'E. et au S. Formée, dans la seconde moitié du treizième siècle, du banat hongrois de *Sévérin*, dont les voïvodes ou gouverneurs avaient profité des troubles qui déchiraient à cette époque le royaume de Hongrie pour se rendre indépendants, elle était, depuis l'arrivée des Turcs en Europe, un sujet de guerres continuelles entre les deux peuples, qui y dominaient alternativement; mais depuis les victoires de Jean Hunyade, elle se trouvait de fait rentrée sous la suzeraineté de la Hongrie.

§ III. — EUROPE MÉRIDIONALE.

EUROPE MÉRIDIONALE. — Les sept États ou groupes d'États compris dans l'Europe méridionale étaient les suivants, savoir :

96. XII. Le royaume de PORTUGAL, qui comprenait, au milieu du quinzième siècle, toute la partie S. O. de la péninsule depuis l'embouchure du Minio au N. jusqu'à celle de la Guadiana au S. E. Ses villes les plus importantes étaient: — LISBONNE, située près de l'embouchure du Tage, capitale du royaume ; — *Coïmbre*, située plus au N. E., remarquable par son université; — *Lamégo*. — *Ourique* au S. du royaume. — *Terçanabal* ou *Sagrès*, près du cap *Saint-Vincent*, qui forme la pointe S. O. du royaume, dans la province de l'Algarve, est remarquable par la célèbre école de marine qu'y établit le prince Henri, dit le Navigateur, et de laquelle sortirent les marins fameux qui ont illustré le Portugal par tant d'importantes découvertes. — La prise, par une flotte portugaise en 1415, de *Ceuta*, forteresse située sur la côte méridionale du détroit de Gibraltar, et dont le port servait de refuge aux pirates qui infestaient les côtes de l'Espagne et du Portugal, donna le signal de ces grandes découvertes. Déjà parvenus à l'époque où s'arrête notre description sur la côte de la *Guinée*, les Portugais occupaient en outre l'île de *Puerto Santo*, au S. O. du détroit de Gibraltar, en 1419, celle de *Madère*, située plus au S. O., et dont la capitale, nommée *Funchal*, possédait déjà, en 1455, une nombreuse colonie et un évêché ; enfin, de 1452 à 1450, tout le groupe des *Açores*, vis-à-vis des côtes du Portugal, mais à une distance de plus de treize cents kilomètres dans l'océan Atlantique.

97. XIII. Le royaume de CASTILLE et LÉON, qui comprenait tout le N. O. et toute la partie centrale de la péninsule espagnole, depuis la côte du golfe de Biscaye au N. jusqu'au détroit de Gibraltar au S. Il s'était formé, au commencement du douzième siècle, de la réunion de plusieurs royaumes successivement conquis sur les Maures, aux dépens desquels il n'avait cessé de s'agrandir. Ses principales villes étaient : — LÉON, au N. O., berceau de la monarchie et capitale, quoique les souverains eussent choisi pour résidence *Madrid*, plus au S. E., au centre de la péninsule. — *Saint-Jacques de Compostelle*, plus au N. O. encore, était la capitale du royaume de GALICE et le chef-lieu d'un ordre militaire dont les chevaliers avaient pour mission de protéger, sur les routes peu sûres de l'Espagne, les nombreux pèlerins qu'attirait dans cette ville le tombeau de l'apôtre saint Jacques le Majeur, que les Espagnols y croient enterré. — *Oviédo*, plus au N. E., capitale de la *principauté des* ASTURIES, qui forme l'apanage de l'héritier de la couronne. — *Burgos*, au S. E. de Léon, capitale de la VIEILLE-CASTILLE. — *Tolède, Cordoue, Séville, Murcie*, anciennes capitales de royaumes arabes. Les souverains de Castille et ceux d'Aragon se partageaient la possession du dernier de ces royaumes à l'époque qui nous occupe.

98. XIV. Le royaume de NAVARRE, situé au N. E. de celui de Castille et le plus petit des trois États chrétiens de l'Espagne. Il se composait seulement de possessions peu considérables qui s'étendaient sur les deux versants des Pyrénées et qui se trouvaient entourées en grande partie par celles du royaume d'Aragon. — PAMPELUNE, à peu près au centre du royaume, en était la capitale. — SAINT-JEAN-PIED DE-PORT, au N. des Pyrénées, était la capitale de la *basse Navarre*.

99. XV. Le quadruple royaume d'ARAGON, de MAJORQUE et des DEUX-SICILES, l'une des plus puissantes monarchies de l'Europe à l'époque qui nous occupe. Les rois d'*Aragon*, possesseurs du royaume de ce nom, qui comprenait la *Catalogne*, le royaume de *Valence* et le N. de celui de *Murcie*, dans la péninsule espagnole, les comtés de *Cerdagne*, de *Conflans* et de *Roussillon*, au milieu des montagnes et sur le revers des Pyrénées, dominaient ainsi sur toute la côte orientale de la Méditerranée. En outre, ils possédaient les îles *Baléares*, celle de *Sicile* et celle de *Sardaigne*, et le royaume de *Naples* comprenant toute l'Italie méridionale jusqu'à *Gaëte*, au N. O., et jusqu'au delà de *Fermo*, au N. E. — SARAGOSSE, sur l'Ebre, était la capitale de l'Aragon. — *Barcelone*, port sur la Méditerranée, était la ville la plus importante de ce royaume, où l'on distinguait encore *Tarragone*, autre port de mer, et *Valence*, près de l'embouchure du Guadalaviar. — *Palma* était la capitale de

l'île de MAJORQUE, dans les Baléares. — *Cagliari* était celle de la
SARDAIGNE; — PALERME celle de la SICILE. — NAPLES, capitale du
royaume de son nom, sur un golfe de la Méditerranée, était la résidence ordinaire des rois d'Aragon et des Deux-Siciles.

100 XVI. Le royaume musulman de GRENADE, seul débris des
conquêtes faites par les musulmans dans l'Europe occidentale. Il ne
comprenait plus, à l'époque qui nous occupe, qu'une portion de côte
d'environ 450 kilomètres d'étendue, qui se terminait au S. O., au
golfe de *Gibraltar*, qu'il posséda jusqu'en 1462.—GRENADE, remplie
de palais somptueux, était la résidence des souverains qui occupaient
celui de l'*Alhambra*, dont on admire encore les restes magnifiques.

101 XVII. L'ITALIE SEPTENTRIONALE, divisée en une foule de
petits États parmi lesquels nous indiquerons seulement les principaux; savoir, du N. au S. :

Le duché de SAVOIE, à l'O.; capitale, *Chambéry*. Il s'étendait
depuis les bords du Rhône, sur la rive gauche duquel se trouvait
la *Bresse* qui en faisait partie, jusqu'à *Nice*, sur la mer Méditerranée. — Le PIÉMONT, capitale *Turin*, et le pays de VAUD, capitale
Lausanne, en étaient les provinces les plus importantes.

Le marquisat de MONTFERRAT, à l'E. du Piémont; capitale, *Casale*, sur le Pô.

Le duché de MILAN, à l'E. du Montferrat, l'un des plus puissants
États du N. de l'Italie. Outre la grande et belle capitale dont il
portait le nom, on y distinguait : — *Novare* et *Alexandrie*, à l'O.;
— *Pavie*, *Plaisance* et *Crémone*, toutes trois sur le Pô, au S.;
enfin *Parme*, au S. E., des précédentes.

La république de VENISE, qui était sortie de ses lagunes pour
s'étendre jusqu'aux Alpes vers le N., jusqu'à *Bergame* et *Brescia*
à l'O., jusqu'au delà de *Padoue*, au S. O., et de *Capo d'Istria*,
dans la péninsule de l'*Istrie*, à l'E. Elle possédait de plus la ville
et le territoire de *Ravenne*, dont la séparait le duché de Ferrare;
la *Dalmatie* et une partie de l'*Albanie*, sur la côte orientale de la
mer Adriatique, jusqu'aux villes de *Scutari* et d'*Alesio* inclusive-
ment, mais non compris celle de *Raguse*; presque toutes les *îles*
de cette côte, de la mer Ionienne et de la partie septentrionale et
occidentale de l'*Archipel*, depuis celles de *Lemnos* et de *Seyros*
jusques et y compris celles de *Candie* et de *Négrepont*, et les villes
de *Lépante*, de *Napoli di Romania*, de *Napoli di Malvasia*, de
Pylos, de *Modon* et de *Coron* dans la Morée.

Le duché de FERRARE, gouverné, comme fief de l'Église, par les
margraves d'ESTE, dont les possessions, situées au S. O. de celles
de Venise, comprenaient, outre les deux villes d'*Este* et de *Ferrare*, la *Polésine* ou péninsule de *Rovigo*, au N.; la ville et les
importantes salines de *Comacchio*, au S. E., et les duchés de *Modène* et *Reggio*, à l'O.

La république de GÊNES, dont les possessions entouraient le fond
du golfe sur lequel s'élève sa capitale, et comprenaient de plus :
l'île de *Corse*, au S. de ce même golfe, les villes maritimes de la
péninsule de *Crimée*, notamment celle de *Caffa*, au S. E.; quel-

ques ports de la côte méridionale de la mer Noire, tels que celui d'*Amasrah* ou *Amastro*, l'ancienne Amastris; celui de *Phocée*, côte orientale de l'Archipel; le faubourg de *Galata*, à Constantinople; les îles de *Lesbos*, de *Chio*, et quelques autres moins importantes dans l'Archipel; enfin la ville de *Famagouste*, sur la côte orientale de l'île de *Chypre*.

La république de FLORENCE, au S. E. de celle de Gênes et dont la capitale, située sur l'Arno, était devenue sous les Médicis le sanctuaire des sciences et des arts. La possession des ports de *Pise* et de *Livourne* augmenta de beaucoup sa prospérité commerciale.

A ces états, qui tenaient le premier rang dans l'Italie septentrionale, on peut ajouter comme les plus remarquables après eux : — le margraviat de MANTUE, au N. de Modène, possédé par la maison de *Gonzague*; — le margraviat de MASSA CARRARA, ainsi nommé de deux petites villes situées près du golfe de Gênes; — la république de LUCQUES, au S. E. de Massa-Carrara; — celle de SIENNE, qui possédait un territoire assez étendu et extrêmement fertile au S. de celui de Florence; — la principauté de PIOMBINO, enfin, enclavée dans le territoire de Sienne, mais qui possédait l'île d'*Elbe*, située vis-à-vis de cette côte.

102 XVIII. Les ÉTATS DE L'ÉGLISE, appelés aussi États Romains, qui étaient censés comprendre toute l'Italie centrale, depuis les limites méridionales de la république de Sienne jusqu'au delà de *Terracine* sur la côte de la mer de Toscane, et depuis les rives du Pô jusqu'au delà de l'embouchure du petit fleuve du Tronto, sur la côte de l'Adriatique; mais dans ces limites se trouvaient comprises des villes qui, telles que *Ferrare* et *Ravenne*, appartenaient à d'autres États de l'Italie; un plus grand nombre d'autres s'étaient, comme *Bologne* et *Saint-Marin*, au N. E., érigées en républiques indépendantes ou bien, comme *Faenza*, *Forli*, *Rimini*, *Pesaro*, *Urbin*, aussi dans le N. E., *Camerino*, *Fermo*, dans le S. E., *Orvieto*, *Viterbe* dans le centre, et même sur le territoire des environs de Rome, elles étaient possédées par des familles puissantes, qui ne reconnaissaient que pour la forme la suzeraineté du pape. Par compensation, le saint-siège possédait hors des limites de l'État ecclésiastique : — 1° la principauté de *Bénévent*, dans le royaume de Naples, et 2° la ville d'*Avignon* avec le *comtat Venaissin*, dans le royaume de France, au N. O. de la Provence. — ROME, où le souverain pontife était revenu fixer son siège, était redevenue la capitale du monde chrétien.

Comme on vient de le voir, l'Italie méridionale ne comprenait que le *royaume de Naples*, devenu une des possessions de la monarchie aragonaise.

§ IV. — EUROPE ORIENTALE.

Les trois États de l'Europe orientale étaient :

103. XIX. La *grande principauté* de RUSSIE ou de *Moscovie*, au N. E. de la Lithuanie. — MOSCOU, située sur un affluent du

Volga, avait succédé, dans la dignité de capitale, à *Vladimir*, située plus au N. E. — *Novgorod la Grande*, au N. O., était la capitale d'une république soumise au grand Prince, mais conservant encore, ainsi que *Pskof*, située plus au S. O., sa constitution. — *Tver*, plus à l'E., sur le Volga, *Mojaïsk*, plus au S., *Riazan*, plus au S. E., etc., étaient des principautés indépendantes.

104. XX. Les ROYAUMES MONGOLS, à l'E. de la Russie, et qui étaient un démembrement du vaste *empire Mongol*, fondé par Tchenghis-Khan, dont un des fils était venu fonder, sur les bords du Volga, le khanat du KAPTCHAK ou de la *Horde d'or;* ils formaient depuis cette époque cinq khanats particuliers, savoir : — I. Celui qui conservait encore le nom de KAPTCHAK, sur les bords du Volga. — II. Celui de *Krim* ou CRIMÉE, au S., qui avait pour capitale *Pérécop*, située sur l'isthme de ce nom. — III. Le khanat d'ASTRAKHAN, au S. E., ainsi nommé de sa capitale située vers les embouchures du Volga dans la mer Caspienne. — IV. Le khanat de KAZAN, au N. E., dont la capitale se trouvait sur le cours supérieur du Volga. — V. Enfin, le khanat de TOUROR ou *Touran*, situé au delà des limites de l'Europe, dans l'Asie septentrionale, et qui dut par la suite à sa capitale *Isker* ou *Sibir*, le nom de *Sibirie* ou *Sibérie*..

105. XXI. L'EMPIRE OTTOMAN, qui, depuis la prise de Constantinople par Mahomet II, s'étendait, en y comprenant les États tributaires, sur toute la partie de l'Europe comprise entre le Danube, la mer Adriatique, la Méditerranée, l'Archipel et la mer de Marmara.

Les villes les plus remarquables des provinces européennes étaient : — CONSTANTINOPLE, capitale de l'empire. — *Andrinople*, plus au N. O. — *Varna* plus au N. E., sur la mer Noire. *Nicopoli*, sur le Danube; *Philippopoli*, plus au S. E.; *Kassova* ou *Cassovie*, plus à l'O., qui avaient été témoins de grandes batailles gagnées par les Ottomans sur les princes chrétiens. — *Saloniki*, l'ancienne Thessalonique, port très-commerçant au fond du golfe de son nom.

Les principaux États tributaires étaient :

1° Le royaume de SERVIE, au N. O., fondé au milieu du onzième siècle, et qui avait pour capitale *Semandria* sur le Danube;

2° Le banat de BOSNIE, à l'O. de la Servie, qui avait aussi formé pendant plusieurs siècles un État indépendant, et qui avait pour capitale *Iazé*, vers le N. O.;

3° La république de RAGUSE, ainsi nommée du port commerçant de ce nom, situé sur l'Adriatique;

4° Le petit État de CROIA, plus au S. E., dans l'Albanie;

5° Le duché d'ATHÈNES, au S. E., qui avait pour capitale la fameuse ville de ce nom, et qui était gouverné par une famille vénitienne;

6° et 7° Les despoties ou principautés d'EPIDAURE et de SPARTE, dans la *Morée*, ancien Péloponèse, gouvernées l'une et l'autre par des frères du dernier empereur de Constantinople, qui s'étaient reconnus tributaires des Turcs.

§ V. — GÉOGRAPHIE DE LA FRANCE.

106. BORNES DE LA FRANCE. — Après les conquêtes du règne de Charles VII, la France avait repris à peu près ses anciennes limites, savoir : la mer du Nord, le Pas-de-Calais et la Manche au N. O. ; l'Océan Atlantique à l'O. ; le royaume de Navarre, les Pyrénées, le royaume d'Aragon et le golfe du Lion au S. ; le Rhône, les Alpes et les possessions de l'empire d'Allemagne à l'E. et au N. E.

107. ÉTENDUE DU DOMAINE ROYAL. — Rappelons d'abord que toutes les provinces septentrionales de l'ancienne Gaule et de l'ancien royaume des Francs, et toutes celles situées à l'Orient de la Meuse, de la Saône et du Rhône, étaient, en quelque sorte, devenues étrangères à la France depuis qu'elles relevaient de l'empire d'Allemagne. Il faut toutefois en excepter le *Dauphiné* et la partie orientale du *Lyonnais*, rentrés depuis plus d'un siècle dans le domaine de la couronne. Resserrée dans ces limites, la France eût néanmoins formé encore un puissant royaume et elle eût composé un tout homogène et compacte ; mais on sait qu'il n'en était rien Le royaume proprement dit, c'est-à-dire le *domaine royal*, ne comprenait pas plus de quinze ou seize des provinces principales qui composaient *le royaume*. Ces provinces étaient :

I. Le comté de PARIS, domaine primitif de la maison régnante, reconquis, avec toute l'ILE DE FRANCE, sur les Anglais, en 1429, époque à laquelle Jeanne d'Arc fut blessée sous les murs de *Paris*, et en 1436, année dans laquelle cette capitale vit enfin les étrangers chassés de son sein. Les seigneuries de Montmorency, d'Etampes, de Dammartin, dans le comté de Paris, n'appartenaient pas au domaine royal.

II. La PICARDIE méridionale, c'est-à-dire la partie de cette province située au S. de la Somme. La portion qui s'étend au N. de cette rivière, et les villes mêmes situées sur ses bords, avaient été laissées au duc de Bourgogne. Il faut également séparer les comtés de Valois, de Soissons et de Clermont.

III. Les comtés de CHAMPAGNE et de BRIE, moins les comtés et principautés de Rethel, de Sedan de Bouillon, Joigny, Joinville.

IV. La NORMANDIE, reconquise sur les Anglais en une année (1449-1450) par le brave Dunois. Elle avait vu avec joie rentrer successivement sous l'autorité du roi toutes ses places fortes : *Pont-de-l'Arche*, sur la Seine, au-dessus de Rouen ; *Pont-Audemer*, *Lisieux*, *Saint-Lô*, *Coutances*. au S. O. de Rouen ; *Vernon*, au S.E. ; *Gournai*, à l'E. ; *Verneuil*, *Evreux*, *Louviers*, *Alençon*, vers le S. ; la capitale elle-même, *Rouen*, vainement défendue par le brave Talbot (1449), puis *Harfleur* et *Honfleur* ; enfin *Vire*, *Bayeux*, *Avranches*, *Caen*, capitale de la basse Normandie, *Falaise*, *Cherbourg*, défendue en vain par la mer et par une garnison nombreuse.

Les comtés d'Alençon, du Perche, d'Aumale, d'Harcourt, de Mortain, d'Eu, ne faisaient pas toutefois partie du domaine royal

V. Le comté de Chartres, qui avait passé depuis l'an 1254 de
la suzeraineté des comtes de Champagne sous celle du roi.

VI. Le duché de Touraine, mais pour les droits royaux seulement, car il avait été donné en 1424 au duc d'Anjou, à l'exception
de la ville et du château de Chinon, demeurés en pleine propriété
au domaine royal.

VII. Le comté de Poitou, avec l'Aunis et la Saintonge, le Limousin, sauf les vicomtés de Limoges et de Turenne.

VIII. Le duché de Guyenne, dont la capitale, Bordeaux, avait
été reprise aux Anglais en 1453 avec une petite partie de la Gascogne, dont les comtes d'Armagnac, de Foix et d'Albret possédaient
la plus grande partie.

IX. Le Languedoc tout entier, où l'on distinguait les cinq sénéchaussées de Toulouse, à l'O.: de Carcassonne et de Narbonne,
au S.: de Béziers, au S. E., et de Beaucaire, sur le Rhône, à l'E.;
et de plus, la seigneurie de Montpellier, les comtés d'Albi, de Lodève, de Nîmes, d'Uzès.

X. Le Dauphiné enfin, avec les comtés de Valentinois, capitale
Valence, sur le Rhône, et de Diois, capitale Die, un peu plus au
S. E., formait l'apanage du Dauphin, qui le réunit au domaine
royal en parvenant au trône sous le nom de Louis XI.

108 Maisons féodales apanagées. — Nous mention-
nerons d'abord les provinces qui, bien que séparées du domaine
royal, appartenaient pourtant en réalité à la couronne, parce
qu'elles avaient été concédées en apanage seulement, à des princes
de la famille royale.

Ces grandes maisons étaient les suivantes:

I. La maison de Valois-Orléans embrassait dans ses vastes possessions: — Le duché d'Orléans, dont cette branche de la famille
royale portait le titre depuis que Charles VI en avait investi son
frère, en 1392. — Le comté de Valois, dont ce même prince, second fils de Charles V, avait reçu le titre à sa naissance, en 1372.
— Le comté de Blois, acheté par le même prince, en 1591, de
Guy de Châtillon, pour vingt mille écus d'or, avec le comté de
Dunois, situé plus au N., et les seigneuries de Château-Renaud,
à l'O. de Blois, et de Romorantin, au S. E. de cette même ville.
L'acquisition que le duc d'Orléans fit encore (en 1593) de la vicomté de Châteaudun, jusque-là séparée du Dunois, dont cette
ville était pourtant la capitale, réunit entre ses mains toute cette
province. — La sirerie de Coucy enfin, qui était une des plus
belles et des plus puissantes baronnies du royaume, ayant dans sa
dépendance cent cinquante bourgs ou villages, outre un grand
nombre de terres et de châteaux, lorsque ce même duc d'Orléans
l'acheta (en 1400) pour quatre cent mille livres; mais en 1414,
près de la moitié de cette riche seigneurie avait passé dans la maison des ducs de Bar, et en 1431, avec ce dernier duché, dans la
maison d'Anjou. — Toutes les possessions de la maison d'Orléans
devaient être réunies, en 1498, au domaine royal par l'avénement
au trône de Louis XII, l'héritier de cette maison (n° 194).

II. La maison de Valois-Angoulême, branche cadette de la maison d'Orléans, possédait, depuis 1407, le comté d'Angoulême, qui devait retourner au domaine royal par l'avénement au trône, en 1515, de l'héritier de cette branche, François Ier, arrière-petit-fils du chef de la maison de Valois-Orléans (n° 205).

III. Le duché de BERRI avait été donné, en 1453, par Charles VII, en apanage à son second fils, qui devait le céder, en 1465, à son frère le roi Louis XI, en échange de la Normandie.

IV. La maison de BOURGOGNE, la plus près du trône après celles dont nous venons de parler, était devenue par ses alliances, ses acquisitions et ses conquêtes, bien plus puissante qu'elles encore. Ses immenses domaines comprenaient, soit en France, soit hors de France : — le duché de *Bourgogne*, donné, en 1363, avec le titre de premier pair de France, par le roi Jean à son quatrième fils Philippe le Hardi, auteur de la seconde race des ducs de Bourgogne (n° 44); — Les comtés de *Bourgogne* (Franche-Comté), de *Flandre* et d'*Artois*, de *Nevers* et de *Rethel*, que Marguerite, femme de ce même Philippe, avait reçus en héritage, en 1384, et transmis à Jean sans Peur en 1405; — le marquisat de *Namur*, acheté en 1421 par Philippe le Bon.

A ces vastes États, Philippe le Bon avait encore ajouté toutes les provinces suivantes, dont une partie se trouvait comprise, ainsi que la dernière que nous venons de citer, dans l'ancien royaume de *Lorraine* : — Le duché de *Brabant*, situé à l'O. du comté de Flandre, avec celui de *Limbourg*, et le marquisat d'*Anvers*, fiefs de l'Empire, qui étaient échus par succession à Philippe le Bon, en 1430. — e comté de *Hainaut*, au S. E. de celui de Flandre, dont ce même prince s'était fait reconnaître comme l'héritier par les états de l'année 1427; — ceux de *Hollande* et de *Zélande*, situés au N. et au N. O. de celui de Brabant, et même la *Frise*, située au N. E. de la Hollande, dont elle était, depuis l'an 1225, séparée par le golfe appelé *Zuyder-Zée*, ou mer du midi, formé à cette époque par une irruption des eaux de la mer. Cette dernière et pauvre province, disputée aux comtes de Hollande par les empereurs d'Allemagne, mais soumise à une forme de gouvernement à peu près républicaine, avait néanmoins été acquise, avec les comtés nommés précédemment, en 1433, par le duc de Bourgogne. — Le comté de *Boulogne*, celui de *Ponthieu*, les villes de *Saint-Quentin*, capitale du *Vermandois*, de *Corbie*, aussi sur la Somme, mais plus au N. O., d'*Amiens*, d'*Abbeville*, avec toute la partie de la Picardie située sur la rive droite de la Somme, dont ces villes défendaient le passage, et même, au midi de la Somme, les villes de *Roye* et de *Montdidier*, villes et comtés réunis à la Flandre par le traité d'Arras en 1435. — Les comtés de *Mâcon*, sur les rives de la Saône, d'*Auxerre*, sur les rives de l'Yonne, et la châtellenie de *Bar sur-Seine*, réunis par le même traité à la Bourgogne. — Le duché de *Luxembourg* enfin, conquis en 1443 par Philippe le Bon, qui prit d'assaut sa capitale, se la fit céder avec le comté de *Chiny*, au S. O. du Luxembourg, et l'avouerie d'*Alsace* (1444, 1451).

Parmi les seigneuries qui viennent d'être nommées, les comtés de *Rethel*, d'*Etampes* et de *Nevers*, avec la baronnie de *Donzy*, formaient l'héritage de la *branche cadette* de la maison de Bourgogne.

V. La maison de BOURBON remontait, (voir *Cours de troisième*, chap. XXII), à Robert, sixième fils de saint Louis, investi par son père en 1268 du comté de *Clermont* en Beauvaisis, auquel il ajouta, quelques années après, la sirerie de *Bourbon l'Archambault*, dont Robert prit le nom, quoique cette seigneurie fût l'héritage de son épouse. En 1527, elle fut érigée en duché-pairie en faveur de Robert par Charles le Bel. Deux branches se partageaient les domaines de la maison de Bourbon à l'époque qui nous occupe.

La *branche aînée* se divisait elle-même en deux rameaux, celui des ducs de *Bourbon* et celui des ducs de *Montpensier*.

1° Les ducs de BOURBON possédaient alors, outre le comté de *Clermont* et le duché de *Bourbon*, avec le comté de *Montluçon*, qui étaient les domaines originaires de la famille, — le comté de *Forez*, situé au S. du Bourbonnais et longtemps réuni au comté le Lyonnais; — la baronnie de *Roannais*, chef-lieu *Roanne*, sur la Loire, au N. E. du Forez, acquise par héritage en 1582; — la baronnie de *Combrailles*, située au S. du Bourbonnais, entre la Marche et l'Auvergne, dont elle était un démembrement, achetée en 1400 par le duc Louis le Bon; — la baronnie de *Beaujolais*, capitale *Beaujeu*, au S. du Mâconnais, et la seigneurie de *Dombes*, à l'E. du Beaujolais, sur la rive opposée de la Saône, faisant toutes deux partie de l'ancien royaume d'Arles, et achetées l'une et l'autre, en 1400, par Louis le Bon, auquel l'ordre et l'économie avec lesquels il administrait les finances permirent encore de faire, deux ans après, l'acquisition des villes et châtellenies de *Trévoux* et du *Châtelard*, l'une et l'autre dans la principauté de Dombes, dont elles complétèrent pour lui la possession; et de la seigneurie d'*Ambérieux*, plus à l'E., dans le *Bugey*, qui était aussi une des provinces de l'ancien royaume d'Arles; — le duché d'*Auvergne*, capitale *Riom*, démembré (en 1240) de l'ancien comté de ce nom;

1° Les ducs de BOURBON-MONTPENSIER avaient ajouté au comté dont ils portaient le nom, en 1436, le *Dauphiné d'Auvergne* et le comté de *Sancerre*, au N. E. du Berri.

La *branche cadette* de la maison de Bourbon possédait les comtés et seigneuries de *la Roche sur-Yon*, de *Vendôme*, de *Carency*, etc.

VI. La maison d'ANJOU tirait, comme l'on sait (voir *Cours de troisième*, chap. XXII), son origine d'un frère de saint Louis, Charles, comte d'Anjou et roi de Naples; cette maison conservait des prétentions à ce dernier royaume qu'elle n'avait possédé que vingt ans (1265-1285); elle avait en France de vastes domaines comprenant, outre l'*Anjou* et le *Maine:* — 1° les comtés de *Provence*, capitale *Aix*, et de *Forcalquier*, faisant partie l'un et l'autre de l'ancien royaume d'Arles, et passés par mariage au pouvoir de Charles d'Anjou; — 2° le duché de *Touraine*, donné par Charles VII au duc d'Anjou.

Ces États avaient été partagés, en 1434, entre deux frères, et l'étaient encore à l'époque qui nous occupe. 1° *René* d'Anjou, l'aîné, avait gardé pour lui, avec le titre de roi de Naples, qui s'était toujours conservé dans sa maison, le comté de *Provence* et le duché d'*Anjou*, et avait acquis d'importantes possessions, savoir : en 1419, le duché de *Bar*, qui lui fut cédé à l'occasion de son mariage avec Isabelle, héritière du duché de *Lorraine*, importante province de l'ancien royaume de ce nom. Les deux duchés de Bar et de Lorraine se trouvèrent réunis dans les mains de René, qui céda le duché de *Lorraine* à *Jean II*, duc de Calabre, son fils aîné, avec *Nancy*, sa capitale (1453). *Metz*, qui ne le cédait guère en importance à la capitale du duché, avait, quelques années auparavant, obtenu du duc la reconnaissance de son indépendance. — 2° La seconde branche de la maison d'Anjou possédait seulement le duché du *Maine*.

VII. La maison d'ARTOIS, issue de Louis VIII, possédait seulement le comté d'*Eu*.

VIII. La maison d'ALENÇON, issue de Philippe le Hardi, possédait le duché de ce nom, auquel était réuni depuis 1404 le comté du *Perche*, mais elle avait vendu au duc de Bretagne la seigneurie de *Fougères* (1424).

109. MAISONS FÉODALES. Après ces maisons de princes apanagistes que nous venons de citer, il faut nommer :

La maison de BRETAGNE (sous le duc de Montfort), qui possédait le duché de ce nom, et auquel elle avait récemment ajouté la baronnie de *Fougères*. Le duc de Bretagne possédait encore, à l'époque qui nous occupe, au cœur même de la France, le comté de *Montfort-l'Amaury*, ou S. O. de Paris, et la terre de *Neaufle*, au N. E. de Montfort.

La maison de FOIX qui possédait, outre le comté de Foix, le comté de *Bigorre*, le duché de *Narbonne*, la vicomté de *Béarn*; et qui allait bientôt (1462) hériter par les femmes du royaume de la *basse Navarre*.

Parmi les autres maisons féodales d'une origine moins illustre, les plus puissantes étaient :

La maison de MONTMORENCY, qui possédait Ecouen et Damville.

La maison de VAUDEMONT, qui, au comté de ce nom, à la sirerie de *Joinville* et à d'autres terres considérables, devait joindre bientôt le duché de *Lorraine* (1473).

La maison de CHALON, qui possédait : 1° la baronnie d'*Arlai*, dans la Franche-Comté, au N. de Lons-le-Saulnier; 2° la principauté d'*Orange*, enclavée dans le *comtat Venaissin*, et qui devait son nom à sa capitale, située près du Rhône, au N. d'Avignon; 3° enfin le droit de suzeraineté sur le comté de *Neufchâtel*, en Suisse. — Le comté de *Tonnerre*, au N. O. de la Bourgogne, qui avait été possédé par une autre branche de cette même maison, en avait été détaché récemment.

La maison de LAVAL, qui possédait dans le *bas Maine* la seigneurie de ce nom, ayant dans sa dépendance cent cinquante terres devant l'hommage, et érigée en *comté* par Charles VII. le jour même de son sacre (17 juillet 1429), en considération de l'ancienneté de cette maison et de son immuable fidélité à la couronne.

la plus gra de partie de la *Gascogne* et le *Rouergue* étaient partagés entre la poissa le maison d'ALBRET, maîtresse du comté de *Dreux*, et celle d'ARMAGNAC, à laquelle appartenait aussi le comté de la *Marche* (auparavant à la maison de Bourbon), et qui allait acquérir le duché de *Nemours*.

La maison de l'ENTREVRE (ancienne maison de Blois) était en possession de la vicomté de *Limoges*, du comté de *Perigord*, et avait sur la Bretagne des droits qu'Anne de Beaujeu fit acheter à Charles VIII (.° 18).

La maison de la TRÉMOILLE possédait le comté de *Joigny*, la vicomté de *Thouars* et la principauté de *Talmond*.

La maison de CHATILLON avait dans ses domaines le comté de *Châtillon-sur-Marne*.

Le comté de *Saint-Pol*, avec une foule de seigneuries en Flandre et en Picardie, appartenait à la maison de LUXEMBOURG.

Quant aux deux comtés de *Roussillon* et de *Cerdagne*, on sait que saint Louis les avait abandonnés au roi d'Aragon par le traité de Corbeil (125). Le *comtat Venaissin*, démembrement de la Provence, appartenait au pape depuis l'année 1274.

Ainsi, sur plus de cinquante provinces entre lesquelles se trouvait partagé, au milieu du quinzième siècle, le territoire de la France, le domaine royal n'en embrassait que le tiers à l'avénement de Louis XI.

QUESTIONNAIRE. — 86. En combien de grandes divisions partagez-vous l'Europe? — 87. Quels États comprenait l'Europe septentrionale? — Qu'avez-vous à dire de la situation, des limites, des villes remarquables de l'Angleterre?... de l'Écosse? — 88. ... Du Danemark?... de la Norvège? — 89. ... De la Suède? — 90. Quelles étaient leurs dépendances? — 91. Combien d'États comprenait l'Europe centrale? — Faites connaître la situation les limites, les divisions importantes, les villes principales de la ligue Helvétique — 92 ... De l'empire d'Allemagne. — 93. ... Du royaume de Pologne — 94. ... De la Prusse et de la Livonie — 95. ... u royaume de Hongrie. — 96. Quels États comprenait l'Europe méridionale? — Indiquez la situation, les limites, les villes principales et les dépendances du Portugal. — 97-98-99. ... Des divers royaumes chrétiens d'Espagne avec celui des Deux-Siciles — 140. Quel royaume musulman l'Espagne renfermait-elle encore? — 101-102. Qu'avez-vous à dire des divers États d'Italie? — 103. Faites connaître la situation respective et la position géographique des États de l'orient de l'Europe : de la Russie. — 10 . ... Des royaumes Mongols. — 105. ... De l'Empire Ottoman. — Quels étaient les peuples tributaires des Turcs? — 106 Quelles sont les bornes de la France après Charles VII? — 107. Énumérez les provinces dont se composait le domaine royal à l'avénement de Louis XI. — Indiquez l'époque de l'acquisition des principales d'entre elles. — Qu'est ce que le Dauphiné avait de particulier? — 108. Quels étaient les princes apanagistes les plus puissants? — Quels étaient les domaines de la maison d'Orléans-Valois? — ... De la maison de Valois-Angoulême? — ... Du duc de Berri? — ... Du duc de Bourgogne? — Faites connaître la formation successive de ce puissant État. — Que possédait la branche cadette de Bourgogne? — Quels étaient les possessions des deux branches de la maison de Bourbon? — ... De la maison d'Anjou? — ... Des maisons d'Artois et d'Alençon? — 109. Quels étaient les domaines de la maison de Bretagne? — ... Du comté de Foix? — Citez quelques autres maisons féodales. — Quelles étaient les plus puissantes au midi? — A qui appartenaient la Cerdagne, le Roussillon, le comtat Venaissin?

CHAPITRE ONZIÈME.

LOUIS XI.

(1461-1483.)

—

SOMMAIRE.

110. Louis XI arrive au trône (1461) dans l'intention arrêtée d'établir le pouvoir absolu ; il se fait sacrer à Reims, réforme quelques abus; il secourt le roi d'Aragon, et reçoit le Roussillon et la Cerdagne en nantissement.

111. La noblesse, inquiétée par le roi, forme la ligue du bien public, après la bataille indécise de Montlhéry (1465). Louis est contraint de signer les traités de Conflans et de Saint-Maur (1465), où il fait les plus grands sacrifices. Il récompense la fidélité des Parisiens par plusieurs faveurs.

112. Charles le Téméraire, duc de Bourgogne (1467), est aussi puissant que le roi ; il forme une nouvelle ligue contre Louis XI, qui va le trouver à Péronne (1468), où, retenu prisonnier, il est forcé d'acheter chèrement sa liberté. Bientôt débarrassé des ennemis intérieurs et appuyé sur des alliances étrangères, le roi convoque à Tours une assemblée des notables, qui casse le traité de Péronne (1470).

113. Une ligue dans laquelle entrèrent les rois d'Angleterre et d'Aragon, ainsi que le frère du roi, fut rompue par la mort de celui-ci (1472).

114. Charles le Téméraire cependant marcha sur Beauvais, mais échoua par l'héroïsme de Jeanne Hachette; le duc de Bretagne fut contraint de poser les armes, et la trêve de Senlis fut signée avec le duc de Bourgogne (1472). Le roi d'Aragon ne put reprendre ni le Roussillon ni la Cerdagne.

115. Édouard V d'Angleterre étant descendu en France Louis l'éloigna par le traité de Pecquiguy et une pension de 75,000 écus.

116. Charles le Téméraire essaye vainement de se faire donner le titre de roi par Frédéric III; il enlève la Lorraine au duc René (1475 , mais, provoqué par les Suisses, il est battu à Granson et à Murat (1476), puis va mourir au siège de Nancy (1477).

117. Louis XI envahit aussitôt les États du duc de Bourgogne, dont l'héritière Marie épouse Maximilien d'Autriche (1477). Après plusieurs guerres, la mort de Marie amène le traité d'Arras (23 dé-

cembre 1482), par lequel le duché de Bourgogne est divisé entre la France et l'Autriche.

§ II. 118. A l'intérieur la maison d'Armagnac est anéantie (1474) et Louis r çoit l'hommage pour les comtés de Foix et de Bigorre, le duc d'Alençon est condamné (1474), l'Anjou est enlevé au roi René de Provence. La condamnation du comte de Saint-Pol (1475) et celle du duc de Nemours (1477) consomment l'abaissement de la féodalité.

119. A la mort du roi René (1480), Louis XI occupe le Barrois; à la mort du comte du Maine, l'Anjou, le Maine (1481) et la Provence. Le procès du jeune duc d'Alençon (1481) se termine par l'occupation de ses places fortes. Le duc de Bretagne et le duc de Bourbon sont les seuls grands feudataires restés debout.

120. Louis XI favorise contre la noblesse les libertés municipales, les corporations, etc.; il accorde sa protection au commerce et à l'industrie, crée l'ordre de Saint-Michel et établit les postes. Il fonde les parlements de Grenoble (1453), de Bordeaux (1462), de Dijon (1476), et les académies de Caen et Besançon (1480), l'école de médecine à Paris, et accroît la bibliothèque. Il introduit l'imprimerie à Paris.

121. L'écrivain le plus remarquable de l'époque est Philippe de Commynes. Son style est simple et ses jugements ont une haute portée; il est bien supérieur à ses contemporains Jean de Troyes et Olivier de la Marche.

122. Louis XI est un politique profond, mais cruel et sans foi, superstitieux et craignant la mort. Il se retire au Plessis-lès-Tours avec le bourreau Tristan l'Hermite et le barbier Olivier le Daim. Il appelle saint François de Paule et meurt dans les angoisses (1483). Il ne convoqua qu'une fois les états généraux (1468). Il a accru la force militaire de la France en même temps que son territoire.

110. Louis XI. (1461-1483). — Le règne de Louis XI est signalé par une modification importante dans l'état intérieur de la France; c'est de ce roi que date l'établissement de la *monarchie absolue*. A partir de cette époque en effet la puissance royale, n'aura plus à compter avec personne, la féodalité sera écrasée, les états généraux ne seront réunis que selon le bon plaisir du roi et si les parlements tentent de résister aux volontés royales, ils devront plier à leur tour.

A peine le roi Charles VII eut-il rendu le dernier soupir, que l'on entendit Dunois s'écrier : *Nous avons perdu notre maître, que chacun songe à se pourvoir.* Ils firent bien de se hâter; la prompte arrivée du successeur de Charles ne devait pas laisser longtemps à la féodalité le loisir de songer à faire ses affaires. La nation allait trouver en lui un roi qui, ayant longtemps et impatiemment désiré le pouvoir, avait beaucoup médité sur la manière dont il lui conviendrait de l'exercer; un roi qui arrivait sur le trône avec des vues et des plans bien arrêtés, et qui, pour parvenir au but qu'il s'était fixé, était peu disposé à s'inquiéter des moyens, convaincu que le succès légitime tout, et que la royauté ne pouvait recouvrer qu'à force de finesse d'esprit, d'astuce politique et d'habileté pratique, le pouvoir et l'influence que la féodalité lui avait depuis si longtemps enlevés; un roi enfin qui, s'il fut le créateur en France de cette odieuse politique toute pleine de ruse, de fourberie, de violence, à laquelle on a donné le nom d'un publiciste italien du siècle suivant (1), fut aussi l'inventeur de la diplomatie et de cette habile politique internationale qui sait employer d'autres moyens que la violence.

À la nouvelle de la mort de son père, Louis XI quitta les États du duc de Bourgogne, accompagné par ce prince lui-même, qui le suivit à Reims pour la cérémonie de son sacre, dans laquelle il lui fit hommage-lige pour la portion de ses États qui relevaient de la couronne de France, lui promettant en outre de l'aider au besoin de toutes ses forces et de toutes ses ressources, le priant en retour de pardonner à ses ennemis. Mais, à peine arrivé à Paris, Louis XI destitue tous ceux qui avaient servi Charles VII, élève les tailles d'un million sept cent mille francs à trois millions, et punit avec une cruelle sévérité les révoltes que fait naître cette augmentation d'impôts; enfin, il supprime la *Pragmatique sanction* (n° 56), bien moins en vue de satisfaire au désir de la cour de Rome qu'en haine des libertés qu'elle consacrait. Mais, en même temps, déployant une incroyable activité, il travaille à réformer l'administration, visite la plupart des provinces, va faire en Bretagne un pèlerinage dont le but était probablement plus politique que religieux; se rend ensuite dans le comté de Foix, puis sur la Bidassoa, limite de son royaume et de celui de Castille, avec le souverain duquel il a une entrevue, et accorde à celui d'Aragon, en guerre contre les Catalans révoltés, un secours de sept cents lances, moyennant une somme de deux cent mille écus; mais ce prince étant hors d'état de payer alors, Louis se fait donner par lui en nantissement le *Roussillon* et la *Cerdagne*, qu'il se promettait bien de ne jamais rendre.

111. LIGUE DU BIEN PUBLIC. — Le mécontentement qu'excitèrent les actes par lesquels Louis XI commença son règne, et l'intention qu'il manifesta tout d'abord de restreindre la puissance des grands vassaux, déterminèrent ceux-ci à tra-

---

(1) Machiavel était né en 1469, mais ce fut seulement en 1514 qu'il présenta à Laurent II de Médicis le manuscrit de son ouvrage intitulé *le Prince*, dans lequel il expose les principes de cette politique détestable, flétrie du nom de *machiavélisme*.

mer contre lui une conspiration redoutable, à la tête de laquelle se trouvait son propre frère, le duc de Berri, et le fils du duc de Bourgogne, *Charles*, comté de Charolais, qui fut plus tard Charles le Téméraire. Ce prince, irrité de ce que Louis avait déterminé le vieux duc Philippe le Bon à lui revendre pour quatre cent mille écus d'or les villes de la Somme et lui avait enlevé à lui-même le gouvernement de la Normandie dont il l'avait gratifié à son avénement, fut l'âme de ce vaste complot; il parvint à y faire entrer les ducs de Bretagne, de Lorraine, de Bourbon, d'Alençon, de Nemours, le sire d'Albret, les comtes d'Armagnac, de Dunois, de Saint-Pol, de Chabannes et une foule d'autres. Le duc de Berri, frère du roi, devint le chef nominal de cette ligue, dite du *Bien public*, « pour ce qu'elle s'entreprenoit sous couleur de dire que c'étoit pour le bien du royaume. » (Comines.)

Louis qui avait vu, sans peut-être s'en inquiéter assez, se former cet orage, crut conjurer le danger en convoquant à Tours (18 décembre 1464) une assemblée de notables. Il en reçut de grandes assurances de dévouement; mais à peine l'assemblée fut elle dissoute, que cette formidable conjuration, qui ne comprenait pas moins de cinq cents princes ou barons, éclata tout à coup. Enveloppé par plus de soixante mille hommes qui s'avançaient de tous les points du royaume pour le cerner dans Paris, Louis montra autant de résolution que d'activité. Avant que ses ennemis eussent eu le temps de se réunir, il entra à la tête d'une armée bien disciplinée dans le Berri, qu'il força, ainsi que le Bourbonnais et l'Auvergne, à rentrer sous l'obéissance. Puis, comme les coalisés s'avançaient vers Paris, il se hâta de s'y rendre, sur son chemin il rencontra les Bourguignons à Montlhéry (16 juillet 1465), le comte de Charolais resta maître du terrain, mais le roi passa, rentra dans Paris et le ravitailla après une excursion heureuse en Normandie. Cependant les princes coalisés arrivèrent jusque sous les murs de Paris et s'emparèrent du pont de Charenton. Heureusement pour le roi et pour l'État, une trahison, qui avait pour but de livrer la capitale aux confédérés, échoua par la vigilance et la fidélité des Parisiens, qui coururent à la défense des remparts, et Louis put alors travailler à obtenir par des intrigues ce qu'il lui était désormais impossible de tenter par les armes. Il réussit à dissoudre la ligue à force de concessions et de promesses faites aux princes confédérés, sauf à ne pas tenir les dernières et à retirer les autres dès qu'il en aurait le pouvoir, suivant la politique constamment suivie par lui pendant tout son règne. — Il lui en coûta cher néanmoins; car aux traités de *Conflans*

et de *Saint-Maur* (5 et 29 octobre 1465), qui mirent fin à
cette ligue, le monarque, *butiné et mis au pillage*, disent les
auteurs du temps, vit chacun emporter sa pièce : le duc de
Berri prenait la Normandie en souveraineté héréditaire; le
comte de Charolais, les villes de la Somme, Boulogne, et plusieurs autres encore; Saint-Pol, son principal agent, l'épée de
connétable; le duc de Bretagne, Étampes et Montfort-l'Amaury;
le duc de Bourbon, plusieurs seigneuries et une grosse somme
d'argent; le duc de Nemours, le gouvernement de Paris et de
l'Ile de France; le duc de Lorraine, plusieurs villes et châteaux; les comtes d'Armagnac et de Dunois, d'importantes resti-
tutions; le sire d'Albret et une foule d'autres, des avantages
plus ou moins importants. Aussi la féodalité trouva l'occasion
d'un triomphe dans cette prétendue ligue du Bien public, que
le peuple, oublié par les princes dans leurs conventions avec
Louis, put justement appeler la *ligue du Mal public*. Le roi
récompensa toutefois la fidélité des Parisiens par une diminution d'impôts, par la confirmation de leurs priviléges et par
toutes sortes de faveurs; il les organisa en soixante-douze
compagnies de milice formant au moins trente mille hommes.
Il les admit à sa table, et les accabla de prévenances et de caresses; enfin il se fit inscrire dans la grande confrérie des bourgeois, tenant à honneur le nom de leur *compère*, qu'il donnait,
il est vrai, lui-même au prévôt *Tristan l'Hermite*. Déjà il avait
commencé à exercer la sanguinaire activité de ce bourreau par
des exécutions fréquemment renouvelées contre ceux qu'il sup-
posait complices des conspirations tramées contre lui.

**112. LOUIS XI ET CHARLES LE TÉMÉRAIRE. — EN-
TREVUE DE PÉRONNE.** — En signant les traités qui rompirent
une coalition redoutable, Louis XI s'était, ainsi que nous venons de le dire, bien promis de ne les observer qu'aussi longtemps qu'il ne pourrait s'y soustraire. En effet, quelques mois
après, s'assurant de la neutralité de la maison de Bourbon par
des faveurs et par le mariage de sa fille Anne avec Pierre de
Beaujeu, frère du duc de Bourbon, achetant l'inaction du duc
de Bretagne à beaux deniers comptant, et occupant le Bourguignon par des soulèvements des villes de Flandre; il reprend
au duc de Berri la Normandie, que les traités lui avaient assurée; mais l'année suivante (1467), le comte de Charolais devenait, par la mort de Philippe le Bon, son père, duc de Bourgogne, de Brabant, de Limbourg, etc (n° 105). Désormais
assez fort pour faire repentir le roi de son manque de foi,
Charles le Téméraire forme contre lui une nouvelle ligue dans
laquelle entrèrent encore le roi d'Angleterre Édouard IV, les

ducs de Berri, de Bretagne et d'Alençon; mais Louis, faisant
marcher deux armées contre ces derniers, les force à la soumission, et il réduit son frère à une simple pension. Libre alors
de marcher à la tête d'une puissante armée contre le duc de
Bourgogne, il est arrêté par la crainte d'un débarquement
d'Édouard IV. Il essaye alors de séduire le prince bourguignon
par son adroite éloquence, et commet l'imprudence d'aller le
trouver à *Péronne* (1468); mais en même temps que lui en-
traient dans la ville plusieurs seigneurs qui ne cherchaient qu'à
se venger des griefs qu'ils avaient contre lui. Louis alla demander l'hospitalité au duc dans le château même, afin d'y être à
l'abri de tout accident. Charles, conseillé par les ennemis de
Louis XI, qui voulaient se défaire du monarque, était fort tenté
de céder à leurs suggestions; mais il n'osait, lui ayant donné un
sauf-conduit. Le soulèvement de la ville de Liége, avec laquelle
Louis avait des intelligences depuis longtemps, vint à propos
fournir au duc le prétexte qu'il cherchait ; il fit fermer les portes
du château, et le roi se trouva captif dans une tour voisine de
celle où était mort Charles le Simple. D'abord indécis de savoir ce
qu'il ferait de ce captif, aussi difficile à tuer qu'à garder, Charles
résolut de lui faire acheter chèrement sa liberté; aussi lui imposa-t-il un traité par lequel le roi déliait de nouveau les ducs
de Bourgogne de toutes leurs obligations envers la couronne
de France. Puis il le força à marcher avec lui contre la ville de
Liége, qui fut, comme celle de *Dinant*, qui s'était révoltée
deux ans auparavant, noyée dans le sang de ses habitants.

Rendu à la liberté, mais ne pouvant oublier ni sa honte, qui le
rendit l'objet de sanglantes railleries que les Parisiens eux-mêmes
n'épargnèrent pas à leur *compère*, ni le danger qu'il avait couru
entre les mains des Bourguignons, Louis mit en œuvre, pour
assurer sa vengeance, cette politique astucieuse et habile par
laquelle il était supérieur à son adversaire. Il faillit toutefois y
être pris : un des agents en qui il avait le plus de confiance,
la Balue, qu'il avait élevé des derniers rangs du clergé au siége
épiscopal d'Angers et à la dignité de cardinal, fut acheté par le
duc de Bourgogne, qu'il informait secrètement de toutes les
menées du roi; mais sa trahison ayant été découverte, il l'expia,
ainsi que l'évêque de Verdun, son complice, par une captivité
de dix années dans une cage de fer, pareille à celle où l'on en-
ferme les animaux féroces : supplice nouveau, inventé par la
Balue lui-même, et l'un des plus fréquemment employés par
Louis XI. Le roi acheva de se débarrasser de ses embarras intérieurs en accordant des faveurs aux seigneurs du second ordre, et
en se réconciliant avec son frère, auquel il donna la Guyenne. Ce

dernier se trouva isolé de tous les ennemis du roi dans cette province, lorsqu'une armée, envoyée dans le Midi sous les ordres d'*Antoine de Chabannes*, comte de *Dammartin*, le plus habile général du temps, eut forcé le comte d'*Armagnac* à fuir du royaume, abandonnant ses États, qui furent confisqués au profit de la couronne, et le duc de *Nemours* à implorer le pardon qui lui fut accordé par la convention de *Saint-Flour* (1470). — A l'extérieur, un traité d'amitié avec les Suisses, voisins remuants du dangereux duc de Bourgogne ; des alliances renouvelées avec le roi d'Écosse et le duc de Milan, qui lui fournirent des soldats, avec le comte de Warwick, le *faiseur de rois* (voir n° 125), qu'il aida à rétablir Henri VI sur le trône d'Angleterre, achevèrent de rendre à Louis les moyens de commencer une lutte nouvelle.

Il fit alors casser, par une assemblée des notables réunie à *Tours* (1470), le honteux traité de Péronne, assigna le duc de Bourgogne à comparaître devant le parlement de Paris pour se justifier de divers griefs qu'il lui imputait, et fit aussitôt envahir les villes de la Somme par Chabannes, qui s'avança jusqu'à Arras (1471). Toutefois, une trêve suspendit bientôt les hostilités.

113. MORT DU FRÈRE DU ROI. — Mais Charles le Téméraire, sûr de l'appui d'Edouard IV, travailla à organiser contre Louis une nouvelle ligue tant à l'intérieur qu'à l'extérieur de son royaume. Tandis que le duc Charles de Guyenne, que la naissance d'un Dauphin (depuis Charles VIII) privait de l'espoir qu'il avait longtemps conservé de succéder à son frère, se laissait encore entraîner dans la ligue par la promesse d'être placé sur le trône par les confédérés, et que le duc de Bretagne s'apprêtait à joindre ses troupes à celles que ce prince rassemblait en Guyenne, sous le commandement du comte d'Armagnac, Édouard IV se préparait à débarquer à Calais, le roi d'Aragon à envahir le Roussillon, Charles lui-même à attaquer par le nord et par l'orient ; enfin les princes ligués contre Louis se promettaient de *lui mettre tant de lévriers à la queue, qu'il ne saurait de quel côté fuir*. Mais *jamais*, ajoute Comines, *il n'y eut si sage en adversité*. Il amusa ses ennemis par des négociations, des promesses, des serments, et attendant que la mort de son frère, qui succombait à une maladie de langueur, résultat supposé d'un empoisonnement que le bruit public attribuait au roi lui-même, vînt rompre la ligue. Dès qu'il en apprit la nouvelle (24 mai 1472) : *Il n'y a plus de serment à jurer*, s'écriat-il, *le gibier est pris*. — Ce fut pourtant le signal d'une attaque furieuse et générale.

114. INVASION DE CHARLES LE TÉMÉRAIRE. — JEANNE

HACHETTE. — GUERRE AVEC L'ARAGON. — Charles le Téméraire prit d'abord la ville de *Nesle*, dans l'église de laquelle
eut lieu un tel massacre, qu'en y entrant à cheval il y trouva un
demi-pied de sang, et s'écria, en se signant, « *qu'il voyoit
moult belles choses, et qu'il avoit avec lui moult bons bouchers.* » (Jean de Troyes.) Il marcha ensuite à la tête d'une
armée de quatre vingt mille hommes sur *Beauvais*, qui fut défendue avec vigueur par Chabannes, et où les femmes se signalèrent en combattant avec courage pour la défense de la patrie,
sous la conduite de *Jeanne Hachette*, digne émule de l'héroïne
de Domrémy. Cette femme intrépide arracha un drapeau que
des Bourguignons plantaient déjà sur les remparts. Depuis lors,
on la vit chaque jour sur les murailles avec les soldats de la
garnison; et son surnom lui fut donné en mémoire de l'arme
qu'elle portait au combat. — Charles échoua dans son entreprise, et y perdit, avec une partie de son armée, sa réputation
d'invincible. N'ayant pas été plus heureux dans sa tentative sur
Dieppe et sur Rouen, il se retira vers la Flandre, harcelé par
les troupes royales commandées par Chabannes, tandis que
Saint-Pol ravageait la Picardie septentrionale et l'Artois, et
que Louis XI combattait en personne le duc de Bretagne,
François II. Ce prince, l'un des plus redoutables d'entre les
confédérés, avait reconnu comme roi de France Édouard IV;
mais il se vit bientôt contraint à demander une trève. Enfin
Charles le Téméraire lui-même, manquant de vivres et d'argent,
abandonné par ses alliés et préoccupé d'ailleurs de nouveaux
projets, se détermina à rentrer dans ses États et à accepter
la trève de *Senlis* (novembre 1472). Mais cette suspension
d'armes ne dura pas beaucoup plus d'un an, et la guerre entre
Louis et son dangereux vassal se continua, comme nous le verrons, presque sans interruption jusqu'à la mort du prince bourguignon (1477).

Louis profita du répit qu'il eut pour en finir du côté du roi
d'Aragon, ce prince s'était joint à ses ennemis dans l'espoir de
recouvrer le Roussillon et la Cerdagne sans rendre la somme
dont ces provinces étaient le gage. Il fut contraint, après une
guerre acharnée, de les laisser à Louis XI, qui s'appliqua à les
rendre tout à fait françaises en expulsant ou faisant mourir ceux
des nobles qu'il soupçonnait d'attachement à la domination
aragonaise. Les intrigues et les soulèvements, ayant cependant
continué, Louis envoya une armée qui prit Perpignan et brisa
les dernières résistances (1474).

**§ 5. INVASION D'ÉDOUARD IV. — TRAITÉ DE PIC-
QUIGNY.** — De tous les princes ligués contre Louis, le roi

d'Angleterre fut celui qui en tira le plus, il avait cependant été mal reçu même par ses alliés lors de son débarquement ; mais *Louis, qui, dit Commes, ne vouloit rien hasarder en bataille s'il pouvoit trouver d'autres voies, parce qu'il estimoit n'être pas bien aimé de tous ses sujets, et par especial des grands, et qu'il savoit qu'il les retrouveroit si les besoignes se portoient mal*, acheta la retraite de ce prince par les conditions peu honorables mais utiles du *traité de Picquigny* (1475). Peu lui importait qu'Edouard continuât à porter le titre de roi de France, en ne lui laissant que celui de *roi des Français*, s'il en conservait lui-même les possessions et la puissance ; il préférait encore échapper aux chances incertaines de la guerre moyennant la promesse d'une pension annuelle de soixante-quinze mille écus, qu'il se promettait de ne pas payer long-temps. Ce fut en effet la dernière attaque de l'Angleterre sous ce règne ; bientôt les discordes civiles qui éclatèrent dans ce pays ôtèrent à Louis XI toute crainte de ce côté, et il put impunément effacer dans le traité d'Arras (1482) la promesse faite à Picquigny de donner pour épouse à son fils la fille du roi d'Angleterre.

116. GRANDS PROJETS DE CHARLES LE TÉMÉRAIRE. — GUERRES EN LORRAINE ET EN SUISSE. — SA MORT. — Peu satisfait du résultat de ses intrigues avec les principaux seigneurs du royaume, l'esprit hardi et entreprenant de Charles le Témé-raire avait conçu de vastes projets. Il ne songeait à rien moins qu'à rétablir cet antique royaume de Lotharingie et Bour-gogne qui s'était formé, au partage de Verdun (voir *Cours de troisième*, chap. XI), d'une portion des débris de l'empire car-lovingien. Ses États, qui s'étendaient de la mer du Nord à la chaîne des Alpes, en comprenaient déjà la plus grande partie ; il falait en achever la conquête et soustraire toutes ces pro-vinces à la suzeraineté de la France et de l'Allemagne. Devenu alors souverain indépendant d'un des plus puissants royaumes de l'Europe, et comptant sur les alliances qu'il s'était mé-nagées, il espérait écraser le roi de France. Une résistance à laquelle il était loin de s'attendre et sa mort prématurée trom-pèrent ces magnifiques espérances. L'acquisition de la *Gueldre* et du comté de *Zutphen*, qui le rendait maître du cours infé-rieur du Rhin, fut presque la seule entreprise qui lui réussit (1473). Les négociations qu'il entreprit avec l'empereur Fré-déric III, dont il espérait, en échange des plus belles promesses, obtenir le titre de roi, échouèrent par l'adresse de Louis XI, qui sut le rendre suspect à l'empereur. Les villes libres de l'Alsace et les cantons suisses, inquiets pour leur indépendance, s'unirent contre lui; il y perdit toutes ses possessions d'Alsace (1474). Il voulut s'en dédommager en s'emparant de l'archevêché de Cologne; mais la petite ville de *Neuss* fut pour lui une autre Beauvais. Plus heureux dans son entreprise contre la Lorraine, il réussit à enlever cette province au jeune duc *Carloman René de Vaudemont*, dont la mère, ayant succédé (1473) au duc *Nicolas*, avait ainsi fait rentrer dans la maison de Lorraine cet important duché, passé depuis quarante deux ans dans celle d'Anjou. Mais tandis que Charles le Téméraire l'en dépouillait à son tour et entrait dans Nancy (1475), les Suisses portaient le ravage dans la Franche-Comté et dans le pays de Vaud et de Neufchâtel.

Le *grand duc de l'Occident*, toujours occupé des gigantesques projets pour la réalisation desquels la possession de l'Helvétie était une nécessité, saisit cette occasion de s'en emparer. En vain les Suisses, effrayés de la formidable attaque qu'ils ont provoquée, essayent-ils de la prévenir par les propositions les plus avantageuses, et font-ils représenter au duc qu'*il y a plus d'or et d'argent dans les éperons de ses chevaliers et dans les brides de leurs chevaux qu'il n'en trouvera dans toute la Suisse*, en vain ses plus sages conseillers le détournent-ils de cette entreprise; Charles part à la tête d'une armée de quarante mille hommes, traînant une artillerie formidable; il prend *Yverdun*, dont la garnison est lâchement massacrée, au mépris d'une capitulation, et court attaquer à *Granson* (2 mars 1476) avec sa témérité habituelle ces *vilains, encore qu'ils ne fussent pas gens faits pour lui*, disait-il. Au moment d'engager le combat, voyant ces simples et pieux montagnards se jeter à genoux et se découvrir la tête pour se recommander à Dieu: *Ils demandent merci,* s'écrient les Bourguignons; *voyez ces vilains qui veulent nous faire la guerre, ils n'osent pas même la commencer.* Ils surent bientôt à quoi s'en tenir: attaqués avec furie par les Suisses, ils s'enfuirent à toutes brides, laissant le duc quitter le dernier le champ de bataille, furieux et désespéré, et n'ayant plus autour de lui que cinq des siens. Quatre cents pièces de canon et une immense quantité de vivres et de munitions furent abandonnés sur le champ de bataille. Le trésor du duc fut partagé entre les soldats des cantons, qui se servirent de leurs grands chapeaux pour mesurer l'or et l'argent, et qui donnèrent pour quelques deniers des pièces de vaisselle d'argent et d'or prises pour de l'étain et du cuivre par ces ignorants montagnards. Un des diamants du duc, encore aujourd'hui l'un des plus beaux qui soient en Europe, ramassé sous un chariot et regardé comme du verre par celui qui le trouva,

fut vendu pour un écu. Les bannières, étendards et pennons
de tant de princes et de seigneurs allèrent orner toutes les
églises de la Suisse.

Charles le Téméraire, ne respirant que la vengeance, ras-
semble aussitôt une nouvelle armée, qui court mettre le siége
devant la petite ville de *Morat;* mais ces mêmes Suisses, soutenus par des cavaliers lorrains et allemands, que leur amenèrent René de Lorraine et Sigismond d'Autriche, forcent son
camp (22 juin 1476), tuent dix mille Bourguignons, et de
leurs ossements ils érigent sur le champ de bataille deux pyra-
mides qui ont subsisté jusqu'à nos jours. Le duc René de Lorraine avait profité de ce nouveau revers de son ennemi pour
rentrer dans *Nancy;* mais Charles vient assiéger cette ville.
René s'adresse alors à Louis XI, qui lui fournit des sommes
d'argent suffisantes pour lever une nombreuse armée; Charles
le Téméraire, attaqué sous les murs de *Nancy* par des forces
cinq fois plus considérables que les siennes, s'obstine à leur
tenir tête, et périt avec les guerriers qui avaient échappé aux
massacres de Granson et de Morat (5 janvier 1477). — Deux
jours après la bataille on retrouva le corps du duc dans un ruisseau. René, lorsqu'il lui fit rendre les derniers honneurs, prit
la main glacée du Bourguignon, et dit : « *Votre âme ait Dieu,
beau cousin; vous nous avez fait bien des maux et douleurs !* »
(Henri Martin).

**117. Louis XI RECUEILLE LA MOITIÉ DE L'HÉRITAGE
DU DUC DE BOURGOGNE. — TRAITÉ D'ARRAS. —** La mort
de Charles le Téméraire donnait ouverture à une vaste succession, dont l'unique héritière était sa fille *Marie,* âgée de vingt
ans. Cependant une partie des provinces de Charles étant, à ce
que prétendait Louis XI, des *fiefs mâles,* ne pouvaient tomber
entre les mains d'une femme, et revenaient de droit à la couronne de France ; mais voyant ses prétentions à cet égard repoussées par les états, le roi se mit en devoir de s'emparer de
la succession tout entière, en promettant à la duchesse Marie
de la marier avec le Dauphin. Et comme ce prince n'avait encore que huit ans, Louis commença par s'assurer de la possession des domaines de la princesse, en les faisant envahir par ses
armées. La reprise des villes de Picardie, si chèrement rache-
tées par Louis dès la seconde année de son règne (n° 112),
n'était que justice ; mais l'occupation successive des deux Bourgognes, de l'Artois, d'une partie des Pays-Bas, et la révolte des
Gantois, effrayèrent la princesse Marie, qui épousa (18 août
1477), Maximilien d'Autriche, fils de l'empereur Frédéric III
(n° 65). Ce mariage, qui devint la cause d'une sanglante riva-

lité de trois siècles entre les maisons de France et d'Autriche, n'eut cependant pas tout d'abord les conséquences que le prince allemand en avait espérées. Par une trêve d'un an conclue avec lui (11 juillet 1478), Louis consentit à évacuer Cambrai, le Hainaut et le comté de Bourgogne (la Franche-Comté), et conserva le duché de *Bourgogne*, la *Picardie* et l'*Artois*, trouvant que c'était *assez pour une fois*. Cependant, l'année suivante, il envahit de nouveau la *Franche-Comté* et tenta de s'emparer de Douai par surprise; mais cette ville fut sauvée par un avis secrètement envoyé d'*Arras*, où les excès commis à l'époque de la conquête avaient rendu odieux le joug du roi. La fureur de Louis XI se tourna alors contre cette dernière ville, l'une des plus riches et des plus industrieuses de ses États, et dont les admirables tapisseries étaient recherchées dans le monde entier. Tous les habitants en furent chassés et remplacés par des étrangers; et, *pour changer les courages*, Louis changea le nom d'Arras en celui de *Franchise*, que justifièrent les privilèges accordés à la ville nouvelle qui cependant ne recouvra jamais son ancienne prospérité.

Bientôt le résultat indécis de la sanglante bataille de *Guinegatte* (plus exactement *Enguinegatte*) (1479), et enfin la mort de Marie (1482), amenèrent le traité d'*Arras* (23 décembre 1482), qui stipulait le mariage du Dauphin, âgé de douze ans, avec *Marguerite*, fille de Marie et de Maximilien, âgée de trois ans à peine. Ce mariage, qui d'ailleurs ne se réalisa pas, devait assurer le retour à la couronne du reste de la partie française de la succession de Bourgogne, dont toute la portion allemande restait à Maximilien. Ainsi se trouvait anéanti sans retour ce nouvel et puissant État qu'avait prétendu fonder Charles le Téméraire. Tranquille de ce côté, allié des Suisses, qui, dit Comines, lui obéissaient comme ses sujets, voyant son amitié recherchée par tous les princes d'Italie, tenant l'Espagne en respect, lié par les traités d'alliance avec les rois de Portugal et d'Écosse, Louis XI s'était ainsi assuré en Europe une position dont il aurait eu le droit d'être fier, si sa politique n'avait eu pour but que la grandeur de la France; mais il avait travaillé beaucoup plus dans son propre intérêt, ou, tout au moins, dans celui de la royauté absolue, ainsi que le prouve toute l'histoire intérieure de son règne.

§ II. — GOUVERNEMENT DE LOUIS XI.

118. ABAISSEMENT DES GRANDS. — Ces guerres et ces entreprises au dehors n'avaient pas fait perdre de vue à Louis XI le but principal de sa politique intérieure, le projet favori qu'il méditait depuis son avénement au trône, et que ses premières humiliations avaient revêtu de tout l'attrait de sa vengeance : l'abaissement de la haute aristocratie et la ruine de ce qui restait encore debout de l'ancienne féodalité. C'était d'ailleurs le seul moyen de mettre le royaume à l'abri des plus dangereuses attaques de l'étranger, en mettant un terme à ces coalitions continuelles qui donnaient aux ennemis du dehors de si dangereux auxiliaires.

Il commença par écraser à midi cette orgueilleuse maison d'*Armagnac*, si fière de sa prétendue origine mérovingienne, et qui s'était signalée en tout temps par ses révoltes et par ses crimes. Le comte *Jean V*, après s'être vaillamment défendu dans Lectoure, est traîtreusement assassiné au mépris d'une capitulation, et ses Etats passent entre les mains de Louis (1473). La même année, la veuve du comte de *Foix* lui rend hommage pour ce comté ainsi que pour celui de *Bigorre*. — L'année suivante, le duc d'*Alençon*, coupable de tant de révoltes, convaincu d'intelligence avec les Anglais, dont il avait reçu des secours, de fabrication de fausse monnaie et de plusieurs meurtres, est condamné à mort par le parlement de Paris : mais il obtient commutation de sa peine en une prison perpétuelle. Cette même année, Louis, instruit que le roi *René*, comte de Provence, avait entamé des négociations avec Charles le Téméraire, lui enlève le duché d'*Anjou*, dont sa maison portait le nom. Enfin il s'attache par des alliances ceux des grands seigneurs qu'il ne dépouille pas. Ce fut ainsi qu'il profita, pour établir son despotisme, des trèves qu'avaient consenties et imprudemment renouvelées le duc de Bretagne et celui de Bourgogne jusqu'à l'année 1475 (n° 113).

Les condamnations du connétable de *Saint-Pol* (1475) et du duc de *Nemours* (1477), qui portèrent tous deux leur tête sur l'échafaud, apprirent aux grands seigneurs que la plus haute naissance ne mettait plus les traîtres à couvert du châtiment. Le premier, qui avait pris une part si active à toutes les guerres entre Louis XI et Charles le Téméraire, les avait plus d'une fois trahis l'un et l'autre. Quant au duc de Nemours, son plus grand crime était d'appartenir à la maison d'Armagnac ; car la seule accusation qui pût être prouvée contre lui (encore ne le fut-elle qu'au moyen d'une lettre d'aveux et de supplications touchantes adressée par lui au roi) était d'avoir connu les projets tramés par les conjurés. Or, ce ne fut qu'après sa condamnation que Louis rendit l'ordonnance qui déclarait coupable de lèse-majesté et passible de la peine capitale quiconque connaissant une conspiration s'abstenait de la révéler. Victime de l'effet rétroactif donné à cette loi, le malheureux duc de Nemours, après avoir langui deux ans à la Bastille dans une cage de fer, d'où on ne le tirait par intervalles que pour le *torturer bien étroit afin de le faire parler clair*, suivant les ordres cruels du roi, fut enfin condamné à mort par le parlement et exécuté aux Halles. Il n'est, du reste, nullement prouvé, quoiqu'on l'ait souvent répété, que ses enfants aient été placés sous l'échafaud pour y être arrosés du sang de leur père. Il n'est pas besoin de supposer des cruautés à Louis XI.

119. ACQUISITIONS FAITES SOUS CE RÈGNE. — L'acquisition du Roussillon, qui coïncida avec celle bien plus importante encore de la Bourgogne, de la Picardie et de l'Artois enlevés à l'héritière de Charles le Téméraire (n° 117), fut suivie de divers autres accroissements du territoire de la France ou du domaine royal. En 1480, le bon roi René de Provence étant mort, vivement regretté de ses sujets, dont il avait fait le bonheur, une contestation s'éleva à propos de son testament entre son petit-fils *René II*, déjà duc de Lorraine, auquel il avait laissé le duché de *Bar*, et son neveu *Charles*, comte du Maine, auquel il avait attribué l'Anjou et la Provence et ses droits sur le royaume de Naples. Louis XI, qui s'était déjà emparé du *Barrois*, maintint en possession de l'*Anjou* et de la *Provence* le comte du *Maine*, qui mourut l'année suivante après avoir institué le roi son héritier. Ainsi quatre belles provinces se trouvèrent réunies presque à la fois à la couronne (1). — Cette même année (1481), Louis fit traduire devant le parlement le jeune duc d'Alençon, innocent pourtant de toutes les révoltes de son père; aussi ses juges, dans l'impossibilité où ils se trouvèrent de prononcer contre lui aucune peine personnelle, furent-ils réduits, pour donner satisfaction au tyran, à ordonner que le duc recevrait dans ses principales places fortes des garnisons royales.

De tous les grands feudataires, deux seulement étaient encore debout. L'un était le duc de Bourbon, dont Louis chercha à assurer au domaine royal la riche succession en donnant en mariage *Anne*, sa fille aînée, au sire de *Beaujeu*, frère du duc, à la condition qu'à défaut d'héritiers mâles, tous les

---

(1) Il faut noter toutefois que la Provence ne fut point réunie, mais annexée seulement à la couronne, par un traité qui lui laissa ses lois et ses droits particuliers, et que les rois de France n'y exerçaient la souveraineté qu'en leur qualité de *comtes de Provence*, titre qu'ils conservèrent jusqu'à la révolution de 1789.

biens de la maison de Bourbon feraient retour à la couronne.
Le second était le duc souverain de la Bretagne, sur les frontières de laquelle Louis entretenait constamment une armée ;
mais la prudente conduite de ce duc ne laissa au roi aucun
moyen de réaliser ses pensées de convoitise sur une proie aussi
fort à sa convenance *Là est le danger*, répétait-il sur son lit
de mort, et nous verrons que son successeur le comprit. *Nous
avions songé aussi*, disait encore Louis XI mourant, *à chasser
les Anglais du dernier coin qu'ils ont dans le royaume* (la
ville de Calais). L'unité de la France fut donc, jusqu'à son dernier soupir, la pensée dominante de ce prince. Si l'opinion publique lui a tenu peu de compte des services qu'il a, sous ce
rapport, rendus à son pays, c'est qu'on n'a pu oublier que
presque jamais l'intérêt national ne fut le mobile exclusif de sa
conduite, et que presque toujours il employa des moyens qui
répugnent à la droiture et à la loyauté du caractère français.

   **120. Nouveaux parlements. — Postes. — Encou-
ragements au commerce, a l'imprimerie, aux lettres.**
— L'affaiblissement de sa santé et le trouble de son âme n'empêchèrent pas Louis XI, qui n'en continuait pas moins à *porter*, comme il le disait, *tout son conseil dans sa tête*, de conserver jusqu'à ses derniers moments son inquiète activité. Elle
finit, il est vrai, par ne plus se manifester que par des supplices ; mais il ne faut pas oublier tout ce qu'elle avait produit
d'utile. Jamais administration ne fut aussi laborieuse. Les actes
publics qui en sont le produit tiennent une place considérable
dans les archives de l'État, où l'on trouve plus de deux mille
cinq cents chartes scellées de la main de Louis XI. L'érection
du parlement de *Grenoble*, par lequel Louis, encore dauphin
de Viennois à cette époque (1453), remplaça l'anc en *conseil
delphinal*, la création des parlements de *Bordeaux* (1462), et
de *Dijon* (1476), et les réformes introduites dans celui de
Paris, facilitèrent l'administration de la justice. Il renouvela
dans la même intention l'ordonnance de son père relativement
à la rédaction d'un *grand coustumier*. On pourrait même faire
à Louis XI un mérite d'avoir posé le principe tutélaire de
l'inamovibilité des juges, par l'édit qui déclara qu'ils ne pourraient être privés de leurs charges *que pour forfaiture jugée
et déclarée judiciairement par juge compétent*, s'il ne l'avait
violé lui-même en destituant trois conseillers qui avaient mani-
festé une opinion contraire à la sienne dans le procès du duc de
Nemours.

   On pourrait s'étonner de voir Louis XI favoriser la liberté
des villes, en faveur desquelles il créa un code municipal

très-complet, si l'attention avec laquelle il prit soin de les rattacher au pouvoir central ne prouvait que c'était contre la féodalité qu'il les élevait. Ce fut dans le même esprit qu'en organisant les corporations et les maîtrises, et en donnant de nouveaux règlements aux métiers de Paris. il s'en déclara le chef. Attentif à favoriser le commerce, il réserva à la marine nationale le droit exclusif d'importer les marchandises. créa un grand nombre de foires et de marchés. et donna à l'industrie un nouvel essor en encourageant l'éducation des vers à soie, et en attirant des pays étrangers a Tours des ouvriers habiles à fabriquer les étoffes de soie, d'or et d'argent. Il songea même à établir l'uniformité des poids et mesures. projet éminemment utile, dont la réalisation, différée pendant trois siècles et demi, n'est pas un des moindres bienfaits de nos derniers gouvernements. — L'ordre de *Saint-Michel*, qu'il créa (1469), en remplacement de celui de l'*Etoile*, institué par Jean le Bon, fut destiné à récompenser le mérite dans toutes les classes. — Ce fut encore Louis XI qui régularisa, pour son usage personnel (1477), l'invention des *postes*, due à l'université de Paris. mais dont les particuliers ne furent admis à se servir qu'assez longtemps après.

La création (1480) des académies de *Caen* et de *Besançon*, l'ouverture d'une école de médecine dans l'université de Paris, dont les privilèges furent encore augmentés l'accroissement de la bibliothèque fondée par Charles V, datent du règne de Louis XI. que signale aussi un nouvel essor donné aux sciences et aux lettres. et attesté par l'œuvre, si justement admirée, de l'historien *Philippe de Commynes*. Louis XI, qui, suivant cet auteur, « avoit reçu en lettres une autre nourriture que les rois n'ont accoutumé d'en avoir, » composa des contes à la manière de Boccace, et le *Rosier des guerres*, ouvrage qu'il destinait à l'éducation de son fils, pour lequel il fit aussi commencer la rédaction des *Grandes Chroniques de France*. C'est ce despote, enfin. qui introduisit à Paris l'imprimerie, l'agent le plus puissant de la liberté ; mais elle dut chercher dans le collége de la Sorbonne un asile contre les persécutions de l'université et du parlement.

121. COMMYNES — Toute la gloire littéraire de cette époque appartient à Commynes, l'auteur des *Mémoires* que nous avons tant de fois cités, « Commynes (1445-1509), l'écrivain le plus original de notre littérature au quinzième siècle; parce que, avec la naïveté de ce temps, il a la raison ferme d'une autre époque. » (M. Villemain.) Né sujet du duc de Bourgogne, il quitta le service de ce prince *téméraire* pour

celui de Louis XI, *le plus sage homme qu'il ait jamais connu :* car pour lui la sagesse s'estime au succès, et il se plaît si fort à l'habileté, qu'il excuse volontiers une mauvaise action bien faite : aussi les cruautés de Louis XI l'indignent elles peu, et raconte-t-il avec une merveilleuse aisance les turpitudes diplomatiques dont il s'est souillé lui-même au service de son maître ; il semble même trouver tout naturel qu'ayant pris part à une des intrigues tramées contre Anne de Beaujeu (chap. XV), et le complot ayant échoué, il ait été renfermé pendant huit mois dans une cage de fer. Et cependant, ce panégyriste d'un despote habile aimait la liberté comme chose utile et bien entendue ; il ne croyait pas que *roi ni seigneur sur terre ait pouvoir de mettre un denier sur ses subjects sans octroy et consentement de ceux qui le doivent payer ;* et même, en racontant la fin si misérable de Louis XI, il en vient à se demander s'il n'eût pas mieux valu à ce prince et à tous autres *de moins se soucier et moins se travailler et entreprendre moins de choses, et plus craindre à offenser Dieu et à persécuter le peuple et leurs voisins, et prendre des aises et plaisirs honnêtes ? Leur vie en seroit plus longue,* ajoute-t-il; *les maladies en viendroient plus tard, et leur mort seroit plus regrettée, et de plus de gens, et de moins désirée ; et auroient moins à douter à la mort.* Ce passage, dont le dernier trait semble emprunté à Bossuet, dit M. Villemain, donnera une idée du style de Commynes, qui est souvent simple jusqu'à la nudité, parfois traînant, mais toujours clair, lucide et s'élevant quelquefois, dans sa simplicité même, jusqu'à une véritable éloquence. Nous avons insisté sur cet historien, parce qu'il offre le type le plus expressif des progrès que la raison avait faits au quinzième siècle. — Comment nommer à côté de lui son contemporain *Jean de Troyes,* dont la plume scrupuleuse notait en style de greffier tous les événements survenus dans Paris? On doit plus d'estime aux *Mémoires d'Olivier de la Marche,* romancier autant qu'historien, qui a laissé toutefois de précieux documents sur la brillante cour de Charles le Téméraire.

122. CARACTÈRE ET DERNIERS MOMENTS DE LOUIS XI. — Nous avons raconté les événements politiques et indiqué les mesures qui ont signalé les dernières années du règne de Louis XI. Une altération grave, survenue dans sa santé deux ans avant sa mort (1481), ajouta considérablement aux dispositions ombrageuses de son caractère naturellement cruel. Égoïste par-dessus tout, étranger à tout sentiment d'affection, de gratitude, de pitié, sans foi et sans scrupule, sans autre passion que celle du pouvoir, sans autre faiblesse qu'une

étroite superstition, et, vers la fin de sa vie, une crainte ab-
jecte de la mort, ne reculant devant aucune action mauvaise
ou cruelle, devant aucun forfait, s'il en pouvait tirer quelque
avantage positif et certain, Louis XI allait subir dans ses dernières années le châtiment d'une vie odieuse. Dévoré de crainte
et d'ennui, il s'enferma dans son château du *Plessis-les-
Tours*, où il se rendit inaccessible. Se traînant dans ces longues galeries, du haut desquelles la vue s'étendait sur les belles
campagnes d'alentour, il se rassurait en contemplant les grilles
de fer, les chausse-trapes, les chaînes, appelées par le peuple
les *fillettes du roi*, dont il était entouré, et les avenues de gi-
bets qui conduisaient à son château. — Pour seul promeneur
dans ces lugubres allées paraissait le bourreau *Tristan l'Hermite*, son grand prévôt ; pour toute société, il avait autour de
lui son barbier et son favori *Olivier le Daim*, qu'il avait créé
comte de Meulan, des astrologues et des empiriques, qui *fai-
soient sur lui de terribles et merveilleuses médecines*, et qui
lui ordonnaient, dit-on, de boire du sang de petits enfants,
« remède tout à fait approprié au tempérament du malade. »
(Chateaubriand.) Poursuivi sans relâche par la crainte de la
mort, il se couvrait de reliques, faisait de riches offrandes à la
sainte Vierge, *sa petite maîtresse, sa grande amie*, qu'il ne
manquait jamais d'invoquer pour réussir dans les entreprises
criminelles dont il lui demandait à la fois le succès et le pardon. Il institua en son honneur la prière de l'*Angelus* (1472),
et lui conféra la suzeraineté de la ville de Boulogne. Enfin, il
fit venir du fond de la Calabre *saint François de Paule*, espérant que ce saint ermite, par ses prières, éloignerait de lui la
mort, qui le frappa toutefois à l'âge de soixante ans (30 août
1483).

On a souvent répété la maxime favorite de Louis XI, empruntée par lui à l'empereur Tibère : *Qui ne sait pas dissi-
muler ne sait pas régner ;* il faudrait citer aussi cette autre
plus honnête et plus vraie : *Quand orgueil chevauche devant,
honte et dommage suivent de près.* Ajoutons cependant qu'elle
n'avait guère un sens plus honorable dans la pensée de Louis,
qui « savoit, dit un de ses historiens, reculer pour saillir plus
loin, faire l'humble et le doux à couverte fin, concéder et donner pour recevoir au double, porter et souffrir ses propres
griefs sur l'espérance de la vertu, qui du tout enfin pourroit lui
rendre vengeance. » (Chastelain.)

Louis XI ne convoqua qu'une fois (1468) les états généraux, où siégèrent, avec les princes, le clergé et la noblesse,
cent quatre-vingt-douze députés des bonnes villes ; mais ils

ne durèrent que huit jours, et le roi n'exécuta que celles de leurs décisions qui lui convinrent. Le parlement, devenu, comme nous l'avons dit, l'héritier permanent de leur pouvoir politique, montra plus de fermeté, et son refus courageux d'enregistrer plusieurs des actes du roi posa du moins quelques limites au despotisme. Il ne put toutefois empêcher l'augmentation des impôts, qui furent successivement portés jusqu'à quatre millions sept cent mille livres, équivalant au moins à cent quarante millions de nos francs, somme énorme, si l'on réfléchit que les pays sur lesquels elle se prélevait ne formaient guère que la moitié de la France actuelle, et que l'exemption des classes privilégiées en faisait retomber toute la charge sur le peuple. Louis XI diminua le poids de ces charges par les priviléges qu'il accorda, comme nous l'avons dit, aux villes et au commerce, et par l'activité de sa police, qui réprima, avec une sévérité inconnue jusque-là, tous les vols et brigandages, ainsi que les exactions des gens de guerre. La réunion de nombreuses provinces à la couronne (nº 119) accrut aussi la force de l'État, qui se trouva assez puissant pour mettre sur pied jusqu'à cent mille hommes et pour solder un corps auxiliaire de six mille Suisses, les plus braves soldats de l'Europe à cette époque. L'artillerie de Louis XI était aussi la plus formidable, et son royaume le mieux défendu de l'Europe. Car *s'il prenoit tout, il dépensoit tout*, comme dit Commynes, et, quoique dans ses dépenses il eût surtout pour but l'extension du pouvoir royal, il faut reconnaître qu'elles tournèrent presque toutes à l'accroissement de la puissance de la France. Plus habile politique qu'aucun des princes de son temps, il sut encore augmenter cette puissance par des alliances utiles, sans se laisser entraîner à des conquêtes plus dangereuses que profitables. Aussi le vit-on refuser l'investiture du royaume de Naples et *donner au diable les Génois, qui vouloient se donner à lui*, tandis qu'il achetait avec empressement toutes les villes et terres de son royaume que des seigneurs ou des voisins appauvris se trouvaient dans la nécessité de lui vendre. C'est ainsi que son règne, l'un des plus sanglants et des plus oppressifs de notre histoire, « est, à bien des égards, le plus utile dont elle ait conservé le souvenir. » (Poirson.)

OUVRAGES A CONSULTER. — *Mémoires* de Philippe de Commynes; Jean de Troyes, les *Chroniques* (dites assez à tort *scandaleuses*) *du très-chrétien et très-victorieux Louis de Valois, onzième de ce nom,* etc.; Georges Chastelain, *Recollection de merveilles advenues en notre temps,* continuée par Molinet; Nicolle Giles, *Chroniques et Annales de France* ; Jacques Duclercq et Olivier de Lamarche, *Mémoires;* Enguerrand de Monstrelet et son continuateur, *Chroniques*; Robert Gaguin, *Compendium* ou abrégé de l'Histoire de France en latin, ainsi que l'Histoire de Louis XI, par Amelgard, l'Histoire de France, de Paul-Emile et les *Commentaires* de Beaucaire (Belcarius); *Ordonnances des rois de France*, t. XV et suivants; Dumont, *Corps diplomatique*, t. III; Isambert, *Recueil des anciennes lois françaises*; P. Matthieu, Duclos, etc., *Histoire de Louis XI*; G. Naudé, *Additions à l'histoire de Louis XI*; M. de Barante, *Histoire des ducs de Bourgogne*; D. Lobineau, D. Morise, Daru, *Histoire de Bretagne*, D. Vaissette, *Histoire générale de Languedoc*, t. V; Villeneuve de Bargemont, *Histoire de René d'Anjou*; M. de Chateaubriand, *Etudes historiques*, t. IV, *Histoire de France*, par Mezeray, Daniel, Villaret et Garnier, etc.; Sismondi, Lavallée, H. Martin, *Histoire des Français*; Poirson, *Précis de l'histoire de France pendant les temps modernes*, etc. Voir aussi dans le t. 1er des *Archives curieuses de l'histoire de France*, 1re série : le *Cabinet du roi Louis XI*, contenant plusieurs fragments, lettres missives et secrètes intrigues du règne de ce monarque, etc.; la *Chronique sur le comte de Dammartin*; les *Extraits des comptes et dépenses de Louis XI*, le *Discours véritable du siége mis devant la ville de Beauvais par Charles, duc de Bourgogne*, etc.; enfin, le *Procès de Jean II, duc d'Alençon*.

QUESTIONNAIRE. — 110. Quelle est la cause de l'établissement de la monarchie absolue sous Louis XI? — Où Louis XI apprit-il la mort de son père? — Comment commença-t-il son règne? — 111. Quelles étaient ses vues? — Quelle révolte suscita sa conduite? — Par qu'ls moyens Louis XI parvint-il à l'apaiser? — Quels traités y mirent fin? — 112. Pourquoi Charles le Téméraire forma-t-il une ligue contre Louis? — Que se passa-t-il à Péronne? — Quels avantages valut à Charles le Téméraire le traité de Péronne? — Comment Louis XI le fit-il annuler? — 113. Quelle ligue nouvelle se forma? — Par quel événement fut-elle dissoute? — 114. Comment Charles le Téméraire commença-t-il la guerre? — Quelle ville assiégea-t-il? — Comment se termina cette guerre? — Quel résultat eut l'attaque du roi d'Aragon? — 115. Comment Louis XI conclut-il le traité de Pecquigny? — 116. Faites connaître les projets de Charles le Téméraire? — Quels obstacles rencontra-t-il? — Comment perdit-il les batailles de Granson et de Morat? — Comment périt Charles le Téméraire? — 117. Qui ce prince laissa-t-il pour hériter? — Quel projet conçut Louis XI pour s'emparer de toute la succession du duc de Bourgogne? — Quel motif détermina Marie de Bourgogne à épouser Maximilien d'Autriche? — Quelles circonstances amenèrent le traité d'Arras, et quels arrangements y furent stipulés? — § II. 118. Comment Louis XI abaissa-t-il la féodalité? — Quelles maisons féodales détruisit-il et par quels moyens? — 119 Quelles provinces ajouta-t-il à son domaine? — 120. Comment cherchait-il à se rendre populaire? — Quel ordre créa-t-il? — Quelles institutions doit-on encore à Louis XI? — Quels encouragements donna-t-il aux lettres? — 121. Parlez de Philippe de Commynes. — 122. Comment Louis XI termina-t-il son règne? — Citez ses maximes favorites. — Quel était sous ce règne le chiffre des impôts et celui de l'armée?

CHAPITRE DOUZIÈME.

GUERRE DES DEUX ROSES. — AVÉNEMENT DES TUDOR.

—

SOMMAIRE.

§ Ier. **123.** Henri VI hérite des trônes de France et d'Angleterre (1422). Il épouse Marguerite d'Anjou; cette union impopulaire, puis les revers en France, et le meurtre du duc de Glocester occasionnent des mécontentements.

124. Richard d'York conspire; il est appuyé par le parlement, qui fait mettre à mort Suffolk; après la révolte de Jack Cade, Richard se fait déclarer protecteur, et commence par la victoire de Saint-Albans (1455), où Henri est fait prisonnier, la guerre des deux Roses.

125. Marguerite soutient la lutte; vaincue par Warwick à Northampton, elle tue Richard d'York à Wakefield, et gagne encore la bataille de Saint-Albans, tandis qu'Édouard, fils de Richard, est vainqueur à la Croix de Mortimer.

126. Édouard IV se fait proclamer roi à Londres, bat Marguerite à Towton (1461) et à Hexham (1464); abandonné par Warwick, il fuit, mais revient bientôt pour vaincre et tuer le faiseur de rois à Barnet (1471).

127. Marguerite est battue et prise à Tewkesbury, son fils est tué, et Henri VI meurt en captivité; la maison d'York triomphe, et l'aristocratie est affaiblie par ces sanglantes guerres.

128. Édouard IV, affermi sur le trône, termine par le traité de Picquigny sa guerre avec Louis XI, fait mettre à mort son frère Clarence, et meurt dans la débauche (1483).

129. Glocester, nommé protecteur, se fait proclamer roi sous le nom de Richard III; il fait assassiner ses neveux, mais est battu et tué à Bosworth (1485) par Henri Tudor, qui descend des Lancastre.

§ II. **130.** Henri VII exerce de cruelles vengeances contre les partisans de la maison d'York. Lambert Simnel soulève l'Irlande; il est battu (1487). Après le traité avantageux d'Étaples (1492), Henri combat un nouvel imposteur, Perkins Warbeck, qui est mis à mort avec Warwick (1499).

131. Les institutions de Henri VII consistent en des réformes dans l'administration de la justice, la création de la Chambre étoilée, l'aliénabilité des biens de la noblesse, les développements de l'industrie, du commerce et de la marine. L'Irlande reçoit de Paynings sa première organisation (1495).

APPENDICE. **132.** Les Stuarts, sur le trône d'Écosse, ont à lutter à l'intérieur contre les nobles, à l'extérieur contre l'Angleterre. Jacques Ier commence son règne en captivité. Il rétablit l'autorité royale, et est assassiné par les nobles (1437). La minorité de Jacques II est encore troublée; mais son énergie amène l'abaissement de la noblesse. La mort du roi (1460) arrêta ses succès.

133. Jacques III (1460-1488) est roi à sept ans. Son incapacité l'empêche de ressaisir l'autorité; une ligue des seigneurs consomme l'anéantissement de son pouvoir; il meurt en combattant les révoltés à Bannok-Burn (1488).

134. Jacques IV termina la lutte avec les grands par la conciliation; mais il fit des guerres imprudentes contre l'Angleterre, et fut tué à la bataille de Flodden-Field (1513), qui porta un coup fatal à l'aristocratie décimée.

§ 1er. GUERRE DES DEUX ROSES.

123. HENRI VI ET MARGUERITE D'ANJOU. — Nous avons vu précédemment (n° 40) comment *Henri VI* avait hérité de deux trônes (1422) sous la tutelle de ses oncles, les ducs de Glocester pour l'Angleterre, et de Bedford pour la France. Nous avons ensuite raconté comment le réveil du sentiment national en France avait sauvé la monarchie, et comment *Charles VII* avait reconquis son royaume. Au moment où Henri atteignit l'âge de gouverner par lui-même, la France presque entière lui échappait. Les années qui suivirent son mariage (1445) avec *Marguerite d'Anjou* (n° 50), femme d'un grand courage et d'une haute renommée, dont la fierté et l'énergie contrastaient si fortement avec la lâcheté et la faiblesse du roi, furent tristement marquées par la soumission de Bordeaux et de toute la Guyenne à la France (1453). Ces désastres jetèrent une défaveur générale sur une alliance que les Anglais n'avaient pu voir d'un bon œil. La mort violente de Glocester, oncle du roi, appelé le *bon Duc*, tant il était chéri et admiré pour ses belles qualités, et aussi parce que sous son administration la victoire avait été fidèle aux Anglais, mit le comble aux ressentiments. Glocester n'avait cessé de contre-balancer l'influence du parti de Marguerite; on accusa cette princesse de l'avoir fait assassiner. Richard d'York, descendant d'Édouard III, comme les Lancastre, et même d'une branche aînée (n° 34), par la fille de Roger Mortimer, se chargea de faire valoir tous ces griefs au profit de son ambition.

124. CAUSES DE LA GUERRE DES DEUX ROSES. — **BATAILLE DE SAINT-ALBANS.** — Richard se mit à la tête des mécontents, et excita les *communes* contre le favori Suffolk. Celui-ci fut déclaré coupable de haute trahison. Henri, voulant le sauver, le condamna au bannissement; mais le malheureux duc, malgré la volonté du roi, fut décapité sur le vaisseau qui devait l'emporter en exil : c'était l'expiation du meurtre de Glocester. L'insurrection de quelques hommes du peuple, qu'on nomma les *Barbes bleues*, préluda à la révolte de *Jack Cade*, Irlandais de basse extraction, qui dissipa un corps de troupes envoyé contre lui, entra dans Londres, dont la cour s'était retirée, et fut plusieurs jours maître du gouvernement. L'aventurier fut bientôt mis à mort par ceux mêmes qui l'avaient accueilli ; mais son succès éphémère avait donné la mesure de l'irritation universelle et révélé la faiblesse du gouvernement. Richard n'hésita plus à faire connaître hautement ses prétentions ambitieuses.

Une maladie, qui acheva d'ébranler la raison chancelante de Henri VI, fournit au duc d'York l'occasion de se faire nommer lieutenant et protecteur du royaume, après que le parlement eut envoyé près du roi « trois lords spirituels et huit lords temporels, qui, l'ayant questionné, ne purent obtenir de lui ni réponse, ni parole, ni signe, et se retirèrent le cœur plein de chagrin. » En vain Henri, revenu un instant à la santé et à la raison, ôte l'administration à Richard. Le duc d'York demande impérieusement au roi de lui livrer ses ennemis pour les mettre en jugement ; sur son refus, il jette le masque, déclare sa révolte, et, à la tête d'une armée nombreuse, il défait les troupes de Henri VI à la bataille de *Saint-Albans*, premier triomphe de la *Rose blanche* d'York sur la *Rose rouge* de Lancastre (1455). Le roi est fait prisonnier par son rival, qui le reçoit à genoux, l'assure de sa fidélité, et le reconduit à Londres en grande pompe, mais exerce sans partage l'autorité souveraine.

123. BATAILLES DE NORTHAMPTON, DE WAKEFIELD, ETC. — WARWICK. — Cependant, l'année suivante, le roi, ayant recouvré la raison, reprit le gouvernement ; Marguerite tente bientôt de s'emparer par stratagème de la personne de Richard et de ses principaux partisans, puis elle rallume la guerre en 1349, et force son ennemi à fuir en Irlande. Mais celui-ci était soutenu par le comte de Warwick, fils du comte de Salisbury. Ce seigneur, que ses grandes victoires et ses domaines considérables faisaient déjà puissant, était, en outre, un habile général. Il joua un grand rôle dans la guerre des *Deux Roses*, donnant presque toujours la couronne au parti qu'il soutenait ; ce qui lui fit donner le nom de *faiseur de rois*. L'armée levée par Warwick vint attaquer la reine à Northampton (1460). Marguerite, battue, quitta l'Angleterre, tandis que Richard rentrait triomphalement à Londres, traînant à sa suite le malheureux Henri VI. Le parlement décide qu'après la mort de ce prince, le duc d'York et ses descendants seront investis

de la dignité royale, et « que jusque-là les lords et membres
des communes seront tenus d'obéir à Richard de la même manière qu'au roi lui-même. » L'infatigable Marguerite proteste
contre cet arrêt : elle soulève les populations guerrières du nord
de l'Angleterre, se porte sur Londres à marches forcées, et, à
la tête de vingt mille hommes, elle attaque le duc d'York près
de *Wakefield*. Le combat coûte la vie à Richard et à son second
fils, *égorgé* de sang-froid par les vainqueurs. Marguerite fait
exposer sur les murs d'York la tête de son rival ceinte d'une
couronne de papier (1460).

Édouard, fils aîné de Richard, devait être plus heureux.
Pendant que Marguerite battait encore une fois l'armée d'York
à la seconde *bataille de Saint-Albans*, et délivrait Henri VI,
Édouard arrivait du nord, où il avait défait les Lancastriens à
la journée de la *Croix de Mortimer*, signalant son triomphe par
d'horribles exécutions, qui devaient appeler des représailles non
moins sanglantes (1460).

126. Édouard IV. — Batailles de Towton et de
Barnet. — La reine quitta Londres pour aller rassembler
ses partisans dans le nord, où son pouvoir était mieux enra-
ciné. Édouard et Warwick entrèrent dans la capitale au milieu
des applaudissements du peuple, qui criait de tous côtés : « Vive
le roi Édouard IV ! » Celui-ci, quelques mois après, allait avec
Warwick et quarante mille soldats attaquer à *Towton* soixante
mille hommes réunis par Marguerite, sous le commandement
de lord Clifford, célèbre par la férocité avec laquelle il vengeait
la mort de son père, assassiné par le parti d'York. Les suites
de cette bataille, où, de part et d'autre, il avait été défendu de
faire quartier, furent désastreuses pour les Lancastriens, qui y
perdirent trente mille des leurs (1461). Marguerite s'enfuit de
forêt en forêt, de montagne en montagne, seule avec le jeune
prince de Galles. Un brigand s'avance pour la dépouiller :
« Sauve le fils de ton roi ! » lui dit-elle. Le voleur, ému de tant
de malheur et de courage, lui sert de protecteur, et la conduit
jusqu'au rivage de la mer. Marguerite s'embarque pour aller
dans les cours d'Europe implorer quelque appui, tandis qu'É-
douard fait déclarer par le parlement Henri IV, Henri V et
Henri VI de Lancastre ci-devant rois d'Angleterre de fait et
non de droit, obtient l'annulation des actes passés sous leurs
règnes, frappe de proscription Henri VI, Marguerite et son fils,
et envoie à l'échafaud plusieurs partisans des Lancastre, coupables d'avoir porté le deuil de leurs parents tués à Towton.

Marguerite cependant revenait avec quelques Français, auxquels se joignirent une foule de montagnards d'Écosse. Vaincue

de nouveau à *Hexham* (1464), mais non découragée, elle retourne en France, pendant que le malheureux Henri VI est renfermé à la tour de Londres. Bientôt Édouard ayant épousé Elisabeth Woodville, Warwick, mécontent de l'élévation de cette famille que le roi comblait de bienfaits, s'unit au duc de Clarence. frère du roi, que la naissance d'un prince de Galles privait de l'espoir d'un trône. Réfugiés en France, les deux mécontents furent attirés par Marguerite dans son parti, et celle-ci put se croire à la veille d'un triomphe décisif. Warwick, *le faiseur de rois*, marchait à la tête d'une formidable armée; de tous côtés, le drapeau de Lancastre se relevait; le peuple et les soldats abandonnaient Édouard, qui fut forcé de quitter l'Angleterre sans avoir combattu. Henri VI, malheureux jouet des révolutions, fut tiré de la Tour, promené processionnellement dans Londres, et redevint roi sous la tutelle de Warwick, naguère son plus redoutable ennemi. Marguerite s'arrache aux félicitations de la cour de France, et s'embarque pour aller rejoindre le vainqueur... En touchant la côte d'Angleterre, elle apprend qu'Édouard, débarqué lui-même à la tête d'un petit nombre d'aventuriers, a relevé son parti par une révolution plus étrange encore que celle qui l'a renversé naguère, et que, dans la sanglante *bataille de Barnet*, il a vaincu et tué le comte de Warwick, abandonné par Clarence.

127. BATAILLE DE TEWKESBURY. — RUINE DU PARTI DE LANCASTRE. — Tout le prestige qui soutenait la cause de Lancastre avait disparu avec son puissant défenseur. Toutefois Marguerite osa encore engager à *Tewkesbury* le combat qui devait terminer cette guerre sanglante. La reine fut prise et ses plus braves défenseurs furent tués. Son jeune fils, fait prisonnier, fut amené devant le vainqueur, qui était accompagné de ses frères, les ducs de Glocester et de Clarence. « Pourquoi es-tu venu en Angleterre? lui dit Édouard. — Pour défendre la couronne de mon père et mon héritage, » répondit le jeune prince. A ces mots, le roi le frappa au visage, et ses frères, tirant leur épée, l'égorgèrent lâchement (1471). Peu de jours après, la mort du vieil Henri VI à la Tour de Londres délivra Édouard de son impuissant rival, et le vainqueur fit couler à flots le sang des seigneurs qui avaient porté les armes contre lui.

Les malheurs de la *guerre des deux Roses* tournèrent au profit du pouvoir royal, qui n'eut qu'à recueillir l'héritage d'une foule de nobles familles, détruites dans cette guerre civile, la plus acharnée qui ait jamais déchiré l'Angleterre. « A mon souvenir, dit Commynes, quatre vingts princes du sang royal d'Angleterre périrent dans ces convulsions : sept ou huit grandes batailles furent livrées dans le cours de huit ans ; l'Angleterre fut dévastée par les Anglais aussi cruellement que la France l'avait été dans le siècle précédent. Ceux que le glaive épargna allèrent subir de nouvelles souffrances en pays étranger. J'ai vu moi-même le duc d'Exeter, beau-frère du roi d'Angleterre, marchant nu-pieds à la suite du duc de Bourgogne, et gagnant son pain en mendiant de porte en porte. » Deux générations des familles de Sommerset et de Warwick périrent sur le champ de bataille ou sur l'échafaud, victimes de cette lutte effroyable. Il ne restait des Lancastre qu'Henri, fils d'Owen Tudor, descendant par les femmes de cette famille royale ; Henri Tudor se réfugia en Bretagne.

128. Fin du règne d'Édouard IV. — Édouard IV, affermi sur le trône, se laissa entraîner par Charles le Téméraire à déclarer la guerre à Louis XI (n° 115) ; mais il se hâta de la terminer par le traité de Picquigny, et put dès lors se livrer sans partage à ses penchants voluptueux et cruels. Les subventions qu'il recevait de la France étaient employées à satisfaire les plus viles passions ; et le roi ne se réveillait de ses honteuses orgies que pour envoyer à la mort quelque nouvelle victime. Il fit solliciter par les communes le supplice de son propre frère, le duc de Clarence (1478). « Le malheureux prince fut mis à mort secrètement, et le bruit public fut qu'il avait été noyé dans un tonneau de malvoisie. »

Édouard mourut en 1483, confiant ses fils *Édouard V* et *Richard d'York*, si tristement célèbres sous le nom d'*enfants d'Édouard*, à son second frère, Richard, duc de Glocester, plus ambitieux encore et plus cruel que lui.

129. Édouard V. — **Meurtre des enfants d'Édouard.** — **Richard III (1483-1485).** — Glocester, nommé protecteur, connétable, grand amiral du royaume, envoya une députation de lords pour demander à la veuve d'Édouard de lui remettre le jeune Richard, qu'elle avait conservé près d'elle à Westminster. Une fois maître des deux héritiers du trône, il eut bientôt fait périr, sur de fausses accusations, les seigneurs dévoués aux jeunes princes ; lord Hastings, qui voulut prendre leur défense, fut égorgé sans aucune forme de procès par les gardes du protecteur. Bientôt Glocester, aidé par les efforts du puissant duc de Buckingham, par les calomnies dont il avilit la mémoire de son frère, se fit proclamer roi à Londres sous le nom de *Richard III*, aux acclamations de quelques hommes salariés. Il se hâta d'ordonner la mort de ses neveux, enfermés à la Tour de Londres, au moment où Buckingham, effrayé de sa criminelle révolte, allait les délivrer. Les deux enfants étaient confiés à la garde du chevalier Robert de Blakenbury. Celui-ci reçut l'ordre de les mettre à mort ; mais il refusa cette odieuse mission, et le roi, ne pouvant vaincre sa résistance, lui ôta les clefs de la Tour pour les donner à un misérable, nommé Jacques Tyrrel. Celui-ci, accompagné de deux gardes, entra au milieu de la nuit dans la chambre des jeunes princes, tandis qu'ils dormaient paisiblement dans les bras l'un de l'autre, et il les étouffa sous leurs oreillers. Les malheureux enfants furent ensevelis à l'instant même au pied de l'escalier de la Tour.

N'ayant pu sauver son roi légitime, Buckingham voulut le venger, et appela Henri Tudor, comte de Richemond : il était de la famille de Lancastre, mais devait réunir bientôt les droits des deux branches en épousant Élisabeth, sœur d'Édouard V, dernier rejeton de la famille d'York. L'horreur générale qu'inspiraient les forfaits de Richard lui avait aliéné toute la nation, et une nombreuse armée fut bientôt réunie sous les ordres de son rival. Le règne de Richard III et son odieuse existence se terminèrent à la *bataille de Bosworth* (1485).

§ II. AVÉNEMENT DES TUDOR.

150. HENRI VII TUDOR (1485-1509). — RÉVOLTES DE LAMBERT SYMNEL, DE PERKINS WARBECK. — L'armée victorieuse proclama aussitôt *Henri VII*, et lui offrit sur le champ de bataille la couronne qu'on avait trouvée parmi les dépouilles de Richard. Quoique devenu bientôt l'époux d'Élisabeth, héritière de la branche d'York, « Henri, indigné d'avoir vu périr la plupart de ses amis et de ses proches parents dans les combats ou sur l'échafaud, porta sur le trône toute l'aigreur d'un chef de faction ; et, en traitant les partisans de la maison d'York comme ses ennemis, il les contraignit à le devenir en effet. » (Hume.) Aussi le règne de Henri VII fut-il constamment agité par des révoltes.

Henri avait encore à craindre les droits du jeune comte de Warwick, fils du duc de Clarence (n° 128), et le tenait prisonnier dans la Tour de Londres. Un imposteur, *Lambert Simnel*, fils d'un boulanger, prit le nom du comte, et souleva l'Irlande, que Henri ne put désabuser, même en montrant le vrai comte de Warwick. Bien qu'aidé des secours de la sœur d'Édouard IV, la duchesse de Bourgogne, qui avait, dit Bacon, *l'âme d'un homme avec tout l'esprit de vengeance et de ressentiment dont est susceptible une femme*, Simnel cependant fut bientôt vaincu à *Stokes*; relégué, pour toute punition, dans les cuisines du palais, il disparut à jamais de la scène politique (1487).

A peine Henri VII venait-il de conclure avec Charles VIII de France un traité avantageux à Étaples (1492), qu'un prétendant plus redoutable que Simnel apparut en Angleterre, se disant Richard, fils d'Édouard IV, échappé aux assassins de la Tour. Ce nouvel imposteur, *Perkins Warbeck*, fils d'un juif converti, fut accueilli par le roi de France, soutenu par le roi d'Écosse, et reconnu par la duchesse de Bourgogne, tante du vrai Richard.

Les Irlandais protestèrent énergiquement en sa faveur. Mais, débarqué en Angleterre, Perkins Warbeck se fit battre à *Taunton* (1498) au premier engagement, fut fait prisonnier et jeté dans la Tour de Londres: bientôt après, il fut mis à mort, ainsi que le comte de Warwick, avec lequel il avait noué des intelligences (1499). L'infortuné fils du duc de Clarence était le dernier rejeton de la Rose blanche, le dernier héritier mâle des Plantagenets, comtes d'Anjou, qui avaient régné sur l'Angleterre pendant près de quatre siècles, « race noble, hardie et courageuse, mais qui trempait souvent ses mains dans son propre sang. » (Bacon.)

151. INSTITUTIONS DE HENRI VII. — CRÉATION DE LA MARINE ANGLAISE. — Henri VII, tranquille enfin sur le trône, consacra tous ses soins à améliorer la législation, à régulariser l'administration de la justice, qui désormais dut être rendue aux pauvres sans frais de procédure; il organisa un tribunal suprême, *la Chambre étoilée* (1485), qui jugeait sans l'assistance de jurés et pouvait reviser les décisions de tous les autres tribunaux. La plus importante de toutes ses lois est celle qui déclare tous les biens des nobles aliénables. Elle eût pu produire une révolution dans les fortunes, en faisant passer rapidement les biens immenses des barons aux mains des bourgeois; mais elle fut peu exécutée, et l'usage des *substitutions* s'est conservé en Angleterre jusqu'à nos jours.

Henri rendit un grand nombre de règlements sur l'industrie, et favorisa de tout son pouvoir le commerce maritime. Il envoya en 1498 les deux navigateurs vénitiens Jean et Sébastien Cabot, puis en 1502 l'amiral Éliot, dans les mers occidentales, où ils découvrirent Terre-Neuve. Véritable fondateur de la marine anglaise, « il dépensa quatorze mille livres pour faire construire un vaisseau, *le Grand Henri*, qui fut, à proprement parler, le premier navire de l'État. Jusqu'alors, quand le roi avait besoin d'une flotte, il était obligé de louer des vaisseaux marchands. » Si Henri VII fut dans ses dépenses personnelles d'une avarice honteuse (1), s'il eut recours à d'odieuses rapines, telles que dons forcés, spoliation des faibles, etc., pour grossir son trésor, il faut avouer, du moins, qu'il fut généreux et magnifique dans l'exécution de tous les travaux d'intérêt général. L'Irlande qui, jusque-là, n'avait été qu'une proie que les conquérants anglais déchiraient à plaisir, reçut un commencement d'organisation, par les statuts que lui donna ce gouverneur, *Paynings*, qui interdit les guerres privées, fixa le tribut, et (1495) organisa le parlement irlandais.

Henri VII mourut en 1509 ; il avait fait épouser à son second fils, Henri, Catherine d'Aragon, veuve d'Arthur, son fils aîné, et donné en mariage sa fille Marguerite à Jacques Stuart, roi d'Écosse. Ce mariage devait amener la réunion des deux couronnes (v. nᵒˢ 311 et 444).

APPENDICE.

LES STUARTS EN ÉCOSSE.

132. LES BRUCE ET LES STUARTS. — JACQUES Iᵉʳ ET JACQUES II. — Robert Iᵉʳ Bruce (1306) (voir *Cours de troisième* nᵒ 426), avait disputé le trône à Baliol, et arraché l'Écosse à l'influence anglaise ; son fils, David II (1329), continua la même lutte, perdit un instant le trône, où il fut remplacé par Édouard Baliol (1351), puis revint sur le trône (1342, qu'il laissa à son neveu, Robert II Stuart (1370). L'histoire de l'Écosse, sous les Stuarts, est, à l'extérieur, celle de la lutte de ce pays contre l'Angleterre ; à l'intérieur, celle de la lutte du pouvoir royal contre l'aristocratie, dont la résistance est favorisée par de longues et orageuses minorités, et contre les habitants indisciplinés des montagnes (*highlanders*) et des frontières (*borders*). La gloire des deux Bruce avait protégé la couronne de leurs successeurs, Robert II (1370) et Robert III (1390). Mais à la mort de Robert III (1406), son fils *Jacques Iᵉʳ* était prisonnier des Anglais. Ce prince, au retour d'une captivité de dix-huit ans, trouva l'autorité royale détruite, l'aristocratie toute-puissante, l'anarchie à son comble. Ses efforts persévérants commencèrent bientôt à raffermir le trône ; mais, malgré la sagesse et la justice de son gouvernement, ses mesures rigoureuses effrayèrent les nobles, qui l'assassinèrent en 1437, et augmentèrent encore leur influence pendant la minorité de *Jacques II*. Toutefois, ce prince ayant pris le sceptre en main, continua avec énergie et habileté l'œuvre de son père. Il avait vaincu une révolte dangereuse,

---

(1) Je me souviens, dit Bacon, d'avoir vu un registre des comptes d'Empson, dont toutes les pages étaient parafées de la main du roi ; j'y ai lu cet article : « Item, reçu d'un tel cinq mares pour obtenir une lettre de grâce... »

excitée par Guillaume Douglas, qu'il poignarda de sa propre main;
il avait défait les partisans de ce puissant seigneur, armés pour le
venger, et effrayé les séditieux par des supplices; il avait ébranlé
jusque dans sa base la féodalité écossaise, par une loi qui déclarait
nulles, pour le passé comme pour l'avenir, toutes les aliénations du
domaine royal, qui révoquait et interdisait les concessions de fonctions héréditaires; mais avant d'avoir pu consolider son œuvre, il
fut tué au siège de Roxborough dans une guerre contre l'Angleterre.

133. JACQUES III. — La minorité du nouveau roi *Jacques III* (1460), élevé au trône à l'âge de sept ans, permit aux
nobles de reconquérir tout l'ascendant qu'ils avaient perdu, et
anéantit les heureuses réformes opérées par le dernier roi. A peine
Jacques III eut-il pris en main les rênes de l'État, que son incapacité vint présager de nouveaux malheurs. Ce prince, qui se faisait
instruire par des astrologues des devoirs de la royauté, crut réprimer l'audace des vassaux et abaisser la noblesse, en remplaçant les
seigneurs de la cour par des maçons, des tailleurs, des serruriers,
qui devinrent ses favoris : il ne fit qu'avilir la couronne royale et
exaspérer les grands du royaume. Une ligue s'organisa sous la conduite des deux frères du roi, le duc d'Albany et le comte de Marr.
Vainement ce dernier fut mis à mort et le duc d'Albany obligé de
fuir en Angleterre. Ce prince revint à la tête d'une armée étrangère, et l'autorité de Jacques fut anéantie du jour où les barons,
violant la demeure du roi, se saisirent de ses favoris et les pendirent sous ses yeux. Cette cruelle leçon ne put déterminer Jacques
à changer de politique. Toujours enfermé dans l'enceinte de son
palais, il avait établi près de sa personne une garde permanente,
et contraignait les nobles à quitter leur épée pour se présenter devant lui. Cette insultante défiance amena un nouveau soulèvement.
Jacques fut réduit à prendre les armes contre les rebelles, qui
avaient à leur tête le duc de Rothsay, l'aîné de ses enfants; bientôt
il fut battu à *Bannock-Burn* et périt dans la déroute (1488). L'indignation qui suivit le meurtre du roi, la terreur des anathèmes
pontificaux lancés sur les coupables, apaisèrent tout à coup les discordes civiles.

134. JACQUES IV (1488-1513) n'essaya pas de lutter contre
les grands; il ne chercha qu'à se concilier leur affection, et toute
la noblesse sembla vouloir faire oublier ses excès récents, à force
de dévouement et de soumission. « Le nouveau roi, dit Robertson,
était né brave et généreux; il était animé de toutes les nobles passions qu'une âme royale peut ressentir dans sa jeunesse. Il aimait
la magnificence, il se plaisait à la guerre, il était avide de renommée. Sous son gouvernement, l'ancienne inimitié, devenue comme
héréditaire entre le roi et les seigneurs, parut entièrement calmée.
Ce règne promettait de longues années de tranquillité et de bonheur à l'Écosse; mais le roi, entraîné par son caractère chevaleresque, engagea contre l'Angleterre des luttes imprudentes. Après
une manifestation inutile en faveur de Perkins Warbeck, il reprit

les armes malgré son mariage avec la fille de Henri VII, sur les sollicitations de la reine de France, Anne de Bretagne, dont il s'était déclaré le chevalier. L'excommunication prononcée contre les alliés de Louis XII ne l'empêcha pas d'envahir le Northumberland avec cinquante mille hommes; mais il fut vaincu et tué à la désastreuse *bataille de Flodden-Field* (1513). Cet événement porta un coup fatal à l'aristocratie écossaise : douze comtes, treize lords et une foule de barons avaient péri avec le roi. » « A peine y a-t-il une famille écossaise d'un rang élevé, dit Walter Scott, qui n'ait perdu un de ses ancêtres à la journée de Flodden, et aujourd'hui même, dans toutes les provinces d'Ecosse, le récit de cette bataille produit une impression profonde de tristesse et de terreur. »

OUVRAGES A CONSULTER. — Hume, Lingard, Mac Kintosh, *Histoire d'Angleterre*; Michelet, Ragon, Macé; *Histoire d'Ecosse*, par Walter Scott, Hallam, Roberston, *Histoire d'Ecosse, d'Angleterre* dans l'*Univers pittoresque.*

QUESTIONNAIRE. — § Ier. 123. Qui occupait le trône d'Angleterre en 1453? — Quelles furent les causes de l'irritation des Anglais contre Henri VI? — 124. Qu'appela-t-on les Barbes bleues? — Comment nomme-t-on la guerre civile qui éclata en Angleterre? — Quelle fut la première victoire de la Rose blanche? — 125 Quel était le plus puissant des partisans de Richard? — Comment Marguerite releva-t-elle le parti de Henri VI? — Dites la vengeance qu'elle tira de Richard. — 126. Nommez le prince qui succéda à Richard d'York. — Enumérez ses succès. — Quel seigneur Marguerite parvint-elle à se concilier? — Quelles furent les suites de la bataille de Barnet? — 127. Par quelle bataille se termina la guerre des deux Roses? — Indiquez les conséquences funestes de cette guerre civile. — 128. Par quels crimes Edouard IV ternit-il son triomphe? — 129. Comment moururent les enfants d'Edouard? — Comment leur meurtrier fut-il puni de son crime? — Nommez la nouvelle dynastie qui monta sur le trône d'Angleterre. — § II. 130. Quelle fut la conduite de Henri VII à l'égard des partisans de la maison d'York? — Quelles révoltes et quels imposteurs eut-il à combattre? — Quelle fut l'issue de ces luttes? — 131. Faites connaître les principales institutions de Henri VII. — Comment se fortifia la royauté sous son règne? — Que fit-il pour la navigation? — APPENDICE. 132. Quelle était la situation de l'Ecosse à l'avénement des Stuarts? — Quel fait caractérise le règne des rois de cette famille? — Racontez le règne de Jacques Ier. — Quelle fut la politique de Jacques II? — Comment mourut ce roi? — 133. A quel âge Jacques III monta-t il sur le trône? — Comment son autorité fut-elle anéantie? — Où périt ce prince? — 134. Quel est le caractère du règne de Jacques IV? — Quelles guerres fit ce prince? — Où fut-il tué? — Quel coup frappa la noblesse à la même bataille?

CHAPITRE TREIZIÈME.

FORMATION DU ROYAUME D'ESPAGNE. — FERDINAND ET ISABELLE.

—

SOMMAIRE.

§ Ier. 135. Au commencement du quatorzième siècle, la nationalité espagnole n'existe pas encore, grâce aux guerres intérieures et à la puissance de la féodalité. La Péninsule est divisée en 5 États : Navarre, Castille, Aragon, Portugal et Grenade.

136. La Navarre appartient à la maison royale de France, puis à la maison d'Évreux (1328), et enfin à l'Aragon (1425).

§ II. 137. En Castille, Alphonse XI (1312) relève la royauté et bat les Maures à Tarifa (1340). Son fils, Pierre le Cruel (1350) se rend odieux par ses crimes; il triomphe d'abord des révoltes de son frère Henri de Transtamare, soutenu par la France, mais il est battu et tué à Montiel, et Henri lui succède (1369).

138. La noblesse détruit le pouvoir royal sous Jean Ier (1379) et pendant la minorité de Henri III (1390); ce prince énergique relève l'autorité, mais son œuvre périt pendant la minorité de Jean II (1406), dont le favori Alvar de Luna, lutte contre la noblesse et meurt sur l'échafaud (1453). Jean meurt de chagrin l'année suivante.

139. Henri IV 1454) succède à son père; sa faiblesse et la vie scandaleuse de la reine Jeanne de Portugal avilirent le pouvoir. Une faction déposa Henri et lui opposa son frère Alphonse, qui mourut après la bataille de Medina del Campo (1467). Isabelle, sœur de Henri, fut reconnue par lui pour héritière, elle épousa Ferdinand d'Aragon Après la mort de Henri (1474), la victoire de Toro (1476) assura à Isabelle le trône, que lui contestait Jeanne, fille du roi.

§ III. 140. L'union et la prospérité regnent en Aragon, et l'accroissement du territoire est rapide sous Jacques II (1291-1327), Pierre le Cérémonieux (1336-1387), et Alphonse V le Magnanime (1416-1458). Ce dernier fait la conquête du royaume de Naples (1442).

141. Jean II (1458-1479) succède à son frère; il régnait déjà en Navarre, où il avait supplanté son fils Carlos de Viana. Ce prince, plusieurs fois vaincu par son père, mourut en 1461, et sa sœur Blanche fut bientôt assassinée; les Catalans, soulevés pour venger ces victimes, furent comprimés avec peine Jean eut pour successeur son fils Ferdinand, époux d'Isabelle de Castille.

§ IV. 142. L'union de la Castille et de l'Aragon eut pour conséquence l'expulsion des Maures, qui sont divisés en trois partis, dont l'un, avec Zagal, se soumet aux chrétiens.

143. Ferdinand et Isabelle assiégent Grenade, qui se rend (1492),

malgré la défense de Boabdil. L'émigration des Maures appauvrit la contrée.

144. Les principaux événements du règne de Ferdinand sont la découverte de l'Amérique, la restitution par la France du Roussillon et de la Cerdagne (1493), les succès et les conquêtes en Italie au détriment de la France, le mariage de Jeanne d'Espagne avec Philippe le Beau d'Autriche (1496).

145. Après la mort d'Isabelle (1504) et celle de Philippe le Beau, Ferdinand le Catholique reprend le pouvoir que Philippe lui avait enlevé, et gouverne au nom de ses petits-fils, Charles et Ferdinand, avec le célèbre Ximénès pour ministre. Celui-ci fait une glorieuse expédition en Afrique; Ferdinand s'empare de la Navarre espagnole (1512), et meurt après que Gonzalve de Cordoue lui eut conquis Naples (1516).

146. Ferdinand le Catholique organise la sainte Hermandad, qui produit des résultats utiles; il réunit les grandes maîtrises à la couronne; il a déployé une politique astucieuse et perfide à l'égard de la France. Le tribunal de l'Inquisition a été institué dans le but de rechercher et de détruire l'hérésie.

147. Une admirable énergie est déployée par Ximénès pour maintenir son autorité. Son excellente administration favorise les progrès de la civilisation et des lumières. L'arrivée de Charles Ier en Espagne et ses premiers actes produisent une fermentation générale, qui éclate lorsqu'il est parti se faire couronner empereur d'Allemagne. Cependant, malgré les succès de don Juan de Padilla, les communeros sont battus à Villalar (1521), et punis par des supplices.

148. Les royaumes espagnols ont des institutions libérales. En Aragon, on voit s'établir le conseil des Douze, les Juntes provinciales, puis les Cortés ou assemblées des trois ordres: noblesse, bourgeoisie et paysans; la puissance du grand justicier assure la prépondérance de la noblesse. — En Castille, les trois ordres dominent la monarchie et les communes fondent la célèbre Hermandad.

§ Ier. ÉTAT DE L'ESPAGNE EN 1328. — NAVARRE.

135. DIVISION EN CINQ ÉTATS. — La nationalité espagnole n'était encore qu'ébauchée au commencement du quatorzième siècle. Les guerres de royaume à royaume, les privilèges de l'aristocratie, l'indépendance féodale presque complète des puissants seigneurs, et enfin la constitution des grands ordres militaires de Calatrava, d'Alcantara et de Saint-Jacques de Compostelle, qui possédaient des biens considérables et prétendaient ne pas relever des rois, créaient autant d'éléments de division que la croisade perpétuelle des chrétiens contre les Musulmans (voir *Cours de Troisième* nos 28 et suiv.) n'avait pas encore réussi à faire disparaître. — Il ne faudra pas moins que le gouvernement de plusieurs grands princes pour fondre en un seul tout, ces éléments divers.

Tout n'avait pourtant pas été perdu pour l'avenir dans ces longs siècles de dissensions; les longs et victorieux efforts qui sauvèrent l'indépendance religieuse et politique de l'Espagne, enfantèrent en même temps à l'intérieur des institutions plus libérales, à l'origine, que celles d'aucun autre État européen (v. n° 148).

En 1328, l'Espagne était encore divisée en cinq États, qui étaient : la Navarre, la Castille (n°s 137 et suiv.), l'Aragon (n°s 139 et suiv.), le Portugal (n°s 149 et suiv.) et le royaume musulman de Grenade (n° 144).

156. NAVARRE. — La Navarre, après avoir appartenu au comte *Thibaut VI* de Champagne (1234-1253), était tombée au pouvoir de la maison royale de France par le mariage de *Jeanne*, petite-fille de Thibaut, avec Philippe le Bel (1284). En 1328, ce royaume passa, par le mariage de Jeanne II, dans les domaines de la maison d'Évreux, qui devait lui donner pour roi *Charles le Mauvais* (1349-1387), ce perfide ennemi de la France (voir n°s 1 et suiv.). Enfin, par suite d'une nouvelle révolution, nous verrons en 1425, la couronne de Navarre sur la tête de *Jean II* d'Aragon (n° 141).

§ II. CASTILLE.

157. ALPHONSE XI. — PIERRE LE CRUEL ET HENRI DE TRANSTAMARE. — Le royaume de Castille était épuisé par de longues discordes, suites fatales de l'usurpation de Sanche le Brave au préjudice des infants de Lacerda, lorsque le règne d'*Alphonse XI* (1312) vint relever la gloire du nom castillan. Après une minorité orageuse, Alphonse réprima l'insubordination des seigneurs par des exécutions terribles; il mit fin à la querelle des infants de Lacerda en leur cédant les Canaries, récemment découvertes; enfin, il devint l'effroi des Maures par la grande victoire de *Tariffa* (1340) et la prise de la forte ville d'Algésiras. Il avait déjà mis le siége devant Gibraltar, dont le roi de Grenade s'était emparé, et allait se rendre maître de cette ville, lorsqu'il fut emporté par la peste (1350). Tel était le respect qu'Alphonse avait inspiré à ses ennemis par sa bravoure, qu'à sa mort, le roi de Grenade prit le deuil.

La tyrannie de son fils *Pierre le Cruel*, dont le règne ne fut qu'un tissu de crimes et de perfidies, renouvela les maux de la Castille. Le premier acte du nouveau roi fut de faire périr, ou du moins d'abandonner à la vengeance de sa mère, l'infortunée *Éléonore de Guzman*, qui, secrètement unie à Alphonse, lui avait donné dix enfants. Violant la sainteté du mariage et la religion du serment, Pierre dédaigna effrontément, pour *Maria Padilla*, la reine *Blanche de Bourbon* qu'il jeta dans une prison, afin d'échapper à ses reproches. Le supplice du puissant seigneur *Albuquerque*, grand maître de l'ordre de Calatrava, épouvanta les nobles, qui formèrent une ligue contre le roi. Mais leur inutile tentative ne fit que provoquer des cruautés nouvelles. Pierre fait tuer sous ses yeux son frère Frédéric, et dîne le jour même sur le lieu du meurtre; il frappe de sa propre main don Juan d'Aragon, qui avait osé proclamer l'indépendance de la Biscaye, et, le jetant d'une fenêtre sur la place publique : *Voilà votre seigneur !* dit-il aux habitants de Bilbao. Bientôt il envoie à la mort trois princesses parentes de la victime. *Henri de Transtamare*, l'aîné des fils d'Éléonore, essaye de soulever la Castille et de punir tant de crimes. Sa première victoire exalte la rage du tyran, qui se venge en tuant les deux plus jeunes frères de Henri.

Pourtant le jour de la délivrance approchait. Henri, vaincu après quelques succès et forcé de chercher un asile en France, revint en Espagne avec les *Grandes Compagnies* et du Guesclin à leur tête (nº 17). Les Castillans le reçurent avec transport, et le proclamèrent roi à Calahorra (1366). Pierre s'enfuit à son tour, et courut en Guyenne réclamer la protection du célèbre *prince Noir*. Celui-ci, toujours prêt à saisir l'occasion de combattre les Français, passa les Pyrénées avec ses meilleures troupes, et rencontra à *Najara* ou *Navarette* (1367) Henri de Transtamare et du Guesclin. Ce dernier, dont la destinée était toujours de voir ses conseils méconnus par les princes qu'il venait secourir, ne put empêcher son allié de livrer bataille dans les conditions les plus désavantageuses. Les Castillans, décimés par les habiles archers saxons prirent la fuite, et du Guesclin fut fait prisonnier après une héroïque résistance. — Toutefois, Henri ne crut pas son parti abattu : il reparut avec de nouvelles troupes, accompagné encore du vaillant Breton tiré de sa captivité. Pierre implora cette fois le secours des infidèles; mais ils ne le sauvèrent pas. La grande armée des Maures fut vaincue près de *Montiel*, Pierre, assiégé dans un château voisin, fut forcé de se rendre, et amené dans la tente de du Guesclin, où se trouvait Henri. Les deux frères se jetèrent l'un sur l'autre, et cette lutte atroce ne se termina que par la mort de Pierre le Cruel. Avec ce prince s'éteignit la branche légitime de la famille royale de Castille (1369). Henri II *de Transtamare* lui succéda, et effaça la tache de sa naissance par la gloire de son règne, qui se passa tout entier dans des guerres victorieuses contre le Portugal, l'Aragon et la Navarre (1369-1379).

Il dépouilla les Juifs de leurs richesses, mais les nobles, avec l'appui desquels il avait triomphé et auxquels il distribua de nombreux domaines, lui donnèrent le nom de *Magnifique*.

158. LUTTE DE LA ROYAUTÉ ET DE LA NOBLESSE. — JEAN Ier. — HENRI III ET JEAN II. — L'aristocratie fit durement sentir au successeur de Henri II la puissance que les troubles civils et les faveurs du dernier roi lui avaient donnée. Jean Ier, prince assez faible pour laisser taxer les dépenses de sa maison, ne se distingua que par les ordonnances qui enlevèrent aux usuriers (1) juifs les prérogatives qu'ils avaient achetées de ses prédécesseurs. L'aristocratie fit encore de nouvelles conquêtes pendant la minorité de *Henri III* (1390-1406), dont les princes, les nobles et les évêques se disputèrent la tutelle. Toutes les richesses étaient aux mains des seigneurs; Henri fut un jour obligé de vendre son manteau pour acheter de quoi manger. Un tel avilissement souleva l'âme fière du jeune prince. Le lendemain, il appela près de lui les grands de la cour. *Combien, leur demanda-t-il, avez-vous connu de rois?* Les uns répondirent trois, d'autres quatre, d'autres cinq. *Eh bien! moi, qui suis plus jeune que vous tous,* dit Henri, *j'en ai vu plus de vingt. Oui,* continua-t-il avec force, *vous êtes tous des rois pour ma propre confusion et la ruine de l'Etat. Mais votre règne est fini.* Aussitôt, il les fit jeter en prison, et ne leur rendit la liberté qu'après s'être fait restituer tous les châteaux et toutes les places usurpées sur le domaine royal. Les Cortès s'unirent au roi pour humilier la noblesse, et le supplice d'un grand nombre de rebelles raffermit l'autorité souveraine.

Mais la minorité de *Jean II* (1406-1454) vint détruire l'œuvre de Henri III, et la Castille bouleversée ne trouva de repos que sous le despotisme impitoyable du favori *Alvar de Luna*. De la plus humble condition, cet homme s'était élevé aux plus brillants emplois par ses talents et son énergie. Bientôt une ligue des plus puissants seigneurs (1426), dans laquelle entrèrent les rois d'Aragon, de Navarre, et le fils du roi Jean II lui-même, s'empara des principales villes du royaume, et demanda la disgrâce du ministre. Alvar soutint une lutte acharnée pendant plus de vingt années. Deux fois exilé par le roi, deux fois il revint plus fort et plus terrible. Enfin la noblesse l'em-

---

(1) Les juifs exerçaient alors dans toute l'Europe une si effroyable usure, que Philippe-Auguste avait été obligé de leur défendre, par une ordonnance, de prendre en gage les instruments des laboureurs, les ornements des églises, les vêtements ensanglantés qu'ils recevaient des assassins (*vestes sanguinolentas*) (Ordonnances des rois de France).

porta : la tête du ministre tomba sur l'échafaud. Le faible roi qui l'avait sacrifié mourut de chagrin l'année suivante (1454).

139. HENRI IV. — GUERRES CIVILES. — ISABELLE. — Jean II eut pour successeur *Henri IV* (1454-1474), qui, après avoir fait cause commune avec les factieux contre son père, essaya en vain de se soustraire à leur influence. Ce règne mit le comble à l'anarchie et aux calamités du royaume de Castille, théâtre des scandaleux désordres du roi et de sa femme Jeanne de Portugal. De l'indignation générale naquit une faction puissante, qui opposa à Henri, dont la faiblesse égalait l'immoralité, le jeune *Alphonse*, son propre frère. Les rebelles, réunis dans la plaine d'Avila, placèrent sur une estrade le simulacre du roi, vêtu de longs voiles de deuil; on déclara Henri indigne du trône, à cause de ses crimes, on arracha à sa statue tous les ornements royaux, et elle fut foulée aux pieds avec d'horribles imprécations (1465). Alphonse fut proclamé à la place de son frère; mais il mourut (1468) peu de temps après la bataille indécise de *Medina del Campo*. Les révoltés proclamèrent alors *Isabelle*, sœur de Henri, au détriment de *Jeanne*, fille de ce roi, dont on contestait la légitimité. Isabelle refusa le titre de reine, et ne voulut que celui d'héritière présomptive du trône, que Henri IV, triste jouet de toutes les factions, fut forcé de lui reconnaître ; toutefois, le mariage de cette princesse avec *Ferdinand*, fils de Jean II d'Aragon, mariage secrètement contracté (1469), auquel l'Espagne dut sa grandeur, effraya Henri IV, qui annula tout ce qu'il avait fait en faveur d'Isabelle (1470), et reconnut les droits de sa fille Jeanne. Après la mort de Henri (1474), la Castille se trouva de nouveau en proie à toutes les horreurs de la guerre civile. Alphonse de Portugal, fiancé de Jeanne, prit les armes en faveur de cette princesse; mais vaincu à *Toro* (1476), il demanda vainement des secours au roi de France, et abandonna la cause de Jeanne, qui se retira dans un couvent. Isabelle commençait par cette lutte un règne qui devait être si glorieux pour la Castille.

§ III. ARAGON.

140. JACQUES II. — ALPHONSE LE MAGNANIME. — Pendant que le royaume de Castille traversait péniblement cette période de troubles et de décadence, l'Aragon, au contraire, paisible au dedans, était puissant au dehors. Il avait acquis la Sicile en 1282 par les Vêpres siciliennes. *Jayme* ou *Jacques II* (1291-1327) avait fait décréter la réunion perpétuelle des royaumes d'Aragon, de Valence et de Catalogne. Ce prince s'empara d'une partie de la Sardaigne. Son petit-fils, *Pierre le Cérémonieux* (1336-1387), se rendit maître de l'île de Majorque, prit une part active à la querelle de Pierre le Cruel et de Henri de Transtamare et affermit les conquêtes de ses prédécesseurs en Sardaigne, par un traité avec les Génois. Enfin, après les deux règnes peu importants de Martin (1395-1410) et de Ferdinand le Juste (1412-1416) séparés par un interrègne de deux ans, Alphonse V le Magnanime (1416-1458), qui régnait déjà en Sicile, monta sur le trône d'Aragon où il porta de grandes qualités, mais aussi un goût assez vif pour les plaisirs. Il fit en 1442 la conquête du royaume de Naples (1).

141. JEAN II ET CARLOS DE VIANA. — Le successeur d'Alphonse fut son frère JEAN II (1458-1479). Ce prince avait épousé Blanche d'Evreux, reine de Navarre, qui lui avait donné un fils *Carlos de Viana*, lequel devait hériter de la couronne de Navarre à la mort de sa mère (1441), mais Jean refusa de lui céder le trône.

---

(1) Alphonse assiégeait Gaëte. La place commençant à manquer de vivres, les habitants prirent le parti de faire sortir les femmes, les enfants et les vieillards, qui étaient autant de bouches inutiles. Ces malheureux se trouvèrent réduits à la plus terrible extrémité : s'ils approchaient de la ville, les assiégés tiraient sur eux; s'ils approchaient du camp ennemi, ils s'exposaient au même danger. Ils allaient tous mourir de faim et de misère. A ce déplorable spectacle, Alphonse fut touché de compassion, et défendit à ses soldats de les maltraiter. Il assembla ensuite un conseil et demanda à ses officiers comment il fallait en user avec ces infortunés. Tous s'écrièrent qu'on ne devait point les recevoir, de peur qu'ils n'épuisassent les provisions de l'armée, ajoutant que s'ils périssaient misérablement, on ne pourrait en accuser que les habitants, qui les avaient chassés de la ville. Alphonse, indigné de cette dureté, protesta qu'il aimerait mieux renoncer à prendre la ville que de voir mourir de faim tant de malheureuses créatures. *Une victoire achetée à ce prix, dit-il, serait moins digne d'un roi chrétien que d'un barbare. Je ne suis pas venu faire la guerre à des enfants ni à des femmes, mais à des ennemis capables de se défendre.* Aussitôt il ordonna de recevoir toute cette foule dans son camp et de lui fournir tous les vivres et tous les vêtements nécessaires.

Se promenant un jour à quelque distance des personnes de sa suite, il rencontre un paysan fort embarrassé parce que son âne chargé de farine s'était embourbé dans un fossé. Le roi descend aussitôt de cheval, et se met avec le paysan à tirer l'âne de toutes ses forces pour l'arracher du bourbier. Au moment où il venait de terminer cette besogne, les gens de son escorte arrivent, et le voyant couvert de boue, ils s'empressent de lui faire changer de vêtements. Le paysan reconnaît alors que c'est le roi qui l'a si bien aidé, et se jette à ses pieds en se confondant en excuses. Alphonse le relève avec bonté en lui disant : *Est-ce que les hommes ne sont pas faits pour s'aider les uns les autres ?*

Le jeune prince, après de longues hésitations, prit les armes pour revendiquer ses droits ; il fut vaincu et fait prisonnier. Remis en liberté et vaincu encore, il vit la puissance de son père augmenter lorsque la mort d'Alphonse appela Jean au trône d'Aragon, de Sardaigne et de Sicile (1458). Le malheureux prince, poursuivi par l'odieuse vengeance de sa belle-mère, Jeanne Henriquez, retomba dans une nouvelle captivité, malgré l'intervention des états qui l'avaient fait déclarer héritier de la couronne d'Aragon, et il périt bientôt, soit de chagrin, soit plutôt par le poison (1461). Il léguait ses droits à *Blanche*, sa sœur, répudiée par le roi Henri IV de Castille : c'était lui léguer la haine de son père. Jean II livra Blanche à sa sœur Léonore comtesse de Foix, à laquelle il avait promis la Navarre. Blanche se voyant sacrifiée, fit donation du royaume de Navarre à son *cher cousin* le roi de Castille. Les lois de la Navarre lui permettaient en effet de *transmettre ses droits à toute personne, pourvu qu'elle fût digne d'un sceptre si grand, par son sang, sa dignité, son pouvoir ou sa considération.*

Telle fut l'origine des droits de Ferdinand d'Aragon, époux de l'infante de Castille, Isabelle. L'infortunée Blanche fut empoisonnée peu après au château d'Orthès : mais les parricides complices de sa mort ne purent en recueillir paisiblement les fruits. Les Catalans, qui s'étaient soulevés pour soutenir le prince de Viana, persévérèrent dans leur révolte pour venger sa sœur. Jean II, afin d'obtenir les secours de la France, fut obligé d'engager le Roussillon et la Cerdagne (1462) (n° 110). La Catalogne, soutenue par la Castille, lutta avec énergie et ne se soumit qu'en 1472, après avoir vainement offert la couronne à Pierre de Portugal et à Jean de Lorraine. Jean II mourut en 1479, il laissait le trône d'Aragon à son fils Ferdinand, époux d'Isabelle de Castille, et la Navarre à la maison de Foix, qui la transmit à celle d'Albret sur laquelle Ferdinand devait la reconquérir (n° 146).

§ IV. FERDINAND ET ISABELLE. — PRISE DE GRENADE.

142. RÉUNION DE L'ARAGON ET DE LA CASTILLE. — Lorsque Isabelle fut affermie sur le trône de Castille (v. n° 139), et que son mari, Ferdinand, eut hérité de l'Aragon, le premier fruit de cette union fut l'entière expulsion des Maures.

La paix subsistait depuis longtemps entre la Castille et Grenade, mais à de singulières conditions : Les hommes de chaque parti pouvaient envahir le territoire de l'autre, assaillir même quelque forteresse, pourvu qu'au bout de trois jours la place

fût prise et occupée sans bannière, sans bruit de trompettes et
sans aucun appareil de guerre (Ascargota). Ces petites attaques fréquemment répétées rompirent enfin la trêve, et la
guerre éclata.

L'occasion était favorable pour les chrétiens. Depuis le commencement du siècle, le royaume des Maures était en proie à
de telles vicissitudes, qu'un prince s'était vu condamné à mort
puis rétabli sur le trône pendant la durée d'une partie d'échecs.
De sinistres prédictions augmentaient à Grenade le désordre
causé par les querelles de plusieurs prétendants *Boabdil*
(Abou-Abdallah) était, depuis l'année 1481, en guerre avec
son père, Muley-Hassan, qui lui-même avait chassé le roi
Aboul-Hassan. Bientôt un frère de Muley-Hassan nommé
Zagal, profita de ces troubles pour former un troisième parti,
et les Maures se déchiraient eux-mêmes, tandis que les chrétiens avançaient toujours. Muley-Hassan mourut au milieu de
ces calamités, assassiné peut-être par son frère (1485), et
Zagal, après avoir lutté vaillamment pendant quelques années
contre les chrétiens, leur livra lui-même pour une somme d'argent les places qu'il possédait encore (1489).

145. PRISE DE GRENADE. — Boabdil, devenu enfin
seul maître d'un royaume épuisé, fut bientôt réduit à sa seule
capitale, qu'il défendit avec énergie. Mais Ferdinand vint lui-
même presser le siége, accompagné de sa femme Isabelle,
qui, pleine de courage, d'activité et d'énergie, s'occupait
elle-même d'assurer les subsistances, tandis que le roi commandait les troupes. Tous les plus vaillants guerriers de l'Espagne s'étaient réunis devant Grenade sous la conduite de leurs
princes, jurant de ne point lever le siége avant d'avoir chassé
les infidèles de leur dernier asile. Le camp des assiégeants brillait de tout l'éclat d'une cour magnifique, et les chevaliers
rivalisaient d'ardeur et d'audace pour se distinguer sous les
yeux de leurs souverains. Le siége durait depuis plusieurs mois,
et l'opiniâtreté de la défense égalait celle de l'attaque, quand
un événement désastreux vint un instant relever les espérances
des Maures. Le feu ayant pris, par accident, à la tente de la
reine, se communiqua rapidement aux tentes voisines, dévora
le camp presque tout entier, et jeta le désordre dans l'armée
espagnole. Mais la vaillante Isabelle, loin de se décourager,
donna l'ordre d'élever aussitôt, à la place des pavillons détruits,
des maisons de bois et de pierre, et la construction d'une ville
devant les remparts des Maures apprit à ceux-ci que rien ne
lasserait la persévérance de leurs ennemis.

Bientôt la famine obligea les musulmans à accepter une capi-

ulation, honorable du reste pour les vaincus, qui devaient
conserver leurs lois, leurs coutumes et le libre exercice de leur
culte. Ferdinand et Isabelle entrèrent en triomphe dans Grenade, au commencement de l'année 1492, et se rendirent,
accompagnés de toute la cour, au magnifique palais de l'*Alhambra*, chef-d'œuvre de la gracieuse et élégante architecture
mauresque. Ils offrirent à Dieu leurs actions de grâces en faisant célébrer une messe sur un autel élevé à la hâte : le culte
du Christ fut solennellement rétabli dans ces lieux où il avait
été outragé pendant huit cents ans ; et Ferdinand porta depuis
cette époque le surnom de *Catholique*.

Tandis que les chrétiens se livraient à toute l'ivresse de la
victoire, le roi maure Boabdil quittait sa capitale pour aller se
retirer dans les montagnes des Alpujarras. Arrivé sur le sommet
d'une hauteur qui allait lui dérober à jamais la vue de Grenade,
il s'arrêta un instant, et, contemplant cette ville jadis si puissante et si fière, maintenant humiliée sous le joug de ses ennemis, le roi déchu se mit à verser des larmes amères : *Il te
convient, en effet*, lui dit la sultane Zoraïme, *de pleurer comme
une femme le royaume que tu n'as pas su défendre en homme.*

Ainsi finit en Espagne la domination arabe, après avoir duré
sept cent quatre-vingts ans. Ferdinand, qui, pendant toute la
durée de son règne, devait se signaler par ses ruses et sa mauvaise foi plus que par sa vaillance, ne tint pas longtemps les engagements qu'il avait pris envers les vaincus. Il rendit une loi
qui obligeait tous les Maures, âgés de plus de quatorze ans, à
recevoir le baptême ou à sortir de l'Espagne. Neuf cent mille
habitants du royaume de Grenade aimèrent mieux quitter leur
patrie que d'abjurer leur religion, et l'exil de cette population
industrieuse et commerçante ruina entièrement une province
qui était devenue la plus riche et la plus brillante de toute la
Péninsule. Ils furent bientôt suivis en exil par les juifs, qui
furent dépouillés et expulsés d'Espagne.

**144. Principaux événements du règne de Ferdi-
nand.** — Le triomphe de Ferdinand sur les infidèles lui valut
les félicitations de toute l'Europe chrétienne. La même année,
Christophe Colomb donnait un nouveau monde à l'Espagne (voir
le n° 159). En 1493, la restitution du Roussillon et de la Cerdagne fut le prix d'une alliance avec Charles VIII, alliance qui
n'empêcha pas Ferdinand d'enlever le royaume de Naples aux
Français, qui venaient de le conquérir de concert avec lui,
et d'entrer dans toutes les ligues qui se formèrent contre la
France (voir chap. XVI). Quelques années auparavant (1496),
un événement d'une importance plus grande encore avait pré-

sagé pour l'avenir de nouvelles prospérités. Le mariage de *Jeanne*, infante d'Espagne, avec *Philippe le Beau*, fils de l'empereur Maximilien, prépara la réunion de l'Autriche et de l'Espagne, et la puissance future de Charles-Quint. Ce mariage toutefois ne fut pas heureux pour l'infante Jeanne ; délaissée bientôt par Philippe, qu'elle aimait éperdûment, elle tomba dans une sombre mélancolie qui ne tarda pas à troubler sa raison.

145. Mort d'Isabelle. — La Castille gouvernée par Ximénès. — La démence de cette fille chérie, la perte de l'infant don Juan, puis d'une seconde fille, reine de Portugal, accablèrent la *Grande Isabelle* d'une douleur qui la conduisit au tombeau. Après la mort de cette reine adorée des Castillans, et à qui revient la gloire de presque toutes les belles actions de son époux (1504), Philippe le Beau força Ferdinand à lui rendre la couronne de Castille ; mais il mourut laissant deux enfants en bas âge, Charles et Ferdinand d'Autriche. Charles héritait dès lors des Pays-Bas, apanage de son père ; il y fut élevé par sa tante Marguerite, qui gouverna pendant sa minorité.

La mort de Philippe enleva à sa femme le reste de sa raison, et Ferdinand le Catholique profita de l'incapacité de *Jeanne la folle* pour reprendre le gouvernement de la Castille par l'influence du fameux *Ximénès de Cisneros*, archevêque de Tolède. Ce prélat, *dont la pâleur et l'austérité rappelaient les Paul et les Hilarion*, qui, au milieu des grandeurs, observait les règles rigoureuses de saint François, qui n'avait accepté l'archevêché de Tolède que par un ordre exprès du pape, et qui, dans son palais de ministre, couchait toujours sur le plancher, ce prélat était l'objet de la vénération des Castillans. Ils aimaient à retrouver en lui la fermeté, l'énergie, la fierté de leur reine Isabelle. Ils supportèrent Ferdinand pour Ximénès, qui excita dans toute l'Espagne une admiration sans bornes, lorsqu'on le vit équiper à ses frais, conduire lui-même en Afrique une flotte contre les Maures, et enlever d'assaut Oran, le repaire des pirates. Deux ans après, Ferdinand, faisant valoir ses droits sur la Navarre (n° 141), obtint du pape une bulle qui déclarait Jean d'Albret et sa femme Catherine déchus de la dignité souveraine, et il fit en quelques jours la conquête de leur royaume jusqu'aux Pyrénées (1512). Ainsi s'accomplit la réunion de toutes les couronnes d'Espagne sur la tête de Ferdinand le Catholique, tandis que ses armes triomphaient en Italie et que les exploits de Gonzalve de Cordoue lui donnaient le royaume de Naples. Il mourut le 23 janvier 1516, laissant ses vastes États à Charles d'Autriche, son petit-fils, héritier présomptif de l'empereur Maximilien, et la régence au cardinal Ximénès.

146. Gouvernement de Ferdinand le Catholique. — Les grandes qualités de Ferdinand et les éminents services qu'il rendit à sa patrie le mettent au-dessus de tous les rois de son temps. L'Espagne lui doit la régularisation de la *Sainte-Hermandad* dont les communes avaient jeté les fondements. Cette corporation avait été instituée pour mettre fin aux guerres privées et pour poursuivre et réprimer les crimes dans tout le pays. Fortifiée par les troupes que le roi mit à sa disposition, cette association exerça ses fonctions de haute police avec une grande énergie même contre les seigneurs les plus redoutés. Elle rasa un grand nombre de forteresses, repaires des déprédateurs, et contribua puissamment à rétablir l'ordre et la sécurité en Espagne. En même temps, Ferdinand savait tourner au profit du pouvoir royal l'influence des ordres militaires, devenus inutiles depuis l'expulsion des musulmans; il parvint à se faire nommer successivement grand maître des ordres de Saint-Jacques, de Calatrava et d'Alcantara, et à obtenir du souverain pontife la réunion définitive des grandes maîtrises à la couronne.

Toute la gloire de Ferdinand ne saurait néanmoins le justifier de sa politique astucieuse et perfide à l'égard de la France. On doit lui reprocher aussi d'avoir toléré les rigueurs de l'inquisition, établie ou plutôt réorganisée par Isabelle pour rechercher et punir les hérétiques. Sans doute, ce tribunal redoutable eut un but éminemment utile, celui de maintenir dans la Péninsule l'unité politique et religieuse, de prévenir par des mesures sévères tout esprit de désordre et de révolte. Mais l'importance d'un tel but ne peut excuser les moyens qui furent trop souvent employés pour l'atteindre. Si les supplices, qui étaient la sanction ordinaire des décisions émanées des inquisiteurs, ont banni de l'Espagne le judaïsme et le mahométisme, s'ils l'ont préservée du fléau des hérésies qui ensanglantèrent l'Europe pendant le seizième siècle, on doit déplorer qu'ils aient été ordonnés par les défenseurs d'une religion qui n'est que paix, douceur et charité.

147. Régence de Ximénès. — Avénement de Charles-Quint. — Insurrection des communeros: — Ferdinand mort, plusieurs nobles contestaient l'autorité du cardinal Ximénès. De la fenêtre de son palais, le ministre leur montra deux mille vétérans rangés en bataille et une formidable artillerie : *Voici mes pouvoirs*, leur dit-il. Les mécontents se soumirent, et bientôt, tous furent forcés de reconnaître en Ximénès un politique fin et habile dans ses rapports avec les puissances voisines, et en même temps un administrateur ferme, juste, éclairé, plein d'égards pour les droits de la noblesse, plein de bienveillance pour le peuple, un protecteur zélé de tous les talents, de toutes les entreprises utiles, qui contribuait dignement, par la fondation de plusieurs universités célèbres, aux progrès des lumières et de la civilisation.

C'est alors que le jeune don Carlos (Charles), élevé en Flandre, fils de Philippe le Beau, arrive en Espagne (1516) avec un cortége de Flamands, auxquels il donne la préférence pour tous les emplois, et qui arrachent le pouvoir à Ximénès mourant. Ce roi de vingt ans, étranger à ses sujets, dont il ne connaissait ni les mœurs ni même la langue, prétendit gouverner sans s'inquiéter des cortès ni des libertés des Espagnes, et la fière nation fut bientôt en proie à une fermentation générale.

A peine Charles Ier d'Espagne a-t-il quitté son royaume, pour aller chercher la couronne impériale et devenir *Charles-Quint* d'Allemagne, qu'éclate une révolte terrible, qui menaça la monarchie d'un bouleversement général. Une ligue formidable s'était organisée parmi les communeros contre la noblesse et le pouvoir royal, elle promulgua ses décrets au nom de la veuve de Philippe le Beau, *Jeanne la Folle*, dont les insurgés s'étaient emparés. Mais après de brillants succès couronnés par la prise de Tordesillas et de Valladolid, le chef de la *Hermanada*, (fraternité), *Juan de Padi la*, fut remplacé quelque temps par un capitaine inexpérimenté, et rappelé trop tard à la tête de l'armée rebelle. Il fut vaincu à *Villalar* (1521) et périt sur l'échafaud. Sa veuve, Maria Pacheco, malgré son héroïque courage, ne put défendre Tolède contre les troupes de Charles-Quint. Le soulèvement populaire fut bientôt étouffé. L'Espagne dès lors suivit les destinées de l'empire auquel elle était réunie.

148. INSTITUTIONS LIBÉRALES EN ESPAGNE. — LES CORTÈS. — Nous venons de nommer les *Cortès* : avant de quitter l'histoire d'Espagne, nous devons dire quelques mots des institutions libérales que les royaumes espagnols avaient conquises pendant leurs longues dissensions intestines.

En Aragon, l'autorité du roi fut très-promptement limitée d'abord par un conseil de douze hommes, les plus anciens et les plus sages du pays puis par les *Juntes* provinciales, et enfin par les *Cortès* ou assemblées générales des trois ordres de l'Etat, qui dès l'an 1283 eurent seuls le droit de consentir la guerre et les impôts. --- La noblesse se divisait en deux classes : les *ricos hombres* (riches hommes), qui avaient en fiefs des villes et des districts avec la basse juridiction et le droit de percevoir des impôts ; et la noblesse inférieure, qui comprenait les *caballeros* (chevaliers) et les *hidalgos* (fils des Goths, nobles). La bourgeoisie, fière de la richesse et de la puissance des communes dont elle était la force, le cédait à peine à la noblesse. Au dernier rang étaient les paysans, dont les uns cultivaient en fermage la terre d'autrui, et les autres, attachés à la glèbe, perdaient leurs propriétés en changeant de domicile, mais qui tous avaient un sentiment singulier de leur dignité d'hommes et de chrétiens. — Le roi, chef suprême de la nation, semblait pourtant relever des Cortès et du premier magistrat du royaume, le *grand justicier*, par son serment d'investiture. « Nous, qui séparément sommes autant que vous, disaient les députés au nouveau prince, et qui réunis valons bien davantage, nous vous faisons roi, à condition que vous garderez nos lois et nos priviléges ; sinon, non. » Après cette formule hautaine, le roi prêtait serment à genoux devant le grand justicier. — Ce magistrat, arbitre des différends de la noblesse et de la royauté, investi du droit d'annuler par son veto les ordonnances royales, jouissait d'une influence que le temps ne fit qu'augmenter. En 1436, l'inviolabilité du grand justicier fut étendue jusqu'aux actes de sa vie privée, et en 1442, ses fonctions, jusque-là révocables à la volonté du roi, furent déclarées inamovibles.

En Castille, les libertés populaires prirent d'abord un plus complet développement. Les trois ordres n'accordaient de subsides au roi qu'après avoir traité les affaires de la nation. Pendant les minorités, leur influence fit entrer des bourgeois dans les conseils de régence. Enfin, ce fut avec leur appui que les communes fondèrent la fameuse *hermandad*, qui est originaire de la Castille.

OUVRAGES A CONSULTER. — *Histoire d'Espagne*, par Mariana; Ferreras, Ascargota; sur Pierre le Cruel et Henri de Transtamare, la *Chronique de Bertrand du Guesclin*; *Histoire des Arabes et des Espagnols*, par Antonio Conde (traduit par de Marlès); Petit-Baroncourt; *Cahiers d'histoire du moyen âge*, par Gaillardin; des Michels, *Précis*; Robertson, *Introduction à l'histoire de Charles-Quint*; Hallam, *l'Europe au moyen âge*; Mignet, *Introduction aux négociations pour la succession d'Espagne*; Filon, Ragon, Michelet, Rossew Saint-Hilaire; *Espagne* (dans l'*Univers pittoresque*).

QUESTIONNAIRE. — § Ier. 135. Faites connaître l'état de l'Espagne au commencement du quatorzième siècle. — En combien d'États est-elle divisée? — 136. A qui appartient la Navarre? — § II. 137. Comment Alphonse XI de Castille s'est-il illustré? — Racontez le règne de Pierre le Cruel et sa lutte avec Henri de Transtamare. — Quelle part y prit la France? — 138 Que savez-vous de Jean Ier? — Comment Henri III réprima-t-il l'insubordination de la noblesse de Castille? — Comment s'éleva, se soutint et tomba le favori Alvar de Luna? — 139. Quel fut le successeur de Jean II en Castille? — Quelles insurrections et quels troubles agitèrent la Castille? — Quel événement prépara la réunion de toute l'Espagne? — Comment Isabelle fut-elle affermie

sur le trône de Castille? — § III. 140. Quelle avait été la situation de
l'Aragon pendant les troubles de la Castille? — Quel fut le plus grand
roi d'Aragon? — Racontez quelques traits qui honorent Alphonse le
Magnanime. — 141. Faites connaître la politique de Jean II. — Comment s'empara-t-il de la Navarre? — Quel soulèvement eut-il à combattre? — § IV. 142. Quand Ferdinand parvint-il au trône d'Aragon?
— Comment éclata la guerre contre les Maures de Grenade? — 143.
Racontez le siège et la prise de Grenade. — 144. Quels furent les
autres événements principaux du règne de Ferdinand et d'Isabelle?
— 145. Quand moururent Isabelle et son fils? — Que devint la fille
d'Isabelle? — Qui gouverna la Castille pendant la minorité des enfants
de Philippe et de Jeanne la Folle? — Comment la Navarre passa-t-elle
entre les mains de Ferdinand? — Quand mourut-il? — 146. Faites
connaître les principales institutions de Ferdinand le Catholique. —
Caractérisez sa politique. — 147. Qu'avez-vous à dire de la régence de
Ximénès? — Quels symptômes menaçants ont signalé l'avènement de
Charles-Quint? — 148. Faites connaître les institutions libérales des
royaumes espagnols.

CHAPITRE QUATORZIÈME.

DÉCOUVERTES DES PORTUGAIS ET DES ESPAGNOLS.

—

SOMMAIRE.

§ Ier. 149. Alphonse IV le Hardi (1325) fait assassiner Inès de Castro,
    que son fils a épousée secrètement. Pierre Ier le Justicier (1357)
    venge Inès et déploie une justice rigoureuse. Des dissensions éclatent
    sous Ferdinand Ier (1367). Jean Ier (1385) s'illustre par ses exploits.
    Édouard (1433) et Alphonse l'Africain (1438) font la guerre en
    Afrique; Jean II (1481) restaure l'autorité royale, et Emmanuel le
    Fortuné (1495) acquiert les Indes.
150. Les premières découvertes des Portugais datent de l'expédition
    de Jean Ier en Afrique (1415). L'infant don Henri de Visen favorise
    les entreprises maritimes. Madère est découverte en 1419.
151. Alphonse V l'Africain obtient par une bulle de Martin V l'attri-
    bution d'un hémisphère. Les progrès continuent sur la côte d'Afri-
    que, et l'équateur est franchi. Les récits des voyageurs Covilham et
    Payva, stimulent l'ardeur pour les découvertes.
152. Barthélemy Diaz atteint l'extrémité méridionale de l'Afrique
    (1486). Il découvre le cap de Bonne-Espérance.
153. Vasco de Gama double le cap de Bonne-Espérance (1497) et dé-
    barque aux Indes (1498); il revient de suite.
154. Cabral découvre le Brésil et fonde un établissement aux Indes,
    qui est détruit, mais bientôt relevé par Vasco de Gama (1502), qui
    triomphe après une lutte acharnée.
155. Les Vénitiens s'unissent au soudan d'Égypte contre les Portugais.
    François d'Almeida s'illustre par ses triomphes et ses conquêtes
    (1506). Il est nommé vice-roi des Indes orientales.

156. Alphonse d'Albuquerque s'empare d'Ormuz, de Goa (1510), de Malakka; et forme des projets gigantesques; il meurt en disgrâce (1515).

157. L'étendue excessive de ses conquêtes épuise le Portugal. L'affreuse tyrannie des Portugais provoque un soulèvement puni par des massacres. Le glorieux gouvernement de Juan de Castro 1545), illustré par ses exploits et ses vertus, arrête la décadence. Saint François Xavier convertit les Indiens.

158. Louis d'Ataïde, placé dans une situation critique à son avénement, s'en tire par son énergie et ses succès. Après lui, la décadence est rapide; elle est complétée par la conquête du Portugal par les Espagnols.

§ II. 159 La découverte de l'Amérique par Christophe Colomb est préparée par ses études et ses observations. Ses premières propositions sont repoussées, puis accueillies par Isabelle de Castille (1492). A son premier voyage, il découvre San Salvador, Cuba, puis Hispaniola, et fait un retour triomphal en Espagne. Le pape attribue aux Espagnols la souveraineté des Indes occidentales.

160. Dans sa deuxième expédition (1493), Colomb fonde la colonie de Saint-Domingue. A son troisième voyage, il touche le continent de l'Amérique. Une rébellion éclate à Saint-Domingue, Colomb est jeté dans les fers Après un dernier voyage, il meurt de chagrin (1506). Améric Vespuce donne son nom au nouveau monde.

161. Les établissements des Espagnols se multiplient à Cuba, dans la Floride; ils atteignent le Pacifique; Magellan découvre le détroit de son nom (1520), et meurt aux Philippines avant de finir le tour du monde.

162. Cortez débarque au Mexique, et brûle ses vaisseaux pour se fermer la retraite.

163. Il s'empare de Mexico (1519), et fait prisonnier l'empereur Montézuma. La résistance de Guatimozin est punie par un affreux supplice (1521). Cortez meurt en disgrâce.

164. La domination des Incas au Pérou est attaquée par François Pizarre; il fait périr Atahualpa (1533) et s'empare du Pérou.

165. La discorde se met entre les vainqueurs. Almagro va au Chili et est tué au retour L'assassinat de François Pizarre (1541) est suivi de la mort tragique de ses frères.

166. L'empire colonial des Espagnols s'étend du Mexique au Pérou; il est divisé par Charles-Quint en deux grandes vice-royautés, relevant du conseil des Indes. Les Européens viennent remplacer les Indiens détruits, malgré les efforts de Las Cases; les jésuites convertissent le reste des indigènes, et des archevêchés sont érigés dans les chefs-lieux de vice-royauté.

§ Ier. LE PORTUGAL AU QUATORZIÈME SIÈCLE.

DÉCOUVERTES DES PORTUGAIS. — LEUR EMPIRE AUX INDES.

149. — LES ROIS DE PORTUGAL. — Le royaume de Portugal, fondé au douzième siècle par *Henri de Bourgogne*, arrière petit-fils de Robert de France, avait soutenu une lutte

heureuse contre les musulmans ; les conquêtes successives de ses rois (voir *Cours de troisième*, chap. xv) lui avaient, dès le règne d'Alphonse II (1248), assuré les limites qu'il conserve en ore aujourd'hui. Le successeur de ce prince, *Denys* (1279), qu'on a surnommé le *Père de la patrie* et le *Roi laboureur*, laissa à son fils *Alphonse IV le Hardi* (1325) un royaume enrichi par l'industrie et le commerce, fortifié par de sages institutions. Mais l'assassinat de la douce *Inès de Castro* (1354), unie par un mariage secret au fils du roi, et sacrifiée à l'orgueil d'Alphonse et aux craintes jalouses des courtisans, alluma entre le père et le fils une guerre qui ne se termina qu'à la mort d'Alphonse. *Pierre Ier* (1357), devenu roi, vengea la mort d'Inès en faisant arracher le cœur à ses meurtriers. Du reste, il gouverna avec une sévérité rigoureuse, mais toujours équitable, qui lui valut le surnom de *Justicier*. — Après le règne de *Ferdinand Ier* (1367), le grand maître de l'ordre militaire, *d'Avis*, frère naturel du dernier roi, et proclamé *protecteur* du royaume par les Portugais révoltés (1383), parvint au trône de Portugal sous le nom de *Jean Ier* (1385) au préjudice des enfants d'Inès. Il fut le fondateur d'une maison nouvelle, dont il sanctionna les droits douteux par ses exploits contre les Maures d'Afrique et contre le roi Jean Ier de Castille (n° 138), qui prétendait réunir à sa couronne celle de Portugal. — Les expéditions en Afrique continuèrent sous *Édouard* (1433) et *Alphonse V l'Africain* (1438) le mari de Jeanne de Castille (n° 139). Enfin sous Jean II (1481) l'énergique répresseur des envahissements de la noblesse, le Cap de Bonne-Espérance fut découvert; le successeur de ce prince, *Emmanuel le fortuné* (1495-1521), devait posséder les Indes.

150. — **Premières découvertes des Portugais.** — **Henri de Viseu.** — Le Portugal ne pouvait s'étendre en Europe, il tourna les yeux vers l'Afrique : et, dès le règne de Jean Ier, nous voyons commencer les expéditions aventureuses et les découvertes des Portugais sur les côtes de l'Océan. Après sa victoire sur les Castillans, le roi de Portugal s'embarqua pour l'Afrique avec ses trois fils aînés; il fit en six jours la conquête de Ceuta, et arma ses fils chevaliers dans la mosquée ravie à l'islamisme (1415). L'infant don *Henri de Viseu*, l'un des hommes les plus savants de son siècle, qui inventa l'astrolabe et perfectionna la boussole, revint de cette expédition avec l'ardent désir de connaître toute cette Afrique qu'il n'avait fait qu'entrevoir. Une école de marine fut instituée pour les jeunes gentilshommes; et vers 1417, Henri fit partir deux vaisseaux qui s'avancèrent à soixante lieues au delà du cap *Non*

ou *Npun* (1), regardé jusque-là comme une infranchissable barrière, et poursuivirent jusqu'au cap *Bojador*. Bientôt après, furent découvertes les îles *Canaries*, puis l'île de *Madère*, entièrement déserte et couverte de forêts (1419). Charmés de la beauté du climat qui régnait dans ces parages, les Portugais mirent le feu aux bois épais qui rendaient l'île de Madère inhabitable, et après un incendie qui dura, dit-on, sept années, ils y cultivèrent avec le plus grand succès la canne à sucre et la vigne, dont les produits devinrent une branche importante de leur commerce.

151. LUTTE CONTRE LES MAURES D'AFRIQUE. — NOUVELLES DÉCOUVERTES. — Une guerre avec les Maures d'Afrique suspendit un moment ces utiles expéditions. Les princes Henri et Ferdinand, envoyés au delà du détroit par leur frère, le roi *Édouard*, essayèrent en vain de s'emparer de Tanger. Accablés par la multitude de leurs ennemis, les deux princes furent faits prisonniers. L'un d'eux mourut captif; l'autre devait demeurer en otage jusqu'à l'exécution du traité. Les Portugais s'étaient engagés à rendre Ceuta; mais ils aimèrent mieux laisser leur prince mourir hors de sa patrie que de perdre une place aussi importante. ils touchaient, du reste, au moment de réparer leurs revers. Le prince Henri avait formé le projet d'ouvrir une route maritime autour de l'Afrique; ses plans furent suivis fidèlement par *Alphonse V l'Africain*.

Le souverain pontife, que les peuples chrétiens considéraient dans le moyen âge comme le maître de toutes les îles de la mer et le souverain des pays inconnus, accorda aux Portugais l'investiture des découvertes qu'ils pourraient faire au delà du cap Bojador jusqu'aux Indes (bulle de Martin V). Ceux-ci, qui venaient de toucher aux Açores (1432) encouragés par cette faveur, s'avancèrent hardiment sur les rivages de l'Afrique, doublèrent le cap Bojador, puis, dix ans après le cap Blanc; en 1444, une compagnie d'Afrique se forma pour hâter les progrès des découvertes; bientôt les îles du cap *Vert*, le *Sénégal* (vers 1446), puis la *Guinée*, furent visités, et enfin l'équateur fut franchi (1484), une variété nouvelle de la race humaine, les nègres, apparut aux yeux des Portugais étonnés. Ayant remarqué que les côtes d'Afrique allaient toujours en se rétrécissant vers l'orient, ils conçurent la pensée de trouver, en

(1) Il y avait alors un dicton populaire :
Celui qui voit le cap Non,
Rebroussera chemin ou non.

7.

avançant encore, un passage vers les Indes, d'où les Maures d'Afrique rapportaient des richesses inouïes. Depuis les croisades, un instinct général entraînait les esprits aventureux vers l'Orient, comme vers la patrie des choses merveilleuses, et de hardis voyageurs exploraient ces régions qui ont ouvert aux modernes tant de sources d'incalculables richesses (1).

Les espérances que les Portugais avaient conçues après leurs premiers voyages furent augmentées par les récits de deux hardis voyageurs, *Pierre de Covilham* et *Alphonse de Payra*, qui s'étaient chargés de pénétrer dans l'Inde par terre. S'étant joints à une caravane arabe qui partait de la ville de Fez (près de Maroc), les deux Portugais arrivèrent à travers toute l'Afrique jusqu'au port d'Aden en Arabie, où ils se séparèrent. Payva passa en Abyssinie, tandis que Covilham continuait sa route jusque dans l'Inde et visitait les villes de Calicut, de Cananor, de Goa, où allaient bientôt aborder les vaisseaux de ses compatriotes. Revenu sain et sauf de ce long et périlleux voyage, il apprit que son compagnon, moins audacieux et moins heureux que lui, était mort au Kaire assassiné par deux juifs. Il n'en poursuivit pas moins sa route jusqu'en Abyssinie, où le Négus lui fit le meilleur accueil, et l'éleva aux premiers emplois du pays. Covilham se hâta de faire connaître au roi de Portugal le résultat de ses voyages, l'exhortant à continuer avec ardeur les expéditions maritimes.

§ 2. BARTHÉLEMY DIAZ DÉCOUVRE LE CAP DE BONNE-ESPÉRANCE. — Peu de temps après, un navigateur intrépide, *Barthélemy Diaz*, ne craignit pas de s'aventurer au midi, bien au delà des régions qui avaient été visitées jusqu'alors. Il abor-

(1) L'un des plus anciens explorateurs de l'Orient fut le cordelier flamand *Rubruquis*, qui fut envoyé par saint Louis en Tartarie (1253), et visita le grand khan des Mongols au siège de son empire. A la fin du même siècle, l'intrépide *Marco Polo*, Vénitien, digne fils d'un père déjà célèbre par ses voyages lointains, entreprit une longue excursion dans toutes les contrées centrales de l'Asie. Il visita la Tartarie, pénétra en Chine, parcourut une partie de l'Inde, la Perse et l'Asie-Mineure, et écrivit, au commencement du quatorzième siècle, une relation qui est un des monuments les plus précieux de la science géographique. Sur les traces de ces illustres devanciers, l'Anglais *Mandeville* pénétra à son tour jusque dans l'Inde et dans la Chine, vers la fin du quatorzième siècle, et composa un récit où le merveilleux défigure trop souvent la réalité. Mais ces tentatives isolées ne pouvaient avoir encore d'autre influence que d'éveiller dans les imaginations ce désir des découvertes, qui allait bientôt conduire les Européens jusqu'aux Indes, par delà le cap de Bonne-Espérance, et ouvrir enfin au commerce des relations régulières avec les contrées reculées de l'Orient.

dait de temps à autre et envoyait sur la côte des nègres qu'il
avait emmenés avec lui, pour prendre quelques renseigne-
ments auprès des naturels du pays; mais il ne pouvait rien obtenir de ces hommes grossiers et farouches, et il lui fallait avancer au hasard. Ses compagnons, effrayés de la longueur du
voyage, se révoltèrent contre lui, et voulurent le forcer à retourner en arrière; Diaz parvint à les décider à faire encore
vingt-cinq lieues, et, avant d'avoir parcouru cet espace, il s'a-
perçut avec une joie inexprimable qu'il avait dépassé l'extrémité méridionale de l'Afrique (1486).

Il revint après avoir exploré toutes les côtes jusqu'au cap
qui termine le continent africain, et qu'il avait nommé le *cap
des Tempêtes*, à cause des ouragans affreux qu'il y avait essuyés:
A Dieu ne plaise, s'écria le roi Jean II, *qu'il conserve un nom
de si mauvais augure; je veux qu'il soit appelé le* CAP DE
BONNE-ESPÉRANCE!

155. VASCO DE GAMA AUX INDES ORIENTALES. — La
route de l'Inde était ouverte: il ne restait plus qu'à trouver un
homme qui osât s'élancer sur ces mers inconnues, et achever
l'œuvre commencée par Diaz. — En 1497, un gentilhomme
nommé *Vasco de Gama*, marin expérimenté et vaillant capitaine, partit avec trois vaisseaux après avoir imploré par des
prières solennelles la protection du Ciel. Il doubla le cap de
Bonne Espérance malgré de terribles coups de vent, remonta
le long des côtes orientales de l'Afrique, en dépit des murmures de son équipage, et reconnut les villes riches et commerçantes de *Mozambique*, de *Mombaze*, de *Mélinde*. Enfin,
guidé par un pilote que lui donna le roi de Mélinde, il atteignit
les côtes d'Asie, et aborda à *Calicut*, la cité la plus importante
de l'Inde (1498). Il débarqua avec quelques hommes au milieu
d'une population de Maures et d'Arabes, ennemis acharnés des
chrétiens.

Le souverain de Calicut ou *zamorin* offrit à Gama de l'ac-
cueillir avec les honneurs rendus habituellement aux ambassadeurs des plus grandes puissances. L'intrépide Portugais se
rendit à cette invitation, mais après s'être mis en garde contre
quelque trahison, et avoir prescrit à ses compagnons ce qu'ils
auraient à faire dans le cas où il viendrait à être tué. Il traversa
Calicut avec douze hommes de son équipage, entouré d'une
population immense qui se pressait sur son passage. La curio-
sité des habitants fit place au mépris, quand on vit le petit
nombre des Portugais et les modestes présents qu'ils portaient
avec eux. Les Maures tentèrent de surprendre les vaisseaux de
Gama. Mais celui-ci montra devant le zamorin une telle assu-

rance, il sut si habilement et tout à la fois lui faire craindre la
puissance du roi de Portugal et désirer son alliance, qu'il parvint à se faire reconduire honorablement jusqu'à son vaisseau.
Echappé par son adresse et son audace à un si grand danger,
Gama leva l'ancre en toute hâte, et revint en Europe annoncer sa découverte environ deux ans après son départ (1499).

Le roi *Emmanuel le Fortuné*, transporté de joie au récit
de Gama, prit le titre de seigneur et maître de la navigation,
de la conquête et du commerce dans l'Ethiopie, l'Arabie, la
Perse et les Indes.

154. Progrès des Portugais aux Indes. — La découverte d'une route maritime vers les Indes devait opérer
une complète révolution dans le commerce de l'Orient. Elle
porta un coup de mort à la marine vénitienne, qui allait sur les
côtes de Syrie recueillir les riches productions que les caravanes seules apportaient auparavant du fond de l'Inde à travers
les déserts; et ce fut la nation la plus occidentale de l'Europe
qui pendant un siècle entretint presque exclusivement des relations avec l'Orient.

La route était ouverte : *Cabral* s'y lance (1500) avec treize
bâtiments. Une tempête terrible le jette sur la côte du *Brésil*, et
engloutit quatre bâtiments, et sur l'un d'eux Barthélemy Diaz; il
arrive aux Indes avec six vaisseaux seulement, oblige les rois de
Cochin et de *Cananor* à accepter son alliance, et fonde un
comptoir à Calicut. Mais à peine s'est-il éloigné, que les
Maures, jaloux des Européens et craignant de se voir enlever
les profits qu'ils tiraient seuls du commerce de l'Inde, soulèvent la population de Calicut contre la garnison portugaise
et l'égorgent tout entière par trahison. A cette funeste nouvelle, le roi charge Gama d'aller venger ses compatriotes. Le
Portugais reparaît avec vingt vaisseaux (1502) et bombarde
Calicut, tandis que l'intrépide *François Pacheco*, chargé de
défendre un petit fort avec cent cinquante hommes, repousse
les attaques de cinquante mille ennemis. La bravoure des Européens jette l'épouvante parmi les Indiens, qui sont forcés de
poser les armes.

155. Etablissement de l'empire des Portugais aux
Indes. — d'Almeida, vice-roi. — Toutefois, la guerre ne
tarda pas à se rallumer. Les Vénitiens et le *soudan* d'Egypte,
dont le commerce est également menacé, s'unissent contre
l'ennemi commun, et soulèvent les Indiens de toutes parts.
Mais les Portugais sont commandés par un chef aussi habile
que courageux, *François d'Almeida*, qui, avec de faibles
troupes, tient tête à tous ses adversaires. Il détruit la flotte du

soudan devant *Diu* (1508), triomphe à force d'adresse et
d'audace de toutes les tribus indiennes, étend au loin la domination portugaise, envoie son fils *Laurent* reconnaître les *Mal-
dives*, *Ceylan*, *Madagascar*, et mérite le premier le titre de *vice-
roi*. Les petits princes de Cananor, de Cranganor, de Cochin, de
Perka, s'étaient soumis; le plus puissant de tous, le zamorin
de Calicut, avait vu sa ville détruite et ses armées dispersées.

15. **Exploits de d'Albuquerque.** — Alméida avait été
secondé par *Alphonse d'Albuquerque*, qui fut son successeur,
et s'empara de *Socotora* et d'*Ormuz*, qui fermaient la mer
Rouge et le golfe Persique. Lorsque le roi de Perse envoya
réclamer le tribut que payaient autrefois les princes d'Ormuz,
Albuquerque, montrant aux ambassadeurs des boulets et des
grenades : *Vo li*, dit-il, *la monnaie des tributs que paye le roi
de Portugal !* Bientôt après il s'empare, sur la côte de Malabar,
de la grande ville de Goa (1510), qui possède un port magnifique, et il y fixe le siége de la vice-royauté. En même temps,
il effrayait les peuples de l'ancienne Chersonèse d'Or par la
prise de *Malakka*, malgré tous les efforts des Vénitiens, qui,
du fond de l'Adriatique, avaient fait transporter sur la mer
Rouge tous les matériaux d'une flotte; enfin il mettait le pied
en Océanie, en envoyant reconnaître les Moluques.

Albuquerque, qui avait élevé à son apogée la puissance des
Portugais, formait des plans gigantesques. Il voulait faire la
conquête de la Perse et de tous les royaumes indépendants
de l'Inde. Il voulait obliger le roi d'Éthiopie à détourner le
cours du Nil en lui ouvrant un passage dans la mer Rouge,
et détruire ainsi à jamais la puissance de l'Égypte, qui serait
devenue un désert inhabitable ; il voulait enfin venger Jérusalem par la destruction de la Mecque et de Médine, les villes
saintes des musulmans. Mais le roi Emmanuel, cédant à
d'odieuses intrigues, lui enleva la vice-royauté. Le grand Albuquerque ne répondit que par une courte lettre, que termi-
naient ces nobles paroles : « Je ne vous dis rien des Indes,
elles vous parleront assez pour elles et pour moi. » Il mourut
peu après (1515), dans une injuste disgrâce, laissant un profond souvenir de ses vertus parmi les Indiens, qui souvent
allèrent à son tombeau demander justice des vexations de ses
successeurs.

**157. Les successeurs de d'Albuquerque. — Nuno
d'Acunha. — Juan de Castro.** — Les successeurs de d'Albuquerque n'héritèrent pas de son génie. Cependant les acquisitions continuèrent. *Soarès* acheva la conquête du Malabar et
prit Ceylan, *Nuno d'Acunha* s'empara de Diu et détruisit un

immense armement des Turcs (1538). Mais, à défaut de forces réelles que ne pouvait fournir le Portugal épuisé d'hommes par de continuelles expéditions, les Portugais exercèrent une effroyable tyrannie. « Heureusement, disaient les Indiens, Dieu a voulu qu'il y eût peu de Portugais, comme il y a peu de tigres et de lions, pour qu'ils ne détruisissent pas l'espèce humaine. » Plusieurs princes soulevèrent les populations, et à Ormuz il y eut un massacre général des Européens. La vengeance des Portugais et leurs nouveaux excès ne firent qu'augmenter la haine des Indiens, tandis que l'énergie et le courage des vainqueurs s'affaiblissaient dans les plaisirs et la mollesse.

Pourtant, un digne successeur des d'Almeïda et des d'Albuquerque, *don Juan de Castro* (1545-1548), releva un instant la gloire de sa patrie dans les Indes. Vainqueur du puissant roi de Cambaye, il délivra la ville de Diu, assiégée par une immense armée, et rentra dans Goa sur un char de triomphe, à la manière des généraux anciens, suivi des chefs et des soldats prisonniers. Seul peut-être de tous les gouverneurs portugais, Castro avait donné l'exemple d'un désintéressement admirable. Atteint d'une maladie mortelle, il jura sur l'Evangile, devant le conseil assemblé, qu'il n'avait jamais employé à son usage l'argent du roi, ni celui des particuliers. Il expira, l'an 1548, entre les bras de l'apôtre des Indes, saint François Xavier, qui avait en dix ans couvert d'églises et de collèges l'Inde portugaise, et pénétré jusqu'au Japon, où des milliers d'infidèles s'étaient convertis à sa voix.

158. GLORIEUSE ADMINISTRATION DE D'ATAÏDE. — DESTRUCTION DE LA DOMINATION PORTUGAISE. — La mort de Castro fut le signal d'un ébranlement général; les Portugais ne mirent plus de bornes à leur licence et à leurs cruautés, et de dix-neuf vice-rois qui succédèrent à Castro, un seul fut digne de la haute mission dont il était chargé. *Don Louis d'Ataïde* (1569) trouva toutes les puissances indiennes liguées contre la domination portugaise, et ses lâches officiers voulaient abandonner toutes les possessions éloignées pour se renfermer dans Goa : « Compagnons, leur dit Ataïde, je veux tout conserver; et tant que je vivrai, les ennemis ne gagneront pas un pouce de terrain. » Il tint parole. Les rois indiens furent battus de tous les côtés; les Européens avaient repris leur énergie sous l'inspiration de leur vaillant chef. On vit un vaisseau lutter trois jours contre la flotte du roi d'Achem. En même temps l'administration intérieure était sévèrement réformée : une ère nouvelle semblait commencer. Tout cet éclat disparut après Ataïde (1580). En vain le poëte Camoëns flétrit par une satire san-

glante les vices de ses compatriotes, qui travaillaient à la ruine
de leur puissance. Cet étonnant empire chancelait de toutes
parts, quand la conquête du Portugal par Philippe II consomma sa destruction. Les Portugais, redevenus indépendants,
ne recouvrèrent que quelques débris de cette domination qui
s'était étendue sur les côtes d'Afrique, sur celles de l'Hindoustan, de l'Indo-Chine, à Macao, en Chine, et jusqu'aux îles aux
Epices, dans l'Océanie. *Goa la Dorée*, qui avait été la capitale
de cet immense empire, ne fut bientôt plus qu'un désert.

§ II. DÉCOUVERTES DES ESPAGNOLS. — CHRISTOPHE COLOMB.
EMPIRE DES ESPAGNOLS AU NOUVEAU MONDE.

**159. DÉCOUVERTE DE L'AMÉRIQUE PAR CHRISTOPHE
COLOMB.** — Pendant que les Portugais découvraient le cap de
Bonne-Espérance, et fondaient leur empire aux Indes, le génie
de *Christophe Colomb* donnait un monde à l'Espagne. Ce fameux navigateur génois, passionné pour les voyages dès son
enfance, et l'un des plus habiles géographes de son siècle, se
persuada, à force d'observations et d'études, qu'en traversant
les mers qui se trouvent à l'occident de l'Europe, il rencontre-
rait des terres nouvelles, ou trouverait vers les Indes la route
maritime qu'à cette époque les Portugais cherchaient avec ardeur par l'Est. Repoussé comme un insensé par sa patrie, à laquelle il avait d'abord soumis ses projets, il eut recours au
Portugal, où il avait épousé la fille d'un habile marin. La par-
tiale jalousie de ceux qui furent chargés d'examiner ses plans
les fit rejeter, malgré la bienveillance de Jean II. Cinq années
de sollicitations en Espagne, quoique encouragées par plusieurs
seigneurs et par la reine Isabelle, n'amenèrent pas un meilleur
résultat. Colomb, écarté comme un importun solliciteur, alors
qu'il offrait aux princes un monde entier, Colomb allait tenter
sa dernière ressource en s'adressant à l'Angleterre, quand
l'enthousiasme général qui suivit la prise de Grenade (1492)
fit cesser enfin les inquiétudes des froids protecteurs de Colomb.
On lui donne trois vaisseaux, avec le titre héréditaire dans sa
famille de grand amiral dans toutes les mers et continents qu'il
pourra découvrir.

Colomb trouve à grand'peine quelques marins qui osent le
suivre dans son expédition aventureuse. Les uns le raillent
comme un fou, les autres le plaignent comme un imprudent
qui court à la mort. Mais lui, plein de confiance et de courage,
implore la protection du Ciel; il reçoit les sacrements, et quitte

les côtes d'Espagne au mois d'août 1492. Il touche aux Canaries, puis, se lançant dans l'inconnu, il s'avance vers le couchant, observant avec un grand soin et avec une sagacité merveilleuse tous les signes qui peuvent servir à le diriger. Bientôt, la longueur et les dangers d'un voyage sur des mers entièrement inconnues épouvantent son équipage, qui veut le jeter à la mer, au moment où déjà le vol des oiseaux lui annonce qu'il touche au but tant désiré. Colomb calme le soulèvement. Trois jours après la terre se montre, et les matelots ravis tombent aux pieds de leur guide, qu'ils croient inspiré du Ciel. Colomb foule le premier la terre du nouveau monde, et la consacre en y plantant une croix; il avait abordé à une île qu'il nomma San Salvador : cette terre avait été son salut.

Plusieurs autres îles, et parmi elles, l'île de Cuba et celle d'Haïti, appelée depuis Hispaniola et Saint-Domingue, sont successivement découvertes. Les ornements d'or que les naïfs habitants de ces contrées échangent contre des objets sans valeur, révèlent aux Espagnols les richesses inouïes du monde qu'ils ont découvert. Colomb bâtit un fort pour prendre possession d'Haïti, et sept mois et demi après son départ, il revient en Espagne, où il est reçu avec des transports de joie qui tiennent du délire. Il est comblé d'honneurs, nommé amiral et vice-roi du nouveau monde. Bientôt il repart avec une nouvelle flotte, et le pape, invoqué comme arbitre par les rois de Portugal et d'Espagne, tire sur le globe une ligne de *démarcation* qui donne aux Portugais l'hémisphère oriental, et assigne en pleine propriété l'hémisphère occidental à la Castille.

160. NOUVELLES EXPÉDITIONS DE COLOMB. — SA DISGRACE. — SA MORT. — La deuxième expédition de Colomb (1493) n'est pas moins heureuse que la première; il découvre les Caraïbes, la Dominique, la Guadeloupe, Antigoa, la Jamaïque, explore la grande île de Cuba, rétablit l'ordre à Saint-Domingue, où les Espagnols qu'il y avait laissés avaient commis des excès de tous genres contre les indigènes, et y bâtit une ville à laquelle il donne le nom de sa protectrice Isabelle, et dont il confie le gouvernement à son frère Barthélemy. Mais, hélas! tous ces succès précédaient de bien près une amère disgrâce. Il trouve à son retour la reine prévenue contre lui par des rapports calomnieux, et il se justifie facilement; mais cependant le moment approche où ses ennemis obtiendront un nouveau triomphe.

À son troisième voyage (1498), Colomb a découvert l'île de la Trinité, et touche le continent de l'Amérique à l'embouchure de l'Orénoque. Mais, de retour à Saint-Domingue, il

trouve l'autorité de son frère méconnue et la nouvelle colonie
en proie à de funestes dissensions; il ne peut les apaiser qu'en
capitulant avec les rebelles, qui se hâtent d'aller à la cour répandre contre lui d'odieuses imputations. Bientôt, Christophe
Colomb est jeté dans les fers par l'infâme *Boradilla*, envoyé
pour examiner sa conduite. Il traverse, enchaîné comme un
criminel, cette mer qu'il a parcourue le premier sur des vaisseaux européens, et, ramené en Espagne, il est dépouillé de ce
titre de vice-roi des Indes occidentales, qu'il avait si glorieusement conquis.

La reine Isabelle elle-même, la protectrice de Colomb, s'est
laissé ébranler par les calomnies et lui a retiré son appui. L'indignation qui éclate dans toute la nation, à la vue des traitement indignes qu'on a fait subir à l'illustre navigateur, oblige
ses persécuteurs à lui rendre la liberté; mais les courtisans
envieux l'empêchent de recouvrer ses honneurs et ses biens.
« Après vingt ans de services et de fatigue, écrivait-il à son
fils, je ne possède pas en Espagne un toit pour abriter ma
tête. Si je veux manger et dormir, il me faut aller à l'hôtel-
lerie, et le plus souvent, je n'ai pas de quoi payer mon écot. »
Il supportait toutes ces épreuves avec une admirable soumission aux volontés de la Providence. Malgré sa pieuse résignation, Christophe Colomb, miné par le chagrin, mourut dans sa
cinquante-neuvième année (1506), au retour d'un dernier
voyage où il avait découvert la Martinique. Son tombeau est
placé dans la cathédrale de la Havane. Il voulut qu'on ensevelît
avec lui dans son cercueil les fers dont on avait osé le charger.
Son frère fut enterré dans la cathédrale de Séville, avec cette
épitaphe :

> *A Castilla y á Leon,*
> *Nuovo mondo dió Colon,*

que l'on peut traduire librement par :

> Le roi de Castille et de Léon
> Doit un nouveau monde à Colomb.

Par une dernière injustice du sort envers ce grand homme,
le nouveau monde reçut son nom d'un aventurier Florentin,
Améric Vespuce (Amerigo Vespucci), qui, en 1499, suivit avec
quelques vaisseaux la route déjà parcourue deux fois par Colomb, et qui publia une relation de ce voyage.

161. Nouvelles découvertes. — Diaz de Solis. Ponce de Léon, Balboa, Magellan. — Colomb avait eu de nombreux imitateurs; déjà les frères *Pinçon* et *Oléja* s'étaient élancés sur ses traces. En 1500, *Diaz de Solis* découvrait l'Yucatan. Le fils de Christohe Colomb, don *Diégo*, investi par une réparation tardive du titre de gouverneur d'Hispaniola, envoya en 1511 Diégo de Vélasquez faire la conquête de Cuba. La Floride, qui doit son nom au riant aspect de ses rivages, fut découverte en 1512, par *Ponce de Léon*, tandis que *Balboa*, traversant après des efforts inouïs le continent américain, atteignait les bords de la mer du Sud.

Enfin, en 1519, le Portugais *Magallaës* (Magellan), envoyé par Charles-Quint, partait avec cinq vaisseaux espagnols, et découvrait, un an après, le détroit qui porte son nom, au sud de l'Amérique méridionale; de là, traversant le Pacifique, il était allé mourir aux *Philippines*. Son successeur *Del Cano* toucha aux Moluques, au grand étonnement des Portugais, puis revint en Europe par le cap de Bonne-Espérance; il avait accompli le tour du monde en un peu plus de trois ans.

162. Fernand Cortèz au Mexique. — L'année où Magellan quittait l'Europe, *Fernand Cortèz* entreprenait la conquête du Mexique. De pompeux récits revenaient de ce pays; bien différents des sauvages habitants des îles découvertes par Christophe Colomb, les Mexicains jouissaient, depuis des siècles, d'une civilisation avancée : ils habitaient des villes florissantes, populeuses, et riches par le commerce et l'industrie. Ces nouvelles, rapportées par quelques navigateurs, ne firent qu'exciter l'ambition des Espagnols, qui s'étaient habitués à ne craindre aucun danger dans le nouveau monde.

Fernand Cortèz partit avec deux bâtiments, six cents hommes environ, et dix-huit chevaux, animaux inconnus aux Américains, et qui leur causaient une frayeur instinctive; il n'avait que quelques mousquets, et quatorze petits canons, pour aller conquérir un royaume plus vaste que celui d'Alexandre. Plein de confiance et d'enthousiasme, il portait sur ses étendards une croix avec cette devise : *In hoc signo vinces*. Il devait vaincre, en effet, à force de patience, d'habileté et d'audace. A peine débarqué, il brûla ses vaisseaux pour ne laisser à ses compagnons d'autre moyen de salut que la victoire. Il jeta les fondements de la ville de *Vera Cruz*, où il laissa quelques-unes des siens, et se mit en marche avec le reste de ses troupes, accompagné d'une jeune Indienne, qu'il avait fait baptiser sous le nom de *Marina*, et qui lui servit d'interprète. Grâce à l'adresse de cette femme, qui transmettait aux indigènes les menaces et les promesses de Cortèz, il parvint à se faire des alliés des Tlascalans, peuple guerrier, qui lui envoya un renfort puissant. L'empereur du Mexique, tremblant pour sa domination, et considérant les Espagnols comme autant de divinités, vint lui-même au-devant d'eux avec les principaux du pays, et accorda aux étrangers un quartier de la ville de Mexico, sa capitale.

165. Conquête du Mexique. — Montézuma et Guatimozin. — Disgrace de Cortèz. — Cortèz comptait peu sur ces démonstrations d'amitié. Entouré d'une population innombrable qui n'attendait que l'occasion favorable pour l'exterminer lui et les siens, il résolut de prévenir le danger par un coup d'une audace incroyable. Il se rendit au palais de Montézuma, comme pour lui offrir ses hommages, le fit saisir tout à coup et charger de chaînes au milieu même de sa capitale et de son armée, et jeta ainsi une consternation inexprimable dans le cœur de tous les Mexicains.

D'autres dangers menaçaient Cortèz. Il venait d'apprendre que le gouverneur de Cuba, jaloux de ses succès, envoyait une armée et une flotte pour lui enlever le commandement. Cortèz, laissant une garnison à Mexico, court au-devant de ses compatriotes; il gagne les troupes envoyées pour le combattre, ce qui triple ses forces, et revient en toute hâte à Mexico. Ce renfort était plus que jamais nécessaire. Les violences imprudentes des Espagnols avaient exaspéré les Mexicains, lorsque Montézuma mourut, accablé de chagrin et de honte. A peine les Espagnols eurent ils perdu ce précieux otage qu'ils se virent assaillis de tous côtés par une population furieuse. Il leur fallut battre en retraite à travers mille dangers, sur les chaussées étroites qui traversaient le lac au milieu duquel est bâti Mexico; ils perdirent leurs chevaux, leurs canons, leurs trésors, et se trouvèrent bientôt en présence d'une armée immense qui les attendait de pied ferme. Cortèz dut encore cette fois son salut à son intrépidité. Sans laisser aux siens le temps de reconnaître le danger, il s'élança brusquement sur l'ennemi. Sachant que les Mexicains mettaient toute leur confiance dans leur étendard, il se précipita seul sur le chef qui le portait, lui arracha le drapeau, et décida ainsi la victoire.

Cependant, un vaillant guerrier, *Guatimozin*, avait succédé à Montézuma, et se préparait à soutenir une guerre acharnée. Mais, au bruit des exploits de Cortèz, beaucoup d'Espagnols accoururent pour se joindre à lui; il revint avec une armée plus redoutable mettre le siège devant Mexico. La ville fut bientôt prise et saccagée. Ayant fait prisonnier Guatimozin,

Cortèz ordonna de l'étendre sur un brasier avec son principal ministre, pour les forcer à livrer le trésor de Montézuma. Le courageux Mexicain supporta avec une fermeté inébranlable cet affreux supplice, et entendant son ministre pousser des cris de douleur : *Et moi*, lui dit-il, *suis-je donc sur un lit de roses !* Les Espagnols punirent les Mexicains de leur résistance par les plus horribles massacres, et ils eurent bientôt établi leur tyrannie dans tout le pays (1524).

Une singulière fatalité semble peser sur ces hardis conquérants : victime, comme Colomb, des calomnies de ses ennemis, Cortèz fut aussi dépouillé de ses titres, et rappelé en Espagne. L'empereur n'avait même pas daigné écouter ses plaintes. Après avoir vainement sollicité une audience, le conquérant du Mexique fendit un jour la foule qui entourait la voiture de l'empereur, et monta sur le marche-pied de la portière : *Quel est cet homme ?* demanda Charles-Quint. — *C'est*, dit Cortèz, *celui qui vous a donné plus de royaumes que vos pères ne vous ont laissé de provinces !* — Charles-Quint le laissa mourir dans la disgrâce (1547).

167. Conquête du Pérou par les frères Pizarre. — Quelques années après, *François Pizarre* et ses trois frères envahirent le Pérou, célèbre, comme le Mexique, par ses richesses et par le développement de sa civilisation. Les deux fils du dernier *Inca* ou empereur du Pérou, *Huascar* et *Atahualpa*, se disputaient le trône les armes à la main. Ils se hâtèrent de solliciter, l'un et l'autre, le secours de ces hommes qui lançaient le tonnerre et dirigeaient à leur gré des animaux formidables.

Pizarre laissa Atahualpa renverser son frère après une guerre acharnée, et se prépara à se rendre maître lui-même du vainqueur à force de perfidie et d'audace. Atahualpa, après avoir reçu Pizarre sans défiance, voulut déployer aux yeux des Espagnols tout l'éclat de sa magnificence ; il s'avança en leur présence à la tête d'une armée de trente mille hommes, et entouré du plus brillant appareil. Pizarre, au milieu de la cérémonie, s'approcha de l'inca, sous prétexte de lui enseigner les dogmes de la religion chrétienne ; puis, tout à coup, se jetant sur lui avec une poignée d'hommes intrépides, il égorgea une foule de Péruviens et emmena leur chef prisonnier. Il mit en jugement le malheureux Atahualpa, qui fut condamné à mort. Pizarre fit étrangler l'héritier des incas, après s'être fait livrer des richesses incalculables (1533). Chacun des cavaliers reçut, dit-on, deux cent mille livres, et les fantassins la cinquième partie de cette somme.

165. Mort tragique de Pizarre. — Le partage du butin jeta la discorde parmi les vainqueurs. *Almagro*, l'un des compagnons de Pizarre, qui venait de découvrir et de conquérir le *Chili*, souleva une partie de l'armée, fut vaincu et mis à mort (1538). François Pizarre, qui avait fondé *Lima* au centre de ses conquêtes, n'en fut pas longtemps paisible possesseur. Il fut assassiné dans son palais par les partisans d'Almagro (1541). Quelque temps après, deux de ses frères furent condamnés et exécutés comme rebelles, et le troisième fut tué par les Péruviens. La mort tragique de la plupart des conquérants du Pérou vengea l'Amérique de leurs excès et de leurs cruautés. Le Pérou et le Chili ne furent définitivement rangés sous l'autorité royale qu'en 1546.

166. Organisation de l'empire colonial des Espagnols. — L'empire colonial des Espagnols dans les *Indes occidentales* avait acquis une immense étendue. Il comprenait le Mexique dans l'Amérique du nord ; les plus belles Antilles et l'Amérique centrale ; enfin l'Amérique méridionale leur était soumise en entier, à l'exception du Brésil, que possédaient les Portugais ; et du pays des Patagons au sud. Sur la côte de l'Atlantique, ils avaient fondé Buenos-Ayres (1535), et jeté ainsi à l'embouchure de la Plata les fondements d'une nouvelle domination.

Toutes ces vastes possessions furent comprises dans une même organisation administrative, constituée avec succès par le génie de Charles-Quint. Deux grands gouvernements, celui de Mexico au nord, et celui de Lima au midi, confiés chacun à un *vice-roi*, se partagèrent l'ensemble des colonies. Au vice-roi, réunissant les fonctions civiles et militaires, fut adjoint une *audience*, ou tribunal supérieur, chargé de juger les affaires principales et d'assister le vice-roi comme conseil d'administration. L'augmentation ultérieure du nombre des vice-royautés (*Santa-Fe de Bogota* pour la Colombie, et *Buenos-Ayres* pour la Plata) et celle des audiences ne changea pas le principe de cette organisation, qui releva d'abord de la cour supérieure de Séville, puis du *conseil des Indes*, devenu le conseil suprême de gouvernement, la cour de Séville ne conservant plus que le jugement des procès civils ou criminels.

De grandes villes ne tardèrent pas à s'élever, car une multitude d'Espagnols et d'Européens de tous pays vinrent se fixer en Amérique, attirés par les richesses de ce splendide pays. Le roi, qui avait été déclaré possesseur de toutes ces terres, accorda des concessions aux colons, qui, attirés d'abord par les mines du Mexique et du Pérou, ne tardèrent cependant pas à exporter le sucre, le cacao, les épices et les bois précieux dont le pays abondait. Malheureusement, des restrictions de toutes sortes entravèrent pendant longtemps ces utiles transactions.

La race européenne avait alors remplacé la population indigène, détruite ou mise en fuite par les effroyables excès des premiers conquérants. Les Indiens, massacrés ou condamnés à des travaux au-dessus de leurs forces, avaient disparu avec une rapidité incroyable. Hispaniola avait, en vingt ans, vu sa population tomber d'un million d'individus à *dix mille environ*. En vain plusieurs voix éloquentes, et surtout celle du célèbre *Barthélemy de Los Casas*, s'élevèrent en faveur des malheureux indigènes « Il y avait, dit-il, un officier du roi qui reçut trois cents Indiens; au bout de trois mois, il lui en restait trente. On lui en rendit trois cents : il les fit périr. On lui en donna encore, jusqu'à ce qu'il mourût, et que le diable l'emportât. » (Las Casas, cité par M. Michelet.) Les efforts du dominicain apportèrent peu d'adoucissement au sort des Américains ; et, chose étrange, ils amenèrent l'atroce institution de la traite des nègres. Las Casas, dans son zèle aveugle, avait proposé de les substituer aux indigènes de l'Amérique, comme plus capables de résister à de rudes travaux. Depuis cette époque, les vaisseaux européens allèrent acheter aux tribus africaines des prisonniers, des esclaves, des enfants, pour les vendre aux conquérants des riches contrées de l'Amérique.

Malgré les efforts des ministres de Dieu, il fallut de longues années pour que les indigènes reconnussent la douceur d'une religion qui leur avait été apportée par les Espagnols, leurs impitoyables maîtres. Enfin cependant, grâce surtout au zèle des jésuites, qui, dans leurs *missions*, civilisèrent et convertirent les Indiens, le christianisme se répandit en Amérique : les évêchés se multiplièrent, et un archevêque siégea dans chacune des villes où fut établie une vice-royauté.

OUVRAGES A CONSULTER. — *Histoire de la conquête de l'Amérique*; Filon, *Histoire de l'Europe au seizième siècle*; Ragon ; Michelet ; *Précis*; Washington Irving, *Histoire de Christophe Colomb*; *Précis de l'histoire de la géographie*, par Malte-Brun ; *Espagne*, dans l'*Univers pittoresque*. — Voir ci-après la *Géographie historique pendant les temps modernes*; chap. xxx.

QUESTIONNAIRE. — § 1er. 149. Résumez l'histoire du Portugal depuis la fin du treizième siècle jusqu'au milieu du quinzième. — 150. Quelle expédition fit le roi Jean 1er ? — Comment don Henri de Viseu favorisa-t-il les découvertes ? — Quelles furent celles faites au commencement du quinzième siècle ? — 151. Quelles nouvelles découvertes furent faites sous le règne d'Alphonse l'Africain? — Quelle était la disposition de la célèbre bulle de Martin V? — 152. Quand et par qui fut découvert le cap de Bonne-Espérance? — 153. Racontez le voyage de Vasco de Gama aux Indes. — 154. Comment se fonda et se développa la puissance portugaise aux Indes? — 155. Quelles luttes eut à soutenir Almeida? — Quel titre reçut-il? — 156. Racontez les exploits, les projets et la disgrâce d'Albuquerque. — Quels souvenirs a-t-il laissés? — 157. Quels furent les causes et les progrès de la décadence de la domination portugaise aux Indes? — Que savez-vous de Castro et de saint François Xavier? — 158. Qui arrêta un instant encore la décadence? — Comment s'écroula l'empire portugais? — § II. 159. Parlez des observations et des premières tentatives de Colomb. — Par qui furent accueillies ses propositions? — Quelle fut l'issue de son premier voyage? — 160. Racontez les autres voyages, la disgrâce et la mort de Colomb. — 161. Quels furent les nouveaux progrès des découvertes espagnoles? — 162. Quel projet forma Cortez et comment en commença-t-il la réalisation? — 163. Racontez la conquête du Mexique. — Quel fut le sort de Cortez? — 164. Comment et par qui fut découvert le Pérou? — 165. Faites connaître les principales circonstances de la conquête du Pérou et les catastrophes qui la suivirent. — 166. Quelle était l'étendue et l'organisation de l'empire colonial de l'Espagne?

CHAPITRE QUINZIÈME.

ÉTAT DE L'ITALIE AU QUINZIÈME SIÈCLE.

CHARLES VIII ET ANNE DE BEAUJEU EN FRANCE.

PREMIÈRE PARTIE.

État de l'Italie au quinzième siècle.

SOMMAIRE.

§ 1er. 167. L'Italie est soustraite à l'influence de l'Allemagne, mais elle se divise et se morcelle, en l'absence de tout pouvoir central, à mesure que s'affaiblit la puissance temporelle des papes, et son asservissement se prépare.

168. Appelé par les Pisans, l'aventurier Castruccio Castracani est la terreur de la Toscane; Florence, vaincue par lui, déchirée par les factions, se livre au roi de Naples, puis au duc d'Athènes; elle est décimée par la fameuse peste de 1348.

169. La rivalité de Gênes et de Venise est signalée par la guerre de Kaffa (1350-1355). La conjuration de Marino Faliero est découverte et punie par le supplice de ce doge et de ses complices (1355).

170. La guerre de Chiozza expose Venise aux plus grands dangers ; elle est sauvée par Pisani, qui prend la flotte génoise ; la paix de Turin termine la guerre (1381). Gênes, déchirée par les factions, se livre à la France (1401).

171. Les possessions de Venise s'étendent en Lombardie, en Dalmatie, en Frioul. Son général, le condottière Carmagnole, est vaincu par un autre condottière, François Sforza. Les Génois chassent les Français et tombent dans l'anarchie.

172. Gênes perd son indépendance et passe de la France au Milanais (1464). Venise établit les trois inquisiteurs ; elle s'affaiblit à l'extérieur dans sa guerre contre les Turcs, et perd ses possessions de Grèce en même temps que Gênes ; elle acquiert Chypre (1489) ; mais la découverte du cap de Bonne-Espérance va porter une fatale atteinte à son commerce.

§ II. 173. La maison d'Aragon se maintient en Sicile sous Frédéric, malgré les efforts de Robert d'Anjou. roi de Naples. Jeanne Ire est fameuse par ses désordres et par ses crimes. Elle adopte Charles de Duras, puis Louis d'Anjou ; elle est mise à mort par le premier (1382).

174. Jeanne II imite la conduite scandaleuse de Jeanne Ire. Elle adopte Alphonse d'Aragon, puis René d'Anjou. Alphonse s'empare de Naples (1442) et rétablit le royaume des Deux-Siciles, malgré René d'Anjou et Charles du Maine ; il adhère au traité de Lodi (1454).

175. Alphonse le Magnanime laisse le trône de Naples à son fils naturel Ferdinand (1458-1494), que Jean d'Anjou s'efforce de renverser, mais qui triomphe, grâce à l'héroïsme de la reine Isabelle (1462). Menacé par Florence, les Turcs et le pape, et par les nobles à l'intérieur, il dompte ceux-ci par des supplices.

§ III. 176. Les républiques de Lombardie tombent sous le joug de seigneurs ou princes héréditaires, tels que les Eccelini à Vérone. A Milan, les Visconti s'emparent de la seigneurie (1276), dominent dans toute la haute Italie et luttent contre Venise. Jean Galéas Visconti (1385-1402) gouverne avec éclat, soumet les villes voisines et achète de l'empereur la dignité ducale (1395). La maison de Savoie acquiert quelque illustration et reçoit la dignité ducale en 1416.

177. Les seules milices en Italie sont les condottières ; la guerre est un métier, et les batailles ne sont plus que des parades. Carmagnole, chef de condottières, passe de Milan à Florence, puis à Venise, où il est mis à mort par ordre du conseil des Dix. Jacques Attendolo, dit Sforza, devient connétable et maréchal à Naples, et gonfalonier de l'Église.

178. François Sforza, fils de Jacques, devenu tout-puissant, se fait nommer duc de Milan à la mort de Visconti (1447) ; il conclut avec Venise la paix de Lodi (1454) ; devient l'allié d'Alphonse de Naples et de Louis XI, acquiert Gênes (1464).

179. Galéas Sforza épouse la belle-sœur du roi de France. Pendant la minorité de Jean Galéas (1476), Ludovic le More, son oncle, s'empare du pouvoir ; il appelle les Français en Italie.

§ IV. 180. Florence seule est florissante sous les Médicis. Sylvestre (1378), puis Jean de Médicis (m. 1429), le père des pauvres, ont fondé la grandeur de leur maison. Côme, le père de la patrie, exerce une autorité presque absolue, avec autant d'habileté que de désintéressement.

181. Sous Pierre Ier (1468), les divisions reparaissent, et après sa mort. son fils Julien est assassiné par les Pazzi (1478).

182. Laurent le Magnifique, qui a échappé aux assassins de son frère, est le plus illustre membre de sa famille; il est l'arbitre de l'Italie, et fait briller Florence de tout l'éclat des beaux-arts (m. 1492).

183. L'orgueil et la violence de Pierre II (1492) irritent les Florentins; et l'éloquent dominicain, Savonarole, annonce que l'Italie va être la proie des Barbares.

§ V. 184. Les papes, revenus à Rome, luttent contre les progrès des Turcs au dehors, et cherchent à rétablir l'unité à l'intérieur. Nicolas V, Calixte III, Pie II (1447-1474), s'efforcent de ranimer le zèle des croisades. Paul II se signale par son activité à l'intérieur et à l'extérieur. La haute politique du saint-siège est abandonnée sous Sixte IV, Innocent VIII, et surtout Alexandre VI.

185. L'Italie brille par sa civilisation, mais est exposée à mille rivalités et à une anarchie déplorable.

186. L'unité est irrévocablement détruite et les étrangers vont désormais s'y disputer la prépondérance.

§ Ier. ÉTAT DE L'ITALIE AU COMMENCEMENT DES TEMPS MODERNES.

167. RUINE DE TOUT POUVOIR CENTRAL. — L'Italie, jadis enchaînée aux destinées de l'empire, puis soustraite peu à peu, par les efforts des papes, à l'influence étrangère, cherche pendant les temps modernes à s'en affranchir entièrement, mais sans pouvoir ramener à l'unité ses forces divisées. En même temps que la dignité impériale s'affaiblit au nord des Alpes, la puissance du saint-siège décline rapidement, et avec elle l'importance politique de la péninsule. Au nord, une foule de seigneuries ou de républiques, Milan, Gênes, Venise, Florence, Sienne, Vérone, etc., se font une guerre incessante. Au centre, l'autorité du pape est souvent contestée, au midi, le royaume de Naples appartient à des roi étrangers. Enfin, la découverte de la route maritime des Indes ruinera bientôt le commerce de la péninsule. — Plusieurs États italiens jetteront néanmoins encore un vif éclat; mais leurs rivalités, qu'aucune autorité prépondérante ne domine plus, saperont les bases de leur grandeur, et prépareront cette longue époque d'asservissement qui dura jusqu'à nos jours. — L'Italie se consolera par la splendeur d'une civilisation avancée qui ouvre cette voie brillante où l'Europe n'entrera qu'après elle. Au moment où son rôle politique décline, son rôle intellectuel grandit; et les siècles de sa décadence comme nation seront illustrés par des chefs-d'œuvre immortels (v. 253 et suiv.).

168. PISE ET FLORENCE. — La suite des querelles des Guelfes et des Gibelins devait être la source des guerres qui déchirèrent l'Italie. Pise, quoique déchue de son ancienne grandeur, restait à la tête du parti gibelin, qui fut puissamment soutenu par un proscrit de Lucques, *Castruccio Castracani*, aussi brave capitaine qu'adroit politique. Devenu tout-puissant dans sa patrie, soutenu par le seigneur de Milan, Galéas Visconti, qui avait recherché son alliance, Castruccio était la terreur de toute la Toscane. Florence, qui essaya de défendre contre lui son ancienne prépondérance, perdit une bataille décisive (1325). Déchirée à l'intérieur par les factions des *Noirs* et des *Blancs*, elle fut réduite à se soumettre pour quelques années au roi de Naples, puis à offrir la suzeraineté à un Français, *Gauthier de Brienne*, duc d'Athènes, « homme avare, cruel et superbe, dit Machiavel, se souciant moins de se faire aimer que de se faire craindre, » et qui fit peser sur les Florentins une dure tyrannie (1343).

A ces épreuves vinrent se joindre les désastres de la fameuse peste de Florence, dont *Boccace* a immortalisé le souvenir. Cent mille individus périrent dans cette ville, et parmi eux, l'historien *Villani* (1348). On manqua de bois pour faire des cercueils à tant de cadavres, et, la mort effaçant toutes les distinctions, on jeta dans des fosses communes les seigneurs et les artisans. Lorsque le fléau eut cessé, on vit les bourgeois et leurs femmes se promener fièrement dans la ville avec les habits des nobles emportés par la contagion.

169. RIVALITÉ DE VENISE ET DE GÊNES. — CONSPIRATION DE MARINO FALIERO. — La rivalité de Venise et de Gênes, dont nous avons précédemment (classe de troisième, n° 364) raconté les commencements, continuait à épuiser les forces de ces deux républiques. Gênes, victorieuse, avait chassé la marine vénitienne de la mer d'Azof; Venise, pour sauver la liberté de son commerce, dut se décider à la guerre (*guerre de Kaffa*, 1350-1355).

Les succès se partageaient entre les deux républiques, quand la conjuration de *Marino Faliero* exposa Venise à un grand danger. Le doge, vieillard de quatre-vingts ans, avait reçu d'un jeune noble un sanglant outrage. Il demanda vengeance au conseil des Dix, qui n'infligea au coupable que quelques jours de prison. Faliero dissimula sa colère, et s'unit au chef de la démocratie pour former une conjuration dont le but était un massacre des patriciens et l'anéantissement de l'aristocratie. Six cents conjurés convinrent de se rassembler le 15 avril 1355, sur la place de Saint-Marc, lorsque le doge ferait sonner la cloche d'alarme, et d'égorger les nobles, à mesure qu'appelés par ce signal, ils accourraient vers la place pour se ranger

autour du chef de la république. La veille du jour où devait
éclater le complot, il fut découvert à un membre du conseil
des Dix. Les conjurés furent livrés au supplice, et le doge lui-
même fut décapité sur le grand escalier du palais ducal, au
lieu même où il avait reçu la couronne.

**170. NOUVELLES GUERRES ENTRE LES GÉNOIS ET LES
VÉNITIENS.** — Venise, affaiblie par ce terrible événement, fut
forcée de conclure avec les Génois une paix désavantageuse.
Deux ans après, le roi de Hongrie, profitant de son humilia-
tion, lui enleva la plus grande partie de la Dalmatie ; et bientôt
une guerre nouvelle contre Gênes mit la république à deux doigts
de sa perte (*Guerre de Chiozza*, 1369-1381). La conquête de
Chypre par les Génois fut la cause de cette rupture. Venise prit
parti pour le roi *Lusignan*, et fut victorieuse d'abord ; mais les
Génois ressaisirent l'avantage, battirent leurs ennemis à *Pola*,
et parurent tout à coup sous les murs de Venise, après
s'être emparés de Chiozza. *Pierre Doria*, qui commandait les
Génois avec *François Carrare*, annonçait hautement qu'il
allait replonger Venise dans ses lagunes. Aux supplications du
sénat et du doge il répondit dédaigneusement qu'il n'écoute-
rait rien avant d'avoir mis un frein aux chevaux de bronze de
la place Saint-Marc. Les Vénitiens songeaient à s'enfuir sur
leurs vaisseaux et à aller s'établir en Crète, quand leur amiral,
Victor Pisani, à force de talents et d'audace, surprit et bloqua
la flotte génoise dans le port de Chiozza, la força à se rendre,
et sauva sa patrie (1380) : sublime vengeance de Pisani, qui
naguère pour une expédition malheureuse, avait été chargé de
fers par ses injustes compatriotes ! Venise, respirait à peine
après une pareille crise, fut heureuse d'accepter la paix sans
avoir réparé ses pertes (*paix de Turin*, 1381).

Bientôt pourtant, elle put relever contre toute espérance sa
puissance continentale à la faveur des troubles qui agitaient sa
rivale. Elle recouvra l'Istrie, Trévise et la Polésine de Rovigo,
tandis que les Génois, fatigués de leurs discordes intestines, se
livraient à la France, qui leur envoya pour gouverneur le maréchal de *Boucicault* (1401). Gênes fut florissante sous cette nouvelle administration, et après une courte guerre avec Venise,
elle consentit enfin à mettre un terme à une rivalité désastreuse,
pour ne plus songer à s'agrandir qu'aux dépens de l'étranger.

**171. GUERRE DE VENISE CONTRE LES MILANAIS. —
RÉVOLUTION A GÊNES.** — Venise tourna ses armes victorieuses contre les villes de Lombardie, et s'empara de Vicence,
de Vérone, de Padoue, et bientôt après, de Brescia et de Bergame. En même temps, elle avait repris la Dalmatie au roi de

Hongrie et enlevé le Frioul au patriarche d'Aquilée (1420).
Elle était secondée par le condottière *Carmagnole* (voir n° 177),
qu'elle avait détaché à force d'or du service de Milan. Ses progrès ne furent arrêtés que par la bravoure d'un autre condottière, *François Sforza*, qui obligea les Vénitiens à accepter la
paix (*traité de Lodi*, voir n° 178) au moment où les Turcs se
rendaient maîtres de Constantinople.

Quant aux inconstants Génois, qui avaient chassé les Français (1409), ils essayèrent pendant cinquante ans de toutes les
formes de gouvernement : ils rétablirent et renversèrent de
nouveau leurs doges, se soumirent à la souveraineté de Milan,
et, rendus à la liberté, ils épuisèrent dans l'anarchie des forces
qu'ils auraient pu consacrer à la défense de Constantinople,
dont ni Gênes ni Venise n'avaient su prévenir ou venger la
chute. Ce grand événement devait pourtant décider la décadence des deux républiques.

72. DÉCADENCE DE GÊNES ET DE VENISE. — En effet,
Gênes, fatiguée des querelles des Fieschi, des Fregosi et des
Adorni, transmit la seigneurie au roi de France, qui la donna à
François Sforza, se soumit à Jean d'Anjou, rival du roi de
Naples, puis retomba sous la domination de Milan (1464),
tandis que les Turcs lui enlevaient successivement toutes ses
possessions à l'Orient.

Venise, de son côté, s'efforçait de s'affermir à l'intérieur, en
resserrant encore sa mystérieuse et redoutable constitution, en
concentrant le pouvoir des *Dix* dans le tribunal plus terrible
encore des *Trois* inquisiteurs d'État, « qui disposaient des
puits et des *plombs* (1), pouvaient faire infliger secrètement la
mort à toute personne, même au doge, et jeter la nuit dans les
lagunes tout noble qui serait coupable d'avoir mal parlé de la
république (1454). » Malgré cette réforme dans le gouvernement, la puissance de Venise tombait à mesure que s'élevait
la puissance musulmane. Elle avait grandi jadis par les croisades
contre les infidèles; les Turcs l'attaquèrent à titre de représailles, et chacun de leurs progrès lui coûta quelqu'une de ses
possessions. Un traité précaire de paix et de bon voisinage,
conclu en 1454, fut bientôt rompu par des hostilités nouvelles.
L'acquisition de l'île de Chypre, vendue en 1489 par l'héritière de Lusignan, la dédommagea faiblement de la perte d'une

(1. Cachots de Venise, les uns situés dans des caves humides, les
autres sous les combles de plomb du palais des doges, exposés à toutes
les ardeurs du soleil d'Italie.

grande partie du Péloponèse et de l'isthme de Corinthe, de
l'île de Négrepont, de la ville de Scutari, puis enfin de Lépante, de Medon et de Coron (1470-1503), après une grande
défaite navale. Cependant un traité de paix assura aux Vénitiens la liberté de trafiquer dans les ports de la mer Noire ; et
peut-être la république, qui saisissait avec une merveilleuse
adresse toute occasion de s'agrandir, eût-elle recouvré le
commerce de l'Orient. Mais, à la fin du quinzième siècle,
un événement plus fatal peut-être pour elle que la prise
de Constantinople détruisit toutes ses espérances : ce fut la
découverte, que nous avons racontée ci-dessus (voir nᵒˢ 152
et suiv.), d'une route nouvelle vers les Indes, par le cap de
Bonne-Espérance. Les productions de l'Inde et de l'Asie méridionale s'écoulèrent désormais par cette voie plus facile et plus
sûre ; les caravanes cessèrent de multiplier les communications
entre le golfe Persique et la Méditerranée : Venise, réduite à
peu près au seul commerce des rivages de l'Asie Mineure et de
la Syrie, sentit bientôt ses forces maritimes s'épuiser et dépérir,
tandis que les guerres des Français en Italie entamaient sa puissance territoriale.

§ II. ROYAUME DES DEUX-SICILES.

**175. LUTTE DE LA MAISON D'ARAGON EN SICILE AVEC
LA MAISON D'ANJOU A NAPLES. — JEANNE Iʳᵉ.** — Les
Deux-Siciles, séparées par la catastrophe des Vêpres Siciliennes (voir *Cours de troisième*, chap. XXVIII), ne purent être
réunies par des traités. Le second fils de Pierre d'Aragon,
Frédéric, frère du roi Jacques (1296-1337), refusa de céder
la Sicile à Charles II d'Anjou, malgré les ordres du pape, et fut
soutenu par le parti gibelin et par l'empereur. *Robert le sage*,
successeur de Charles II d'Anjou (1309-1343), quoique chef
de tous les Etats guelfes d'Italie, ne put enlever la Sicile à son
rival, et régna sur le continent. La tyrannie de sa petite-fille,
Jeanne Iʳᵉ (1443), fit vivement regretter la douceur et la sagesse
du gouvernement de Robert. Cette princesse préluda par le meurtre d'*André de Hongrie* son époux (1345), à une longue série de
crimes et de scandales. Elle osa épouser *Louis de Tarente*, l'un
des assassins de son premier mari (1347) ; mais le roi de Hongrie, *Louis le Grand*, s'arma pour venger son frère, et envahit
l'Italie, portant un drapeau noir où était représenté le cadavre
sanglant du malheureux André. Bientôt il ne resta plus à Jeanne
que les villes de Naples et d'Aversa, mais le pape Clément VI

interposa son arbitrage. Cette fois encore, « par l'autorité du souverain pontife, une sentence fut mise à la place d'une guerre; et les peuples durent bénir la puissance protectrice qui terminait leurs maux et jugeait les différends des rois. » (M. Villemain.)

Jeanne ne reprit le pouvoir que pour le déshonorer de nouveau par ses débordements. Veuve de *Jacques* d'Aragon, qu'elle avait épousé après la mort de Louis de Tarente, elle donna sa main à un capitaine de condottières. Ses quatre mariages étant demeurés stériles, elle désigna pour son successeur son parent *Charles de Duras*, et bientôt après, irritée des menées séditieuses de ce prince, elle adopta *Louis d'Anjou*, fils de Jean le Bon, roi de France. Mais elle tomba aux mains de Duras, qui lui fit expier sa coupable existence en l'envoyant au supplice (1382).

§ 4. JEANNE II. — RIVALITÉ D'ALPHONSE D'ARAGON ET DE RENÉ D'ANJOU. — Des prétentions de ces deux rivaux allait naître entre leurs familles une longue querelle, suspendue un instant sous *Jeanne II* (1414-1435), dernière héritière des Duras. La lutte se ranima plus vive à la mort de cette princesse, qui s'était montrée, par sa vie scandaleuse, digne de la première Jeanne. Elle avait adopté d'abord *Alphonse V d'Aragon* (n° 140), pour lui substituer *Louis III d'Anjou*, puis *René d'Anjou* après la mort de son frère. Chacun des deux princes s'appuyait sur l'acte fait en sa faveur; Alphonse, plus puissant et plus habile, s'empara de Naples (1442), et rétablit l'unité du royaume des Deux-Siciles malgré tous les efforts de René. Celui-ci transmit ses droits à son neveu, *Charles du Maine*; ils devaient passer plus tard à la couronne de France. Maître de l'Italie méridionale, Alphonse, à qui ses nobles qualités ont mérité le surnom de *Magnanime*, et que l'historien Mariana a appelé *la gloire de la nation espagnole*, ne s'occupa plus qu'à ramener la tranquillité dans ses États et dans toute l'Italie, qui fut pacifiée par le traité de Lodi (1454) (v. n° 178).

17-5. LE ROYAUME DE NAPLES EST SÉPARÉ DE L'ESPAGNE. — FERDINAND D'ARAGON ET JEAN D'ANJOU. — Alphonse, qui avait cherché vainement à étendre sa puissance sur la haute Italie, en faisant la guerre aux Milanais et aux Génois, put laisser du moins la couronne de Naples à son fils naturel *Ferdinand* (1458-1494), tandis que son frère Jean héritait de l'Aragon, de la Sardaigne et de la Sicile (v. n° 141). L'Italie échappa ainsi à la dépendance de l'Espagne, et Ferdinand devint le représentant du parti italien contre le prince d'Anjou, prétendant étranger. Aussi le pape Pie II reconnut-il le fils d'Alphonse pour l'associer à sa politique nationale.

Toutefois, *Jean d'Anjou*, qui commandait alors à Gênes, ne renonçait pas aux espérances déjà tant de fois déçues de sa famille. Il fit une descente près de Gaëte, et une rébellion générale de la noblesse napolitaine faillit enlever à Ferdinand tout son royaume. Mais la femme de Ferdinand, l'intrépide *Isabelle*, ramena les Napolitains en se présentant aux révoltés avec ses jeunes enfants; et en les conjurant de sauver les petits-fils du Magnanime. Bientôt Ferdinand lui-même, aidé des secours de François Sforza, duc de Milan, favorisé par le soulèvement de Gênes contre les Français, battit son rival à *Troja* (1462), et signala son triomphe par de cruelles vengeances. Obligé de conjurer les nouveaux dangers d'une lutte contre Florence, d'une tentative des Turcs sur Otrante et d'une guerre excitée par le pape Innocent VIII, le roi de Naples parut un instant céder à toutes les prétentions des nobles. Ce ne fut que pour mieux assurer la perte des principaux seigneurs, dont il se débarrassa par un horrible massacre. Ceux qui échappèrent allèrent répandre dans toute l'Italie leur haine contre Ferdinand, au moment où les Français songeaient à lui disputer de nouveau son héritage (n° 192).

§ III. LES RÉPUBLIQUES CHANGÉES EN PRINCIPAUTÉS.

1°G. VÉRONE, FERRARE, MANTOUE, MILAN — Tandis que le midi de l'Italie se constituait définitivement en monarchie, une foule de seigneurs s'étaient emparés du pouvoir dans les petites républiques du nord de l'Italie, et y avaient fondé plusieurs maisons souveraines. Les plus puissantes furent la famille de la *Scala*, qui remplaça à Vérone les *Eccelini*, célèbres dans les luttes des Guelfes et des Gibelins; celle des comtes de *Savoie*, celles des princes d'*Este* à Modène et à Ferrare, des *Gonzague* à Mantoue, des *Visconti* à Milan.

La famille des *Visconti* triompha, vers 1276, de la famille rivale des *Torriani*, et prit possession de la seigneurie, qui devint héréditaire parmi ses membres, après que l'empereur Henri VII eut accordé à l'un d'eux le titre de vicaire impérial en Lombardie. Milan, sous le gouvernement des Visconti, domina toute la haute Italie, comme elle l'avait dominée à l'époque des ligues lombardes. Vérone, Vicence, Padoue, Plaisance, Pise elle-même, reconnurent les lois des seigneurs de Milan (1315). Mais la puissance des Visconti provoqua contre eux des réactions qui jetèrent le trouble dans la république. Une ligue formée par Venise avec les villes de Padoue, de Vérone, de Ferrare et de Mantoue, fut vaincue par les deux frères Barnabo et Galéas Visconti, alors seigneurs de Milan. Barnabo se vengea par d'atroces cruautés, maintint par la terreur son autorité dans Milan, et s'efforça d'écarter de la seigneurie *Jean-Galéas*, fils de son frère aîné (1378). Mais le jeune prince échappa par la ruse aux embûches de son oncle; il s'empara de sa personne, le jeta dans une prison et gouverna seul. Jean-Galéas (1385-1402), habile autant qu'ambitieux, étendit rapidement sa puissance sur toute la Lombardie : Padoue lui ouvrit ses portes; le duc de Savoie, les seigneurs de Gonzague, d'Este, de Montferrat, reconnurent sa suprématie; Bologne se soumit à ses lois, et le faible empereur Wenceslas fut heureux de lui vendre, pour cent mille écus, la dignité ducale (1395).

À l'ouest de la Lombardie, à côté d'une foule de principautés obscures, s'élève la seule maison qui doive conserver quelque célébrité et quelque importance, la maison de Savoie. À la fin du quatorzième siècle, elle est représentée par *Amédée VIII*, qui sera élevé à la dignité ducale par l'empereur Sigismond (1416), et qui portera pendant quelques années la tiare pontificale.

177. LES CONDOTTIÈRES. — Nous devons nous arrêter un instant pour signaler un des faits caractéristiques de l'histoire d'Italie à l'époque qui nous occupe, et pour expliquer la signification du nom de *condottière*, que nous avons employé plusieurs fois dans les paragraphes qui précèdent. Pendant les longues luttes que la péninsule avait eu à soutenir contre l'Allemagne et durant les sanglantes querelles des Guelfes et des Gibelins (voir *Cours de troisième*, chap. XX), plusieurs princes italiens, pour épargner le sang de leurs propres sujets, avaient pris à leur solde des soldats mercenaires, venus de tous les pays de l'Europe. Après chaque expédition, ces étrangers, au lieu de retourner dans leurs pays, souvent fort éloignés, s'organisaient par bandes sous la conduite des plus braves d'entre eux, vivaient en rançonnant les pays qu'ils traversaient, et se mettaient au service de quiconque leur offrait une paye suffisante.

Le nombre de ces milices indisciplinées s'accrut promptement; des Italiens avides de pillage s'enrôlèrent dans leurs rangs, et ces aventuriers, qui ne reconnaissaient d'autre autorité que celle de leurs capitaines, ne tardèrent pas à former à peu près seuls les armées d'Italie. Sous le nom de condottières (*condottieri*), ils firent la loi à tous les princes et exercèrent dans la péninsule entière une influence tyrannique : « O douleur! s'écriait à la fin du quatorzième siècle un auteur italien, ma mauvaise étoile m'a fait naître dans un temps où l'Italie est inondée de barbares de toute espèce ! Anglais rusés, hardis Bretons, Allemands furieux, Hongrois sauvages, tous accourent pour ruiner notre pays par la violence, l'astuce et la trahison, dévastant les provinces et saccageant les plus nobles cités. »

Ces bandes, recrutées sans cesse parmi les maraudeurs et les brigands, habituées à fouler aux pieds toutes les lois divines et humaines, faisaient la guerre pour leur compte contre le premier venu quand elles ne trouvaient pas à louer leurs services, et étaient toujours prêtes à quitter celui qui les avait prises à sa solde pour passer du côté de celui qui les payerait davantage. Les guerres faites par de tels misérables ne devinrent qu'une suite de perfidies, de trahisons, de piéges, où l'honneur et la bonne foi n'étaient comptés pour rien. Bientôt même, ces hommes, tantôt enrôlés ensemble, tantôt armés les uns contre les autres, s'accordèrent pour se faire le moins de mal possible, et cessèrent de se combattre sérieusement. Les batailles devinrent des espèces de parades, où l'on ne cherchait qu'à enlever du butin ou à faire des prisonniers pour en tirer une grosse rançon. On cite plusieurs combats où, après une longue mêlée, il ne périt d'autres hommes que ceux qui étant tombés au milieu des rangs, furent étouffés sous le poids de leurs armures.

Quelques chefs de condottières ayant acquis de l'ascendant sur leurs compagnons par leur habileté et par leur audace, parvinrent à se former des armées nombreuses, et à acquérir la puissance de véritables souverains. — Au commencement du quinzième siècle, le capitaine *Carmagnole*, entré au service du duc de Milan, *Philippe-Marie Visconti*, se fit donner le titre de comte avec un revenu de quarante mille florins; puis, jaloux d'un autre condottière qui partageait la faveur du duc, il se mit à la solde de Florence, et bientôt après de la république de Venise (n° 471). Il vainquit tous les plus habiles généraux de l'Italie, et entra triomphant dans Venise avec la pompe d'un monarque. Mais le conseil des Dix, inquiet de la grandeur et de l'ambition toujours croissante de Carmagnole, le fit saisir à l'improviste, le lendemain même de son triomphe, et l'envoya à l'échafaud.

Vers le même temps, un autre chef de partisans, *Jacques Attendolo*, eut une fortune plus haute encore que celle de Carmagnole et il la conserva à force de talent et d'énergie. — Quelques aventuriers occupés à chercher des recrues, ayant rencontré dans la campagne le jeune Attendolo qui bêchait la terre, lui proposèrent de s'enrôler avec eux. Le paysan ne sachant quel parti prendre, jeta sa bêche au milieu des branches d'un arbre, disant qu'il ne quitterait pas le village si elle retombait à terre. La bêche resta suspendue dans les branches, et Attendolo suivit aussitôt les condottières, parmi lesquels il se distingua par sa hardiesse et sa vigueur. Il reçut de ses camarades le nom de *Sforza* (force, violence), et s'éleva bientôt de grade en grade jusqu'au rang de capitaine.

Sa vie dès lors est une série d'aventures étranges et de succès brillants. Il se met au service du roi de Naples, *Ladislas*, qui le nomme connétable et lui donne sept châteaux. A la mort de ce

s.

prince, il est jeté dans un cachot; puis rendu à la liberté, il est nommé par le pape gonfalonier de l'Église. La reine de Naples, *Jeanne II*, l'appelle à son service en lui offrant le titre de maréchal, et quand il s'agit de savoir en quels termes il prêtera serment à sa nouvelle souveraine, Jeanne s'écrie : *Demandez-le à lui-même; il a déjà prêté tant de serments à mes amis et à mes ennemis, qu'il doit bien savoir comment on se dégage.*

178. LE CONDOTTIÈRE FRANÇOIS SFORZA DEVIENT DUC DE MILAN. — TRAITÉ DE LODI. — Peu de temps après, le célèbre aventurier se noya en traversant une rivière. Ses soldats consternés étaient prêts à se débander; mais *François*, fils de Jacques Sforza, quoique tout jeune encore, parla à ces hommes indisciplinés avec tant de chaleur et d'adresse, qu'il les maintint sous ses ordres, et se rendit bientôt plus puissant encore et plus redouté que son père. Sa renommée devint si grande dans l'Italie entière, que le duc de Milan, pour obtenir ses secours, ne craignit pas de lui offrir la main de sa fille. Toutefois, croyant n'avoir plus besoin de l'appui du condottière, il refusa de tenir sa promesse. François Sforza jura de punir le duc de sa mauvaise foi, et il se mit au service des Vénitiens et des Florentins, en guerre alors avec les Milanais, tandis que Visconti confiait sa défense à un autre chef de partisans. Après une guerre où les deux armées cherchérent bien moins à se faire détruire qu'à piller et saccager les villes et les campagnes, le duc de Milan, voyant toute l'Italie du nord à feu et à sang, se décida enfin, pour mettre un terme à tant de maux, à accepter pour gendre l'heureux aventurier.

Visconti étant mort sans héritier (1447), le capitaine des condottières, bravant les prétentions du duc d'Orléans, de l'empereur d'Allemagne, du roi de Naples, parvint à se faire proclamer duc de Milan, et se fit pardonner sa basse origine à force de talents et de victoires. Il termina la longue querelle de Milan et de Venise par le *traité de Lodi*, qui assurait à la république lombarde l'ancien district de Crémone et la Ghiarra d'Adda (1454). Tous les États du nord de l'Italie, le pape et Florence, effrayés des progrès des Turcs, adhérèrent à ce traité, qui momentanément au moins pacifia l'Italie. Enfin Sforza vit son alliance successivement recherchée par Alphonse, roi de Naples, à qui il donna sa fille, et par Louis XI, qu'il secourut de ses hommes d'armes pendant la guerre du *Bien public*, et qui lui céda la ville de Gênes (1464).

179. LUDOVIC LE MORE. — *Galéas Sforza*, fils de François (1466), épousa la belle-sœur du roi de France; mais il régna despotiquement, et fut tué par des mécontents dans la cathédrale de Milan. Après l'assassinat de Galéas (1476), la domination des Sforza fut fortement ébranlée pendant la minorité de *Jean Galéas*. Gênes recouvra sa liberté, et les ministres du jeune duc furent le jouet des factieux. Enfin, *Ludovic le More*, oncle de Jean Galéas, fit déclarer son neveu majeur, quoiqu'il ne fût âgé que de huit ans, et s'empara du pouvoir en éloignant la mère du jeune prince, qui avait été déclarée régente (1480). Ludovic fit rentrer Gênes sous la domination de Milan; mais une partie de la noblesse avait offert la seigneurie au roi de France; craignant d'armer contre lui un trop puissant rival, Ludovic demanda à recevoir Gênes comme fief de la France (1490). Il avait besoin d'ailleurs de la protection étrangère pour réaliser ses projets. Il avait résolu la perte de son neveu Jean Galéas, dont l'existence gênait son usurpation. Déjà la captivité du prince soulevait de violents murmures. Effrayé de ces symptômes menaçants, irrité d'ailleurs contre Pierre II (n° 183) de Médicis par une insulte personnelle, Ludovic ne crut pouvoir assouvir ses désirs de domination et de vengeance qu'au milieu d'un bouleversement universel; il appela les Français en Italie (n° 192).

§ IV. FLORENCE SOUS LES MÉDICIS.

180. ORIGINE DE LA PUISSANCE DES MÉDICIS. — CÔME Ier. — Florence n'avait pas ressenti comme Venise le contre-coup de la chute de Constantinople; cette période fut la plus brillante de son histoire. Seule dans toute l'Italie, elle était riche, brillante et tranquille sous le gouvernement des Médicis. Cette famille à jamais célèbre par les grandes et nobles qualités de plusieurs de ses membres, eut la gloire de donner son nom à son époque, désignée dans l'histoire sous le titre de *Siècle de Médicis*. — Une lettre, un commerçant qui s'était acquis une grande influence par ses richesses et par ses talents, *Sylvestre de Médicis*, mérita d'être nommé gonfalonier, ou chef de la république. Un de ses descendants, *Jean de Médicis*, augmenta par ses vertus, plus encore que par son opulence, l'éclat que Sylvestre avait jeté sur sa famille. Il reçut des Florentins reconnaissants le beau surnom de *Père des pauvres*, et il mourut, selon l'historien Machiavel, plus riche en amour public qu'en fonds de terre ou en argent (1429). *Mes enfants*, disait-il à ses fils rassemblés autour de son lit de mort, *ne cherchez rien de plus en grandeur et en dignités, que ce que les lois et la libre volonté de vos concitoyens pourront vous donner;*

ainsi vous éviterez l'envie et tous les maux qui en sont la suite. Cette sage leçon devait être mise à profit par l'aîné des fils de Jean, *Côme de Médicis*, qui fut placé comme son père à la tête du gouvernement, et qui, sans avoir le titre de prince, exerça une autorité presque absolue.

Les immenses richesses que Côme avait acquises par le commerce furent employées à élever des églises et des palais magnifiques, à encourager tous les talents, à accorder aux savants et aux artistes une hospitalité généreuse. Il fit construire de ses deniers, à Jérusalem, un vaste hospice pour recevoir les pauvres pèlerins, et, après plus de trente années d'une glorieuse administration, il reçut le nom de *Père de la patrie*. Aussi modeste qu'il était généreux et habile, il se montrait accessible à tous, recevait les moindres artisans avec autant d'affabilité que les seigneurs, et il disait humblement, quand on lui parlait des grandes choses qu'il avait accomplies : *J'ai relu mes livres de compte, j'ai vu que je n'avais pas dépensé en l'honneur de Dieu toutes les sommes dont je me suis trouvé débiteur envers lui.*

130. PIERRE ET LAURENT DE MÉDICIS. — CONJURATION DES PAZZI. — Côme laissa le pouvoir à son fils *Pierre* (1468), qui n'hérita pas de ses grandes qualités. Les factions qui avaient déchiré si longtemps la république de Florence recommencèrent à s'agiter : une famille puissante, celle des *Pazzi*, se mit à la tête de tous les citoyens jaloux de la grandeur des Médicis. Les mécontentements augmentèrent à la mort de Pierre (1469), dont les fils *Laurent* et *Julien*, jeunes gens hautains et violents, signalèrent les premières années de leur gouvernement par des mesures tyranniques et de folles prodigalités. Le chef des Pazzi, nommé *François*, insulté par les Médicis, résolut de venger d'une manière sanglante l'affront qu'il avait reçu.

Ce seigneur forma contre la vie des deux frères un vaste complot dans lequel entrèrent la plupart des membres de sa famille et un grand nombre de nobles florentins. Julien et Laurent, inquiets des menées de leurs ennemis, crurent éviter tout danger en ne sortant plus qu'entourés de gardes et en cessant de visiter, à l'exemple de leurs ancêtres, les citoyens de Florence. Les conjurés formèrent alors le projet de frapper les chefs de la république quand ils se rendraient à l'église pour assister au service divin. A quelques jours de là, Julien et Laurent se trouvant ensemble dans l'église de Santa Reparata, à une messe solennelle, les conjurés, armés de poignards, se mêlèrent à la foule qui se pressait dans le temple. Au moment où la cloche donnait le signal de l'élévation, et tandis que tous les fidèles prosternés adoraient l'hostie sainte, les meurtriers se jetèrent sur les deux frères. Julien, percé de coups, tombe mort sur la place; Laurent, légèrement blessé, parvint à se dégager, l'épée à la main, et à gagner la sacristie dont les portes de bronze furent fermées aussitôt sur lui, et le mirent à l'abri des attaques des conjurés. Le bruit de cet attentat sacrilége se répandit aussitôt dans toute la ville. Le peuple, indigné, se souleva de tous côtés, se précipita sur les meurtriers, et mit en pièces tous ceux qu'il put atteindre. François Pazzi, grièvement blessé dans cette mêlée, s'était réfugié dans son palais. Les Florentins, furieux, forcèrent les portes, arrachèrent le malheureux de son lit, le traînèrent tout sanglant à travers la ville, et le pendirent à l'une des fenêtres du palais des Médicis (1478).

182. LAURENT LE MAGNIFIQUE, PROTECTEUR DES ARTS. — Laurent, échappé comme par miracle à un si terrible danger, et reconnaissant la protection visible du ciel, renonça à toutes les folies de sa jeunesse, et se montra dès lors uniquement occupé du bien et de la grandeur de sa patrie. Il devint le plus illustre des membres de sa famille, et porta au plus haut degré la gloire de la république florentine. Il assura la paix au dehors par des traités honorables, et devint le conseil et l'arbitre de tous les princes d'Italie.

Au dedans, il rétablit la tranquillité et la concorde, rassembla près de lui les savants, les artistes les plus renommés, enrichit des meilleurs ouvrages une bibliothèque précieuse fondée par son aïeul, et créa dans son propre palais, sous le nom d'Académie, une école de peinture où brillèrent les plus beaux talents. Pendant vingt-quatre ans, Florence fut heureuse et florissante sous l'administration de Laurent, qui a mérité par toutes ses qualités éminentes d'être désigné dans l'histoire sous le nom de Magnifique (1).

183. PIERRE II. — SAVONAROLE. — Cette période de gloire et de bonheur finit malheureusement avec lui. Les désordres se renouvelèrent sous le fils de Laurent, Pierre II, et les Florentins mécontents se lassèrent promptement de la domination d'un chef à la fois faible, orgueilleux et violent. Ils commencèrent à désirer, comme les autres peuples de l'Italie, le dangereux appui des étrangers, malgré les aver-

---

(1) L'épithète de Magnifique était un titre donné aux seigneurs de Florence ; mais les historiens admirateurs des grandes qualités de Laurent, ont changé ce nom insignifiant en un glorieux surnom.

tissements prophétiques de l'éloquent dominicain *Savonarole*. Dans l'exaltation de son patriotisme, Savonarole avait refusé l'absolution à Laurent de Médicis mourant (1492 , parce qu'il ne voulait pas s'engager à rendre la liberté à Florence. Prévoyant tous les désastres de la guerre prochaine, l'ardent orateur s'écria : *Malheur à toi, mère des arts, belle Italie! Les Barbares vont venir, affamés comme des lions... Ils porteront partout le ravage, et la mortalité sera si grande que les fossoyeurs iront par les rues criant : Qui a des morts? et alors l'un apportera son père et l'autre son fils!* Ces sinistres prédictions allaient bientôt se réaliser; Charles VIII (n° 192) se préparait à passer les Alpes.

§ V. LA PAPAUTÉ.

184. EFFORTS DES PAPES POUR RÉTABLIR L'UNITÉ EN ITALIE. — Lorsque les papes furent revenus à Rome, tandis que Venise, condamnée à l'impuissance, ne tentait même plus d'assujettir à son influence les Etats de la péninsule, tandis que Florence jouissait de l'éclat de ses richesses et de sa civilisation, les pontifes eux seuls semblèrent avoir compris quelle devait être la vraie politique de l'Italie : lutter au dehors contre les fatales conséquences de l'invasion musulmane, et avant tout, rétablir l'unité à l'intérieur, pour préparer la résistance contre les attaques de l'étranger. Plusieurs pontifes profitèrent noblement de leur ascendant suprême pour atteindre ce but. *Nicolas V* (1447-1455) invita les peuples à la croisade et recueillit les savants chassés de Constantinople; *Calixte III* (1455-1458) envoya ses galères contre les rivages des Ottomans; son successeur *Pie II* (Eneas Sylvius Piccolomini, 1458-1464) parvint à rassembler au congrès de Mantoue les représentants de tous les Etats d'Italie : « Je ne leur dirai plus : *Allez*, s'écriait-il, je leur dirai : *Venez*; et quand les rois verront leur père, le pontife romain, le vicaire de Jésus-Christ, vieux et malade, partant pour la guerre sacrée, ils rougiront de rester chez eux, ils prendront les armes. » En même temps, persuadé que la prépondérance des étrangers porterait tôt ou tard un coup mortel à l'existence politique de l'Italie, il s'efforçait d'affermir le royaume de Naples contre les entreprises de la maison d'Anjou. Malgré la stérilité des efforts de Pie II, *Paul II* (1464-1471) s'attacha non moins sérieusement à l'idée de réunir toutes les Puissances italiennes pour la défense commune. Déjà, son énergie avait réprimé les excès des seigneurs qui tyrannisaient les populations de l'Italie centrale, ses secours

soutenaient Scanderbeg ; ses négociations suscitaient des ennemis aux Musulmans jusque dans la Tartarie : la mort détruisit
tous ses plans. Son successeur, *Sixte IV* (1471-1484), s'occupa
plus des intérêts de sa famille que de ceux de l'Italie et de la
chrétienté. Ses neveux, élevés à toutes les dignités, investis de
riches domaines, opprimèrent les Etats de l'Eglise, prirent
part aux intrigues qui divisaient les petites cours d'Italie, et
soutinrent à Florence la conjuration des Pazzi contre les Médicis. La faiblesse d'*Innocent VIII* (1484-1492), livré à des
favoris dépravés et ambitieux, achevait d'enlever au souverain
pontificat sa mission glorieuse de réorganisation en Italie, quand
Dieu permit qu'on vît un *Alexandre VI* (Borgia, 1492-1503)
souiller la chaire de saint Pierre de ses crimes et de ses débauches, et, ranimant les discordes civiles, s'alliant aux étrangers, négociant même avec les infidèles, anéantir tous les fruits
de l'œuvre si chrétienne et si politique à la fois de ses prédécesseurs.

**185. ETAT ET CONSTITUTION ANARCHIQUE DE L'ITA-
LIE A LA FIN DU QUINZIÈME SIÈCLE. —** Aussi quel triste
spectacle présente au quinzième siècle l'Italie, autrefois la domi-
natrice du monde, déchue depuis bien longtemps de toute sa
grandeur. Si, fière d'une gloire nouvelle, elle brillait au milieu
des nations de l'Europe par l'éclat de la civilisation et des beaux-
arts, car il est dans sa destinée de tenir toujours par quelque
endroit le sceptre du monde, elle offrait cependant l'affligeant
spectacle d'un pays en proie à mille rivalités intérieures, usant ses
forces dans des luttes stériles, lorsque de redoutables voisins la
menaçaient encore et allaient en faire de nouveau leur champ de
bataille. La prospérité précaire de quelques-unes de ses cités ne
pouvait y constituer une puissance capable de rallier à elle toutes
les autres, de fondre tous les intérêts. Gênes était tombée de son
rang ; Venise voyait de jour en jour dépérir son commerce et
décroître ses possessions ; le Piémont s'attachait à une politique
étrangère ; le Milanais ne se soumettait qu'avec inquiétude à la
race usurpatrice des Sforza. L'Etat romain était le théâtre des querelles sanglantes que se livraient les vassaux insubordonnés du
pape ; Naples était déchirée par les prétentions rivales des maisons
d'Anjou et d'Aragon. La seule Toscane était riche, brillante et
tranquille sous la conduite des Médicis.

186. PRÉTENTIONS DES ÉTRANGERS. — Parmi ces Etats
divers, l'unité était irrévocablement détruite, et les souverains étrangers tournaient vers eux leurs regards avides, comme vers un riche
et facile butin. La maison d'Anjou avait transmis à la couronne de
France ses droits sur le royaume de Naples, que l'Aragon, de son
côté, s'efforçait de tenir assujetti ; les prétentions de la famille
d'Orléans, alliée aux Visconti, menaçaient sourdement l'usurpa-
teur du Milanais ; les ennemis communs de la chrétienté, les

Ottomans, s'avançaient par l'Illyrie vers les Alpes, et l'on vit leurs cavaliers sur les bords de la Piave, tandis que leurs flottes inquiétaient les rivages méridionaux. L'invasion du pays par Charles VIII allait trancher le nœud de ces complications inextricables.

OUVRAGES A CONSULTER. — Daru, *Histoire de la république de Venise*; Machiavel, *Histoire de Florence*; Botta, *Histoire des peuples d'Italie*; *Italie, par Artaud* (dans l'*Univers pittoresque*); *Histoire d'Italie*, par Léo; Sismondi, *Histoire des républiques italiennes*; Gaillardin; Petit-Baroncourt; Fiton, *Histoire de l'Europe au seizième siècle*; *Cours d'histoire* de M. Mené; Michelet, *Précis*.

QUESTIONNAIRE. — § Ier. 167. Quel était l'état de l'Italie après la querelle des investitures? — 168. Racontez la lutte de Pise et de Florence. — Que se passa-t-il dans cette dernière ville? — 169. Parlez des nouveaux démêlés de Gênes et de Venise. — Dites quelques mots de la conjuration de Marino Faliero. — 170. Continuez l'histoire de la rivalité de Venise et de Gênes. — Comment Gênes tomba-t-elle dans l'anarchie et sous la dépendance de l'étranger? — 171. Racontez les progrès de Venise sur terre. — Quel général arrêta ses succès? — 172. Que devint la république de Gênes? — Quels efforts fit Venise pour maintenir sa puissance? — Quelles furent les causes de son affaiblissement? — § II. 173. Faites connaître les phases principales de la rivalité de la maison d'Anjou et de celle d'Aragon à Naples. — Comment Jeanne Ire est-elle célèbre? — 174. Comment se conduisit Jeanne II? — Quel prince réconstitua l'unité du royaume des Deux-Siciles? — 175. Comment Naples se sépara-t-elle de l'Aragon? — Comment régna Ferdinand? — § III. 176. Comment les républiques d'Italie furent-elles changées en principautés? — Quels furent les souverains de Vérone, de Modène, de Mantoue et de Milan? — Que savez-vous de la maison de Savoie? — 177. Faites connaître les condottières et leurs chefs les plus célèbres. — 178. Quelle fut la destinée de François Sforza? — 179. Racontez l'histoire des Sforza après François. — Qu'avez-vous à dire de Ludovic le More? — § IV. 180. Quelle était la situation de Florence? — Faites connaître l'origine de la grandeur politique des Médicis. — A quel titre et comment gouverna Côme? — 181. Qu'arriva-t-il après la mort de Côme? — Racontez la conjuration des Pazzi. — 182. Comment Laurent s'est-il illustré? — Quel surnom lui est resté? — 183. Que savez-vous de Savonarole? — § V. 184. Comment les papes comprirent-ils la politique italienne à cette époque? — Faites connaître leurs efforts patriotiques — Quand le saint-siége abandonna-t-il ce grand rôle politique? — 185. Résumez l'état de l'Italie à la fin du quinzième siècle. — 186. Quelles étaient les prétentions des princes étrangers?

DEUXIÈME PARTIE.

FRANCE.

Charles VIII et Anne de Beaujeu.

(1483-1498.)

—

SOMMAIRE.

187. A l'avénement de Charles VIII, âgé de treize ans (1483), Anne de Beaujeu, chargée par son père du gouvernement en qualité de régente, fait inutilement des concessions pour apaiser les mécontents.

188. Les États généraux, convoqués à Tours (15 janvier 1484), se composent de députés du clergé, de la noblesse, du tiers état; ils se partagent en six nations pour délibérer, et la question de gouvernement est immédiatement décidée. Le principe de la souveraineté du peuple ayant été posé, un don fut voté, mais pour deux années seulement. La discorde s'étant mise dans l'assemblée, elle fut dissoute, après avoir obtenu seulement quelques réformes.

189. Le duc d'Orléans et les princes mécontents se soulèvent avec l'appui de l'empereur et du roi d'Angleterre, mais la mort de celui-ci, le traité de Bourges avec le duc de Bretagne, la captivité du duc d'Orléans, pris dans Beaugency, et la retraite de l'empereur terminent la *guerre folle* (1486). Un second soulèvement est combattu par Anne de Beaujeu avec une grande énergie; le duc de Bretagne est obligé de se soumettre après la bataille de Saint-Aubin du Cormier (1488), où le duc d'Orléans avait été fait de nouveau prisonnier.

190. Jeanne de Bretagne, recherchée par de nombreux prétendants, était fiancée à Maximilien d'Autriche (1490); mais la princesse, assiégée dans Rennes, consentit à épouser Charles VIII, et la Bretagne fut réunie à la France (1491).

191. Une nouvelle mais impuissante ligue se forme entre Maximilien, Henri VII et Ferdinand Ier. Charles VIII conçoit des projets aventureux; et, pour les réaliser, il signe les traités d'Étaples avec le roi d'Angleterre (1492), de Narbonne avec celui d'Espagne et de Senlis avec le roi des Romains (1493), qui enlèvent à la France une partie des acquisitions faites par Louis XI.

192. Charles part pour l'Italie, laissant le gouvernement à sa sœur. Les débuts de l'expédition sont brillants; il entre en triomphe à Turin, à Florence, à Rome et à Naples, mais ses fautes politiques font naître une ligue qui tente de lui intercepter le retour en France, qu'il s'ouvre par la victoire de Fornoue (1195). Toutes les conquêtes furent perdues.

193. La pénurie du trésor empêche Charles VIII de retourner en Italie. Sa mort inspire de vifs regrets (1498). Charles VIII réduisit les impôts, grâce à la richesse du domaine; il aimait la justice et organisa le Grand Conseil (1497); il fit commencer la rédaction et la publication des coutumes (1488).

187. Charles VIII. — Gouvernement d'Anne de Beaujeu. — Charles VIII, prince d'une complexion faible et délicate, était âgé de treize ans à peine lorsqu'il se vit appelé au trône (1483). Louis XI, qui n'avait pas oublié sa propre conduite à l'égard de son père, et qui voulait se prémunir contre de pareils dangers, avait tenu son fils enfermé au château d'*Amboise*, et dans une complète ignorance de tout ce qui avait rapport au gouvernement. Une régence était donc indispensable, et Louis XI y avait pourvu. Sa fille, *Anne* de France, âgée de vingt-trois ans et mariée depuis neuf ans à *Pierre de Bourbon*, sire de *Beaujeu*, avait été chargée par son père, conjointement avec son époux, du gouvernement de l'État pendant la jeunesse de Charles VIII. Mais à peine Louis XI eut il fermé les yeux, que les résistances et les mécontentements, comprimés par sa main de fer, éclatèrent de toutes parts. A la tête des mécontents se trouvait le *duc d'Orléans*, qui régna depuis sous le nom de Louis XII, et qui prétendait alors à la régence en qualité de premier prince du sang, et le duc de Bourbon, frère aîné du sire de Beaujeu. Pour les apaiser, Anne, qui avait laissé se réunir autour d'elle une sorte de conseil composé des princes du sang et des seigneurs les plus considérables, souffrit encore que ce conseil nommât le duc d'Orléans gouverneur et lieutenant général de Paris, de l'Ile de France, de la Champagne, etc., et donnât à Bourbon l'épée de connétable. Puis, afin de se concilier le peuple, elle fit pendre le barbier Olivier le Daim et punir plusieurs autres des favoris de Louis XI, justement accusés par la voix publique d'avoir cruellement abusé de leur crédit ; elle fit ouvrir les prisons, licencia six mille Suisses pris par Louis XI à la solde de l'État, remit le quart des impôts de l'année courante, et fit des promesses plus séduisantes encore. Mais les mécontents, croyant voir dans ces concessions une preuve de faiblesse, élevèrent de plus en plus leurs prétentions; d'ailleurs, la question de la régence était restée indécise. Anne avait promis de la faire décider par les états généraux : elle les convoqua pour le commencement de l'année 1484.

188 Etats généraux de 1484. — Cette convocation des états généraux, qui semblait appeler ainsi la nation à régler elle-même ses intérêts les plus importants, paraît un démenti donné à l'opinion qui fait dater du règne de Louis XI l'établissement de la monarchie absolue : on va voir toutefois que ce démenti n'est qu'apparent. La nation elle-même était si bien convaincue d'avance de l'inefficacité de cette intervention, qu'un cinquième au moins des provinces négligèrent de

se faire représenter dans cette assemblée. Rien d'ailleurs de
fixe ni de régulier dans les élections, pour lesquelles on ne con-
sultait ni l'importance ni la population des provinces, mais des
usages locaux, en vertu desquels vingt-six bailliages du nord
de la France, dix-huit sénéchaussées du midi et seize comtés
envoyèrent aux états deux cent quarante-six députés, tant
du clergé que de la noblesse et du tiers état. Ces états généraux, qui s'ouvrirent à Tours le 15 janvier 1484, étaient les
plus nombreux qui eussent jamais été réunis. Les lumières
qu'ils renfermaient auraient pu inaugurer une ère nouvelle,
si l'inexpérience n'eût entraîné l'assemblée dans des fautes
qui rendirent inutiles les bonnes intentions de ceux qui la
composaient.

La première de ces fautes fut la résolution qu'adoptèrent
les états de se partager en *six nations* ou bureaux, dans lesquels les trois ordres restèrent confondus; elle eut pour résultat de faire prédominer, sur les intérêts généraux, les intérêts
locaux de l'*Ile-de-France*, de la *Bourgogne*, de la *Normandie*, de l'*Aquitaine*, de la *Langue d'oc* et de la *Langue d'oil*.
Tels étaient, en effet, les noms des *six nations*, qui comprenaient, outre les provinces dont elles portaient le nom, celles
qui en étaient les plus voisines. Sous le nom de Langue d'oil
étaient comprises toutes les provinces du centre, depuis l'Anjou, le Poitou et la Saintonge jusqu'au Bourbonnais, au Forez
et à l'Auvergne. — Une seule question, celle de la régence,
reçut une prompte solution par l'habileté de la dame de Beaujeu, femme *fine et déliée s'il en fut onque et vraie image en
tout de son père* (BRANTÔME). Afin de déjouer les projets de ses
ennemis, elle parut s'effacer complétement, et fit décider que
le roi gouvernerait avec l'assistance d'un conseil, dans lequel
les princes auraient voix délibérative et auquel seraient adjoints
douze membres des états choisis par le roi. Ce conseil devait
être présidé par le roi, et après lui par le duc d'Orléans, puis
par le duc de Bourbon et par le sire de Beaujeu. Au roi seul
appartenait le droit de rendre des ordonnances. Anne, qui ne
s'était réservé que la garde et l'éducation du roi, sur lequel
elle exerçait une complète influence, lui fit toujours présider
le conseil, et resta ainsi en possession réelle de toute l'autorité.

Mais déjà une foule de réclamations étaient arrivées de toutes
parts aux états contre les actes tyranniques et les spoliations du
règne de Louis XI. De plus, les *cahiers* rédigés par chacun des
trois ordres sollicitaient une foule de réformes: — *le clergé* voulait le rétablissement de la Pragmatique sanction et de ses im-

munités et priviléges ; — *la noblesse*, celui des juridictions et droits privilégiés, l'abolition des levées d'hommes faites parmi ses vassaux, qui ne devaient plus servir que sous la bannière de leur seigneur, et le renvoi des étrangers de toutes les charges civiles et militaires ; — *le tiers état* demandait la répression des exactions du fisc et des pillages exercés par les gens de guerre, la réduction de l'armée, l'entière abolition des tailles. Les cahiers des trois ordres réclamaient la réforme de l'ordre judiciaire, l'inamovibilité des juges, la suppression des juridictions prévôtales et des jugements par commissaires, la rédaction promise depuis longtemps déjà de toutes les *coutumes*, la diminution des droits de douanes, la répression de la contrebande, la prohibition des draps et soieries fabriqués à l'étranger, l'interdiction du commerce aux officiers publics, qui abusaient de leur autorité pour créer des monopoles, la libre circulation des marchandises à l'intérieur, et la suppression des barrières qui l'entravaient, l'emploi du produit des péages à l'entretien et à la construction des routes et des ponts ; enfin, la convocation des états généraux tous les deux ans. — Ces vœux, exprimés au nom du *peuple jadis nommé franc et ores de pire condition que le serf*, plus de trois siècles avant qu'il en obtînt la réalisation, pourraient nous surprendre, si nous ne lisions en même temps, dans l'historien des états généraux de 1484, le discours par lequel un député de la noblesse de Bourgogne, *Philippe Pot*, seigneur de la Roche, repoussa les prétentions élevées par les princes dans les discussions relatives à la régence, sur laquelle ils soutenaient avoir des droits exclusifs. « Dans l'origine, dit l'orateur, le peuple souverain créa les rois par son suffrage... Il n'y a que les flatteurs qui attribuent aux princes la souveraineté, laquelle n'existe que par le peuple. Il est évident que notre roi ne peut gouverner la chose publique par lui-même ; mais la chose du peuple, dans un tel cas, ne doit point revenir aux princes : elle appartient à tous. C'est au peuple qui l'a donnée que la chose du peuple doit revenir pour qu'il la reprenne comme étant sienne... Or, j'appelle peuple, non point la populace ou seulement les sujets du royaume, mais les hommes de tous les états... » A l'appui de ces théories, qui ne sont pas, comme on le voit, d'origine aussi moderne qu'on l'a quelquefois supposé, l'orateur cite les décisions par lesquelles les états généraux ont plus d'une fois réglé le droit de succession au trône et déféré la régence.

L'assemblée ne s'arrêta pas là. En accordant, pour les deux années qui devaient s'écouler jusqu'à la prochaine réunion des états, un don annuel de 1,200,000 livres (équivalant à environ 50 millions d'aujourd'hui), l'assemblée déclara le *vote de l'impôt un droit national;* mais quand il s'agit d'établir la répartition de l'imposition qui venait d'être votée entre les diverses provinces, chaque député ne songeant plus qu'à défendre les intérêts de la sienne, les rivalités provinciales éclatèrent avec une violence qui paralysa bientôt toute l'influence des états. La confusion ne tarda pas à y devenir telle, qu'elle avait commencé en réalité à dissoudre l'assemblée avant même que les princes, effrayés de ses tendances démocratiques, et la princesse Anne, satisfaite des deux importantes décisions qu'elle en avait obtenues, se décidassent à congédier les députés après avoir répondu à leurs demandes par des promesses qui restèrent, pour la plupart, sans exécution (14 mars 1484). Cependant quelques réformes furent opérées dans l'administration de la justice; la pragmatique, qui n'avait jamais été annulée de fait, continua d'être exécutée sans être formellement rétablie; la noblesse recouvra quelques priviléges, le duc de Lorraine le Barrois, celui d'Alençon la propriété de ses domaines, et le comte d'Armagnac l'usufruit des siens; mais les vœux des états pour la convocation bisannuelle, pour l'abolition de la taille, restèrent dans l'oubli, et la dame de Beaujeu continua à lever les impôts sans nouveau vote, sans même s'astreindre à ne pas dépasser les sommes votées, et sans autre formalité qu'un simple enregistrement du parlement. Ce dernier corps, n'ayant ni le droit ni le pouvoir de refuser l'enregistrement, ne servait en quelque sorte qu'à donner aux actes du gouvernement la sanction de la légalité. Ainsi ces états généraux, devant lesquels semblait devoir tomber l'absolutisme, ne firent que montrer leur impuissance non-seulement à réaliser les théories hardies qui avaient été émises dans leur sein, mais à résoudre les difficultés qui avaient motivé leur convocation, et qui reparurent plus menaçantes après leur dissolution.

189. RÉVOLTE DU DUC D'ORLÉANS. — GUERRE FOLLE. — Les princes ne tardèrent pas, en effet, à s'apercevoir qu'ils avaient été joués par la dame de Beaujeu, qui, maîtresse absolue de l'esprit du roi, gouvernait avec autant d'autorité qu'en avait jamais possédé son père, dont elle continuait le règne, quoique avec des formes plus douces et plus légales. Le duc d'Orléans fut le premier à s'indigner de la nullité à laquelle il se trouvait réduit, et ses protestations, adressées aux parlements, à l'université et aux bonnes villes, n'ayant eu d'autre résultat que de lui faire ôter par la princesse Anne les gouvernements qui lui avaient été accordés, il prit une première fois les armes (1485), entraînant dans sa révolte le duc de Breta-

gne, dernier soutien de la féodalité, le duc de Bourbon, le comte d'Angoulême et Dunois, ainsi que plusieurs des principaux seigneurs. Ces princes comptaient d'ailleurs avoir pour appui le roi d'Angleterre, Richard III, et Maximilien d'Autriche, fauteur constant et intéressé de toutes ces ligues antinationales. Mais déjà Anne s'était assuré d'utiles alliances par des traités conclus avec le duc de Lorraine, avec les nobles bretons soulevés contre Landais, favori de leur duc, et avec les états de Flandre, qui se défiaient de Maximilien, contre lequel elle suscita encore *Guillaume de la Marck*, si justement surnommé le *sanglier des Ardennes*, qu'elle appuya par un corps d'armée sous les ordres du maréchal d'*Esquerdes*. Bientôt le duc de Bretagne, assiégé dans Nantes par sa noblesse, fut contraint de livrer son favori, qui fut pendu, et il signa à *Bourges*, quelques jours plus tard (juillet 1485), un traité par lequel il renonçait à toute alliance préjudiciable au service de Charles VIII. Peu de temps après (22 août), Richard III périt à la bataille de Bosworth (voir n° 129). Privé de ce double appui, et assiégé par Anne dans Beaugency, le duc d'Orléans fut réduit à faire sa soumission, et consentit à exiler son cousin Dunois, qui avait été l'âme de toutes ces intrigues. Le duc de Bourbon se retira dans ses terres, et Maximilien, après quelques succès en Artois, ayant licencié son armée, cette *guerre folle*, comme on la nomma, se trouva terminée (1486).

La ligue était dissoute, mais les ennemis d'Anne de Beaujeu ne se résignaient point à sa domination. L'ordonnance qu'elle fit rendre à Charles VIII (octobre 1486) pour déclarer la réunion définitive à la couronne de France des comtés de Provence et de Forcalquier, sur lesquels le duc René II de Lorraine avait des droits, mécontenta vivement ce prince : d'un autre côté, le duc de Bretagne, qui n'avait que deux filles pour héritières, n'apprit pas sans une irritation violente que madame de Beaujeu avait déterminé la branche de Penthièvre à céder au roi ses droits éventuels sur la Bretagne, et qu'une partie des seigneurs de ce pays, gagnés aussi par elle, étaient disposés à consentir à la réunion de la Bretagne à la France, en ne réservant qu'une dot à ses filles. Dunois, échappé à son exil, exploita habilement les mécontentements des deux ducs, et déployant les rares talents qu'il avait pour l'intrigue, il réussit à faire signer une nouvelle ligue, dans laquelle entrèrent l'empereur Maximilien, Madeleine de France, sœur de Louis XI, agissant au nom du roi et de la reine de Navarre, les ducs d'Orléans, de Bourbon, de Bretagne et de Lorraine, les comtes de Foix, d'Angoulême, de Nevers, de Dunois et de Comminges, le prince d'Orange, le sire d'Albret et une foule d'autres seigneurs.

Entourée d'ennemis, comme l'avait été son père, Anne montra la même énergie et la même activité que lui. Laissant de côté la Bretagne, où ses principaux ennemis s'étaient réunis, et chargeant d'____querdes d'arrêter au nord Maximilien, elle se met avec le roi à la tête d'une armée qui marche rapidement sur le midi. Les seigneurs de cette partie de la France, déconcertés par cette brusque attaque, n'osent faire aucune résistance. Anne reçoit leur soumission, entre avec Charles VIII à Bordeaux (mars 1487), et fait donner le gouvernement de la Guyenne à son mari, déjà pourvu de celui du Languedoc. Cependant les ducs de Lorraine et de Bourbon avaient déserté la ligue, et le duc d'___léans, avec Dunois et leurs adhérents, avaient cherché un refuge en Bretagne, où la guerre, vivement soutenue par toutes les forces des deux partis, se prolongea plus d'un an. Enfin la bataille de *Saint-Aubin du Cormier* (près de Rennes), où les princes furent entièrement défaits par *la Trémoïle* (28 juillet 1488), porta le coup mortel à la ligue. Le duc d'Orléans, fait prisonnier avec le prince d'Orange, fut enfermé dans la grosse tour de Bourges. Le duc de Bretagne, voyant toutes ses places tomber successivement au pouvoir du roi, demanda la paix et l'obtint; mais sa mort, survenue trois semaines après (septembre 1488), remit tout en question, et fit recommencer la guerre, qui semblait terminée.

§ 0. MARIAGE DE CHARLES VIII. — ACQUISITION DE LA BRETAGNE. — L'héritage de la Bretagne avait trop d'importance pour ne pas exciter l'ambition de tous les princes ennemis de la France : aussi la main de la duchesse *Anne*, héritière de ce duché, et parvenue alors à l'âge de treize ans, fut-elle vivement recherchée. Le roi d'Angleterre, Henri VII, oubliant que c'était aux secours de la France qu'il devait sa couronne, voulut faire épouser Anne au sire d'Albret, et envoya six mille hommes en Bretagne; le roi d'Espagne Ferdinand voulait la marier à Maximilien d'Autriche, récemment élu roi des Romains. L'éclat de la couronne impériale, dont ce prince devait bientôt hériter, séduisit la jeune duchesse Anne, qui, d'ailleurs, impatiente de se délivrer des obsessions dont elle était entourée, épousa par procureur le roi des Romains (1490), et signa avec lui et les rois d'Espagne et d'Angleterre un traité qui devait avoir pour résultat le démembrement de la France. Maximilien, en effet, devenant ainsi l'époux d'une seconde Marie de Bourgogne, devait joindre à la Bretagne les deux Bourgognes et l'Artois; Ferdinand, de son côté, prétendait recouvrer le Roussillon et la Cerdagne, et Henri VII comptait rentrer en possession de la Normandie et de la Guyenne.

Heureusement pour la France, Maximilien, arrêté par une guerre contre les Hongrois et par la révolte des Flamands excités et soutenus par madame de Beaujeu, ne put venir réaliser son mariage avec la duchesse Anne, qui fut vivement blessée de se voir ainsi négligée ; le roi d'Espagne, occupé alors à chasser les Maures de la Péninsule, ne put diriger contre la France aucune attaque sérieuse, et le roi d'Angleterre, ne voulant pas supporter à lui seul les frais de la guerre, ne la poussa qu'avec mollesse. Madame de Beaujeu en profita pour faire attaquer à la fois la Bretagne par trois armées, dont une vint assiéger dans Rennes la duchesse elle-même. Réduite alors à l'impossibilité d'exécuter le projet qu'elle avait formé de fuir en Angleterre, elle fut bientôt contrainte de signer le traité de *Rennes* (15 novembre 1491), qui remettait à l'arbitrage de douze commissaires la fixation définitive des droits du roi et de ceux de la duchesse sur la Bretagne. Ces droits ne devaient pas tarder à se confondre.

Charles VIII, qui commençait à gouverner par lui-même (il était dans sa vingt et unième année avait rendu la liberté au duc d'Orléans sans consulter sa sœur, qui consentit toutefois à se réconcilier avec ce prince, ainsi qu'avec Dunois et le prince d'Orange. Ceux-ci reconnurent les bienfaits du roi en négociant son mariage avec l'héritière de Bretagne, qui, sans tenir plus de compte de ses fiançailles avec Maximilien que Charles VIII n'en tenait lui-même des siennes avec la fille de ce prince, conclut secrètement à Rennes avec le roi une union qui fut quinze jours après (6 décembre 1491) célébrée publiquement au château de Langeais en Touraine. Ainsi se trouvait désormais assurée la réunion à la France de cette Bretagne, *dont les rois, ducs et princes ne reconnaissaient de toute antiquité pour créateur, instituteur, ni souverain, fors Dieu tout-puissant ;* ainsi se trouvait conjuré le dernier danger que Louis XI redoutait pour la France de la part de la féodalité. L'œuvre de ce prince était accomplie.

191. Imprudentes concessions de Charles VIII aux États voisins. — Le mariage d'Anne de Bretagne réveilla la haine de tous les ennemis de la France. Maximilien, irrité du double affront que lui faisait le roi en lui enlevant sa fiancée et en lui renvoyant sa fille Marguerite, qui était élevée en France en attendant le moment où, suivant les stipulations du traité d'Arras (n° 117), elle devait épouser le roi, resserre son alliance avec les rois d'Angleterre et d'Espagne. Cependant les mêmes difficultés qui avaient empêché ces princes de venir au secours de la Bretagne les arrêtaient toujours et rendaient la ligue peu redoutable. Malheureusement, de folles idées avaient germé dans la faible tête du jeune roi Charles VIII. L'esprit rempli des exploits de Charlemagne et des grands capitaines de l'antiquité, il brûlait du désir de se signaler à son tour par quelque glorieuse expédition. Les droits que la maison d'Anjou prétendait conserver depuis le règne du roi Charles, frère de saint Louis, sur le trône de Naples, que lui avait ravi le roi d'Aragon, avaient été transmis au roi de France par le dernier héritier de cette maison; mais c'était peu pour Charles VIII de songer à les faire valoir; il ne rêvait rien moins que l'expulsion des Turcs hors de l'Europe, la conquête de Constantinople et la couronne impériale de l'Orient. Dédaignant dès lors des luttes obscures, mais utiles, qui avaient rempli les premières années de son règne, sacrifiant même en grande partie les résultats avantageux, fruits de l'habile politique de son père et de sa sœur, et qu'il lui était si facile de compléter, il se hâta d'acheter la paix de ceux des ennemis qui lui restaient à combattre dans son royaume.

Le roi d'Angleterre, débarqué à Calais avec une forte armée, assiégeait Boulogne; Charles, au prix d'une somme de 745,000 écus d'or, payable en quinze ans, détermine ce prince avare, qui, dit un historien, *rendant la paix à ses ennemis et la guerre à ses sujets*, à retourner dans son île après avoir signé le traité d'*Étaples* (3 novembre 1492). — Ferdinand réclamait toujours le Roussillon et la Cerdagne: Charles, pour l'empêcher de s'opposer à ses projets sur le royaume de Naples, lui rend ces deux provinces par le traité de *Narbonne* (18 janvier 1493), sans exiger même le remboursement des sommes en nantissement desquelles Louis XI se les était fait donner. — Restait Maximilien, qui, après s'être emparé par trahison d'Arras et de Saint-Omer et avoir tenté de surprendre Amiens, que sauva l'éveil donné par une femme nommée *Catherine de Lice*, avait consenti à une trêve qui fut changée en un traité de paix conclu à *Senlis* (mai 1493). Par ce traité, Charles VIII s'engageait à renvoyer honorablement la princesse Marguerite à son père et à lui restituer les provinces qui avaient dû être sa dot, c'est-à-dire les vastes et riches comtés de Bourgogne, d'Artois et de Charolais.

Ainsi les projets aventureux de Charles VIII commencèrent par coûter à la France cinq provinces abandonnées en quatre mois; ils devaient lui coûter encore des flots de sang, qui arrosèrent, pendant plus de soixante années, toutes les parties de l'Italie.

192. EXPÉDITION D'ITALIE. — CONQUÊTE ET PERTE DU ROYAUME DE NAPLES. — VICTOIRE DE FORNOUE. — Charles VIII, débarrassé de tous ses ennemis au prix de tant de sacrifices, pouvait sans crainte quitter ses États. Il en laissait l'administration à sa sœur, dont l'habileté éprouvée et l'expérience consommée avaient reçu d'ailleurs un nouvel appui du changement arrivé dans la position de son mari, devenu, par la mort de son frère aîné (1488), duc de Bourbon et possesseur des immenses domaines de cette maison. La noblesse, entraînée à la suite du roi hors du royaume, que sa turbulence avait troublé si longtemps, ne songe déjà plus qu'à l'illustration et aux riches dépouilles qu'elle compte acquérir dans ces guerres qui vont, au contraire, épuiser son sang et ses trésors ; le peuple, oubliant les droits réclamés pour lui par les états généraux, qui n'ont su en définitive lui obtenir aucun soulagement à ses maux, se trouve heureux du repos qu'il a recouvré, et de quelques diminutions réalisées dans les impôts ; rien ne s'oppose donc plus à ce que Charles VIII mette à exécution ses projets sur l'Italie.

Ce pays, où s'était développé une civilisation brillante, descendue peu à peu jusqu'à une corruption profonde, était depuis longtemps la maison de banque et la grande manufacture de luxe de l'Europe, le sanctuaire des arts et de la liberté : liberté vaine et mensongère toutefois, dont l'existence ne se révélait, comme nous l'avons vu plus haut, que par une continuelle anarchie et par l'impunité des assassinats sans cesse renouvelés qui faisaient passer d'une famille à l'autre l'influence prépondérante dans chaque ville.

La résolution qu'avait prise Charles VIII de revendiquer par la force des armes les droits de la maison d'Anjou sur le royaume de Naples n'était pas du reste le seul motif qui le conduisait en Italie, il y était encore appelé par *Ludovic le More*, qui, ayant usurpé l'autorité souveraine à Milan (n° 179), avait vu se former contre lui une ligue redoutable. Charles franchit donc les Alpes au mont Genèvre (août 1494), à la tête d'une armée de trente mille soldats français et suisses, tandis que son artillerie et ses bagages descendaient le Rhône pour venir le rejoindre par mer. La France et l'Italie durent également maudire le jour où les bandes guerrières du Nord mirent le pied sur cette terre, qu'elles ravagèrent cruellement de l'une à l'autre extrémité, mais que tant de Français engraissèrent de leur sang. Cette première expédition s'annonça toutefois sous les plus brillants auspices. « De tous côtés, les peuples d'Italie commençoient à prendre cœur pour les Français, désirant nouvelletés, voulant voir choses qu'ils n'eussent vues de longtemps. » (Commynes.) Depuis quatre ans, le moine florentin *Savonarole*, devenu l'idole du peuple par ses prédications éloquentes contre les Médicis et contre les honteux désordres qui déshonoraient la papauté, annonçait Charles VIII comme le *« fléau de Dieu* envoyé pour châtier les tyrans de l'Italie et réformer l'Église par l'épée. » En effet, la marche de ce prince à travers toute l'Italie fut celle d'un triomphateur.

Reçu à Turin au milieu des fêtes, il traversa le Milanais, qu'il n'eut pas la prudence de rendre aux Visconti, et dont Ludovic s'assura la possession en empoisonnant le jeune Sforza. En même temps, ce perfide allié excitait secrètement les Florentins à combattre les Français; mais Charles, franchissant rapidement l'Apennin au col de *Pontremoli*, déconcerta ses ennemis: les forteresses de la Toscane lui furent livrées par Pierre de Médicis, que cette trahison rendit encore plus odieux aux Florentins. Ils portèrent contre toute sa famille un arrêt de proscription. Cependant ils reçurent Charles dans leur ville, mais en allié plutôt qu'en vainqueur; et, quelques différends s'étant élevés entre les commissaires nommés pour régler les droits des deux nations *(Eh bien, sonnez vos trompettes,* s'écrièrent ceux de Florence, *nous allons sonner nos cloches.* Les gens d'armes français se soucièrent peu d'essayer une guerre dangereuse dans les rues étroites et tortueuses de cette grande ville, où l'usage habituel des guerres intestines avait changé toutes les maisons en forteresses, et bientôt un traité d'alliance, vendu à prix d'or, permit au roi de poursuivre sa marche vers Rome. Le pape Alexandre VI s'était à son approche retiré dans le château de Saint-Ange. Charles, imitant la pompe triomphale de ces héros de l'antiquité dont il était si avide de se montrer l'émule, entra à la lueur des flambeaux dans cette capitale du monde, dont la population joignit ses acclamations aux cris de joie des guerriers français (31 janvier 1495).

La plupart des cardinaux proposaient au jeune roi de déposer un pontife infâme dans ses mœurs, simoniaque, et qui à tous les scandales dont il affligeait la chrétienté avait ajouté celui d'une alliance conclue avec le sultan des Turcs Bajazet II. Il en recevait même une pension considérable pour retenir prisonnier Djem (Zizim, comme l'appellent les historiens occidentaux), frère du sultan, qui, après lui avoir disputé le trône, s'était réfugié en Italie. Charles, adoptant l'avis de ses conseillers, qui lui firent redouter un schisme, se borna à conclure avec le pape un traité par lequel Alexandre lui donnait l'investiture du royaume de Naples, lui livrait trois forteresses avec son fils *César Borgia* comme otage, et lui remettait le prince Djem. Charles espérait se servir de ce dernier dans ses projets ultérieurs contre la Turquie ; mais le malheureux captif mourut quelques jours après, *pour avoir pris quelque chose qui ne convenait pas à son tempérament*, dit un historien du temps qui n'ose pas désigner autrement le poison lent que le pape, assure-t-on, lui avait fait donner avant de le livrer.

Charles continua alors sa marche vers Naples. Alphonse II, détesté de la nation pour ses cruautés et son avarice, crut sauver ses États en les transmettant à son fils Ferdinand II, qui essaya de les défendre ; mais, abandonné de son armée, il s'enfuit et alla rejoindre son père en Sicile. Ses sujets reçurent Charles VIII comme le libérateur de l'Italie, et les Napolitains jetèrent des fleurs sur son passage lorsqu'il arriva (22 février 1495) dans leur capitale où il fit, quelques jours après (13 mars), une entrée triomphale, la couronne impériale en tête, le sceptre à la main et revêtu du manteau de pourpre des empereurs d'Orient, dont il se prétendait le légitime successeur depuis qu'il avait acheté (6 septembre 1494) les droits d'André Paléologue, neveu et héritier de Constantin Paléologue, dernier empereur de Constantinople.

Rien ne semblait, en effet, pouvoir s'opposer à la réalisation des rêves ambitieux de Charles VIII. La conquête de l'Italie, accomplie en quatre mois, jeta la terreur dans toutes les contrées voisines, et Bajazet, dont les sujets grecs commençaient à prendre les armes, se disposait à fuir en Asie. Il ne fallait à Charles que de la prudence pour consolider sa facile conquête et en assurer bien d'autres encore ; mais quoique ce prince ne manquât pas de jugement, il fut enivré par la grandeur et la rapidité de ses succès, et se crut, à vingt-cinq ans, devenu l'égal des plus grands capitaines. Nul d'ailleurs ne se montra moins que lui digne d'avoir eu pour père le plus habile politique des temps modernes. Il mécontenta les seigneurs napolitains en donnant tous les emplois à ses capitaines, et le peuple en ne réprimant pas la licence de ses soldats. Déjà, une ligue menaçante se formait derrière lui, et un traité venait d'être signé à Venise (31 mars 1495) entre ce même Ludovic qui avait appelé les Français, les Vénitiens, jaloux de voir s'élever dans la péninsule une puissance rivale de la leur, le pape Alexandre VI, l'empereur Maximilien, enfin les souverains d'Aragon et de Castille. En même temps, Bajazet, encouragé par les Vénitiens, éteignait dans le sang de quarante mille chrétiens la révolte des Grecs dans ses provinces.

Charles, qui ne songeait qu'aux fêtes et aux tournois et qui se faisait couronner roi de Jérusalem pour ne pas paraître oublier ses projets de croisade, apprit tout à coup la signature de la ligue et l'intention des alliés de lui fermer le retour en France. Aussitôt il part précipitamment, laissant à Naples un faible corps d'armée. Il trouve les confédérés réunis à Fornovo ou *Fornoue*, près de Parme, s'ouvre, avec huit mille soldats, un passage à travers cette armée de quarante mille hommes, qui ne peut résister à la *furie française* (5 juillet 1495), et rentre dans son royaume, heureux que ce *voyage eût été*, comme dit Commynes, *conduit de Dieu tant à l'aller qu'au retour ; car le chef et les conducteurs ne servirent de guères.*

Peu de temps après le départ du roi de France, Ferdinand II, aidé du fameux *Gonzalve de Cordoue*, fit prisonnier le comte de Montpensier, laissé par Charles à Naples en qualité de vice-roi. A peine quelques débris de son corps d'armée, échappés aux maladies pestilentielles, parvinrent-ils à gagner leur patrie. Cette malheureuse entreprise n'eut ainsi pour la France d'autre résultat que d'y exciter une ardeur insensée pour ces expéditions en Italie qui devaient lui coûter tant de sang.

195. Fin du règne de Charles VIII. — Ses institutions. — Charles lui-même n'avait pas quitté l'Italie sans espoir de retour. Il y envoya même quelques troupes, après avoir repoussé l'invasion tentée dans le Languedoc par le roi d'Aragon, en exécution de ses conventions avec les alliés : mais l'argent manquait pour une nouvelle expédition, et le premier ministre du roi, le cardinal *Briçonnet*, qui était peu partisan de cette guerre, ne se hâtait pas de réunir les ressources nécessaires pour la recommencer. Il laissait Charles lui-même l'oublier au milieu des fêtes et des soins qu'il prenait pour faire construire et décorer ses châteaux royaux à l'exemple des édifices qu'il avait admirés en Italie. C'est ainsi qu'il s'occupait à rebâtir le château d'Amboise, lorsqu'il s'y heurta violemment la tête en passant sous une porte trop basse. Il expira quelques heures après, âgé de vingt-huit ans à peine, et vivement regretté de ses sujets, dont il était tellement aimé, que plusieurs, dit-on, moururent de douleur en apprenant sa mort; car si Charles se montra peu habile et *peu entendu*, comme dit Commynes, *il était si bon, qu'il n'était point possible de voir meilleure créature ; la plus humaine et douce parole d'homme qui fut jamais était la sienne ; car je crois*, ajoute cet historien, *que jamais à homme ne dit chose qui lui dût déplaire.*

Sa femme, la reine Anne de Bretagne, qui lui portait une

affection dont il ne s'était pourtant pas toujours montré digne, voulait le suivre au tombeau, et resta trois jours sans qu'on pût lui faire accepter de nourriture. — Elle lui avait donné trois fils et une fille qui moururent en bas âge, de sorte qu'avec Charles VIII s'éteignit la première branche des Valois, qui, en cent soixante et dix ans (1328-1498), avait donné sept rois à la France.

Ramené par la mort successive de tous ses enfants à des mœurs plus réglées et à des habitudes plus sérieuses, Charles VIII rendit les dernières années de sa vie utiles à son peuple, et justifia ainsi l'affection qu'il lui témoigna. Suivant la politique adoptée par sa sœur, il ne convoqua pas une seule fois les états généraux pendant toute la durée de son règne ; mais naturellement juste et bon, il réduisit les impôts d'un sixième, malgré les charges occasionnées par la guerre d'Italie, et avait même pris la résolution de les abolir complétement et de se contenter de son domaine ; ce qui lui était possible, dit un historien, puisque avec les aides et les gabelles il passait un million de francs (plus de 31 millions d'aujourd'hui, si l'on tient compte à la fois de la différence dans le poids et dans la valeur de la livre d'argent). — Se plaisant à rendre lui-même la justice à ses sujets, à l'exemple de saint Louis, Charles s'appliqua à les faire jouir de tous les avantages qui résultent d'une bonne administration judiciaire. C'est dans ce but qu'il établit à Paris d'une manière fixe (1497), et qu'il compléta le *gran consel*, chargé du jugement des causes les plus importantes, qu'il proscrivit la vénalité des offices de judicature (1493), et qu'il fit commencer la rédaction des *Coutumes*, d'après le plan arrêté sous Charles VII, et par les soins des praticiens nommés dans chaque pays par les trois ordres, et assistés de commissaires du roi. Ce premier travail, revu successivement par deux commissions composées des plus habiles jurisconsultes du royaume, à la tête desquels il faut citer le premier président de *la Vacquerie*, recevait ensuite la sanction royale, qui fut ainsi donnée à sept coutumes (1488-1497) par Charles VIII, dont les successeurs, jusqu'à Henri IV, continuèrent cette entreprise éminemment utile.

Charles VIII avait aussi conçu, pour la suppression des abus qui s'étaient introduits peu à peu dans la discipline de l'Église de France, des projets dont l'exécution, arrêtée par sa mort prématurée, aurait peut-être préservé la France des malheurs de la *réforme*.

OUVRAGES A CONSULTER. — Ceux déjà indiqués au chapitre XI, et, de plus, Masselin, *Diarium statuum generalium Franciæ*; dans la *Collection des documents inédits sur l'histoire de France*. — Guillaume de Jaligny,

Mémoires sur les années 1486-1499, dans l'Histoire de Charles VIII recueillie avec ses preuves, par Den. Godefroy; Jean de Saint-Gelais, *Histoire de Louis XII,* précédée d'un précis sur les événements antérieurs; Jean Bouchet, *Mémoires de la Trémoille;* Lancelot, *Éclaircissements sur les premières années de Charles VIII,* publiés dans les Mémoires de l'Académie des inscriptions, t. VIII, p. 712; les historiens de Bretagne déjà nommés, et les *Actes de cette province,* t. III; Roederer, *Mémoires pour servir à une nouvelle histoire de Louis XII;* Heurion de Pansey, *des Assemblées nationales en France, depuis l'établissement de la monarchie;* Commynes, liv. VII et VIII; Godefroy, *Recueil des historiens du règne de Charles VIII,* et spécialement Pierre Desrey, *De l'entreprise du voyage du roy Charles VIII pour aller recouvrer son royaume de Naples et comment il y fut incité,* et André de la Vigne, *le Vergier d'honneur de l'entreprise et voyage de Naples;* Mémoires de Guillaume de Villeneuve, *Viatique de l'aller et conqueste du réaume de Naples par le roy très-chrétien, roy de France, de Sicile et de Jérusalem, Charles VIIIe de ce nom,* Martenne, *Nouveau Trésor des anecdotes,* t. III, et sa *Collection des mémoires pour servir à l'histoire de France, depuis le treizième siècle jusqu'à la fin du dix-huité e, par MM.* Michaud et Poujoulat, 1re série, t. IV; *Diarium Joannis Burchardi, capellæ Alexandri sexti Papæ cæremoniarum magistri,* dans le tome 1er des Archives curieuses de l'histoire de France: Jean Bouchet, *Panégyric du chevalier sans reproche Louis de la Trémoille,* dans la même collection; Brantôme, *Éloge d'Anne de Bretagne;* Guicciardini, *della Istoria d'Italia libri XX,* liv. I et II, et les autres historiens d'Italie; Paule Jove, *de Vita magni Consalvi Cordubensis; Mémoires de* Foncemagne, dans les tomes XVI et XXVII de l'Académie des inscriptions; Garnier, *Histoire de France,* t. XIX et XX; Poirson, *Précis,* Lavallée et les autres historiens modernes de la France, Laferrière, *Histoire du droit civil,* t. 1er, Poncelet, *Précis de l'histoire du droit civil en France,* etc.

QUESTIONNAIRES. — 187. Quelles circonstances firent confier la régence du royaume à la princesse Anne de Beaujeu? — Que fit la princesse Anne pour se concilier le peuple, et qui eut-elle pour adversaire? — 188. Que firent les états généraux assemblés par la princesse Anne? — De quelle manière fut voté l'impôt? — Comment la régente les congédia-t-elle? — 189. Quelle ligue se forma contre Anne de Beaujeu? — Quelle fut la conduite du duc d'Orléans? — Comment se termina la guerre folle? — Quelle bataille mit fin à la coalition formée par Dunois entre le duc d'Orléans et un grand nombre de seigneurs? — 190. Quelle femme épousa Charles VIII et quel résultat important eut ce mariage? — 191. Quels projets belliqueux conçut Charles VIII? — Par quelles concessions se délivra-t-il de ses ennemis? — 192. Racontez les premiers succès de son expédition en Italie. — Quel traité conclut-il avec le pape Alexandre VI? — Comment fut-il reçu à Naples? — Comment mécontenta-t-il les Napolitains? — Quelle bataille eut-il à livrer pour effectuer son retour en France? — 193. Dites les derniers projets de Charles VIII et les regrets qu'excita sa mort. — Quelle branche de la famille royale finit avec Charles VIII? — Faites connaître les institutions de Charles VIII.

CHAPITRE SEIZIÈME.

LOUIS XII.

(1498-1515.)

—

SOMMAIRE.

194. Louis XII, duc d'Orléans, arrière-petit-fils de Charles V, succède à Charles VIII (1498). Il répudie Jeanne de France et épouse Anne de Bretagne (1499), ce qui unit définitivement la Bretagne à la France.

195. Louis XII continue les guerres d'Italie. Il s'empare du Milanais (1499), puis avec l'aide de Ferdinand le Catholique s'empare de Naples, qu'une lutte avec son allié lui fait perdre, malgré les exploits de la Palisse, de la Trémoille et de Louis d'Ars.

196. Il signe une trêve avec Ferdinand, puis le triple traité de Blois avec Maximilien, l'archiduc Philippe d'Autriche et le pape Jules II (1504). Les états généraux de Tours (1506), demandent au roi et en obtiennent que sa fille fiancée à Charles d'Autriche, par le traité de Blois, soit mariée à François, duc de Valois.

197. Les princes autrichiens et espagnols organisent une ligue contre la France, mais la rapidité avec laquelle la révolte de Gênes est comprimée, arrête les coalisés qui s'unissent à la France par la ligue de Cambrai contre Venise (1508).

198. Louis XII remporte en personne, sur les Vénitiens, la brillante victoire d'Agnadel (14 mai 1509), suivie de rapides conquêtes.

199. Il s'aliène les Suisses au moment où le pape Jules II se déclarait contre lui; il se décide avec peine à faire la guerre au pape, qui est vaincu par Bayard, mais il ne consent pas à traiter au congrès de Mantoue, et, malgré les nouveaux succès des Français, Jules II parvient à conclure la sainte ligue de Rome (octobre 1511).

200. Gaston de Foix, duc de Nemours, remporte, après plusieurs succès, la victoire de Ravenne, qui lui coûte la vie (11 avril 1512).

201. Les confédérés font de nouveaux efforts, et les Français perdent l'Italie. L'empereur, les Suisses, le pape, les rois d'Espagne et d'Angleterre se coalisent à Malines (1513), et la bataille de Novare est gagnée par les Suisses qui viennent assiéger Dijon, tandis que Maximilien est vainqueur à la journée des Éperons (1513). La France fut sauvée par les discordes de ses ennemis.

202. Louis XII se réconcilie avec le pape Léon X (1514). La trêve d'Orléans et le traité de Londres (14 septembre 1514) mettent fin à la guerre. Louis XII épouse Marie d'Angleterre (1514). Ce mariage cause sa mort (1er janvier 1515) et l'extinction de la première branche d'Orléans.

03. Louis XII réduit les impôts, donne un traitement aux juges, réglemente l'université, favorise le commerce et l'agriculture, rétablit l'ordre dans les finances. Il crée les parlements de Rouen (1499) et d'Aix (1501); fait rédiger plusieurs coutumes; organise l'infanterie française.

194. Louis XII. (1498). — Louis XII, arrière-petit-fils u roi Charles V, était le plus proche héritier de Charles VIII, l avait hérité du titre de duc d'Orléans qu'avaient porté son ère et son aïeul, ce Louis, duc d'Orléans, époux de *Valentine e Milan*, « par qui le sang italien commença à couler dans es veines de nos monarques et à leur communiquer le goût des rts : race légère et romanesque, mais élégante, brave, intelli-ente, et qui mêla la civilisation à la chevalerie » (Chateau-riand.) Tout le monde connaît la noble réponse qu'il fit aux ourtisans qui l'engageaient à se venger de ceux qui s'étaient nontrés opposés à lui pendant ses prétentions à la régence (voir i-dessus, n° 189) : *Ce n'est pas au roi de France*, leur dit-il, *i venger les injures du duc d'Orléans*. Il accorda toute sa :onfiance à la Trémoille, qui l'avait fait prisonnier à Saint-Aubin, en disant : *Si la Trémoille a si bien servi son roi con-re moi, j'espère qu'il me servira avec la même affection contre es ennemis de l'État*. — Tout son règne fut une confirmation le ces sentiments généreux (voir n° 203). — Une seule des actions de Louis XII dépare le portrait avantageux que font de ui ses historiens; c'est son divorce avec la malheureuse *Jeanne de France*, fille de Louis XI. Ce dernier, en lui faisant épou-ser malgré lui cette princesse douce et spirituelle, mais contrefaite, avait bien compté *que les enfants qu'ils auraient ensemble ne coûteraient pas cher à nourrir*. Ils n'en eurent point, en effet, et ce fut le motif que Louis XII, oubliant l'at-tachement sans bornes que Jeanne lui avait témoigné dans ses malheurs, employa pour faire déclarer nul son mariage par le pape Alexandre VI; et tandis que cette épouse infortunée allait ensevelir au fond d'un monastère de Bourges la douleur que lui causaient ses mépris et son ingratitude, il épousait au châ-teau de Nantes (8 janvier 1499), la veuve de son prédécesseur, 'Anne de Bretagne, dont la succession, malgré les restrictions exigées par cette princesse, devait être ainsi définitivement assurée à la couronne.

1 5. Conquête du Milanais. — Expédition de Na-ples. — Louis XII, dès le jour de son sacre (27 mai 1498), avait pris les titres de *roi de France, roi des deux Siciles et de Jérusalem, et duc de Milan*, annonçant ainsi à l'avance ses projets sur l'Italie. Il avait, en effet, plus d'un motif pour se laisser entraîner à continuer ces guerres fatales. Il voulait reconquérir le royaume de Naples, possédé un instant par Charles VIII; mais il tenait plus encore à faire valoir les droits héréditaires qu'il tenait de son aïeule, Valentine Visconti, sur le duché de Milan. Après s'être assuré des bonnes dispositions des princes qui auraient pu traverser son entreprise, il se fit en Italie des alliés des puissances mêmes que son prédécesseur avait eues pour ennemies, des Vénitiens, du pape, des Florentins et du duc de Savoie, qui livra passage à son armée. Elle fit en vingt jours la conquête du Milanais, dont Louis XII vint prendre possession à Milan (6 octobre 1499), tandis que le duc Ludovic Sforza, dit le More, s'enfuyait dans le Tyrol. Ce dernier parvint toutefois, à la faveur d'un soulèvement excité par la licence des soldats français, à reconquérir son duché (février 1500); mais ce ne fut que pour le reperdre deux mois après. Attaqué par une armée de vingt mille hommes, que commandaient la Trémoille et le cardinal *Georges d'Amboise* (1), archevêque de Rouen et premier ministre de Louis XII, Ludovic fut livré aux Français par les Suisses mercenaires, qui formaient près de la moitié des deux armées, et alla expier, dans une captivité de dix ans, qui ne se termina que par sa mort, l'assassinat et la spoliation dont il s'était rendu coupable à l'égard de son neveu. Ce dernier avait laissé un fils qui fut aussi emmené en France par Louis XII, et mourut abbé de Marmoutiers. Cependant les deux fils de Ludovic parvinrent à se réfugier en Allemagne, et par eux la famille Sforza devait remonter sur le trône de Milan (voir n° 201).

La facilité de cette première conquête encouragea Louis à tenter aussi celle du royaume de Naples. Il avait un nou-

---

(1) Georges d'Amboise, né en 1460, au château de Chaumont, près d'Amboise, est devenu de bonne heure l'un des aumôniers du roi Louis XI, il s'était attaché, fort jeune encore, à la fortune du duc d'Orléans, qui avait obtenu pour lui, sous Charles VIII, les titres de prince archevêque de Narbonne, puis de Rouen, et enfin de lieutenant général de la Normandie. Louis XII en fit son premier ministre, et trouva en lui un auxiliaire aussi habile que dévoué. Georges d'Amboise se fit chérir du peuple dès les premiers jours de son gouvernement en supprimant le droit de *joyeux avénement*, et sa popularité, égale à celle de Louis XII lui-même, ne fit que s'accroître par l'exercice éclairé et bienfaisant du pouvoir. S'il eut le tort grave de favoriser le goût du roi pour les guerres étrangères, il s'associa à toutes ses vues d'économie et de réforme, et doit partager la gloire de toutes les utiles mesures prises par ce prince. Il reçut du pape Alexandre VI la dignité de cardinal, et fut nommé légat de la cour de Rome en France. Le cardinal d'Amboise précéda de plusieurs années le roi dans le tombeau (1510).

vel et puissant allié dans César Borgia, fils d'Alexandre VI,
qu'il avait, en reconnaissance du consentement donné par le
pape à son divorce, aidé à établir sa domination dans la Romagne ; de plus, il était assuré de la coopération du roi d'Espagne,
Ferdinand le Catholique, avec lequel il était convenu, par un
traité signé à *Grenade* (11 novembre 1500), de partager ses
conquêtes ; enfin, après s'être emparé du royaume de Naples,
les alliés devaient passer en Grèce pour aller attaquer le sultan
des Turcs, Bajazet, qui menaçait alors l'Italie. Le pape fit
même décréter dans toute la chrétienté, pour subvenir aux
frais de cette nouvelle croisade, un impôt d'un décime, dont le
produit fut très-considérable, mais ne servit qu'à payer l'expédition de Naples.

Cette conquête fut presque aussi rapide que celle du Milanais. Tandis que le gros de l'armée, sous le commandement
de d'*Aubigny*, traversait sans obstacle toute l'Italie centrale,
où César Borgia se joignit à elle, la flotte française, partie de
Toulon sous les ordres de *Philippe de Ravestein*, portait à
Naples six mille hommes de troupes de débarquement. Le souverain de ce pays, Frédéric, successeur de Ferdinand II,
n'ayant aucun soupçon du traité signé secrètement entre les
rois de France et d'Espagne, avait appelé à son secours une
armée espagnole, commandée par Gonzalve de Cordoue. Se
voyant trahi, il voulut s'enfuir ; mais il fut fait prisonnier et
conduit en France, où il mourut en captivité. Les confédérés
restèrent maîtres de ses États. Mais tandis que la flotte de
Ravestein, de concert avec celle des Vénitiens, faisait voile
pour les côtes de la Grèce, où toutes deux furent abîmées par
les tempêtes, des difficultés s'élevèrent entre les Français et les
Espagnols au sujet du partage des provinces conquises en commun, et firent reconnaître à Louis XII la gravité et la faute qu'il
avait commise en s'associant à son plus dangereux rival.

La guerre éclata bientôt entre eux et fut d'abord à l'avantage
des Français ; mais leur alliance avec César Borgia, qui se faisait détester par ses crimes, les rendit odieux en Italie, et le duc
de Nemours, *Louis d'Armagnac*, envoyé à Naples comme viceroi par Louis XII, se laissa amuser par des négociations perfides qui donnèrent à Gonzalve le temps de recevoir des renforts. D'Aubigny fut battu et chassé de la Calabre. *La Palisse*
fut fait prisonnier après des exploits à peine croyables et qui
ont rendu son nom populaire ; enfin le duc de Nemours luimême, qui avait attaqué à *Cérignola*, Gonzalve, retranché dans
une position inexpugnable (avril 1503), perdit la bataille avec
la vie. C'était le fils de ce Jacques d'Armagnac décapité en

1477 (voir n° 118), et le dernier héritier de cette illustre maison, qui avait suscité tant de troubles en France.

Chassés de Naples, les Français ne conservèrent plus que deux forteresses, où les débris de leur armée se rassemblèrent, sous le commandement du brave capitaine *Louis d'Ars*, à Venosa, et du nouveau vice-roi, le marquis de Saluces, à Gaëte. Ils prolongèrent leur défense avec assez de vigueur et de succès pour permettre à Louis XII d'envoyer à leur secours une nouvelle armée, sous le commandement de la Trémoille; mais quoique ce général soit appelé par l'historien Guichardin, son admirateur, *le plus grand général du monde*, il ne put réussir à forcer Gonzalve sur la ligne du Garigliano, dans les marais duquel son armée contracta des maladies, qui, après plus de deux mois d'inutiles tentatives, le décidèrent à faire retraite. Malgré des efforts inouïs et des actes de bravoure tels que ceux de *Bayard, le chevalier sans peur et sans reproche*, qui soutint seul, sur un pont, l'attaque de deux cents Espagnols, l'armée fut bientôt mise en pleine déroute; ses débris cherchèrent un asile à Gaëte, où ils obtinrent, par une capitulation, la liberté de regagner la France, tandis que le vaillant Louis d'Ars, qui s'était maintenu dans Venosa, refusant d'accéder à cette capitulation, s'ouvrit, avec une poignée de guerriers intrépides comme lui, une route glorieuse à travers toute l'Italie, jusqu'au sein de sa patrie.

196. TRAITÉS DE BLOIS. — Les revers de Louis XII lui avaient enlevé tous ses alliés, à l'exception des Florentins; car le pape Alexandre était mort (18 août 1503), et son successeur, *Jules II*, était ennemi de la France. Désirant terminer une guerre si funeste, Louis conclut une trêve de trois ans avec le roi d'Espagne, Ferdinand, auquel la paix était nécessaire pour consolider sa domination à Naples, et signa à *Blois* (22 septembre 1504), avec l'empereur Maximilien et son fils l'archiduc Philippe d'Autriche, auquel le pape consentit à se réunir, trois traités ayant pour but : 1° une ligue contre les Vénitiens; 2° l'investiture du duché de Milan, accordée par l'empereur à Louis XII, tant pour lui que pour ses héritiers mâles directs, et, à leur défaut, pour sa fille *Claude* de France; 3° enfin, le mariage de Charles, fils de l'archiduc Philippe, et petit-fils de l'empereur Maximilien (qui devait être le fameux Charles-Quint) avec cette même princesse Claude, à laquelle Louis assurait en dot les duchés de Milan, de Gênes et d'Asti, celui de Bretagne, l'héritage de sa mère, celui de Blois, et même celui de Bourgogne, s'il venait lui-même à mourir sans enfants mâles. — Peu de temps après (12 octobre 1505), Louis signait avec

le roi d'Espagne, Ferdinand, un autre traité, par lequel il lui donnait en mariage sa nièce, *Germaine de Foix*, et lui abandonnait, comme dot de cette princesse, tous ses droits sur le royaume de Naples.

La connaissance de ces divers traités excita en France un mécontentement universel. L'époux, que toutes les convenances politiques indiquaient pour la princesse Claude, fille de Louis XII et d'Anne de Bretagne, était *François*, duc de Valois, neveu du roi, héritier présomptif du trône; mais la reine haïssait mortellement la comtesse d'Angoulême, mère de ce jeune prince, et, de plus, elle cherchait à éloigner le moment de la réunion définitive de sa chère Bretagne à la couronne de France. — Louis XII lui-même n'avait pas tardé à reconnaître que le mariage, qu'il avait stipulé pour sa fille au traité de Blois, était contraire aux intérêts de la France, et dans une maladie qu'il fit peu de temps après, il avait, par son testament, ordonné à sa fille d'épouser son cousin le duc de Valois. Revenu à la santé, il réunit à *Tours* (14 mai 1506), les états généraux, où le même vœu lui fut exprimé au nom de la nation.

« Les députés, par la bouche d'un docteur de Paris, nommé maître *Thomas Brieo*, firent remontrer audit seigneur roi, en langage françois, comment ils étoient venus vers lui en toute humilité et révérence pour lui dire aucunes choses concernant grandement le bien de sa personne, l'utilité et profit de son royaume et de toute la chrétienté, assavoir, que au mois d'avril de l'an passé, il avoit été moult grièvement malade, dont tous ceux de son royaume avoient été en grand souci, craignant de le perdre, connoissant les grands biens qu'il avoit faits en plusieurs choses singulières; assavoir, pour la première, qu'il avoit maintenu son royaume et son peuple en si bonne paix que par le passé n'avoit été en plus grande tranquillité, et tellement que les poules portoient le bacinet (casque) sur la tête... secondement qu'il avoit réformé la justice de son royaume et mis de bons juges partout... et pour ces causes et autres qui seroient longues à réciter, il devoit être appelé le roi Louis douzième, *père du peuple*. Et après, ledit Brieo et tout ceux desdits états se mirent à genoux, et dit icelui Brieo : Sire, nous sommes ici venus sous votre bon plaisir pour vous faire une requête pour le général bien de votre royaume, qui est tel que vos très-humbles sujets vous supplient qu'il vous plaise de donner madame votre fille unique (elle eut plus tard une sœur qui fut mariée au duc de Ferrare) en mariage à monsieur François, ici présent, *qui est tout François*, disant outre plusieurs belles paroles qui émurent le roi et les assistants à pleurer. » — Le roi, qui avait peut-être suggéré cette démarche des états, ne se borna pas à leur accorder leur requête; huit jours après (24 mai), il fit célébrer, en leur présence, les fiançailles des deux jeunes époux, et exigea des députés, ainsi que des princes et barons de son royaume et du duché de Bretagne, le serment que « si le cas advenoit qu'il allât de vie à trépas sans avoir lignée masculine, ils feroient accomplir ledit mariage et tiendroient ledit sieur de Valois leur vrai roi, prince et souverain seigneur. » En même temps il signifia à l'archiduc Philippe, père du jeune Charles d'Autriche, que le serment fait par lui, à Reims, lui défendait de consentir ni de permettre la diminution du royaume.

Ce manque de foi, conseillé par la politique, allait devenir la cause d'une nouvelle guerre.

197. LIGUE DE CAMBRAI. — L'empereur Maximilien, aïeul du prince Charles d'Autriche, ne fut pas moins indigné que l'archiduc Philippe de la rupture du mariage projeté, et tous deux se préparaient à prendre les armes contre Louis XII, lorsque Philippe mourut (25 septembre 1506) laissant deux fils en bas âge (v. n° 143) dont Ferdinand le Catholique prit la tutelle. Tandis que ce prince et Maximilien continuaient les préparatifs de guerre, le pape et les Vénitiens firent révolter la ville de Gênes, alors soumise à la domination de la France. Les Français, surpris à l'improviste, furent massacrés dans les rues, et le reste de la garnison assiégé dans la citadelle (1507).

À cette nouvelle, Louis, comprenant la nécessité d'effrayer ses ennemis par l'énergie de ses mesures, franchit rapidement les Alpes à la tête d'une armée de cinquante mille hommes, appelle à lui les troupes auxiliaires de ses alliés, les ducs de Savoie, de Ferrare, et le marquis de Mantoue, force les passages des Apennins, réduit la ville de Gênes à se rendre à merci, fait trancher la tête aux instigateurs de la révolte, impose au reste des citoyens une énorme rançon, déclare la constitution républicaine abolie et la seigneurie de Gênes réunie au domaine royal de France (29 avril 1507). Cet acte de rigueur jette la terreur parmi les ennemis de la France; le pape recherche son alliance, que Louis s'empresse d'accepter; le roi d'Espagne, pour mettre dans ses intérêts le cardinal d'Amboise, lui promet d'appuyer ses prétentions au trône pontifical; les Vénitiens eux-mêmes se déclarent pour la France contre Maximilien; toutefois, Louis XII ayant refusé de les aider à s'emparer de Trente, ils abandonnèrent son parti pour se réconcilier avec l'empereur. Celui-ci, qui les haïssait, les trahit bientôt à son tour, et proposa au roi de France de mettre à exécution le traité signé à Blois contre cette république, dont les immenses richesses, la haute prospérité commerciale, la puissance maritime et les nombreuses possessions excitaient la jalousie et la cupidité de tous ses voisins. Le pape, l'empereur, le roi d'Aragon, les ducs de Ferrare et de Savoie et le marquis de Mantoue, accédèrent à la ligue signée contre les Vénitiens, à *Cambrai*, (10 décembre 1508), par la gouvernante des Pays-Bas, Marguerite d'Autriche, au nom de l'empereur, son père, et du roi d'Espagne, et par le cardinal d'Amboise, comme premier ministre du roi de France et chargé des pouvoirs du pape. L'objet que se proposaient les confédérés était d'envahir et de se partager les domaines considérables que les Vénitiens possédaient en terre ferme.

198. Victoire d'Agnadel. — Louis XII, ayant franchi les Alpes (avril 1509) et traversé son duché de Milan, parut le premier sur les terres de la république. La honteuse permission qu'il avait vendue aux Florentins, de se remettre en possession de Pise soustraite à leur domination par Charles VIII, lui avait procuré de quoi fournir aux frais de la guerre sans pressurer ses sujets. Bientôt il gagna sur les Vénitiens (14 mai 1509) la sanglante bataille d'*Agnadel*, qui coûta quatorze mille hommes aux ennemis et moins de cinq cents aux Français. Louis XII y signala sa bravoure, et dit à ceux de ses courtisans qui le blâmaient de s'exposer trop : *Quiconque a peur se mette derrière moi*. Cette brillante victoire eut pour conséquence la rapide conquête des villes et territoires que le traité de partage fait à l'avance assignait au roi de France. Louis, l'ayant achevée en dix-sept jours, rentra en triomphe à Milan, et revint ensuite en France. Il laissait la Palisse et Bayard pour auxiliaires à ses alliés, qui durent leurs succès aux siens, à l'exception toutefois de Maximilien, qui, s'étant mis trop tard en campagne, échoua honteusement devant Padoue.

199. Sainte Ligue. Le pape Jules II — Venise cependant n'avait pas perdu courage : elle était assez riche pour acheter de nouvelles troupes mercenaires en remplacement de celles qui avaient péri à Agnadel, et, retranchée dans ses inexpugnables lagunes, elle attendait, pour reprendre ce qu'on lui enlevait, le moment nécessairement peu éloigné où la diversité des intérêts viendrait rompre une ligue contre nature. La politique de ceux qui la gouvernaient était trop habile, en effet, pour qu'ils n'eussent pas compris que les prétentions rivales des empereurs et des rois de France sur l'Italie ne leur permettraient jamais de rester longtemps unis. Depuis que l'avénement presque consécutif de six princes de la puissante maison d'Autriche au trône impérial semblait avoir changé le titre nominal d'empereur en une souveraineté héréditaire et véritable, la suzeraineté également nominale que les empereurs avaient précédemment exercée sur l'Italie, où il leur fallait d'ailleurs aller recevoir la couronne impériale, tendait aussi à devenir une domination réelle. Mais la France avait l'intérêt le plus direct à empêcher l'accroissement démesuré de cette puissance, qui, à l'aide des liens qui lui rattachaient l'Espagne, pouvait menacer l'Europe d'une domination unique et sans contre-poids. Or, elle ne pouvait l'empêcher qu'en fermant aux empereurs l'accès de l'Italie ; ce qui était facile en restant unie avec les Suisses, gardiens naturels des Alpes, et avec les Vénitiens, seuls capables de défendre les cours de l'Adige et des autres vallées par lesquelles l'Allemagne communique avec l'Italie. Louis XII, il est vrai, ne comprit pas cette utile politique, et, à la première faute qu'il avait faite en aidant Maximilien à s'établir aux dépens des Vénitiens dans l'Italie septentrionale, il en ajouta bientôt une seconde en s'aliénant les Suisses, qui réclamaient une augmentation de subsides, et dont il repoussa les exigences par ces paroles outrageantes : *Il est incroyable que de misérables montagnards, à qui l'or et l'argent étaient inconnus avant que mes prédécesseurs leur en donnassent, prétendent faire la loi à un roi de France.* Cette malencontreuse économie devait lui coûter cher.

Le pape Jules II, qui, depuis qu'il avait reconquis sur Venise les ports de la Romagne, avait repris son projet favori de chasser les Français de l'Italie, se rapprocha des Vénitiens, fit alliance avec les Suisses, et obtint des secours du roi d'Espagne en lui accordant l'investiture du royaume de Naples. Louis XII n'avait plus d'alliés en Italie que le duc de Ferrare, persécuté par le pape, et Maximilien, qui lui restait attaché par intérêt. Néanmoins le maréchal *Chaumont d'Amboise* obtint encore quelques succès contre les Vénitiens, et força les Suisses, qui avaient fait une invasion dans le Milanais, à regagner leurs montagnes. Mais Louis redoutait de s'engager dans une guerre contre le pape. Il venait de perdre (25 mai 1510) son ministre favori, le cardinal d'Amboise, auquel sa bienfaisance et son désintéressement (n° 195) ont fait pardonner les fautes de sa politique extérieure ; cette perte rendait le roi plus incertain encore. « C'est ce qu'ont de fâcheux, dit Bossuet, les guerres qu'on a à soutenir contre l'Église : elles font naître des scrupules, non-seulement dans les esprits faibles, mais même en certains moments dans les forts. » Une assemblée de prélats et de docteurs, tenue à Tours (septembre 1510), rassura la conscience de Louis, et le maréchal de Chaumont reçut ordre de marcher au secours du duc de Ferrare, dont les États venaient d'être confisqués par le pape. Jules II, vaincu par Bayard, fut contraint de se retirer.

Cependant Maximilien avait convoqué à *Mantoue* un congrès pour la pacification de l'Italie. Louis y fit les propositions les plus modérées; mais le pape, déterminé à expulser de l'Italie les *Barbares*, rendit inutiles les efforts des deux souverains. Le roi de France, irrité de la violence de cette opposition, fait décréter par une assemblée du clergé français la convocation d'un concile général à Pise, et ordonne à *Trivulzio*, qui avait remplacé Chaumont, mort deux mois auparavant, de pousser la guerre avec vigueur. Forcé de fuir à Bologne, qui s'insurgea contre lui (21 mai 1511), le pape voit de nouveau son armée mise en pleine déroute, et s'enfuit précipitamment devant les Français, qu'il croit déjà maîtres de Rome. Mais Louis, qui n'avait d'autre désir que d'amener Jules II à faire la paix, donne ordre à Trivulzio de ramener son armée en Lombardie. — Ces ménagements ne firent que rendre le pape plus inflexible. Il mit en interdit la ville de Pise, où s'était rassemblé le concile, qui se retira alors à Milan; il excommunia ceux qui prenaient part à ce concile, en convoqua lui-même un à Saint-Jean de Latran, et réussit, à force d'adresse, à faire signer contre les Français octobre 1511) une *sainte ligue* dans laquelle entrèrent avec lui les Vénitiens, les Suisses, Ferdinand le Catholique, qui voulait s'emparer de la Navarre, et à laquelle accéda secrètement le roi d'Angleterre Henri VIII, qui comptait avoir pour sa part la Guyenne.

2° O. BATAILLE DE RAVENNE. Louis XII n'avait plus d'autre allié que Maximilien, qui se préparait à l'abandonner aussi : menacé en Italie par les confédérés, en Bourgogne par les Suisses, au nord par Marguerite d'Autriche, vers les Pyrénées par les Espagnols et les Anglais, ayant de plus à combattre le préjugé qui voyait en lui l'ennemi de l'Église, il expiait ainsi son imprudence et les fautes de sa politique. Cependant la brillante valeur d'un nouveau duc de Nemours, *Gaston de Foix*, neveu de Louis XII, qui remporte sur les confédérés les victoires de *Bologne*, de *Brescia*, retarde quelque temps la perte du Milanais; mais ce héros de vingt-trois ans succombe à la glorieuse journée de *Ravenne*, au milieu même d'un nouveau triomphe chèrement acheté (11 avril 1512). *Plût à Dieu que mes ennemis eussent gagné une pareille bataille!* dit le roi en en recevant la nouvelle, *ils seraient bientôt perdus sans ressources.*

204. PERTE DE L'ITALIE. — Avec Gaston périt en effet la fortune de Louis XII. Les confédérés, un moment épouvantés de leur désastres, appellent les Suisses dans le Milanais, et l'Empereur lui-même, infidèle à son alliance, aide le jeune Maximilien Sforza, fils de Ludovic le More (n° 195), à rentrer en possession du duché de Milan, que la Palisse, successeur de Gaston, est contraint d'évacuer en laissant seulement des garnisons dans quelques forteresses. En même temps les Génois, de nouveau révoltés contre la France, s'affranchissent de sa domination, les Médicis rentrent dans Florence, et la maison d'Albret est punie de son alliance avec le roi de France par la perte de la portion espagnole de son royaume de Navarre, qui est conquise par Ferdinand le Catholique. Bientôt même, les Espagnols franchissent les Pyrénées, et Louis XII, attaqué de nouveau sur toutes ses frontières, se voit encore menacé par la moitié de l'Europe conjurée contre lui.

La grandeur du péril n'effraya ni la France ni son souverain. N'ayant d'autre allié que le roi d'Écosse, il espère encore tenir tête au pape, à l'Empereur, aux Suisses et aux deux rois d'Espagne et d'Angleterre, qui renouvellent à *Malines* (avril 1513, leur ligue contre lui. Déjà les Vénitiens s'étaient séparés d'eux, et une armée française, envoyée en Italie sous le commandement de la Trémoille, avait repris le Milanais; mais la France paya cher ces succès d'un moment. La Trémoille fut défait à *Novare* (6 juin) par les Suisses, qui chassèrent les Français du Milanais et vinrent bientôt, réunis aux Francs-Comtois et soutenus par la cavalerie et l'artillerie allemandes, mettre le siége devant Dijon (septembre). Au nord de la France, l'empereur Maximilien, à la tête de vingt-trois mille Allemands, et réuni au roi Henri VIII, débarqué à Calais avec trente mille Anglais, venait de surprendre une armée française à *Enguinegatte*, près de Saint-Omer. Cette fatale *journée des Éperons* (16 août 1513), comme l'indique son nom, fut moins une bataille qu'une déroute; elle coûta la liberté à Dunois, Bayard et la Palisse, qui, après avoir fait les plus grands efforts pour rallier les fuyards, tombèrent entre les mains des ennemis. Enfin la défaite et la mort du roi d'Écosse, Jacques VI, à la sanglante bataille de *Flodden-Field* (1513), laissa la France sans alliés. Elle était donc menacée de nouveau des plus grands dangers, lorsque, heureusement pour elle, la discorde éclata parmi ses ennemis. La Trémoille sauva Dijon en éloignant à prix d'argent les Suisses, qu'un sacrifice plus à propos eût conservés pour alliés à la France.

292. TRAITÉS DE PAIX. — MORT DE LOUIS XII. — Enfin des négociations habilement conduites amenèrent la réconciliation du roi avec le pape *Léon X*, successeur de Jules II, et qui n'avait pas la même haine que lui contre la France (13 mars 1514). L'abandon du Milanais à Sforza et celui de la Navarre à Ferdinand disposèrent aussi ce dernier prince et l'empereur Maximilien à traiter avec Louis XII; enfin Henri VIII, voyant tous ses alliés le quitter, consentit à signer la *trêve d'Orléans* (17 août), suivie bientôt (14 septembre) du *traité de Londres*, par lequel le roi de France abandonnait toutes ses conquêtes. Tel fut le déplorable résultat des guerres de Louis XII, qui ne manquait pourtant, ainsi qu'on l'a vu, ni de courage personnel, ni de généraux habiles, ni de braves guerriers, mais qui manquait complétement d'habileté politique. A ces mauvais succès on ne trouve d'autres compensations que les avantages qui résultèrent pour la France de son contact avec la brillante civilisation de l'Italie (voir ci-après, chap. xx), et peut-être aussi le nouvel affaiblissement que firent éprouver à la féodalité ces funestes entreprises dont les désastres frappèrent sur elle bien plus que sur le peuple.

Louis XII, devenu veuf (9 janvier 1514) d'Anne de Bretagne, scella son traité de réconciliation avec Henri VIII en épousant (9 octobre 1514) sa sœur *Marie*, la seule princesse anglaise qui soit devenue reine de France sous la troisième race. Mais ce mariage avec une femme de seize ans devint fatal à Louis, âgé de près de cinquante-trois ans, et qui pour complaire à sa jeune épouse changea toutes ses habitudes. « Car où il souloit dîner à huit heures, dit l'historien de Bayard, il convenoit qu'il dînât à midi; où il souloit se coucher à dix heures du soir, souvent il se couchoit à minuit. « Son faible tempérament n'y put résister : il périt d'une maladie violente moins de trois mois après son mariage (1er janvier 1515), et emporta dans la tombe les regrets de tous ses sujets, qui lui confirmèrent, pendant ses funérailles, le nom de *Père du peuple*. Louis XII ne laissait pas d'héritier mâle, et fut ainsi le premier et le dernier roi de la *première branche d'Orléans*, la troisième de la race des Capétiens. La princesse Claude, l'aînée des deux filles que lui avait données la reine Anne, avait épousé (18 mai 1514), quatre mois après la mort de sa mère, le duc de Valois, François, qui devait succéder à Louis XII, et consommer ainsi la réunion définitive du duché de Bretagne à la couronne de France.

2-5. ADMINISTRATION BIENFAISANTE DU PÈRE DU PEUPLE. — Si les guerres de Louis XII furent désastreuses pour la France, il en répara les maux par une administration sage et éclairée. Il réduisit les impôts à la moitié de ce qu'ils étaient sous Louis XI; il donna une solde aux gens de guerre, afin qu'ils n'eussent aucun prétexte pour faire subir à ses sujets des vexations, qu'il réprima sévèrement ; il donna aussi des traitements aux juges, afin de les rendre plus inaccessibles à la corruption et soumit les magistrats à des examens et à des tribunaux de censure. Il fit un grand nombre de règlements pour l'administration de la justice et pour rétablir l'ordre parmi les membres de l'Église et de l'université, qui abusaient souvent de leurs priviléges pour troubler l'État. Il favorisa de tout son pouvoir le commerce, que développa la sûreté rendue aux routes, l'agriculture qui remit en valeur plus du tiers des terres du royaume. Enfin Louis XII eût été un souverain accompli, si, à l'exemple de Charles VIII, il ne s'était laissé entraîner par la passion des conquêtes à tant de stériles expéditions : encore doit-on lui rendre cette justice, qu'à la suite même de ses entreprises les plus ruineuses, il ne rétablit jamais les impôts qu'il avait supprimés. Pour toute réponse aux railleries qu'on se permettait à sa cour sur sa sévère économie, il disait : *J'aime mieux voir les courtisans rire de mes épargnes que de voir le peuple pleurer de mes dépenses.* Il avait mis dans ses armes un essaim d'abeilles avec cette devise : *Non utitur aculeo rex cui paremus* (1).

Ajoutons que ce fut Louis XII qui érigea en parlement (1499) la cour souveraine de Normandie, nommée jusqu'alors l'*Échiquier*, et créa le parlement d'*Aix* ou de Provence (1501). Il fit aussi continuer la rédaction et la publication des coutumes, et particulièrement celle des *prévôté et vicomté de Paris*, qui est regardée avec raison comme un progrès accompli dans la législation du royaume. — Les états généraux de Tours (1506) sont les seuls qui furent assemblés pendant ce règne de dix-sept ans, encore ne durèrent-ils que huit jours ; mais ceux des provinces connues sous le nom de *Pays d'États* paraissent l'avoir été plus régulièrement pour s'occuper du vote annuel des impôts, auxquels s'ajoutaient de temps à autre quelques crues pour les dépenses de la guerre. Du reste, la politique restait étrangère à leurs délibérations, et l'on ne voit même pas qu'ils aient émis aucun vœu contre les guerres imprudentes entreprises par le roi. C'est que, toutes regrettables qu'elles furent, elles ne pesaient guère sur la France, qui, depuis la fin du règne de Louis XI, n'avait pas vu un seul ennemi sur son territoire. La haute paye que recevaient les soldats et l'espoir du butin suffisaient à recruter l'armée, et la sévère économie du

---

(1) On sait que la reine des abeilles n'a pas d'aiguillon.

roi à la défrayer. Mais, quoique les volontaires ne manquassent pas, Louis XII ne parvint qu'avec la plus grande peine à organiser *l'infanterie française*, sur le modèle de cette infanterie suisse qui, depuis un demi-siècle, avait décidé le succès des batailles, en dépit du mépris des *gens d'armes*, qui combattaient toujours à cheval. Ce ne fut pas sans répugnance ni sans de vives instances et de grandes promesses de la part du roi, que les gentilshommes consentirent à entrer dans ce corps qui devait faire désormais la force des armées.

OUVRAGES A CONSULTER. — *Lettres du roy Louis XII et du cardinal d'Amboise*, publiées par Godefroy ; Jean Molinet, Jean Bouchet, Belcarius, Guichardin, et les divers historiens de France cités au chapitre précedent; Jean d'Auton, *Chroniques annales (1499-1506; sur les gestes du christianissime roi Louis douzième de ce nom*; Saint Gelais, *Histoire de Louis XII, Père du peuple*; Jean Marot, *les deux heureux Voyages de Gênes et Venise e glorieusement mis a fin par le rey Louys, douzième de ce nom*; Claude de Seyssel, *Histoires singulières du roi Louis XII et autres opuscules; Très-joyeuse, plausante et récréative histoire, composée par le loyal serviteur, des faits, gestes, triomphes et prouesses du bon chevalier sans peur et sans reproche, le gentil seigneur de Bayard*; Symphorien Champier, *les Gestes, ensemble la vie du preux chevalier Bayard*; Jacques Failbe ; *Histoire de Louis XII; Legendre, Vie du cardinal d'Amboise, premier ministre de Louis XII*; Dulos, *Histoire de l'évêque de Cambray*; le Bibliophile Jacob, Paul Lacroix, *Histoire du seizième siècle en France*, Opuscules divers dans le t. II. de la première série des *Archives curieuses de l'Histoire de France*, etc.; *Correspondance de l'empereur Maximilien Ier et de Marguerite d'Autriche, gouvernant des Pays-Bas*, publiée par la Société de l'Histoire de France, etc.

QUESTIONNAIRE. — 194. A quel titre Louis XII succéda-t-il à Charles VIII? — Quel acte dépare ses belles actions? — Quel était le but politique de son second mariage? — 195. Quels étaient les projets guerriers de Louis XII? — 196. Comment Louis XII fit-il la conquête du Milanais? — Avec qui entreprit-il celle du royaume de Naples? — Quelles suites eurent les difficultés qui s'élevèrent entre les deux rois? — 197. Pourquoi Louis XII forma-t-il une ligue contre les Vénitiens? — A quels moyens les Vénitiens eurent-ils recours pour se défendre? — 198. Quelle brillante victoire remporta Louis XII? — Quelles en furent les suites? — 199. Comment Louis XII s'aliéna-t-il les Suisses? — Quelle ligue le pape Jules II forma-t-il contre Louis XII? — 200. Faites connaître les victoires et la fin glorieuse de Gaston de Foix. — 201. Quels désastres éprouva la France après la mort de ce héros? — Comment la France fut-elle sauvée du danger qui la menaçait? — 202. Quels traités terminèrent les guerres de Louis XII? — Quelle branche des Capétiens commença et finit avec Louis XII? — 203. — Faites connaître les principaux actes de l'administration de Louis XII. — Comment administra-t-il les finances? — Quel important changement introduisit-il dans l'armée?

CHAPITRE DIX-SEPTIÈME.

FRANÇOIS Ier.

(1515 - 1547)

—

SOMMAIRE.

204. La branche de Valois-Angoulême monte sur le trône avec François Ier (1515), prince d'un caractère chevaleresque mais imprévoyant. Il laisse le gouvernement à la reine mère Louise de Savoie, qui a pour conseil le chancelier Duprat.

205. François Ier conclut des alliances avec l'Angleterre, Venise et Gênes. La sainte ligue se relève contre lui ; mais son armée passe les Alpes et il bat les Suisses à Marignan (13 septembre 1515).

206. Cette victoire donne le Milanais à François Ier. Le traité de Genève (29 novembre 1515) établit la paix perpétuelle avec les Suisses.

207. François Ier abolit la Pragmatique Sanction par le concordat avec Léon X (18 août 1516 ; cet acte, que le despotisme seul du roi put faire enregistrer (mars 1518), eut de funestes conséquences pour l'Église de France

208. Après la mort de Ferdinand le Catholique, les traités de Noyon (13 août) et de Bruxelles (décembre 1516) sont signés avec Charles d'Autriche et Maximilien, puis un traité est conclu avec le roi d'Angleterre (4 octobre 1518).

209. Charles-Quint signe le traité de Londres contre la France (1516), et à la mort de Maximilien, il brigue la couronne impériale en concurrence avec François Ier (1519).

210. Charles-Quint est élu empereur (1519) ; maître d'une partie de l'Allemagne, des Pays-Bas, de l'Espagne, de Naples, de la Sicile, de la Sardaigne, de l'Amérique, ce souverain dispose d'une puissance colossale.

211. François s'efforce vainement, à l'entrevue du camp du Drap d'or, d'attirer Henri VIII dans son alliance. Dès le commencement de la guerre, la Navarre est aussitôt reperdue que conquise; au nord, le duc de Bouillon est dépouillé de ses États par les Impériaux, et le Milanais perdu par suite de la défaite de Lautrec à la Bicoque (avril 1522) La France est abandonnée de tous ses alliés.

212. Le procès inique intenté au connétable de Bourbon cause sa trahison. Les ennemis sont repoussés grâce aux nouveaux efforts du roi et de la France: mais le Milanais est perdu, et Bayard meurt dans la défaite de Romagnano (1524).

213. L'invasion de la Provence est arrêtée par la belle défense de Marseille. Le Milanais est reconquis, mais la défaite de Pavie (1525) est le fruit de la présomption de François Ier, qui y est fait prisonnier.

214. Henri VIII, inquiet de la puissance de Charles-Quint, fait alliance avec la France. La paix et la liberté du roi de France sont obtenues par le honteux traité de Madrid (14 janvier 1526).

215. L'annulation du traité de Madrid est votée à l'assemblée de Cognac. Une ligue est signée dans cette ville (22 mai 1526). Les faibles secours envoyés par François 1ᵉʳ à ses alliés occasionnent l'échec de ceux-ci. — Rome est prise et saccagée par le connétable de Bourbon, qui y meurt. Lautrec est envoyé en Italie, mais la défection de Doria, la mort de Lautrec et le désastre de Landriano forcent le roi à signer la paix de Cambrai (août 1529), qui assure la domination de Charles-Quint en Italie.

204. Avénement de François 1ᵉʳ (1515). — *François 1ᵉʳ*, cousin, gendre et successeur de Louis XII, était, ainsi qu'on l'a vu, duc de Valois et comte d'Angoulême, ce qui fait ordinairement donner à la branche de la troisième race, dont il fut le chef, le nom de branche de *Valois-Angoulême*, ou seconde des Valois. — Ce prince de vingt ans était d'une taille élevée, d'une physionomie agréable et distinguée, d'un tempérament robuste, habile à manier les armes, à monter à cheval, adroit dans tous les exercices du corps, affable, spirituel, généreux, loyal et brave : il réunissait ainsi toutes les qualités regardées par la noblesse française comme formant le caractère distinctif du vrai chevalier ; mais il en avait aussi les idées romanesques, et sa prodigalité, sa légèreté, son amour pour les plaisirs faisaient dire souvent avec inquiétude à Louis XII : *Hélas ! mes amis, ce gros garçon gâtera tout.* — L'imprévoyance avec laquelle il épuisa son trésor pour célébrer les fêtes de son avénement, et l'imprudence qu'il commit en confiant l'épée de connétable au duc de Bourbon, le seul vassal encore redoutable pour la royauté, semblèrent justifier cette prédiction. On lui reproche aussi avec raison sa confiance aveugle pour sa mère, *Louise de Savoie*, femme intrigante, ambitieuse, cupide et jalouse. Non contente de faire ériger en duché son comté d'Angoulême, elle profita de la répugnance qu'inspiraient au roi les détails de l'administration pour s'emparer du gouvernement intérieur, dont elle chargea elle-même *Duprat*, premier président du parlement de Paris, auquel François 1ᵉʳ donna les sceaux. Ce chancelier de France, ennemi de la justice, plein de mépris pour les lois, substituant aux tribunaux des commissions auxquelles il dictait des jugements iniques, vendant les charges de magistrature et créant chaque jour quelque emploi vénal ou quelque taxe vexatoire, despote ambitieux et dur, *le Richelieu de son temps, à la grandeur et à la dignité près* (Ragon), brava pendant vingt ans la haine populaire, et acheva de rendre la royauté complétement absolue.

205. Continuation des guerres d'Italie. — Bataille de Marignan. — François 1er, descendant, comme Louis XII, de Valentine Visconti, avait les mêmes droits à faire valoir sur le Milanais; mais il dissimula d'abord ses projets, et trouva facilement un prétexte aux armements qu'il préparait. Les Suisses, irrités que Louis XII eût refusé de ratifier le *vilain appointement* au moyen duquel Bayard les avait éloignés de Dijon (n° 201), et que François ne voulait pas ratifier non plus, menaçaient la Bourgogne. Ce fut contre eux qu'il parut diriger ses préparatifs de guerre. Mais en même temps, il renouvelait avec le roi d'Angleterre, Henri VIII (5 avril 1515), le traité conclu l'année précédente par Louis XII, et négociait avec le jeune souverain des Pays-Bas, Charles d'Autriche, auquel il promettait de l'aider à se mettre en possession de la double succession de ses deux aïeuls Ferdinand le Catholique et l'empereur Maximilien, à la condition qu'il restituerait la Navarre à la maison d'Albret. De leur côté, les Vénitiens, toujours ennemis de Maximilien, reprenaient avec empressement leur traité d'alliance avec la France, et les inconstants Génois, déterminés par les intrigues de François 1er à changer encore une fois de parti, reconnaissaient de nouveau la domination française.

Ce dernier traité révéla aux moins clairvoyants les projets du roi, qui vit aussitôt se reformer contre lui la sainte ligue entre Ferdinand, Maximilien, le pape et les Suisses. Ces derniers s'étaient chargés de garder tous les passages des Alpes, et avaient déjà commencé, de concert avec une armée espagnole, à ravager les États du duc de Savoie et des autres alliés de la France en Italie, lorsque l'avant-garde de l'armée, commandée par le connétable de Bourbon, Lautrec, d'Aubigny, la Palisse, ayant franchi, sous la conduite d'un chasseur piémontais, des passages regardés jusque-là comme impraticables, parut tout à coup en Italie, après avoir renouvelé les prodiges du fameux passage d'Annibal.

Les Suisses, déconcertés et divisés entre eux, se retirèrent sur le Milanais, que leur chef le plus déterminé, le belliqueux cardinal de Sion, résolut de défendre vigoureusement. Bientôt François 1er, ayant laissé la régence du royaume à sa mère, passa lui-même les Alpes à la tête de son principal corps d'armée, qui se grossit à Novare d'un corps de huit mille *landsknechts* allemands, commandés par le duc de Gueldres, et il vint avec toutes ses forces réunies camper auprès de *Marignan* (en italien *Malegnano*). Ce fut là qu'il se vit attaqué à l'improviste

(13 septembre 1515) par trente-cinq mille Suisses animés par les fougueuses exhortations du cardinal de Sion, qui ne cessait de leur rappeler que les Suisses étaient *les modèles des nations et les dompteurs des rois.*

Les deux armées combattirent avec un tel acharnement, que la bataille, commencée à trois heures de l'après-midi et continuée jusqu'à onze heures et demie du soir, ne fut interrompue que parce que la lune refusa sa lumière aux combattants. Mais ils étaient tellement mêlés les uns avec les autres, que chacun passa le reste de la nuit à l'endroit même où il se trouvait : François I⁽ᵉʳ⁾ coucha sur un affût de canon à cinquante pas du plus gros bataillon des Suisses. Au point du jour, ceux-ci chargèrent l'armée française avec une nouvelle fureur ; mais au bout de quatre heures d'une seconde bataille, l'artillerie française, sous les ordres de Gaillot de Genouillac, secondant la valeur du chevalier Bayard, força ces intrépides montagnards à abandonner enfin, quoique en bon ordre, le champ de bataille, couvert de quinze mille de leurs morts et de six mille Français ou alliés de la France. — Telle fut cette bataille de Marignan, véritable *combat de géants,* comme l'appelait le maréchal de Trivulce, qui avait combattu dans dix-sept batailles, mais qui trouvait que toutes *les autres étaient jeux d'enfants auprès de celle-là.*

Après la bataille, le roi voulut être armé chevalier de la main de Bayard, et, justement fier de son nouveau titre, il accorda la même distinction à ceux qui s'étaient fait le plus remarquer dans la bataille.

206 PAIX PERPÉTUELLE AVEC LES SUISSES. — Peu de jours après la défaite des Suisses, le duc Maximilien Sforza, assiégé et pris dans le château de Milan, fut emmené en France, où il mourut : de sorte que la victoire de Marignan, qui mit fin à la prépondérance militaire des Suisses, valut à François I⁽ᵉʳ⁾ la possession du Milanais et une brillante réputation en Europe.

Déconcertée par un succès aussi décisif, la ligue se trouvait dans l'impuissance de protéger l'Italie contre les entreprises ultérieures du roi de France ; mais celui-ci eut la sagesse de profiter des avantages de sa position pour traiter à de bonnes conditions avec tous ses ennemis. C'est ainsi qu'il conclut avec les Suisses (29 novembre 1515) le traité de *Genève,* dit avec raison la *paix perpétuelle,* puisqu'il a subsisté jusqu'à nos jours, et qu'il a assuré à la France leur constante alliance et la faculté de lever chez eux, en vertu de *capitulations* plusieurs fois renouvelées, autant de gens de guerre qu'elle en avait besoin.

207. CONCORDAT AVEC LÉON X. — Quelques jours auparavant, Léon X avait signé à *Viterbe* (13 octobre) une convention confirmée par le traité de *Bologne* (8 décembre), par laquelle le pape et le roi s'engageaient à la défense réciproque de tous leurs domaines ; le roi prenait sous sa protection Florence et les Médicis, abandonnait à Laurent de Médicis le duché d'Urbin, et consentait à différer la conquête de Naples ; le pape, de son côté, restituait Parme et Plaisance, dont Jules II s'était emparé après la bataille de Ravenne, et retirait l'appui de ses troupes à Maximilien, qui restait armé contre la France et les Vénitiens, mais qui, toujours à court d'argent (*Massimiliano poco denari*, comme l'appelaient les Italiens), se signala par une expédition sans résultats dans le Milanais, défendu par le connétable de Bourbon ; que François Ier en avait nommé le gouverneur.

Un dernier point traité entre Léon X et François Ier fut l'abolition définitive de la Pragmatique Sanction, que le saint-siége avait toujours refusé de ratifier. Elle fut d'un commun accord remplacée (18 août 1516) par le *Concordat* par lequel le pape abandonnait au roi la nomination aux abbayes et aux évêchés, sauf l'institution réservée au saint-siége, et abolissait les appels en cour de Rome, grâces expectatives, etc. Ce traité, qui chargeait d'un poids terrible la conscience des rois de France, comme le dit Bossuet, en mettant le salut de leurs sujets entre leurs mains, et qui abolissait les dernières libertés garanties par la Pragmatique Sanction aux élections ecclésiastiques, fut repoussé longtemps par l'Église de France, qui craignait avec raison de ne pas se trouver assez efficacement protégée par le saint-siége contre les caprices du monarque, l'université réclama et ordonna des prières publiques comme dans les grandes calamités ; le parlement refusa l'enregistrement pendant plus d'un an ; mais François Ier, excité par le chancelier Duprat, dont cette déplorable transaction était l'œuvre, et tenant à honneur de prendre pour modèle Louis XI, qui, disait-il, avait *mis les rois hors de pages*, fit emprisonner les professeurs et déclara au parlement *qu'il ne souffrirait pas un sénat comme à Venise et qu'on verrait qu'il n'y a qu'un roi en France*. Menacé dans son existence même, le parlement enregistra le concordat du *très-exprès commandement du roi* (mars 1518), mais en déclarant qu'il n'abandonnait pas les saints décrets de la Pragmatique, et qu'il en appelait au futur concile général. — Ce nouveau progrès du pouvoir absolu mit entre les mains des rois de France les biens du clergé, c'est-à-dire le tiers au moins des revenus territoriaux du royaume. Maîtres de disposer des *Bénéfices*, ils ne le firent que trop souvent pour affermir leur despotisme ou enrichir leurs flatteurs, au grand détriment de la discipline, ainsi que des mœurs ecclésiastiques et de la religion elle-même.

208. TRAITÉS DE NOYON ET DE BRUXELLES — Pendant que François Ier concluait ces divers traités, la mort de Ferdinand le Catholique (1516), (v. n° 145) avait rapproché de lui le souverain des Pays-Bas, devenu roi d'Espagne, et préparé de grands événements. Le jeune roi n'ignorait pas combien les communes et la noblesse espagnoles étaient jalouses de leurs priviléges; effrayé des difficultés qu'il allait rencontrer pour se mettre en possession de ses Etats, il signa donc avec le roi de France (13 août) le traité de *Noyon*. Outre une ligue offensive et défensive entre les deux rois, ce traité stipulait le mariage de Charles avec *Louise*, fille de François Ier, qui lui abandonnait pour dot tous ses droits sur le royaume de Naples; Charles promettait en retour de rendre la Navarre à la maison d'Albret, et de ne donner aucun secours à son aïeul Maximilien, que son isolement détermina à accéder aussi au traité de Noyon par celui de *Bruxelles* (décembre 1516). Un dernier traité (4 octobre 1518) par lequel le roi d'Angleterre restituait à la France, moyennant cinq cent soixante mille écus, *Tournai*, qu'il lui avait enlevé en 1513, termina cette importante série de négociations.

209. FRANÇOIS Ier ET CHARLES-QUINT BRIGUENT LA COURONNE IMPÉRIALE. — François Ier avait agi avec une entière bonne foi en concluant avec Charles le traité de Noyon; mais rien n'était plus opposé au caractère loyal et chevaleresque du roi de France que celui du jeune souverain des Espagnes. Tout en continuant à prodiguer à François Ier les témoignages les plus empressés d'estime et d'amitié, à l'appeler dans ses lettres *son bon père*, il gardait la Navarre et signait avec le roi d'Angleterre et l'Empereur le traité de Londres (29 octobre 1516), qui renouvelait en quelque façon les précédentes ligues contre la France. Un événement d'une bien plus grande importance encore fit bientôt éclater la longue et sanglante rivalité des deux princes. Tandis que François Ier s'occupait du projet d'une croisade contre les Turcs que lui avait proposée le pape Léon X, l'empereur Maximilien mourut (14 janvier 1519). La couronne impériale ne procurait qu'un titre sans Etats, mais celui qui la portait était considéré comme le successeur de Charlemagne; c'en était assez pour exciter l'ambition de François Ier, qui appartenait au Saint-Empire comme duc de Milan et possesseur de l'ancien royaume d'Arles. Il se présenta aussitôt aux suffrages des électeurs.

Mais l'Allemagne, toujours antipathique à la France, était peu disposée à y chercher un empereur; de plus, les idées de liberté, exaltées par la réforme religieuse qui agitait alors ce pays, y faisaient redouter le caractère despotique dont François avait déjà donné des preuves; enfin, les craintes inspirées par les Turcs, qui menaçaient alors la Hongrie, devaient faire désirer de trouver dans le nouvel empereur un prince intéressé à protéger l'Empire et assez puissant pour y réussir. Les yeux se tournèrent vers le fils de Philippe le Beau, dont l'ambition soigneusement dissimulée, n'avait pas encore porté ombrage. En effet, ce jeune prince savait cacher sous les apparences les plus modestes la profondeur de son génie, et nul ne comprit le sens du mot gravé sur son écu : *Nondùm*. Charles, dont les États héréditaires d'Autriche étaient les premiers exposés aux ravages des musulmans, semblait en effet naturellement désigné au choix des princes électeurs. Il se mit ouvertement sur les rangs pour disputer à François 1er cette partie de l'héritage de Maximilien. Les envoyés de Charles agirent activement auprès des électeurs, n'épargnant ni les présents ni les promesses. Les électeurs résistèrent néanmoins, redoutant pour eux-mêmes la grandeur croissante de Charles et son humeur non moins hautaine que celle de son rival; ils ne se décidèrent à lui décerner la couronne impériale que sur le refus et par le conseil de Frédéric, électeur de Saxe (28 juin 1519).

210. Élection de Charles-Quint. — Rivalité de la France et de la maison d'Autriche. — Cette élection assurait à Charles-Quint une puissance dangereuse pour l'indépendance de tous les autres États. A ses domaines des Pays-Bas et d'Allemagne, héritage de Philippe le Beau et de Maximilien, il joignait en effet, depuis la mort de Ferdinand le Catholique toutes les forces terrestres et maritimes des royaumes d'Espagne, de Naples, de Sicile, de Sardaigne; et de plus, l'Amérique, où s'étendait chaque jour la domination espagnole (voir chap. XIV), ouvrait pour lui ses inépuisables trésors.

Tant de possessions et tant de ressources aux mains d'un seul souverain, menaçaient la sécurité de l'Europe entière. François 1er le comprit, et, par politique autant que par le ressentiment d'un amour-propre vivement blessé, il devint l'ennemi irréconciliable de Charles-Quint. Il s'ensuivit entre eux une guerre acharnée, qui remplit presque tout le règne de François 1er, et que des traités ou trèves conclus à diverses reprises partagent naturellement en plusieurs périodes.

21 1. Camp du Drap d'Or. — Bataille de la Bicoque. — Au moment de commencer une lutte redoutable

contre un adversaire dont les États entouraient les siens presque
de toutes parts, François Ier songea à s'assurer des alliances ;
mais son rival, plus fin politique que lui, l'avait prévenu.
Charles-Quint s'était par avance ménagé l'alliance du roi
d'Angleterre Henri VIII, qui n'en fut pas moins un de ses
rivaux à l'empire. François Ier supposa que Henri partageait
son dépit, il espéra donc attirer dans son parti ce prince qui,
trop peu fort pour dominer l'Europe, devait cependant donner
l'avantage à celui des deux rivaux dont il serait l'allié et qui
avait pris la devise assez fondée : *Qui je défends est maître*.
Les deux rois de France et d'Angleterre eurent une entrevue
entre *Guines* et *Ardres*, sur la limite des possessions anglaises
et françaises. Le lieu de la réunion reçut le nom de *camp du
Drap d'or*, à cause de la ruineuse magnificence qu'y déployè-
rent les deux rois, mais surtout François Ier et tous ses courtisans, dont *plusieurs y portèrent leurs moulins, leurs forêts et
leurs prés sur leurs épaules* du Bellay). Les négociations qui
s'y mêlèrent pendant dix-huit jours aux fêtes et aux tournois
(juin 1520) n'eurent aucun résultat utile ; elles n'empêchèrent
pas Henri VIII de se rattacher bientôt après à la cause de
Charles-Quint, qu'embrassa aussi le pape Léon X, désireux de
rattacher à l'État de l'Église les duchés de Ferrare, de Parme
et de Plaisance. La guerre commença bientôt sur trois points à
la fois, dans les Pays-Bas, dans le Milanais et sur la frontière
des Pyrénées. Elle présentait, de ce dernier côté surtout, des
chances assurées, si François Ier avait su profiter, pour y attaquer Charles-Quint avec vigueur, de l'occasion favorable que
lui offraient les troubles survenus en Castille, où les communes
étaient alors aux prises avec la noblesse et la royauté (n° 147).
Mais l'épuisement de ses finances follement dilapidées pour l'entrevue du camp du Drap d'or, ne lui permit d'y envoyer, sous
le commandement de Lesparre, qu'une faible armée qui n'eut
pas plutôt fait la conquête de la Navarre, qu'elle se vit rejetée
en deçà des Pyrénées par les forces réunies des deux partis
naguère ennemis, mais qui s'étaient rapprochés pour chasser
l'étranger.

La guerre ne fut pas mieux conduite du côté du nord. Le
duc de Bouillon, à l'instigation de François Ier, avait attaqué
l'Empereur du côté des Pays-Bas, il ne fut pas secouru à temps,
perdit ses États, et la frontière du nord resta dès lors à découvert. Quand le roi se décida à marcher en personne pour la défendre, elle était envahie, et la Champagne l'eût été tout entière, sans l'héroïque résistance de Bayard ; celui-ci s'enferma
dans *Mézières*, en déclarant qu'il n'en sortirait que sur un pont

formé des cadavres de ses ennemis. L'arrivée du roi de France contraignit les Impériaux à se retirer. François pouvait les anéantir en leur coupant la retraite, s'il eût suivi le conseil du connétable de Bourbon ; mais, non content de mépriser les avis d'un guerrier dont la victoire de Marignan avait prouvé l'habileté et la bravoure, et qu'il avait déjà blessé en lui ôtant le gouvernement du Milanais, il l'irrita davantage en lui retirant le commandement de l'avant-garde, poste d'honneur toujours réservé au connétable. L'occasion perdue ne se représenta jamais, et François Iᵉʳ s'était fait un ennemi de plus.

Le roi n'avait été, du reste, dans cette circonstance, que l'instrument des passions haineuses de sa mère, Louise de Savoie, duchesse d'Angoulême, qui furent, comme nous l'allons voir, les premières causes des revers de la France. C'est en effet à cette même femme qu'il faut attribuer la perte du Milanais, où se porta bientôt tout l'effort de la guerre. Le maréchal de Lautrec, qui y commandait, était comme le connétable détesté par la mère du roi; privé par les intrigues de cette princesse de l'argent nécessaire pour payer les Suisses à sa solde, il se vit abandonné de la plupart de ces mercenaires et forcé bientôt par leur défection à abandonner le Milanais. Cette province fut occupée par les troupes impériales, tandis que Parme et Plaisance tombaient au pouvoir de Léon X, qui mourut, dit-on, de joie en apprenant ce succès (1ᵉʳ décembre 1521).

Cependant quelques renforts envoyés à Lautrec, retiré sur le territoire vénitien, lui permirent de reprendre l'offensive; mais ses soldats mal payés se mutinaient et perdaient toute discipline. *Carga, a gente o bataille!* s'écrièrent les Suisses avec fureur dès qu'ils aperçurent l'ennemi. Lautrec se vit forcé, malgré sa résistance, d'attaquer les Impériaux dans la formidable position de la *Bicoque*, où il comptait les affamer. Il perdit la bataille (29 avril 1522), malgré son habileté et sa valeur, fit du moins sa retraite en bon ordre; mais il se vit contraint à évacuer définitivement le Milanais. Gênes profita de ces revers pour se soustraire encore une fois à la domination française, et Venise elle-même, fatiguée de supporter presque à elle seule tout le poids de la guerre, abandonna le parti des Français, qui se trouvèrent ainsi sans alliés.

2°. TRAHISON DE BOURBON. — Ce n'était pas assez de tant d'ennemis, les passions désordonnées et l'insatiable cupidité de la mère du roi allaient encore jeter dans leurs rangs un des plus braves défenseurs de la France. Suzanne de Bourbon, femme du connétable et unique héritière des vastes domaines de la branche aînée de Bourbon (Bourbonnais, Auvergne, Mar-

:he, **Forez, Lyonnais, Beaujolais,** principauté de Dombes et une foule d'autres seigneuries), venait de mourir sans enfants (28 avril 1521), en léguant à son mari sa riche succession. La duchesse d'Angoulême, qui avait conçu une passion ridicule pour le connétable, moins âgé qu'elle de treize ans, le voyant devenu veuf, lui fit offrir sa main. Dédaignée par lui, elle se vengea de ses mépris en attaquant le testament de Suzanne, qui fut cassé à la suite d'un procès inique, œuvre du chancelier Duprat ; et elle recueillit elle-même une portion de la dépouille de sa victime.

Le connétable se laissa entraîner par tant d'injustices à commettre un crime qu'elles ne sauraient pourtant excuser. Il trahit cette patrie qu'il avait si longtemps et si bravement défendue, et conclut avec Charles-Quint et Henri VIII un traité qui devait faire disparaître le nom de France de la carte de l'Europe. En effet, dans le partage projeté entre les trois princes, Bourbon aurait ajouté aux provinces qui avaient dû former son légitime héritage celle du Dauphiné et de Provence avec le titre de roi, tandis que le roi d'Angleterre reprenait tout ce que les Anglais avaient autrefois possédé en France, et que Charles-Quint recevait pour sa part la Bourgogne, la Champagne et la Picardie. A tous les ennemis de la France, il fallait encore ajouter le nouveau pape Adrien VI, ancien précepteur de Charles-Quint, qui, sur le trône pontifical, fut le modèle des plus pures vertus.

La ligue, à la tête de laquelle ce pontife, d'un caractère d'ailleurs conciliant et pacifique, laissa mettre son nom, comprenait, comme on vient de le voir, l'Empereur, son frère Ferdinand, archiduc d'Autriche, le roi d'Angleterre, les Vénitiens, les Florentins et les Génois. La grandeur du danger arracha François Ier aux plaisirs de sa cour : il réunit plusieurs armées avec l'argent nécessaire pour les solder, et partait lui-même pour aller se mettre à la tête de celle qui se dirigeait vers les Alpes, lorsqu'il apprit la trahison du connétable. Il court aussitôt le trouver à Moulins, espérant que sa franchise et sa bonté lui *crèveraient le cœur*. Le connétable lui renouvelle son serment de fidélité ; mais à peine François s'est-il éloigné, que le traître s'enfuit, et, après avoir vainement cherché des complices en France, va se joindre aux ennemis de sa patrie.

Cependant les Espagnols, qui avaient franchi les Pyrénées et pris Fontarabie, échouèrent devant Bayonne : les Allemands, qui devaient attaquer par la Bourgogne, s'arrêtèrent en apprenant la fuite de Bourbon, avec lequel ils avaient espéré faire leur jonction dans les provinces soulevées par lui ; enfin les Anglais, qui avaient envahi le nord et forcé la Trémoille et sa trop faible armée à reculer devant eux jusqu'à onze lieues de Paris, se retirèrent à la nouvelle que le roi envoyait contre eux toute sa gendarmerie. Les ennemis étaient donc repoussés sur tous les points. Mais les tentatives faites pour reprendre le Milanais échouèrent par l'incapacité de l'amiral *Bonnivet*, auquel la scandaleuse faveur de la mère du roi avait valu cet important commandement. Forcé de fuir devant *Pescara*, l'un des plus habiles capitaines de Charles-Quint, il fut blessé dans la déroute de Romagnano (1524), et laissa le commandement à Bayard, qui eut bientôt à son tour l'épine dorsale fracassée d'un coup d'arquebuse. Frappé à mort, le preux chevalier se fait porter au pied d'un arbre, et ordonne qu'on lui tourne le visage vers l'ennemi : car, dit-il, *n'ayant jamais tourné le dos devant l'ennemi, je ne veux pas commencer à la fin de ma vie.* Ce fut dans cette position qu'il vit arriver auprès de lui le connétable de Bourbon, qui lui témoigna sa douleur de le voir en cet état. *Monseigneur*, lui répondit Bayard, *il n'y a point de pitié en moi qui meurs en homme de bien, servant mon roi; il faut avoir pitié de vous, qui portez les armes contre votre prince, votre patrie, votre serment* (1). Ces nobles paroles du héros expirant ne touchèrent point le cœur ulcéré du connétable; il pressa l'empereur de profiter de ses succès pour envahir la France, et obtint de lui un corps d'armée avec lequel il pénétra en Provence. Mais l'héroïque défense de Marseille (juillet 1524), fait échouer ses projets, et bientôt l'arrivée du roi, à la tête d'une armée formidable, force les Impériaux à regagner l'Italie.

---

(1) Véritable type de la bravoure et de la loyauté, digne des héros les plus accomplis des temps antiques, *Pierre du Terrail*, seigneur de *Bayard* né en 1476 dans un château du Dauphiné, avait reçu de son père toutes les traditions de la chevalerie française. Il était entré dans l'armée sans autre richesse que son cheval et ses armes; et, dès l'âge de dix-neuf ans, il s'était signalé sous les yeux de Charles VIII à la fameuse bataille de Fornoue. Sous Louis XII, il contribua plus que tout autre aux conquêtes des Français, joignant la prudence à la hardiesse, et sachant mériter par sa modération, son désintéressement et sa grandeur d'âme, l'estime et l'affection des vaincus. Ce preux chevalier, qui, nouveau Coclès, avait défendu seul contre les Espagnols le pont du Garigliano (n° 195), et gagné ainsi la glorieuse devise : *Vires agminis unus habet*, repoussait avec horreur les offres d'un traître qui lui offrait d'empoisonner Jules II, le plus redoutable ennemi des Français, et immortalisait son humanité au sac de Brescia. Une famille qu'il avait arrachée à la brutalité des soldats, lui apporta dans sa reconnaissance deux mille cinq cents ducats. Bayard accepta la somme, mais pour la partager aussitôt entre deux jeunes filles dont il venait de sauver l'honneur. Tel était le *chevalier sans peur et sans reproche.*

213. DÉFAITE DE PAVIE. — François Ier ne peut résister au désir de les y poursuivre, et reprend encore une fois le Milanais. Pavie seule l'arrête ; mais la garnison manquait de vivres, et le roi se croyait si sûr du succès, qu'il envoya une partie de ses troupes faire la conquête du royaume de Naples. Cependant l'habile Pescara, voyant l'armée française affaiblie par cette diversion et la sienne devenue supérieure en nombre à l'aide de nouveaux renforts arrivés d'Allemagne, s'avance pour délivrer Pavie. François préférant aux conseils de ses généraux les plus expérimentés les absurbes flatteries de Bonnivet et des autres courtisans, qui lui disaient qu'*un roi de France ne recule pas devant ses ennemis et ne change pas ses projets suivant leurs caprices*, s'obstine à rester dans une position désavantageuse. Pescara profite habilement de cette présomption insensée et d'une nouvelle faute commise par le roi et toute sa gendarmerie, qui se laissent entraîner par leur imprudente ardeur en avant de leur artillerie, dont ils masquent ainsi le feu. Bientôt l'armée française, attaquée sur ses flancs restés à découvert, est tournée et mise dans une déroute complète. En moins d'une heure, la bataille fut perdue. Les Français et leur roi continuèrent cependant à se défendre avec le courage du désespoir. La Trémoille, la Palisse, Bonnivet lui-même, plusieurs autres généraux et la plus grande partie de la noblesse se firent tuer autour du roi, qui, blessé lui-même, finit par tomber, ainsi que le roi de Navarre et plusieurs chefs illustres, entre les mains des ennemis.

Telle fut cette nouvelle bataille de Poitiers, cette désastreuse journée de *Pavie* (24 février 1525), après laquelle François Ier, qui venait de perdre par sa faute huit mille soldats, ses plus braves capitaines et sa liberté, se flatta lui-même en écrivant, dit-on, à sa mère : *Madame, tout est perdu fors l'honneur* (1).

214. CAPTIVITÉ DE FRANÇOIS Ier. — **TRAITÉ DE MADRID.** — Renfermé d'abord dans une forteresse du Milanais, François Ier fut, sur sa demande, conduit à Madrid. L'orgueilleux Charles-Quint, auquel il avait écrit une lettre où il faisait

---

(1) Nous avons encore la lettre beaucoup plus longue et moins digne écrite par François Ier à sa mère après la bataille de Pavie ; on y trouve le passage suivant : *De toutes choses ne m'est demeuré que l'honneur et la vie qui est sauve.* C'est ce passage, dont l'étonnante hardiesse d'un historien (Daniel, qui cite le biographe de Charles-Quint, Antonio de Vera) a fait le billet fameux par son laconisme et son énergie, que tous les auteurs ont répété après lui, comme nous le faisons nous-mêmes, parce que *la France qui l'aurait écrit, le tient pour authentique* (Chateaubriand).

10.

humblement appel à sa générosité, ternit sa victoire en retenant un rival malheureux dans la plus dure captivité.

La duchesse d'Angoulême, que le roi avait nommé régente avant son départ, et son principal ministre, le chancelier Duprat, se hâtèrent de réunir de nouveaux moyens de défense. Ils firent mieux encore en déterminant le roi d'Angleterre, Henri VIII, qu'effrayait l'accroissement de la puissance de Charles-Quint, à signer avec la régente (30 août 1525) un traité de neutralité. Cependant la discorde s'était mise entre les chefs de l'armée victorieuse : l'Italie, que pillaient leurs soldats, était prête à se soulever toute entière; enfin une dangereuse maladie de François Ier, résultat des rigueurs que Charles-Quint faisait subir à son captif dans l'espoir de l'amener à racheter à tout prix sa liberté, faillit le priver des avantages qu'il se promettait de cette spéculation honteuse. Toutes ces circonstances le déterminèrent à signer (14 janvier 1526) le *traité de Madrid* avec le roi de France, qui paya sa délivrance par la cession de la Bourgogne et du Charolais, par l'abandon de toutes ses prétentions sur le Milanais, sur Gênes et sur le royaume de Naples, ainsi que de ses droits sur la Flandre et l'Artois; et par la promesse de rendre au connétable de Bourbon ses immenses domaines, qui avaient été confisqués. François livra ses deux fils en otage pour sûreté de l'exécution de ce honteux traité, contre lequel néanmoins il avait d'avance protesté en secret.

215. SAC DE ROME. — PAIX DE CAMBRAI. — A peine libre, en effet, il déclara hautement qu'il regardait comme nul le traité de Madrid, qui lui avait été imposé par la force. Puis, renouvelant, en présence même du vice-roi de Naples, de Lannoy, commissaire de Charles-Quint, la scène de Louis XI à Tours (voir n° 112), il fait déclarer par une assemblée de notables réunie à *Cognac* qu'il *n'était pas au pouvoir du roi d'aliéner aucune province de son royaume*, déclaration à laquelle les députés de Bourgogne ajoutèrent qu'ils s'opposeraient par la force des armes à l'exécution du traité de Madrid. Aussitôt François, ne respirant que la vengeance, confirme le traité signé par sa mère avec Henri VIII, et ferme avec lui (22 mai 1526) une ligue à laquelle l'accession du pape Clément VII, animé du désir de voir l'Italie indépendante et tranquille, fit donner le nom de *Sainte*, et dans laquelle entrèrent aussi les Vénitiens, le duc de Milan lui-même et les Suisses. Mais François Ier, oubliant auprès de la duchesse d'Etampes, qui venait de succéder dans ses volages et honteuses affections à la comtesse de Chateaubriand, les engagements qu'il avait pris avec ses alliés, se contenta de leur envoyer un secours de quatre mille hommes.

Cependant l'armée italienne, commandée par le duc d'Urbin, était encore supérieure en nombre à celle des Impériaux; mais ce chef inhabile laissa prendre Milan par les Espagnols et passer par le Mantouan quinze mille aventuriers protestants de l'Allemagne, qui se joignirent au corps d'armée commandé par le connétable de Bourbon. Celui-ci, après leur avoir laissé piller tout le nord de l'Italie, les conduisit vers *Rome*, qui fut emportée de vive force (6 mai 1527). Tué dès le commencement de l'attaque, Bourbon ne vit pas le sac de cette capitale du monde civilisé, et les dévastations qu'y exercèrent les bandes pillardes et féroces qui l'avaient malgré lui entraîné à l'assaut.

A la nouvelle de cette grande profanation et de la captivité du pape, l'Europe entière s'émut; François 1er envoya en Italie Lautrec, qui reconquit une partie du Milanais, chassa de Rome les brigands qui y vivaient à discrétion depuis dix mois, les poursuivit dans le royaume de Naples, et mit le siége devant cette capitale, que vint en même temps bloquer par mer une flotte génoise commandée par le fameux amiral génois André Doria. Mais le roi de France eut l'imprudence de mécontenter ce zélé patriote, dont la défection priva Lautrec des vivres nécessaires à son armée. Bientôt elle fut décimée par les maladies contagieuses, qui emportèrent le général lui-même (16 août 1528), et forcèrent le reste de ses troupes à se rendre. — L'année suivante, une nouvelle armée fut détruite à *Landriano*, près de Milan; et bientôt après, les deux rois, épuisés par huit ans de guerre, signèrent (15 août 1529) la *paix de Cambrai* ou *des Dames*, ainsi nommée parce que ce fut la mère du roi et la tante de l'Emperur qui la décidèrent. François 1er acheta, au prix de deux millions d'écus d'or (près de soixante-huit millions de francs), la conservation de la Bourgogne et la liberté de ses deux fils, dont la captivité avait si mal garanti à Charles-Quint l'exécution du traité de Madrid. Mais la domination de ce dernier sur l'Italie était désormais assurée. Déjà le pape Clément VII avait acheté de lui, par l'investiture du royaume de Naples, la restitution de ses Etats et le rétablissement des Médicis à Florence, qui fut livrée à l'odieuse tyrannie du duc Alexandre. Plus heureuse, Gênes, arrachée par Doria à la domination française, dut au *restaurateur de la liberté* l'indépendance qu'elle a conservée jusqu'à la fin du siècle dernier; quant au Milanais, il devait rester à Sforza et à ses héritiers directs.

OUVRAGES A CONSULTER. — Voir à la fin du chapitre suivant.

QUESTIONNAIRE. — 204. Quel fut le successeur de Louis XII?—

Comment François 1er commença-t-il son règne? — A qui laissa-t-il toute l'influence? — 205 Quels alliés s'assura-t-il et où porta-t-il la guerre? — Quels ennemis rencontra-t-il au delà des Alpes? — Racontez la bataille de Marignan. — 206. Quel fut le prix de la victoire de Marignan? — Quel traité François 1er fit-il avec les Suisses? — 207. Quelle convention célèbre François 1er conclut-il avec le pape? — Quelles devaient en être les conséquences? — 208. Quels autres traités furent signés par François 1er? — 209. Comment ce prince brigua-t-il la couronne impériale? — 210. Qui fut élu empereur? — Qui avait décidé l'élection de Charles-Qu nt? — Quelles furent les conséquences de cette élection? — 211. Quels alliés François 1er chercha-t-il à se concilier? — Où eut lieu son entrevue avec le roi d'Angleterre, et quel en fut le résultat? — Sur quel point commencèrent les hostilités entre François 1er et Charles-Quint? — Quels événements se passèrent dans le Milanais? — 212. Quels motifs poussèrent le connétable de Bourbon à trahir sa patrie? — Quel résultat eurent les tentatives faites pour reprendre le Milanais? — Racontez la mort de Bayard et sa belle réponse au connétable de Bourbon. — 213. Quels événements amenèrent la désastreuse bataille de Pavie? — 214. — Que fit la régente pendant la captivité du roi? — Exposez les clauses du traité de Madrid. — 215 Indiquez les principaux événements de la seconde guerre entre François 1er et Charles-Quint. — Comment et à quelles conditions fut conclue la paix de Cambrai?

CHAPITRE DIX-HUITIÈME.

SUITE DE LA RIVALITÉ DES MAISONS DE FRANCE ET D'AUTRICHE.

SOLIMAN LE GRAND.

—

SOMMAIRE.

§ 1er. 216. François 1er répare ses forces et fait alliance avec les Turcs. Une nouvelle rupture est signalée par une triple attaque de Charles-Quint, qui, repoussé partout, est bientôt attaqué à son tour par les Français et les Turcs, et signe la trêve de Nice (18 juin 1538).

217. François 1er laisse Charles-Quint traverser la France (1540), lors de la révolte des Gantois, mais la mauvaise foi de l'empereur fait éclater la guerre.

218. Nice est prise par les flottes française et turque réunies (1543). Après la victoire de Cérisoles, les traités de Crépy en Valois (1544) avec Charles V et d'Ardres avec Henri VIII (1546) terminent la guerre.

219 Henri VIII, le comte d'Enghien et François 1er meurent en 1547. Ce dernier s'immortalise par la protection qu'il accorde aux lettres et aux arts.

§ II. 220. La royauté devient plus absolue sous François Ier, qui n'assemble pas les états généraux, contraint le parlement à enregistrer ses edits, et anéantit le dernier grand fief. La féodalité a perdu les droits régaliens, et désormais, elle n'est plus une rivale pour la royauté.

221. Les impôts sont augmentés, les premiers emprunts en rentes perpétuelles sont contractés, la loterie est créée, les charges de judicature et de finances sont mises en vente; mais l'édit de 1524 régularise l'administration des deniers publics.

222. L'administration de la justice est améliorée, l'ordonnance de Villers-Cotterets réforme la procédure; elle crée les registres de l'état civil. — La France est divisée en neuf gouvernements : Picardie, Champagne, Normandie, Ile de France, Bourgogne, Dauphiné, Provence, Languedoc Guyenne. Les gouverneurs royaux réunissent les attributions militaires et civiles; les baillis, sénéchaux, prévôts ont des attributions judiciaires et administratives dans leurs circonscriptions.

223. François Ier cherche par l'organisation de sept légions provinciales de six mille fantassins chacune à créer l'infanterie nationale pour remplacer les bandes étrangères.

224. La marine militaire est créée, le port du Havre creusé; la navigation marchande reçoit une puissante impulsion des grandes découvertes; François Cartier débarque au Canada.

§ III. 225. Soliman le magnifique (1520-1566) prend Belgrade, et s'empare de Rhodes après un siège de six mois soutenu avec héroïsme par les chevaliers de Saint-Jean de Jérusalem, et leur grand maître Villiers de l'Ile-Adam. Après une capitulation honorable ceux-ci se retirent en Itacie, puis à Malte.

226. Soliman envahit la Hongrie, tue le roi Louis II à Mohacs (1526), et profite de la querelle de Zapoli et de Ferdinand pour assiéger Vienne, qui est défendue victorieusement par le comte de Sals. Une seconde expédition contre Vienne demeure sans succès.

227. François Ier fait alliance contre Charles-Quint avec Soliman II. L'Empereur a entrepris de détruire les pirates barbaresques dans leurs repaires. En 1535, il attaque Tunis, défait Barberousse, prend une partie de la ville et délivre dix mille captifs.

228. Charles V entreprend avec Doria une expédition contre Alger; les tempêtes détruisent sa flotte et son armée; il revient sans soldats et sans vaisseaux.

229. L'empire ottoman atteint sous Soliman II l'apogée de sa grandeur, mais l'ascendant de Roxelane et les meurtres qui souillent la fin du règne de ce prince, présagent l'abaissement de la Turquie.

230 Sélim II s'empare de Chypre, mais il est battu à Lépante par don Juan d'Autriche, et les conquêtes des Turcs sont arrêtées en Europe.

§ Ier. SUITE DE LA RIVALITÉ DES MAISONS DE FRANCE ET D'AUTRICHE.

216. FRANÇOIS Ier FAIT ALLIANCE AVEC SOLIMAN II LE GRAND. — TRÊVE DE NICE. — Un intervalle de sept années (1529-1536) sépare la seconde et la troisième période de la rivalité de François Ier et de Charles-Quint. Tel était l'épuisement de la France, sous le rapport financier surtout, qu'il ne fallait pas moins de temps à François Ier pour réunir les moyens de réparer ses désastres. — En même temps qu'il annexait définitivement à la couronne (1532) la Bretagne et tous les domaines aliénés, qu'il renforçait son armée et remplissait son trésor au moyen de la succession de sa mère, dans les coffres de laquelle il trouva quinze cent mille écus d'or, il conclut de nouvelles alliances avec le roi d'Angleterre, avec le pape, et, chose insolite encore, quoique Alexandre VI en eût donné l'exemple, avec les Turcs, alors gouvernés par Soliman le Magnifique, digne rival de Charles-Quint (n° 227). Il suscita même des ennemis à l'Empereur et à son frère Ferdinand, au milieu de leurs possessions d'Allemagne, en prenant part à la ligue protestante de Smalkalde (voir ci-après, chap. XXI). Enfin il était prêt à recommencer la lutte, lorsque l'assassinat d'un agent qu'il avait envoyé à Sforza lui en offrit le prétexte.

Tandis que Charles-Quint était occupé à une expédition glorieuse contre Tunis (voir n° 227), le roi de France envahit la Savoie et le Piémont, et allait entrer dans le Milanais, lorsque Sforza mourut sans laisser d'enfants (24 octobre 1535). Cette circonstance rendait à François Ier les droits sur le duché de Milan abandonnés par lui au traité de Cambrai. Il les rappela à l'Empereur, qui, revenu d'Afrique sans argent et presque sans armée, parvint à l'aide de vaines promesses à gagner du temps. Puis, ayant réuni trois armées, Charles attaqua la France à la fois par la Picardie, le Languedoc et la Provence; mais Montmorency défendit cette dernière province en en faisant un désert, où l'armée ennemie périt de misère; celle qui, venant d'Espagne, avait pénétré dans le Languedoc y fut exterminée (1536); enfin Charles Quint attaqué à son tour par les Français dans les Pays-Bas et en Italie, et par les Turcs, leurs alliés, du côté de l'Allemagne, consentit à accepter la médiation du pape. Paul III détermina les deux monarques, encore une fois ruinés par ces nouveaux efforts, à signer à Nice (18 juin 1538) une trève de dix ans, qui laissait au roi de France ses conquêtes dans le Piémont et à l'Empereur sa prépondérance en Italie.

2 : 7. Voyage de Charles-Quint en France. — La trève conclue pour dix ans n'en dura que trois. Mais, cette fois, ce ne fut point François Ier qui fut l'agresseur. Ce prince, qui croyait possible de ressusciter au seizième siècle la courtoisie des temps chevaleresques, n'avait pas été désabusé par les traitements odieux que lui avait fait subir pendant sa capti-

vité un rival jaloux. Suivant les conseils de son ministre Montmorency, nommé connétable à la suite de la part glorieuse qu'il avait prise à la dernière guerre, il rechercha l'alliance de Charles-Quint, eut avec lui une entrevue à Aigues-Mortes (14 juillet 1538), et mit dans ses relations avec ce prince astucieux et perfide une générosité dont celui-ci ne manqua pas de tirer parti avec son habileté ordinaire, et qui fit perdre au roi chevalier de nombreuses occasions de reprendre sur lui tous ses avantages. Ainsi, loin de profiter de la révolte des habitants de Gand contre l'Empereur (1539), et d'accepter l'offre qu'ils faisaient de se donner à lui, il instruit lui-même de leurs menées Charles Quint, qui se trouvait en Espagne, et l'engage, pour aller plus promptement les soumettre, à traverser la France (1), où il le reçoit au milieu des fêtes les plus brillantes (1540). Il ne lui demandait en reconnaissance que l'exécution de la promesse qu'il avait faite de donner à l'un des princes français l'investiture du Milanais, et Charles s'y était formellement engagé ; mais lorsque la soumission des Gantois, qu'il traita avec une grande rigueur, l'eut rassuré contre la crainte de voir la Flandre et l'Artois se réunir à la France, il nia impudemment ses promesses. Cependant, ses embarras financiers et l'expédition qu'il méditait contre Alger (1541) ne lui permettant pas encore de recommencer la guerre, il s'efforça d'apaiser François Ier par une autre promesse aussi vaine que la précédente, celle de donner sa fille pour épouse au duc d'Orléans, second fils du roi, avec les Pays-Bas pour dot. François, convaincu de la mauvaise foi de l'Empereur, voulut renouveler son alliance avec Soliman ; mais deux ambassadeurs qu'il lui envoya furent assassinés en traversant l'Italie.

243. VICTOIRE DE CÉRISOLES. — PAIX DE CRÉPY. — Irrité de tant de perfidies, le roi de France mit alors sur pied cinq armées à la fois. L'une d'elles, commandée par le duc d'Orléans, fit en deux mois la conquête du Luxembourg (juin 1542), qui fut perdu bientôt après, mais reconquis avec

---

(1. Plusieurs des courtisans de François Ier lui conseillaient de profiter de la confiance avec laquelle Charles-Quint s'était livré à lui pour le retenir prisonnier, et le forcer ainsi à abandonner les stipulations du traité de Madrid ; et tout le monde connaît le joli tableau de Gros représentant la scène où le fou du roi, Triboulet, montre à son maître une liste de fous sur laquelle on a écrit le nom de Charles Quint : *Et si je le laisse passer ?* lui dit le roi, *j'effacerai son nom pour y mettre le vôtre*, répond le fou, interprète des sentiments d'une partie de la cour. Mais François Ier refusa d'ajouter une perfidie au désaveu déjà si peu loyal du traité de Madrid.

l'Artois l'année suivante, puis repris encore par Charles-Quint, qui échoua pourtant au siége de Landrecies. Le Roussillon, envahi par une autre armée, fut défendu avec succès par le duc d'Albe. Enfin une flotte turque considérable, sous le commandement du fameux Barberousse, vint joindre à Marseille une escadre française commandée par le comte d'Enghien, et tous deux ensemble allèrent assiéger et brûler la ville de Nice, la seule qui fût restée au duc de Savoie. L'année suivante, la flotte turque, qui avait hiverné à Toulon, retourna en Turquie, emmenant quatorze mille esclaves enlevés sur les côtes d'Italie. Cette scandaleuse union d'un descendant de saint Louis avec les musulmans avait soulevé contre François Ier l'Europe entière. La diète de Spire (1544) refusa d'admettre les ambassadeurs de l'ami des Turcs; le Danemark rejeta son alliance; déjà Henri VIII lui avait déclaré la guerre et s'était uni à Charles-Quint pour démembrer la France.

Cependant le comte d'Enghien, envoyé en Piémont à la tête d'une armée de vingt mille hommes, gagna sur Duguast, gouverneur du Milanais et assassin des ambassadeurs français, la brillante victoire de *Cérisoles*, qui coûta aux ennemis douze mille hommes, toute leur artillerie et leurs bagages (14 avril 1544). Le Milanais devait être le prix de ce succès; mais Charles-Quint avait envahi la France par le nord et avait pénétré jusqu'à Château-Thierry; François Ier rappela d'Italie une partie de son armée, qui se réunit aux troupes rassemblées par le Dauphin. Charles-Quint manquant de vivres, menacé d'être coupé, et rappelé en Allemagne par les Turcs et par les protestants révoltés, proposa la paix au roi de France, et signa avec lui à *Crépy en Valois* (17 septembre 1544), un traité par lequel François Ier abandonnait ses prétentions sur le royaume de Naples et ses droits de souveraineté sur la Flandre et l'Artois, tandis que l'Empereur renonçait seulement à ses prétentions sur la Bourgogne, et promettait le duché de Milan et la main de sa nièce au second fils du roi, le duc d'Orléans. La mort du duc, arrivée peu de temps après, l'affranchit de l'obligation de tenir cette nouvelle promesse, sans qu'il voulût entendre parler d'aucune compensation. Henri VIII, dont tous les succès s'étaient réduits à la prise de *Boulogne*, fit enfin sa paix séparée à *Ardres* (7 juin 1546), et s'engagea à rendre Boulogne pour une somme d'argent.

249. MORT DE FRANÇOIS Ier. — Le roi d'Angleterre mourut huit mois après (29 janvier 1547), et deux mois plus tard (31 mars), François Ier le suivit dans la tombe. Ce dernier

y avait été lui-même précédé par l'illustre vainqueur de Cérisoles le comte d'Enghien, mort à l'âge de vingt-six ans, et vivement regretté de sa patrie, à laquelle ses vertus, non moins
que sa valeur, promettaient un héros accompli. François Ier
n'était âgé que de cinquante-trois ans, et dut la mort à son
incontinence. « Il élevait les gens sans sujet, dit un de ses
historiens, s'en servait sans considération, leur laissait mener la guerre et la paix pour se décharger. Les femmes faisaient tout, même les généraux et les capitaines, d'où vient la
variété des événements de sa vie mêlée de générosités, qui le
poussaient à de grandes entreprises, d'où les voluptés le retiraient au milieu d'icelles. Trois actes honorables lui donnèrent
le nom de *grand* : la bataille de Marignan, la restauration des
lettres, la résistance qu'il fit seul à toute l'Europe. » (Tavannes.)

Un de ses plus beaux titres de gloire, est certainement la
protection éclairée qu'il accorda aux lettres et aux sciences et
qui lui valut le titre de *restaurateur des lettres*. Il encouragea
une foule de savants et les reçut à sa cour; il fonda le *Collège
de France*, où les professeurs les plus instruits enseignaient le
latin, le grec, l'hébreux, ainsi que les sciences mathématiques
et philosophiques. La *Bibliothèque royale*, qui en 1373,
d'après l'inventaire dressé par le valet de chambre du roi, ne
contenait que 910 volumes, fut considérablement augmentée et
enrichie. Enfin, pour activer les progrès de l'imprimerie, François Ier fit fondre des caractères perfectionnés qui furent
confiés aux plus habiles imprimeurs de l'époque. Il jetait ainsi
les premières bases de l'établissement créé plus tard sous le
nom d'*Imprimerie royale*, d'où sont sortis tant de chefs-
d'œuvre de l'art typographique.

Le grand mouvement artistique et littéraire qui date de
François Ier et qui est connu sous le nom de *Renaissance* faisant l'objet d'un chapitre spécial (chapitre XX, IIe partie) nous
y renvoyons pour ce qui concerne les hommes et les œuvres
qui doivent être signalées. Nous agissons de même pour ce qui
a rapport à l'introduction et aux progrès de la *Réforme* en
France qui fait l'objet du chapitre XXIV.

§ II. INSTITUTIONS DE FRANÇOIS Ier. — ÉTAT INTÉRIEUR DE LA FRANCE
A LA MORT DE CE PRINCE.

223. PROGRÈS DU POUVOIR ROYAL. — TRANSFORMA-
TION DE LA FÉODALITÉ. — Tandis que le roi combattait si
vivement la maison d'Autriche et l'empêchait de dominer com-

plétement l'Europe, la royauté poursuivait à l'intérieur le cours de ses progrès. L'autorité absolue, inaugurée et mise en système par Louis XI, achevait de s'établir et de se consolider.

Déjà absolue de fait sous le règne des prédécesseurs de François 1er, la monarchie conservait néanmoins encore, au moins dans la forme, quelque apparence d'intervention populaire. Ces derniers vestiges de liberté disparurent sous François 1er, qui n'assembla pas une seule fois les états généraux, et qui brisa par des menaces de destitution et d'exil la résistance du parlement. Nous avons vu (n° 207) avec quel despotisme il se conduisit dans l'affaire du Concordat, qui lui donna sur le clergé un ascendant immense; il n'en montra pas moins en contraignant encore le parlement à enregistrer, après trois années de résistance, l'ordonnance contre la chasse (1519), dont les sanglantes pénalités étaient dignes des temps les plus barbares du moyen âge.

La réunion à la couronne des quatre provinces du Bourbonnais, de la Marche, de l'Auvergne et du Lyonnais. dépouille du connétable de Bourbon, anéantit le dernier grand fief qui restât en France (1).

(1. Il ne restait plus en France qu'une maison royale apanagiste, la *Branche cadette de la maison de Bourbon*. Elle possédait le comté de Vendôme, érigé en duché par François 1er pour Charles de Bourbon; une partie des domaines de la maison de Luxembourg : enfin le comté de *Montpensier*, devenu un duché-pairie, et la seigneurie de la *Roche-sur-Yon* appartenaient à un second rameau de cette branche, laquelle avait reçu une partie des domaines confisqués sur le connétable, savoir : le *Forez*, le *Beaujolais*, la seigneurie de *Dombes* et le *Dauphiné d'Auvergne*. — La maison de Bourbon possédait encore le duché de *Châtellerault*, les comtes de *Beaufort*, de *Montpin*, de *Soissons* et de *Deaux*, la vicomte de *Brosse*, la seigneurie de *Combrailles*, etc. Elle allait y réunir (1548) les vastes possessions de la maison d'Albret par le mariage de Jeanne d'Albret avec Antoine de Bourbon. Un prince de cette famille, Louis de Bourbon, fut le chef de la maison de Condé.

Non moins puissante que la maison de Bourbon, à laquelle elle allait se réunir, la *maison d'Albret* possédait, outre la seigneurie de ce nom et les fiefs qui en dépendaient : *Marsan, Tursan,* comté de *Bigorre*, etc.; le royaume de *Navarre*, les domaines des maisons de Penthièvre, c'est-à-dire les comtés de *Limoges* et de *Périgord* (restitués par François 1er, ceux de la maison de *Foix*, qui comprenaient le comté de ce nom et le *Béarn*, et enfin ceux de la maison d'*Armagnac* : *Armagnac. Gabardan, Gaure, Lomagne. Fézensac* et *Fézensaguet*, qu'elle avait réunis par mariage ou par succession.

Les autres maisons féodales les plus importantes étaient :

La maison allemande de *Clèves et la Marck*, qui se mit presque toujours au service de la France, et possédait sur notre territoire avec la principauté de *Sedan*, les comtes de *Nevers*, de *Rhétel*, d'*Eu*, les seigneuries d'*Arches* (Charleville), de *Donzy*, etc.

La maison de *Lorraine* possédait les duchés de *Lorraine* et de *Bar* ; une

La féodalité était donc détruite, ou du moins elle était devenue impuissante, car la royauté ne s'est pas contentée de réunir à son domaine des villes, des châteaux et des territoires; elle s'est attaquée aux prérogatives féodales elles-mêmes et a augmenté ses droits de tous ceux qu'elle a successivement enlevés aux vassaux. Les grands fiefs, naguère indépendants en France de l'autorité souveraine, reconnaissaient désormais presque tous la juridiction suprême du roi; les seigneurs, en effet, ont perdu la plupart des *droits régaliens*, c'est-à-dire appartenant par leur nature à la souveraineté, tels que celui de battre monnaie, de faire la guerre, de promulguer des ordonnances. S'ils rendent encore la justice, c'est seulement en premier ressort; partout existe un recours à la juridiction supérieure du roi représentée par les parlements, les cours souveraines, le conseil du roi. Les privi'èges seigneuriaux tendent de plus en plus à se renfermer dans des distinctions honorifiques qui rendent les nobles seuls aptes à remplir les hautes fonctions de l'État, et dans le droit de percevoir sur les vassaux des redevances et des taxes souvent arbitraires et vexatoires. Ce n'est plus cette aristocratie féodale qui, traitant avec la royauté sur le pied de l'égalité, l'a si souvent tenue en échec : c'est une noblesse riche, privilégiée, puissante, mais qui, subordonnée de droit à l'autorité royale, pourra bien être encore une sujette indocile, mais ne sera plus pour elle une rivale. En un mot, l'autorité absolue de la royauté est fermement établie, et désormais le roi pourra écrire au bas de ses édits les plus tyranniques cette formule toute nouvelle : *Car tel est notre bon plaisir.*

221. FINANCES. — RENTES PERPÉTUELLES. — LOTERIE. — VENTE DES CHARGES. — Une augmentation dans les impôts fut naturellement une conséquence du nouveau mode de gouvernement et cependant les recettes ne purent suffire aux dépenses de la guerre et à celles du roi. Il lui fallut pour se

---

seconde branche avait dans ses domaines le duché de *Guise*, les comtés d'*Aumale*, d'*Harcourt*, d'*Elbeuf*, la seigneurie de *Joinville*, etc., et devait jouer plus tard un grand rôle sous le nom de *maison de Guise*.

La maison de *la Tour*, qui possédait la vicomté de *Turenne*, mais avait perdu le comté d'*Auvergne*.

La maison de *Chatillon* et la maison de *Montmorency*, qui occupaient les premières dignités de l'État et dont nous parlerons plus loin avec détails; celle de *la Trémoile*, qui possédait, outre le fief de son nom, la principauté de *Talmond* et la comté d'*Thouars* celle de *Clermont-Tonnerre*, de *Saint-Pol*, de *Sanic-Tavannes*, d'*Uzès*, de *Joyeuse*, etc.

Le pape possédait toujours le *comtat Venaissin*, où était enclavée la principauté d'*Orange*, appartenant à la maison de *Nassau*; le duché de *Nemours* dépendait de la maison de Savoie.

procurer de l'argent avoir recours aux *emprunts en rentes per-*
pétuelles, qui devaient jouer un si grand rôle dans le système
financier des Etats modernes, et devenir la base de ce que l'on
a appelé le crédit public. Le Trésor reçut les fonds des particuliers, et au lieu d'en rembourser le capital, il s'obligea à en
payer perpétuellement l'intérêt, d'où vint le nom de *rentes*
perpétuelles. La première rente ainsi constituée fut le résultat
d'un emprunt de deux cent mille livres versées au Trésor,
moyennant un intérêt de huit pour cent par année (1522).

Malheureusement, à cette habile et sage combinaison François 1er joignit des expédients réprouvés par la morale comme
par la saine économie politique. Il prononça de nombreuses
confiscations de biens ou amendes contre plusieurs financiers
et divers fonctionnaires publics, accusés de concussion ou de
prévarication. Il établit l'immoral impôt produit par les revenus
de la *loterie royale*, dont l'Italie avait fourni le modèle. Destinée à absorber les épargnes de tant de malheureux, séduits
par l'espoir presque toujours chimérique d'un gain considérable, ou possédés par la déplorable passion des jeux de hasard,
cette institution funeste ne devait, malgré tous les maux qu'elle
a produits, disparaître que de nos jours.

Enfin, il donna de nouveaux développements au principe depuis longtemps établi de la vénalité des charges de judicature.
Le chancelier Duprat avait mis en vente les fonctions les plus
élevées de la magistrature, et créé, soit dans le parlement de
Paris, soit dans les provinces, un grand nombre de charges
nouvelles, dans le seul but de les céder à prix d'argent. Ainsi
s'introduisirent dans la magistrature une foule de membres peu
dignes d'y prendre rang. Ces titres continuèrent à se transmettre de la sorte sous la condition purement nominale que
les successeurs recevraient l'investiture de l'autorité royale. Le
principe de la vénalité des charges fut appliqué aux emplois de
finances, et eut le grave inconvénient de provoquer les concussions et les exactions des receveurs de l'impôt, dans le but de
s'indemniser des sacrifices qu'ils avaient eus à faire pour obtenir
leur office.

Ces abus ne doivent pas faire oublier néanmoins les perfec-
tionnements importants qui furent introduits sous François 1er
dans l'administration même des finances. En 1524, un édit fut
publié pour établir un ordre plus régulier dans la gestion des
deniers publics, et la vigilance de François 1er à en assurer
l'exécution lui permit, après tant de dépenses de toute nature,
de laisser dans ses coffres des sommes considérables.

222. Justice. — Divisions administratives. — L'ad-

ministration de la justice, malgré divers désordres causés par
la vénalité des charges reçut aussi de nouveaux perfectionne-
ments. La législation fut améliorée, dix nouvelles coutumes
furent publiées, les procédures furent abrégées, les droits des
accusés mieux protégés, et la langue française substituée dans
tous les actes au latin barbare qu'on y avait employé jusque-là.
La célèbre ordonnance de *Villers-Cotterets* (août 1539), qui
établissait toutes ces réformes, et qui, à elle seule, forme un
code presque complet, fixa encore des limites précises entre la
juridiction séculière et la juridiction ecclésiastique, dont elle
restreignit considérablement l'étendue, et elle institua les registres de l'*état civil* pour constater les naissances et les décès.

L'autorité royale ne pouvait se faire sentir sans intermédiaire
dans les provinces éloignées; il était nécessaire de rétablir les
grandes divisions administratives, qui assuraient également la
puissance du prince sur tous les points du territoire. — Par une
ordonnance de l'année 1546, François Ier divisa le royaume en
neuf grands gouvernements ou provinces : 1° La Picardie;
2° la Champagne; 3° la Normandie; 4° l'Ile de France; 5° la
Bourgogne; 6° le Dauphiné; 7° la Provence; 8° le Languedoc;
9° la Guyenne. La Bretagne, quoique solennellement réunie
au domaine royal, conservait son administration propre.

A chacun de ces gouvernements était préposé un lieutenant
général du roi, ayant le commandement des troupes et l'administration des affaires civiles. L'administration de la justice en
premier ressort était confiée, ainsi qu'un grand nombre d'affaires administratives, aux baillis, sénéchaux et prévôts, dont
la juridiction, étendue à un territoire ou arrondissement plus
ou moins considérable, formait les circonscriptions appelées
bailliages, sénéchaussées, prévôtés. La juridiction de ces officiers
limitait celle des seigneurs, et les *grands jours*, sorte d'assises
ou de cours plénières tenues à l'extraordinaire par des commissaires royaux, allaient dans toutes les provinces faire justice
des abus et réprimer les excès des seigneurs. — Enfin, les sentences des seigneurs comme celles des juges inférieurs pouvaient
toujours être frappées d'un appel devant les cours et parlements.

223. ARMÉE. — LÉGIONS PROVINCIALES. — Un roi guerrier comme était François Ier devait chercher les moyens de
faire la guerre avec succès, aussi, outre les soins qu'il donna
aux places fortes qui furent réparées et augmentées, s'attacha-
t-il à doter la France d'une armée nationale. A l'exception des
Gens d'armes ou cavaliers d'élite et des *Francs archers*, dont le
nombre n'avait jamais été considérable, et qui, sous le nom

de *Francs taupins*, étaient devenus fort indisciplinés (voir n° 55), les troupes étaient principalement composées de recrues empruntées à tous les pays. Le soupçonneux Louis XI ne se confiait que dans la garde écossaise ; et les Suisses, depuis la paix perpétuelle (n° 206), étaient devenus l'élément principal de nos armées. François Ier exempta de la taille tous ceux qui se consacreraient au service militaire, et il put ainsi organiser sept *légions provinciales*, composées environ de six mille hommes chacune. Il fit de grands efforts pour les former à la discipline et s'en servit avec succès dans ses guerres. Mais ces légions ne purent remplacer avantageusement les bandes étrangères composées des soldats les plus aguerris de l'Europe, et elles ne tardèrent pas à se désorganiser.

224. MARINE. COMMERCE. — Au règne de François Ier remonte l'organisation d'une marine militaire (1), destinée à remplacer par des vaisseaux régulièrement armés en guerre les bâtiments qui étaient empruntés jusque-là à la navigation marchande, suivant les besoins du moment. Le port du Havre, creusé à cette époque, offrit un nouvel abri aux vaisseaux du roi, et surtout à la marine marchande qui prenait avec le commerce en général un accroissement considérable. Beaucoup de négociants faisaient de tels bénéfices et de si grandes fortunes, que, d'après un auteur du temps, il se trouvait en France, à cette époque, plus d'or et d'argent que toutes les mines n'auraient pu en fournir en deux cents ans.

Les grandes découvertes récemment faites en Afrique et en Amérique (voir n° 152 et suivants) stimulèrent l'ardeur des marins français, et surtout de ceux du port de *Saint-Malo*, qui ne le cédaient en audace à aucun autre peuple. Un des plus habiles d'entre eux, *François Cartier*, fit, dans la partie septentrionale de l'Amérique, plusieurs expéditions, suivies bientôt d'autres qui donnèrent naissance aux premiers établissements

---

(1) La France, à l'avénement de François Ier, ne possédait pas de port à l'embouchure de la Seine. Les légers bâtiments qui faisaient le commerce de ces côtes s'abritaient en petit nombre dans les anses étroites de Honfleur et de Harfleur. A l'endroit où la Seine se jette dans la mer, s'élevaient deux grosses tours, longtemps occupées par les Anglais. François Ier les fit démolir et fit creuser sur leur emplacement un vaste bassin, autour duquel il jeta les fondements d'une ville nouvelle (1516) ; il lui donna son nom en l'appelant *Franciscopolis*, mais les habitants préférèrent celui d'une petite chapelle des environs, dédiée à *Notre Dame de Grâce*. L'usage fut plus puissant que la loi, et le nouveau port a conservé le nom de *Havre de Grâce*. Une tour, bâtie au-devant du bassin, pour en défendre l'entrée, est encore appelée tour de François Ier, en mémoire de son fondateur.

fondés par la France dans le Canada, en dépit des prétentions
que les Espagnols et les Portugais élevaient sur la possession
exclusive du nouveau monde : *Je voudrais bien voir*, disait
François Ier, *l'article du testament d'Adam qui leur lègue*
l'Amérique.

§ III. INTRODUCTION DES OTTOMANS DANS LA POLITIQUE EUROPÉENNE.

SOLIMAN II.

225. SOLIMAN II. — PRISE DE BELGRADE ET DE
RHODES. — La troisième période de la rivalité de Charles V
et de François Ier est, ainsi que nous l'avons dit, signalée par
un fait remarquable et nouveau, l'introduction des Ottomans
dans la politique européenne par l'alliance de la France avec
le sultan.

Avant de raconter la lutte du puissant empereur d'Allemagne
et de l'illustre souverain de la Turquie, il faut exposer en quelques mots les principaux événements du règne de l'un des plus
grands hommes qui aient paru sur le trône de Constantinople.
— *Soliman le Magnifique* avait succédé à Sélim Ier (1520), au
moment où les conquêtes de ce prince venaient de reculer au
loin les frontières de l'empire ottoman (n 85). Jaloux de la
gloire de son prédécesseur, il inaugura son règne en s'emparant,
après vingt assauts, de la grande ville de Belgrade, qui n'avait
plus le vaillant Hunyade pour la défendre (1521); et, brûlant
d'anéantir les plus terribles ennemis de l'islamisme, il prépara
une expédition formidable contre les chevaliers de Saint-Jean
de Jérusalem établis dans l'île de Rhodes. Une flotte de trois
cents voiles et deux cent mille soldats vinrent, sous les ordres de
Soliman, mettre le siége devant la ville de Rhodes.

Le port, entouré de vastes fortifications, était fermé par une
chaîne de fer tendue entre les rochers sur lesquels posaient
jadis les pieds du fameux colosse. Des murailles d'une grande
épaisseur entouraient la ville tout entière. Les chevaliers chargés de la défense étaient en petit nombre, mais tous d'une valeur éprouvée, et ils avaient pour chef le grand maître *Villiers*
de l'Isle-Adam, vieux guerrier français dont les exploits étaient
célèbres dans l'Europe entière. — A l'approche des Turcs, le
grand maître envoya demander des secours à tous les princes
chrétiens. Ceux-ci, tout entiers à leurs querelles, restèrent
indifférents au péril de ces champions de la chrétienté, et l'on
vit seulement les chevaliers dispersés en Italie, en France, en
Angleterre, accourir de toutes parts, à la nouvelle du danger de
leurs frères, pour vaincre ou pour mourir avec eux.

Les Turcs commencèrent l'attaque en battant les murailles avec cent pièces de canon, dont plusieurs lançaient des boulets d'une énorme grosseur; et à peine eurent-ils ouvert quelques brèches dans les remparts, qu'ils livrèrent des assauts sans cesse renouvelés. La garnison ne comptait que six mille hommes, parmi lesquels il n'y avait guère que six cents chevaliers; mais tous les habitants combattaient sur les remparts; les femmes apportaient des rafraîchissements pendant la mêlée, et plusieurs d'entre elles vinrent se joindre, les armes à la main, aux défenseurs de la ville. Un seul assaut, repoussé par une lutte acharnée, coûta quinze mille hommes aux assiégeants.

Soliman avait vu les janissaires eux-mêmes fuir devant les chrétiens; désespérant de vaincre ses ennemis, il voulut les anéantir en employant la mine, ce terrible moyen de destruction, inventé tout récemment par l'ingénieur espagnol Pierre de Navarre (n° 242). Un amas de poudre, introduit dans une galerie souterraine, fit écrouler par son explosion une grande partie des remparts. Une armée entière pouvait passer par cette brèche; mais en marchant à l'assaut, les assiégeants furent arrêtés par une nouvelle muraille que les Rhodiens venaient d'élever pour remplacer la première.

Le siége durait depuis six mois, et cent mille Turcs avaient péri; mais la ville, battue par plus de cent vingt mille coups de canon n'était plus qu'un monceau de ruines; la plupart de ses défenseurs étaient tués ou criblés de blessures; les munitions et les aliments commençaient à manquer. L'héroïque Villiers de l'Isle-Adam, touché du sort des habitants qui n'avaient plus ni vivres ni logement, se décida enfin à capituler. Plein d'admiration pour sa valeur, Soliman lui accorda les conditions les plus honorables : le grand maître put se retirer avec le petit nombre de chevaliers qui avaient survécu, emmenant sur ses galères toutes les familles chrétiennes qui voulurent le suivre. *Ce n'est pas sans quelque peine*, dit Soliman en le voyant s'éloigner, *que j'ai obligé ce chrétien à sortir de sa maison* (1522).

Villiers de l'Isle-Adam se rendit en Italie, où il fut reçu par le pape Adrien VI avec les plus grands honneurs. L'empereur Charles-Quint, qui l'avait laissé sans secours, lui donna pour retraite la petite île de Malte, au milieu de la Méditerranée. Ce rocher nu et stérile fut entouré par ses nouveaux maîtres de remparts imprenables, et sous le nom de *chevaliers de Malte*, ces vaillants défenseurs du nom chrétien continuèrent à être la terreur des infidèles (1530).

226. Lutte de Soliman II contre la Hongrie et

L'AUTRICHE. — SIÉGE DE VIENNE. — Après cette mémorable expédition, Soliman reprit le cours de ses conquêtes. A la tête d'une armée innombrable, il envahit la Hongrie et tua le roi *Louis II* à la sanglante bataille de *Mohacs* (1526). Au lieu de s'unir contre les infidèles, *Jean Zapoli*, prince de Transylvanie, et *Ferdinand*, frère de Charles-Quint, se disputèrent le trône les armes à la main, et le premier se reconnut vassal du sultan pour obtenir son appui. Le sultan profita de ces déplorables querelles pour pénétrer jusqu'en Autriche, et mettre le siége sous les murs de Vienne. Ce fut, à cette nouvelle, une consternation générale. Jamais, depuis l'invasion des Sarrasins en France, l'Europe chrétienne n'avait couru un si grand danger. Mais les assiégés, commandés par le brave *comte de Sals*, opposèrent une résistance si vigoureuse que Soliman fut obligé de battre en retraite, après avoir brûlé son camp et égorgé ses prisonniers.

Il revint quelques années après; mais cette fois, l'empereur Charles-Quint accourut lui-même au secours de sa capitale, avec cent cinquante mille soldats, catholiques et luthériens. C'était, depuis les croisades, le plus grand effort de la chrétienté contre l'islamisme. Soliman n'osa pas livrer bataille et se retira encore une fois, maudissant la ville de Vienne, la première devant laquelle il eût reculé, et prédisant que cette cité serait toujours fatale aux armes musulmanes.

227. SOLIMAN II ALLIÉ DE FRANÇOIS Ier. — EXPÉDITION DE CHARLES-QUINT CONTRE TUNIS. — Toutefois Soliman conclut avec Ferdinand une paix avantageuse. La soumission définitive de la Moldavie, la conquête des dernières possessions vénitiennes dans l'Archipel (1538-1540), la prise de Tunis par Kaïreddin Barberousse, que le sultan avait mis à la tête de ses flottes, ajoutèrent un nouveau lustre à la gloire de Soliman, avec lequel François Ier fit un traité d'alliance (n° 216).

Alger et Tunis, au pouvoir des musulmans, devinrent les repaires d'une audacieuse piraterie qui, soutenue par les flottes ottomanes dont Barberousse était l'amiral, portait la désolation sur toutes les côtes de la Méditerranée. Charles-Quint, ému des plaintes qui lui parvenaient, résolut la destruction des corsaires. En 1535, le plus grand amiral de ce siècle, le Génois *Doria*, détaché de l'alliance française, conduisit en Afrique l'armée de Charles-Quint, commandée par l'Empereur lui-même. Barberousse marcha à la rencontre de l'armée aguerrie que l'Empereur dirigeait en personne. Mais ses soldats, plus exercés à combattre sur mer que sur terre, ne purent tenir devant les

vieilles troupes qui avaient fait la guerre dans tous les pays
d'Europe. Les musulmans furent mis en déroute; et, à la nouvelle de cette défaite, dix mille esclaves chrétiens enfermés dans
la citadelle de Tunis rompirent leurs fers, se jetèrent sur les
fuyards, et en tuèrent un grand nombre. Le port et tout le
quartier voisin, emportés d'assaut par les Espagnols, furent mis
à feu et à sang, et plus de trente mille infidèles furent impitoyablement massacrés malgré tous les efforts de l'Empereur.
Charles-Quint délivra une multitude de captifs enlevés par les
pirates sur les côtes de la Méditerranée, et il ramena ces infortunés sur ses vaisseaux, au milieu des applaudissements et des
bénédictions de toute l'Europe.

228. Expédition de Charles-Quint contre Alger.
— Barberousse ne tarda pas à se venger de sa défaite en re-
commençant ses ravages avec plus d'audace que jamais. Il pilla
plusieurs villes d'Italie, battit une flotte nombreuse, et combattit avec François 1er contre son puissant rival. — Charles-
Quint entreprit alors de détruire le repaire même des pirates
en allant attaquer la forte ville d'Alger. Il mit à la voile sur une
flotte considérable, commandée par André Doria.

Cette seconde expédition sur les côtes d'Afrique n'eut pas le
sort de la première. A peine les chrétiens étaient-ils débarqués
non loin des murs d'Alger, qu'une tempête violente dispersa
leurs vaisseaux et les priva tout à coup de leurs munitions et
de leurs approvisionnements. De terribles ouragans jetèrent le
désordre dans l'armée, livrée sans vivres et sans abri aux éléments déchaînés contre elle. Charles-Quint fit de vains efforts
pour soutenir le courage des siens en donnant l'exemple de la
patience et de l'énergie, au milieu des privations les plus
cruelles. Les Algériens, profitant de la situation désastreuse des
troupes chrétiennes, vinrent de toutes parts fondre sur les soldats épuisés de fatigue et de faim; ils en égorgèrent un grand
nombre, échappant sur leurs rapides coursiers à toutes les
poursuites, revenant sans cesse à la charge, et ne laissant aucun repos à leurs ennemis. Charles-Quint fut forcé de se rembarquer en toute hâte avec les débris de ses troupes sur quelques vaisseaux échappés à la tempête, et il revint en Europe
sans flotte et sans armée (1541).

229. Gouvernement de Soliman II. — La dernière
guerre de Soliman II fut une expédition contre l'île de Malte,
qui fut sauvée par le courage du grand maître *la Valette*,
digne émule de Villiers de l'Isle-Adam, malgré les efforts de
l'habile amiral *Dragut* (1565). L'empire ottoman avait alors atteint l'apogée de sa grandeur; les Turcs avaient pris part aux

grands démêlés de l'Europe, et le sultan disposait en maître de la Hongrie ; mais le temps des conquêtes était passé, et les musulmans consumeront désormais sans fruit leurs armées dans leurs entreprises contre l'Europe chrétienne.

A l'intérieur, la Turquie jouissait d'une prospérité générale : les embellissements de Constantinople, la fondation d'un grand nombre d'hôpitaux, de bibliothèques et de colléges, la rédaction d'un code de lois plus régulières, avaient glorieusement signalé le gouvernement de Soliman II. Mais déjà sur la fin de ce règne, l'affaiblissement de l'empire, que tant de guerres avaient épuisé, commençait à se faire sentir. Tandis que le vieux sultan, soumis au joug de l'ambitieuse et cruelle Roxelane, préparait de cuisants remords à ses derniers jours par le meurtre de tous ses enfants du premier lit, il jetait dans l'empire une cause funeste de divisions et de décadence, en ôtant le commandement des armées aux princes de la famille impériale. Dès lors le gouvernement tomba aux mains des femmes ou des eunuques et perdit toute son ancienne vigueur.

230. SÉLIM II. — BATAILLE DE LÉPANTE. — *Sélim II*, successeur de Soliman (1566), put enlever aux Vénitiens l'île de Chypre, dont la conquête fut accompagnée d'horribles cruautés ; et ses vaisseaux menacèrent de nouveau les rivages de l'Europe chrétienne. Mais *don Juan d'Autriche*, qui commandait les flottes de Philippe II, des Vénitiens et du pape, anéantit dans le golfe de *Lépante* toute la marine ottomane (1571) ; et tandis que Sélim consterné restait trois jours sans prendre de nourriture, le front dans la poussière, l'Europe triomphante répétait avec le souverain pontife : *Fuit homo missus à Deo, cui nomen erat Joannes !* Cette terrible défaite porta à la puissance ottomane un coup dont elle ne devait plus se relever.

OUVRAGES A CONSULTER. — Fleurange, Vieilleville, Gaspard de Saulx-Tavannes, *Mémoires*. Blaise de Montluc, *Commentaires* ; du Bellay, *Mémoires et Ogdoades* ; *Journal de Louise de Savoie*, mère de François Ier ; *Correspondance de l'empereur Maximilien Ier et de Marguerite d'Autriche, sa fille, gouvernante des Pays-Bas* ; *Lettres de Marguerite d'Angoulême, reine de Navarre, au roi François Ier*, publiées par la Société de l'Histoire de France ; Paradin, *Histoire de notre temps* ; Brantôme, *Hommes illustres* ; et les *Histoires* déjà citées de la Trémoille et de Bayard ; ainsi que celles du Ferron, de Beaucaire, de Guichardin ; Paul Jove, *Vita Leonis decimi* ; Robertson, *Histoire de Charles-Quint* ; Varillas et Gaillard, *Histoire de François Ier* ; mademoiselle de Lussan, *Anecdotes de la cour de François Ier* ; du Chastel, *le Trépas, Obsèques, etc., de François Ier* ; Marillac, *Vie du connétable de Bourbon*, Pasquier, *Recherches de la France* ; Ragon, *Abrégé de l'histoire générale des temps modernes* ; Sleidan, *de Statu religionis et reipublicæ Germanicæ sub Carolo V*. Les *Lettres de François Ier* à sa mère, tomes II et III des *Archives curieuses de l'histoire de France*, Isambert, *Recueil des anciennes lois françaises*, t. XII, etc. — Consulter, pour le § III, de Hammer, *Histoire de l'empire ottoman*, ainsi que Ragon, Macé, Schœll, t. XX, XXI, etc.; Filon *Histoire générale du seizième siècle*; *Précis d'histoire moderne; Histoire d'Allemagne*, par Kohlrausch, t. II; *Histoire de Hongrie*, par Ranzau; *Allemagne*, par M. Lebas, dans l'*Univers pittoresque*.

QUESTIONNAIRE. — § Ier. 216. A quoi François Ier employa-t-il les loisirs de la paix qui suivit le traité de Cambrai? — Avec qui fit-il alliance? — Quelle entreprise François Ier dirigea-t-il encore sur le Milanais, et comment se termina la guerre? — 217. Quelles fautes commit François Ier dans ses relations avec son rival? — Quelles causes rallumèrent la guerre entre les deux souverains? — 218. A quels événements donna lieu cette quatrième guerre? — Quelles furent les causes du traité de Crépy? — Quel traité Henri VIII conclut-il avec François Ier? — 219. Quand mourut François Ier? — Quel fut le résultat des guerres contre Charles-Quint? — § II. 220. Quels furent les progrès de l'autorité royale sous François Ier? — Quelle est la situation de la féodalité? — Quelle transformation a-t-elle subie? — 221. Comment les finances furent-elles administrées? — A quels expédients le roi eut-il recours pour se procurer de l'argent? — 222. Comment l'administration de la justice fut-elle perfectionnée? — Quelle ordonnance célèbre fut rendue sous ce règne? — Comment la France fut-elle partagée en grands gouvernements? — 223. Comment François Ier chercha-t-il à créer une armée nationale? — 224. Que fit-il pour la marine? — Quels progrès fit le commerce extérieur sous ce règne? — § III. 225. Par quelle expédition Soliman II inaugura-t-il son règne? — Racontez le siége de Rhodes. — Que devinrent après la capitulation les chevaliers de Saint-Jean-de-Jérusalem? — 226. Quelle victoire Soliman remporta-t-il en Hongrie? — Quelles divisions favorisèrent ses attaques? — Quelle fut l'issue de sa double tentative contre Vienne? — 227. Quel élément nouveau s'introduisit dans la politique européenne? — Racontez l'expédition de Charles-Quint contre Tunis. — 228. Quelle fut la cause de l'issue de l'expédition contre Alger? — 229. Racontez l'histoire intérieure de la Turquie sous Soliman II. — Que fit la sultane Roxelane? — 230. Quelle conquête fit Sélim II? — Quelle grande bataille perdit-il?

CHAPITRE DIX-NEUVIÈME.

HENRI II. — ABDICATION DE CHARLES-QUINT.

PHILIPPE II.

—

SOMMAIRE.

§ Ier 231. Henri II renvoie les ministres de son père, il a pour favoris les Guises et le connétable de Montmorency. Celui-ci punit avec rigueur la révolte de Bordeaux (1548). Une rupture avec l'Angleterre, occasionnée par des secours donnés à Marie de Lorraine, en Ecosse, se termina par un traité qui rendit Boulogne à la France (1550).

232. Henri II poursuit la tâche de son père. Il combat les Impériaux en Italie et les repousse.

233. Allié avec les protestants d'Allemagne, Henri occupe la Lorraine et les trois Evêchés. Après la défection des princes allemands, il continue la guerre, signalée par la belle défense du duc de Guise dans Metz (1553), la victoire de Renty (1554), et terminée par la trêve avantageuse de Vaucelles (1556).

234. Charles-Quint abdique; il partage ses Etats entre son fils et son frère, et meurt au monastère de Saint-Just (1558). — Philippe II qui lui succède en Espagne, à Naples, dans les Pays-Bas, possède encore une puissance redoutable, augmentée par son mariage avec Marie d'Angleterre; il continue avec obstination la guerre contre la France.

235. Au renouvellement de la guerre, les Français sont battus à Saint-Quentin (1557). Mais le duc de Guise reprend Calais (1558), ce qui consomme l'expulsion définitive des Anglais.

236. La guerre continue par la prise de Thionville (1558) par le duc de Guise, et la défaite des Français à Gravelines (13 juillet); elle se termine par la paix de Cateau-Cambrésis, qui enlève à la France un grand nombre de places, mais affermit l'unité de son territoire.

237. Henri II est tué par accident dans un tournoi (10 juillet 1559).

238. La monarchie absolue s'affermit sous Henri II par la convocation de l'assemblée des notables de Saint-Quentin (1558), et par l'extension de la juridiction du Parlement de Paris. Le duel judiciaire est aboli. La Chambre des monnaies devient une cour souveraine (1553). L'effigie du roi remplace la croix sur les monnaies. Enfin, malgré le monopole de la vente du sel et d'autres impôts et contributions, Henri laisse en mourant un déficit considérable dans le trésor.

239. La France ne conserve aucune de ses conquêtes en Italie; mais elle rend un immense service à la politique européenne en servant d'appui aux princes allemands contre la maison d'Autriche, et en empêchant celle-ci de réaliser la monarchie universelle.

§ Iᵉʳ. HENRI II CONTINUE LA POLITIQUE DE FRANÇOIS Iᵉʳ.

231. HENRI II. — *Henri II*, parvenu à l'âge de vingt-huit ans, lorsque son père lui laissa la couronne (1547), était depuis longtemps déjà admis dans tous ses conseils et initié aux secrets de sa politique : aussi son règne ne fut-il en quelque sorte que la continuation de celui de François Iᵉʳ pour la politique extérieure; mais il en fut tout autrement à l'intérieur. A peine François eut-il fermé les yeux que ses sages ministres, le cardinal de Tournon et l'amiral d'Annebaud, furent éloignés et remplacés par le connétable de Montmorency, disgracié depuis plus de six ans. Le nouveau roi, qui le nommait son *compère et son ami*, lui remit *incontinent tout le faix des affaires*; il appela au conseil les princes Lorrains de la maison de Guise, contre l'ambition desquels son père lui avait expressément recommandé de se mettre en garde; enfin, *né pour être gouverné*, comme le dit un de ses historiens, il se laissa conduire par ses favoris et par sa maîtresse, *Diane de Poitiers*, qui, plus âgée que lui de vingt ans, sut conserver sur son esprit une domination qu'elle exerçait depuis longtemps déjà, et à laquelle il resta soumis jusqu'à sa mort.

Le connétable donna, dès la seconde année du règne de Henri II (1548), une preuve de sa rigueur barbare dans l'exercice du pouvoir. L'introduction de l'impôt de la gabelle dans le Poitou, la Saintonge et la Guyenne, y excita une violente sédition; Bordeaux fut pris par les révoltés, malgré les efforts de sa garnison, dont le commandant fut massacré. Cependant, le calme avait été promptement rétabli, le parlement avait puni les coupables, et lorsque Montmorency, accouru pour réprimer l'insurrection, s'approcha de Bordeaux, les principaux de la ville allèrent au-devant de lui pour lui en présenter les clefs. « Je n'ai que faire de vos clefs, leur répondit-il, j'en mène avec moi (son artillerie) qui me feront d'autres ouvertures que les vôtres; je vous ferai tous pendre... » *A quoi il ne faillit*, ajoute l'historien Brantôme. Les Anglais n'étaient pas restés étrangers à cette révolte, aussi, persévérant dans la politique séculaire de la France, Henri envoya-t-il en Écosse un corps d'armée qui soutint Marie de Lorraine, régente pendant la minorité de sa fille Marie Stuart (voir n° 295), dans sa lutte contre Édouard VI et son tuteur Sommerset. Une autre armée attaqua les Anglais dans leurs possessions sur le territoire français; mais bientôt cette guerre se termina (24 mars 1550) par un traité qui rendit Boulogne à la France, moyennant le payement d'une somme de quatre cent mille écus, au lieu de deux millions que François Ier avait promis.

232. CONTINUATION DE LA LUTTE CONTRE LA MAISON D'AUTRICHE. GUERRE EN ITALIE. — La tâche que s'était imposée François Ier, en se constituant le protecteur de l'indépendance de l'Europe et l'adversaire de Charles-Quint, n'était pas encore accomplie. L'Empereur devait survivre près de vingt ans à son rival, et se donner, de son vivant même, dans son fils, un héritier de ses projets ambitieux. Les princes de l'Italie, menacés de la perte de leurs possessions, et surtout les souverains protestants de l'Allemagne, soulevés par le despotisme de l'Empereur, implorèrent l'appui du successeur de François Ier, qui s'empressa de leur accorder ses secours.

La guerre commença presque aussitôt en Italie. Pierre Farnèse, duc de Parme et de Plaisance, ayant été assassiné (1547), Charles-Quint voulut enlever ses Etats à son fils Octave. Déjà il s'était emparé de Plaisance et assiégeait Parme, lorsqu'une armée, envoyée par Henri II au secours du jeune duc, força les Impériaux à lever le siége, et porta le ravage dans les Etats du pape Jules III, allié de Charles V (1551).

253. ALLIANCE AVEC LES PROTESTANTS D'ALLEMAGNE. — CONQUÊTE DES TROIS ÉVÊCHÉS. — Après avoir ainsi arrêté les progrès de l'Empereur en Italie, Henri II forme une alliance offensive et défensive avec les protestants d'Allemagne (5 octobre 1551), fait frapper des médailles sur lesquelles il se donne le titre de *vengeur de la liberté germanique*, et laissant la régence à *Catherine de Médicis* (qu'il avait épousée en 1533), il part, précédé du connétable, pour aller se joindre à ses confédérés. Il s'assure en passant de la Lorraine, que la duchesse, régente au nom de son jeune fils et nièce de Charles-Quint, voulait armer pour la cause de ce dernier. Henri II lui ôte la régence et fait conduire en France le jeune duc. Il s'empare aussi des trois évêchés de *Metz*, *Toul* et *Verdun*, qui faisaient partie de l'Empire, et il était déjà entré en Alsace, lorsqu'il apprit que les princes allemands, infidèles à leur alliance, venaient de se réconcilier avec l'Empereur au traité de *Passau* (2 août 1552), qui proclamait la liberté religieuse : fait immense et qui devait avoir les plus graves conséquences, nonseulement pour l'Allemagne, mais encore pour l'avenir religieux du monde entier. La défection des Allemands faisait tomber sur la France tout le poids de la guerre, et déjà, la gouvernante des Pays-Bas (n° 145) avait fait entrer en Picardie une armée qui saccageait et brûlait tout sur son passage. Bientôt Charles-Quint lui-même parut sous les murs de Metz avec une armée de soixante mille hommes. Mais le duc François de Guise s'y étant jeté avec une armée de dix mille hommes, y soutint avec un courage et une persévérance héroïques un siége de plus de deux mois (levé le 2 janvier 1553), pendant lequel on tira quinze mille coups de canon. Ce fut là le terme de la glorieuse carrière de Charles-Quint, comme l'exprime un vers fait à cette époque :

Siste viam Metis, hæc tibi meta datur.

Après avoir perdu sans résultat près de quarante mille hommes, il leva précipitamment le siége, tandis que le duc de Guise ajoutait un nouveau lustre à la gloire qu'il venait d'acquérir en faisant recueillir et soigner les malades et blessés abandonnés par l'Empereur. Celui-ci alla signaler son dépit et sa basse vengeance par d'affreux ravages dans l'Artois mal défendu, par la destruction complète de *Thérouanne* et le massacre de ses habitants (juin 1553) et par le pillage d'Hesdin. Cette guerre, accompagnée de part et d'autre des plus horribles dévastations, et illustrée encore par la défaite des Impériaux à *Renty* (13 août 1554), fut interrompue (février 1556) par la trêve de *Vaucelles*, qui laissait à la France la Savoie, une partie du Piémont, les Trois-Évêchés et la Lorraine.

234. ABDICATION DE CHARLES-QUINT. — AVÉNEMENT DE PHILIPPE II. — Charles-Quint, devenu vieux, avait vu les revers remplacer les succès qui avaient marqué ses premières années. (Nous ferons ci-après, au chapitre XXI, l'histoire des luttes de ce prince en Allemagne.) Affaibli par la maladie, aigri par les revers de ses armes, par les triomphes des ennemis de son trône et de sa foi religieuse, Charles-Quint résolut de finir dans le calme et dans l'obscurité une carrière si brillante et si agitée. Il fit élire son frère *Ferdinand* roi des Romains, abdiqua en faveur de son fils *Philippe II*, et se retira dans le monastère de Saint-Just en Estramadure (1556). Là, ce prince, qui avait fait trembler l'Europe par ses exploits, prit pour demeure une simple cellule, partageant ses journées entre les exercices de la religion et les travaux de mécanique. On raconte qu'un jour Charles-Quint s'efforçait vainement de mettre d'accord deux montres, qu'il avait faites lui-même : « Fou que j'étais, s'écria-t-il ; et je pensais pouvoir régler mieux qu'une horloge tant de peuples parlant divers langages, et vivant sous différents cieux ! »

Cet homme extraordinaire conçut l'étrange projet de se donner, avant de mourir, le spectacle de ses propres funérailles. Il fit tendre de noir l'église de Saint-Just, et dresser au milieu du chœur un cercueil entouré de flambeaux allumés ; puis il fit rassembler tous les moines pour célébrer en grande pompe l'office des morts. Lui-même, couché dans la bière, répondait aux prières des assistants. La cérémonie terminée, il voulut rester quelque temps seul dans son tombeau pour méditer sur les jugements de Dieu. Mais ce lugubre spectacle fit sur lui une impression fatale. Dès la nuit suivante, il tomba dangereusement malade, et il expira au bout de quelques jours (1558).

Les efforts multipliés du roi de France et des réformés avaient préparé la division de la puissance impériale. Cependant le rétablissement d'une immense monarchie semblait encore à craindre. Philippe II, maître de l'Espagne, des Deux-Siciles, du Milanais et des Pays-Bas, disposant des trésors du Mexique et du Pérou, s'était fortifié par l'alliance de l'Angleterre, dont il avait épousé la reine Marie, catholique aussi ardente que lui-même (1554). Délivré des troubles religieux qui déchiraient l'Empire, il pouvait être et fut, en effet, pour la France, un rival terrible, un ennemi déclaré et l'âme de toutes les guerres civiles qui la désolèrent sous les derniers Valois.

235. BATAILLE DE SAINT-QUENTIN. — REPRISE DE CALAIS PAR LE DUC DE GUISE. — La guerre recommença presque aussitôt entre Philippe II et Henri II ; les succès en furent variés. Le duc de Guise, parti pour l'Italie (janvier 1557) avec l'élite des troupes et de la noblesse françaises, n'y soutint pas la brillante réputation que lui avait acquise la belle défense de Metz ; mais il la recouvra dès qu'il fut rentré en France. — Le connétable venait d'y perdre (10 août) contre le duc de Savoie, Emmanuel-Philibert, commandant de l'armée espagnole, la funeste bataille de *Saint-Quentin*, où la fleur de la noblesse française fut détruite, et Montmorency lui-même fait prisonnier. A la nouvelle qu'il reçut de cette victoire au fond de son couvent, Charles-Quint demanda si son fils était à Paris; Emmanuel-Philibert voulait y courir; mais Philippe II exigea qu'il fît le siége de Saint-Quentin, ville que l'amiral de Coligny défendit avec tant de bravoure qu'elle ne put être emportée qu'au onzième assaut. Les Espagnols s'avancèrent alors jusqu'à Noyon, tandis que les Anglais leurs alliés s'emparaient de Ham. Mais Guise, rappelé d'Italie, commence par chasser les Impériaux qui avaient envahi la Bresse; puis, ayant reçu le titre de lieutenant général ou généralissime, il marche vers le nord, emporte d'assaut la citadelle de *Calais* (1er janvier 1558), envoie Gaspard de Tavannes s'emparer de *Guines* et de tout le *comté d'Oye*, et chasse ainsi les Anglais des dernières places qu'ils possédaient depuis deux cent treize ans sur le territoire du royaume.

236. PAIX DE CATEAU-CAMBRÉSIS. — La prise de *Thionville*, après un siége de dix-sept jours (23 juin), couronna les succès du duc de Guise. Mais trois semaines après, le maréchal Paul de Thermes, qui venait de prendre Dunkerque et Bergues Saint-Vinox, perdit la bataille de *Gravelines* (13 juillet), où il fut fait prisonnier. Cependant le connétable, remis en liberté sur sa parole et sur la promesse d'une rançon de douze cent mille livres (octobre), engage le roi à traiter de la paix, qui fut signée à *Cateau-Cambrésis* (2 avril 1559). Ce traité, par lequel les deux rois se restituaient mutuellement toutes leurs conquêtes dans les Pays-Bas et la Picardie,

11.

laissait à la France Calais et les Trois-Évêchés ; mais elle rendait au duc de Savoie ses États, à l'exception de Turin, Pignerol et quelques autres places ; elle restituait la Toscane, livrait
Sienne à Côme de Médicis, rendait au duc de Mantoue le
Montferrat, aux Génois la Corse, conquise trois ans auparavant, à l'évêque de Liége le duché de Bouillon ; c'est-à-dire en
tout cent quatre-vingt-dix-neuf villes ou châteaux, *plus que les
armes espagnoles n'auraient pu lui enlever après trente ans
de succès*, comme le reprochèrent les Guises au connétable,
leur ennemi, qu'ils accusaient d'avoir ainsi fait payer à l'État
la rançon due par lui à Emmanuel-Philibert. Ces reproches
étaient fondés sans doute, et cependant ce traité, qui mettait
fin, après soixante-dix ans de lutte, aux malheureuses guerres
d'Italie, laissait la France plus grande et plus puissante qu'elle
n'avait jamais été. Ses dernières conquêtes se bornaient, pour
ainsi dire, à quatre villes ; mais ces villes, en arrondissant son
territoire, en fermaient à jamais les portes aux Anglais et aux
Allemands. « La France était alors l'État le plus uni et le plus
riche de l'Europe, celui où l'autorité royale était la plus forte,
la noblesse la plus belliqueuse et le peuple le plus soumis. Ces
guerres d'Italie, qui avaient détourné l'activité nationale de son
vrai but, étant terminées, il semblait qu'elle n'eût plus qu'à se
jeter dans une voie de progrès indéfinie ; mais les guerres
civiles et religieuses allaient commencer : la lutte entre le protestantisme et le catholicisme allait prendre la France pour
théâtre. (Lavallée.)

237. Mort du roi par accident. — Parmi les stipulations du traité de Cateau-Cambrésis se trouvaient compris
deux mariages : celui d'Elisabeth, fille du roi de France, avec
Philippe II, veuf de la reine Marie d'Angleterre, et celui de
Marguerite, sœur de ce même Henri II, avec le duc de Savoie.
Les fêtes que donna le roi pour célébrer le premier de ces
mariages lui devinrent funestes. Mortellement blessé à la tête
d'un éclat de lance, de la main de *Montgomery*, capitaine de
ses gardes, vers la fin d'un tournoi qu'il donnait dans la rue
Saint-Antoine, il fut transporté dans son palais des Tournelles,
où il mourut quelques jours après (10 juillet 1559), à l'âge de
quarante ans. Il laissait de la trop fameuse Catherine de
Médicis, son épouse, quatre fils, dont les trois aînés ont successivement occupé le trône, et trois filles, dont la plus jeune,
Marguerite, fut mariée au roi de Navarre Henri de Bourbon,
qui fut le roi Henri IV.

238. Administration et institutions de Henri II. —
La monarchie absolue, fortifiée par François Ier, continua son

règne sous Henri II, qui restreignit encore le peu de libertés publiques restées debout après tant de conquêtes de la royauté. Une *assemblée de notables* réunie (1558) après la bataille de Saint-Quentin, pour remplacer les états généraux, mais dont le roi avait lui-même nommé tous les membres, lui laissa le soin de remédier, *suivant sa volonté*, aux maux de l'Etat. Déjà, dans un lit de justice qu'il tint peu de temps avant son départ pour la Lorraine (1551), il avait restreint à une seule des chambres du parlement, la grand'chambre, le droit d'examen et de remontrances sur les édits royaux, et encore avec cette condition que si les remontrances n'étaient point agréées, le parlement devrait enregistrer immédiatement, *attendu*, ajoutait le roi, *que nos vouloirs et nos intentions ne sont que bons, justes et raisonnables.* — Louis XIV, dans tout l'orgueil de sa puissance, ne devait pas aller plus loin.

En 1550, le parlement de Paris, déjà considéré comme cour des pairs, vit s'ajouter encore à toutes les autres prérogatives dont il jouissait, celle d'être reconnu en quelque sorte comme cour judiciaire suprême du royaume par un arrêt du grand conseil, qui lui renvoya le jugement d'une cause dans laquelle le parlement d'Aix se trouvait partie intéressée. Trois ans plus tard (1553), le nombre de ces cours souveraines, qui était de sept depuis un demi-siècle, fut porté à huit par la création du parlement de *Rennes* ou de Bretagne. L'année précédente (1552), Henri II avait institué les *sièges présidiaux* devant lesquels on pouvait appeler des sentences des baillis. — Parmi les actes législatifs de ce règne, il faut citer l'édit qui déclara nuls les mariages clandestins, celui qui punit de mort l'infanticide, et surtout celui qui abolit le *combat judiciaire*, à la suite de celui qui avait eu lieu (10 juillet 1547), en présence du roi et de toute sa cour, entre *Jarnac* et *la Chataigneraie*, qui y fut tué d'un coup imprévu et peu loyal que lui porta son adversaire (coup de Jarnac).

Du règne de Henri II (1553) datent l'érection de la chambre des monnaies en cour souveraine, et le perfectionnement apporté dans la fabrication des monnaies par l'édit de 1548, qui remplaça par l'effigie du roi la croix qu'elles portaient auparavant pour empreinte, mais que les faux monnayeurs contrefaisaient trop facilement. — L'établissement du monopole du sel, en réservant à l'Etat seul le droit de vendre cette denrée de première nécessité, devint une source nouvelle de revenus pour le Trésor, mais en même temps une cause de nombreux abus. — Malgré diverses autres modifications dans les impôts, et des contributions extraordinaires, telles que celle de trois millions d'écus d'or, votée par l'assemblée de Saint-Quentin, et qui furent plusieurs fois renouvelées, les ressources de l'Etat ne purent suffire aux dépenses des guerres que Henri II eut à soutenir, et moins encore à ses prodigalités insensées envers Diane de Poitiers et ses favoris : aussi laissa-t-il à sa mort, dans les finances, un déficit de quarante-deux millions de livres (équivalant à plus de trois cent trente-cinq millions de francs).

239. RÉSULTATS DES GUERRES DE FRANÇOIS Iᵉʳ ET DE HENRI II. — Les guerres d'Italie avaient coûté à la France des sommes immenses et la fleur de ses armées. Elle ne gardait au delà des Alpes, pour prix de tant de sacrifices, que quelques places bientôt abandonnées (Turin, Pignerol). Le royaume de Naples, le Milanais, tant de fois pris et perdus, lui avaient échappé définitivement ; l'Italie, destinée à subir perpétuellement le joug de l'étranger, sans autre espoir que celui de changer de maîtres, l'Italie était pour longtemps soumise à la domination des Espagnols ou des Allemands. Toutefois la France avait rendu un service immense à la politique européenne. Champion héroïque de tant de peuples divers menacés à la fois par le même colosse, notre pays avait seul mis des bornes à l'accroissement indéfini de cette formidable maison d'Autriche, qui voulait envahir et écraser l'Europe entière après avoir asservi l'Allemagne. L'appui donné aux princes allemands, en soulevant au centre même des possessions autrichiennes d'énergiques résistances, avait été le principal obstacle à l'accomplissement des vastes projets de Charles-Quint. Tant de luttes et d'efforts, tant de trésors dépensés et de sang répandu, eurent ce grand résultat, d'affaiblir, d'ébranler plus que la France elle-même sa redoutable rivale. La France, comme une digue sans cesse battue par les flots, mais réparée sans cesse, avait arrêté le torrent, et en avait définitivement détourné le cours. Où le génie de Charles-Quint avait échoué sous François Iᵉʳ et Henri II, l'ambition de Philippe II ne pouvait réussir sous leurs successeurs.

OUVRAGES A CONSULTER. — Plusieurs de ceux indiqués à la fin du chapitre précédent : Montluc, Saulx-Tavannes, Vieilleville, Brantôme, Paradin, Sleidan, Beaucaire, Robertson, Garnier, Sismondi, Isambert, Poirson, Lavallée, etc., et de plus : François de Lorraine, duc d'Aumale et de Guise, *Mémoires Journaux* ; François de Rabutin, *Commentaires des dernières guerres en la Galle-Belgique entre Henry II, Charles V et Philippe II* ; Bertrand de Salignac, *le Siége de Metz par l'empereur Charles-Quint,* et *Lettres sur le voyage du roy aux Pays-Bas de l'Empereur* ; Gaspar de Coligny, *Discours sur les choses qui se sont passées devant le siége de Saint-Quentin* ; La Chastre, *Mémoire du voyage de M. le duc de Guise en Italie, son retour, la prise de Callais et de*

Thionville; Boyvin du Villars, *Mémoires des guerres faites en Piémont, Montferrat et Milanais,* de 1550-1559 ; J. de Mergey, *Mémoires ;* Pierre de l'Estoile, *Mémoires et journal;* Rad. Spifame, *Dicæarchiæ Henrici II progysnamata ;* de Thou, *Historiarum sui temporis libri;* Ribier, *Mémoires et papiers d'État,* extraits des curieuses archives du connétable de Montmorency; Claude de l'Aubespine, *Histoire particulière de la cour de Henri II; Discours du grand et magnifique triomphe fait au mariage de François de Valois, roy dauphin, avec Marie d'Estreuar (Stuart), royne d'Écosse;* et plusieurs autres pièces contenues dans le tome III des *Archives curieuses de l'histoire de France;* Lacretelle, *Histoire de France pendant les guerres de religion,* t. II; M. Villemain, *Vie de l'Hôpital* dans ses *Nouveaux Mélanges historiques et littéraires,* t. III, etc. — Voir aussi, pour le § II, Robertson, *Histoire de Charles-Quint;* Gaillard, Kohlrausch, *Histoire d'Allemagne;* Ancillon, Schœll, etc.

QUESTIONNAIRE. — § Ier. 231. Quel est le caractère du règne de Henri II? — Quels furent ses favoris? — Comment se termina la guerre avec l'Angleterre? — 232. A quelle occasion Henri II fit-il la guerre en Italie? — 233. Avec qui conclut-il un traité d'alliance? — Quelles conquêtes fit-il en Lorraine? — Racontez les principales circonstances de cette guerre. — 234. Quand abdiqua Charles-Quint? — Comment mourut-il? — Comment avait-il partagé ses États? — Quel fut son successeur en Espagne? — 235. Quelle grande défaite éprouvèrent les Français en 1557? — Par quelle conquête mémorable s'illustra le duc de Guise, et quelles en furent les suites? — 236. Quels événements amenèrent la paix entre la France et Philippe II? — Faites connaître les principales stipulations du traité de Cateau-Cambrésis. — 237. Comment mourut Henri II? Qui devait lui succéder? — 238. Faites connaître le gouvernement de Henri II. — Que fit-il pour les parlements? — Quelles mesures financières prit-il et quels impôts ou contributions établit-il? — En quel état laissa-t-il les finances? — 239. Quels services la France a-t-elle rendus à l'Allemagne et à toute l'Europe en soutenant les guerres d'Italie ?

CHAPITRE VINGTIÈME.

L'IMPRIMERIE. — LA POUDRE. — LA BOUSSOLE.

—

LA RENAISSANCE.

—

PREMIÈRE PARTIE.

L'Imprimerie. — La Poudre. — La Boussole.

—

SOMMAIRE.

240. La boussole, connue de nos marins au douzième siècle, est perfectionnée par un bourgeois d'Amalfi au commencement du quatorzième. Son emploi eut pour conséquence la découverte du nouveau

monde et du cap de Bonne-Espérance, et par suite, une révolution complète dans le commerce maritime.

241. La poudre à canon a été apportée en Europe par les Arabes; elle est employée en 1257 au siége de Niebla et connue de Roger Bacon (m. 1290). L'artillerie est employée à la bataille de Crécy; les armes à feu portatives sont inventées bientôt après. Les frères Bureau perfectionnent l'artillerie.

242. L'application générale de la poudre à l'art militaire et le perfectionnement des armes à feu produisent dans la tactique une révolution complète. Le feu grégeois est oublié, les batailles changent d'aspect, et la chevalerie est anéantie.

243. Jean Guttemberg de Mayence a inventé à Strasbourg les planches à caractères sculptés (1438), puis les caractères mobiles, dont l'emploi constitue l'imprimerie. Il s'associe avec Fust et Schœffer. La Bible est le premier livre imprimé.

244. Le papier de chiffon a été inventé au treizième siècle et est devenu d'un usage général au quatorzième. Il contribue beaucoup aux développements de l'imprimerie, qui, introduite à Paris en 1469, est favorisée par Louis XI et par ses successeurs. L'imprimerie amène la diffusion universelle des connaissances; elle crée la publicité, et devient un puissant instrument de bien et de mal.

245. Parmi les découvertes et inventions de cette époque, il faut signaler les horloges sonnantes (quatorzième siècle); la peinture à l'huile (1427); les lunettes (par Salvino degli Armati, quatorzième siècle); la distillation (par Roger Bacon). — Les Chinois nous ont devancés dans la plupart des découvertes industrielles.

240. LA BOUSSOLE. — Les derniers temps du moyen âge sont signalés par de grandes découvertes qui ont changé la face du monde et donné l'essor à la civilisation moderne. — Le commerce maritime reçut une prodigieuse impulsion d'une invention dont l'application devait conduire à la découverte d'un monde nouveau. Des pilotes français paraissent avoir connu, dès le douzième siècle, la propriété de l'aiguille aimantée de se diriger vers le nord, comme l'indiquent ces vers de Guyot de Provins :

> Icelle estoile ne se muet
> Un art font qui mentir ne puet,
> Par vertu de la marinette,
> Une pierre laide et noirette
> Où le fer volentiers se joint.

Ce fut seulement au commencement du quatorzième siècle qu'un bourgeois d'Amalfi fabriqua un petit instrument où l'aiguille aimantée, posée en équilibre sur un pivot, put se mouvoir à son gré et se diriger constamment vers le nord, quelle que fût la position de la boîte où elle était renfermée; c'était la *boussole*, dont l'usage devint général à la fin du siècle.

Nous avons vu (chap. XIV) quelles furent les conséquences du perfectionnement de ce guide des navigateurs. La découverte de l'Amérique et du cap de Bonne-Espérance, événements politiques d'une portée immense, ont tout à coup déplacé, en Europe, la puissance et la richesse, arrachant à Venise, à Gênes et aux villes de l'Allemagne l'immense commerce de l'Orient et du Midi, pour créer la puissance maritime des États de l'Occident, jusque-là réduits à un rôle secondaire.

241. LA POUDRE A CANON. — On ne sait à qui doit être attribuée l'invention de la *poudre à canon*, et c'est à tort que pendant longtemps on a prétendu qu'elle avait été découverte accidentellement, au quatorzième siècle, par un moine allemand, nommé *Schwartz*, qui paraît seulement avoir eu l'idée d'en étendre les applications. — Le plus ancien ouvrage où la poudre soit mentionnée sous son nom véritable est un poëme arabe sur les machines de guerre. L'auteur, ministre du sultan d'Egypte (vers l'année 1249), y décrit un projectile incendiaire, dont la poudre, désignée par le mot *el-buroud*, était le principal élément. Peut-être le secret de cette fabrication était-il venu de la Chine, qui le connaissait depuis longtemps. De l'Egypte, la poudre dut suivre, pour pénétrer en Europe, la route qui lui était tracée par les conquêtes des Arabes, c'est-à-dire la côte d'Afrique. Bientôt elle fut connue en Espagne; elle y figure en 1257 au siège de Niebla. *Roger Bacon*, qui mourut en l'année 1290, parle de la poudre dans deux de ses ouvrages; mais on lui en a faussement attribué l'invention. Bacon déclare lui-même, d'une manière positive, *qu'elle était employée comme jeu d'enfant dans plusieurs parties du monde*, et il donne la description de ce jouet, qui n'était autre chose qu'un pétard.

C'est à partir du quatorzième siècle que les merveilleuses propriétés de la poudre furent appliquées aux machines de guerre. A la bataille de Crécy, on vit paraître pour la première fois une sorte d'artillerie; bientôt après furent fabriquées des armes à feu portatives, et, en 1581, la ville d'Augsbourg, dans une guerre des villes allemandes contre la noblesse, fournit trente arquebusiers. Les frères Bureau, qui organisèrent l'artillerie en France, au quinzième siècle (n° 56), lui firent faire de rapides progrès.

242. RÉSULTATS DE L'INVENTION DE LA POUDRE. — Cette invention, comme celles de la boussole et de l'imprimerie, a puissamment contribué à déterminer ce mouvement prodigieux qui se manifeste au seizième siècle. — L'invention des armes à feu, dont l'usage était devenu général, opéra une révolution complète dans l'art de la guerre et dans la tactique militaire. La vigueur, la dextérité, le courage individuel, cessèrent de décider du sort des batailles. La force matérielle subit la supériorité de l'intelligence; et les armées devinrent des instruments dociles, puissants surtout par les combinaisons du général, qui désormais put décider les querelles des Etats sans verser à torrents le sang des hommes. — Jusqu'alors, un homme d'armes était à peu près invulnérable avec son bouclier, sa cuirasse, ses gantelets de fer; les traits et les flèches s'émoussaient contre ces remparts vivants. « Les bardes d'acier, caparaçons de buffle, cottes de mailles, dit le seigneur de Tavaunes, servaient aux batailles anciennes qui se décidaient avec

l'épée et la lance; le peu de péril rendait les combats longs : aussi
en Italie, les hommes et les chevaux étaient si bien couverts que,
dans deux cents mêlées, on ne tuait pas quatre combattants en
deux heures. Les grands pistolets rendent les bardes inutiles et la
mêlée si périlleuse qu'un chacun en veut sortir.

» Si les armes offensives continuent d'augmenter, ainsi qu'elles
font, par les longs pistolets, virolets, mousquets, poudre et balles
artificielles, il sera nécessaire d'inventer des défenses. Les cuirasses
battues à froid ne peuvent résister à cette force extraordinaire.
Ceux qui ne veulent rien laisser à la fortune ont renforcé leurs
cuirasses, fabriqué des plastrons doublés de lames; mais ils se rendent incapables de servir dans les combats, étant enchaînés et liés
par la pesanteur de leurs armes, et ils deviennent comme des en-
clumes immobiles, chargeant tellement leurs chevaux qu'aux moindres accidents ceux-ci succombent dessous. Ceux qui ne s'arment
pas à l'épreuve ne veulent pas en venir aux mains ou se retirent
bien vite. Il est impossible que les capitaines, sous ces pesants casques et cuirasses, puissent faire leur devoir; il est difficile à ces
gens enfermés de voir, d'ouïr, de galoper selon la nécessité, laquelle voudrait que le général volât et eût en même temps plusieurs
corps pour ordonner partout. »

La poudre, qui brisait les armures sur le champ de bataille,
triompha de même des châteaux les mieux fortifiés. Un seigneur ne
fut plus en sûreté derrière la vaste enceinte de ses remparts couronnés de créneaux. Les tours et les donjons eurent beau s'appuyer sur le roc le plus dur; il suffit désormais pour les renverser
qu'un étroit conduit, pratiqué à petit bruit et dans l'ombre, permit
de placer sous l'édifice quelques barils pleins de poudre. La mine
fut employée pour la première fois à la prise du château de l'Œuf
(à Naples) par le général espagnol Pierre Navarre (1503).

La poudre à canon a fait oublier le feu grégeois, la terreur des
combattants au moyen âge, en produisant elle-même des effets
bien autrement redoutables. Un des principaux résultats de cette
invention fut de porter le coup de mort à la dernière des grandes
institutions du moyen âge; la chevalerie, après avoir amèrement
protesté contre ces armes perfides qui, dans la main du plus lâche,
défiaient la force et la vaillance, dut abandonner le champ de bataille.

243. L'IMPRIMERIE. — L'imprimerie, la plus importante
peut-être de toutes les découvertes des temps modernes, inventée
dans la première partie du quinzième siècle, eut une influence
toute pacifique, et jamais gloire ne fut plus méritée que celle de
son inventeur. *Jean Guttemberg* ou *Gutenberg* (1) de Mayence,
établi à Strasbourg vers 1458, imagina de sculpter en relief, sur
des planches en bois, des caractères d'écriture, qui, couverts d'une

_____

(1) Les Hollandais prétendent que l'imprimerie a été inventée, en
1430, à Harlem, par Janszoon Coster.

encre grasse et noire, se reproduisaient à un grand nombre d'exemplaires sur des feuilles appliquées successivement. A ce procédé extrêmement lent et dispendieux qui exigeait pour imprimer un seul ouvrage autant de planches qu'il y avait de pages, Guttemberg substitua bientôt des caractères séparés et mobiles, qu'il plaça à côté les uns des autres, pour les séparer ensuite et les replacer dans un nouvel ordre. L'art de l'imprimerie était trouvé.

Ces essais ayant épuisé toutes les ressources de Guttemberg, il quitta Strasbourg et retourna (vers 1444) dans sa ville natale, où il s'associa avec un orfévre nommé *Fust*, qui lui fournit de l'argent et le mit en position de recommencer ses expériences. Ils imaginèrent de remplacer les caractères de bois, qui se détérioraient trop vite, par des lettres sculptées en métal. Enfin, un de leurs ouvriers, nommé *Schœffer*, compléta leur découverte en trouvant le moyen de jeter en fonte, et par conséquent de fabriquer par milliers les caractères que jusqu'alors il fallait tailler un à un. *La Bible* fut le premier livre qui sortit des presses des trois associés.

244. LE PAPIER. — DÉVELOPPEMENT DE L'IMPRIMERIE. — SON INFLUENCE. — Une autre invention qui remonte au treizième siècle, celle du papier de chiffon, eut aussi une importance considérable. En premier lieu, l'emploi du papier remplaçant le parchemin assura la conservation des manuscrits anciens trop souvent effacés par des mains ignorantes pour des usages nouveaux. Cependant l'usage n'en devint général qu'au quatorzième siècle. On possède une lettre de Joinville à saint Louis, qui est le plus ancien titre écrit sur du papier.

Mais cette découverte avait secondé et favorisé singulièrement les progrès de l'imprimerie, en permettant d'en multiplier indéfiniment les produits. Un grand mouvement en résulta. Dès 1469, les docteurs de la Sorbonne appelèrent à Paris trois imprimeurs de Mayence, qui avaient travaillé chez Fust, l'associé de Guttemberg. Ceux-ci reçurent un logement dans le collége même de la Sorbonne, et y formèrent leur premier établissement. Les merveilles de cet art nouveau frappèrent d'étonnement les habitants de Paris. Le peuple, le Parlement lui-même, accusèrent de sorcellerie les imprimeurs, qui se virent menacés d'une condamnation terrible. Mais le roi Louis XI les prit hautement sous sa protection, fit taire ces déclamations insensées, et favorisa de tout son pouvoir les progrès de leur admirable industrie.

Au siècle suivant, l'invention nouvelle était florissante en France, les *Colloques d'Erasme* s'imprimaient à vingt quatre mille exemplaires, et la famille des *Estienne* s'illustrait dans l'art de la typographie. — Bientôt, par cette voie merveilleuse, l'histoire, la philosophie, la littérature, les sciences, répandirent a profusion leurs œuvres dans le monde. L'imprimerie, dont les résultats n'ont cessé de se développer de plus en plus jusqu'à notre ère, a changé la face de l'univers. Peut-être l'esprit humain s'était-il élevé sans ce secours aussi haut qu'il pourra jamais parvenir : mais ces élans sublimes ont été l'œuvre de quelques intelligences isolées. Désormais, le trésor des lumières est ouvert à tous, l'ignorance se dissipe pour ne plus revenir; et, au lieu d'être la propriété exclusive d'un petit nombre d'individus, la science devient le patrimoine de l'humanité entière. Si l'imprimerie a été trop souvent une arme fatale entre des mains criminelles, elle est aussi l'arme la plus énergique dont puisse se servir la vérité; c'est à la face du monde que le bien et le mal se livrent leur lutte éternelle, et le grand jour en dernier résultat n'est jamais funeste qu'à l'erreur. Enfin, l'imprimerie, mise au service des idées justes de liberté civile et politique, est un redoutable flambeau qui dévoile impitoyablement les abus et les désordres, et qui a rendu à peu près impossible le retour des hideux scandales qui ont si longtemps souillé l'histoire des peuples.

245 INVENTIONS DIVERSES. — RELATIONS AVEC L'ORIENT. — Plusieurs inventions ou découvertes d'une importance moins considérable, quoique d'un grand intérêt pour la science ou l'industrie, signalent également la fin du moyen âge. Les horloges sonnantes furent inventées vers le quatorzième siècle. La fabrication des premières lunettes est due au Florentin *Salvino degli Armati* (m. en 1317). Vers 1427, Jean Van Eyck, dit *Jean de Bruges*, imagina la peinture à l'huile, qui devait faire éclore tant de chefs-d'œuvre. Roger Bacon, en inventant l'art de la distillation au treizième siècle, prépara les progrès de la chimie, qui pourtant, dans les mains du célèbre *Raymond Lulle*, au quatorzième siècle, ne se séparait pas encore de l'alchimie.

Ce n'était pas seulement en Europe que se manifestaient les progrès de la science et de l'industrie modernes. Depuis longtemps, au fond de l'Orient, les Chinois nous avaient précédés dans la carrière où nous devions les laisser ensuite si loin derrière nous. Ainsi il paraît certain qu'ils ont inventé la poudre à canon un siècle au moins avant Jésus-Christ; la gravure, dans le sixième siècle de l'ère chrétienne; l'imprimerie en caractères mobiles, dans le onzième; l'art d'éclairer au gaz, dans le douzième, etc. Mais les lois rigoureuses, à peine modifiées de nos jours, qui leur interdisaient toutes communications avec les étrangers, ont empêché ces découvertes de se répandre dans le monde et de se perfectionner chez eux.

QUESTIONNAIRE. — 240. Quelle invention a exercé une grande influence sur la navigation? — A qui est-elle due? — 241. D'où vient la poudre à canon? — Quand l'artillerie commença-t-elle à être employée? — 242. Quelle révolution cette invention produisit-elle dans l'art militaire? — Quelle ancienne institution fit-elle disparaître? — 243. Racontez la découverte de l'imprimerie. — 244. Quand a été inventé le papier de chiffon? — Quelle utilité cette invention eut-elle pour l'imprimerie? — Comment se propagea cette dernière découverte? — Quelles en furent les conséquences? — 245. Parlez de diverses autres inventions. — Quel était l'état de l'industrie en Chine?

DEUXIÈME PARTIE.

La Renaissance en Italie.

—

SOMMAIRE.

§ 1er. 246. L'Italie est à la tête de la civilisation européenne. La Lombardie présente des campagnes fertilisées par les irrigations. Milan est le berceau d'une grande école de peinture. Gênes la Superbe est remplie de palais de marbre ornés de chefs-d'œuvre. Venise est embellie de palais où l'architecture moresque prodigue ses ornements; elle a une université, une imprimerie florissante. Florence sous les Médicis a une riche bibliothèque et accueille tous les savants. La cour de Ferrare est la plus brillante de toute l'Italie.

247. Rome est à la tête du progrès littéraire et artistique. Jules II s'entoure d'hommes éminents, il reconnaît le génie de Michel-Ange. Léon X forme un musée de chefs-d'œuvre antiques, réunit des artistes célèbres, donne son nom à son siècle. Naples a été conduite dans la même voie par Alphonse le Magnanime, qui crée une académie bientôt florissante.

§ II. 248. Les préliminaires du mouvement de la renaissance sont les efforts de l'esprit humain au moyen âge, caractérisés par la grandeur de l'idée ; mais la forme est encore imparfaite. Le retour à l'imitation intelligente des modèles de l'antiquité, commencé par Dante, décide la renaissance. — Pétrarque se signale par ses poésies (1304-1374). — Villani rédige l'histoire italienne (m. 1348). Boccace écrit des contes élégants, mais licencieux (1313-1375). — En même temps, la renaissance, favorisée par l'arrivée des savants grecs, s'étend dans toute l'Europe, et le quinzième siècle se signale par une recherche active des monuments de la littérature ancienne. Pic de la Mirandole est célèbre par sa précocité et sa science prodigieuse.

249. Les savants grecs Bessarion, Argyropyle, Théodore Gaza, etc., se réfugient en Italie. Les papes enrichissent la bibliothèque du Vatican, qui reçoit les débris de celle de Florence. Bembo, Scaliger, Vida, Paul et Alde Manuce cultivent à la fois l'érudition.

250. Le seizième siècle offre les œuvres de poésie nationale de Bembo et des Pétrarquistes, de Rota, de Sannazar, les satires de Berni, les œuvres de l'Arétin, dont l'immoralité doit être flétrie. L'Arioste s'illustre par le roman chevaleresque de *Roland furieux*, et le Tasse par la *Jérusalem délivrée*.

251. Parmi les prosateurs, Machiavel publie des œuvres diverses remarquables par leur style; il développe une politique immorale. Guicciardini est un habile historien.

§ III. 252. Les chefs-d'œuvre de Donatello dans la sculpture inaugurent le quinzième siècle. L'architecte Brunelleschi, Pérugin, le suave compositeur, Ghirlandajo, le peintre habile se signalent à la fois.

253. Léonard de Vinci, artiste éminent, peint des tableaux admirables pour François Ier; il est l'auteur de la *Cène*, composition sublime.

254. A la tête de l'école romaine est Raphaël d'Urbin (m. 1520), élève du Pérugin et de Bramante, qui peint les chambres et les loges du Vatican, des *Saintes Familles* et la *Transfiguration*. Son disciple favori est Jules Romain.

255. L'école florentine produit Michel-Ange (1474-1564), peintre, sculpteur, architecte de premier ordre. Il décore la chapelle Sixtine, sculpte le *Moïse*, édifie la basilique de Saint-Pierre. Michel-Ange est poète en même temps qu'artiste. — L'école florentine produit encore André del Sarto, Salviati, Vasari et le Rosso.

256. Le Titien est le chef de l'école vénitienne, remarquable par son magnifique coloris; cet artiste est d'une fécondité prodigieuse; il peint la fameuse *Assomption*, et fait le portrait de Charles-Quint (1477-1576). L'école vénitienne compte encore Tintoret, Paul Véronèse.

257. Le Corrége, chef de l'école lombarde, est un talent original, d'une grâce inimitable. L'école de Bologne produit les Carraches, l'Albane, le Guide et le Dominiquin.

258. Bramante (1514) porte à sa perfection l'architecture de la renaissance; il est l'auteur des plans de Saint-Pierre de Rome. Palladio construit le palais des doges à Venise.

§ Ier. LA RENAISSANCE EN ITALIE.

246. L'ITALIE AU COMMENCEMENT DU SEIZIÈME SIÈCLE. — MILAN. — GÊNES. — VENISE. — FLORENCE. — Au moment où l'Italie, devenue champ de bataille de l'Europe, était en proie aux calamités de la guerre, elle resplendissait de tout l'éclat des lettres et des arts. Nous avons exposé sa situation politique (n° 185), il nous reste à esquisser le tableau de la civilisation dans la péninsule à la même époque.

Milan, devenue la capitale d'un beau et vaste duché, était digne par ses richesses et sa splendeur de la place qu'elle avait prise à la tête des villes lombardes. Dans toute l'étendue de sa domination, les campagnes, couvertes de métairies, sillonnées, par les soins éclairés de Ludovic le More, de canaux d'irrigation, présentaient d'admirables prairies et des champs d'une fertilité prodigieuse. La capitale était le berceau d'une des plus grandes écoles de peinture d'Italie et le siège d'une académie des beaux-arts présidée par Léonard de Vinci (n° 253), et aux environs de Milan, Pavie voyait refleurir son université.

Gênes *la Superbe*, malgré la décadence de sa grandeur commerciale, reprenait son indépendance sous un doge issu de l'une de ses plus illustres familles, et s'enorgueillissait de ses palais de marbre qui s'élevaient en amphithéâtre autour de son vaste port, et qui, à défaut de productions de l'art indigène, allaient s'orner des chefs-d'œuvre achetés à grands frais dans toute l'Italie.

Venise bordait ses lagunes de ces mille constructions où les caprices de l'architecture moresque s'allient avec tant de grâce aux formes plus sévères de l'art italien, et dont le fameux palais des Doges est resté le type achevé. Elle voyait s'affermir sa nou-

velle université, rivale de celle de Padoue, et les chefs-d'œuvre ty-
pographiques des *Manuces* (n° 249), les Estienne de l'Italie, faisaient de la grande république maritime un des principaux foyers
de l'instruction et des lumières.

Florence, sous la domination des Médicis, jouissait de toutes les
merveilles rassemblées dans son sein par cette illustre famille ; elle
recueillait les savants de tous les pays, et ouvrait à leurs recherches les trésors de la bibliothèque Laurentienne, rendue chaque
jour plus digne de porter le nom du plus grand des Médicis. La cour
d'Hercule d'Este à Ferrare, rendez-vous des littérateurs et des poëtes,
était la plus brillante de toute l'Italie ; et la maison de Gonzague,
à Mantoue, rivalisait avec celle de Ferrare.

247. ROME. — JULES II. — LÉON X. — NAPLES. —
Rome, qui seule avait conservé les traditions de la vraie politique
italienne, et qui fut à la tête du mouvement national contre les invasions étrangères, Rome marchait aussi la première dans la voie
de la civilisation. Le souverain pontificat, au milieu de tant de luttes
et de travaux, s'appliquait avec un zèle ardent à seconder le mouvement intellectuel qui entraînait alors l'Italie tout entière. L'université de Rome s'était relevée sous Eugène IV. Nicolas V, le fondateur de la bibliothèque du Vatican, l'avait enrichie d'une foule de
manuscrits anciens et de traductions faites avec un soin extrême.
Jules II (1503-1513), l'énergique défenseur de l'indépendance italienne, le pontife guerrier, qui s'armait contre les *Barbares*, Jules,
plein d'une égale ardeur pour toutes les gloires de sa patrie, s'entourait des hommes éminents de l'époque, savait comprendre le
génie de Michel-Ange, et confiait à ce prince de l'art la construction du plus grandiose des monuments modernes, la basilique
de Saint-Pierre de Rome.

Léon X (1513-1521), fils de Laurent de Médicis et successeur de
Jules II, digne de ce double titre par son amour éclairé des arts,
recherchait sous les ruines de l'ancienne Rome tous ces chefs-
d'œuvre de la sculpture qui ont fait de la capitale du monde chrétien le plus riche musée du monde, appelait à lui les artistes les
plus célèbres, employait les trésors fournis par toute l'Europe à
embellir le premier sanctuaire de la chrétienté, confiait à Raphaël
la décoration de ses palais, à Michel-Ange l'ornementation de sa
chapelle pontificale ; Léon X, en un mot, méritait de laisser son
nom à son siècle.

Naples, que la domination des étrangers et la lutte incessante
des dynasties espagnole et française avaient tenue en arrière du
mouvement universel, était entrée à son tour dans la voie du progrès sous Alphonse le Magnanime. Ce prince rapportait de ses
guerres, comme le butin le plus précieux, les livres trouvés dans
les villes prises ; il fondait une académie, foyer des études les plus
profondes, où *Pontanus* venait lire la plus pure poésie latine des
temps modernes, où Sannazar composait son élégante Arcadie
(n° 250), et qui devait se maintenir sous les successeurs d'Alphonse.
Du nord au midi, l'Italie entière prenait sa part à la gloire du *siècle
de Léon X*.

248. ORIGINE ET PROGRÈS DE LA RENAISSANCE. — ÈRE DE L'ÉRUDITION. — En présence de cette splendeur de la civilisation au commencement du seizième siècle, il convient de jeter un coup d'œil en arrière pour en rechercher les origines et demander aux siècles précédents l'explication de ce progrès intellectuel, de ce renouvellement général des lettres et des arts qu'on a appelé la *Renaissance*. — Quelque important qu'ait été alors le mouvement des intelligences, il ne faut pas en dénaturer le caractère en donnant un sens exagéré à ce mot de *renaissance*. Certes, l'esprit humain n'avait pas dormi d'un sommeil de mort dans les temps où de puissants génies comme saint Bernard, Albert le Grand, saint Thomas d'Aquin, avaient, des hauteurs de la science théologique, embrassé dans leurs vastes contemplations toutes les connaissances humaines. Ce n'était pas la *pensée* qui avait failli en présence des sublimes objets auxquels elle s'était presque exclusivement attachée pendant le moyen âge. Mais la pureté du *goût* antique s'était perdue dans les temps de désordre et de barbarie générale, où les lumières ne trouvaient, au fond de quelques monastères, qu'un asile bien souvent violé par l'ignorance. Les modèles anciens, types admirables de la *forme*, dans les lettres comme dans les arts, avaient été négligés ou étudiés imparfaitement; ils n'avaient donné naissance qu'à cette méthode souvent subtile, qu'on a appelée *scolastique*. Le mérite du quinzième siècle fut de ramener le goût à l'étude des chefs-d'œuvre de l'antiquité, pour préparer toutes les gloires artistiques et littéraires du seizième et du dix-septième siècle. -

Le mouvement était commencé en Italie depuis que Dante, entourant la pensée religieuse de toute la magnificence d'une expression déjà épurée par l'étude des anciens, fixait la langue nationale et ouvrait la voie à tant de génies illustres (voir notre *Cours de troisième*, chap. XXIII). L'enthousiasme soulevé par l'œuvre du grand poëte fut immense, et plusieurs villes italiennes, dans leur admiration pour les beautés de la *Divine Comédie*, ouvrirent des chaires publiques pour expliquer le chef-d'œuvre que de nombreuses allusions historiques rendent souvent obscur pour la postérité. Ce fut un littérateur bientôt célèbre à son tour, Boccace, qui le premier occupa la chaire créée dans ce but à Florence.

Au siècle suivant (1304-1364), brille *Pétrarque*, poëte, orateur, philosophe, moraliste, renommé auprès de ses contemporains, moins encore pour ses poésies et son érudition profonde, que pour la haute influence que ses écrits politiques exercèrent à bon droit dans les affaires de l'Église et de l'État. Passionné pour la grandeur de l'Italie, dont la puissance des souverains pontifes lui paraissait le plus ferme appui, il alla solliciter, à Avignon, près du pape Clément VI, le rétablissement du saint-siége à Rome; il soutint les droits du souverain pontife sur le royaume de Naples, et traita avec l'empereur Charles IV pour sauver l'indépendance italienne. Pétrarque s'est illustré surtout aux yeux de la postérité par ses *sonnets* délicieux de fraîcheur et de grâce, et par ses *canzoni* pleins de patriotisme et de grandeur; il donna à la langue poétique de l'Italie toute son harmonie et toute sa richesse.

La prose italienne se forme dans les écrits de *Villani* (m. 1348), historien sérieux, narrateur exact, appréciateur intelligent; elle acquiert sa perfection sous la plume facile et brûlante d'un écrivain nourri, comme Dante et Pétrarque, de l'étude des grands écrivains de l'antiquité : c'est le conteur *Boccace* (1313-1375), l'auteur du *Décaméron*, dont on aimerait à louer sans réserve l'esprit, la gaieté et la finesse, si l'on ne devait un blâme sévère à la licence d'un grand nombre de ses tableaux. L'invasion de la barbarie musulmane contribua elle-même aux progrès de la renaissance, en chassant les savants de la Grèce vers l'Italie et les pays chrétiens.

De l'Italie, où il commença à se développer, le progrès s'étendit bientôt à toute l'Europe occidentale et méridionale. — Le quinzième siècle fut l'ère de l'érudition, dont les recherches savantes préludèrent aux productions plus hardies et plus neuves du génie. Elle fleurit encore pendant tout le seizième siècle, mais désormais éclipsée par d'autres gloires. L'Italie, abandonnant un instant, pour y revenir avec plus d'ardeur et de succès, les traces brillantes de Dante et de Pétrarque, fut le principal siège des études classiques, qui s'y développèrent plus rapidement par l'introduction de l'imprimerie. Depuis Petrarque, on recueillait avec ardeur les monuments de la littérature ancienne. Les princes favorisaient à l'envi les recherches des savants.

Un des plus ardents protecteurs des lettres, le comte *Pic de la Mirandole*, se plaça lui-même, par ses vastes connaissances, à la tête de tous les savants de son siècle. Génie aussi précoce qu'étendu, il était devenu célèbre, dès l'âge de dix ans, comme poète et comme orateur. Abandonnant à ses frères le gouvernement de ses fiefs héréditaires, il parcourut pendant sept années les universités les plus renommées de l'Europe, et étudia avec le plus grand succès toutes les sciences connues de son temps. A l'âge de vingt-trois ans, il se rendit à Rome, annonçant qu'il soutiendrait une thèse *de omni re scibili*. Tant de travaux l'épuisèrent promptement, et il mourut à l'âge de trente et un ans à peine (1494).

249. LES SAVANTS GRECS. — LES ÉRUDITS ITALIENS.
Les savants chassés de la Grèce, le cardinal *Bessarion*, interprète de la philosophie platonicienne; *Argyropyle*, traducteur d'Aristote; *Théodore Gaza*, habile grammairien; *Chalcondyle*, auquel on doit les premières éditions d'Homère et d'Isocrate; le savant *Constantin Lascaris*, enfin, recevaient à Milan, à Florence et à Rome une généreuse hospitalité, qu'ils payaient du tribut de leurs lumières. Un nombre prodigieux de copistes étaient employés par Nicolas V dans la bibliothèque du Vatican, où Léon X réunit les débris dispersés de celle qu'avaient fondée ses ancêtres à Florence. Là étudièrent le cardinal *Bembo*, célèbre comme érudit et aussi comme

poëte; le cardinal *Sadolet*, auteur de plusieurs traités philosophiques et de lettres latines pleines d'intérêt; le grammairien *Scaliger* (1484-1558), homme d'une érudition immense, dont le fils, plus savant encore, commenta la plupart des auteurs latins, et fut comparé par ses contemporains à Hippocrate et à Aristote; *Vida*, à qui sa *Christiade* valut l'évêché d'Albe, et dont la *Poétique* est souvent citée à côté de celle d'Horace. Les deux *Alde* et *Paul Manuce*, les célèbres imprimeurs de Venise, servaient également les lettres et par leurs propres travaux et par leurs nombreuses éditions de tous les auteurs anciens, qu'ils reproduisaient avec une merveilleuse activité.

250. POËTES ITALIENS. — BEMBO. — L'ARIOSTE. — LE TASSE. — Ces vastes travaux, ces laborieuses recherches de tant d'érudits portèrent promptement leurs fruits. « L'Italie rentrant dans la carrière littéraire, forte de cent ans de travaux classiques, et capable de créer à son tour après avoir imité, » produisit tout à coup ses plus beaux génies. Nous avons déjà nommé le cardinal *Bembo* (1470-1547), chef de l'école des pétrarquistes, dont les élégantes poésies lyriques ne sont pas le seul titre de gloire. Issu d'une famille patricienne de Venise, entouré de la faveur des princes de Ferrare, puis de celle du pape Léon X, il devint le secrétaire de ce pontife, et se montra digne par ses travaux des libéralités dont le combla son illustre patron. Bembo, auteur d'une histoire de Venise, est surtout renommé pour le style de ses ouvrages latins, où il a reproduit avec un remarquable succès la manière cicéronienne. — Tous les genres étaient cultivés à la fois. L'églogue brillait dans les œuvres de *Rota*, dont les poésies marines ont fondé le genre *pittoresque*, et de *Sannazar*, le Virgile chrétien, que son poëme latin *De partu Virginis*, et son poëme italien l'*Arcadie* ont à juste titre rendu célèbre. A côté des douces poésies descriptives des Napolitains, *Berni* laissait échapper ces piquantes satires, où il persiflait avec finesse et gaieté, mais avec une grande licence de langage, les travers de son temps; l'*Arétin* (1492-1557), fils d'une courtisane, versait à flots son ironie amère et sanglante, trop souvent déshonorée par les plus coupables écarts, et son esprit léger et vénal traitait indifféremment des sujets religieux ou immoraux, au gré de ceux qui payaient son talent. L'auteur d'une foule de sonnets obscènes et d'une paraphrase des psaumes de la pénitence devait terminer sa carrière dans les accès d'un fou rire.

L'*Arioste* (1474-1533) releva le genre satirique. La gloire de ce poëte est tout entière dans le roman chevaleresque de *Roland furieux*, inimitable production de la muse la plus féconde et la plus joyeuse, et auquel on ne peut comparer le *Roland amoureux* de *Boiardo*, refait par Berni. Bien au-dessus de ces épopées demi-burlesques apparaît la création la plus belle peut-être de la poésie moderne, la *Jérusalem délivrée*, de l'immortel *Torquato Tasso* (1544-1595), dont on oublie toutes les délicieuses poésies légères, pour ne voir que l'œuvre magnifique où il réveille avec enthousiasme les plus nobles souvenirs des croisades. Pourtant, le Tasse fut méconnu, persécuté toute sa vie comme la plupart des grands génies ; enfermé pendant neuf ans par le duc de Ferrare dans une maison de fous, il en sortit accablé d'un sombre désespoir qui le poursuivit jusqu'à sa mort. Le pape Clément VIII, rendant enfin hommage à l'illustre poête, allait renouveler pour lui les pompes du capitole, quand il mourut emporté par une lente maladie, et une tardive reconnaissance ne déposa que sur son tombeau la couronne triomphale. Jamais mémoire ne fut mieux vengée par l'admiration de la postérité.

251. PROSATEURS. — MACHIAVEL. — Parmi les prosateurs, *Machiavel* (1469-1527), le fameux secrétaire de la république florentine, quittant la gaieté ironique de ses comédies et les enseignements de l'immorale politique, peinture trop fidèle d'une société corrompue où il érige en système la perfidie et l'assassinat, et qu'il développe dans le livre du *Prince* et dans les *Discours sur Tite-Live*, Machiavel se place quelquefois à côté de Tacite dans son *Histoire de Florence*. — *Guicciardini*, auteur de l'*Histoire d'Italie*, célèbre comme guerrier et comme écrivain, est un analyste plus fécond, plus agréable, mais moins sérieux et moins vrai. — *Paul Jove*, auteur d'une histoire générale (de l'an 1494 à l'an 1547), n'hésite pas à mettre sa plume au service de tous ceux qui veulent acheter ses éloges.

§ III. LA RENAISSANCE DES ARTS. — LES GRANDES ÉCOLES DE PEINTURE.

252. LES ARTS AU QUINZIÈME SIÈCLE. — DONATELLO. — PÉRUGIN. — C'est encore en Italie que nous voyons les beaux-arts renaître et jeter le plus vif éclat. Aux treizième et quatorzième siècles, nous avons vu paraître les peintres *Cimabué* et *Giotto* (voir *Cours de troisième*, nº 592) ; et au quinzième, le statuaire *Donatello* de Florence, dont Michel-Ange admirait avec enthousiasme les œuvres inspirées. Donatello fut l'une des gloires de la cour de Médicis, où brillait *Brunelleschi*, architecte et sculpteur, qui éleva le magnifique dôme de la cathédrale de Florence. — En même temps florissait le *Pérugin*, maître de Raphaël, dont le dessin est d'une grande pureté et les compositions d'une sérénité angélique, quoique son pinceau ait encore de la sécheresse, et *Ghirlandajo*, le maître de Michel-Ange, dont le talent est plus énergique que celui du Pérugin : les derniers progrès de la peinture étaient préparés.

253. PEINTURE. — LÉONARD DE VINCI. — Le premier qui atteignit la perfection de son art fut *Léonard de Vinci* (1452-1519), qui se distingua à la fois comme peintre, sculpteur, architecte, musicien et poête. Après avoir dirigé l'école de peinture de Milan, il fut appelé en France par le roi, et reçut à sa cour une hospitalité magnifique. Il exécuta pour François Ier (nº 259) plusieurs tableaux magnifiques que notre musée possède encore, et il mourut entouré d'honneurs au château d'Amboise, entre les bras du roi lui-même. Son œuvre la plus remarquable est la *Sainte Cène*, peinte à fresque sur les murs d'un couvent, et qui est peut-être la plus sublime composition que la peinture ait produite.

254. ÉCOLE ROMAINE. — RAPHAËL. — Vers le même temps se fondait à Rome une école formée pour l'étude des modèles antiques, et qui se distingue par la correction du dessin et la noblesse de ses compositions. Le chef de cette école, *Raphaël Sanzio*, de la petite ville d'*Urbin*, dans les Etats romains, neveu de Bramante et élève du Pérugin, avait à peine dix-sept ans quand il commença à montrer un talent extraordinaire. Les papes Jules II et Léon X le chargèrent successivement de décorer par des peintures à fresque les salles et les galeries du Vatican, qui ont reçu le nom de *Chambres* et de *Loges* de Raphaël. Ces travaux immenses ne l'empêchaient pas d'exécuter un grand nombre de tableaux dont les plus célèbres sont la *Transfiguration de Notre-Seigneur*, qui dispute à la *Cène* de Léonard de Vinci l'honneur d'être le chef-d'œuvre de l'art, et plusieurs *Saintes Familles* dont les figures ont une beauté et une suavité célestes. Il mourut âgé de trente-sept ans à peine, au faîte de la gloire (1520). — *Jules Romain* est le plus célèbre de ses disciples.

255. ÉCOLE FLORENTINE. — MICHEL-ANGE. — L'école florentine, qui se fait remarquer par son style grandiose et harmonieux, produit l'artiste le plus étonnant de cette époque merveilleuse. Ce rival de Raphaël est le Toscan *Michel-Ange Buonarotti*, qui fut un peintre, un sculpteur et un architecte de premier ordre (1474-1564). Arraché aux loisirs d'une famille patricienne par une vocation irrésistible pour le dessin, appelé près du pape Jules II par les conseils de Bramante, Michel-Ange s'illustra, pendant une longue carrière, dans tous les genres à la fois. On le vit chargé en même temps de sculpter le mausolée de Jules II et de décorer de peintures la grande chapelle du Vatican (chapelle Sixtine), s'acquitter de ces deux tâches avec un succès qui mit le comble à sa renommée. Il sculpta pour le tombeau du pontife cette fameuse statue de *Moïse*, dont aucune expression ne saurait rendre l'imposante majesté. Il orna la chapelle tout entière de compositions grandioses, exécutées avec une facilité inouïe, dont la plus vaste et la plus admirable est le fameux *Jugement dernier*, qui exprime toutes les terreurs de cette redoutable scène. Irrité de voir le pape, malgré l'extrême rapidité de ses travaux, l'accuser de lenteur et de paresse, le fier artiste, après avoir terminé religieusement sa tâche comme il l'avait promis, s'enfuit à Florence sans attendre sa récompense. Il ne revint à Rome que quelques années après, sur les instances réitérées du souverain pontife, et ce fut pour diriger, par l'ordre de Léon X, la construction du monument à la fois le plus beau, le plus riche et le plus colossal de l'Italie, la basilique de *Saint-Pierre* avec sa coupole aérienne.

Cependant, l'envie n'épargnait point Michel-Ange, et les artistes, jaloux de sa supériorité universelle, cherchaient à rabaisser sa

gloire; ils publiaient que ses plus belles sculptures étaient bien au-
dessous des moindres statues antiques dont on découvrait alors un
grand nombre, en fouillant le sol où les Romains avaient élevé
jadis tant de palais et de temples. Michel-Ange, dédaignant de répondre, sculpta avec son talent ordinaire une statue représentant
l'Amour endormi, et il l'enterra dans un endroit où l'on faisait
des fouilles, après avoir cassé l'un des bras qu'il conserva secrètement dans son atelier. Peu de temps après, les ouvriers découvrirent cette statue qui fit aussitôt l'admiration générale, et que tous
les artistes attribuèrent sans difficulté à quelqu'un des premiers
sculpteurs de l'antiquité. Michel-Ange laissa dire, et quand il entendit au milieu de l'enthousiasme universel ses envieux soutenir
que jamais il n'exécuterait une œuvre qui approchât de la statue
nouvellement découverte : « *Jaloux et menteurs que vous êtes,*
s'écria-t-il, *cette statue que vous ne pouvez assez admirer est le
dernier de mes propres ouvrages, et la preuve, c'est que voici le
bras qui lui manque.* » Ce grand artiste était aussi un grand
poëte, et l'Italie admire, parmi ses œuvres et ses poésies pleines
de l'esprit le plus facile, des sonnets où se révèle toute la fierté d'un
patriotisme digne d'un successeur de Dante et de Pétrarque.

Citons encore dans l'école florentine : *André del Sarto* (1488-
1550), et ses élèves *François Salviati, Georges Vasari,* qui écrivit
la vie des peintres illustres; le *Rosso,* qui embellit de ses peintures
la grande galerie de Fontainebleau.

256. ÉCOLE VÉNITIENNE. — LE TITIEN. — Tandis que
Raphaël donnait à la peinture la noblesse et la grâce, Michel-Ange
la grandeur et l'énergie, une école se formait à Venise, qui devait
occuper le premier rang pour la beauté du coloris. — Le plus fameux peintre de l'école vénitienne est le *Titien,* artiste d'une imagination inépuisable et d'une fécondité vraiment prodigieuse. Il
vécut presque cent ans (1477-1576), et pendant cette longue carrière, il produisit une foule de compositions d'une fraîcheur et d'un
éclat de couleur extraordinaires, dont un grand nombre sont pla-
cées parmi les chefs-d'œuvre de la peinture. La plus célèbre est
l'*Assomption,* vaste tableau que l'on admire encore à Venise. L'empereur Charles-Quint, qui lui avait fait faire trois fois son portrait,
lui rendit un magnifique hommage en disant *qu'il avait reçu trois
fois de lui l'immortalité.*

L'*école vénitienne* compte parmi ses plus grands artistes après le
Titien : le *Tintoret* (1512-1594), dont la couleur égale parfois celle
du chef de son école, et dont le dessin rappelle celui de Michel-
Ange; *Paul Véronèse* (v. 1550-1588), artiste patricien, qui a su
donner à toutes ses compositions un caractère éclatant de splendeur
et de magnificence.

257. ÉCOLES DIVERSES. A côté de ces grandes illustrations,
les diverses écoles italiennes présentent encore une foule de noms
célèbres. Le *Corrége* (1494-1534), qui fut le chef de l'*école Lombarde,* devait son talent à son seul génie; il prend une place à
part, et se distingue entre tous ses contemporains par la grâce de

ses compositions et la beauté merveilleuse de son coloris à la fois brillant et suave. — Citons encore le *Parmesan* (mort en 1540), les trois *Carraches* (Louis, 1554-1619; Augustin, 1558; Annibal, 1560-1609), chefs de l'*école bolonaise*; le *Caravage* (vers 1608), imitateur trop servile de la nature; le *Guide*, dont les compositions un peu monotones sont du style le plus noble (1575-1642); l'*Albane*, poète autant que peintre; enfin, le *Dominiquin* (mort en 1641), élève d'Annibal Carrache, dont les fresques sont à jamais célèbres, et qui, par la variété et la pureté de son talent, serait peut-être le premier des peintres modernes, si Raphaël ne les surpassait tous.

258. L'ARCHITECTURE ITALIENNE AU SEIZIÈME SIÈCLE. — BRAMANTE. — Au commencement du seizième siècle, l'architecture est représentée par *Bramante* (mort en 1514), qui, étudiant avec un soin infatigable tous les monuments de l'art ancien, remit en honneur le cintre à la place de l'ogive, unit à la sévérité du style grec et romain les grâces du génie italien sans exclure les religieuses inspirations de la pensée du moyen âge, et porta à sa perfection le genre qui a conservé le nom de *renaissance*. Bramante, l'architecte du Vatican, l'auteur des plans de Saint-Pierre de Rome, a eu la double gloire de former Raphaël et d'inspirer Michel-Ange.

Après cet artiste éminent paraît *André Palladio* (1518-1580), qui bâtit le palais des Doges de Venise, et enfin Michel-Ange, dont nous avons déjà parlé.

QUESTIONNAIRE. — § Ier. 246. Quelle était la situation de Milan et de la Lombardie au commencement du seizième siècle? — Comment Gênes avait-elle mérité le surnom de Superbe? — Quel était le caractère des palais de Venise? — Comment Florence s'illustrait-elle dans les lettres et les arts? — 247. Quel rang tenait Rome dans la civilisation italienne? — Dites ce que firent Jules II et Léon X pour les arts et les lettres. — A quel prince faut-il rapporter les progrès de Naples dans les lettres à cette époque? — § II. 248. Quels sont les préliminaires de la renaissance et ses caractères généraux? — Comment avait été préparée la renaissance en Italie? — Faites connaître Pétrarque et Boccace. — Quel est le caractère intellectuel du quinzième siècle? — Citez les érudits les plus célèbres. — 249. Quels furent les principaux savants grecs réfugiés en Italie? — Quels savants italiens marchèrent sur leurs traces? — 250. Citez les poètes nationaux du commencement du seizième siècle. — Qu'avez-vous à dire de l'Arioste et du Tasse? — 251. Quel est le plus illustre prosateur italien de cette époque? — Quel historien avez-vous à citer? — § II. 252. Comment se manifesta la renaissance des arts au quinzième siècle? — Citez les grands artistes de cette époque. — 253. Qu'est-ce que Léonard de Vinci? — Quel est son chef-d'œuvre? — 254. Faites connaître Raphaël et son école. — 255. Quel est le chef de l'école florentine? — 256. A quelle école appartient le Titien? — Quel est son tableau le plus fameux? — 257. Énumérez les diverses autres écoles italiennes et les peintres les plus éminents. — 258. Comment Bramante est-il célèbre? — Que fit André Palladio?

TROISIÈME PARTIE.

La Renaissance en France

—

SOMMAIRE.

§ Ier. 259. La renaissance se manifeste en France sous le règne de François Ier. L'Italie exerce une influence considérable par ses chefs-d'œuvre et par les artistes qu'elle envoie en France. Parmi eux on distingue Benvenuto Cellini et Léonard de Vinci, qui fut l'ami de François Ier.

260. L'architecture ogivale est remplacée par celle de la renaissance, qui marie les styles antérieurs. François Ier construit les châteaux de Fontainebleau, de Saint-Germain, d'Azay-le-Rideau, de Chenonceaux et de Chambord; il fait commencer le Louvre en 1528, sur les dessins de Pierre Lescot. Les artistes français les plus célèbres de cette époque sont : Jean Goujon, architecte et sculpteur, le Phidias français; Philibert Delorme, qui sculpte des mausolées et commence les Tuileries; Jean Cousin, qui s'illustre dans la sculpture, la peinture sur verre et la peinture à l'huile, et Germain Pilon, l'auteur des Trois Grâces. — La manufacture de tapisseries des Gobelins est fondée sous François Ier.

§ II. 261. La renaissance littéraire commence en France avec la dispersion des savants grecs, et grâce à l'appui de princes éclairés. Louis XI encourage les imprimeurs et favorise Commynes.

262. Au milieu de la stérilité momentanée de la théologie, c'est l'hérétique Calvin, qui, dans son *Institution chrétienne*, montre les plus grandes qualités de style, et après lui Théodore de Bèze et Duplessis Mornay.

263. La philosophie produit Rabelais, plein d'esprit et d'imagination, mais licencieux et cynique; Ramus, qui est le précurseur de Descartes; Montaigne, qui est sceptique mais écrivain de premier ordre dans ses *Essais*, et enfin Charron, auteur de *la Sagesse*, excellent traité de morale.

264. La politique prend une grande place dans la littérature. Parmi les publicistes, il faut citer Dumoulin, Pithou, le grave et tolérant chancelier de l'Hospital, le président Jeannin. Loysel. Budée, Alciat, Cujas, Doneau et Godefroy sont d'illustres jurisconsultes.

265. L'histoire puise de nombreux enseignements dans les Chroniques de la Marck, du Bellay, Monthuc, Brantôme. Marguerite de Valois, etc.

266. Les progrès de la langue française sont remarquables depuis Louis XI; elle est substituée au latin dans les actes publics (1539). Jacques Dubois avait publié une Grammaire française en 1531. La langue se montre formée dans la traduction des *Vies* de Plutarque par Amyot. La langue du Midi a plus d'énergie et de vivacité. Les érudits Budée, Scaliger, Turnèbe, Estienne, etc., multiplient les bonnes éditions des anciens auteurs.

267. Villon est un poëte plein de verve, mais trop souvent grossier; après lui, Clément Marot se rend célèbre par le succès de ses traductions en vers des Psaumes. Il faut citer encore les poésies élégantes mais trop libres de Marguerite de Valois. Enfin le genre savant, mais prétentieux, maniéré et bizarre de Ronsard, jouit d'une réputation immense ; la satire politique, mordante avec d'Aubigné, acquiert une influence considérable avec la satire Ménippée. Enfin paraît Regnier, qui rappelle Villon ; puis Malherbe, qui fixe la langue de la poésie française.

§ Ier. RENAISSANCE DES ARTS.

259. PEINTURE. — Initiée aux merveilles de l'art par les guerres d'Italie, qui lui coûtèrent tant de sang, la France, à l'exemple de François Ier, dont ce n'est pas le moindre titre de gloire, sut honorer dignement les grands artistes italiens et apprécier leurs chefs-d'œuvre, alors qu'elle ne savait pas encore les imiter. *Rosso* (maître-Roux), *le Primatice, Benvenuto Cellini, Salviati*, et plusieurs autres artistes italiens, successivement attirés à la cour de François Ier par sa noble munificence, embellirent de leurs tableaux et de leurs sculptures les demeures royales. L'illustre *Léonard de Vinci* mourut entre les bras du roi, dont il avait été l'ami. Ce même prince fit remettre à Raphaël un bassin rempli de pièces d'or et reçut en retour de ce grand peintre son sublime tableau de *Saint Michel terrassant l'ange des ténèbres*, que l'on peut admirer encore au Musée du Louvre.

N'oublions pas ici un artiste français, *Bernard Palissy*, qui, après des recherches longues et ruineuses, trouva le secret de l'émail et produisit des travaux en terre décorée, objets de l'admiration universelle.

260. ARCHITECTURE ET SCULPTURE. — Au milieu du mouvement universel de la renaissance, ce fut l'architecture qui, dans notre patrie, se signala la première. Avant la fin du quinzième siècle, l'architecture ogivale était en France sur son déclin; le gothique flamboyant avait succédé au gothique pur. L'admiration que réveillèrent les expéditions d'Italie pour l'architecture grecque et romaine porta les artistes français à unir dans leurs monuments ces deux styles si divers, et qu'ils surent marier avec bonheur. Telle fut l'origine de cette architecture de la *renaissance* qu'avaient inaugurée dans notre pays des monuments d'une élégance et d'une harmonie remarquables, tels que le palais de justice de Rouen, type de cette architecture intermédiaire où s'unissent avec tant de grâce les hardiesses du genre ancien et les ornements du genre nouveau, le château de Gaillon, véritable chef-d'œuvre d'élégance, qui doivent leur origine et leurs plans au cardinal d'Amboise. Plus tard, mais encore sous l'inspiration de l'Italie, qui envoya à la France plusieurs de ses meilleurs architectes : *Vignolle, Bellarmati, le Primatice*, etc., l'architecture y fit de nouveaux et rapides progrès.

Nous voyons alors s'élever le vaste et magnifique *château de Fontainebleau*, reconstruit presque entièrement par François Ier sur les ruines d'une ancienne maison royale, agrandi par Henri II et embelli de chefs-d'œuvre de tout genre. Dans la forêt voisine, François Ier fit construire, pour servir de rendez-vous de chasse, un petit édifice dont la façade, couverte de capricieuses arabesques, ornée de légers pilastres, de sculptures variées, offre un type excellent du style de la renaissance, un véritable modèle d'élégance et de délicatesse. Ce joyau d'architecture a été transporté à Paris pierre à pierre, dans les Champs-Élysées, où il est connu sous le le nom de *maison de François Ier*. Ce même prince fit construire les châteaux de *Saint-Germain*, sur une colline qui domine la Seine, de *Chenonceaux* sur le Cher, près d'Amboise, d'*Azay-le-Rideau* près de l'Indre, et enfin de *Chambord*, admirable édifice construit par un Français, Pierre Nepveu, peut-être sur les dessins de Primatice. — Le *Louvre*, ce vieux palais tout hérissé de tours massives, dont l'origine remonte à Philippe-Auguste, était tombé en ruine à la fin du moyen âge. En 1528, François Ier fit commencer, sur les dessins de *Pierre Lescot*, un nouveau palais qui fut continué par ses successeurs, et dont l'achèvement sera une des gloires du règne de Napoléon III. On voit encore sur plusieurs de ces édifices la salamandre au milieu des flammes avec la devise aussi peu intelligible que peu latine : *Nutrisco et extinguo*, adoptée par François Ier.

Pierre Lescot, l'un des restaurateurs de l'architecture française, est l'auteur de la belle fontaine qu'on admire à Paris, au milieu du marché des Innocents.

Rival heureux de Pierre Lescot en architecture, *Jean Goujon* s'illustra en même temps dans la sculpture par une foule d'ouvrages d'une beauté et d'une délicatesse inimitables. Ce grand artiste, né à Paris vers 1520, a mérité, par son genre à la fois élevé et gracieux, d'être appelé le Phidias français et le Corrège de la sculpture. On lui doit les ornements de la fontaine des Innocents, où l'on remarque surtout de charmantes naïades. Il décora également la façade du vieux Louvre et le château d'Anet, construit pour Diane de Poitiers. Il devait mourir d'un coup d'arquebuse, tiré peut-être par un rival jaloux, pendant les massacres de la Saint-Barthélemy (n° 345), sur l'échafaudage même où il travaillait aux sculptures du Louvre.

Philibert Delorme, ami de Lescot et de Goujon, né à Lyon au commencement du seizième siècle et formé par l'étude des beaux monuments de l'Italie, sculpta le tombeau de François Ier, fut chargé par Catherine de Médicis de commencer le palais des Tuileries, de concert avec *Jean Bullant*, élève de Jean Goujon. Le magnifique hôtel de Soissons fut construit en même temps sur les dessins de ces deux artistes.

Il faut donner une place à part à *Jean Cousin*, né près de Sens, vers 1500, qui s'illustra dans la sculpture, la peinture sur verre, la peinture à l'huile, et que ses brillants succès dans ces trois arts

à la fois ont fait surnommer le Michel-Ange français. Justement
honoré à la cour de François Ier et de ses successeurs, il a laissé
des œuvres remarquables, parmi lesquelles on estime surtout son
buste de François Ier, son grand tableau du Jugement dernier, et
les nombreux vitraux dont il décora les églises de Paris, de Sens
et de plusieurs autres villes, de concert avec *Pinaigrier*, son digne
émule.

Le nom de *Germain Pilon* (1515-1590) couronne la série des
artistes de la renaissance. Il fit faire à la statuaire de grands progrès ; on admire parmi ses œuvres plusieurs mausolées, et entre
autres celui de Henri II, à Saint-Denis ; et parmi ses statues, le
charmant groupe des *trois Grâces* tant de fois reproduit par l'art
moderne.

On ne saurait omettre dans l'histoire des arts en France l'établissement, sous François Ier, de la manufacture des *Gobelins*, qui
commença à fabriquer ces belles tapisseries, aussi précieuses par la
perfection des dessins et l'éclat du coloris que par les qualités du
tissu, et qui font aujourd'hui l'admiration de toute l'Europe.

§ II. RENAISSANCE DES LETTRES.

261. COMMENCEMENT D'UN GRAND AGE LITTÉRAIRE.
— La France devait prendre sa part du mouvement intellectuel
qui signale le commencement des temps modernes. Comme les
autres nations civilisées de l'Europe, elle donne asile aux savants
grecs chassés de Constantinople, et accueille avec un respect religieux les belles productions de la philosophie et de la littérature
anciennes. Malgré quelques copies maladroites ou pédantes, ses
écrivains, stimulés par l'exemple des Italiens, se perfectionnent
rapidement grâce à la protection accordée par les princes à la littérature. Les papes, les rois de Naples, les Médicis ont donné
l'exemple. Louis XI lui-même, ce sombre politique, travaillait,
comme nous l'avons dit (n° 12), au *Rosier des guerres*, ouvrage
médiocre d'ailleurs, sur la politique et l'art militaire, composait
les *Cent Nouvelles nouvelles*, recueil de contes imités de Boccace,
et s'honorait en protégeant contre les arrêts du Parlement les imprimeurs *Ulric Géring*, *Martin Krantz* et *Michel Friburger*, que
les docteurs en théologie, Guillaume Fichet et Jean de la Pierre
avaient attirés de Mayence à Paris, d'où on voulait les renvoyer
comme sorciers.

Quoique bien plus tardive en France qu'en Italie, la *renaissance*
s'y manifeste déjà à la fin du quinzième siècle ; nous voyons, en
effet, que Louis XII composait une nombreuse bibliothèque de
manuscrits anciens, tandis que le Grec Lascaris, le Français *Budée*,
restauraient les études classiques et que Commynes, désormais
étranger aux affaires, écrivait ses précieux *Mémoires*, ce monument si remarquable de la prose française (n° 124). Ce qui n'est
qu'un germe au quinzième siècle se développe au siècle suivant,

alors s'élèvent les premiers monuments de la littérature française.

262. THÉOLOGIE. CALVIN, DUPLESSIS MORNAY. — Les sciences théologiques devaient tenir, au quinzième siècle, le premier rang dans le monde intellectuel, mais, par un mystérieux dessein de la Providence, elles présentent à cette époque, avec les sciences humaines, un affligeant contraste, et il s'en faut bien que leurs productions répondent à leur importance. « Jamais, peut-être, il ne se fit dans le monde un si soudain et si grand silence. Cette Église catholique, tout à l'heure si éloquente et si active, elle est muette maintenant et stérile... Saint François, saint Dominique, saint Thomas d'Aquin, saint Bonaventure, ces hommes de foi et de génie, qui semblaient avoir à jamais consacré la théologie, n'ont point de successeurs. » (M. Charpentier.) — Quelques éditions, traductions et commentaires de la Bible, une collection des conciles par *Jacques Merlin*, voilà tout ce que nous trouvons à citer à la fin du quinzième siècle et au commencement du seizième ; et, lorsque l'hérésie vient rompre l'admirable unité qui unissait dans l'ordre intellectuel les divers peuples de l'Europe, et faisait régner sur tous l'imposante uniformité du dogme, il ne se trouve pas une seule voix capable de défendre dignement la cause de la foi catholique. Elle reste debout, parce qu'il ne doit point être donné aux passions humaines de prévaloir contre elle ; mais Dieu semble se charger seul du soin d'en assurer le triomphe, et, pour le rendre plus éclatant, c'est à ses adversaires eux-mêmes qu'il se plaît à départir le talent. L'*Institution chrétienne de Calvin* (1509-1564) n'est pas moins remarquable par la méthode que par le style, qui a valu à l'auteur l'éloge que lui donna Patru d'être un *des pères de notre langue*. Il le mérite en effet par sa netteté, sa gravité, sa précision ; mais roide et froid, ce style a le caractère de Calvin lui-même (nº 287) : il est terne comme son âme, dit Bossuet. Plus tard, au colloque de Poissy (nº 334), nous verrons le cardinal de Lorraine, malgré ses prétentions à l'éloquence rester bien au-dessous de son redoutable adversaire, le savant *Théodore de Bèze* (1519-1605), lequel fut à la fois orateur, poëte, historien, sermonnaire et grammairien.

Nous devons encore citer *Duplessis Mornay*, que ses contemporains nommaient le pape des huguenots, et *d'Aubigné*, qui, dans la violente polémique engagée entre les réformés et les défenseurs du catholicisme, se distinguèrent, le premier par sa vaste érudition religieuse, et le second par ses satires et ses pamphlets mordants.

263. PHILOSOPHIE, RABELAIS, MONTAIGNE. — La philosophie, toute chrétienne au moyen âge dans les œuvres de la scolastique, subit d'une manière complète, au commencement des temps modernes, l'influence du paganisme. Lorsque, au quinzième, siècle, l'antiquité, grâce aux efforts des chefs de l'Église elle-même sortit enfin de ses ruines, ce furent les ouvrages de Sénèque, dernière expression de la philosophie ancienne dans son développe-

ment le plus brillant et le plus pur, qui servirent de point de départ
à la philosophie moderne. Ce philosophe fut le modèle et le guide
de Montaigne, que Mézeray appelle le *Sénèque chrétien*, et Pasquier *un autre Sénèque en notre langue*. Mais Montaigne, auquel
nous reviendrons bientôt, avait eu lui-même quelques précurseurs,
qui servirent comme d'intermédiaire entre la scolastique et la philosophie moderne, et dont il nous faut parler d'abord.

Rabelais (1484-1555), fils d'un apothicaire de Chinon, d'abord
moine, puis professeur de médecine à Montpellier, et enfin curé de
Meudon, semble n'apparaître le premier en date que pour signaler
l'audacieuse liberté de la philosophie nouvelle, et pour établir de
la manière la plus tranchée la séparation entre le moyen âge et
les temps modernes. Formé à l'école d'Aristophane, l'auteur de
l'histoire de *Gargantua* et *Pantagruel* publiée en cinq livres, de
1533 à 1564 (en partie après la mort de l'auteur), a « la même
verve comique, la même légèreté d'imagination, la même raille-
rie fine et mordante, le même bon sens sous des formes vives et
populaires, la même facilité à créer des allégories, à se jouer
dans de riantes et fantastiques peintures, à mêler les plus fraîches
images aux plus monstrueuses imaginations. » (M. Charpentier.)
Il faudrait ajouter encore qu'il a le même dévergondage d'idées, le
même cynisme d'expressions. Quant à la *moëlle cachée*, qu'il
prétend lui-même être contenue dans ses œuvres cette moelle n'est
le plus souvent autre chose qu'un scepticisme effronté, une honteuse réaction en faveur de la matière, une indifférence universelle et stérile.

Ramus, (1502-1572) est le véritable réformateur de la philosophie. Gardien de troupeaux dans son enfance, puis domestique au
collège de Navarre, servant le jour, étudiant la nuit, enfin, de
valet devenu élève, Ramus se passionne à la lecture des *Dialo-
gues* de Platon; séduit par la simplicité de la méthode de So-
crate, il est pris du désir de *socratiser* à son tour, et soutient
contre les champions d'Aristote une thèse qui lui attire de violentes persécutions. Nommé professeur à Paris, il se vit successivement chassé, rétabli, chassé encore, et finit par mourir victime du fanatisme religieux, au milieu des horreurs de la Saint-
Barthélemy. Sa gloire est d'avoir su « en revenir au bon sens et
à cette logique naturelle, qui n'est ni subtile, ni minutieuse, à
cette logique dont l'homme suit les règles à son insu. C'est par
là que Ramus est le précurseur de Descartes. » (M. Saint-Marc
Girardin).

Dans *Montaigne* (1533-1592) il faut distinguer le philosophe et
l'écrivain. Philosophe, il est sceptique et pyrrhonien pur. Il veut
prouver la vanité des opinions les plus accréditées, et, soumet-
tant toutes choses à la malicieuse critique, *il se gaudit sur l'o-
reiller du doute*. La morale de ses *Essais* (publiés en 1580) est
douce et quelquefois légère comme le caractère de l'écrivain. Sa
libre et forte imagination se joue au milieu d'une foule innombrable de souvenirs empruntés à tous les âges. Quant au style,

écoutons ce qu'en dit M. Villemain. « Ces coupes savantes, ces mots pleins d'idées, ces phrases où, par la force du sens, l'auteur a trouvé l'expression qui ne peut vieillir et deviné la langue, voilà ce qu'il n'a pas reçu de son idiome rude et grossier, mais ce qui lui a été donné par son génie. L'imagination est la qualité dominante du style de Montaigne. Cet homme n'a point de supérieur dans l'art de peindre par la parole. Ce qu'il pense il le voit, et, par la vivacité de ses expressions, il le fait briller à tous les yeux. » (*Eloge de Montaigne.*)

Charron, fils d'un libraire de Paris (1541), et d'abord avocat, puis prêtre et député du clergé à l'assemblée de 1595, dont il fut secrétaire, commença par publier un traité intitulé *les Trois Vérités*. S'étant intimement lié avec Montaigne, il composa, sous l'inspiration de cette liaison, son livre *De la Sagesse* (1601), considéré de nos jours encore comme le meilleur traité de morale pratique que nous ayons, mais renfermant quelques propositions hardies, d'autres même tout à fait erronées, qui firent donner à l'auteur le nom de *patriarche des esprits forts*, et qui motivèrent les justes censures de la Sorbonne, de l'Université et du Parlement. « Charron, était plus savant que l'auteur des *Essais*, dont il cherche à imiter le style ; mais il reste loin de son modèle. »

264. POLITIQUE ET JURISPRUDENCE. L'HOSPITAL, DUMOULIN, ALCIAT, CUJAS. — Au milieu de ces grandes luttes religieuses et philosophiques qui remuent si profondément l'ordre social tout entier, était née et se développa rapidement la science de la politique, avec sa polémique, trop souvent passionnée. Celle-ci réussit d'abord entre les mains des savants publicistes du parti des politiques (n° 349), à faire triompher en France les principes modérés et pacifiques, savoir : la foi catholique avec la tolérance, la royauté héréditaire, suivant les principes dits de la loi salique et affranchie des prétentions de la féodalité, tout en laissant, il est vrai, cette autorité sans contre-poids utile. Parmi les publicistes de cette époque, nous citerons le jurisconsulte *Dumoulin* (1500-1566), qui a retrouvé les véritables sources et posé les règles fondamentales du droit français, commenté les principales coutumes du royaume, et publié sa *Révision de la coutume de Paris*, qui passe pour un chef-d'œuvre. Après Dumoulin, nous nommerons *P. Pithou*, calviniste converti (1539-1596), et surtout le chancelier de *l'Hospital* (1505-1573), (n° 346), *dont la main vénérable grava dans nos lois le mot de tolérance religieuse*. (M. Saint-Marc Girardin), ce sage publiciste, dont la voix austère mais conciliante s'élevait au sein des grandes assemblées pour appeler les partis à la modération et à la concorde, pour donner satisfaction aux intérêts et aux besoins politiques, que la presse avait de son côté commencé depuis longtemps à révéler, et qui conçut la pensée de rétablir la monarchie limitée en donnant les états généraux pour contre-poids à la puissance royale (1. Citons encore *Bodin*, qui,

_____

(1) Il n'est pas sans intérêt de remarquer que c'est au commencement

dans son traité *de la République,* posa les principes de la liberté de conscience et de la liberté politique; les cardinaux d'*Ossat* (lettres) et *Duperron,* et enfin le président *Jeannin,* dont les *Négociations* sont un sujet utile d'études pour les diplomates.

Depuis le douzième siècle, la science du droit n'avait pas cessé d'être cultivée en France et favorisée par nos rois. Mais c'est au seizième siècle surtout que le *mariage de l'estude du droit avecques les lettres romaines,* comme dit Pasquier, produisit des œuvres du plus grand mérite. Parmi les *entrepreneurs de ce nouveau mesnage,* il faut citer *Guillaume Budée* (1467-1540), cet homme d'une science immense, qu'Erasme appelait le *prodige de la France,* et dont les *Annotations sur les Pandectes* ont mis fin au règne d'Accurse et des glossateurs qui étouffaient le texte sous le poids de leurs commentaires lourds et diffus. — L'Italien *Alciat* (1492-1551), appelé en France par François Ier, continua l'œuvre de Budée, et fonda cette école de Bourges, qui jeta un si vif éclat et d'où sortirent une foule de maîtres célèbres, parmi lesquels nous citerons *Doneau,* connu par ses travaux sur le digeste et le code, et rival de *Cujas* (1520-1590), créateur de l'école de Toulouse; ce dernier, par les efforts d'un rare génie uni à une patiente sagacité, parvint, dans ses *Commentaires sur le Corpus juris,* écrits en latin avec une pureté remarquable, à refaire toute l'histoire du droit romain, dont il sut pénétrer et éclairer le vaste système. Le savant *Godefroy,* dont l'édition annotée du *Corpus juris* est devenue classique. Enfin *Loysel,* auteur des *Institutes coutumières* qui, comme publiciste, proclama la maxime : *Ci veut le roi, ci veut la loi.*

265. HISTOIRE. — DU BELLAY, MONTLUC, BRANTOME. — Pendant la seconde moitié du quinzième siècle, l'imprimerie, encore toute récente, avait reproduit un grand nombre de romans de chevalerie. C'était la lecture favorite du temps; aussi voit-on se reproduire partout ce genre de composition, qui, avec les *Mémoires d'Olivier de la Marche,* passa du roman dans la chronique. Toutefois l'influence du génie de Commynes donne à l'histoire un caractère plus grave et plus utile à la fois.

Un grand seigneur, *Robert de la Marck* (1490-1557), employa les loisirs d'une longue captivité à rédiger d'intéressants mémoires sur l'histoire de son temps, et *Jean de Saint-Gelais* écrivit celle de Charles VIII et de Louis XII. Les deux frères *Martin* et *Guillaume du Bellay,* mêlés à tous les grands événements du règne de François Ier, ont laissé sur cette époque des *Mémoires* qui nous

du seizième siècle que paraissent les premières feuilles volantes destinées à annoncer au peuple les nouvelles politiques et colportées sans doute dans les rues, comme de nos jours, par des crieurs publics; telle est celle qui se conserve à la Bibliothèque impériale avec ce titre : *C'est la très-noble et très-excellente victoire du roi Louis, douzième de ce nom, qu'il a heue, moyennant l'aide de Dieu, sur les Vénitiens.* C'était le *bulletin* de la victoire d'Agnadel (1507).

initient à toutes les intrigues et nous apprennent toutes les anecdotes de la cour. L'ardent et passionné général catholique, *Blaise
de Montluc* (1502-1577), auquel le fanatisme des guerres civiles
semble avoir entièrement ôté la conscience du bien et du mal, ne
dissimule ni ses rigueurs, ni ses cruautés, et ne rougit pas d'a-
vouer qu'il avait la réputation *d'aimer à jouer à la corde* : il
laisse, du reste, éclater dans ses *Mémoires*, avec *humeurs et com-
plexions de Gascogne*, une ardeur d'esprit militaire qui fera appeler ce livre par Henri IV *la Bible du soldat*. Brantôme écrit la
vie des hommes illustres d'une plume spirituelle mais licencieuse.
— Citons encore l'annaliste *Lestoile*, puis *Etienne Pasquier* (Recherches sur la France) et *de Thou*, qui écrit en latin l'*Histoire de
son temps*, et enfin *Marguerite de Valois* dont les *Mémoires* sont
écrits avec délicatesse et dont les *Lettres* font pressentir madame
de Sevigné.

266. LITTÉRATURE, GRAMMAIRE. AMYOT. —Les pro-
grès de la langue française datent de Louis XI, et malgré quelques
défauts, la langue de Commynes paraît claire et facile à comprendre lorsqu'on la compare à celle de ses devanciers. En 1539,
François Ier publia l'ordonnance qui prescrivait de substituer dans
tous les actes publics la langue française au latin barbare dont on
avait fait usage jusque-là : ce ne fut pas la cause, mais bien
l'annonce d'un progrès déjà réalisé. Dès l'an 1531, *Jacques Dubois* avait publié une grammaire française; *Ramus* en dédia une
autre à Catherine de Médicis en 1559; et *de Bèze* composa en
latin un *Traité sur la bonne prononciation de la langue française*.

Mais l'exemple était encore plus puissant que les préceptes. Depuis l'année 1547. *Jacques Amyot*, né à Melun (1513-1593),
d'abord professeur de grec à l'université de Bourges, puis précepteur des fils de Henri II, avait commencé à faire paraître des traductions d'auteurs grecs. Celle des *Vies de Plutarque*, publiée en
1559, exerça sur notre langue une notable influence. « Du grec,
Rabelais avait mis dans notre langue les mots; Amyot y a transporté le tour et la phrase. Ce caractère de naïveté dans le français
du seizième siècle, que regrettait Fénelon, ce parler bref et court
qui a disparu sous la phrase savante et parfois pompeuse du siècle
de Louis XIV, Amyot l'offre dans sa grâce première et sa fraîcheur
naïve. Singulière destinée d'une traduction de devenir une œuvre
originale, un des premiers et des plus durables monuments de notre
langue! » (M. Charpentier.)

Mais à côté de cette école du vieux langage français, du patois
wallon et picard, devenus dans les écrits de Commynes, de Calvin,
de Rabelais et d'Amyot, une langue savante et régulière, et qui
n'a plus que quelques progrès à faire pour acquérir la grâce et la
finesse, la précision et la clarté, qui lui manquent encore; à côté
de cette école de la cour des Valois, une autre s'était élevée dans le
Midi. L'école de Montaigne et de Montluc est toute différente : elle
a quelque chose de vif et de pétulant, elle est énergique, hardie,

pittoresque, mais elle n'a pas la sagesse et la netteté de la vraie prose française.

Il serait injuste de terminer cet exposé des progrès de notre langue et de notre littérature sans mentionner les savants philologues français dont les utiles travaux ont si puissamment contribué au grand développement intellectuel du seizième siècle : *Guillaume Budée* (n° 264), *Jules Scaliger* (1484-1558) et son fils *Joseph* (1540-1609), « abîme d'érudition, océan de science, » dit Bayle, et créateur de la science chronologique ; *Buchanan, Turnèbe*, « admirable tant en langue grecque et latine qu'en la connaissance de l'ancienneté, » dit Pasquier; *Muret*, professeur de Montaigne. Ces profonds et infatigables érudits, aidés par des imprimeurs non moins savants qu'eux, les trois *Morel, Robert Etienne* (1503-1550), auteur du *Thesaurus linguæ latinæ*, et son fils *Henri* (1528-1598), auteur du *Thesaurus linguæ græcæ*, éditent, commentent et traduisent toute l'antiquité grecque et romaine. Leur science inépuisable, quelquefois pédantesque, leur incroyable activité (1), ne laissent inexplorée aucune partie du vaste domaine de la littérature ancienne, et mettent toutes ses richesses à la disposition de la nôtre.

267. POÉSIE. VILLON, MAROT, RONSART, REGNIER, MALHERBE. La poésie qui au moyen âge a produit les gracieuses complaintes de Charles d'Orléans et la spirituelle comédie de l'*Avocat Patelin*, entre au quinzième siècle dans une ère nouvelle. Jusqu'à cette époque le peuple n'avait point eu son poête, un homme qui eût vécu de sa vie, se fût attristé de sa douleur, inspiré de ses joies! La poésie n'était sortie des châteaux que pour entrer à la cour. *Villon* (1431 1500 ?) la conduisit dans les plus obscurs réduits du peuple. Véritable enfant de Paris, vivant au hasard, fripon moitié par besoin et moitié par espièglerie d'esprit, toujours entre la faim et la prison, sauvé de la potence par la clémence de Louis XI qui l'affectionnait, mais ne perdant jamais ni sa gaieté ni son génie, Villon est toujours prêt à rimer une ballade, seule monnaie de bon aloi dont il ne fût jamais pauvre. Il rime au cabaret, il rime dans un cachot, il rime son épitaphe comme il a rimé ses amours; la perspective du gibet de Montfaucon lui inspire des vers dans lesquels l'insouciance du poête et la malice du satirique se mêlent à la plus effrayante énergie, et, trop souvent, à une immoralité effrontée, à une impiété cynique. Il espère, toutefois, que ses *frères humains*, quand ils le verront au haut de sa potence, *lavé de la pluie, desséché par le soleil, et poussé çà et là par le vent, déjà cendre et poudre*, prieront le Seigneur *qu'il le veuille absoudre;* car enfin tous n'ont pas le sens rassis, et lui surtout n'a eu de bon sens que le peu *que Dieu lui a prêté*, n'ayant pu, *et pour cause,*

---

(1) Pour donner une idée de l'ardeur infatigable que ces hommes du seizième siècle apportaient à l'étude, nous citerons seulement ce fait. Joseph Scaliger apprit *seul* le grec, lut et entendit Homère en *vingt et un jours*, et dans *quatre nuits* tous les autres poëtes grecs.

en emprunter à ses contemporains. Du reste, dans cette nature si
désordonnée, se rencontre un art exquis; la rime, jusque-là fort
négligée, est, chez lui, heureuse et riche; enfin la gracieuse et mélancolique ballade qui a pour refrain le vers :

Mais où sont les neiges d'antan?

est un exemple de l'habileté avec laquelle il manie le refrain, difficulté et mérite principal de ce genre de poésie. Ce fidèle représentant de l'esprit libre, frondeur et caustique de notre vieille
France, eut de nombreux successeurs que nous ne nommerons
pas ici; mais à défaut de génie, nous trouvons chez eux, avec le
goût des plaisirs de l'esprit, la preuve que les intelligences ont
grandi et qu'avec elles le sentiment de l'art et le langage ont
fait de sensibles progrès.

Clément Marot (1495-1544), le poëte favori de la reine de Navarre, Marguerite de Valois (1492-1550), qui faisait elle-même
des vers, ainsi que son frère chéri, le roi François Ier, Marot,
disons-nous, appartient à l'école de Villon, mais ne la continue pas. Avec lui la poésie rentre à la cour. Ses leçons, sinon sa
main, se trouvent dans les mystères ou comédies pieuses de sa
protectrice et dans ses poésies légères, Marguerites de la Marguerite (perle) des princesses, comme les nommaient ses courtisans. On sait qu'à l'exemple de Louis XI, cette reine composa aussi,
sous le titre d'Heptaméron, un recueil de Nouvelles pleines d'esprit et d'imagination, mais que gâte une licence rendue plus cho-
quante encore par le sexe et le rang de l'auteur. — Marot, que
son genre d'esprit délicat et gracieux, ingénieux et galant, semblait devoir laisser étranger aux dissentiments religieux, devint
protestant par bon ton peut-être plus que par conviction réelle. Il
se trouvait à la cour de François Ier au moment où la réforme,
dont on ne comprenait pas alors toute la portée, était encore à cette
cour le parti des gens d'esprit. Ce fut alors qu'il y traduisit en
vers les Psaumes de David, et quoique le style simple et naïf de
cette traduction reste bien au-dessous de la majesté des saintes
Écritures, on s'en arrachait tous les psaumes à mesure qu'il les
composait. Le roi lui-même, sa sœur, chacun des courtisans voulait avoir le sien, et, le soir, toute la société la plus distinguée
d'alors allait dans la belle promenade du Pré-aux-Clercs les chanter en chœur. Lorsque François Ier ouvrit les yeux sur les conséquences de la réforme, Marot, poursuivi par la Sorbonne, se vit
contraint d'aller chercher un asile, d'abord auprès de la duchesse
de Ferrare, puis à Genève, et enfin à Turin, où il mourut dans
l'indigence. Dans son exil, le gai troubadour de Marguerite de
Navarre ne trouve plus les heureuses inspirations qui lui avaient
dicté tant de fines épigrammes, de joyeuses chansons, de contes,
de satires, de rondeaux, d'épîtres familières et de chants royaux ;
mais, devenue plus mélancolique et moins inspirée, sa versifica-
tion demeure coulante et facile; son rhythme reste poétique et

régulier. — L'école de Marot finit à Genève, avec le sévère *Théodore de Bèze*, qui compléta sa traduction des Psaumes et composa une tragédie d'*Abraham sacrifiant*. — En France, elle eut pour dernier représentant *Mellin de Saint-Gelais* (1491-1558), poëte et musicien, et directeur de toutes les fêtes de la cour de François Ier. Le style de ses contes, trop souvent licencieux, de ses mordantes épigrammes, de ses sonnets, de ses madrigaux, est en général plus correct et plus savant que celui de son maître; mais la grâce et la naïveté de celui-ci y dégénère souvent en afféterie.

La poésie française ne pouvait cependant pas s'en tenir éternellement à ce ton léger et badin. La génération nouvelle, formée dans les écoles par tant de maîtres si profondément versés dans l'étude de l'antiquité, pleine d'enthousiasme et d'admiration pour les mâles beautés de la poésie grecque et latine, se jeta dans une imitation absolue de l'antique en oubliant de garder l'originalité gauloise. La *Défense et illustration de la langue française*, par *Joachim du Bellay* (1524-1560), fut comme le manifeste de cette insurrection. « Il ne s'agit plus, dit cet auteur, de toutes ces vieilles poésies françaises comme rondeaux, ballades, virelais, chants royaux, chansons, et *telles autres épiceries...* Là doncques, Français, s'écrie-t-il, marchez courageusement vers cette superbe cité romaine, et des serves dépouillés d'elle, comme vous avez fait plus d'une fois, ornez vos temples et vos autels! Pillez-moi sans conscience les sacrés trésors de ce temple delphique, et ne craignez pas le muet Apollon, ses faux oracles, ni ses flèches redoutées. » Il s'agissait d'une conquête, toute la France applaudit, et bientôt chargea de couronnes la tête des nouveaux triomphateurs. Au-dessus d'eux tous s'éleva soudain l'auteur de la *Franciade*, *Ronsard* (1524-1585), que ses contemporains proclamèrent le *premier des poëtes* depuis Auguste. Jamais auteur n'avait été entouré de plus d'hommages. Comme Voltaire, il régna sur son siècle ; sa réputation devint européenne, et le Tasse s'estima lui-même heureux de lui soumettre ses premiers essais. Réunis autour de lui, les autres poëtes de la *Pléiade*, souvenir classique des poëtes grecs réunis à la cour des Ptolémées, formaient son cortège. Nous nommerons seulement parmi eux *Étienne Jodelle* (1532-1573), que ses tragédies avec des chœurs, imitées des Grecs, font considérer comme le créateur du théâtre français. Le mérite de Ronsard et de son école est d'avoir rendu à notre poésie de la vigueur, de l'éclat et de la pompe, d'avoir habilement rompu la pensée aux variétés du mètre poétique. Les épitres de du Bellay, l'*Ovide français*, comme on l'appela, ont de la grâce, et ses poésies lyriques du mouvement et de la chaleur; plusieurs des odes de Ronsard ne manquent ni de verve, ni d'élégance, ni de fraîcheur; mais toutes ces œuvres *façonnées d'après l'antique* furent si maladroitement imitées par les disciples de cette école, que leurs écrits continrent bientôt plus de mots grecs, latins, hébreux, etc., que d'expressions françaises. Enfin, plus audacieux encore, le *doctime Baïf*, qui prétendait donner aux adjectifs français les formes des comparatifs et superlatifs latins, crut transporter dans notre langue, avec la métrique des anciens, l'harmonie de la poésie antique en élaborant des distiques tels que celui-ci :

Voïs dĕ rĕchĕf, ô ālmĕ Vĕnŭs. Vĕnŭs ālmĕ, rĕchāntĕ
Tŏn lōs Ymmŏrtĕl, pār lĕ pŏĕtĕ sācrĕ.

Quelques poètes pourtant échappèrent à cette contagion ; dans ce nombre, il nous faut citer la jeune reine *Marie Stuart* (n° 329), dont tout le monde connaît les touchants adieux à la France et les regrets non moins touchants inspirés à sa muse mélancolique par la mort de son premier mari.

Le théâtre, après Jodelle, voit paraître le Champenois *Larivey* (1550-1612), qui dans ses comédies facétieuses montre de la verve comique et l'intelligence de la scène, puis *Hardy* (1561-1631), auteur de plus de six cents tragédies, tragi-comédies ou comédies, dont le style incorrect ne vaut guère mieux que le plan.

Il nous reste à signaler un dernier genre de poésie qui ne fut pas la moindre gloire du seizième siècle ; nous voulons parler de la *satire* ; elle eut un digne représentant dans un élève de l'école de Ronsard, le calviniste *d'Aubigné* que nous avons nommé comme théologien et historien et qui fut encore guerrier intrépide, habile négociateur, poète et romancier. Dans son recueil de satires intitulé *les Tragiques*, il flétrit d'un vers sanglant les mœurs de son siècle ainsi que les massacres de la guerre civile et de la Saint-Barthélemy. Annonçant aux persécuteurs la vengeance céleste, il leur dit que, réduits par le désespoir à invoquer l'enfer et la mort, ils ne trouveront dans l'enfer même,

Que l'éternelle soif de l'impossible mort.

L'esprit français devait revenir à un genre moins rude et moins inculte, avec une œuvre qui eut une immense portée politique. Nous voulons parler de la *Satire Ménippée*, écrite moitié en vers, moitié en prose, œuvre collective de plusieurs bourgeois de Paris, et publiée en deux parties.

La première, qui parut en 1593, sous le titre de *Vertu du Catholicon d'Espagne*, avait pour auteur *P. Leroy* ; la seconde, publiée en 1594, sous le titre d'*Abrégé des Etats de la Ligue*, fut l'œuvre commune du conseiller au parlement *Gillot*, du savant *P. Pithou* et des deux poètes *Rapin* et *Passerat*. Cet ingénieux pamphlet, en déversant le ridicule sur la Ligue, sur la corruption de ses prédicateurs vendus à l'Espagne, et sur les manœuvres de ce parti, contribua puissamment à sa ruine. Elle n'eut pas une moindre influence sur notre littérature. « La Satire Ménippée, dit un savant professeur, termine les trois grandes luttes du seizième siècle : lutte littéraire, lutte religieuse, lutte politique. Littéraire, elle ramène la prose et la poésie françaises à cette naïveté gauloise, à ce tour naturel et piquant, à cette pointe fine et gracieuse qu'avait émoussée Ronsard, et cependant, elle leur laisse l'empreinte grecque qu'Amyot et Montaigne leur ont donnée ; religieuse, elle rompt avec la Ligue; politique, elle repousse l'Espagne. Désormais, la France n'est plus ni féodale, ni espagnole, ni ultramontaine, elle est monarchique. » (M. Charpentier).

Nous arrivons ici au seuil du dix-septième siècle, qui partagea le zèle de Ronsard pour l'antiquité. « mais qui, sans l'admirer moins, sut l'imiter autrement et dont le jugement exquis marque ses empreintes au sein du génie français. C'est par là qu'il s'appropria cette antiquité que l'école de Ronsard n'avait su que contrefaire. » (M. Saint-Marc Girardin.)

Régnier (1573-1613), qui ouvre la liste des poëtes du dix-septième siècle, était un des admirateurs de Ronsard, et cependant ses vers, frappés au type du vieil esprit français, rappellent Villon. La politique avait inspiré la satire du seizième siècle; celle de Régnier, caustique mais légère, s'attaque seulement aux préjugés et aux ridicules de son époque, mais avec tant de justesse et de bonheur, que ses portraits sont encore ressemblants aujourd'hui. La verve de la pensée et le mouvement du style se reproduisent chez lui sous toutes les formes et avec des expressions antiques,

> Heureux si ses discours, craints du chaste lecteur,
> Ne se sentaient des lieux que fréquentait l'auteur.

Mais quels sont donc ces nouveaux docteurs que Régnier poursuit de ses vives épigrammes,

> Qui tous seuls de bien dire ont trouvé la méthode?

Quel est ce poëte rival dont Régnier ne voit que les défauts, et dont, suivant lui,

> Le savoir ne s'étend seulement
> Qu'à regratter un mot douteux au jugement,
> Prendre garde qu'un qui ne heurte une diphthongue,
> Espier si des vers la rime est brève ou longue, etc.;

qui n'a jamais su faire autre chose

> Que proser de la rime et rimer de la prose.

C'est pourtant ce même poëte dont le législateur du Parnasse français a dit :

> Enfin *Malherbe* vint, et le premier en France
> Fit sentir dans les vers une juste cadence;
> D'un mot mis à sa place enseigna le pouvoir,
> Et réduisit la muse aux règles du devoir.
> Par ce sage écrivain la langue réparée
> N'offrit plus rien de rude à l'oreille épurée,
> Les stances avec grâce apprirent à tomber,
> Et le vers sur le vers n'osa plus enjamber.

Cependant le reproche de Régnier est juste. « *Malherbe* (1555-1628) manque d'imagination : il semble ne s'inquiéter que de la forme et du dehors de la poésie. Mais aussi quelle précision et quelle clarté de style ! Par quel instinct de génie a-t-il trouvé ce

rhythme harmonieux ignoré jusqu'alors, et que l'oreille reconnaît
aussitôt comme le rhythme naturel de notre langue ! Voilà enfin
la poésie française, celle qui ne sera pas *vaincue du temps* et qui
ne *cédera pas à ses outrages* ! Naissez maintenant, jeunes poëtes,
naissez; la langue est digne de vous, et votre génie n'aura plus à
lutter contre les obstacles du langage. Malherbe a taillé la pierre
et façonné le marbre; c'est à vous d'élever le temple! » (M. Saint-
Marc Girardin.)

Préparés par tant de travaux, élaborés par tant d'essais, les
grands monuments de la littérature française allaient apparaître.

OUVRAGES A CONSULTER. — Fréd. Schlegel, *Littérature ancienne et
moderne*; Guillaume Schlegel, *Littérature dramatique*; *Tableau de l'histoire
moderne*, par F. Schlegel; *Cahiers d'histoire littéraire*, par MM. Burette et
Charpentier; L. Viardot, *Études sur la littérature espagnole*; Scholl, Ragon,
Sismondi, *Littérature italienne*; Chateaubriand, *Essai sur la littérature anglaise*; Sainte-Beuve, *Histoire littéraire du seizième siècle*. M. de Saint-Marc
Girardin, Kohlrausch. — Pour les ouvrages à consulter sur la troisième
partie de ce chapitre, il faut voir à la fin des deux chapitres précédents.

QUESTIONNAIRE. — § Ier. 259. Quelle influence a exercée l'Italie sur
le mouvement artistique en France? — Quels artistes célèbres y ont été
appelés? — Quels sont les autres grands artistes de cette époque? —
260. Caractérisez le genre d'architecture appelé style de la renaissance.
Nommez les principaux châteaux et palais construits sous François Ier
et Henri II. — Par qui fut commencé le Louvre? — Quelle célèbre manufacture a été fondée par François Ier? — § II. 261. Quelles sont les
diverses influences qui ont développé en France le mouvement intellectuel à la fin du quinzième siècle? — 262. Qu'avez-vous à dire de la
théologie? — 263. Quels philosophes ont paru à cette époque? — Dites
quelques mots de Rabelais, de Ramus, de Montaigne, de Charron. —
264. Quels sont les publicistes célèbres de cette époque? — Comment se
distingue l'Hospital? — Nommez les plus illustres jurisconsultes de cette
époque. — 265. Quels sont les principaux chroniqueurs? — 266. Donnez une idée des progrès de la langue française. — Donnez quelques
détails sur Amyot. — Citez les principaux érudits. — 267. Parlez de
Clément Marot, de Marguerite de Valois, des satiriques, de Ronsart,
de Régnier et de Malherbe.

QUATRIÈME PARTIE.

La Renaissance dans les autres contrées de l'Europe.

—

SOMMAIRE.

§ Ier. 268. Le mouvement intellectuel se propage dans toute l'Europe.
Les universités d'Allemagne deviennent célèbres; mais la réforme
vient mettre obstacle au développement de la littérature. Si l'Italie
est supérieure dans les arts, la prééminence lui sera disputée dans
les sciences et les lettres.

269 La philosophie présente le Hollandais Érasme, esprit fin, auteur des *Colloques* et de l'*Éloge de la folie*: il a pour ami le Français Budée et l'Espagnol Vivès. Le moine Campanella est le père de la philosophie saint-simonienne. L'Angleterre méconnaît le génie de François Bacon (1561-1625), dont le *Novum organum* est l'ouvrage le plus célèbre.

270. En politique, Machiavel est corrigé par Thomas Morus. La science du droit reçoit une impulsion prodigieuse des travaux d'Accurse, Balde, Barthole, Dumoulin, Cujas, Godefroy, Favre.

271. Boscan-Almagaver, Mendoça, Montemayor, Herrera, Garcilaso de la Vega, cultivent en Espagne tous les genres de littérature. Les deux grands écrivains espagnols. sont Cervantès, auteur de pièces de théâtre et du célèbre roman de *Don Quichotte*, et Lope de Vega, qui a composé par milliers des drames et des poésies de tout genre avec un succès prodigieux. Marianna écrit avec talent l'histoire de son pays. Le Portugais Camoëns est l'auteur du beau poëme des *Lusiades*.

272. La littérature anglaise présente un caractère extrêmement original, Shakspeare est auteur de drames et de comédies célèbres; d'abord braconnier et palefrenier, puis acteur de bas étage, il est l'Homère de l'Angleterre (1564-1616).

273. La médecine fait des progrès grâce aux travaux de Fallope et d'Ambroise Paré, Copernic, astronome prussien, étudie tous ses devanciers, et fonde le système d'après lequel le mouvement de la terre autour du soleil est reconnu. Galilée confirme le système de Copernic. Le danois Tycho-Brahé fait des observations précieuses.

§ II. 274. La peinture à l'huile prend naissance en Flandre : Rubens et Van Dick illustrent l'école flamande. Albert Durer, peintre et graveur, se distingue en Allemagne. Hans Holbein est en Suisse un célèbre peintre de portraits. La réforme arrête le progrès des arts.

275. La musique religieuse est cultivée avec succès par Palestrina.

§ Ier. LETTRES ET SCIENCES.

268. MOUVEMENT SCIENTIFIQUE ET LITTÉRAIRE. — L'Italie et la France ne devaient pas seules participer aux bienfaits de la renaissance ; toute l'Europe les suivit dans cette voie. En Allemagne, les progrès de l'imprimerie accélérèrent le mouvement des esprits, et bientôt les universités de Prague, de Heidelberg, de Cologne, de Leipsick, jouirent d'une réputation méritée; mais les querelles religieuses, suites fatales de la réforme, vinrent étouffer tout à coup cet essor de l'esprit humain (chap. xxi).

Si l'Italie a une incontestable supériorité dans les arts, la prééminence lui est vivement disputée dans la littérature et dans les sciences. Celles-ci s'avancent à pas inégaux pendant le quinzième et le seizième siècle, quelques-uns commencent à jeter un grand éclat, les autres restent à peu près stationnaires.

269. PHILOSOPHIE. — **ÉRASME, VIVÈS, CAMPANELLA.** — La philosophie se borne à attaquer la scolastique, à laquelle elle oppose, comme nous l'avons déjà dit, les idées de Platon, et quand elle prend une marche plus libre, un caractère plus original, elle se jette sans méthode et sans guide dans une voie d'observations incertaines qui la mènent souvent au scepticisme.

Erasme, né à Rotterdam (1467-1550), marque un temps d'arrêt sur cette pente dangereuse. Ce Hollandais, l'un des hommes les plus érudits de son temps, est aussi remarquable par la science profonde qu'il montra dans ses traductions et ses œuvres théologiques, que par la finesse d'esprit, l'élégance, la clarté de style, qui brillent dans ses *Colloques* et son *Éloge de la folie*. Ses excellentes éditions des auteurs anciens et ses judicieux systèmes d'études ont exercé une profonde et utile influence sur l'enseignement classique. Erasme fut constamment honoré de la faveur des papes, malgré les satires mordantes dont il poursuivit sans ménagement la partie corrompue du clergé. Il avait pour amis le Français *Guillaume Budée* (n° 264), mathématicien, architecte, théologien, helléniste, et l'Espagnol *Vivès* (1492-1540), qui, après avoir étudié à Paris et à Louvain, fut en Angleterre le maître de Thomas Morus et l'instituteur de Marie Tudor, professa avec éclat à l'université d'Oxford, et ramena dans son pays le goût des saines études. Ces trois hommes formèrent le triumvirat de la science. Ils eurent pour digne émule le Belge *Juste Lipse*, secrétaire du cardinal *Granvelle*, puis professeur d'histoire à Iéna, à Leyde et à Louvain, qui doit à ses commentaires sur les auteurs anciens, à ses ouvrages de philosophie morale et politique, et surtout à ses études sur le stoïcisme, une réputation méritée. C'était encore le moine italien *Campanella*, dont les dangereuses utopies sociales ont été reproduites de nos jours par la secte saint-simonienne.

A la même époque, l'Angleterre méconnaissait le génie d'un penseur illustre qui, devançant la marche de la civilisation, semble égaré au sein de la société du seizième siècle; c'est *François Bacon* (1561-1626), mal apprécié comme philosophe par ses contemporains trop grossiers pour le comprendre, et dont l'influence ne se révèle qu'à la fin du siècle suivant. Sa destinée, ainsi que celle de notre grand Descartes, est d'ouvrir une ère nouvelle à la philosophie et aux sciences, par les voies de l'observation, de l'expérience et d'une prudente induction. Le traité *De dignitate et augmentis scientiarum*, et le *Novum organum*, les deux plus célèbres ouvrages de Bacon, contiennent l'exposition de sa méthode. Secondées par ce guide puissant, toutes les études expérimentales feront des progrès immenses, quelques-unes seront totalement changées.

270. POLITIQUE. JURISPRUDENCE. — La politique avait été réduite en art par Machiavel (n° 251), qui ne sait pas la concilier avec la morale, et l'appuie tout entière sur la ruse et la perfidie. Elle est ramenée aux véritables principes par le vertueux chancelier *Thomas Morus*.

Entre toutes les sciences morales, une seule celle du Droit, doit d'immenses progrès à une série de prodigieux travaux qui sont encore les principaux monuments juridiques des temps modernes. Le Florentin *Accurse* (1434-1529) résume dans la *Grande glose* les opinions de ses prédécesseurs et spécialement de *Baldé* et de *Barthole*, sur le droit romain. *Alciat* commence à éclairer l'étude des lois par celle de l'histoire. Bientôt paraissent en France *Dumoulin*, *Cujas* et son rival *Doneau*, enfin le savant *Godefroy* (voir nº 264). Au commencement du dix-septième siècle, *Antoine Favre* (mort en 1624), président du sénat de Savoie, se montra dans ses commentaires sur les pandectes le digne successeur de tant d'illustres devanciers.

271. LITTÉRATURE ESPAGNOLE. — CERVANTES. — LOPE DE VEGA. — MARIANA. — LE CAMOENS. — L'Espagne, dans la même période, offrait une foule de poëtes, qui cultivaient à la fois, comme en Italie, tous les genres de littérature. *Boscan Almagaver* donnait à la poésie comme à la prose une harmonie nouvelle. *Mendoça* (1503-1575) était tout ensemble guerrier, négociateur, géographe, historien et poëte. *Montemayor* écrivait un poëme pastoral, bientôt traduit dans toutes les langues. *Cristoval de Castellejo* maniait la satire avec finesse. *Hernando de Herrera* s'élevait dans ses odes religieuses ou patriotiques aux plus hautes inspirations lyriques. *Alonzo de Hercilla*, guerrier et poëte, célébrait ses propres exploits contre les habitants du Chili dans le poëme de *l'Araucana*, qu'on peut placer à côté de notre Henriade. Le Pétrarque espagnol, *Garcilaso de la Vega*, mort les armes à la main, composait au milieu du tumulte des camps de gracieuses églogues et des odes sur les douceurs du repos (1503-1536.)

Mais les deux écrivains les plus originaux de l'Espagne, auxquels appartient toute la gloire de ce temps, sont Cervantès et Lope de Vega. Soldat à Lépante, puis captif des Algériens, indigent et méconnu toute sa vie, *Michel de Cervantes* (1547-1616), doit sa principale gloire à un roman immortel; il fut aussi l'un de ceux qui donnèrent l'essor à l'art dramatique en Espagne. Cervantes a fixé la prose espagnole, et s'est illustré à jamais par cet inimitable *Don Quichotte,* qui battit en brèche avec tant de vivacité, de bon sens et d'esprit, le genre faux et ridicule du roman chevaleresque. *Lope de Vega* (1562-1635), que Cervantes lui-même appelle *le prodige de la nature et le roi de la comédie*, vint jeter par milliers au public enthousiasmé ses épopées, ses comédies sacrées et profanes, ses drames théologiques, ses vies de saints. Embrassant tous les sujets de son imagination inépuisable, mais ne sachant se plier à aucune des règles de l'art, il fut entouré par ses contemporains d'une admiration sans bornes, que la postérité plus impartiale n'a pas partagée. Toutefois, on ne peut lui refuser l'honneur d'être le premier maître d'une école à laquelle Molière a emprunté quelques-uns de ses traits les plus gais et les plus brillants, et qui a inspiré plus d'une fois le génie du grand Corneille. Parmi les prosateurs espagnols, citons encore un second *Garcilaso de la Vega* (1530-1568), surnommé l'*Inca*, qui écrivit avec exactitude l'histoire des souverains du Pérou, dont il descendait par sa mère: et le célèbre jésuite *Mariana* (1537-1624), qui offre dans son *His-*

toire générale de l'Espagne un des plus beaux monuments du style historique.

En Portugal, le *Camoëns*, (mort en 1579), grand et malheureux comme le Tasse, laisse à son pays l'admirable poëme des *Lusiades*, composé dans l'exil, œuvre de patriotisme et de foi autant que de génie politique, où il exalte la gloire du christianisme, triomphant dans le monde oriental par les découvertes et les exploits de ses concitoyens. Ce grand poëte, qui avait erré toute sa vie des rivages du Portugal aux extrémités de l'Inde, mourut à l'hôpital quelques années après avoir publié son immortel poëme.

272. LITTÉRATURE ANGLAISE. SHAKSPEARE. — A la différence de la littérature de la plupart des États Européens, la littérature anglaise doit peu à l'étude des anciens, et c'est dans son propre génie et dans les souvenirs chevaleresques du moyen âge qu'elle puise d'immenses ressources. L'Angleterre s'enorgueillit d'un nom qui, à lui seul, suffirait à l'illustration littéraire de toute une époque : à la fin du seizième siècle, elle assiste aux débuts de *William Shakspeare* (1564-1616). Tour à tour braconnier, palefrenier, souffleur de théâtre, comédien ambulant, enfin, auteur dramatique de premier ordre, Shakspeare, esprit inculte et sauvage, mais d'une incroyable vigueur, trouve dans la seule observation de la nature tous les tableaux de mœurs si pittoresques et si joyeux qui animent ses comédies, tous les ressorts énergiques, toutes les peintures simples et touchantes quelquefois, souvent sublimes et terribles, presque toujours si vraies, de ces drames; œuvres grandioses auprès desquelles toute imitation pâlit, essai et perfection d'un genre étrange, qui prête au génie des forces inouïes, mais qui écrase toute médiocrité : Shakspeare est l'Homère de l'Angleterre.

Bien loin de l'auteur de *Macbeth*, d'*Othello*, d'*Hamlet*, du *Roi Lear*, de *Richard III*, etc., nommons : *Ben Johnson* (1574-1637) dont les comédies ne manquent ni d'esprit ni de gaieté; *John Fletcher* et *Francis Beaumont*, unis par la composition d'un grand nombre de pièces qui eurent beaucoup de succès, et qui font quelquefois oublier la faiblesse de leur style par l'intérêt de l'intrigue; citons enfin *Edmond Spencer* (1553-1598), tant vanté par ses contemporains, mais qui n'imita qu'avec un médiocre talent les poésies pastorales et les romans poétiques de l'Italie.

273. SCIENCES PHYSIQUES ET MATHÉMATIQUES. — COPERNIC. — Parmi les sciences naturelles, la science médicale n'est dignement représentée que par l'Italien *Gabriel Fallope*, (1523-1562), qui a enrichi l'anatomie d'observations précieuses; et par le Français *Ambroise Paré* (1518-1590), qui lutte avec énergie contre les rêves de l'alchimiste suisse *Paracelse*, précurseur de l'empirique brabançon *Van Helmont*.

L'astronomie s'élève au-dessus de toutes les autres sciences, et c'est dans le seizième siècle peut-être qu'elle fait ses plus importants progrès. *Nicolas Copernic*, né en Prusse l'an 1473, et instruit dans toutes les branches des connaissances humaines à l'université de Krakovie, habile dans la philosophie, la médecine, la peinture, se sentit entraîné par une vocation puissante pour les études mathématiques, et alla recevoir en Italie les leçons des géomètres et des astronomes en renom à cette époque. De retour dans sa patrie, il se livra à une étude de tous les systèmes admis par ses contemporains; discernant avec une sagacité merveilleuse la vérité au milieu de tant d'erreurs, il fonda un système dont il avait trouvé à peine quelque germe dans les ouvrages de ses prédécesseurs et qui devait à jamais détruire toutes leurs vaines hypothèses. Il annonça, contrairement à toutes les opinions reçues, que la terre tournait sur elle-même et tournait en outre avec les diverses planètes autour du soleil, centre immobile du système du monde, et il appuya sur une foule d'observations et de calculs rigoureux cette proposition hardie. Sûr de la vérité de sa découverte, mais craignant de l'exposer aux attaques passionnées de l'ignorance ou de l'envie, il ne voulut la publier qu'à la fin de sa vie, après l'avoir appuyée de démonstrations complètes, et ce ne fut que le jour de sa mort que ses mains défaillantes reçurent le premier exemplaire du livre où était déposée cette doctrine, fondement désormais inébranlable de la science astronomique (1543). — L'Italien *Galilée* (1564-1642), le véritable inventeur du télescope, soutient au milieu des persécutions, avec une infatigable persévérance, la découverte de Copernic; et, forcé par un tribunal aveugle de rétracter à genoux sa doctrine du mouvement de la terre autour du soleil, il se relève en s'écriant : « Et pourtant elle tourne! » — En Danemark, *Tycho-Brahé* (1546-1601), reprenant toutes les observations de Copernic, proclame une théorie qui n'a pas été adoptée par les astronomes, mais qui témoigne des connaissances profondes de son auteur. Malgré les erreurs de Tycho-Brahé, ses travaux, modifiés par les plus exactes expériences, conduisent son disciple, l'Allemand *Kepler* (1571-1631;, à la découverte des lois qui président au mouvement des corps célestes.

§ II. RENAISSANCE DES ARTS.

274. LA PEINTURE EN FLANDRE, RUBENS : — EN ALLEMAGNE, ALBERT DURER; — EN SUISSE, HOLBEIN. — Bien que l'Italie possède dans les arts, et surtout dans la peinture, une supériorité incontestable, ce n'est cependant pas elle qui avait inventé le procédé au moyen duquel les artistes italiens devaient produire tant de chefs-d'œuvre. On attribue généralement l'invention de la peinture à l'huile au Flamand *Jean Van Eyk*, dans le quatorzième siècle. L'école flamande, qui la posséda la première, se distingua dès l'abord entre toutes les autres par l'originalité des compositions et la richesse du coloris. A la tête de cette école se placent le fameux *Rubens* (1577-1640), qui a peint tous les genres, mais surtout l'histoire, avec tant de supériorité, et *Van Dyk* (1599-1641), renommé pour ses inimitables portraits.

L'Allemagne a aussi plusieurs écoles; il suffit pour sa gloire artistique d'avoir à nommer *Albert Durer* (mort en 1528), le Michel-Ange de l'Allemagne, célèbre par le degré de perfection auquel il porta la gravure, célèbre par ses talents comme sculpteur, comme peintre, comme mathématicien. « Le génie pittoresque de l'Allemagne atteignit en lui sa plus grande originalité, sa plus haute perfection : il est devenu le symbole de son époque. » (Michiels.) Il serait plus grand encore si le penchant exagéré de sa nation pour le fantastique ne l'avait souvent entraîné dans un genre faux et bizarre, que ses élèves reproduisirent sans hériter de son inspiration et de sa profonde pensée. Nous ne nommerons que *Lucas Cranach* (1472-1553), qui remplaça quelquefois heureusement l'énergie grandiose de son maître par une touche gracieuse et légère. — La Suisse cite avec orgueil le nom de *Hans Holbein* (1495-1534), estimé surtout pour ses portraits, qui mérita d'être appelé à la cour de Henri VIII, et d'avoir Erasme pour biographe.

Les écoles de Flandre et d'Allemagne déchurent à la fin du seizième siècle. Jalouses de la brillante réputation des peintres italiens, elles perdirent leurs qualités particulières par l'imitation servile des modèles étrangers, sans pouvoir s'en approprier le mérite. L'école flamande italienne fut bien inférieure à celle de Van Eyck. Après les disciples d'Albert Durer, aucun nom ne brille en Allemagne. La réformation chasse les artistes de cette poétique contrée, et ses fureurs iconoclastes, sous prétexte de proscrire l'idolâtrie, poursuivent à la fois les arts et la religion. « Ce culte rend superflues et les superbes églises, et les statues, et les peintures; il dépopularise les arts, et leur ôte un de leurs ressorts les plus actifs. » (Ch. Villers.) Le génie s'exile de ces régions de discordes et de ténèbres pour chercher dans les pays où la vieille foi règne encore un asile plus hospitalier (1).

275. LA MUSIQUE. PALESTRINA. —La musique, cultivée jusqu'alors dans le sanctuaire, en est bannie par le calvinisme, qui n'admet dans les temples qu'une psalmodie monotone. Mais le luthéranisme s'empare de ce puissant moyen d'influence sur l'esprit des peuples et multiplie les chants religieux. Au catholicisme appartient la plus grande renommée musicale de cette époque, *Palestrina* (1529-1594), qu'on a appelé à juste titre le *régénérateur de la musique sacrée.*

QUESTIONNAIRE. — § Ier. 268. Comment le mouvement intellectuel se propagea-t-il en Europe? — Qu'est-ce qui y mit obstacle? — 269. Quel est le rôle de la philosophie? — Faites connaître Erasme. — Avec

_____

(1) Ces réflexions sur l'influence de la réforme sont empruntées à Schœll, écrivain qui n'est pas suspect sur ce sujet.

Trente, réorganise l'inquisition, fait conclure la trêve de Nice (1534-1549).

291. Paul IV (1555-1559), fondateur de l'ordre des Théatins, continue les réformes avec une grande fermeté; il établit, dit-on, la congrégation de l'Index.

292 Pie V (1565-1572), rappelle partout le clergé à l'accomplissement de ses devoirs, poursuit rigoureusement l'hérésie, organise la croisade de Lépante. Il a été canonisé.

293. Un pâtre de Montalte, cordelier, puis prélat, devient pape sous le nom de Sixte-Quint (1585). Il détruit le brigandage dans les États-Romains, réforme l'administration, restaure les finances, embellit Rome, crée des établissements d'instruction; il soutient la Ligue en France.

§ Ier. ORIGINE ET COMMENCEMENTS DE LA RÉFORME.

276. NÉCESSITÉ D'UNE RÉFORME DANS LA DISCIPLINE DE L'ÉGLISE. — Il y avait plusieurs siècles qu'on désirait la réformation de la discipline ecclésiastique. « Qui me donnera, disait saint Bernard, que je voie, avant de mourir, l'Eglise de Dieu comme elle était dans les premiers jours? » Si ce saint homme a eu quelque chose à regretter en mourant, ç'a été de n'avoir pas vu un changement si heureux. Il avait gémi hautement des maux de l'Eglise; il n'avait cessé d'en avertir les peuples, le clergé, les évêques, les papes même. Les désordres s'étaient encore augmentés depuis; l'Eglise romaine, la mère des Églises, qui durant neuf siècles entiers avait maintenu la discipline ecclésiastique dans tout l'univers, n'était pas exempte de mal; et dès le temps du concile de Vienne, un grand évêque mit pour fondement de l'ouvrage de cette sainte assemblée, qu'il y fallait *réformer l'Église dans le chef et dans les membres*. Le grand schisme mit plus que jamais cette parole à la bouche, non-seulement des docteurs particuliers, d'un Gerson, d'un Pierre d'Ailly, des autres grands hommes de ce temps-là, mais encore des conciles de Pise et dans le concile de Constance. On sait ce qui arriva dans le concile de Bâle, où la réformation fut malheureusement éludée. Le cardinal Julien représentait à Eugène IV les désordres du clergé, principalement de celui d'Allemagne, qui excitaient, disait-il, la haine du peuple contre tout l'ordre ecclésiastique; il prédisait que si on ne réformait promptement le clergé d'Allemagne, après l'hérésie de Bohême, il s'en élèverait une autre encore plus dangereuse.

« Je crois, ajoute ce grand cardinal, que la cognée est à la racine; l'arbre penche, et au lieu de le soutenir pendant qu'on

le pourrait encore, nous le précipitons à terre. » Il aperçoit
une prompte désolation dans le clergé d'Allemagne. Les biens
temporels, dont on voudra le priver, lui paraissent comme
l'endroit par où le mal commencera. « Les corps dit-il, péri-
ront avec les âmes; Dieu nous ôte la vue de nos périls, comme
il a coutume de faire à ceux qu'il veut punir : le feu est allumé
devant nous, et nous y courons. » (Bossuet, *Histoire des Variations*, liv. 1.)

Enfin le pape lui-même écrivait à la diète de Nuremberg :
« Nous savons que sur le saint-siége que nous occupons a
régné une grande corruption pendant plusieurs années... Ainsi,
il n'est pas étonnant que la maladie soit passée de la tête aux
membres, du pape aux prêtres ; c'est pourquoi nous nous effor-
çons, autant qu'il nous est possible, de réformer d'abord notre
siége, d'où peut-être sort tout le mal; afin que, puisque la
ruine est partie de là pour descendre aux degrés inférieurs, le
salut et la vie y prennent aussi leur source. » (Lettres
d'Adrien VI au nonce, 1522.)

277. EN QUOI DEVAIT CONSISTER LA RÉFORME. —
Ainsi, nul ne prétendait nier qu'il n'y eût dans la discipline de
l'Église de criants abus à corriger, de grands scandales à réparer; ainsi le mot de réforme n'était pas nouveau quand le Saxon
Luther et le Suisse *Zwingle* vinrent le faire retentir si violemment dans le monde. Mais le changement que l'Église réclamait,
c'était la réforme des mœurs de ses ministres, et non l'abolition
du ministère; c'était la destruction des abus qui s'étaient
glissés dans les pratiques chrétiennes, et non l'anéantissement
des pratiques; c'étaient enfin des modifications dans la discipline altérée, et non dans le dogme, qui, au milieu de toutes
les révolutions et de tous les ébranlements, s'était conservé pur
et immuable, d'après la promesse de Dieu même. Or, des
deux novateurs, l'un entraîné par une logique froidement fanatique, l'autre emporté par son esprit fougueux, ne tardèrent
pas à ébranler la doctrine. De réformateurs ils devinrent héré-
siarques; et cette réforme qu'ils avaient si hautement annoncée,
ils ne firent que la reculer. Ce fut l'Église, dont ils se séparèrent,
qui se chargea de l'accomplir. Le concile de Trente en eut la
gloire, et, chose remarquable, preuve frappante de l'inaltérable
confiance de l'Église en elle-même, en présence des entreprises
coupables des prétendus réformateurs, le concile donna pour
titre à la plupart de ses décrets : *De la Réforme*.

On est donc autorisé à conclure que les intentions mises en
avant par Zwingle, Luther et leurs imitateurs ne servaient qu'à
couvrir le dessein de s'affranchir de toute règle, de toute sou-

mission à l'Église : leur cris de liberté furent des cris de révolte, qui excitèrent dans l'Europe des agitations terribles, et
vinrent pendant un siècle la bouleverser de fond en comble.
Sans doute, au milieu des fureurs des guerres religieuses, nous
aurons à déplorer des crimes réciproques, des excès commis
par les deux partis. Mais la responsabilité de ces malheurs ne
doit-elle pas retomber sur ceux qui ont donné le signal de la
guerre, qui ont allumé l'incendie?

§ II. LA RÉFORME EN ALLEMAGNE : LUTHER.

278 LÉON X. — MARTIN LUTHER. — Le pape *Léon X*
(1513-1521), généreux protecteur des lettres et des arts, mais
trop ami des plaisirs et des fêtes somptueuses, Léon X, ruiné
par ses prodigalités et par les dépenses excessives qu'entraînait
l'érection de la magnifique basilique de Saint-Pierre, toléra,
dans la distribution des *indulgences*, de graves abus déjà condamnés par divers conciles. Les moines dominicains, chargés de
les distribuer dans toute l'Europe, en firent un scandaleux
trafic. Le chef des augustins, jaloux du privilége conféré à
un ordre rival, chargea un de ses moines, *Martin Luther* (1),
professeur à l'université de Wittemberg, d'écrire, non pas
contre les indulgences, mais contre la manière dont elles étaient
dispensées par les dominicains (1517). Quelques jours après,
Luther faisait paraître un long mémoire, où déjà il manifestait
quelques opinions hasardées, mais en protestant sincèrement
de sa soumission au saint-siége. « Car il ne faut pas croire
qu'il eût dès lors le dessein de renverser l'Église romaine, qu'il
marchât par des voies tracées d'avance à l'exécution d'un plan
prémédité. Luther fut toujours entraîné par les conjonctures. Il
entra dans la carrière sans but déterminé, une querelle monas-
tique lui mit la plume à la main, l'orgueil et les circonstances
firent le reste. » (Ragon.) La controverse devint de plus en
plus violente entre Luther et les dominicains. Le pape ne s'in-

---

(1) Fils d'un simple paysan, il avait montré dès son enfance une très-
grande ardeur pour l'instruction. Malgré la pauvreté de ses parents, il
était parvenu, grâce à ses efforts et à son travail, à suivre tous les cours
de l'université de Wittemberg. Il touchait au terme de ses études, quand
un jour, dans une promenade avec un de ses camarades, ayant été forcé
par un orage de se réfugier sous un arbre, il vit le tonnerre frapper son
ami à ses côtés. Ce malheur lui fit une impression si vive, qu'il résolut
aussitôt de quitter le monde et de se retirer dans un couvent pour se
consacrer à Dieu.

quiétait pas d'abord de ces *tracasseries de moines;* et pourtant, après d'inutiles discussions avec le cardinal Cajetan devant la diète d'Augsbourg (1518), avec le savant Jean Eck à Leipsick, le moine si soumis au pape leva l'étendard de la révolte. Il rejeta tout à la fois l'autorité du pape et celle de l'Église, le culte des saints, le célibat des prêtres, le dogme de la transsubstantiation, et tous les sacrements, excepté le baptême et l'eucharistie. Exaspéré par les anathèmes lancés contre ses erreurs, il répondit par des injures grossières aux avertissements comme aux condamnations du souverain pontife; enfin, il rompit tous les liens qui l'attachaient à l'Église romaine, en brûlant les bulles du pape sur un bûcher allumé par les étudiants de Wittemberg (10 octobre 1520). Tel fut le signal de la réforme en Allemagne; elle devait se développer avec un immense retentissement sur ce vaste théâtre, et donner lieu à une lutte longue et acharnée, lutte qui fut à la fois une guerre religieuse, une jacquerie et une guerre politique.

279. DIÈTE DE WORMS. — LUTHER AU CHATEAU DE WARTBOURG. — L'alarme était donnée : Charles-Quint fit sommer Luther de comparaître à la *diète de Worms* (1521) pour y rendre compte de sa doctrine. Luther y vint avec un sauf-conduit de l'Empereur; mais il refusa toute rétractation; Charles le déclara schismatique et hérétique, et le mit au ban de l'Empire. Son regard, qui savait embrasser les grands rapports des peuples entre eux, découvrait à l'avance les conséquences de l'entreprise de Luther : « Il voyait la division et l'irritation des esprits, la lutte des opinions qui conduit si facilement à la lutte armée, et le terrible fléau d'une guerre de religion. Charles croyait pouvoir étouffer le danger dès son principe, en opposant au torrent de l'erreur une barrière inébranlable. Sa qualité d'empereur et de défenseur de l'Église semblait d'ailleurs lui en imposer le devoir; et s'il avait conservé partout cette invariable et fidèle volonté, si d'autres pensées moins pures ne s'y étaient mêlées, peut-être de grands malheurs auraient été épargnés à l'Allemagne (1). » — Déjà le moine rebelle s'était enfui à la hâte : caché par l'électeur de Saxe dans le château de Wartbourg, qu'il appelait son *Pathmos,* il enflammait par ses écrits le zèle de ses disciples et augmentait le nombre de ses partisans. Les doctrines de Luther s'étaient répandues avec une rapidité inouïe. Déjà, plusieurs princes allemands, à l'exemple de Frédéric le Sage, duc de Saxe, se

_____

(1) Cette citation est empruntée à Kohlrausch, écrivain protestant.

déclaraient pour le novateur, quelques-uns par conviction religieuse, la plupart pour ressaisir leur ancienne influence en ébranlant l'autorité impériale, et recouvrer leurs anciennes richesses aux dépens des églises et des abbayes. Le relâchement de la discipline et la corruption des mœurs favorisaient les progrès de l'hérésie dans le clergé lui-même; de tous côtés, les moines quittaient leurs frocs et leurs couvents.

Ces bruits séditieux, qui retentissaient dans l'Église et dans les hautes classes de la société se faisaient aussi entendre parmi le peuple, accablé depuis tant de siècles sous le joug de la féodalité. Ces hommes *corvéables et taillables* interprétaient dans un sens tout matériel les mots de liberté chrétienne sans cesse répétés autour d'eux, et prétendaient à une parfaite égalité de droits avec leurs maîtres. Les attaques de Luther contre l'autorité de l'Église furent le signal d'une attaque furieuse contre toute autorité temporelle, d'une lutte générale contre l'ordre établi.

280. LES SACRAMENTAIRES. — LES ANABAPTISTES.

— Des sectaires exagérèrent ces doctrines, espérant s'en faire un appui pour leur sédition. Les fureurs de *Carlostadt*, le chefs des *Sacramentaires*, qui courait d'église en église, brisant les images et renversant les autels, avaient été dès l'année 1522, le prélude d'excès plus déplorables encore. Une foule de paysans, excités par les paroles fanatiques de *Munzer*, le premier disciple de Luther, ravageaient l'Allemagne en tous sens, forçant toute personne à recevoir un nouveau baptême (d'où ils furent appelés *anabaptistes*). Munzer attaquait comme une impiété toute différence entre les riches et les pauvres, les princes et les sujets, les prêtres et les simples fidèles, et soutenait l'enthousiasme de ses partisans en leur promettant le secours de tous les anges du ciel. En vain Luther s'efforça par ses écrits, modérés d'abord, bientôt d'une grande violence, de réprimer ceux qu'avaient soulevés ses doctrines. Les paysans voulant mettre à exécution les théories de Munzer voulurent massacrer *tout ce qui vivait dans l'oisiveté;* il fallut pour terminer leur brigandage, que la cavalerie des nobles, dont ils envahissaient les biens, les écrasât de toutes parts (1525). Plus de cent mille paysans perdirent la vie dans ce déplorable soulèvement, et leurs débris vinrent se jeter sur les provinces de l'est de la France (voir n° 321).

Luther se consolait de ces horreurs en citant froidement ces paroles de l'Évangile : *Je suis venu apporter non la paix, mais la guerre.* Toutefois, il se séparait du peuple pour s'attacher aux princes, que leur avidité pour les biens ecclésiastiques disposait en sa faveur ; l'un de ses plus remarquables écrits portait pour titre : *A la noblesse d'Allemagne*. La même année, Albert de Brandebourg, grand maître de l'ordre des chevaliers Teutoniques, sécularisa son État tout entier, et en fit le duché héréditaire de Prusse (1525). Luther enfin se détermina lui-même à suivre l'exemple que lui donnaient depuis longtemps ses disciples. Le moine augustin épousa, au grand étonnement de l'Allemagne, une religieuse qu'il avait fait sortir de son couvent.

§ III. LES PROTESTANTS. — LUTTES DE LA RÉFORME JUSQU'À LA PAIX D'AUGSBOURG. — MAURICE DE SAXE.

281. LIGUE CATHOLIQUE. — LIGUE PROTESTANTE. — Sous le drapeau de la religion, deux partis politiques se dessinaient en Allemagne : les catholiques, par la ligue de Dessau, les réformés, par celle de Torgau, se divisèrent en deux camps (1525-1526). En vain Charles-Quint parut-il se déclarer contre les derniers après la victoire de Pavie ; une guerre avec les Turcs l'occupa ailleurs. La diète d'Augsbourg ne changea rien à la position des partis ; et la *diète de Spire* (1529), qui, après avoir condamné les anabaptistes à la peine de mort, défendait toute innovation ultérieure dans la religion, ne fit qu'amener cette célèbre *protestation*, d'où est venu le nom qui désigne généralement tous les réformés. L'année suivante, les *Protestants* formulèrent leurs doctrines dans la *Confession d'Augsbourg*, rédigée par Mélanchthon, le plus modéré des amis de Luther ; mais elle ne fut pas longtemps leur unique symbole.

Charles-Quint, irrité de leur constante opposition, répondit par un décret qui les mettait au ban de l'Empire. Les réformés se hâtèrent de se confédérer à *Smalkalde* (1531). Fortifiés par l'alliance du roi de Suède Gustave-Wasa, et de Frédéric de Danemark, ils protestèrent pour la plupart contre l'élection de Ferdinand, frère de Charles, comme roi des Romains, et refusèrent de se soumettre désormais aux décisions de la chambre impériale, parce qu'elle avait prononcé contre eux une sentence de restitution des biens enlevés à l'Église.

282. GUERRE CIVILE. — SECONDE GUERRE CONTRE LES ANABAPTISTES. — MAURICE DE SAXE. — LE CONCILE DE TRENTE. — Malgré le traité de paix conclu à *Nuremberg*, qui assurait aux luthériens la liberté de leur culte jusqu'à la convocation du prochain concile général (1532), la guerre

13.

civile semblait prête à éclater, quand une nouvelle invasion (n° 226) des Ottomans réconcilia un instant l'Allemagne. Une armée immense, où tous les partis envoyèrent leur contingent, refoula les Turcs au delà de leurs frontières. Mais ce danger passé, le plus actif et le plus audacieux des chefs réformés, Philippe, landgrave de Hesse, envahit tout à coup l'Autriche avec vingt mille hommes, et fut vainqueur à Lauffen (1534). Toutefois la *paix de Cadan* réunit encore une fois les catholiques et les protestants contre un ennemi commun. La secte des anabaptistes se relevait en Allemagne, plus nombreuse, plus menaçante que jamais, sous les ordres de *Jean de Leyde*, garçon tailleur hollandais, qui établissait la polygamie, en prêchant la guerre contre ceux qu'il appelait les deux *prophètes du diable*, le pape et Luther. Ces misérables renversaient partout les couvents et les églises, détruisaient tous les chefs-d'œuvre des arts, brûlaient tous les livres, excepté la Bible, et se livraient en même temps aux débauches les plus grossières, d'après l'exemple de leur chef, qu'ils avaient proclamé successeur de David et roi du monde entier. Leurs excès soulevèrent toute l'Allemagne. Ils furent massacrés pour la plupart dans la ville de Munster, et Jean de Leyde périt dans les plus affreuses tortures (1535).

Les guerres extérieures firent quelque temps diversion aux troubles intérieurs de l'Allemagne. Déjà la division, conséquence nécessaire des principes du protestantisme, était grande dans le parti de la réforme. Luther attaquait avec violence son ancien disciple Carlostadt, et Ulric Zwingle, réformateur de la Suisse (n° 285). Quant aux princes qui s'étaient déclarés pour les nouvelles doctrines, leur adhésion était déterminée bien plutôt par des intérêts politiques que par leurs croyances religieuses : les ducs catholiques de Bavière se joignaient à la ligue de Smalkalde, tandis qu'un duc protestant, *Maurice de Saxe*, s'attachait au parti de l'Empereur (1545). Ce prince, cousin de l'électeur de Saxe, était un des hommes les plus remarquables de son temps. Jeune encore, « il était doué de ce regard perçant de l'âge mûr, qui saisit les rapports des événements. » Il avait résolu de faire servir les troubles religieux aux intérêts de son ambition ; il s'unissait aux catholiques pour supplanter l'électeur avec leur secours, déterminé à abandonner l'Empereur dès qu'il aurait atteint son but, et qu'il pourrait marcher indépendant.

Cependant le pape Paul III annonça l'ouverture d'un concile général, depuis si longtemps promis à l'Allemagne par l'Empereur ; mais les protestants, qui l'avaient d'abord demandé avec affectation, déjà le récusaient d'avance, et préféraient avoir raison les armes à la main. En effet, les premiers décrets du concile qui s'ouvrit à *Trente* (1545-1563), conformes à la doctrine perpétuelle de l'Église, sapaient le protestantisme par la base et rétablissaient tous les dogmes que les réformés avaient prétendu abolir (n° 288).

283. SUITE DE LA GUERRE CIVILE. — BATAILLE DE MUHLBERG. — Les anathèmes du concile, suivis d'une bulle du pape qui déposait l'hérétique archevêque de Cologne, donnèrent l'alarme à tous les réformés. Une armée considérable fut levée par l'électeur de Saxe et le landgrave de Hesse contre Charles V, qui paraissait prêt à soutenir les décisions du concile et du pape, déclarant au reste dans ses proclamations, « que ses préparatifs n'avaient pas pour objet d'opprimer la religion et la liberté, mais de forcer à l'obéissance quelques princes rebelles, qui, sous le voile de la religion, livraient l'empire aux discordes et à l'anarchie. » Un cartel envoyé au *soi-disant Empereur* fut le signal de la guerre. Charles-Quint, à la tête de quelques troupes, soutint l'effort d'une armée de soixante-dix mille hommes, et, dans une admirable campagne, il réduisit ses ennemis à implorer une suspension d'armes. En même temps, une diversion opérée contre la Saxe par le duc Maurice et le roi Ferdinand achevait de lui assurer l'avantage. Les sauvages cavaliers de Hongrie, qu'avait amenés Ferdinand, répandaient partout l'épouvante. Les fortes villes du nord de l'Allemagne ouvrirent sans résistance leurs portes à l'Empereur; enfin l'électeur de Saxe fut fait prisonnier à la décisive *bataille de Muhlberg* (1547), et ses dépouilles récompensèrent la défection de Maurice. Le landgrave de Hesse tomba lui-même entre les mains du vainqueur, et sa captivité mit fin à la guerre.

Luther était mort (1546) avant d'avoir vu la défaite de ses partisans. Charles-Quint et Ferdinand usèrent durement de la victoire : les Bohémiens révoltés, dont la défaite de Muhlberg anéantissait les espérances, furent punis par la perte de leurs privilèges, au moment où la mort d'un compétiteur redoutable, Jean Zapoli, et l'assistance des Turcs, affermissaient sur la tête de Ferdinand la couronne de Hongrie.

284. INTÉRIM. — TRAITÉ DE PASSAU. — PAIX D'AUGSBOURG. — Charles-Quint espéra un instant terminer les querelles religieuses par la soumission des dissidents consternés : mais, fier de sa toute-puissance temporelle, il voulut prendre en main l'autorité spirituelle : le prince séculier prétendit imposer à tous une profession de foi conciliatrice, qui fut appelée l'*intérim d'Augsbourg*. Il mécontenta les protestants, qui crièrent à l'oppression, les catholiques, qui crièrent au scandale. En même temps, il menaçait les libertés politiques de l'Allemagne, par son projet de rendre la dignité impériale héréditaire dans sa maison.

Cependant il ne s'inquiétait pas des murmures, et poursuivait l'exécution de ses plans, chargeant Maurice de Saxe de réduire Magdebourg, qui seule lui opposait une opiniâtre résistance. Mais ce fut Maurice, traître jadis en faveur de Charles-Quint, qui tout à coup mit fin à ses triomphes par une trahison nouvelle. Ses prétentions ambitieuses auraient dû donner l'éveil à l'Empereur; mais il aima mieux croire, sur la parole de son jeune ministre Granvelle, *qu'un gros Allemand n'était pas capable de concevoir un plan sans qu'il fût aussitôt découvert dans tous ses détails;* et il ne s'aperçut pas que son mépris pour les Allemands, sa prédilection pour les Espagnols, causaient un mécontentement général. A peine à la tête des troupes de l'Empereur (1551), Maurice, exploitant avec adresse toutes les dispositions hostiles des princes, s'allia secrètement avec le landgrave prisonnier, avec le roi de France, et marcha tout à coup sur Inspruck, où Charles résidait dans une sécurité profonde. Une sédition dans l'armée de Maurice l'arrêta un instant et sauva l'Empereur, qui, malade et infirme, s'enfuit à grand' peine au milieu de la nuit, et se réfugia dans les montagnes de la Carinthie. Toutefois, il lui fallut rendre la liberté au landgrave, à l'ancien électeur de Saxe, et accepter la *transaction de Passau* (1552). Cette trêve, dont Granvelle avait négocié les principales conditions, fut suivie de la mort de Maurice (1553), et bientôt après, de la *paix d'Augsbourg* (1555), conclue par les soins de Ferdinand, dont la fermeté et la prudence triomphèrent de tous les obstacles. Ce traité accordait aux protestants le libre exercice de leur culte, avec le droit d'entrer dans la chambre impériale, et leur maintenait les biens ecclésiastiques dont ils étaient en possession. Malheureusement, il contenait plusieurs points litigieux, qui ne devaient pas tarder à amener de nouvelles querelles.

Ce fut alors que l'Empereur, voyant se consommer cette fatale division de l'Allemagne contre laquelle il avait lutté toute sa vie, et assistant à la destruction de sa grande œuvre d'unité politique et religieuse, déposa sa triple couronne, et se retira au fond du couvent de Saint-Just en Estramadure (1556-1558.) (n° 234).

§ IV. LA RÉFORME EN SUISSE : ZWINGLE.

(1516-1531.)

285. ORIGINE DE LA RÉFORME EN SUISSE. — ZWINGLE.

— La réforme *luthérienne* en Allemagne et dans les États du Nord, favorisée et propagée par les princes, devait avoir pour résultat général de sommettre l'Église au souverain, et de placer le domaine spirituel sous la dépendance du pouvoir politique. La réforme *calviniste* en Suisse (1), partie du peuple ainsi qu'on le verra en Écosse (n° 295), sembla dirigée contre l'autorité; et le but que se proposèrent les plus exaltés de ses partisans fut de substituer le *règne des saints* à celui de tous les rois de la terre.

Un an avant que la Réforme parût en Allemagne, elle avait déjà jeté la division parmi les Suisses, et armé les uns contre les autres ces braves montagnards, dont l'épée ne s'était guère trempée encore que dans le sang de l'étranger. Sous prétexte de réformer les abus qui s'étaient introduits dans la discipline ecclésiastique, *Zwingle* (Ulrich Zwingli), curé de Glaris, homme instruit, éloquent et enthousiaste, commença vers 1516 à propager une doctrine assez analogue à celle qu'allait prêcher Luther. Le clergé de Zurich, le premier, séduit par la simplicité apparente qu'il introduisait dans la religion aux dépens des dogmes constamment admis par l'Église, adopta les réformes proposées par le novateur. Le grand conseil de Zurich, jugeant une querelle religieuse comme une affaire de police, fit plaider devant lui la cause de l'ancienne et de la nouvelle doctrine; et, décidant que Zwingle avait gagné son procès, il publia un édit qui abolissait la messe avec la plupart des cérémonies religieuses, le culte des images et le célibat des prêtres (1524-1525). Cette déclaration fut le signal des troubles les plus déplorables, et la Suisse fut livrée à tous les désordres. Profitant de l'agitation des esprits, les anabaptistes s'efforcèrent d'introduire en Suisse leurs doctrines anarchiques. Le canton de Zurich, qui avait commencé la guerre contre l'Église, éprouva le premier les désastreuses conséquences de la révolte, et ne put se délivrer d'une secte turbulente qu'en faisant noyer ou brûler ses chefs. Zwingle se voyait en même temps désavoué

---

(1) Nous la désignons à l'avance sous ce nom, parce que c'est le réformateur français Calvin qui lui donnera plus tard son caractère définitif.

par les réformés d'Allemagne, et Luther, qui ne voulait d'autre
chef que lui-même à la tête des ennemis de l'Église, attaquait
avec son emportement accoutumé les *dangereuses et sacriléges*
doctrines de ce rival, qu'il appelait un *réprouvé* et un *serviteur
du diable.*

286. Guerre civile. — Mort de Zwingle. — Cependant les cantons de Berne, de Schaffouse, de Bâle, unis
à celui de Zurich, avaient embrassé les principes de Zwingle,
et voulaient faire disparaître violemment toute trace du catholicisme. Mais les plus anciens cantons, ceux-là même qui avaient
proclamé la liberté de l'Helvétie, restaient énergiquement attachés à cette foi catholique qui jadis avait soutenu leur enthousiasme et électrisé leur courage. A leurs croyances religieuses
s'unissaient les plus glorieux souvenirs de l'honneur national.
Ury, Schwyz, Unterwalden, soutenus par les cantons de Soleure, de Lucerne, de Zug, de Fribourg, déclarèrent à Zurich
et à ses alliés qu'ils étaient prêts à se séparer d'eux, plutôt que
d'abandonner la foi de leurs pères. Déjà les deux partis prélu-
daient à une guerre ouverte par des exécutions sanglantes. Une
première lutte à main armée fut presque aussitôt terminée.
Enfin, le 30 avril 1530, persuadés que l'hérésie était la seule
cause de tous les malheurs de la patrie, les catholiques formèrent une ligue pour l'anéantissement de la Réforme et la
défense des doctrines catholiques. Les cantons réformés s'unirent aussitôt, et, après une trêve éphémère, une guerre générale éclata.

Zwingle, qui s'était opposé avec opiniâtreté à tout accommodement avec les catholiques, marcha lui-même à la tête de
ses partisans. Les catholiques furent vainqueurs au combat de
Cappel, et le cadavre du chef des réformés, trouvé sur le
champ de bataille, fut écartelé et brûlé de la main du bourreau (1531). Une seconde victoire de l'armée catholique mit
fin à cette funeste guerre, et obligea les cantons hérétiques à
demander la paix. Mais ce traité, en suspendant les hostilités,
ne détruisit pas les semences de haine et de discorde que la
querelle religieuse avait jetées dans la Suisse tout entière.
Bientôt les réformés eux-mêmes se plaignirent de la violence
de leurs pasteurs, de l'influence qu'ils s'arrogeaient sur les
affaires, et on en vint à exiger caution des prédicateurs pour
s'assurer qu'ils n'attaqueraient pas la paix dans leurs sermons.

La Suisse était préparée à recevoir de France l'hérésie calviniste qui allait s'introduire par Genève, où le fameux émule
de Luther, exploitant à son profit les conséquences que la

Réforme produisait dans toute l'Europe, devait lui donner un caractère étrange et tout spécial.

287. CALVIN A GENÈVE. — SON DESPOTISME RELIGIEUX ET POLITIQUE. — Genève venait de s'affranchir, avec l'aide des Suisses et de François Ier, de la suzeraineté des ducs de Savoie (1524), et s'était fortifiée de l'alliance de Berne et de Fribourg (1526), le parti républicain ou *huguenot* (nom qui fut bientôt donné à tous les calvinistes français, et qui vient du mot allemand *eidgenossen*, associés, confédérés) accueillit avec faveur les principes de la Réforme (1533), et força l'évêque à abandonner la double autorité spirituelle et temporelle qu'il avait exercée jusqu'alors Le 27 août 1535, le gouvernement proscrivit la religion catholique, et proclama une profession de foi dressée par *Farel*, protestant français réfugié à Genève. C'est alors que *Jean Calvin*, chassé de France comme convaincu d'hérésie, arriva dans la nouvelle république pour consommer l'œuvre de Farel, qui l'avait appelé. L'auteur de l'*Institution chrétienne* y fut reçu avec transport, et chargé de l'enseignement de la théologie (1536); mais ses prétentions hautaines le firent chasser avec Farel (1538) par le parti des patriotes, que déjà, dans son mépris, Calvin appelait les *libertins* (1). Il alla prêcher sa doctrine à Strasbourg, où il se maria, à l'exemple de tous les réformateurs et de Zwingle lui-même. On le rappela trois ans après, et il se créa, à force d'énergie et de violence, un pouvoir qui écrasa toute opposition (1541). On vit à Genève un spectacle bizarre : une jeune république, passionnée pour sa liberté nouvelle, obéissant aux volontés tyranniques d'un homme qui naguère repoussait toute hiérarchie, même dans l'Eglise, comme une impiété. Celui qui avait quitté la France pour fuir l'oppression, imposait à sa patrie d'adoption le joug d'un fanatisme froid et cruel. Le docteur, qui avait gagné sa popularité en France par une pathétique protestation contre les supplices infligés aux hérétiques, publia des lois écrites *non avec du sang comme celles de Dracon, mais avec un fer rouge* (2). Ces lois prononçaient contre tous les dissidents les peines les plus terribles. Calvin, se disant dépositaire de la vérité divine, déclarant que son autorité n'était autre que l'autorité de Dieu même, établit une théocratie pure, où l'élément temporel disparaissait dans l'élément spirituel et

---

(1) On sait qu'au dix-septième siècle et antérieurement, ce mot signifiait esprit fort, incrédule.
(2) Paul-Henri, ministre protestant de Berlin (voir Audin).

religieux, dont le chef prétendait étendre son empire sur les
pensées comme sur les actes extérieurs, et qui poursuivait également comme coupables de sacrilége ses adversaires en politique et en religion.

Un système d'espionnage fut établi pour éclairer les opérations d'un *tribunal des mœurs*. Des potences furent élevées
avec cet écriteau : *pour qui dira du mal de M. Calvin* (Ga-
liffe). Gruet fut décapité après un mois de tortures inouïes,
comme coupable d'insultes envers le réformateur. L'exécution
de Berthelier, de Claude, de Comparet, une foule d'exils, de
confiscations, signalèrent la victoire de Calvin sur le parti des
libertins. L'Espagnol *Servet* fut brûlé pour avoir osé émettre
dans une ville protestante quelques idées nouvelles sur la Trinité (1553). Par de tels moyens, Calvin maintint Genève dans
la soumission, et y régna paisiblement jusqu'à sa mort (1564),
donnant à son Église une organisation définitive, et gouvernant
théocratiquement, comme un pontife roi, la république dont il
avait fait le chef-lieu du protestantisme. De cette ville, devenue en quelque sorte la Rome du calvinisme, le *pape de Genève* avait continué, comme il avait fait de Strasbourg, à diriger les démarches de ses partisans français, dont le nombre
croissait de jour en jour.

§ V. LUTTE DE L'ÉGLISE CONTRE LA RÉFORME.

288. LE CONCILE DE TRENTE. — L'Église n'était pas
restée spectatrice immobile des désordres causés en Europe
par les doctrines nouvelles. On a vu les plus saints personnages, les docteurs les plus dévoués à la foi catholique, signaler
dans la discipline ecclésiastique, au sein même de la cour pontificale, des abus et des désordres dont le déplorable règne
d'Alexandre VI avait révélé toute la profondeur. La nécessité
d'y mettre fin était comprise : aussi voyons-nous les souverains
pontifes et les évêques catholiques, maintenant d'une part contre
les attaques de l'hérésie l'immuabilité de la foi dans l'assemblée
universelle de l'Église à *Trente*, et opposant aux efforts de la
propagande protestante une nouvelle milice armée pour regagner ou disputer partout le terrain perdu (l'ordre des jésuites) ;
tandis qu'en même temps, ils corrigeaient avec une rigueur
salutaire les abus que le temps et les passions avaient déposés
comme la rouille qui s'étend à la surface sans altérer la subs-
tance, et qu'une résolution énergique suffisait à faire disparaître. Une série de pontifes éminents, animés du génie qui

conçoit, de la volonté qui dirige et de la constance énergique qui accomplit les œuvres les plus hautes et les plus difficiles, devait se trouver à point pour guider l'Eglise dans cette grande lutte.

Nous avons dit dans quelles circonstances (n° 282) fut convoqué, par le pape Paul III, le dernier concile œcuménique qui se réunit à *Trente* dans le Tyrol (1545). Toutes les nations catholiques y envoyèrent leurs représentants, et l'auguste assemblée se composa de quatre légats, onze cardinaux, vingt-cinq archevêques, deux cent dix-sept évêques (par eux-mêmes ou quelques-uns par mandataires) sept supérieurs généraux d'ordres religieux. — Le concile passa en revue tous les éléments du dogme catholique, non pour le modifier, non pour y ajouter, mais pour en déterminer avec précision, en présence des récentes contestations, et le sens et la portée. C'est ainsi qu'anathématisant les hérésies nouvelles et repoussant les doctrines protestantes sur la grâce, qui tendaient à détruire ou le libre arbitre de l'homme, ou la nécessité des secours que l'Eglise fournit à sa faiblesse, le concile proclama sans distinction l'efficacité égale et indispensable des sept sacrements, qui sont comme les colonnes sur lesquelles s'appuie tout l'édifice de la religion catholique. — Il rétablit donc sur l'eucharistie, sur la confession, sur le purgatoire, sur les indulgences les dogmes que contestaient les protestants. Il déclara canoniques les livres de l'Ecriture sainte, que les luthériens repoussaient comme apocryphes; donna à la tradition de l'Eglise la même autorité qu'à l'Ecriture, et reconnut la *Vulgate* comme la seule traduction authentique de la Bible.

Les sessions du concile, après avoir défini l'ensemble du dogme par des décisions souveraines et que devaient admettre sans difficulté toutes les nations catholiques, eurent pour objet, suivant le titre même qu'elles donnèrent à leurs travaux, des *réformes* importantes dans la discipline et les pratiques religieuses. En cette matière où la foi n'est pas engagée, et qui est soumise à l'influence des temps et des lieux, de sages règles furent posées, mais sans pouvoir être appliquées indistinctement et d'une manière absolue chez tous les peuples. Beaucoup de questions d'application devaient d'ailleurs être tranchées suivant les circonstances par la sagesse des souverains pontifes, dont l'autorité suprême demeura plus que jamais affermie.

Le dix-neuvième concile œcuménique, convoqué en 1542 par le pape Paul III, ouvert en 1545 à Trente, transféré l'année suivante à Bologne, rétabli à Trente en 1551, fut forcé par l'approche des troupes protestantes de suspendre ses séances de 1552 à 1562. Il fut rouvert alors par le pape Pie IV qui en prononça la clôture l'année suivante.

289. Création et constitution des Jésuites. Missions de saint François Xavier. — C'est pendant la durée du concile de Trente que se constituèrent dans l'Europe méridionale, qui repoussait la réforme avec autant d'énergie que l'Europe du nord en favorisait les développements, plusieurs ordres religieux destinés à lutter plus chrétiennement que l'inquisition contre l'esprit d'innovation et de révolte. Le plus célèbre de ces ordres que l'Espagne vit naître dans son sein fut la *Compagnie de Jésus* ou *ordre des Jésuites.*

Un jeune officier, *Ignace de Loyola*, fut blessé en 1521 au siége de Pampelune. Les exemples de la vie des saints, qu'il n'avait lue que pour charmer les ennuis d'un repos forcé, le firent réfléchir sérieusement sur la dissipation de sa vie passée. Il résolut de se consacrer entièrement à Dieu, et, à peine guéri, il entreprit un pèlerinage à Jérusalem, qui acheva d'enflammer son zèle pour la religion et le salut des âmes. Il résolut, à son retour, de fonder un ordre de chevalerie chrétienne pour la défense de la foi (1534). *François Xavier* le seconda dans ses projets, et l'an 1540, le pape Paul III les approuva par une bulle. La société nouvelle devait se proposer pour fin de travailler à l'affermissement de la foi et à la propagation du catholicisme, par la prédication, par la pratique des œuvres de charité, par l'instruction et la confession. « Ces religieux, dit l'auteur protestant Mac Kintosh, devinrent les champions d'élite de l'Eglise contre ses nouveaux ennemis. Au lieu d'imiter les moines illettrés qui décriaient la science comme étant la source des hérésies, ils prirent part au mouvement général qui portait le genre humain vers les belles-lettres, et ils les cultivèrent avec un succès brillant, ils furent les premiers réformateurs de l'éducation en Europe. » Leurs collèges, devenus en peu de temps extrêmement nombreux dans la plupart des contrées du monde chrétien, acquirent une réputation immense.

Saint Ignace de Loyola fut le premier supérieur ou général de l'ordre. Le Castillan Lainez, après l'avoir assisté dans tous ses travaux, lui succéda en 1558 et prit une part active aux délibérations du concile de Trente. Ce fut lui qui publia les *Constitutions* fameuses qui ont toujours été regardées comme un chef-d'œuvre de force et d'habileté. Le principe essentiel de la règle des Jésuites, qui impose le triple vœu de chasteté, de pauvreté, d'obéissance, et se propose pour but général le triomphe de l'autorité du saint siége, est le renoncement complet de tout membre de l'ordre à sa volonté propre, et la soumission la plus absolue aux ordres des supérieurs, qui emploient chacun suivant ses aptitudes particulières observées avec le plus grand soin, et discernées généralement avec une sagacité extraordinaire. Cet ordre nouveau, dont nous n'avons ici à envisager que les travaux originaires et non les développements ultérieurs, satisfit complétement, à l'époque de sa création, aux besoins qui l'avaient fait naître, et le succès dépassa toutes les espérances de ses fondateurs. A la mort de saint Ignace, l'ordre, divisé en cinquante provinces, s'étendait sur l'Espagne, le Portugal, l'Autriche, la Bavière, l'Italie, la France même, toutes les colonies espagnoles et portugaises, et envoyait de nombreux missionnaires en Orient et en Occident, du Brésil et des rivages de l'Afrique jusqu'au Japon.

Parmi les missionnaires jésuites, aucun n'acquit une réputation plus haute et plus méritée que François Xavier, placé par l'Église au nombre des saints. Cet homme héroïque qui, dès 1534, avait fait vœu de travailler à la conversion des infidèles, s'embarqua en 1541 pour les Indes, où il demeura près de dix ans, prêchant l'Évangile aux indigènes avec un zèle et un succès merveilleux, et faisant de Goa le chef-lieu d'une chrétienté florissante. Saint François Xavier passa au Japon, où il convertit plus de trois mille idolâtres, et il mourut épuisé par les fatigues de l'apostolat, au moment où il allait pénétrer en Chine (1552) (1).

290. PAUL III. — L'histoire des sages réformes opérées à la cour pontificale n'est autre que celle des personnages éminents qui se succédèrent pendant la seconde partie du seizième siècle sur la chaire de saint Pierre. Le successeur de Clément VII, dont nous verrons ci-après (n° 298) les efforts pour défendre contre Henri VIII la cause de la reine Catherine indignement abandonnée par son criminel époux, fut Alexandre Farnèse élevé au souverain pontificat sous le nom de *Paul III* (1534-1549). Ce pape, doué d'une haute intelligence et d'une égale énergie, entoura le saint-siége de cardinaux aussi distingués par leurs vertus que par leurs talents, fit régner à sa cour des mœurs sévères, réforma les tribunaux ecclésiastiques, pour-

---

(1) Un des principaux titres de gloire de la compagnie de Jésus fut la fondation de la république chrétienne du Paraguay et son étonnante prospérité.

suivit impitoyablement le fléau de la simonie, et entouré de l'estime des plus modérés parmi les docteurs protestants, il eût peut-être obtenu un rapprochement de la plupart d'entre eux, sans la résistance intéressée des princes dont l'influence politique dépendait du succès de la Réforme. Les œuvres de ce laborieux pontificat furent aussi nombreuses qu'importantes. Paul III approuva l'ordre des Jésuites, convoqua et ouvrit le concile de Trente, rétablit sur des bases nouvelles le tribunal antique de l'inquisition pour extirper les hérésies du siècle. On le vit enfin, reprenant par l'influence de son caractère ce pouvoir modérateur exercé avec tant d'éclat au moyen âge par le saint-siége, se faire l'arbitre des démêlés de Charles V et de François Ier (1538), et amener les deux rivaux à conclure une trêve de dix ans (n° 216).

291. PAUL IV. — Bientôt parut sur le saint-siége un homme d'une vertu austère, descendant de la famille de Caraffa. Il était le fondateur de l'ordre des Théatins, créé vers 1524, au moment de la réforme de l'ordre des Franciscains et de celui des Camaldules. Les Théatins, sans revenus et sans quêtes et ne vivant que d'aumônes apportées par la piété des fidèles, visitaient les malades, consolaient les prisonniers, assistaient les condamnés et prêchaient dans les villes et dans les campagnes. Le prieur des Théatins, devenu le pape *Paul IV* (1555-1559), continua avec énergie la réforme des abus, tandis qu'il s'efforçait d'abaisser l'influence espagnole au profit de l'indépendance italienne. On lui attribue l'établissement de la congrégation de l'*Index* pour l'examen des ouvrages que déjà l'imprimerie répandait à profusion.

292. PIE V. — Après le pontificat de *Pie IV*, qui vit finir le concile de Trente et en confirma les canons, Pie V (1565-1572), qui mérita d'être mis au nombre des saints, se montra le continuateur courageux et infatigable de Paul IV. Prieur de l'ordre des Dominicains, il avait fait refleurir dans cette congrégation célèbre la discipline et les mœurs, quand il fut appelé au souverain pontificat, à l'âge de soixante ans. Sa sévérité inflexible, égale à sa piété ardente, n'épargna aucun désordre, aucun abus. Partout, le clergé régulier et séculier fut appelé à l'exact accomplissement de ses devoirs; le collége germanique, dirigé par les jésuites, s'ouvrit pour former des prêtres et des missionnaires; l'inquisition redoubla ses rigueurs pour l'extirpation de l'hérésie dans la péninsule. En même temps, Pie V, relevant le drapeau des croisades, armait tous les peuples de la chrétienté contre la puissance ottomane devenue, sous Soliman II, plus formidable que jamais, et la flotte, ras-

semblée à sa voix, allait triompher à Lépante sous les ordres de don Juan d'Autriche (1571).

293. Sixte Quint — Le nom de *Sixte-Quint* couronne le seizième siècle. Gardeur de pourceaux dans son enfance, à Montalte, près d'Ascoli, Félix Perretti entra à l'âge de seize ans dans l'ordre des Cordeliers, mérita par sa science une chaire de droit canon à Rimini, devint procureur, puis vicaire général de son ordre, et avait été élevé enfin à l'archevêché de Fermo, quand mourut le pape Grégoire XIII. Agé de soixante-cinq ans, il feignit, dit-on, de graves infirmités pour ne pas inquiéter des ambitions rivales; et, élu pape, Sixte-Quint jeta ses béquilles, déployant sur le trône pontifical toute l'énergie, toute la vigueur de la jeunesse (1585-1590). Le vertueux mais faible Grégoire XIII avait laissé les Etats de l'Eglise en proie à l'audace des bandits, qui étaient devenus la terreur des campagnes et avaient trouvé des complices jusque dans la noblesse romaine. Sixte V, par des mesures aussi habiles que sévères, parvint à rétablir la police, et bravant les résistances et les murmures, il mérita les félicitations des ambassadeurs de la chrétienté pour avoir rétabli la sécurité dans les domaines pontificaux et réorganisé entièrement l'administration publique. En même temps, il restaurait les finances par une économie rigoureuse, et tout en consacrant des sommes importantes à la fondation d'une bibliothèque et d'une imprimerie, à l'embellissement de Rome, où une magnifique fontaine a conservé son nom, il laissait cinq millions d'écus d'or dans le trésor pontifical. Nous verrons ce pape célèbre, mêlé à toutes les grandes affaires de l'Europe, soutenir en France les efforts de la ligue (n° 350). L'Eglise lui doit la réforme d'un grand nombre d'ordres religieux ramenés sous son pontificat à la sainteté de leurs institutions.

OUVRAGES A CONSULTER. — Bossuet, *Histoire des variations*; *Mémoires de Luther*, publiés par Michelet; *Histoire ecclésiastique* de Fleury; Charles Villers, Robelot, *De l'influence de la réformation de Luther*; Robertson, *Histoire de Charles-Quint*; Gaillard, Kohlransch, *Histoire d'Allemagne*; surtout *Histoire de la vie, des écrits et des doctrines de Luther*, par M. Audin; *Histoire de Calvin*, par le même; Ancillon, ouvrages cités, etc.; *Histoire de la papauté*, par Ranke (traduite par M. de Saint-Chéron).

QUESTIONNAIRE. — § Ier. 276. Quelle fut la cause du mouvement de la Réforme? — Quel était l'état du clergé au seizième siècle? — 277. Sur quel point la Réforme devait-elle porter? — § II. 278. Faites connaître le caractère du pape Léon X. — Racontez la jeunesse de Luther — Comment fut-il conduit à entrer en lutte avec les dominicains? — Quelles furent les parties de la doctrine catholique rejetées par Luther? — 279.

Dites quelle fut l'assemblée convoquée pour le condamner. — Chez quel prince Luther trouva-t-il un asile? — Pourquoi l'hérésie eut-elle tant de partisans? — 280. Racontez les excès des Sacramentaires. — Quelle doctrine prêchait Munzer aux paysans? — Pourquoi appelle-t-on ses partisans anabaptistes? — Quels furent les maux causés par ces hérétiques? § III. 281. D'où vient le nom de protestant? — Qu'appelle-t-on confession d'Augsbourg? — Nommez la ligue conclue par les protestants. — 282. Quel événement vint suspendre la guerre entre les catholiques et les protestants? — Quel fut le nouveau chef des anabaptistes? — Où se réunit le concile général? — Quelles mesures prit-il pour arrêter les progrès de l'hérésie? — 283. Nommez les princes qui se révoltèrent contre Charles-Quint. — Où furent-ils défaits? — 284. Quel fut le nouveau chef des protestants? — Dans quelle ville faillit-il faire l'Empereur prisonnier? — Quels étaient les motifs qui animaient les principaux chefs des protestants? — § IV. 285. Qui prêcha d'abord la réforme en Suisse? — Zwingle n'était-il pas en désaccord avec Luther? — 286. Quelles conséquences politiques produisit bientôt l'hérésie? — Nommez la bataille qui termina la guerre entre les catholiques et les protestants. — 287. De qui le protestantisme suisse reçut-il sa forme définitive? — Quel gouvernement Calvin établit-il à Genève? — 288. Exposez les phases diverses du concile de Trente. — Quels furent les principaux objets de ses décisions? — 289. Par qui et dans quelles circonstances fut fondé l'ordre des Jésuites? — Quel but se proposa Ignace de Loyola? — Indiquez le principe des constitutions des Jésuites. — Dites quelques mots des missions de saint François Xavier. — 290. Quelle œuvre se proposèrent les papes à cette époque? — Que fit Paul III dans l'ordre religieux et politique? — 291. Qu'avez-vous à dire de Paul IV? — 292. Comment Pie V a-t-il mérité d'être canonisé? — Quel fut son grand acte politique? — 293. Dites ce que vous savez sur la jeunesse et l'avénement de Sixte-Quint. — Quelle œuvre administrative accomplit-il? — Quelle part prit-il à la politique européenne?

CHAPITRE VINGT-DEUXIÈME.

LA RÉFORME EN ANGLETERRE ET EN ÉCOSSE.

—

SOMMAIRE.

§ Ier. 294. Avant de s'établir en Angleterre, la Réforme éclate en Écosse, mais avec un caractère démocratique qu'elle n'aura pas en Angleterre. Elle détruit en Écosse toute hiérarchie et toute autorité. 295. L'affaiblissement de l'autorité royale pendant la minorité et le règne de Jacques V (1513-1543) favorise l'introduction de la Réforme, à laquelle s'attachent plusieurs seigneurs, malgré le caractère démocratique de cette révolution. La minorité de Marie Stuart et l'assassinat du cardinal Beaton par les puritains augmentent le désordre.

296. Jean Knox établit les dogmes calvinistes en Écosse. Les réformés

forment un Covenant contre le catholicisme et la royauté, et détruisent avec une aveugle fureur tous les monuments de la religion catholique.

§ II. 297. La politique extérieure d'Henri VIII flotte entre la France et la maison d'Autriche. Le ministre Wolsey a une grande influence sur les affaires du dehors; d'abord partisan de l'Empereur, il recourut à la France lorsqu'il eut été dupe par Charles-Quint.

298. Les projets de divorce d'Henri VIII sont appuyes par Wolsey en faveur d'Anne de Boleyn, qui fait cependant disgracier le ministre. Thomas Cromwell et Cranmer font prononcer le divorce, et Henri épouse Anne de Boleyn (1532).

299. Henri est excommunié (1534). Il se déclare chef de l'Eglise d'Angleterre. Fisher et Thomas Morus sont envoyés au supplice. Les monastères et les églises sont dépouillés, et tout est dissipé en prodigalités.

300. En vertu du bill des six articles, les luthériens sont persécutés comme les catholiques. Anne meurt sur l'échafaud (1535). Henri épouse Jeanne Seymour. Il fait faire un odieux procès à saint Thomas Becket et renvoie Anne de Clèves.

301. Catherine Howard envoyée au supplice (1542) est remplacée par Catherine Parr. Henri exerce un despotisme sanglant. Une guerre avec l'Ecosse et la France, bientôt terminée par un traité, précède de peu la mort du roi (1547).

302. Pendant la minorité d'Edouard, le protectorat est confié à Sommerset, qui établit le calvinisme en Angleterre au moyen des persécutions et à l'aide de la lâche adhésion du parlement et du clergé.

303. A l'influence de Sommerset succède celle de Warwick. Le testament d'Edouard VI appelle au trône Jeanne Grey (1553); son couronnement est bientôt suivi de sa chute et de sa mort.

304. Marie Tudor triomphe. Le mariage de Marie avec Philippe II soumet l'Angleterre à l'influence de ce prince (1554). Le parlement sanctionne le rétablissement de la religion catholique, accompagné de nombreuses exécutions.

§ III. 305. Elisabeth succède à Marie (1558); elle proclame le rétablissement du protestantisme et obtient une nouvelle apostasie du parlement; elle ne peut vaincre la résistance des évêques catholiques, et prend des mesures cruelles contre les dissidents.

306. Marie Stuart, veuve de François II, de France, arrive en Ecosse, où l'opposition violente de Jean Knox suscite des troubles. Marie épouse Henri Darnley (1565); puis Bothwell, après l'assassinat de Darnley, à la mort duquel il avait contribué.

307. Marie Stuart ne peut empêcher l'expulsion de Bothwell. Elle s'enfuit en Angleterre, où Elisabeth la retient captive (1568). D'inutiles tentatives en sa faveur ne font que hâter sa condamnation.

308. Elle meurt sur l'échafaud avec un admirable courage (1587). Jacques VI, son fils, se déshonore par sa lâche conduite vis-à-vis d'Elisabeth.

309. La puissance maritime de l'Angleterre se développe rapidement. Elisabeth engage une lutte contre Philippe II. L'invincible Armada de ce prince est détruite par les tempêtes (1588). Le comte d'Essex ravage les colonies espagnoles et prend Cadix (1596).

310. Elisabeth favorise les découvertes de Drake, Cavendish, Davis et

Raleigh. Elle détruit toute liberté religieuse, supprime et fait remplacer le jury par la Chambre étoilée, annule l'influence du parlement, sait maintenir les finances en développant la prospérité du pays ; mais l'excès de son autorité prépare une réaction terrible.

311. Elisabeth envoie d'Essex réprimer une révolte de l'Irlande. A son retour, il se révolte, et la reine le fait exécuter. Elle meurt de chagrin (1603).

§ Ier. LA RÉFORME EN ÉCOSSE : JEAN KNOX.

294. CARACTÈRE DE LA RÉFORME EN ANGLETERRE ET EN ÉCOSSE. — L'histoire de l'Ecosse va bientôt devenir inséparable de l'histoire d'Angleterre. Mais avant leur réunion sous la dynastie des Stuarts d'Ecosse, les deux Etats subissent, comme le continent, la révolution religieuse du protestantisme qui, là comme ailleurs, amène de graves crises politiques. Nous commencerons par examiner la Réforme en Ecosse. — L'établissement de la Réforme en Angleterre et en Ecosse présente des caractères tout différents. En Angleterre, le roi lui-même, pour briser tout obstacle à ses caprices cruels et despotiques, provoque une séparation que la politique de ses successeurs s'attache à rendre plus complète, plus définitive en changeant le schisme en hérésie. La nation semble jouer longtemps un rôle purement passif et suivre sans résistance toutes les vicissitudes des volontés de ses souverains. La Réforme, dans sa première phase, tourne au profit de la royauté en donnant à la couronne la suprématie religieuse comme la suprématie civile; la religion conserve sa hiérarchie et son chef : seulement le chef est un prince temporel au lieu d'un prince spirituel, et les évêques relèvent du roi au lieu de relever du pape. En Ecosse, au contraire, la Réforme est un mouvement populaire dans l'origine, qui détruit toute hiérarchie religieuse, menace toute autorité établie, mais que la noblesse parvient à exploiter à son profit contre le pouvoir royal. Toutefois, cette influence aristocratique n'enlève pas à la révolution son caractère primitif. L'Eglise nouvelle, repoussant même la dignité épiscopale, demeure fondée sur un principe essentiellement démocratique, principe qui doit plus tard réagir en Angleterre avec une terrible énergie.

295. INTRODUCTION DE LA RÉFORME EN ECOSSE. — **JACQUES V.** — **MINORITÉ DE MARIE STUART.** — L'affaiblissement de l'autorité royale pendant la longue minorité du roi *Jacques V*, monté sur le trône en 1513 (n° 134), favorisa l'introduction de la Réforme en Ecosse, où elle prit un caractère de fanatisme et d'enthousiasme plus exalté que dans toute autre contrée de l'Europe. Essentiellement démocratique dans la forme, elle n'en eut pas moins l'appui de plusieurs seigneurs en haine de l'autorité royale, et le parti de la Réforme devint celui des ennemis du trône. La lutte du roi contre les grands recommença sous le drapeau religieux. L'heureuse harmonie rétablie par Jacques IV, était à jamais détruite. L'ascendant du cardinal *Beaton*, archevêque de Saint-André, homme d'un génie supérieur, mais haï par la noblesse, ne put dominer les partis, et ses mesures rigoureuses contre les réformés augmentèrent encore l'irritation générale. Le mariage de Jacques V, veuf d'une fille de François Ier, avec Marie de Guise (1538), en fortifiant l'influence française en Ecosse, allait être la cause de nouveaux troubles. Henri VIII, mécontent d'avoir vu Jacques repousser la main de sa fille, lui déclara la guerre ; il fut d'abord battu, mais bientôt les dissensions des Ecossais devaient lui donner la victoire. Vainement Jacques V crut rallier ses sujets au nom de l'honneur national et de l'amour du pays. Il vit dix mille Ecossais, gagnés par Henri VIII, mettre bas les armes devant une troupe de cinq cents Anglais, en haine de leur souverain. Jacques tomba dans une sombre mélancolie ; et bientôt, sa mort donna le trône à sa fille Marie, à peine âgée de quelques jours (1542). « La couronne est entrée dans ma famille par une femme, avait dit le prince expirant, et elle en sortira de même. » L'Ecosse fut comprise dans la paix faite par Henri VIII avec la France.

Les querelles politiques et les dissensions religieuses redoublèrent pendant la longue minorité de *Marie Stuart*, fille de Jacques V, et de Marie de Guise 1542. L'Eglise nouvelle s'organisa en supprimant les dignités et les insignes du culte catholique et en n'admettant d'autres ministres que les simples prêtres (*presbytérianisme*). Les presbytériens les plus exaltés formèrent un parti nombreux, et sous le nom de *Puritains*, ils adoptèrent un culte d'une rigidité extraordinaire. Ils prirent un costume de la simplicité la plus extrême, bannirent de leur Eglise toute pompe et toute cérémonie, supprimèrent la musique et les ornements, et n'admirent guère d'autre pratique que la prière et la lecture des Psaumes. Ils ne reconnaissaient pas même de ministres, et ils avaient pour prédicateurs tous ceux d'entre eux, hommes ou femmes, qui, se croyant inspirés de l'Esprit saint, venaient débiter leurs rêveries au milieu de la foule.

Le duc de Sommerset, qui gouvernait alors l'Angleterre pendant la minorité du jeune Edouard VI, fils d'Henri VIII, avait projeté la réunion de la couronne d'Ecosse à celle d'Angleterre par le mariage de son royal pupille avec la jeune reine Marie Stuart. Il sut se créer en Ecosse un parti puissant à la tête duquel se mit le comte d'Arran, tandis que le cardinal Beaton et la reine mère Marie de Lorraine voulaient conserver l'indépendance de l'Ecosse en s'appuyant sur l'alliance française. Le comte d'Arran, l'ayant emporté d'abord, fit promettre la jeune Marie au fils d'Henri VIII. Bientôt la faction rivale reprit le dessus; mais Beaton, qui avait voulu arrêter les progrès de l'hérésie par des supplices, fut assassiné par les puritains. Cet événement alluma une guerre civile. Les rebelles, soutenus par Sommerset, gagnèrent la bataille de *Pinkey* près d'Edimbourg ; mais bientôt la reine mère triompha par les secours de la France, qui envoya (v. n° 231) un corps d'armée chasser les Anglais des villes qu'ils avaient occupées. Elle se hâta de fiancer sa fille au fils d'Henri II et de la faire passer en France (1548) pour y attendre l'époque où son âge permettrait de réaliser le mariage.

296. Progrès de la Réforme en Ecosse. — Jean Knox. — Au milieu des difficultés créées par la guerre et la minorité de la reine, la révolution religieuse continuait en Ecosse avec une violence toujours croissante. *Jean Knox*, de Genève (1554), vint y établir un calvinisme ennemi du pouvoir temporel comme du pouvoir spirituel. Le réformateur, excitant le zèle fanatique des populations aussi bien contre les monuments que contre les dogmes du catholicisme, couvrait l'Ecosse de sang et de ruines. La reine régente fut obligée de faire marcher une armée contre ces furieux partisans de l'hérésie. Ceux-ci, réunis en confédération par un *covenant* ou traité contre l'Eglise catholique, qu'ils appelaient la congrégation de Satan, invoquèrent l'assistance d'Elisabeth (1559). La reine d'Angleterre (n° 305) se hâta de secourir les ennemis du trône écossais et du catholicisme, tandis que les Guises envoyaient quelques troupes à la reine d'Ecosse. Mais à la mort de Marie de Guise, il fallut subir un traité par lequel *Marie Stuart*, qui résidait alors en France, renonçait à prendre à l'avenir le titre de reine d'Angleterre, s'engageait à faire sortir d'Ecosse les troupes françaises, et confiait l'administration du royaume à un conseil qui devait renvoyer au parlement la décision des affaires religieuses. Les protestants se hâtèrent de convoquer cette assemblée, sans qu'il y eût même un commissaire pour y représenter l'autorité royale. Le parlement proscrivit tout exercice du culte catholique, et prononça contre les infracteurs de cette loi les peines de la confiscation, du bannissement et de la mort. L'E-

glise réformée fut organisée sous le nom d'*Eglise presbytérienne*. Knox fit décréter la destruction des abbayes, des
cathédrales, des églises, des bibliothèques, et le peuple accomplit avec fureur cette œuvre digne des barbares du cinquième
siècle. Le réformateur s'applaudissait de voir ses espérances
dépassées. Toutefois, si la noblesse, comme le peuple, s'était
constamment unie à lui jusqu'alors, c'était dans le seul but de
profiter des dépouilles du clergé catholique, Knox proposa
d'affecter au clergé protestant les biens confisqués; on lui répondit *en ricanant que les nobles n'allaient pas prendre la
truelle pour travailler à la construction de l'Eglise; et les plus
modérés déclarèrent que ces idées étaient *les rêveries, d'une
imagination dévote, mais en délire*. Tel était, en Ecosse comme
en Allemagne, le zèle désintéressé de la plupart des partisans
de la Réforme.

§ II. LA RÉFORME EN ANGLETERRE : HENRI VIII.

**297. PREMIÈRE PARTIE DU RÈGNE D'HENRI VIII
CONSACRÉE A LA POLITIQUE EXTÉRIEURE.** — La première
partie du règne d'*Henri VIII*, fils d'Henri VII Tudor (1509-
1547), consacrée presque entièrement à la politique extérieure,
était loin de faire présager une révolution religieuse. Ce prince,
en effet, paraissait préoccupé de maintenir l'équilibre entre la
puissance autrichienne, qui menaçait l'indépendance de l'Europe,
et l'ambition des rois de France, qui luttaient non sans succès
contre leurs puissants adversaires. Nous avons vu Henri VIII,
allié de Maximilien, entrer avec Jules II (1512) dans la *sainte
ligue*. Vainqueur des Français à la journée d'*Enguinegatte* ou
des Eperons (n° 199), il revint bientôt battre les Ecossais à
Flodden-Field, où périt Jacques IV (n° 194). Il retourna cependant à l'alliance française à l'avènement de François Ier (n° 205) ;
mais ce fut pour s'unir bientôt à la politique de Charles-Quint,
malgré les séductions du camp du Drap-d'Or. La politique
extérieure était alors tout entière entre les mains du fameux
cardinal *Wolsey*. Cet homme, d'un caractère souple et délié,
doué d'une activité et d'une adresse égales à son ambition,
devait plaire à un prince « qui, dit un vieil historien, avait autant de goût pour se mêler des affaires publiques, qu'un tau-
reau sauvage pour être attelé à la charrue. » Henri, heureux de
se décharger sur lui des soins du gouvernement, le nomma
successivement aumônier de la cour, archevêque d'York, et
premier ministre. Wolsey, uni au parti de l'Empereur, qui lui
avait promis la tiare, arma Henri contre la France jusqu'à ce

que l'élection du pape Clément VII, à la mort d'Adrien VI, eût appris au ministre quel cas il devait faire des promesses de l'Empereur. L'alliance d'Henri VIII avec François Ier, après la bataille de Pavie, fut le fruit du ressentiment de Wolsey. Mais le moment était venu où Henri allait s'occuper de ses affaires intérieures plus que des querelles de ses voisins. Jusqu'alors, ce prince s'était montré constamment dévoué au saint-siége, interrompant ses soins politiques et guerriers pour réfuter les doctrines de Luther, et mériter le titre de *défenseur de la foi*. Tout à coup ses passions vinrent rompre violemment un accord qui semblait inébranlable.

298. CATHERINE D'ARAGON RÉPUDIÉE. — ANNE DE BOLEYN. — Henri avait épousé, avec dispense du pape, la sœur de Charles-Quint, Catherine d'Aragon, veuve de son frère Arthur. Dix-huit ans après, son coupable amour pour *Anne de Boleyn*, fille d'honneur de la reine, lui inspira tout à coup des scrupules sur la validité de son mariage. Le cardinal Wolsey eut la faiblesse d'appuyer des projets de divorce, auxquels Clément VII, convaincu de leur injustice et craignant d'ailleurs le ressentiment de Charles-Quint, ne voulut pas accorder son approbation. Wolsey, prélat catholique, désirait, tout en secondant les desseins de son maître, garder des ménagements avec la cour de Rome. Anne de Boleyn craignit ses irrésolutions, et le fit disgracier. Le ministre mourut peu après en disant : « J'ai mérité mon sort en négligeant mes devoirs vis-à-vis de Dieu, pour ne m'occuper que du service de mon prince. » (1530.) *Thomas Cromwell*, ministre d'État après Wolsey, et le docteur *Cranmer*, récemment élevé à l'archevêché de Cantorbéry pour un mémoire publié en faveur du divorce d'Henri, obtinrent à prix d'argent l'assentiment de quelques universités, pour rassurer la conscience du roi. Catherine, après avoir été jugée publiquement, fut chassée du palais de Windsor : le divorce fut prononcé par Cranmer et par le clergé anglais, malgré les efforts de François Ier et de Charles-Quint, et Henri épousa Anne de Boleyn (1532).

299. SCHISME D'HENRI VIII. — PERSÉCUTION. — SPOLIATION DES COUVENTS. — Le pape Clément VII, sur l'avis presque unanime de ses cardinaux, cassa la sentence de divorce, et frappa d'excommunication le roi et sa nouvelle épouse (1534). Ce coup brisa les derniers liens qui unissaient l'Angleterre au saint-siége. Cranmer se hâta de faire publier un acte du parlement qui proclamait le roi *chef suprême de l'Église d'Angleterre, avec plein pouvoir de corriger et amender toutes erreurs, toutes hérésies, tous abus qui pouraient*

être réformés et redressés par une juridiction ecclésiastique.
En même temps, on déclarait coupable de haute trahison et
digne de mort toute personne qui attaquerait la légitimité du
mariage d'Henri et de la reine Anne, ou les droits de leurs
descendants. Enfin, le parlement décréta que toutes les ordonnances royales auraient la même force que les bills passés dans
les deux chambres. Les évêques anglais ratifièrent sans opposition toutes ces mesures, et prêtèrent entre les mains d'Henri
le serment de *suprématie*. Un seul osa se prononcer hautement
contre le divorce du roi et contre le schisme qui se consom-
mait : c'était *Fisher*, le saint évêque de Rochester, ami du
vertueux chancelier *Thomas Morus*, qui s'empressa de résigner
ses fonctions. Tous deux furent jetés dans la Tour de Londres.
Le pape protesta en nommant Fisher cardinal. « Le pape peut
lui envoyer le chapeau de cardinal, s'écria Henri furieux ;
mais je ferai en sorte qu'il n'ait point de tête pour le porter ! »
La femme de Thomas Morus vint conjurer son mari de céder
pour sauver sa vie : *Ma chère Louise*, répondit le pieux chancelier, *combien pourrais-je vivre encore ? dix ans ? vingt ans
au plus ! Qu'est-ce donc que ce peu d'années, pour les échanger
contre une éternité tout entière !* — Bientôt Fisher et Morus
furent condamnés à mort et exécutés pour avoir refusé le serment de suprématie (1535). Ils moururent sur l'échafaud avec
le calme et la sérénité des martyrs. Leur supplice fut suivi
d'une foule de condamnations barbares que le roi obtenait en
menaçant les jurés disposés à l'indulgence de les faire pendre
eux-mêmes.

Henri se hâta de recueillir les fruits de son odieux despotisme. Depuis longtemps, l'adroit Cromwell tentait son avidité,
en lui offrant l'appât des dépouilles de l'Église, en lui représentant les succès qu'avait obtenus en Allemagne la politique
audacieuse des princes. Henri institua une commission nommée
Cour d'augmentation des revenus du roi, qui ordonna, avec
l'abolition des ordres religieux, la confiscation de tous les
monastères, de toutes les maisons religieuses, *comme ayant
été des asiles de corruption*, et de toutes les châsses des églises,
*comme n'étant propres qu'à entretenir la superstition du
peuple*. En quelques années, la cinquième partie des propriétés
territoriales d'Angleterre et des trésors immenses furent confisqués au profit de la couronne, et dissipés aussitôt en prodigalités insensées.

**500. SUPPLICE D'ANNE DE BOLEYN. — JEANNE SEY-
MOUR. — ANNE DE CLÈVES.** — Henri VIII. schismatique,
n'était pas hérétique pourtant ; il s'honorait toujours du titre

de défenseur de la foi; et, en 1539, il publia le fameux *bill des six articles*, ou *bill du sang*, qui punissait d'emprisonnement ou de mort tous ceux qui refusaient de reconnaître les principaux dogmes de la foi catholique. Les luthériens furent persécutés pour leurs erreurs, comme les catholiques pour leur attachement au saint-siége, « et l'on vit les uns et les autres traînés de la Tour à Smithfield sur la même claie. Les premiers étaient brûlés comme hérétiques, les seconds pendus comme traîtres pour avoir nié la suprématie. » Les soupçons d'hérésie qui planaient sur la tête d'Anne de Boleyn contribuèrent peut-être autant que ses prétendues infidélités, à la condamnation de cette infortunée. Elle périt de la main du bourreau après avoir été supplantée par sa suivante, *Jeanne Seymour*, comme elle-même avait supplanté Catherine d'Aragon. Un sectaire, le maître d'école Lambert, qui osa soutenir des opinions hétérodoxes sur la présence réelle, fut brûlé par ordre du roi, qui, las d'argumenter avec lui, lui avait donné le choix de se rétracter ou de mourir (1539). Henri mit le comble à sa honte par l'odieux et ridicule procès où saint Thomas de Cantorbéry, mort depuis 1170, fut condamné par contumace, comme coupable de haute trahison, au supplice du feu et à la confiscation de ses biens. Le roi, pour exécuter ce jugement, réduisit en cendres les reliques du saint, et pilla les offrandes accumulées autour de son tombeau. Il ne rougissait plus d'étaler à la face du monde le hideux spectacle de ses excès et de ses cruautés; l'échafaud, ou des divorces répétés, lui rendaient sans cesse la liberté de satisfaire sa monstrueuse incontinence. A Jeanne Seymour, morte en mettant au monde le prince Edouard (1537), avait succédé *Anne de Clèves*. Henri s'en était épris sur la foi d'un portrait peint par le célèbre Holbein. La vue de la princesse elle-même détruisit une illusion que l'art du peintre avait fait naître, et bientôt, un acte du parlement annula une union qui déplaisait au roi. Cromwell, qui avait été l'instigateur de ce mariage, fut quelques jours après accusé de haute trahison et envoyé à l'échafaud sans avoir été même admis à se défendre.

501. CATHERINE HOWARD. — CATHERINE PARR. — MORT D'HENRI VIII. — *Catherine Howard*, nièce du duc de Norfolk, qui avait succédé à la princesse de Clèves (1540), et dont l'élévation avait contribué à la chute du ministre Cromwell, périt bientôt, comme Anne de Boleyn, de la main du bourreau (1542). *Catherine Parr*, la sixième femme d'Henri, aurait subi le même sort pour crime d'hérésie, si elle n'avait su détourner la colère du roi par une adroite rétrac-

tation. Le sang des seigneurs les plus illustres, les lords Montagu, Courtney, Nevil, Surrey, se mêlait à celui des plus obscures victimes. Il ne semblait plus possible de mettre aucune borne à une autorité qui réunissait le pouvoir temporel et le pouvoir spirituel, à qui le prétexte d'hérésie donnait le droit d'écraser tout récalcitrant. La mort d'Henri, qui avait récemment conclu la paix avec la France et l'Europe, délivra l'Angleterre d'une insupportable tyrannie (1547).

Quelque temps auparavant, des démêlés avaient éclaté entre l'Angleterre et l'Ecosse (voir n° 295); mais celle-ci, ainsi que nous l'avons vu, fut comprise dans la paix conclue avec la France.

502. LA RÉFORME S'INTRODUIT EN ANGLETERRE SOUS ÉDOUARD VI. — Le fils de Jeanne Seymour, *Édouard VI*, hérita de la couronne et du titre de défenseur de la foi (1547), mais le dépôt sacré ne se conserva pas longtemps entre ses mains. Malgré la lutte d'Henri contre la Réforme, le schisme d'Angleterre avait préparé ce pays à recevoir l'hérésie. Le jeune Édouard fut élevé dans les principes du calvinisme par *Sommerset*, protecteur du royaume, qui, de concert avec Cranmer, travailla activement à propager les erreurs du protestantisme. Sommerset suspendit l'autorité épiscopale jusqu'à ce que ses commissaires eussent supprimé les anciennes cérémonies du catholicisme, et la populace commença à piller les Églises et à détruire les images. Le protecteur fit renouveler le statut qui établissait la suprématie du roi comme chef de la religion, et à l'appui de ses mesures, il fit prononcer contre les dissidents des arrêts de mort, que le jeune prince ne signait qu'en pleurant. Par une étrange inconséquence, les réformés, qui avaient attaqué le principe d'autorité dans l'Église romaine, s'élevaient avec violence contre tous ceux qui repoussaient l'autorité de leur propre doctrine. Et cependant, le parlement et le clergé anglais, catholiques naguère, se montraient aussi serviles que sous Henri VIII, et approuvaient aveuglément tous les actes du nouveau règne.

503. MORT D'ÉDOUARD VI. — JEANNE GREY. — L'influence de Warwick, successeur de Sommerset, ne fut pas moins favorable à la Réforme. L'ambitieux ministre détermina Édouard VI mourant (1553) à léguer sa couronne à *Jeanne Grey*, arrière-petite-fille d'Henri VII, élevée dans la religion luthérienne, au préjudice des droits de la fille de Henri VIII et de Catherine d'Aragon. *Marie Tudor*, princesse catholique, dont le parlement avait jadis déclaré la naissance entachée de bâtardise. Jeanne fut aussitôt reconnue à Londres.

tandis que Marie se faisait proclamer à Norfolk. Mais Warwick, alors duc de Northumberland, qui avait soutenu Jeanne Grey, l'abandonna pour se soumettre à Marie. Au bout de douze jours, l'infortunée princesse, âgée à peine de dix-sept ans, arrachée malgré elle à une vie de retraite et d'étude, avait été jetée du trône dans la Tour de Londres avec son mari lord Dudley, et Marie entrait en triomphe dans la capitale (1553).

304. LA REINE MARIE. — Cette princesse, catholique ardente, allait épouser le fils de Charles-Quint, Philippe, qui fit en Espagne un si terrible usage de l'inquisition. Elle se hâta de replacer sur leur siége les prélats catholiques dépossédés, et de jeter Cranmer en prison ; elle renouvela tous les anciens rapports de l'Église d'Angleterre avec le saint-siége, et fit déclarer par le parlement la religion catholique, apostolique et romaine, rétablie en Angleterre. Les chambres des lords et des communes sanctionnèrent sans résistance ce changement nouveau, et un don de douze cent mille couronnes les détermina à consentir au mariage, jusqu'alors différé, de la reine avec Philippe II (1554).

La politique du roi d'Espagne exigea la mort de Jeanne, l'infortunée rivale de Marie, victime d'ambitions étrangères. Sans doute, il faut attribuer à l'influence de ce prince la plupart des supplices par lesquels Marie *la Sanglante*, comme la nomment les Anglais, crut affermir son œuvre de restauration religieuse. Cranmer périt sur le bûcher, après avoir rétracté des soumissions arrachées par la terreur ; plusieurs de ses amis et un grand nombre de protestants de toutes les conditions subirent le même sort. Ces cruautés ne rendirent le règne de Marie ni plus heureux ni plus tranquille : délaissée du froid et sévère Philippe, humiliée par la prise de Calais, la seule place que les Anglais eussent conservée en France, effrayée des progrès de l'hérésie, malgré les bûchers et les échafauds, elle mourut jeune encore (1558), laissant le trône à sœur *Élisabeth*, fille d'Anne de Boleyn.

§ III. ANGLETERRE ET ÉCOSSE. — ÉLISABETH ET MARIE STUART.

305. ÉLISABETH. — ÉTABLISSEMENT DE L'ANGLICANISME. — Cette princesse, que les catholiques regardaient comme illégitime, était protestante, autant par politique peut-être que par conviction. A peine arrivée au trône, elle abolit tous les actes de Marie avec l'assentiment des chambres. Ja-

mais assemblée nationale ne joua un plus triste rôle que le parlement anglais à cette époque. Schismatique, hérétique, catholique au gré des princes, il se soumit sans résistance aux volontés d'Elisabeth. Les chambres qui, sous Henri VIII, avaient proclamé la suprématie spirituelle du roi en maintenant la foi catholique, qui, sous Edouard, avaient adopté l'hérésie, pour la rejeter à l'ordre de Marie, décrétèrent sous Elisabeth l'établissement définitif de la Réforme, et, comme toujours à peu près à l'unanimité (1559). Les évêques catholiques seuls s'honorèrent par une commune et inébranlable résistance; mais le clergé inférieur céda presque tout entier. La reine fit justice des oppositions par des dépositions d'abord, puis par des exils et des confiscations; enfin, elle renouvela l'édit *de hæretico comburendo*, et l'on vit les bûchers se relever contre les dissidents. Elisabeth avait adopté plutôt les doctrines de Calvin que celles de Luther : ce fut sur ces principes qu'elle fonda l'*Eglise anglicane* ou *haute Eglise*, bien distincte du presbytérianisme, qui proscrit l'épiscopat. La hiérarchie ancienne fut conservée, mais elle se rattacha à la couronne; et une femme fut déclarée chef suprême de la religion.

506. RETOUR DE MARIE STUART EN ECOSSE. — DARNLEY. BOTHWELL. — C'est ici que l'histoire de l'Ecosse se lie étroitement à celle de l'Angleterre ; avant même que les deux Etats n'en fassent plus qu'un, ils sont rapprochés et comme confondus dans un drame terrible, un des plus émouvants que l'histoire nous présente, la lutte de la catholique Marie Stuart et de la protestante Elisabeth.

Marie Stuart, devenue l'épouse de François II, avait ainsi réuni sur sa tête les deux couronnes de France et d'Ecosse. Elle perdit la première par la mort de son mari, et ne put quitter sans verser des larmes *le plaisant pays de France*, pour aller régner sur un peuple sauvage et rebelle (1561). A peine avait-elle paru au milieu de ses sujets, que, malgré sa bonté, sa douceur, ses grâces, malgré la prudence de ses premiers actes, tous se déchaînèrent contre celle qu'ils appelaient une idolâtre indigne de commander à des chrétiens. Jean Knox (n° 296), dans ses prédications, ne la nommait que Jézabel, et les intrigues de la jalouse Elisabeth ne cessaient d'entretenir l'irritation des esprits. Il fallut à Marie deux ans d'efforts et d'une patience inouïe, pour se faire enfin tolérer dans ses propres Etats. Elisabeth voulait lui donner pour époux lord Leicester, afin de mieux établir en Ecosse l'influence de l'Angleterre. Marie préféra un mari écossais. Mais son union avec *Henri Darnley*, son cousin (1565), fut une nouvelle occasion

14.

de troubles et de malheurs. Darnley, qui, sous des dehors séduisants, cachait une âme basse et corrompue, ne tarda pas à prodiguer à la reine les outrages et les violences. L'assassinat du musicien *David Rizzio*, favori de la reine, que Darnley fit tuer en sa présence, acheva de le rendre aussi odieux que méprisable à sa femme (1567). Malheureusement le comte de *Bothwell*, homme plus vil encore et plus ambitieux que Darnley, parvint à surprendre la confiance de la reine : quelques services réels lui avaient mérité de hautes distinctions; il osa prétendre à la main de sa souveraine. Marie refusa un divorce. Quelques jours après, tandis qu'elle assistait aux noces d'une de ses suivantes, l'explosion d'une mine ensevelit Darnley sous les ruines de son habitation. Bothwell fut généralement accusé de ce crime. Le reste de la vie de Marie Stuart, sa mort surtout, empêchent de croire qu'elle ait été complice de ce lâche forfait. Mais cette femme passionnée, ardente et légère, montra dans toute sa conduite vis-à-vis de Bothwell autant d'imprudence que de faiblesse; elle le fit absoudre par un tribunal, auquel on ne donna pas même le temps de recevoir les accusations et les preuves apportées par le père de la victime ; et toutes les calomnies se déchaînèrent contre la reine, quand, par le plus inconcevable aveuglement, elle donna sa main au meurtrier. Cette faute causa la perte de l'un et de l'autre.

507. FUITE DE MARIE-STUART. — SA CAPTIVITÉ. — A peine un mois s'était-il écoulé, que la guerre civile avait éclaté en Écosse, que Bothwell s'était fait chasser du royaume à cause de sa tyrannie, et que Marie était tombée au pouvoir des rebelles, qui l'enfermèrent au château de Loch-Leven. Lord Douglas la força de signer un acte par lequel elle résignait la couronne en faveur de son fils *Jacques VI*, âgé d'un an. Bientôt elle parvint à s'échapper, reprit les armes, fut vaincue encore, et, pour échapper à ses sujets, elle s'enfuit en Angleterre : c'était se livrer à sa plus mortelle ennemie.

Élisabeth aussitôt lui fit faire son procès (1568). Le régent Murray, frère de Marie, et un grand nombre de lords écossais vinrent l'accuser : aucune preuve sérieuse du crime qu'on lui reprochait ne put être établie contre elle. Mais en vain Marie repoussa les imputations calomnieuses de ses ennemis, en vain plusieurs princes s'intéressèrent à son sort : l'enthousiasme général qu'excitait sa beauté, les complots imprudents de Norfolk, de Babington et d'autres seigneurs, qui touchés des charmes et des malheurs de la reine d'Écosse, payèrent de leur vie leurs efforts pour la délivrer, ne firent qu'accroître la haine jalouse d'Élisabeth. La captivité de Marie, après un jugement qui n'avait pu la déclarer coupable, était une iniquité monstrueuse. Elisabeth la laissa languir vingt ans dans sa prison, disant avec une hypocrite pitié : *Pourrais-je tuer le tendre oiseau qui s'est réfugié dans mon sein!* enfin elle signa l'arrêt de mort de celle qu'elle osait appeler encore *sa chère sœur.*

508. MORT DE MARIE STUART. — LACHE CONDUITE DE SON FILS. — Si l'infortunée reine avait montré, pendant sa jeunesse, une déplorable légèreté, elle expia toutes ses fautes par la sublime résignation de ses derniers moments. *Je sais que mon crime est ma sainte religion*, disait-elle; *mais c'est pour moi une source de consolations et d'espérances; je serai heureuse de verser mon sang pour sa gloire.* Elle écrivit à Elisabeth une lettre touchante pour implorer la liberté de ses serviteurs et demander que son corps fût transporté en France, à côté de celui de sa mère. — Le jour de l'exécution étant venu, on dressa un échafaud dans une salle du château de *Fotheringay.* Marie avait instamment réclamé un confesseur, qui lui fut impitoyablement refusé. Elle pria qu'on voulût bien au moins lui donner un crucifix. *Madame,* lui dit durement le comte de Kent, *il faut avoir le Christ dans le cœur et non dans la main.* Marie répondit avec douceur : *Pour l'avoir plus sûrement dans le cœur, il est bon de l'avoir sous les yeux.* Elle monta sur l'échafaud avec un grand courage, consolant ses domestiques, qui fondaient en larmes, protestant de son innocence et pardonnant à ses ennemis. Quand la tête de la victime fut tombée, le doyen de Peterborough prononça la formule ordinaire : *Ainsi périssent tous les ennemis de la reine Elisabeth!* Une seule voix répondit : *Amen!* au milieu des sanglots de tous les assistants (1587).

Elisabeth osa affecter une vive douleur à la nouvelle d'une exécution qu'elle avait ordonnée: mais le but de sa criminelle politique était atteint. Pendant l'orageuse minorité de Jacques VI, l'Ecosse avait été presque constamment soumise à l'influence anglaise sous la régence de Murray, frère naturel de Marie Stuart, puis de Lennox, successeur de Murray assassiné. Jacques devenu majeur (1577) craignit d'augmenter les embarras de son gouvernement par une rupture avec l'Angleterre. Il ne fit rien pour sauver sa mère, il ne fit rien pour la venger. Cette lâche condescendance flétrira à jamais le nom de Jacques VI ; mais elle devait lui valoir un second sceptre à la mort d'Elisabeth.

509. L'ARMADA DE PHILIPPE II. — VICTOIRE D'ELISABETH. — La fin du règne de cette princesse n'est qu'un enchaînement de prospérités. Au dedans, rien ne résistait à sa puissance souveraine, qu'elle avait constamment refusé de partager en se donnant un époux. A l'extérieur, sa politique était partout triomphante. Elisabeth, par son génie et sa persévérance, éleva à son plus haut période la grandeur de l'Angleterre. Déjà, elle avait lutté avec avantage contre Philippe II, dont la flotte avait été battue par l'amiral Drake, lorsqu'une plus redoutable attaque se prépara : une flotte immense, équipée dans les ports d'Espagne, se dirigea vers les côtes d'Angleterre pour débarquer une armée sous les murs de Londres (1588). Mais Elisabeth n'eut pas même à la combattre : *l'invincible armada*, comme l'appelait Philippe II dans son orgueil, fut détruite par la tempête ; les vaisseaux anglais n'eurent qu'à en disperser les débris. Cette catastrophe porta un coup mortel à l'Espagne, dont la puissance maritime déclina rapidement. Elisabeth envoya ses marins ravager les colonies espagnoles, et l'an 1596, le comte d'Essex se rendit maître de la ville de Cadix.

310. Toute-puissance d'Elisabeth. — Apogée de l'autorité royale. — En même temps, Elisabeth favorisait de tout son pouvoir les entreprises des navigateurs, et plusieurs découvertes importantes ont signalé les voyages de Drake, de Cavendish, de Davis, de Raleigh (1), qui donna à une contrée de l'Amérique septentrionale le nom de Virginie, en l'honneur de la reine vierge. La France, la Hollande, la Russie recherchaient l'alliance de l'Angleterre ; toute l'Europe applaudissait à la gloire de *la belle vestale assise sur le trône d'Occident* (Shakspeare).

A l'intérieur, le gouvernement avait pris la forme de l'absolutisme le plus complet, souvent le plus impitoyable. Le despotisme d'Henri VIII était dépassé. En matière religieuse, des édits, dont la rigueur égalait celle des lois de Marie (n° 304), frappaient tous les *non-conformistes*, c'est-à-dire, non-seulement les catholiques, mais les diverses sectes protestantes qui n'adoptaient pas les formes et les doctrines de l'Eglise anglicane.

---

(1) Il n'est pas hors de propos de rappeler ici que ce fut sir *Walter Raleigh* qui importa le premier en Europe le tabac et surtout la pomme de terre, que notre illustre *Parmentier* ne fit qu'introduire et populariser plus tard en France. On connaît, du reste, l'histoire de ce chevaleresque aventurier, qui dut la faveur d'Elisabeth à son manteau (le seul qu'il possédât alors) jeté courtoisement et à propos sur une ornière sous les pieds de la souveraine. Après avoir colonisé la Virginie, contribué à la ruine de *l'invincible armada*, pris possession de la Guyane au nom de l'Angleterre, l'audacieux marin revint dans sa patrie pour être enfermé douze ans dans un cachot, et enfin périr sur l'échafaud comme complice d'une conspiration contre Jacques Ier (1618).

En matière politique, la Chambre étoilée, qui jugeait sans l'assistance de jurés, et condamnait sur la déposition d'un seul témoin, avait de fait remplacé le jury, cette précieuse garantie de la justice anglaise, et était devenue un terrible instrument d'oppression et d'arbitraire. La voix du parlement n'osait se faire entendre devant l'impérieuse souveraine, qui envoyait en prison tout député assez hardi pour élever une opinion contraire aux volontés de la couronne. La sévère économie que la reine sut garder dans l'emploi des finances la dispensait de recourir à des subsides, et ses habiles mesures financières, l'inauguration de la Bourse, la protection accordée au grand commerce, les dispositions sur les assurances maritimes, contribuaient à augmenter sa richesse en même temps que celle du pays. Mais l'exagération même de la puissance royale préparait une réaction; les ressorts tendus à l'excès n'étaient pas loin de se rompre : le despotisme d'Elisabeth avait semé les germes d'une révolution.

541. Fin du règne d'Elisabeth. — Malgré tout son génie, Elisabeth céda souvent à l'influence de ses favoris, et de coupables passions furent plus d'une fois les principaux mobiles de sa politique intérieure. Sa dure conduite envers les catholiques et les intrigues de Philippe II excitèrent en Irlande 1599, une révolte qu'elle put comprimer, mais qui lui coûta le plus cher de ses courtisans. Le comte d'Essex, envoyé contre ces Irlandais, trouva à son retour une ligue puissante formée contre lui par plusieurs seigneurs. Furieux de voir la reine peu disposée à le soutenir, il se révolta contre elle, fut arrêté, et exécuté sur-le-champ par ordre d'Elisabeth. Le supplice du favori, ordonné dans un accès de colère, jeta bientôt la reine dans une tristesse profonde qui la conduisit au tombeau en 1603. — L'héritier d'Elisabeth était le fils de Marie Stuart, qui se trouvait être le dernier des Tudor, Jacques VI d'Ecosse, désormais Jacques Ier d'Angleterre.

C'est sous le règne d'Elisabeth que l'Angleterre vit briller le talent de *Shakspeare* (n°s 272 et 269), ainsi que celui de *Roger Bacon*, le célèbre auteur du *Novum organum*. L'histoire, en rendant hommage au génie de Bacon, voudrait pouvoir oublier les hontes de sa vie. Fils d'un chancelier d'Angleterre et dévoré d'ambition, il ne craignit pas, pour gagner la faveur d'Elisabeth, de publier une apologie de la mort du comte d'Essex, qui avait été son protecteur, et devenu, sous le règne du successeur de la grande reine, chancelier à son tour, il encourut une condamnation infamante pour avoir vendu à prix d'argent des places et des priviléges.

OUVRAGES A CONSULTER. — Les *Histoires* de Hume, de Lingard, de Mac-Kintosh. Sur Marie Stuart, voir surtout l'*Histoire d'Ecosse* de Walter Scott, et celle de Robertson; *Documents inédits sur Marie Stuart* (*Revue des Deux Mondes*, janvier 1841); Ragon, Filon; Michelet, *Précis*, *Histoire de Marie Stuart* de M. Mignet; id. de M. Dargaud.

QUESTIONNAIRE — § Ier. 294. Quel caractère différent présente la Réforme en Ecosse et en Angleterre? — 295. Sous quel règne s'introduisit-elle en Ecosse? — Quelles conséquences politiques produisit-elle aussitôt? — Faites connaître la situation religieuse et politique de l'Ecosse pendant la minorité de Marie-Stuart. — 296. Quel fut le principal prédicateur de la Réforme en Ecosse? — Quelles étaient ses sauvages exhortations? — § II. 297. — Henri VIII était-il un administrateur fort habile? — Quel était son ministre? — Ce prince se montra-t-il d'abord dévoué à la religion catholique? — 298. — Qu'est-ce qui décida le roi à répudier Catherine d'Aragon? — Racontez la conduite de Wolsey en cette occasion. — Quels ministres lui succédèrent? — 299. Comment éclata le schisme en Angleterre? — Nommez les deux premières victimes de la persécution. — Qu'appelait-on le serment de suprématie? — Quelle commission Henri VIII institua-t-il pour l'abolition des ordres religieux? — 300. Qu'appelle-t-on le bill du sang? — Sous quels prétextes Henri VIII fit-il périr Anne de Boleyn? — Par quel acte le roi mit-il le comble à sa honte? — Qui succéda à Jeanne Seymour? — 301. Nommez les deux dernières femmes de ce prince. — Quand mourut-il? — 302. Quel fut le successeur de Henri VIII? — Qui fut chargé de la régence? — Comment le protestantisme s'établit-il en Angleterre? — 303. A qui Edouard VI légua-t-il le trône? — Faites connaître le sort de Jeanne Grey. — 304. Qui monta sur le trône après Jeanne Grey? — L'Angleterre ne changea-t-elle pas encore une fois de religion? — Quelle fut la conduite de Marie? — § III. 305. Nommez la princesse qui succéda à Marie. — Comment Elisabeth nomma-t-elle la nouvelle religion? — 306. Donnez quelques détails sur la jeunesse de Marie Stuart. — Nommez le prince qu'épousa d'abord la reine d'Ecosse. — Par quelle légèreté la reine donna-t-elle prise aux calomnies de ses ennemis? — 307. Comment Marie Stuart perdit-elle son royaume? — Quelle conduite tint-elle envers Elisabeth? — 308. Racontez les derniers moments de Marie Stuart. — Qui était le fils de Marie Stuart? — Quelle fut sa conduite dans cette circonstance? — 309. Faites connaître les grandes qualités d'Elisabeth. — Qu'appela-t-on l'*invincible armada*? — 310. Quels navigateurs s'illustrèrent sous ce règne? — Donnez une idée du despotisme d'Elisabeth à l'égard de la religion, de la justice, de l'administration. — 311. Que préparaient ces abus d'autorité? — Quels événements amenèrent le supplice d'Essex, puis la mort d'Elisabeth?

CHAPITRE VINGT-TROISIÈME.

LA RÉFORME DANS LES PAYS-BAS. — ESPAGNE.
RÈGNE DE PHILIPPE II.

——

SOMMAIRE.

§ Ier. 312. L'Espagne, les Deux-Siciles, Milan, les Pays-Bas, la Franche-Comté, les Indes Occidentales, forment les immenses États de Philippe II à son avénement (1556). Son mariage lui livre les ressources de l'Angleterre. Il consacre toute son énergie à réaliser l'unité catholique de l'Europe, il développe l'inquisition et lutte avec les pirates barbaresques.

§ II. 313. La Réforme se propage dans les Pays-Bas pendant l'administration de Marguerite de Parme et du cardinal Granvelle; les mesures rigoureuses ordonnées par Philippe II soulèvent les gentilshommes qui, unis par le compromis de Breda, présentent des réclamations énergiques qui sont repoussées dédaigneusement.

314. Le soulèvement éclate, il est signalé par le pillage et la destruction des églises catholiques. L'arrivée du duc d'Albe en Flandre (1567) provoque des émigrations, la démission de Marguerite, le supplice de d'Egmont et de Horn. Le Conseil des Troubles ordonne des exécutions sanglantes. Don Carlos meurt en prison.

315. Louis de Nassau défait les Espagnols à Groninghen (1568), mais les Gueux marins et les Gueux des bois ont été obligés de céder devant l'habileté du duc d'Albe, lorsque le prince d'Orange organisa un nouveau soulèvement.

316. Bientôt maître de Briel, Guillaume est nommé stathouder par quatre provinces (1574). La continuation des hostilités est marquée par des cruautés. Don Louis de Requesens ne peut triompher de l'énergie de la république naissante, et malgré l'effroi causé par l'arrivée du célèbre don Juan d'Autriche, qui meurt presque aussitôt (1578), le traité d'Utrecht unit les sept provinces du nord, et la déchéance du roi d'Espagne est prononcée à l'assemblée de la Haye.

§ III. 317. Après le règne aventureux de Sébastien (1557-1578) et celui du cardinal Henri (1580), des prétendants nombreux se disputent le trône de Portugal; Philippe II chasse Antonio de Crato, et soumet toutes les possessions portugaises. L'assassinat de Guillaume d'Orange (1584) compromet l'existence des Provinces-Unies.

318. Les exploits d'Alexandre Farnèse jettent la consternation dans les Provinces-Unies. Élisabeth engage les hostilités contre l'Espagne sur terre et sur mer. La destruction de l'*invincible armada* (1588) ne fait que provoquer de nouveaux efforts de Philippe II.

319. La diversion de la France compromet les succès de Farnèse plus

encore que la résistance héroïque de Maurice. Les nouvelles victoires de Maurice, malgré le traité de Vervins (1598), affermissent l'indépendance des Provinces-Unies, qui est assurée par la trève de douze ans (1609).

320. L'Espagne, à la fin du règne de Philippe II, est complétement épuisée (1598). Cependant les Espagnols l'admirent et le regrettent.

§ 1er. ESPAGNE. — VASTES PROJETS DE PHILIPPE II.

312. CARACTÈRE DE PHILIPPE II. — SES VASTES PROJETS. — L'abdication de Charles-Quint avait donné à son fils le royaume de Naples et de Sicile avec le duché de Milan (1554), la souveraineté des Pays-Bas (1555) et celle de la Franche-Comté, enfin la couronne d'Espagne (1556) et toutes ses immenses possessions dans les Indes occidentales. Le mariage de Philippe avec Marie Tudor mit à sa disposition les forces de l'Angleterre (1554). Quoique privé du patrimoine de la maison d'Autriche, que Charles-Quint avait laissé à son frère Ferdinand, il avait encore une puissance colossale. Ce prince, animé d'un zèle ardent pour la foi catholique, en même temps que dévoré d'une ambition sans bornes, consacra avec une persévérance inouïe toutes ses richesses, toutes ses armées, toutes les ruses de la politique, toute l'énergie d'un inflexible caractère, toutes les ressources enfin de son vaste empire et de son génie, à réaliser un double dessein : écraser dans l'Occident les ennemis de la foi catholique, hérétiques ou musulmans, et établir sa suprématie sur toutes les nations de l'Europe; accomplir, en un mot, les gigantesques projets que n'avait pu réaliser Charles-Quint malgré tous ses efforts. Philippe devait succomber aussi dans une lutte inégale ; car il soulevait contre la monarchie espagnole non-seulement les États protestants, mais aussi les royaumes catholiques, dont il menaçait l'indépendance.

Philippe II prétendait avant tout maintenir dans ses propres domaines l'unité religieuse. Après la paix de Cateau-Cambrésis, il revint en Espagne, pour ne plus guère quitter son magnifique palais de l'Escurial, fondé en mémoire de la victoire de Saint-Quentin (1). Aussitôt il s'occupa de fixer les règles constitutives de l'inquisition et d'en redoubler les rigueurs, tandis qu'il envoyait ses vaisseaux lutter dans la Méditerranée contre les flottes barbaresques, commandées par l'habile amiral Dragut. Les pre-

---

(1) Ce palais immense, situé à trente-cinq kilomètres de Madrid, est disposé en forme de gril, et présente partout des grils sculptés, en l'honneur de saint Laurent, patron du jour de la bataille, et auquel Philippe avait fait vœu d'élever un couvent.

miers germes de l'hérésie furent extirpés dans la Péninsule ; mais la Réforme avait fait des progrès bien autrement dangereux dans les Pays-Bas, où les doctrines de Calvin s'étaient répandues peu de temps avant la mort du célèbre réformateur.

§ II. LA RÉFORME DANS LES PAYS-BAS.

513. Marguerite de Parme. — Le cardinal Granvelle. Le duc d'Albe. — Ces provinces, portées au nombre de dix-sept sous Charles-Quint, par l'accession des pays d'Utrecht, d'Over-Yssel et de Gueldre, formaient en 1549, le comté de Bourgogne, qui, peu après, passa aux mains de Philippe II. Déjà, depuis plusieurs années, les Pays-Bas, en relations fréquentes avec l'Allemagne, l'Angleterre et la France, avaient vu les doctrines des luthériens, des anabaptistes, des calvinistes, prendre racine parmi leurs populations. Philippe, en les quittant, confia le gouvernement à sa sœur *Marguerite de Parme*, princesse pleine de prudence et de modération, autant que de dévouement à la foi catholique. Mais le roi d'Espagne avait établi, malgré une opposition générale, un tribunal semblable à celui de l'inquisition, disant *qu'il aimerait mieux ne pas régner que de régner sur des hérétiques*; il avait placé à la tête du conseil de la princesse Marguerite l'ancien ministre de Charles-Quint, *Antoine de Granvelle*, archevêque d'Arras, dont les protestants avaient déjà appris a redouter l'habileté ; enfin, il avait laissé dans ce pays une armée espagnole pour comprimer les soulèvements, au mépris des priviléges de toutes les provinces des Pays-Bas, dont Charles-Quint lui-même avait constamment respecté la constitution. Elles s'alarmèrent des atteintes portées à la fois à leur liberté politique et à leur liberté religieuse. L'établissement, en faveur de prélats espagnols, de plusieurs nouveaux évêchés, dotés avec les biens des anciennes abbayes, et surtout la publication des décrets du concile de Trente, dont les troupes du roi furent chargées d'assurer l'exécution, mirent le comble au mécontentement. Les réclamations devinrent plus générales et plus vives : Philippe II n'y répondit qu'en nommant Granvelle à l'archevêché de Malines, et en lui faisant accorder le chapeau de cardinal, pour récompenser le zèle qu'il déployait contre la secte de Baïus (1). Le cardinal, bientôt aban-

---

(1) Baïus, chancelier de l'université de Louvain, prêchait une doctrine assez analogue à celle de Calvin. Censuré par la Sorbonne, en 1560, il fut condamné comme hérétique par le pape Pie V en 1567.

donné par Marguerite, que *Guillaume*, prince d'Orange, eut l'adresse de prévenir contre lui, fut rappelé en 1564.

Mais la nomination d'*Alvarès de Tolède*, duc d'Albe (1566), en remplacement de Granvelle, apprit aux seigneurs flamands que vainement ils avaient espéré un changement dans la politique espagnole. Unis par le *compromis de Bréda*, alliance formée sous l'influence du prince d'Orange et des comtes d'Egmont et de Horn, ils présentèrent de nouveau leurs griefs à la gouvernante, dont toutes les mesures prudentes et douces échouaient contre l'obstination de Philippe. Quatre cents gentilshommes simplement vêtus se présentèrent devant Marguerite, pour lui faire connaître leurs sujets de plaintes. En voyant leur costume modeste, un conseiller de la duchesse s'écria tout haut qu'il ne fallait avoir aucun égard à la demande de ces *gueux*.

514. SOULÈVEMENT DES PAYS-BAS. — Les nobles flamands s'emparèrent avec empressement du nom que leur avait donné le mépris des Espagnols, et parcoururent les villes et les campagnes avec une écuelle et une besace au cou, excitant le peuple à la révolte. Cet appel ne fut que trop entendu. Dans tout le Brabant et dans toute la Flandre, les monuments du culte catholique furent pillés et renversés par la populace. En trois jours, quatre cents églises furent détruites. Alors parut en Flandre, pour punir cette violente insurrection, le terrible duc d'Albe, également célèbre par ses talents et par ses cruautés (1567). A l'approche de ce général, cent mille Flamands allèrent porter dans les pays voisins leur industrie et leurs richesses; Marguerite donna sa démission, et aussitôt les provinces se couvrirent d'échafauds. *Il faut prendre les gros poissons avant le menu fretin*, disait le duc d'Albe. Les têtes des comtes d'Egmont et de Horn tombèrent avec celles d'une foule d'autres victimes, poursuivies et condamnées par le fameux *Conseil des Troubles*, appelé par les Brabançons le *conseil de sang*. Quarante mille personnes perdirent leur fortune ou leur vie. Le prince d'Orange ne put échapper à la mort qu'en quittant son pays et en abandonnant tous ses biens. En même temps, le propre fils de Philippe II, le malheureux don Carlos, depuis longtemps objet de la haine de son père, était condamné à mort pour s'être montré favorable à la cause des Pays-Bas, et périssait dans un cachot, peut-être par l'ordre de Philippe lui-même (1).

---

(1) Telle est l'opinion généralement admise. Cependant M. de Falloux, dans son intéressante *Histoire de Saint Pie V*, prétend démontrer par des documents authentiques, que don Carlos, atteint d'une véritable aliénation mentale, expira à la suite d'une longue maladie, et que Philippe fut entièrement étranger à la mort de son fils.

515. LES GUEUX. — GUILLAUME DE NASSAU. — Le prince d'Orange appela ses compatriotes à la vengeance : son frère Louis de Nassau vainquit les Espagnols à Groninghen (1568) ; mais lui-même, après une campagne où le duc d'Albe déploya contre lui une habileté merveilleuse, vit son armée s'anéantir en détail, et malgré les secours des *Gueux marins* et des *Gueux des bois*, il fut obligé de s'enfuir en Allemagne. Toutefois, Granvelle avait raison de dire à Philippe que « rien n'était fait, puisque le *Taciturne* (c'est ainsi qu'il appelait le prince d'Orange) n'était pas pris. » Cet homme froid, ambitieux et habile, qui avait quitté par politique le luthéranisme pour le catholicisme, le catholicisme pour le calvinisme, poursuivait avec une infatigable persévérance l'exécution de ses plans. Pendant que Philippe II luttait péniblement en Espagne contre les Maures des Alpujarras, ces derniers ennemis du christianisme dans la Péninsule, Guillaume souleva de nouveau les Pays-Bas contre l'insolence et la tyrannie du duc d'Albe, qui redoublait ses impitoyables rigueurs, et avait osé élever au milieu d'Anvers un monument où il était représenté foulant aux pieds des esclaves.

516. INDÉPENDANCE DES PROVINCES-UNIES. — L'an 1572, la prise de la ville de Briel par deux cent cinquante insurgés fonde la république des Provinces-Unies. Les quatre provinces de Hollande, de Zélande, de Frise, d'Utrecht, se déclarent en faveur de Guillaume, et lui donnent le titre de *stathouder* (1574).

Vainement le fils du duc d'Albe, Frédéric de Tolède, se signale par d'éclatants succès ; les cruautés épouvantables qui souillent ses victoires déterminent les insurgés à tout souffrir plutôt que de capituler avec un implacable ennemi ; et bientôt le rappel du duc d'Albe, dont les talents et l'ambition ont inquiété Philippe, enlève au prince d'Orange son plus redoutable adversaire. Don *Louis de Requesens*, d'un caractère doux et conciliant, mais faible et irrésolu, inaugure pourtant son gouvernement par la défaite et la mort de deux princes, Ludovic et Henri de Nassau, au combat de Nimègue. Mais l'héroïque résistance des habitants de Leyde fait connaître l'énergie de la république naissante. Les Espagnols ayant sommé les habitants d'ouvrir leurs portes : *Ne comptez pas que nous nous rendrons,* répondirent ceux-ci, *tant que vous entendrez un chien aboyer. Quand nous les aurons tous dévorés, il nous restera encore notre bras gauche à manger, tandis que nous nous servirons du bras droit pour combattre.* Ils se décidèrent à rompre les digues qui retenaient les eaux de la mer, inondèrent toute la

province, et forcèrent ainsi les Espagnols à battre en retraite.
Bientôt la mort du gouverneur fut pour les insurgés le signal
de nouveaux succès. La *pacification de Gand* (1576) venait
d'assurer à Guillaume le concours des provinces méridionales,
quand l'arrivée de *don Juan d'Autriche*, célèbre par la fameuse
victoire de Lépante sur les infidèles, en 1571 (voir n° 230),
menaça d'anéantir son œuvre. Les seigneurs des provinces du
midi, jaloux de l'autorité de Guillaume, se séparèrent de lui
sous prétexte de chercher un plus puissant défenseur, et se livrèrent à l'archiduc Mathias.

La mort prématurée du héros de Lépante sauva Guillaume
(1578), qui, l'année suivante, réunit, par le *traité d'Utrecht*,
en un seul corps dont il fut le chef (1579), les sept provinces
du nord, savoir : Gueldre, Hollande, Zélande, Utrecht, Over-
Yssel, Frise, Groninghen. Plusieurs villes dans les autres provinces accédèrent à la confédération. Ainsi fut constituée
définitivement la république des Provinces-Unies, qui adopta
solennellement le culte calviniste. Deux ans après, les Etats,
assemblés en grande pompe à la Haye, déclarèrent le roi d'Espagne déchu de la souveraineté des Pays-Bas, et ordonnèrent
qu'on leur prêterait serment de fidélité.

§ III. DÉCADENCE ANTICIPÉE DE L'ESPAGNE, MALGRÉ LA CONQUÊTE
DU PORTUGAL.

517. PHILIPPE II S'EMPARE DU PORTUGAL. — Cependant une couronne nouvelle dédommageait Philippe II de cette
perte. Le Portugal, après s'être enrichi paisiblement durant un
siècle, par des expéditions maritimes, sous Jean II, Emmanuel
le Fortuné, et Jean III (1521-1557), pendant le règne duquel
fut découvert le Japon, vit tout à coup sa prospérité interrompue par les projets romanesques et l'audace téméraire de
Sébastien. Ce prince, ne songeant qu'à recommencer les
croisades contre les infidèles, se fit tuer (1578) dans une bataille contre le roi de Maroc. Le trône demeura vacant à la
mort du vieux cardinal don Henri, oncle et successeur de Sébastien (1580). Un grand nombre de prétendants se présentèrent
à la fois. Philippe II, laissant ses compétiteurs faire discuter
leurs titres par les facultés de théologie et par les universités,
soutint ses droits les armes à la main, et envoya le duc d'Albe
en Portugal. Ce général soumit le royaume entier en trois mois,
et chassa le prieur *Antonio de Crato*, le plus redoutable de ses
adversaires, qui alla implorer des secours en Angleterre et en

France, pendant que Philippe se faisait proclamer en Portugal, et reconnaître dans le Brésil, dans les colonies d'Afrique et dans les Indes. Jamais homme n'avait réuni une domination pareille à cette puissance qui, de l'Orient à l'Occident, embrassait l'univers.

Elisabeth n'osa pas engager la guerre en faveur du prieur de Crato, au moment où les armées de Philippe II triomphaient dans les Pays-Bas, dont la révolte semblait devoir être promptement comprimée. L'inhabileté de l'archiduc Mathias et du duc d'Alençon, frère du roi de France, élus successivement par une partie des Etats, et surtout la mort du prince Guillaume d'Orange, assassiné par un fanatique dévoué à l'Espagne, Balthazar Gérard (1584), préparèrent les succès d'*Alexandre Farnèse*, *duc de Parme*, qui avait remplacé don Juan à la tête des troupes espagnoles.

518. Lutte de Philippe II contre Maurice d'Orange et contre l'Angleterre. — *Maurice*, élu après la mort de son père, à l'âge de vingt ans à peine, par l'influence du grand pensionnaire *Barnevelt*, ne put empêcher la défaite des armées de la république, ni la prise d'Anvers, dont Farnèse s'empara en jetant une digue dans le courant rapide de l'Escaut, comme autrefois Alexandre dans les flots de la mer devant Tyr. La confédération des provinces du nord offrit dans son effroi la souveraineté à la France, qui refusa, puis à l'Angleterre. Elisabeth saisit enfin cette occasion d'engager la lutte avec le puissant ennemi de sa foi et de sa puissance. Elle envoya dans les Pays-Bas son favori Leicester, tandis que l'amiral Drake allait de tous côtés inquiéter les colonies de l'Espagne, et troubler son commerce sur les mers de l'Orient et de l'Occident. En même temps, Philippe dirigeait contre l'Angleterre le plus formidable armement qui eût jamais étonné l'Europe. Cent cinquante vaisseaux d'une grandeur inouïe, portant la fleur de la noblesse espagnole et le grand poëte Lope de Véga, qui devait chanter la victoire, se préparèrent à cingler vers la Tamise, pour s'emparer de Londres et commencer la conquête de l'Angleterre. Mais la flotte, décorée du nom d'*invincible armada*, fut détruite par les tempêtes (1588). « J'avais envoyé combattre les Anglais et non l'Océan. Que la volonté de Dieu soit faite! » dit Philippe à la nouvelle de ce désastre ; et l'opiniâtre monarque fit partir une seconde expédition, tout en continuant avec activité la guerre contre les Provinces-Unies, et en fournissant des secours à la *Ligue* contre le parti huguenot, que soutenaient en France les subsides d'Elisabeth (n° 355).

519. Exploits de Maurice. — Paix de Vervins. —

TRÈVE DE DOUZE ANS. — Déjà Philippe, comptant sur un prochain triomphe, parlait de *sa bonne ville de Paris*; mais toute l'habileté de Farnèse, obligé de partager son temps et ses forces entre les Pays-Bas et la France (n° 368), de lutter à la fois contre deux ennemis aussi redoutables que Henri IV et Maurice, ne put, malgré des succès brillants, empêcher le triomphe définitif de l'un ni de l'autre. Le stathouder se couvrit de gloire dans les trois campagnes de 1590-91-92, où il se montra digne de son vaillant adversaire. La prise de Bréda de Deventer, de Nimègue, de Groninghen, fut couronnée par la belle défense de Maurice dans Ostende, dont le siège coûta plus de cinquante mille hommes aux Espagnols. La mort du duc de Parme (1592) fut le signal de la défaite de l'Espagne, qui, toutefois, persista encore quelques années à épuiser ses soldats et ses trésors pour une cause désormais perdue. En 1596, la France et l'Angleterre s'unirent par le *traité de la Haye* à la nouvelle république, qui affermit sa puissance par les victoires de Turnhout (1597) et de Nieuport. Quand la *paix de Vervins* (1598) enleva aux Provinces-Unies l'alliance de la France, elles étaient en état de se défendre elles-mêmes. En 1609, à la suite de nouveaux avantages remportés par leur habile stathouder, il fallut leur accorder la *trève de douze ans*, qui les détacha irrévocablement de la monarchie espagnole. Ce traité eût mis le comble à la gloire de Maurice, s'il n'eût déshonoré son triomphe en envoyant au supplice le vénérable Barnevelt, son bienfaiteur, et en faisant peser sur les Provinces-Unies un rigoureux despotisme (1619).

520. MORT DE PHILIPPE II. — ÉPUISEMENT DE L'ESPAGNE. — Philippe II était mort l'année même du traité de Vervins, laissant l'Espagne, qu'il avait reçue si puissante, également épuisée d'hommes et d'argent, et à la veille de sa décadence. Il fut regretté pourtant des Espagnols, qui admiraient sa fierté, sa gravité imposante, sa fermeté inébranlable. « Mais si Philippe eut de hautes pensées, de vastes et nobles projets, il outra toutes choses, la religion, le pouvoir, l'ambition. Son zèle fut du fanatisme, son autorité de la tyrannie, sa passion d'agrandissement une fureur. Ses ennemis l'ont surnommé le *démon du Midi*, et il faut avouer que, faute de modération dans ses idées, il fut le mauvais génie de son temps, dont il aurait pu être le héros. » (Ragon.)

OUVRAGES A CONSULTER. — Ant. de Herrera, *Vie de Philippe II*; *Histoire de Philippe II*, par Alexis Duménil; *Vie de saint Pie V*, par M. de Falloux (1844); Ranke, *Histoire de la monarchie espagnole* et *Histoire des Papes*; Ascargeta, *Historia d'Espagne*; *Histoire du soulèvement des Pays-Bas*, par Schiller. — Voir aussi Ragon, Filon, Michelet.

QUESTIONNAIRE. — § Ier. — 312. De quels États se composait l'empire de Philippe II ? — Quels étaient le caractère et les projets de ce prince ? — § II. 313. Comment le protestantisme s'était-il introduit dans les Pays-Bas. — Nommez la princesse chargée du gouvernement des Pays-Bas. — Quels seigneurs se mirent à la tête des mécontents? — 314. Quel fut le général envoyé par Philippe II dans les Pays-Bas? — Quel fut le tribunal établi contre les rebelles? — Quelles en furent les plus célèbres victimes? — 315. Quel était le plus redoutable ennemi de Philippe II dans les Pays-Bas? — 316. Comment se fonda la république des Provinces-Unies? — Quelle fut la première ville où elle s'établit? — Qui en fut le chef? — Quelles furent les clauses du traité d'Utrecht 1579)? — § II. 317. Quel nouveau royaume Philippe II avait-il ajouté à ses États? — Comment périt Guillaume d'Orange? — 318. Racontez la lutte de Maurice et de Farnèse. — Quelle fut l'issue de la lutte de Philippe avec l'Angleterre? — 319. Quels furent les nouveaux exploits de Maurice? — Comment la république fut-elle définitivement reconnue? — 320. Quels sont les résultats du règne de Philippe II?

CHAPITRE VINGT-QUATRIÈME.

LA RÉFORME EN FRANCE : FRANÇOIS II. — CHARLES IX.

PREMIÈRE PARTIE

La Réforme en France. — François II.

SOMMAIRE.

§ Ier. 321. La Réforme prend en France le caractère d'une réaction politique et religieuse ; elle pénètre et se répand de 1519 à 1521, adoptée surtout par les nobles comme un instrument de résistance contre le pouvoir royal. Ses progrès furent favorisés par le patronage de la sœur de François Ier. Cependant les principes anarchiques des anabaptistes et leur invasion en deçà du Rhin (1525) occasionnent les premières exécutions d'hérétiques. Les poursuites sont autorisées par François Ier (1528), et les supplices qui en résultent deviennent un embarras pour sa politique.

322. Calvin, né à Noyon en 1509, fait ses premières prédications en 1532 ; forcé de prendre la fuite, il se réfugie à Bâle, où il publie le livre de l'*Institution chrétienne* (1535), où il développe sa doctrine hérétique sous une forme remarquablement énergique et précise.

323. De nombreux excès firent décréter en France de nouvelles rigueurs contre les hérétiques. Les Vaudois, dont l'origine remonte vers 1170, sont exterminés (1545). La Réforme fait de nouveaux progrès sous Henri II, malgré l'édit de Châteaubriant (27 juin 1551), l'arrêt du parlement (6 août 1552) et l'édit d'Ecouen (juin 1559). L'arrestation de conseillers du parlement et le supplice d'Anne du Bourg ne font qu'augmenter l'irritation, et le calvinisme prend le caractère d'une réaction contre l'autorité royale.

§ II. 324. Henri II laisse quatre fils : François, Charles, Edouard ou Henri, Hercule-François. Marguerite, depuis reine de Navarre, est la troisième fille du roi. Le roi François II est faible et maladif. A l'avénement de ce prince (1559), le pays est déchiré par des partis tranchés, qui sont les calvinistes, nombreux et puissants, la masse de la population catholique et un tiers parti, où figurent l'Hospital, Dumoulin, du Tillet, etc., et que l'on nommait les Politiques.

325. Catherine de Médicis se trouve, à la mort d'Henri II, en présence de difficultés immenses; elle pratique la politique machiavélique sans reculer devant aucune extrémité, mais du moins elle maintient l'autorité royale et la grandeur de la France.

326. Marie Stuart, jeune, légère et charmante épouse de François II, ne songe qu'à faire régner à la cour les arts et les plaisirs. Elle prépare l'ascendant des Guises.

327. L'ambitieuse maison de Lorraine a pour chefs le grand duc de Guise, l'aîné des six frères, et le cardinal de Lorraine; ils sont tous dévoués à la foi catholique. La maison de Bourbon a pour chef Antoine de Bourbon, mari de Jeanne d'Albret et roi de Navarre, dont le frère Louis, prince de Condé, est un des chefs du parti protestant. La maison protestante de Châtillon compte parmi ses membres Coligny, d'Andelot et le cardinal de Châtillon. Le vieux et impitoyable connétable de Montmorency est écarté du pouvoir sous François II.

328. Le mécontentement causé par la puissance des Guises est cause de la conjuration d'Amboise, formée par les calvinistes. Le prince de Condé, compromis, repoussa hautement les accusations, et le duc de Guise n'osa le poursuivre, mais sa vengeance s'appesantit sur les faibles.

329. Une amnistie est proclamée. L'Hospital, nommé chancelier, rédige l'édit de Romorantin (mai 1560), et fait décider l'assemblée des notables de Fontainebleau (août 1560).

330. Les Guises veulent se débarrasser du roi de Navarre et du prince de Condé, qui, condamné à mort, n'échappe que parce que François II, prince sans vices ni vertus, meurt (1560) après une courte maladie. Marie Stuart retourne en Ecosse.

§ Ier. CALVIN.

521. Introduction de la Réforme en France. — Son caractère. — Toutes les fois que l'un des grands pouvoirs politiques de l'Etat absorbe à son profit toute la puissance, on peut prédire avec certitude qu'une réaction n'est pas éloignée, et qu'elle ne tardera pas à se produire sous une

forme ou sous une autre, profitant des circonstances favorables
que le cours si variable des événements humains ne manque
jamais d'amener. Ce fut à l'occasion de la Réforme qu'éclata
la réaction que souleva la concentration réalisée par François Ier
et Henri II de tous les pouvoirs entre les mains du souverain;
et telle fut la cause du caractère démocratique que prit d'abord
en France cette grande révolution non moins politique que religieuse.

Les nouvelles idées religieuses émises par Zwingle et Luther ne tardèrent pas à pénétrer en France (vers 1519), et
malgré les anathèmes de la Sorbonne (1521), elles se répandirent dans la Brie, dans la Lorraine, et surtout dans les provinces du Midi, où l'hérésie des Albigeois avait laissé quelques
étincelles d'un feu qui couvait sous la cendre et qu'il ne fut que
trop facile de ranimer. Elles furent même accueillies avec faveur par quelques membres de l'université, des parlements et
du clergé, constants défenseurs de la *Pragmatique* et adversaires obstinés du concordat conclu au mépris de leurs remontrances et de leur opposition. Enfin, la marche suivie en Allemagne par le luthéranisme, qui, en échange de la protection
que lui donnaient les princes, leur prêtait des forces contre
les prétentions dominatrices de l'Empereur, assurait, en
France, aux idées nouvelles, le suffrage d'une partie de la noblesse, qui rêvait encore le rétablissement de l'indépendance
féodale et qui se fit de la Réforme une arme redoutable contre
la royauté. La féodalité, dont la puissance, si rudement ébranlée par Louis XI, déclinait de jour en jour, saisit avec empressement le moyen de recommencer une lutte terrible. La bourgeoisie et le peuple ne tardèrent pas à prendre parti contre le
protestantisme avec d'autant plus d'énergie qu'ils le virent soutenu par une classe dont ils repoussaient l'influence et détes-
taient les priviléges. Il faut donc reconnaître, à l'honneur de
notre pays, que la nation française resta profondément attachée
à la foi de ses pères, et que la Réforme eut réellement en
France bien moins le caractère d'une révolution religieuse que
celui d'une grande insurrection politique de l'aristocratie.
Aussi la Réforme perdit-elle promptement le caractère de mouvement populaire qu'elle eut un instant en France comme en
Suisse, pour devenir aristocratique et politique.

François Ier avait laissé, sans peut-être s'en apercevoir, les
opinions nouvelles s'introduire jusque dans sa cour, sous le
patronage de sa propre sœur, la reine de Navarre. La traduction des Psaumes en vers français par le protestant *Marot* eut
un grand succès à la cour. François Ier, d'ailleurs, éprouvait

naturellement une grande répugnance à intervenir dans les
querelles de religion, et n'ignorait pas d'ailleurs que les supplices sont le plus mauvais moyen de combattre les progrès
d'une croyance nouvelle, à moins que l'on n'ait pris d'avance
la cruelle détermination d'en exterminer tous les partisans :
or, il n'était ni dans ses désirs ni dans son caractère de recommencer la guerre des Albigeois. Aucune poursuite ne fut
donc dirigée par lui contre les hérétiques avant sa captivité.
Mais au moment même où venait d'être perdue la bataille de
Pavie, on vit arriver jusque sur les frontières de la Champagne
une foule immense de réformés, débris de la secte de *Munzer*
(n° 280), qui, traqués comme des bêtes fauves et chassés de
leur pays, étaient venus se faire exterminer, au nombre de
plus de trente mille, par le comte de Guise, gouverneur de
Champagne et frère du duc de Lorraine. Malgré l'anathème
dont Luther avait frappé les anabaptistes, leur doctrine décou-
lait du principe de la Réforme ; on pouvait, dès lors, faire remonter jusqu'à elle, et étendre à toutes les sectes qui se formaient déjà au sein du protestantisme, la solidarité de leurs
idées subversives. On ne s'étonne donc pas de voir, pendant la
captivité du roi, la régente, cédant aux instances du parlement,
dont elle avait grand besoin de se ménager l'appui, ordonner le
supplice de deux sectaires, qui furent brûlés à Paris, l'un en
place de Grève et l'autre sur le parvis de Notre-Dame.

Rendu à la liberté et aux soins du gouvernement, François 1er hésita longtemps encore à faire poursuivre les hérétiques : mais ceux-ci ayant soulevé contre eux la masse de la
population, restée fermement attachée au catholicisme, en muti-
lant une image de la vierge exposée dans une des rues de Paris
à la vénération des fidèles, le roi, contraint de céder à l'opinion publique, permit de rechercher les hérétiques, et déféra
aux tribunaux séculiers les poursuites à exercer contre eux
(1528). Plusieurs exécutions eurent lieu pendant les années
suivantes à Paris, à Vienne, à Toulouse, à la diligence des parlements, activement secondés dans le Midi par l'*inquisition*,
qui s'introduisit alors en France, d'où l'avait toujours repoussée jusque-là l'opposition de ces mêmes parlements. Cependant François 1er hésitait encore, lorsqu'il se vit bravé
jusque dans son palais par les hérétiques, qui affichèrent sur
les portes mêmes de sa chambre des placards injurieux contre
la messe et contre l'eucharistie. Irrité de leur audace, le roi
rendit, pour l'extermination complète de l'hérésie, un édit qui
prononçait contre tous les dissidents la peine de mort et la
confiscation de leurs biens, dont un quart devait être attribué

à leurs dénonciateurs. L'imprimerie, que François avait d'abord accueillie et protégée, reconnue coupable d'avoir reproduit les livres des hérétiques, fut elle-même enveloppée dans la proscription (janvier 1535); mais la défense faite, sous peine de mort, d'imprimer aucun livre dans le royaume paraît n'avoir pas été de longue durée, puisqu'il nous reste des livres imprimés en France cette même année et les suivantes.

Cependant les bûchers s'étaient dressés de toutes parts, et le roi lui-même avait assisté à plusieurs de ces exécutions, où, par un atroce raffinement de cruauté, on se plaisait à prolonger le supplice du patient en l'attachant à une sorte de balançoire placée au-dessus des flammes, dans lesquelles il ne plongeait ainsi que par intervalles. Mais bientôt ces barbares exécutions devinrent un embarras pour la politique de François 1er. Les protestants d'Allemagne, qu'il lui importait alors (voir n° 216) de maintenir dans son alliance, s'en alarmèrent et lui adressèrent des représentations. Pour les rassurer, François fit composer et répandre divers écrits, dans lesquels on affirmait que les hommes traités en France avec tant de rigueur n'étaient pas de véritables sectateurs de la Réforme, mais de ces anabaptistes, ennemis de la religion comme de tout ordre politique, et que l'Allemagne elle-même avait proscrits. Ce fut pour prouver la fausseté de ces assertions qu'un homme, qui s'était déjà signalé par ses prédications anticatholiques, publia un livre qui devait donner en France, à la Réforme un développement considérable et un caractère tout particulier.

325. CALVIN. — PROGRÈS ET CARACTÈRES DÉMOCRATIQUES DE SA RÉFORME. Ce nouvel apôtre du protestantisme, non moins ardent et plus hardi encore que Luther, fut Jean Chauvin ou Calvin, fils d'un tonnelier de Noyon (né en 1509). Destiné d'abord à l'état ecclésiastique, il avait quitté cette carrière pour la jurisprudence, puis ayant adopté les principes de la Réforme, il commença, à peine âgé de vingt-trois ans (1532), à les prêcher dans Paris. Forcé, par la crainte du supplice, de quitter cette ville, il se réfugia d'abord à Angoulême, ensuite à Nérac, auprès de la reine de Navarre, Marguerite, et enfin à Bâle. Ce fut dans cette ville qu'il composa et publia d'abord en latin, et bientôt après en français, sous le titre d'*Institution chrétienne* (à la fin de l'année 1535), le livre dont nous venons de parler. Cet ouvrage, présenté comme la profession de foi des réformés français, formulait une doctrine bien plus éloignée encore du dogme catholique que celle des protestants d'Allemagne. Rejetant tous les sacrements de l'Eglise catholique, Calvin excepte à peine de cette proscription le baptême, qu'il

ne regarde même pas comme indispensable au salut, vu que les enfants des fidèles, apportant, selon lui, la grâce en naissant, se trouvent ainsi prédestinés à l'avance; il nie la présence réelle, traite la messe d'impiété, et ne conserve la cène que comme une commémoration de celle de Jésus-Christ avec ses disciples; il ne reconnaît ni prêtres ni évêques, et par conséquent ni hiérarchie dans l'Eglise, ni primauté du siége de Rome, ni même l'autorité des conciles généraux; il proscrit comme une idolâtrie les honneurs rendus à la Vierge et aux saints, et rejette toute espèce de cérémonie; enfin, il prend pour base unique de la foi l'inspiration intérieure, et établit exclusivement sur les mérites de Jésus-Christ la justification de l'homme, sans que les œuvres y aient aucune part. Ce livre (un des premiers et des plus remarquables monuments de la prose française (voir n° 262), dédié à François Ier lui-même et rédigé avec autant d'adresse que de talent, dans un style clair, précis, énergique, eut un immense succès et devint le symbole de tous les réformés français, jusque-là flottant entre des opinions diverses. Le peuple recevait avec enthousiasme une doctrine qui reposait sur des idées d'égalité absolue; et les seigneurs eux-mêmes, constamment préoccupés des moyens de ressaisir leur influence perdue, pensaient à se servir de ces tendances républicaines comme d'une arme puissante contre le pouvoir royal.

525. Nouveaux troubles occasionnés en France par la Réforme. — Un édit, plus rigoureux qu'aucun de ceux promulgués jusqu'alors en France, proscrivit de nouveau la Réforme sous peine de mort (1538). Aussitôt les bûchers se relevèrent à Paris, sur les poursuites du parlement, et dans toutes les provinces où l'hérésie avait pénétré.

Parmi de nombreux actes de rigueur, rien n'égale toutefois la barbarie avec laquelle le parlement d'Aix, en Provence, poursuivit une de ces exécutions si contraires à l'esprit d'une religion *qui ne veut pas la mort du pécheur*. Ce fut celle qui atteignit de malheureux sectaires connus sous le nom de *Vaudois*, qu'ils devaient à l'auteur de leur secte, Pierre de Vaux, riche marchand de Lyon. Après avoir distribué aux pauvres la fortune considérable qu'il avait acquise dans le commerce, il s'était mis à prêcher (vers 1170) la réforme de la discipline de l'Eglise et des mœurs du clergé, et avait fait de nombreux prosélytes. Réduits par la guerre des Albigeois à quelques fugitifs, qui allèrent chercher un asile dans les montagnes de la Provence, ils y vivaient ignorés depuis plusieurs siècles, sous la direction spirituelle de leurs *bardes* ou prêtres, lorsqu'ils se trouvèrent enveloppés dans la condamnation des réformés, aux opinions desquels ils s'étaient rattachés. Trois mille d'entre eux, hommes, femmes et enfants, furent massacrés par des troupes dirigées contre eux : un grand nombre d'autres furent envoyés aux bûchers ou aux galères, et le reste périt de misère dans les bois et dans les montagnes où ils avaient cherché un refuge. Les deux petits bourgs de *Cabrières* et de *Mérindol*, vingt-deux villages qu'ils occupaient furent réduits en cendres, et le pays d'alentour, que leurs sueurs avaient fertilisé, fut converti en désert (1545). Cet horrible massacre peut être considéré comme le premier acte des malheureuses guerres de religion que nous allons voir, pendant près d'un demi-siècle, ensanglanter la France.

Ces barbares exécutions, loin d'être utiles à la cause de la religion, avaient eu l'effet ordinaire des persécutions ; elles avaient augmenté le nombre des hérétiques, qui, à la fin du règne de François 1er, se trouvaient répandus dans dix-sept provinces. Ce déplorable résultat n'ouvrit pas les yeux aux conseillers du roi Henri II. Après une courte réaction en faveur des religionnaires, la persécution recommença avec plus de rigueur. A l'édit de *Chateaubriant* (27 juin 1551), qui avisait aux moyens de *repousser vivement l'injure et l'obstination d'une telle malheureuse secte et d'en purger et nettoyer le royaume*, et à l'arrêt du parlement (1552) qui défendait les *écoles buissonnières* que les calvinistes tenaient dans les campagnes pour y entendre leurs prédicateurs, succéda enfin l'édit d'*Ecouen* (juin 1559), qui condamnait de nouveau à mort tous les hérétiques, en interdisant aux juges la faculté de diminuer la peine. Il fut même prescrit de poursuivre comme coupables d'hérésie ceux qui oseraient solliciter en faveur des hérétiques. Ces nouvelles rigueurs menaçaient ceux des membres du parlement favorables aux opinions nouvelles. — Henri II ne s'en tint pas à la menace. Quelques jours après avoir signé l'édit d'Ecouen, il se transporta en personne dans le sein du parlement, fit arrêter cinq conseillers suspects d'hérésie, et ordonna qu'on instruisît leur procès. Suspendu un instant par sa mort, ce procès fut repris dès le commencement du règne de François II. Quatre des accusés se rétractèrent ; le cinquième, nommé Anne du Bourg, ayant persisté à professer le calvinisme, fut brûlé vif. Les circonstances et l'issue de ce procès, en jetant la terreur dans la petite minorité du parlement qui s'était montrée favorable à la Réforme, démontra aux calvinistes qu'ils ne pouvaient plus compter désormais ni sur les défenseurs qu'ils avaient trouvés dans ce corps, ni sur les protections qui leur restaient encore à la cour. Ce fut alors que les *huguenots*, comme on les nommait, tinrent dans une maison du faubourg Saint-Germain leur premier *synode national*, composé des ministres et députés des Eglises réformées de l'Ile-de-France, de la Normandie, de l'Orléanais, de l'Aunis et du Poitou. Cette assemblée, adoptant la profession de foi envoyée de Genève par Calvin, rédigea en quarante articles la constitution destinée à maintenir l'unité de discipline dans leur Eglise, en régularisant l'organisation de leurs consistoires et de leurs synodes, et en proclamant l'élection libre et l'égalité la plus absolue dans le choix des pasteurs. Ce fut ainsi que l'Eglise calviniste, démocratique dans son principe, acheva de prendre en France une forme purement républicaine, mais déjà aristocratique.

Perdons de vue un instant la Réforme pour examiner la situation politique de la France à cette époque; les événements nous rappelleront bientôt au protestantisme.

§ II. RÈGNE DE FRANÇOIS II.

324. LES ENFANTS D'HENRI II. — ETAT RELIGIEUX ET POLITIQUE DE LA FRANCE A L'AVÉNEMENT DE FRANÇOIS II. — Henri II laissait, comme nous l'avons dit (n° 237), de Catherine de Médicis, sa femme, quatre fils: François, *roi-dauphin*, ainsi nommé parce que son mariage avec la jeune et belle Marie Stuart, reine d'Ecosse, avait déjà placé sur son front cette couronne, qui devait pour bien peu de temps s'y trouver réunie avec celle de France; Charles-Maximilien, qui fut depuis le roi Charles IX; Edouard-Alexandre, duc d'Anjou, qui fut d'abord roi de Pologne, et ensuite roi de France, sous le nom d'Henri III; enfin Hercule-François, duc d'Alençon, puis duc d'Anjou après l'avénement de son frère au trône de Pologne, et que nous verrons, sous ces deux noms, prendre une part active aux événements des règnes de Charles IX et de Henri III, avant lequel il mourut. Ce dernier n'avait que cinq ans à l'époque de l'avénement de François II, qui n'était âgé lui-même que de quinze ans et demi. Tous ces princes, d'une constitution naturellement frêle, mais surtout énervée par les plaisirs d'une cour brillante et dissolue, devaient mourir jeunes, sans laisser d'héritiers, après avoir subi honteusement le joug que leur adroite et ambitieuse mère imposa facilement à leur légèreté et à leur faiblesse. La troisième et la plus jeune des filles d'Henri II, unissant seule les qualités séduisantes de son aïeul François Ier, l'habileté de sa mère, la fierté du rang suprême, à la frivolité de sa race, *Marguerite*, devait épouser le roi de Navarre, Henri de Bourbon, qui régna après les fils de Catherine de Médicis, sous le nom d'Henri IV.

La mort prématurée d'Henri II faisait tomber le sceptre entre les mains du jeune *François II*, fardeau bien lourd pour un roi de quinze ans, d'une santé maladive et d'un esprit non moins débile. C'était d'ailleurs pour lui un triste héritage que ce royaume, ruiné par les folles prodigalités de son père, déchiré tout à la fois par les dissensions religieuses et par des rivalités politiques, dont il est nécessaire d'exposer ici le tableau.

Les édits et les supplices n'avaient pas empêché le nombre des protestants de s'accroître rapidement. *Plus on en faisait de punition, plus ils multipliaient*, dit un auteur. A l'avénement de François II, il n'y avait pas de province où la Réforme n'eût pénétré, et les Églises réformées, dont la première n'était établie que depuis l'année 1555, étaient déjà au nombre de deux mille. Chacune de ces Églises avait son *consistoire*, qui nommait des députés dont la réunion formait le *synode provincial;* les députés de tous les synodes provinciaux composaient à leur tour un *synode national*, où se traitaient non-seulement les affaires purement religieuses, mais encore toutes celles qui avaient pour objet la *cause* sacrée, que Calvin les exhortait à défendre *même à coups d'arquebuse*. Aussi verrons-nous bientôt qu'il y était moins souvent question de religion que de levées de subsides pour solder les gens de guerre, d'attaques de forteresses, de moyens de défense, d'alliances étrangères, en un mot, d'affaires qui prouvaient que les réformés avaient commencé à former un État dans l'État. Déjà la moitié de la noblesse, une partie de la haute bourgeoisie, et particulièrement des gens de loi et de science, professaient ouvertement ou secrètement le calvinisme. Aussi Paris et toutes les grandes villes avaient-elles leurs *prêches* ou églises calvinistes, et dans les campagnes, les huguenots, bravant toutes les rigueurs des édits, tenaient des assemblées où ils se réunissaient au nombre de plus de dix mille, et faisaient des processions de cinq ou six mille personnes, en chantant les psaumes mis en vers français par Marot.

Cependant la masse du peuple, demeurée fidèle au culte de ses pères, remplissait toujours les églises, et voyait l'audace croissante des partisans de la Réforme avec des sentiments d'irritation et de haine, qui ne devaient pas tarder à provoquer des collisions sanglantes. La presque totalité de la population de Paris et de toutes les villes municipales, les nombreuses corporations des marchands et des métiers, les halles, dont nous verrons plus tard la redoutable influence, partageaient vivement ces sentiments et ces opinions.

Entre ces deux partis extrêmes, il s'en était formé un troisième qui voulait la réforme de l'Eglise, mais par l'Eglise elle-même, et qui appelait de tous ses vœux une transaction. Ce tiers parti, qu'on nomma plus tard les *politiques*, comprenait une grande portion de la magistrature et des classes les plus éclairées de la nation ; il avait à sa tête le chancelier de l'Hospital, le président Séguier, Pasquier, de Harlay, de Thou, le jurisconsulte Dumoulin, le greffier du parlement de Paris Dutillet. Demeurés fidèles à la foi catholique et en même temps à la défense des libertés gallicanes, ils continuaient à provoquer les mesures qu'ils croyaient les plus propres à concilier ces grands intérêts ; ils demandaient la liberté de conscience, et conseillaient la tolérance et la douceur comme les meilleurs moyens de ramener des frères égarés. Si la violence des partis opposés finit par étouffer leur voix, on n'en doit pas moins leur tenir compte, à l'Hospital surtout, des efforts qu'ils firent pour prévenir de grands malheurs, et leurs noms nous sont parvenus entourés des justes hommages de la postérité. La cour n'était pas moins partagée que la population ; mais les divisions qu'avaient fait naître les convictions religieuses s'y compliquaient de celles qui prenaient leur source dans les rivalités et les ambitions politiques.

Avant d'aborder le récit des événements, il est nécessaire de faire connaître les personnages qui vont y jouer un rôle principal.

325. CATHERINE DE MÉDICIS. — Fille du duc Laurent II de Médicis, mariée à l'âge de quatorze ans, la veuve d'Henri II en avait alors trente-neuf, mais elle avait conservé toute sa beauté. Restée sans crédit pendant la vie de son mari, dont la duchesse de Valentinois, Diane de Poitiers, avait captivé toutes les affections, elle ne se vengea de cette insolente rivale, qui s'était souvent plu à l'humilier, qu'en lui enlevant le magnifique château de *Chenonceaux* sur le Cher, bâti par François 1ᵉʳ pour la duchesse d'Etampes. Ce fait semblerait prouver que cette princesse italienne n'avait pas toutes les passions perverses que tant d'historiens lui ont données. — On a mal jugé Catherine de Médicis parce qu'on l'a trop souvent séparée de l'époque à laquelle elle appartenait. Il faut, dit un historien moderne, la voir aux prises avec les nécessités de son temps, en face de partis armés et violemment acharnés l'un contre l'autre, s'efforçant de les concilier et de maintenir entre eux l'équilibre, mais sachant au besoin subir sans humeur et sans ressentiment la

loi du plus fort ; instruite à l'école italienne à ne jamais déses-
pérer de rien, à saisir tous les caractères par leurs vices et leurs
faiblesses, à faire servir toutes les causes au succès de la sienne
propre, à ne croire et à n'estimer personne, à mettre en
œuvre enfin le ténébreux système formulé par Machiavel. De
là cette politique de bascule qui a fait penser, non sans raison,
qu'elle n'avait aucun principe arrêté, aucune conviction religieuse. Vouée par inclination au parti modéré, elle ne recula
devant aucune violence, pas même devant une Saint-Barthélemy,
lorsqu'elle la crut nécessaire pour assurer ou maintenir la couronne sur la tête de ses fils. Horrible politique, sans doute, mais
dont les résultats furent considérables. L'autorité royale, si gravement compromise sous Henri II, recouvra et conserva pendant toute son administration l'ascendant nécessaire, sinon pour
maîtriser, au moins pour dominer les factions : trois enfants se
succédèrent sur le trône, sans que la violence des partis déchaînés parvînt à l'ébranler, sans que le beau royaume des Valois, proie si avidement convoitée par l'Étranger, perdît une
seule de ses places. Quand on réfléchit à toutes les difficultés
d'une pareille tâche, aux précautions, aux efforts incessants qu'a
exigés son accomplissement, et quand on songe que, la trouvant
insuffisante encore pour sa dévorante activité, elle ambitionna et
réussit à obtenir pour un de ses fils une autre couronne, on se
prend à regretter que l'odieux des moyens employés par Catherine de Médicis défende de lui donner le nom de grande, et
l'ait trop justement fait comparer à Brunehaut dans le plus célèbre des pamphlets publiés contre elle par les huguenots ;
encore assurait-elle en riant que, s'ils le lui avaient communiqué, *elle leur en aurait appris bien d'autres qu'ils ne sa-
raient pas.*

526. **MARIE STUART.** — A côté de cette sombre figure
apparaît, par un étrange contraste, la séduisante image d'une
femme, d'une reine, jugée diversement plus tard, mais qui n'a
laissé sur le trône de France que de gracieux et touchants souvenirs. Fille du roi d'Écosse Jacques V, mort huit jours après
sa naissance, et de Marie de Lorraine, sœur des princes de Guise
(n° 295), Marie, fiancée au Dauphin François, avait été
amenée en France dès son enfance et avait épousé à l'âge de
seize ans l'héritier de la couronne. A peine montée sur le trône,
elle ne songea qu'à exercer autour d'elle la douce et charmante
influence que lui donnaient sa beauté, ses grâces, ses talents,
son amour des arts, de la poésie et des plaisirs. Peu occupée
du gouvernement, dont sa présence écarta cependant d'abord
Catherine de Médicis, elle passa dans des fêtes continuelles les

mois rapides d'un règne qui, à peine commencé, touchait déjà à sa fin. Si aucun acte important ne s'y rattache, il n'a du moins laissé s'élever contre sa mémoire aucun de ces soupçons douloureux qui devaient planer sur la suite de sa carrière et provoquer les sévères jugements de l'inexorable histoire. (Voir n° 306.)

Toutefois cette courte apparition eut des conséquences durables et profondes, en amenant au premier rang de la scène politique toute une famille ambitieuse, entreprenante, héroïque, naguère presque étrangère à la France, et qui s'était tout récemment signalée par les éminents services de l'un de ses membres.

527. LES GUISES ET LES BOURBONS. — La maison de Lorraine, se prétendant issue de Charlemagne, possédait un crédit et une popularité très-grande, quoique de date toute nouvelle. Sans parler du duc régnant de Lorraine, beau-frère du roi François II, ni de la reine régente d'Ecosse, mère de Marie Stuart, six frères, oncles de cette jeune reine de France, composaient alors cette puissante maison. L'aîné de tous, le *grand duc de Guise*, comme on l'appelait, réunissait au courage personnel et à l'habileté militaire, dont il avait donné des preuves, une rare capacité pour les affaires : ses exploits lui avaient assuré une popularité qu'entretenaient ses avantages extérieurs et le brillant cortége dont il marchait toujours entouré. Son frère, le cardinal de Lorraine, avait mérité par une vaste érudition le haut rang qu'il occupait dans l'Eglise, et n'était pas moins éloquent orateur qu'administrateur habile. Nous nous bornerons à nommer les quatre autres frères : le cardinal de Guise, qu'on appelait aussi le *cardinal des bouteilles*; le grand prieur de Malte, brave marin; le marquis d'Elbeuf, et enfin M. d'Aumale, qui devint le gendre et l'héritier de Diane de Poitiers, capitaine plein de courage, mais malheureux à la guerre, d'ailleurs d'une faible portée d'esprit et d'un caractère cruel et vindicatif. Champions déterminés de la vieille foi, et devenus ainsi les chefs du parti catholique, les Guises avaient contracté une intime alliance avec le roi d'Espagne Philippe II, auquel les unissait naturellement la communauté d'intérêt et de politique.

Supérieurs aux Guises par l'illustration de leur race, mais inférieurs par leur crédit et leurs talents, venaient, auprès de la famille royale, les princes du sang de la maison de Bourbon-Vendôme, issue de Robert, comte de Clermont, sixième fils de saint Louis. Vingt et une générations et un espace de trois cents ans les séparaient de ce trône, sur lequel le fils de l'un d'eux devait cependant monter trente ans après. Ruinée par les vicissitudes de la fortune, qui avait successivement desséché tous les rameaux aînés de leur branche, et par la confiscation des biens du connétable de Bourbon, cette maison n'était plus représentée que par cinq princes. Le chef de la famille, *Antoine*, duc de Vendôme, devenu par suite de son mariage, avec Jeanne d'Albret, prince de Béarn et roi de Navarre, était un prince d'un esprit faible et inconstant, d'une médiocre capacité, et qui, après avoir longtemps penché vers le calvinisme, finit par revenir avec ardeur à la foi catholique; son frère *Charles*, archevêque de Rouen, fut ce cardinal de Bourbon que nous verrons la ligue opposer à son neveu Henri IV; enfin, un troisième frère *Louis*, prince de *Condé*, galant et spirituel, impétueux et plein de valeur, professait les opinions nouvelles avec un zèle qui, joint à sa qualité de prince du sang, le firent choisir pour chef par toute la noblesse calviniste. Deux autres frères, le duc de Montpensier et le prince de la Roche-sur-Yon, cousins germains de ceux que nous venons de nommer, formaient le second rameau de la branche de Bourbon.

Pour achever de faire connaître les principaux personnages qui allaient figurer dans les guerres religieuses nées de l'introduction et des progrès du protestantisme, nous nommerons : — La maison toute protestante de *Châtillon*, dont les principaux membres étaient : l'amiral de *Coligny*, homme de bien, rempli d'honneur, de vertus et de bonnes intentions, général habile, mais souvent malheureux, et que son caractère vain et crédule rendait peut-être peu digne de la confiance que lui témoignait son parti, et de l'intérêt que sa fin déplorable a fait attacher à sa mémoire; son frère d'*Andelot*, colonel général de l'infanterie française; et un troisième frère l'hérétique *cardinal de Châtillon*, esprit étrange, que l'on vit, revêtu de la pourpre romaine, faire célébrer la cène calviniste dans sa cathédrale.

Les trois frères de Châtillon avaient pour mère une sœur du vieux connétable de Montmorency. Celui-ci, parvenu à l'âge de soixante-dix ans, conservait toute son activité et toute la rudesse de son caractère. Disgracié par l'influence des Guises, sous le règne de François II, et rappelé par celle de Catherine de Médicis à l'avènement de Charles IX, il continua à exercer sa charge avec une vigueur non moins remarquable que son exactitude à dire ses prières : « Tous les matins, dit son biographe, il ne failloit dire et entretenir ses patenôtres, fût qu'il ne bougeât du logis ou fût qu'il montât à cheval; et disoit-on qu'il se falloit garder des patenôtres de M. le connétable; car en les disant ou marmottant, lorsque les occasions se présentoient, il s'écrioit : « Allez-moi pendre un tel; attachez celui-là à un » arbre; faites passer celui-là par les piques tout à cette l'heure; » taillez-moi en pièces ces marauds; boutez-moi le feu par- » tout. » Et ainsi tels ou semblables mots de justice et police de guerre, sans se débaucher nullement de ses *pater*, jusqu'à ce qu'il les eût parachevés, pensant faire une grande erreur s'il les eût remis à plus tard, tant il étoit consciencieux. » (Bran- tôme.) Ce bizarre mélange de patenôtres et d'exécutions bar- bares, de pratiques de dévotion et de supplices, ne caractérise pas moins, comme le fait remarquer l'historien déjà cité plus haut, l'esprit de cette époque que celui du connétable; il ne faut jamais l'oublier en lisant le récit des scènes qui vont suivre.

Citons encore parmi les principaux acteurs de ce drame : le chancelier *Olivier*, disgracié sous le règne précédent par le crédit de Diane de Poitiers, qui lui reprochait ses édits contre le luxe; le maréchal de *Saint-André*, qui méritait par sa bra- voure la faveur dont il avait joui sous Henri II, mais auquel son caractère prodigue rendait nécessaires les faveurs de la cour, et dont le dévouement était ainsi assuré d'avance à qui- conque y dominerait; le brave et illustre maréchal de *Saulx- Tavanne*, etc. Tous ces personnages figuraient déjà sur la scène politique ou y allaient être amenés par les troubles civils dont il faut rechercher la cause et dans l'extension exagérée de l'au- torité royale, et dans le développement de la Réforme, qui fut en France une réaction contre le pouvoir souverain, en même temps qu'une révolution religieuse.

328. Conspiration d'Amboise. — Revenons mainte- nant au récit des faits du règne de François II. Dès que l'on reconnut la gravité de la blessure du roi Henri II, le connétable de Montmorency, redoutant l'ambition des Guises, avait fait presser le roi de Navarre de venir à Paris pour se mettre, en sa qualité de premier prince du sang, à la tête des affaires. Mais lorsque celui-ci arriva, les craintes de Montmorency étaient déjà réalisées : le duc de Guise se trouvait investi de la lieute- nance générale du royaume, et le cardinal de Lorraine de la surintendance des finances; Olivier était appelé à la chancel- lerie, et Montmorency lui-même disgracié : le roi Antoine de Navarre s'empressa donc de quitter une cour où il n'espérait exercer aucune influence, et se retira dans ses domaines. Ce- pendant l'exaspération qu'excita parmi les réformés le supplice d'Anne du Bourg et la rigueur avec laquelle les Guises firent exécuter les édits contre les hérétiques, les ressentiments qu'ils provoquèrent par leur administration tyrannique, enfin, la

haine de la noblesse pour ces princes étrangers réunirent bientôt dans une vaste conspiration une foule de mécontents. Instruits à temps du complot, les Guises conduisirent le roi dans
le château fort d'*Amboise*, et y mandèrent le prince de Condé et
les Châtillons, qu'ils savaient être les chefs véritables de la conspiration. Les conjurés n'en persistèrent pas moins à vouloir
mettre à exécution le projet qu'ils avaient formé de s'emparer
de la personne du roi, afin de le forcer à renvoyer les princes
lorrains; mais leurs bandes furent attaquées à l'improviste, mises en déroute, et *La Renaudie*, leur chef, fut tué en combattant (15 mars 1560). Ainsi fut déjoué le complot célèbre sous
le nom de *conspiration d'Amboise*. La vengeance implacable
des Guises s'exerça sans pitié sur tous ceux quelle put atteindre. Le cardinal de Lorraine voulait même faire tomber la tête
du prince de Condé, gravement compromis par les révélations
de ses complices; mais on manquait de preuves positives
contre lui. Il repoussa avec hauteur l'accusation, et porta
un défi à quiconque oserait la soutenir. Le duc de Guise lui-
même prit cette fois sa défense, mais pour le retrouver plus
tard. Telle fut cette conspiration, que les Guises représentè-
rent comme dirigée par les huguenots contre l'autorité royale,
mais dans laquelle il y avait en réalité *plus de malcontente-
ment, que de huguenoterie*, comme le disaient les calvinistes,
qui prétendaient ne s'être armés que contre la tyrannie des
Guises.

529. LE PRINCE DE CONDÉ. — Catherine de Médicis était
trop habile pour ne pas remarquer l'irritation qu'éprouvait la
nation tout entière à la vue de tant de sang versé par l'ordre de
ses princes étrangers: aussi les amena-t-elle à proclamer une
amnistie générale pour tous les crimes commis sous prétexte
de religion. Elle se rapprocha elle-même des mécontents, en
faisant remplacer le chancelier Olivier, qui venait de mourir,
par Michel de l'Hospital, qui appartenait, comme nous l'avons
dit, au parti modéré, et dont la femme et la fille étaient calvinistes. « L'Hospital avait sur la liberté de conscience les mêmes
opinions que ses amis; comme eux, il s'indignait d'une persécution réprouvée par l'Évangile, et tout à la fois odieuse et impuissante. Mais un autre sentiment n'était pas moins fortement
gravé dans son âme; c'était l'amour des antiques institutions du
royaume et l'horreur des troubles civils. Ainsi partagé entre le
désir d'assurer la vie et la liberté des protestants et la volonté
de maintenir le trône et les lois, il arrivait à la puissance au
milieu de tous les périls, augmentés par les scrupules mêmes de
sa vertu. » (M. Villemain.) Il signala son entrée au ministère

par l'édit de *Romorantin* (mai 1560), qui en chargeant les évêques et les présidiaux de poursuivre l'hérésie, affranchit du moins la France du joug sanglant de l'inquisition, que le cardinal de Lorraine voulait y établir. L'Hospital réussit même, de concert avec la reine, à faire décider dans une assemblée de notables tenue à *Fontainebleau* (août), la convocation des états généraux et la suspension de toutes les poursuites contre les hérétiques jusqu'à la réunion d'un concile national.

350. MORT DE FRANÇOIS II. — L'ouverture des états généraux avait été fixée au 10 décembre. Le roi de Navarre et le prince de Condé se rendirent à la cour pour y assister; mais ils venaient de se compromettre encore en prenant part à un nouveau complot tramé par les protestants et les mécontents pour renverser les Guises. Ceux-ci résolurent de se défaire à tout prix de ces deux princes.

Le roi de Navarre devait être assassiné dans la chambre même du roi, qui avait promis de donner le signal; mais le cœur lui faillit au moment de l'exécution. Quant au prince de Condé, il fut arrêté, traduit devant une commission et condamné à mort; il ne manquait plus, pour l'exécution de cet arrêt, que quelques signatures que l'Hospital, dans son horreur pour le sang versé, retardait à dessein. Cet ajournement sauva le condamné : le roi, dont la santé languissante se soutenait à peine, mourut à la suite d'une courte maladie (5 décembre 1560). — Sa veuve, Marie Stuart, âgée de dix-huit ans seulement, repartit bientôt après pour son royaume d'Écosse, où, comme nous l'avons dit (n° 306), l'attendaient de cruelles infortunes. Elle semblait en avoir le secret pressentiment : car elle versa d'abondantes larmes en quittant sa patrie d'adoption; et tant que, debout sur le vaisseau qui l'emportait, elle put apercevoir le rivage, elle ne cessa d'adresser de longs et tristes adieux à sa *chère France* qu'elle pensait, avec raison, *ne revoir jamais plus.*

Aucune création remarquable ne se rattache au règne si court de François II, prince *sans vices,* disent ceux qui l'approchaient; *sans vertus,* ajoutent les écrivains protestants.

QUESTIONNAIRE. — § 1er. 341. Faites connaître l'introduction et les premiers progrès de la Réforme en France. — Quelle fut la conduite de François Ier à son égard? — 322. Donnez quelques détails sur Calvin et sur son influence. — Quels livres publia-t-il? — 323. Signalez les premières rigueurs exercées contre les réformés, et les mesures prises contre eux sous Henri II. — Quelles étaient les tendances politiques du calvinisme? — § II. 324. Quels étaient les quatre fils d'Henri II? — Caractérisez-les. — Qu'avez-vous à dire de la troisième fille d'Henri II? — Faites connaître l'attitude et l'influence respective des divers partis

religieux et politiques à l'avénement de François II. — Parlez spécialement du tiers parti. — 325. Quel est le rôle de Catherine de Médicis
sous François II? — Donnez une idée de son caractère et de sa politique. — 326. Qui était Marie Stuart? — Quels souvenirs a-t-elle laissés
en France? — 327. Quels étaient les chefs de la maison de Lorraine?
— Parlez des princes de la maison de Bourbon, et principalement du
plus célèbre. — Dites quelques mots de la maison de Châtillon, et des
principaux seigneurs de la cour, et spécialement de Montmorency. —
328. Quelle fut la première entreprise des protestants contre la royauté?
— Comment les Guises se vengèrent-ils? — 329. Quel avait été le rôle
du prince de Condé et que lui arriva-t-il? — Quel danger courut-il, ainsi
que le roi de Navarre? — 330. Quand et comment mourut François II?
— Que devint Marie Stuart?

DEUXIÈME PARTIE.

Règne de Charles IX.

—

SOMMAIRE.

331. Catherine de Médicis règne sous le nom de Charles IX (1560-
1574); elle laisse une grande influence au chancelier de l'Hospital.
Le gouvernement s'organise avec le concours des princes.

332. Les états généraux d'Orléans sont impuissants à resoudre les difficultés; ils en chargent les assemblées provinciales. Le roi de Navarre ayant été nommé lieutenant général du royaume (30 mars
1561,, un triumvirat est aussitôt formé par Guise, Montmorency et
Saint-André.

333. L'assemblée de Saint-Germain rend un édit pour proscrire le calvinisme et interdire ses assemblées, avec amnistie pour le passé
(juillet). Un simulacre d'états généraux a lieu à Pontoise (août).
Les demandes et propositions faites dans cette assemblée pour la
réforme des abus amènent l'ordonnance d'Orléans (9 septembre),
qui améliore l'administration de la justice.

334. Bientôt après s'ouvre le colloque de Poissy (9 septembre) entre le
cardinal de Lorraine et Théodore de Bèze; mais il demeure sans résultat. L'édit de janvier (1562), qui permet le culte protestant dans
les campagnes et le défend dans les villes, mécontente tous les partis.

335. Après le massacre des huguenots à Vassy, les Guises rentrent à
Paris malgré la reine (mars); Condé essaye d'enlever le roi et s'empare d'Orléans; il est proclamé par les calvinistes légitime protecteur
du royaume.

336. La guerre civile, fomentée par l'étranger, est signalée par la prise
de Rouen par les catholiques. Montluc et le baron des Adrets se font
remarquer par leurs horribles cruautés.

337. Condé attaque les faubourgs de Paris; forcé à la retraite, il livre
la bataille indécise de Dreux, où il est fait prisonnier, ainsi que
Montmorency (19 décembre). Guise, nommé lieutenant-général du
royaume, va mettre le siége devant Orléans où il est assassiné
(18 février 1563).

338. La pacification d'Amboise donne aux deux partis un repos pendant lequel le Havre est repris aux Anglais (1563). Le roi est déclaré majeur, visite les provinces et rencontre le duc d'Albe à Bayonne (1565).

339. Les restrictions apportées à l'édit d'Amboise occasionnent les plaintes de Coligny, qui sont repoussées avec colère par le roi. Les protestants arrêtent leur plan de guerre dans la réunion de Châtillon-sur-Loing.

340. Condé tente encore une fois d'enlever le roi et perd la bataille de Saint-Denis, où Montmorency est tué; mais, dans le Midi, les protestants soulevés occupent cinquante places.

341. La paix de Longjumeau n'est qu'une suspension d'armes (28 mars 1568). Une vive réaction catholique a lieu en Europe, stimulée par l'indomptable énergie du pape Pie V.

342. Catherine de Médicis disgracie l'Hospital et commence la troisième guerre civile. La Rochelle devient le boulevard des protestants.

343. Condé est battu et tué à Jarnac (13 mars 1569). Henri de Béarn est généralissime des huguenots, qui sont vainqueurs à la Roche-Abeille (23 juin) et battus à Moncontour (3 octobre).

344. Après le combat d'Arnay-le-Duc (26 juin 1570), la paix de Saint-Germain (15 août), boiteuse et mal assise, donne des places de sûreté aux protestants et indigne tous les catholiques.

345. Charles IX cherche à rapprocher les partis; il marie sa sœur avec le roi de Navarre (18 août 1572). Coligny est blessé par un assassin (21 août. Les plaintes audacieuses des protestants décident le roi à autoriser le massacre de la Saint-Barthélemy (24 août). Le vicomte d'Orthez s'illustre par sa noble désobéissance. L'Hospital a failli être assassiné, et meurt de douleur bientôt après.

346. La quatrième guerre est signalée par les sièges de Sancerre et de la Rochelle; elle se termine par la paix de la Rochelle (6 juillet 1573, qui confirme celle de Saint-Germain.

347. L'union des protestants avec les politiques cause la cinquième guerre de religion, pendant laquelle le roi Charles IX meurt (30 mai 1574 au milieu d'affreux remords.

348. Pendant ce règne, la monarchie est restée absolue malgré les convocations d'états généraux. Le despotisme est devenu une nécessité à cause de la violence de la réaction populaire. A ce règne se rattache l'ordonnance de Moulins qui réforme la législation, ainsi que l'établissement des tribunaux de commerce. Le concile de Trente se termine pendant ce règne (1563); ses décrets ne sont pas publiés en France, bien qu'ils y soient reçus pour ce qui concerne le dogme.

RÈGNE DE CHARLES IX.

551. RÉGENCE DE CATHERINE DE MÉDICIS. — François II laissait la couronne à son frère *Charles IX*, dont le nom est resté souillé des odieux forfaits accomplis sous son règne; et cependant tout le sang versé alors doit bien moins retomber sur la tête de ce prince, monté sur le trône à l'âge de dix ans et mort à vingt trois ans, que sur celle de sa mère, *Catherine de Médicis*, qui régna sous son nom. Nous avons déjà tracé le caractère de cette femme, et cherché à faire comprendre sa poli-

tique ; ajoutons seulement ici que l'initiative de presque toutes
les mesures de conciliation qu'elle chercha longtemps à faire
prévaloir appartient au chancelier de l'Hospital, qu'elle eut
la sagesse de prendre pendant neuf ans pour conseil et pour
guide. « L'Hospital voulait la faire régner pour elle-même et
pour la France avec le secours des états généraux. Son impartialité était celle de la justice, qui ne veut dépendre d'aucun
parti, d'aucune ambition ; l'impartialité de Catherine de Médicis était celle de la ruse, qui veut à la fois caresser et tromper
tout le monde. Elle ne pouvait comprendre, et surtout elle ne
pouvait suivre longtemps la politique généreuse du chancelier. »
(M. Villemain). Lorsque, entraînée elle-même par le fanatisme
des partis, elle ordonna la Saint-Barthélemy, il y avait plus
d'un an que l'Hospital, par un dernier acte d'opposition à leurs
fureurs, avait mérité une honorable destitution.

François II était mort à Orléans au moment même où s'y
réunissaient, comme nous l'avons dit, les états généraux qu'il
avait convoqués, et dont l'élection avait eu lieu sous l'influence
des Guises. Catherine de Médicis, effrayée de l'ascendant qu'a-
vaient pris les princes lorrains et incertaine des dispositions
des états, ne voulut pas remettre à leur décision l'importante
question de la régence. Déjà, par le conseil de l'Hospital, elle
s'était rapprochée du roi de Navarre, et, afin de s'assurer à elle-
même le pouvoir, elle avait promis à ce prince de l'y associer,
à la condition qu'il s'engagerait à ne point accepter la régence,
au cas même qu'elle lui fût déférée par les états. Ayant ainsi
obtenu son assentiment, la reine mère convoqua, dès le lendemain de la mort de son fils aîné (i décembre 1560), tout le
conseil d'Etat, composé du roi de Navarre, des Guises, des Châtillons et de tous les grands du royaume, à l'exception du prince
de Condé, encore retenu en prison, et du connétable, qui n'arriva que plusieurs jours après. Tous les membres présents
ayant salué le nouveau monarque, celui-ci les remercie de leur
fidélité, leur annonce que sa mère veut bien soulager ses jeunes
années du poids de l'administration, et enjoint aux secrétaires
d'Etat et aux capitaines des gardes de lui obéir en tout ce
qu'elle leur commandera. Dans une lettre adressée le surlendemain au parlement, le jeune Charles IX lui annonce qu'il a
supplié sa mère de prendre en main l'administration du royaume,
avec le sage conseil et avis de son très-cher et très-aimé oncle
le roi de Navarre, et des notables et grands personnages que le
feu roi lui avait laissés de son conseil. Le parlement, sans faire
la moindre objection contre une sorte de régence si singulièrement déférée par le roi mineur lui-même, se plaît à reconnaî-

tre dans une lettre pleine de soumission (12 décembre) « que Dieu a mis au cœur du jeune roi le sens de tous ses meilleurs et plus anciens et plus expérimentés sujets, qui n'eussent pu conseiller ni désirer autre élection que celle que ledit seigneur a faite. » Mais la chose éprouva plus de difficulté aux états généraux qui s'ouvrirent immédiatement (13 décembre). Déjà les Châtillons intriguaient vivement pour y faire déférer la régence au roi de Navarre, lorsque la reine mère, ayant chargé le conseil (21 décembre) de rédiger un règlement pour l'administration du royaume, conforme à ce qui avait déjà été arrêté, l'envoya aux états, en les priant d'y donner leur approbation, que le chancelier de l'Hospital réussit non sans peine, à obtenir.

552. Embarras politiques et financiers. Triumvirat. — Le discours d'ouverture du chancelier avait encore appelé l'attention des états généraux sur deux autres objets : les troubles religieux et la situation financière du royaume, endetté de plus de quarante-trois millions, et succombant sous des charges qui dépassaient de beaucoup les revenus ordinaires, fixés à douze millions environ. La majorité de l'assemblée, composée du tiers état et de la plus grande partie de la noblesse, tenta de résoudre la première de ces difficultés en réclamant la liberté des cultes comme propre à mettre fin aux dissensions; mais elle abandonna la solution de la seconde aux assemblées provinciales, qui se réunirent immédiatement pour aviser surtout aux moyens de combler le déficit. Celle de l'Ile-de-France proposa de faire restituer par les favoris et les favorites des deux derniers rois les immenses libéralités qu'ils avaient arrachées à leur faiblesse. Menacés de perdre leurs biens, comme ils avaient déjà perdu la plus grande partie du pouvoir, les Guises, d'accord cette fois avec Montmorency, s'efforcèrent de soulever, contre l'administration de la régente et du roi de Navarre, qu'elle venait de nommer lieutenant général du royaume (30 mars 1561), tout ce qui restait dans le peuple de zélés catholiques, en leur persuadant que la religion courait les plus grands dangers. Ils cherchèrent même un appui à l'étranger en s'adressant au roi d'Espagne, Philippe II, qui s'était posé en Europe comme le champion du catholicisme. Déjà les Guises avaient sollicité cette intervention, qui eut pour la France de si déplorables conséquences. Un *triumvirat*, formé du duc de Guise, du connétable de Montmorency et du maréchal de Saint-André, était à la tête de ce parti.

553. Édit de Saint-Germain. États de Pontoise. Ordonnance d'Orléans — Cependant le chancelier de l'Hospital, qui, de concert avec le cardinal de Lorraine, avait

déjà pris de sages et efficaces mesures pour rétablir l'équilibre dans les finances, assembla à *Saint-Germain*, avec le conseil d'Etat, les membres du parlement et tous les hauts dignitaires du clergé, pour aviser aux moyens de cicatriser la seconde des grandes plaies du royaume. Mais vainement il s'efforça de faire comprendre aux membres de cette réunion qu'il s'agissait, non de religion, mais de mesures politiques à prendre pour prévenir les troubles et assurer la paix publique; excitée par les Guises et leur parti, l'assemblée proscrivit de nouveau le calvinisme en faisant insérer dans l'édit rendu (le 31 juillet 1561) en exécution de ses délibérations, la défense aux hérétiques d'avoir des prêches et de tenir aucune espèce de réunion. L'amnistie accordée à tous les délits antérieurs, le bannissement substitué à la peine de mort pour crime d'hérésie et quelques autres adoucissements obtenus par l'Hospital en faveur des religionnaires, n'empêchèrent pas les catholiques de regarder cet édit comme un triomphe. Guise lui-même s'écria que *son épée ne tiendrait pas au fourreau quand il s'agirait de faire sortir effet à cet arrêté.* Cette déclaration de guerre ne fut que trop entendue : les calvinistes du Midi prirent les armes.

Le chancelier espéra pourtant encore prévenir une collision inévitable. Un simulacre d'états généraux, composés de treize députés de chaque ordre, se réunissait à *Pontoise* (1er août). Ces députés demandèrent l'abolition de l'édit de juillet, l'autorisation, pour les réformés, de posséder un temple dans chaque ville; ils réclamèrent la répression des abus et de toutes les exactions, le rétablissement de la Pragmatique, et la convocation d'un concile national; ils proposèrent de combler le déficit des finances par la vente des biens appartenant à divers ordres religieux et par un prélèvement fait sur les revenus des bénéfices; enfin, en approuvant la constitution actuelle du gouvernement, ils demandèrent que les princes étrangers et les cardinaux fussent exclus du conseil, et que les états généraux fussent convoqués tous les deux ans. Le chancelier fit droit à la partie de ces demandes relative à la suppression des abus, par *l'ordonnance d'Orléans*, qui assura et régularisa l'administration de la justice en la confiant exclusivement aux hommes de robe, et en proclamant l'égalité devant la loi; toutes les vexations dont le peuple était victime furent réprimées par des peines sévères; enfin, le principe de l'élection, rétabli pour les dignités ecclésiastiques, fut aussi introduit dans la nomination des magistrats.

354. Colloque de Poissy. — Le clergé avait prévenu la mise à exécution des propositions faites relativement à ses biens, par l'offre volontaire d'une somme de quinze millions. — La reine et le chancelier essayèrent de rétablir la paix religieuse par la réunion du *Colloque de Poissy* (9 septembre), où les plus habiles théologiens catholiques et protestants, ayant à leur tête le cardinal de Lorraine et Théodore de Bèze, élève de Calvin, eurent ensemble des conférences qui demeurèrent sans résultat. L'Hospital s'efforça d'y suppléer par la publication de l'*édit de janvier* (1562), délibéré dans une assemblée de magistrats choisis par lui dans les huit parlements de France. Cette ordonnance, en continuant à interdire l'exercice du calvinisme dans les villes fermées, l'autorisait dans les campagnes, sous la condition expresse que les réformés respecteraient tout ce qui touchait au culte catholique, ne chercheraient pas à faire de nouveaux prosélytes, et cesseraient de réunir des armes et des subsides.

Cet édit, que le parlement ne consentit à enregistrer qu'après deux mois de résistance et *par manière de provision*, produisit un effet tout opposé à celui qu'en avait espéré le chancelier. Il inspira autant d'arrogance aux réformés que d'irritation à leurs adversaires. A Paris, une faible minorité calviniste, appartenant presque tout entière à la noblesse et à la haute bourgeoisie, se trouvait comme perdue dans la masse de la population restée fidèle au culte de ses pères : les catholiques zélés ne pouvaient voir sans indignation le prince de Condé, qui avait été remis en liberté depuis un an, affecter de les braver en conduisant à travers les rues de la capitale, où l'exercice du culte réformé était interdit, le brillant cortége qui se rendait avec les ministres protestants au prêche de Charenton. La domination exclusive de la religion catholique semblait d'ailleurs à ses défenseurs tellement nécessaire au salut de l'Etat, que sa ruine devait être, suivant eux, l'inévitable conséquence de la tolérance accordée à l'hérésie. Cette opinion était entretenue avec soin par le triumvirat, qui venait de rallier à sa cause le roi de Navarre, en lui faisant espérer qu'il lui obtiendrait de Philippe II la Sardaigne en compensation de la Navarre espagnole. Tout était donc prêt pour la lutte, lorsqu'une circonstance fortuite en donna le signal.

535. **MASSACRE DE VASSY.** — Le duc de Guise, qui prévoyait et préparait depuis longtemps cette collision, était allé en Alsace afin d'engager les princes luthériens à n'accorder, en cas de guerre, aucun secours aux calvinistes de France. En revenant à Paris par la Champagne, il traversait avec son escorte la petite ville de *Vassy*, et s'y était arrêté pour entendre la messe, lorsqu'une querelle s'éleva entre ses gens et quelques

habitants du parti des huguenots. Le duc, accouru pour apaiser le tumulte, ayant été blessé d'un coup de pierre, tous ceux qui l'entouraient se jettent sur les protestants désarmés, pénètrent dans une grange où un assez grand nombre d'entre eux étaient rassemblés pour célébrer leur office, et massacrent tous ceux qu'ils peuvent atteindre (1er mars 1562). « Ce fut là le premier son de trompette guerrière qui, dans toute la France, appela les séditieux à prendre les armes. » (De Thou.)

Catherine de Médicis espéra toutefois prévenir encore la guerre en défendant aux Guises d'entrer à Paris et en ordonnant à Condé de quitter cette ville; mais les premiers, sans tenir compte de sa défense, y firent une entrée triomphale (15 mars), au milieu des transports de joie de la population, qui faillit massacrer les huguenots. Condé, trop faible pour leur tenir tête, sortit de Paris, et rassembla à la hâte quinze cents hommes, avec lesquels il espérait enlever le roi, qui se trouvait avec toute sa cour à Fontainebleau; mais les triumvirs le prévinrent et ramenèrent le roi à Paris. Malgré son éloignement pour les Guises, Catherine, qui voulait avant tout conserver la couronne à son fils, comprit la nécessité de se rapprocher d'eux, et abandonna Condé, qu'elle avait, dit-on, appelé à son secours. — Celui-ci, arrivé trop tard à Fontainebleau, court s'emparer d'Orléans (2 avril) pour couvrir de là le midi de la France, où les protestants étaient nombreux, et, faisant un appel à tous les consistoires, il déclare qu'il ne posera les armes que lorsque le roi sera délivré de la servitude des triumvirs, et l'exécution de l'édit de janvier assurée (7 avril). Proclamé par les calvinistes, sur l'avis du Coligny, *défenseur du roi et légitime protecteur du royaume*, Condé reçoit les serments et les assurances de dévouement de tout ce qui se rattachait au parti protestant. La guerre éclate aussitôt dans toutes les provinces.

336. Première guerre de religion. — En moins de trois semaines, les calvinistes, qui, comme nous l'avons dit, se préparaient de longue main à la guerre, occupent Rouen, le Havre, Angers, Tours, Blois, Poitiers, la Rochelle, Montpellier, Lyon, Grenoble, et deux cents autres villes. A l'alliance des catholiques avec Philippe II, Condé oppose celle des réformés avec la reine Élisabeth d'Angleterre, et, traitant d'égal à égal avec la royauté, il propose la paix, à la condition qu'on remettra entre ses mains le gouvernement de l'État. Pour toute réponse, les Guises le font déclarer criminel de lèse-majesté. — Dès lors, la guerre se poursuivit dans toutes les parties du royaume avec cette fureur fanatique et ces cruautés qui ont été dans tous les temps le caractère des guerres de religion. Chaque province, dans le Midi surtout, devint le théâtre d'une foule de combats isolés, où les chefs subalternes des deux partis signalèrent leur barbarie. Au général catholique *Montluc*, qui ne marchait qu'assisté de deux bourreaux appelés par le peuple *ses laquais*, et qui se vante dans ses Mémoires *qu'on pouvait connaître par où il était passé, car par les arbres sur les chemins, on en trouvait les enseignes*, on peut opposer ce féroce *baron des Adrets*, chef protestant, qui se reposait du massacre en assistant par manière de divertissement au supplice de ses prisonniers, qu'il forçait à se précipiter du haut d'une tour sur les piques de ses soldats (1). « Partout il s'établissait une horrible compensation de crimes et de haines entre les deux partis. » (Villemain.)

Cependant les catholiques, surpris un moment, avaient recouvré la plupart des villes dont les protestants s'étaient emparés ; les forces principales des deux partis se rencontrèrent au siége de *Rouen*. Cette ville, opiniâtrément défendue par Montgomery, à la tête d'une garnison anglo-française et des bourgeois protestants qui en avaient chassé presque tous les catholiques, fut prise au troisième assaut (26 octobre) et livrée au pillage pendant huit jours, sans égard pour l'une ni pour l'autre religion. Le roi de Navarre, qui commandait l'armée catholique, reçut, à l'assaut, une blessure dont il mourut quelques jours après, laissant sa couronne à son jeune fils (depuis Henri IV).

557. BATAILLE DE DREUX. — Cependant Condé, ayant reçu des princes protestants de l'Allemagne un secours de sept mille hommes, vint attaquer les faubourgs de Paris ; mais les milices bourgeoises, soutenues par sept mille Gascons et Espagnols, le forcèrent à se retirer pour gagner la Normandie, où la reine Elisabeth lui envoyait de nouveaux renforts. Coupé dans sa marche par l'armée royale, supérieure en nombre à la sienne quoique moins forte en cavalerie, il fut contraint de s'arrêter à *Dreux*, où se livra (19 décembre 1562) une bataille acharnée, qui fut presque également funeste aux deux partis. Les généraux en chef des deux armées, Montmorency et Condé, furent faits prisonniers ; de plus, les catholiques perdirent le maréchal de Saint-André. Cependant le duc de Guise remporta

---

(1) Tout le monde connaît la repartie de ce malheureux qui, ayant pris deux fois son élan sans pouvoir se déterminer à faire le saut fatal, fut vivement gourmandé par le féroce baron : *C'est trop de deux fois*, lui dit-il. — *Je vous le donne en quatre*, répondit celui-ci ; et cette saillie lui valut sa grâce.

la victoire, et resté seul du triumvirat, il fut nommé par Catherine lieutenant général du royaume à la place du roi de Navarre. Tandis que Coligny, devenu le chef des protestants, conduisait en Normandie son armée affaiblie par les désertions, Guise allait mettre le siége devant *Orléans*, et était prêt de s'en rendre maître, lorsqu'il fut assassiné par *Poltrot de Méré*, gentilhomme calviniste (18 février 1563). Déjà le fanatisme protestant avait armé contre lui le bras d'un autre assassin, qui fut saisi avant d'avoir pu exécuter son crime. Guise, en lui pardonnant, s'était à jamais honoré par ces magnanimes paroles : « Or çà, je veux vous montrer combien la religion que je tiens est plus douce que celle de que vous faites profession : la vôtre vous a conseillé de me tuer sans m'ouïr, n'ayant reçu de moi aucune offense; et la mienne me commande que je vous pardonne, tout convaincu que vous êtes de m'avoir voulu tuer sans raison. »

358. Paix d'Amboise. — La mort du duc de Guise semblait rendre plus facile le rétablissement de la paix et de la concorde. Catherine de Médicis, toujours conseillée par l'Hospital, espéra l'assurer en signant avec Condé la *pacification d'Amboise*, qui fut publiée sous forme d'édit royal (12 mars). La liberté de conscience et l'exercice de la nouvelle religion étaient accordés aux seigneurs hauts justiciers dans toute l'étendue de leurs domaines, aux autres seigneurs dans leurs manoirs; des temples pouvaient être élevés dans toutes les villes où le culte réformé existait au 7 mars, et dans un seul endroit pour chaque bailliage, à la réserve de la prévôté et vicomté de Paris; enfin, le roi, estimant que tout ce qui avait été fait l'avait été à bonne intention et pour son service, relevait le prince de Condé et tous ses adhérents de toutes les condamnations qu'ils pouvaient avoir encourues, ordonnant l'oubli du passé, et défendait toute association avec l'étranger et toute levée d'hommes et de deniers. — Accueilli avec mécontentement par les deux partis, cet acte, au lieu de les réconcilier, leur donna seulement le temps de se préparer à de nouveaux combats.

Le Havre, abandonné par Condé aux Anglais en échange des secours en argent et en hommes fournis par Élisabeth, était resté entre leurs mains. Catherine, après d'inutiles négociations pour le recouvrer, y conduisit avec le roi une armée, dans laquelle parurent plusieurs chefs protestants et Condé lui-même. Celui-ci espérait par cette déférence déterminer la reine à tenir la promesse qu'elle lui avait faite de le nommer lieutenant général du royaume; il prouvait ainsi que l'ambition, bien plus que les convictions religieuses, inspirait toute sa conduite. Mais à peine le Havre eut-il été pris (28 juillet), que Catherine amena à Rouen le jeune roi, qui venait d'atteindre sa quatorzième année, et le conduisit au parlement de cette ville. où sa majorité fut solennellement proclamée (17 août). Il n'y avait donc plus lieu de nommer un lieutenant général, et la reine se trouvait ainsi affranchie de l'obligation de tenir une promesse aussi dangereuse pour l'Etat que pour elle-même. Elle s'appliqua toutefois à maintenir la paix. Elle parvint à retenir Condé à sa cour, devenue le sanctuaire des beaux-arts, des lettres et des plaisirs, et tâcha d'y attirer les principaux chefs protestants, auxquels elle s'efforçait, au grand scandale de sévères calvinistes, de faire oublier, au milieu des voluptés de cette nouvelle Babylone, les dissensions religieuses. Elle essaya aussi de ranimer dans les provinces l'affection et le respect pour la royauté, en les faisant toutes visiter successivement par le roi (1564-1565). Dans le cours de ce voyage, le chancelier, montrant au jeune prince les traces récentes de la guerre civile, les villages brûlés, leurs malheureux habitants sans asile et dans la plus profonde misère, s'efforçait d'exciter dans son âme la pitié et en même temps l'horreur des guerres civiles. Mais d'autres enseignements l'attendaient à Bayonne. Charles IX y eut une entrevue avec sa sœur Elisabeth de France, reine d'Espagne, et avec le trop célèbre ministre de Philippe II, le cruel duc d'Albe, qui conseilla au roi et à sa mère de nouvelles Vêpres siciliennes contre les huguenots. Toutefois, Catherine espérait encore arriver au même but par sa politique artificieuse. Peu à peu, elle retirait aux protestants, par une série d'édits explicatifs de celui d'Amboise, tout ce qui leur avait été accordé par cette dernière ordonnance.

359. SECONDE GUERRE CIVILE. — Bientôt les réclamations s'élevèrent de toutes parts ; des pamphlets répandus en tous lieux proclamaient *qu'il est licite de tuer un roi ou une reine qui s'opposent à la réforme de l'Evangile.* Aussi Coligny s'étant rendu auprès du roi l'interprète de ses coreligionnaires, celui-ci lui répondit avec grande raison : « Vous ne demandiez d'abord qu'un peu d'indulgence : aujourd'hui, vous voulez être nos égaux ; bientôt, vous voudrez être nos maîtres et nous chasser du royaume. » Puis, passant dans la chambre de sa mère, il lui dit avec colère : « Le duc d'Albe a raison ; ces hommes-là portent trop haut la tête, et ce n'est pas par l'adresse, mais par la violence qu'il faut les abattre. » Mais les calvinistes étaient sur leurs gardes ; les révolutions religieuses survenues en Ecosse, où Marie Stuart venait de tomber entre les mains des puritains révoltés, et dans les Pays-Bas, où les protestants avaient également pris les armes (n°s 306 et 315), décidèrent ceux de France à recommencer la guerre. Le plan en fut arrêté dans une réunion tenue au château de Châtillon-sur-Loing, habitation de l'amiral de Coligny.

La cour était dans un château de la Brie, ne s'occupant que de fêtes, lorsqu'on y apprend tout à coup que toutes les routes se couvraient de protestants en armes (27 septembre 1567). Charles IX s'enfuit à Meaux; et, ayant appelé à lui les Suisses qu'il avait pris à son service, il se met en marche vers Paris.

540. BATAILLE DE SAINT-DENIS. — Condé était venu prendre le commandement de l'armée protestante. A la nouvelle de l'approche de Charles IX, il essaya, mais inutilement, d'enlever ce prince, qui ne pardonna jamais aux protestants cette insolente attaque. Tandis qu'il entrait dans Paris, Condé courut occuper Saint-Denis, d'où il essaya d'affamer la capitale. Le vieux connétable de Montmorency, forcé par les Parisiens de sortir de la ville pour aller attaquer, dans la plaine de *Saint-Denis*, les ennemis quatre fois plus nombreux que ses propres troupes, prit de si mauvaises dispositions, que son armée fut mise en déroute aux premières charges, et lui-même blessé à mort; mais son fils, le maréchal de Montmorency, rétablit le combat et força les protestants à la retraite (10 novembre).

Cependant la prise d'armes des huguenots avait eu lieu avec tant d'ensemble et d'audace, dans les provinces du Midi surtout, qu'en un seul jour cinquante places avaient été occupées. Montpellier, Nîmes, Montauban, tout le Languedoc, se trouvaient en leur pouvoir; ils y levèrent une armée qui se mit en marche pour aller joindre le prince de Condé.

541. PAIX DE LONGJUMEAU. — Celui-ci s'était retiré en Lorraine pour y attendre un corps auxiliaire de trois mille andsknechts et six mille cinq cents reîtres fantassins et cavaliers allemands : il revint avec eux vers Orléans, retombé au pouvoir des protestants et que bloquaient les troupes royales. Réuni à l'armée du Midi, il força celles-ci à lever le siège, prit Beaugency, Blois, et assiégeait Chartres, lorsque la reine mère, promettant aux chefs des protestants de rétablir sans restriction l'édit d'Amboise, les amena à accepter ses propositions; mais la paix de *Longjumeau* (mars 1568, appelée aussi la *paix fourrée*, ne fut qu'une suspension d'armes.

Pendant que la Réforme obtenait ainsi en France un triomphe passager, elle voyait ses progrès définitivement arrêtés dans le reste de l'Europe. Le duc d'Albe venait d'exterminer les hérétiques des Pays-Bas; la *Compagnie de Jésus*, destinée à la défense de la foi catholique, lui avait, en moins de vingt-huit années, reconquis une partie de l'hérétique Allemagne; enfin le vertueux pontife Pie V, en déployant, pour la répression des désordres et des abus qui avaient déconsidéré le clergé, l'énergie et la sévérité qu'il avait montrées, en qualité de grand inquisiteur, pour l'anéantissement de l'hérésie, en donnant d'ailleurs lui-même l'exemple d'une austérité et d'une humilité dignes des apôtres, avait assuré le triomphe définitif de la religion catholique. — Dans la lettre adressée à Catherine de Médicis, ce pape, auquel on ne peut reprocher que d'avoir apporté sur le trône pontifical la rigueur inflexible du grand inquisiteur, pressait la reine de combattre à outrance les ennemis de la religion catholique et de ne se laisser induire par aucune considération à épargner les ennemis de Dieu, qui n'avaient jamais épargné Dieu ni elle-même. Déjà toute la population catholique de la France, transportée de haine contre les protestants, et se défiant de la politique incertaine et vacillante du gouvernement, avait commencé à organiser pour la défense de la foi des ligues qui se mettaient en correspondance avec le pape et avec Philippe II, et ne cachaient pas leur intention de détrôner le roi et de le jeter dans un couvent, s'il s'opposait à l'extermination des hérétiques.

542. Troisième guerre civile. Disgrace de l'Hospital. — Catherine, préoccupée surtout du désir de maintenir la couronne sur la tête de son fils, comprit qu'il était temps de changer de politique. Se réunissant alors au parti dont le triomphe lui semblait définitivement assuré, elle sollicita du pape une bulle autorisant l'aliénation de biens ecclésiastiques pour une valeur de cinq cent soixante et dix mille écus, qui devait être exclusivement employée à l'anéantissement de l'hérésie; puis elle disgracia le chancelier de l'Hospital. Désormais les conseils de la violence allaient prévaloir sans obstacle.

Le début de la troisième guerre sembla pourtant déjouer d'abord ces nouvelles combinaisons. Elle avait commencé plus tôt que ne le voulait la reine mère, qui tenta inutilement de faire arrêter Condé et Coligny, et d'enlever dans le Béarn la reine de Navarre, Jeanne d'Albret, qui se réfugia avec son jeune fils à la Rochelle, riche et forte cité maritime, à laquelle ses nombreux vaisseaux rapportaient les dépouilles des convois espagnols interceptés, et dont ils assuraient les communications et les secours de l'Angleterre. Dévouée entièrement au salut de la cause, elle en devint pour plus de soixante ans l'inexpugnable boulevard. Condé en sortit bientôt avec une nombreuse armée. Tout le Midi, soulevé en sa faveur, voulait porter sur le trône ce roi des fidèles; et des monnaies furent frappées avec cette légende : *Louis XIII, premier roi chrétien de France.*

543. BATAILLES DE JARNAC ET DE MONCONTOUR. — COLIGNY. — Cependant le jeune duc d'Anjou, frère du roi, nommé lieutenant général du royaume et placé sous la direction du maréchal de Tavannes, gagna sur les protestants la bataille de *Jarnac* (13 mars 1569). Après y avoir combattu en héros, Condé, un bras en écharpe et la jambe fracassée, avait continué longtemps encore à se défendre à genoux; il venait enfin de se rendre, lorsque *Montesquiou*, capitaine des gardes du duc d'Anjou, le tua par derrière d'un coup de pistolet.

Coligny guida la retraite de l'armée protestante sur Saintes. Ce fut en ce moment que ce chef de parti déploya avec le plus d'éclat ses qualités et ses ressources. Respecté pour la sincérité de ses convictions, aimé pour sa sollicitude à l'égard des soldats, il avait acquis parmi les réformés une influence considérable sans montrer cependant des talents de premier ordre. Jeanne d'Albret étant venue présenter aux protestants son fils *Henri*, âgé de quinze ans, qui fut proclamé généralissime, Coligny et son frère d'Andelot lui furent donnés pour lieutenants. Le jeune duc d'Anjou n'avait pas su profiter de sa victoire. Quoique l'armée royale eût reçu un renfort de six mille Italiens envoyés par le pape, elle se laissa battre à la *Roche-Abeille* (23 juin) par celle des huguenots, renforcée de son côté par un corps d'Allemands qui avait traversé toute la France; mais, grâce à l'habileté du maréchal de Tavannes, elle prit à *Moncontour* (3 octobre) une éclatante revanche; et, pour se venger de la cruauté des protestants, qui, à la Roche-Abeille, avaient massacré de sang-froid leurs prisonniers, les catholiques ne firent aucun quartier. Cependant Coligny sut, par son habileté et son activité, arrêter les vainqueurs et rendre inutile leur succès.

544. PAIX DE SAINT-GERMAIN. — Après avoir parcouru presque toute la France et passé au travers de l'armée royale à *Arnay-le-Duc* (26 juin 1570), Coligny s'approchait de Paris, lorsque la reine arrêta sa marche par la paix *honteuse et mal assise* (1) de *Saint-Germain* (15 août), qui accordait aux réformés les conditions les plus avantageuses et les quatre places de la Rochelle, Cognac, Montauban et la Charité-sur-Loire, pour leur sûreté. Mais cette paix, contre laquelle tous les catholiques

_____

(1) L'un des deux commissaires qui la signèrent au nom du roi était boiteux et l'autre était seigneur de Malassise.

de la France et de l'Europe poussèrent un cri d'indignation, cachait un piége horrible : la quatrième guerre commença par un des événements les plus épouvantables dont l'histoire ait conservé le souvenir.

345. LA SAINT-BARTHÉLEMY. — Charles IX paraît avoir voulu et même cherché sincèrement à maintenir la paix. Sans tenir compte du mécontentement des catholiques, il se rapprocha des protestants, fit punir les auteurs des massacres commis sur eux dans les provinces du Midi, et annonça l'intention de cimenter l'union des deux partis par le mariage de sa sœur, Marguerite de Valois (n° 324), avec le jeune Henri de Béarn. Enfin, il fit tant d'avances aux chefs protestants, qu'il triompha de leur défiance, et réussit même à attirer à sa cour l'amiral de Coligny, auquel il voulait donner le commandement d'une armée qu'il se proposait d'envoyer contre les Espagnols, dans les Pays-Bas ruinés par les cruelles exécutions du duc d'Albe. Il le reçut avec de telles démonstrations de joie et montrait une telle déférence pour ses avis, que *les courtisans ébahis juroient que le roi devien-droit huguenot* (Tavannes). Le mariage du jeune roi de Navarre avec Marguerite, retardé par la mort de Jeanne d'Albret, venait enfin d'être célébré (18 août 1572), et cette fête avait réuni à Paris tous les princes protestants, lorsque Coligny fut blessé en sortant du Louvre par un assassin aposté par la reine mère (24 août).

Catherine, furieuse de voir le pouvoir lui échapper, et inquiète des suites que pouvait avoir le mécontentement des catholiques, songeait enfin à exécuter le conseil que lui avait donné le duc d'Albe (n° 338); mais, se rappelant aussi qu'il lui avait dit, *qu'une tête de saumon vaut mieux que dix mille grenouilles*, et hésitant encore à ordonner un massacre général, elle avait commencé par cet assassinat. Le roi, qui l'attribuait aux Guises (1), en témoigna une violente indignation, et courut chez l'amiral, à qui il jura qu'il tirerait de cet attentat une vengeance si terrible, que jamais la mémoire ne s'en perdrait. Mais les huguenots vinrent lui demander cette vengeance en termes si insolents, que les cheveux lui en dressèrent sur la tête, dit Tavannes. Sa mère, le voyant irrité de cette audace, lui déclare que c'est elle qui a donné l'ordre de tuer l'amiral, devenu plus

---

(1) Le duc de Guise avait laissé trois fils : Henri, dit le Balafré, duc de Guise, le duc de Mayenne et le cardinal de Guise, que nous verrons tous les trois jouer un rôle important sous les règnes suivants. Le cardinal de Lorraine, leur oncle, ne fut pas étranger non plus à la politique qui amena la Saint-Barthélemy.

maître en France que le roi lui-même, et auteur de toutes les guerres civiles. Elle ajoute que la mort de ce sujet rebelle est le seul moyen d'en éviter une nouvelle. Tous les conseillers du roi et le duc d'Anjou lui-même se joignent à Catherine; ils annoncent à Charles que déjà tout Paris est en armes et qu'une collision est inévitable; enfin, leurs obsessions produisent dans l'esprit du roi un si soudain changement et une si étrange métamorphose, dit Villeroi, que, se levant tout à coup avec violence, il s'écrie, transporté de fureur et avec d'horribles jurements : « Puisque vous trouvez bon qu'on tue l'amiral, je le veux ; mais aussi tous les huguenots de France, afin qu'il n'en demeure pas un qui puisse me le reprocher après. » Il ne fut que trop promptement obéi.

Le lendemain, dimanche, 24 août, jour de la *Saint-Barthélemy*, à deux heures du matin, sur le signal donné par la cloche de Saint-Germain l'Auxerrois, l'amiral de Coligny fut assassiné par les émissaires du duc de Guise : aussitôt le massacre des protestants commença dans tous les quartiers de la capitale, et se continua pendant plusieurs jours, à la grande terreur de la cour elle-même, qui, après avoir déchaîné les passions populaires, ne fut plus maîtresse d'arrêter leur fureur. Bien des vengeances particulières et des brigandages augmentèrent le nombre des victimes. Parmi les plus illustres, on compte : Téligny, gendre de l'amiral, et la Rochefoucauld, les plus habiles capitaines des huguenots; le célèbre professeur Ramus, assassiné par ses propres élèves; Jean Goujon, le restaurateur de la sculpture en France (n° 260), atteint d'un coup d'arquebuse tandis qu'il travaillait aux sculptures du Louvre. Le roi lui-même prit part, dit-on, à cette horrible boucherie, en tirant, de l'une des fenêtres du Louvre, sur les protestants qui fuyaient en traversant à la nage la Seine, dont les flots roulèrent plus de quatre mille cadavres. Le roi de Navarre et son cousin, le prince de Condé, ne sauvèrent eux-mêmes leur vie qu'en abjurant la religion protestante. — De la capitale, le carnage s'étendit dans les provinces, soit à l'imitation de ce qui s'était fait à Paris, soit par des ordres de la cour, comme le ferait supposer la noble réponse du vicomte d'Orthez, gouverneur de Bayonne, qui écrivit à Charles IX : « J'ai communiqué le commandement de Votre Majesté a ses fidèles habitants et gens de guerre de la garnison; je n'y ai trouvé que bons citoyens et fermes soldats, mais pas un bourreau. C'est pourquoi eux et moi supplions très-humblement Votre Majesté de vouloir bien employer en choses possibles, quelque hasardeuses qu'elles soient, nos bras et nos vies. » Les gouverneurs de la Bourgogue, du Dauphiné, de la Provence, de la Normandie, s'étaient aussi refusés à l'exécution de ces ordres barbares, qui, s'ils avaient été donnés en effet, ne tardèrent pas du moins à être révoqués. Les historiens sont, du reste, peu d'accord sur le nombre des victimes, portés par l'un à dix mille et par d'autres à vingt et même à trente mille. — L'Hospital lui-même, violemment soupçonné de huguenoterie, faillit être victime de la fureur des assassins, et mourut de douleur sept mois après (1).

346. QUATRIÈME GUERRE DE RELIGION. — PAIX DE LA ROCHELLE. — La mort d'un si grand nombre de leurs coreligionnaires réveilla le courage et la fureur, juste cette fois, des calvinistes; mais, trop affaiblis pour tenir la campagne, ils ne se signalèrent que par la bravoure désespérée avec laquelle ils défendirent les places assiégées par les troupes royales, et principalement *Sancerre*, où une effroyable famine réduisit bientôt les assiégés à manger les animaux les plus immondes. — *La Rochelle*, la plus forte des villes qui appartenaient aux huguenots, soutint victorieusement vingt-neuf assauts, et après avoir vu quarante mille catholiques, commandés par le duc d'Anjou, périr inutilement sous ses murailles, elle imposa, bien plutôt qu'elle n'obtint, la paix, qui fut signée dans ses murs (6 juillet 1573. Ce traité laissait aux protestants une partie des avantages promis par celui de Saint-Germain.

347. CINQUIÈME GUERRE DE RELIGION. — MORT DE CHARLES IX. — L'infatigable Catherine de Médicis venait de voir ses vœux et ses efforts couronnés par un succès acheté à force d'or et d'intrigues : c'était l'élection au trône de Pologne 9 mai 1573) de son fils préféré, le duc d'Anjou, qu'avaient illustré les dernières victoires remportées sur les protestants.

---

(1) Retiré dans sa terre de Vignay, près d'Étampes, où il vivait pauvrement de son modeste patrimoine, après avoir rempli les plus hautes fonctions de l'État, il vit sa maison envahie par une troupe d'hommes armés qui demandaient sa tête à grands cris. Bien loin de résister, l'Hospital fit ouvrir toutes les portes, et aurait péri sans doute sous les coups de ces misérables, s'ils n'eussent été chassés par une troupe de soldats qui vint à passer en ce moment. Mais l'horreur que le vertueux chancelier avait éprouvée à la nouvelle du massacre avait frappé son âme généreuse d'un coup mortel. On l'entendait sans cesse s'écrier : *Excidat illa dies omni excrabilis ævo!* Et il ne tarda pas à succomber à sa douleur. — « Quoiqu'il n'ait point réussi à faire le bien qu'il voulait, et quoiqu'il ait fait sentir au monde sa vertu plutôt que son pouvoir, telle est la justice des peuples, que son nom est vénéré comme celui des plus grands hommes qui, secondés par la fortune, ont sauvé leur patrie. »
                                        M. Villemain.

Mais Charles IX se mourait, et son frère hésita longtemps à s'éloigner pour aller prendre possession d'une couronne d'un éclat bien inférieur à celle qu'il espérait maintenant. A peine fut-il parti, que les protestants, soutenus par le parti des mécontents, que l'on commença vers cette époque à nommer les *Politiques*, tramèrent une vaste conspiration ayant pour but d'éloigner Catherine du gouvernement, de faire passer la couronne à son plus jeune fils, le duc d'Alençon, et de proclamer la liberté de conscience. Mais le futur roi ne put cacher le complot à sa mère ; plusieurs des conjurés furent exécutés, et la cinquième guerre civile était commencée, lorsque Charles IX, atteint d'une horrible maladie, mourut (30 mai 1574), en proie aux remords affreux qui ne l'avaient pas quitté un instant depuis le jour de la Saint-Barthélemy. *Il lui semblait à tout moment, aussi bien veillant que dormant*, comme il le disait à son médecin, le célèbre Ambroise Paré, *que ces corps massacrés se présentaient à lui, les faces hideuses et couvertes de sang*. Il expira entre les mains d'une femme huguenote, qui avait été sa nourrice, répétant encore : *Ah ! nourrice, ma mie, que de sang, que de meurtres ! Ah ! que j'ai suivi un méchant conseil ! O mon Dieu, pardonne-le-moi, s'il te plaît !* Châtiment terrible, mais qui semblerait trop doux encore s'il fût tombé sur les véritables auteurs d'un aussi abominable forfait.

548 GOUVERNEMENT ET INSTITUTIONS DE CHARLES IX. --- Pendant les derniers mois du règne de François II et les cinq premières années de celui de Charles IX, la nation ou l'aristocratie avait été appelée jusqu'à cinq fois à intervenir dans les affaires de l'Etat ; d'où il faudrait nécessairement conclure que la royauté cessa d'être absolue à cette époque, si l'on n'avait pu se convaincre du contraire par les détails que nous avons donnés sur les états généraux d'Orléans, la seule assemblée vraiment nationale qui ait été tenue sous ces deux règnes. Ces états ne firent, comme on l'a vu, que sanctionner les décisions qu'ils se laissèrent dicter par le pouvoir, et que formuler des vœux demeurés sans résultat. Leur intervention ne fit donc que fortifier encore et légitimer en quelque sorte le pouvoir absolu. L'Hospital avait une autre pensée, il est vrai, en faisant convoquer ces assemblées, qu'il présentait dans son discours d'ouverture, à celle d'Orléans, comme *une institution essentielle de la monarchie* ; il espérait les opposer avec succès à la fureur des partis et en faire à la fois un frein pour les passions populaires et une sauvegarde pour la royauté. Mais telle était la violence de la tourmente qui assaillait alors le vaisseau de l'Etat, que cette dernière ancre de salut devait lui manquer aussi, et

que l'on vit l'Hospital lui-même, défenseur constant des libertés
publiques, gardien fidèle des lois, conduit par le malheur des
temps à les enfreindre, en ordonnant la mise à exécution d'un
édit royal sans le soumettre à l'antique formalité de l'enregistrement. Le despotisme était devenu une nécessité : restait à
savoir s'il continuerait à s'exercer au nom de la royauté, ou s'il
tomberait aux mains bien plus redoutables encore des partis. On
peut déjà prévoir le résultat, quand on voit, dès la première
guerre civile de religion, les protestants du Midi répondre à ceux
qui leur rappelaient l'obéissance due au roi : *Quel roy ? Nous
sommes les roys ; celui-là que vous dites est un petit reyot de
m..., nous lui donrons des verges, et lui donrons mestiers
pour lui faire apprendre à gagner sa vie comme les autres.*
(Montluc.) Il n'y avait pas loin de ces paroles aux pamphlets
régicides qui se répandirent bientôt de toutes parts, que Catherine de Médicis trouvait jusque dans sa chambre, et qui la décidèrent à oser la Saint-Barthélemy ; mais, après ce grand
forfait, la réaction populaire n'en éclata qu'avec plus de violence,
et il fallut vingt-cinq ans de troubles et de guerres civiles avant
qu'elle pût être comprimée de nouveau.

Au règne de Charles IX appartient un des plus importants
monuments de notre ancienne législation ; c'est la fameuse *ordonnance de Moulins* (février 1566), ainsi nommée parce qu'elle
fut rédigée par l'assemblée des notables convoquée dans cette
ville par le chancelier de l'Hospital. Cet acte, qui est resté, jusqu'en 1790, le principal code judiciaire de la France, résume
en quatre-vingt-six articles les changements et améliorations
introduits par l'illustre chancelier dans la législation française.
Parmi ses principales dispositions, on remarque : la confirmation
du droit de remontrance exercé par les parlements, mais avec
obligation de se soumettre à la volonté royale formellement ex-
primée ; diverses mesures propres à simplifier l'administration
de la justice, à en assurer l'uniformité, à bannir les concussions
judiciaires, et à diminuer les frais des procès ; d'autres enfin ayant
pour objet une fixation plus régulière des juridictions, de nouvelles garanties d'instructions exigées des magistrats, et divers per-
fectionnements ou améliorations dans le droit civil, objet constant
des sollicitudes de l'Hospital. — Une autre disposition, qui aurait
prévenu de grands malheurs, mais qui paraît être restée sans
exécution, était l'interdiction des *confréries*, qui déjà avaient
commencé à entretenir la guerre civile, et qui furent quelques
années plus tard l'un des plus puissants instruments de la Ligue.
— On doit enfin à ce grand magistrat l'institution si utile des
tribunaux de commerce.

Ce fut sous le règne de Charles IX que se termina (1563) le célèbre concile général de *Trente* (voir n° 288). A son retour en France, le cardinal de Lorraine, qui avait pris une part très-active aux dernières décisions du concile, pressa Catherine de Médicis d'en faire publier les décrets dans le royaume; mais la reine, qui espérait encore à cette époque faire cesser les dissensions religieuses en France, refusa cette publication, dans la crainte de voir naître des difficultés nouvelles. De plus, les magistrats et les jurisconsultes, appelés à son conseil, lui firent remarquer que diverses décisions du concile relatives à la discipline et à la police de l'Eglise se trouvaient en contradiction avec les traités et concordats précédemment conclus par les rois de France avec le saint-siége. Les décrets du concile de Trente ne furent donc pas publiés en France; mais le saint-siége ayant encore par la suite insisté à cet égard, le roi Henri III répondit « qu'il ne fallait pas de publication du concile pour ce qui était de foi; que c'était chose gardée dans son royaume; mais que, pour quelques autres articles, le concile ne pouvant être publié, il ferait exécuter par ses ordonnances ce qui était porté par le concile. » La même réponse a toujours été faite aux instances plusieurs fois réitérées du saint-siége et du clergé pour obtenir la publication de ces décrets; mais ces difficultés, relatives à la seule discipline, n'ont jamais empêché de considérer les décisions du concile de Trente comme complétement reçues en France pour tout ce qui touche la foi.

OUVRAGES A CONSULTER. — Tous ceux déjà indiqués pour les règnes de François Ier et de Henri II, et, de plus : Bossuet, *Histoire des variations des Eglises protestantes*; Varillas, *Histoire des révolutions arrivées dans l'Europe en matière de religion*; Ranke, *Histoire de la papauté pendant les seizième et dix-septième siècles*; Capefigue, *Histoire de la Réforme*, etc., t. I et II; de Barante, article *Calvin* dans la *Biographie universelle*. Th. de Bèze, *Histoire ecclésiastique des Eglises réformées de France*; le prince de Condé, *Recueil des choses mémorables faites et passées pour le fait de la religion et estat de ce royaume, depuis la mort du roi Henri II jusqu'en l'année* 1564; Marguerite de Valois, Henri duc de Bouillon, Michel de Castelnau, Fr. de la Noue, J. A. de Thou, Villeroy, d'Aubigné, Cheverny, Gamon, Philippi, *Mémoires*; Sully, *OEconomies royales*; P. de Lestoile, *Mémoires et Journal*; *Mémoire justificatif pour Henri de Bourbon*; Ant. du Puget, *Mémoires relatifs aux troubles de Provence*; J. Choisnin, *Discours au vray de tout ce qui s'est fait et passé pour l'entière négociation de l'élection du roi de Pologne* (Henri III); *Archives curieuses de l'histoire de France*, t. IV-IX, où se trouvent un grand nombre de pièces très-importantes pour l'histoire de ces deux règnes et entre autres : le *Discours merveilleux de la vie, actions et déportemens de la reyne Catherine de Médicis, déclarant tous les moyens qu'elle a tenus pour usurper le royaume de France et ruiner l'Estat d'iceluy*; M. Villemain, *Vie de l'Hospital*, dans les *Nouveaux Mélanges historiques et littéraires*; *Vie de Gaspard de Coligny*; P. de Laplace, *Commentaires de la religion et de la république*; la Popelinière, *Vraie et entière his-*

16.

toire des *derniers troubles* (années 1562 et suivantes), ainsi que son *Histoire de France*; Lacretelle, *Guerres de religion*; Anquetil, *Esprit de la Ligue*, t. 1; Capefigue, *Histoire de la Réforme*, t. 1-IV; Davila, *Histoire des guerres civiles de France depuis la mort de Henri II jusqu'à la paix de Vervins*; Isambert, *Anciennes lois françaises*, t. XIV; M. Ch. Labitte, *De la démocratie chez les prédicateurs de la Ligue*.

QUESTIONNAIRE.— 331. Quel fut le caractère du règne de Charles IX?— Quels furent les premiers actes de Catherine de Médicis? — 332. D'autres mesures ne signalèrent-elles pas le gouvernement de la reine mère?— 333. Faites connaître l'édit de Saint-Germain et l'ordonnance d'Orléans. — 334. Qu'est-ce que le colloque de Poissy? — 335. Qu'est-ce que le massacre de Vassy? — Quelles furent les conséquences de ce massacre? — 336. Quel fut le caractère de la guerre civile et religieuse? — Comment la ville de Rouen fut-elle prise par les catholiques, et quel est celui de leurs chefs qui périt à ce siege? — 337. Quelles furent les pertes des deux partis à la bataille de Dreux? — Comment mourut le duc de Guise, et quelles furent ses dernières paroles? — 338. Parlez de la pacification d'Amboise et de ses suites. — Quels voyages entreprit le roi? — 339. Quelles causes firent de nouveau éclater les hostilités? — 340. Quels furent les événements de cette seconde guerre? — 341. Par quelle paix la seconde guerre civile fut-elle terminée? — Signalez la réaction catholique qui s'opéra alors. — 342. Quelles furent les causes et les premiers événements de la troisième guerre? — 343. Quelles batailles la signalèrent? — Quel rôle y joua spécialement Coligny? — 344. Quelles conditions obtinrent les réformés à la paix de Saint-Germain? — 345. Par quel événement commença la quatrième guerre? — Racontez le massacre de la Saint-Barthélemy. — Le carnage s'étendit-il dans les provinces? — Faites connaître la belle réponse du vicomte d'Orthez à Charles IX. — Comment mourut l'Hospital? — Rappelez les principaux titres de gloire de cet homme illustre. — 346. Quel effet produisirent ces massacres sur les calvinistes? — A la défense de quelle ville les protestants se signalèrent-ils surtout? — 347. Quels événements eurent lieu à la fin du règne de Charles IX? — Comment mourut Charles IX? — 348. Signalez les principales institutions de son règne.

CHAPITRE VINGT-CINQUIÈME.

HENRI III ET LA LIGUE.

(1574-1589.)

—

SOMMAIRE.

349. En attendant le roi, Catherine de Médicis continue sa politique d'expédients et de transaction. Les protestants, assemblés à Milhau (juillet et août 1574), unis aux politiques, à la tête desquels sont

les Montmorency, publient leur manifeste (9 août) et se donnen
pour chef le prince de Condé.

350. Henri, arrivé en France, se fait sacrer et se marie (1575) ; il continue la guerre, et le duc de Guise est vainqueur à Fismes. Henri III se déshonore par ses débauches, et après une trève inutile, Catherine de Médicis fait signer la paix de Monsieur (1576), qui assure de grands avantages aux princes et aux protestants.

351. L'irritation exercée parmi les catholiques par cette paix favorise la création de la Ligue ou sainte Union destinée à la défense de la religion, mais dont les Guises se servent pour essayer d'arriver au trône. Henri III se fait proclamer chef de la Ligue aux états de Blois, qui demandent la guerre contre les protestants et refusent tout subside pour la faire (1577).

352. Les protestants, battus pendant la sixième guerre, acceptent la pacification de Bergerac et de Poitiers (1577). La septième guerre (5 mai, 26 novembre 1580) se termine par la paix de Fleix.

353. La France, divisée en deux grands partis religieux et politiques, est indiquée par le spectacle des désordres et des superstitions de la cour. Le duc d'Anjou est proclamé duc de Brabant, mais il est chassé et meurt (10 juin 1584).

354. Henri de Navarre, héritier du trône par la mort du duc d'Anjou, a pour adversaires les Guises, qui obtiennent contre lui et le prince de Condé une bulle du pape qui les déclare déchus (1585). Ils protestent ; et Henri, déployant toutes les rares qualités dont il était doué, s'assure de précieuses ressources.

355. La ligue des Seize s'organise à Paris (1586), et la guerre des trois Henri est signalée par les batailles de Coutras (20 octobre 1586), de Vimory (octobre) et d'Auneau (novembre 1587) Les ligueurs, et Guise à leur tête, essayent de détruire complétement l'autorité royale.

356. Le duc de Guise fait une entrée triomphale à Paris (9 mai 1588). Et après la journée des Barricades (12 mai), Henri III se réfugie à Rouen. Paris devient le centre de la république catholique. Le roi dissimule son ressentiment, et signe avec Guise l'édit d'union (19 juillet), qui annonce la convocation des états généraux.

357. Les seconds états de Blois 1588 n'étaient composés que de partisans des Guises. Henri III, excédé de leurs envahissements, fait assassiner les princes lorrains, mais il ne sait tirer aucun fruit de son crime, et la Ligue redouble de fureur contre lui. Catherine de Médicis meurt (janvier 1589).

358. Le duc de Mayenne, arrivé à Paris, organise le gouvernement. Henri III se rend à Tours, où il se réunit avec le roi de Navarre (20 avril). Les deux rois vainqueurs arrivent à Saint-Cloud, où Henri III est assassiné par Jacques Clément (1er août) : en lui finit la race des Valois. Il faut remarquer sous Henri III la création de l'ordre du Saint-Esprit (9 septembre 1578) et l'édit de Blois (mai 1579) qui améliore la législation.

549. HENRI III. — UNION DES PROTESTANTS ET DES POLITIQUES. — Dès que *Henri III* (duc d'Anjou) eut appris l'événement qui l'appelait à la couronne de France, il se hâta de quitter la Pologne, où l'humeur turbulente des nobles polo-

nais ne lui laissait aucun pouvoir, et où l'avaient déjà fait mépriser et détester sa mollesse, son amour pour les plaisirs et sa
honteuse corruption. Il redoutait cependant d'être retenu malgré lui ; aussi son départ fut-il une véritable évasion. Le nouveau roi rapportait dans sa patrie les vices les plus opposés aux
qualités qui lui eussent été nécessaires pour conjurer les calamités nouvelles qui étaient encore venues fondre sur la France
depuis son départ. Déjà les principaux confidents du duc d'A-
lençon, *la Mole et Coconas*, avaient payé de leur tête la participation de leur maître au dernier complot, et Montmorency, débarqué en Normandie avec le secours de la reine Élisabeth,
avait été pris et exécuté ; mais les protestants étaient encore en
armes dans le Poitou, le Lyonnais et le Dauphiné, et quoique
les supplices, les guerres et le découragement eussent beaucoup diminué le nombre des religionnaires, ils étaient toujours
redoutables, et allaient bientôt le devenir plus encore. Mais,
d'un autre côté, Catherine voyait avec inquiétude, à la tête du
parti catholique, une seconde génération de Guises, prête à
s'emparer du pouvoir et à dominer le royaume ; elle crut donc
devoir rester fidèle au système de bascule à l'aide duquel elle
était parvenue jusque-là à maintenir la couronne sur la tête de
ses fils, et à régner en leur nom. Elle s'était fait déférer la régence par Charles IX mourant et continua de l'exercer pendant les trois mois qui s'écoulèrent entre la mort de ce prince
et l'arrivée en France d'Henri III.

Tandis que ce dernier se laissait arrêter sur sa route par des
fêtes célébrées en son honneur, et payait la brillante réception
que lui fit le duc de Savoie par l'abandon des places de Pignerol, Pérouse et Savigliano, les derniers de ces trophées si chèrement achetés par les guerres d'Italie, Catherine, qui pressait
vainement l'arrivée de son fils, s'occupait tout à la fois à faire
aux huguenots des avances conciliatrices et à rassembler des
armées ; mais, en même temps, sa haine pour la maison de
Montmorency, qu'elle avait inutilement voulu comprendre dans
le massacre de la Saint-Barthélemy, assurait un puissant renfort au parti protestant. Déjà le maréchal de Montmorency, fils
aîné du connétable, était à la Bastille, comme soupçonné d'a-
voir pris part au dernier complot ; Catherine voulut faire arrêter
aussi son frère le maréchal de Damville, gouverneur du Languedoc ; celui-ci, instruit des projets de la régente, se mit immédiatement en relations avec les religionnaires, qui tenaient
alors une assemblée générale à *Milhau* (juillet et août 1574).
Ce fut dans cette assemblée que se conclut l'union des protestants avec les *Politiques*, parti nouveau, composé de tout ce qui

tenait à la puissante famille de Montmorency, et que grossirent bientôt tous les catholiques modérés qui blâmaient les cruautés exercées contre les réformés ou qui désapprouvaient la marche du gouvernement. Les deux partis, politique et huguenot réunis, publièrent (9 août) un manifeste dans lequel ils exposaient leurs griefs et demandaient la convocation des états généraux. A cette déclaration vint bientôt s'en joindre une autre, envoyée d'Allemagne par le prince de Condé, qui, étant parvenu à s'échapper de la cour, avait cherché un asile dans ce pays et avait rétracté son abjuration forcée. Dans sa déclaration, ce prince protestait contre les massacres et les persécutions religieuses, contre l'arrestation du duc d'Alençon et du roi de Navarre, et offrait d'employer tout son crédit pour lever en Allemagne une armée qu'il amènerait en France pour y aider à l'établissement de la liberté religieuse. L'assemblée de Milhau, se portant fort pour tous les réformés du royaume, accepta les offres de Condé, l'élut pour chef, gouverneur général et protecteur de toutes les Eglises de France, sous la condition qu'il jurerait de persévérer dans l'exercice public de la religion réformée, et qu'il travaillerait de tous ses moyens à faire triompher l'intérêt commun, sans acception de religion, et à amener la réunion d'une assemblée libre des états généraux. Ainsi se constituait ce parti puissant, qui compta trois princes du sang à sa tête, lorsque le duc d'Alençon (15 septembre 1575) et le roi de Navarre (20 février 1576), étant successivement parvenus à se soustraire à l'honorable captivité dans laquelle les retenaient Henri III et sa mère, furent venus s'y joindre.

350. Fin de la cinquième guerre de religion. — Paix de Monsieur. — Cependant Henri III, arrivé enfin à Lyon (6 septembre 1574), avait fait décider dans le conseil la continuation de la guerre contre les huguenots, un instant suspendue par Catherine ; et tandis qu'il allait à Reims se faire sacrer et épouser la princesse de Vaudemont, parente des princes Lorrains (13 et 15 février 1575), cette guerre se poursuivit dans le Midi, où les religionnaires obtinrent d'abord peu de succès. L'arrivée du duc d'Alençon y releva les courages, et bientôt le manifeste dans lequel il promettait de rendre la paix et la prospérité au royaume, par l'extinction des querelles religieuses, fut appuyé par trois armées, l'une sous les ordres du duc d'Alençon et de Damville dans le Midi, une seconde, arrivant d'Allemagne, sous le commandement de Condé, et un corps auxiliaire amené par l'électeur palatin, qui s'était fait promettre la cession des Trois-Évêchés pour prix de sa coopération. Un avantage remporté à *Fismes*, en Champagne, sur l'avant-garde de Condé, par le duc de Guise, qui y fut *balafré* d'une blessure à la joue (14 octobre), ne rassura pas Catherine. Elle ne voyait pas moins de dangers pour l'autorité royale à laisser les nouveaux Guises grandir dans l'opinion par leurs succès, qu'à souffrir que les protestants restassent unis aux étrangers pour démembrer la France. A force de démarches, elle parvint à faire conclure une trêve (22 novembre); mais les conditions en étaient si humiliantes pour les catholiques, qu'ils se refusèrent à l'exécuter. Aussitôt les deux armées de Condé et de l'électeur palatin entrèrent en France et vinrent joindre à Moulins le duc d'Alençon. C'est à ce moment que le roi de Navarre rejoignit lui-même ses anciens compagnons d'armes, et retourna à la religion protestante. Dès lors les exigences de ce parti ne connurent plus de bornes.

Henri III, cependant, avait oublié lui-même ses victoires de Jarnac et de Moncontour (n° 343), dont on lui avait fait une si brillante auréole; il passait des journées entières à se parer, ou à se plonger dans la débauche, au milieu d'une troupe de jeunes favoris aussi infâmes que lui : il ne se montrait en public qu'entouré de ce honteux cortège de *mignons*, comme les appelait le peuple, portant une nichée de petits chiens suspendus à son cou, ou un perroquet sur le poing; ou bien, il courait les rues en costume de pénitent, avec un chapelet de têtes de mort et la discipline à la main. Catherine voyait avec douleur la royauté ainsi déshonorée aux yeux des catholiques, méprisée des protestants, et peut-être à jamais compromise. Elle crut la sauver en amenant, à force d'adresse, le duc d'Alençon à signer à *Chastenay*, près de Château-Landon (6 mai 1576), la cinquième paix de religion, dite aussi *paix de Monsieur*, parce que l'on commençait à donner ce nom au frère puîné du roi. Ce traité lui assura le titre de duc d'Anjou, en ajoutant à ses apanages l'Anjou, la Touraine et le Berri; le roi de Navarre obtint le gouvernement de la Guyenne, Condé celui de la Picardie, les protestants le libre exercice de leur religion dans tout le royaume, à l'exception de Paris, des chambres mi-parties dans les parlements, et huit places de sûreté, savoir : la Rochelle, Montauban, Cognac, Saint-Jean d'Angely, Niort, Saumur, la Charité et Mézières; trois millions et demi devaient être payés aux auxiliaires allemands des protestants et des princes; enfin, les états généraux étaient convoqués à Blois.

351. LA SAINTE LIGUE. — LE DUC DE GUISE. — PREMIERS ÉTATS GÉNÉRAUX DE BLOIS. — La paix de Monsieur était en réalité l'arrêt du démembrement de la France en faveur des princes ligués et des protestants : on comprend l'irritation

qu'elle causa dans le clergé, dont il fallait vendre les biens pour
payer les aventuriers allemands qui avaient déjà ruiné la France;
dans les parlements, que dénaturait la création des chambres
mi-parties; dans toute la population catholique, enfin, qui refusa de laisser chanter les *Te Deum* d'actions de grâces pour le
rétablissement de la paix. Se considérant comme trahi par le
gouvernement, le peuple renouvela partout ces ligues particulières qui depuis plusieurs années déjà avaient commencé à
s'organiser contre les huguenots dans quelques provinces, et
particulièrement à Toulouse (12 mars 1568), où une de ces
croisades, comme on les appelait d'abord, avait pris pour devise : *Eamus nos, moriamur cum Christo.*

À l'époque qui nous occupe, c'est de la Picardie que partit
le signal. Le gouvernement de cette province avait été, comme
nous l'avons dit, abandonné à Condé. D'*Humières*, gentilhomme dévoué aux Guises qui commandait à Péronne, refusa
de livrer cette place forte au nouveau gouverneur, et organisa,
pour s'opposer aux projets des huguenots, une ligue qu'une foule
d'autres prirent pour modèle; elles finirent par se réunir en
une seule, dont tous les membres s'engageaient par serment à
persévérer jusqu'à la mort dans la *sainte Union*, formée au
nom de la sainte Trinité pour la défense de la religion catholique, du roi Henri III et *des prérogatives dont le royaume
jouissait sous Clovis...* « Nous nous obligeons, ajoutaient-ils,
à employer nos biens et nos vies pour le succès de la sainte
Union, et à poursuivre jusqu'à la mort ceux qui voudront y
mettre obstacle. Tous ceux qui signeront seront sous la sauvegarde de l'Union, et, en cas qu'ils soient attaqués, recherchés
ou inquiétés, nous prendrons leur défense, même par la voie
des armes, *contre quelque personne que ce soit...* Ceux qui refuseront de se joindre à la sainte Union seront traités en ennemis et poursuivis les armes à la main... *On élira au plus tôt
un chef à qui tous les confédérés seront obligés d'obéir, et tous
ceux qui refuseront seront punis selon sa volonté.* » Ce chef,
qui devait être armé d'un pouvoir aussi absolu, n'était pas désigné encore; mais tout le monde nommait le jeune duc de
Guise. Déjà les agents secrets de cette famille ambitieuse, s'appuyant sur la prétention des Guises à descendre de Charlemagne, montraient la malédiction de Dieu attachée aux Valois, à
cette race d'usurpateurs, frappés les uns par les foudres de l'É-
glise, les autres dans leur raison, dans leur liberté, dans leur
santé, presque tous mourant à la fleur de l'âge et sans laisser
de successeurs. Il était temps *de* rendre le sceptre à la postérité
de Charlemagne, et, *de l'avis du pape*, de renfermer le roi

dans un monastère pour le reste de ses jours, *comme fit Pépin à l'égard de Childéric.*

Henri n'ignorait pas ce redoutable complot, lorsqu'il vint (6 décembre 1576) ouvrir les premiers *états généraux de Blois;* il put d'ailleurs juger de leurs dispositions par la proposition qui y fut faite immédiatement de donner force de loi aux délibérations qui seraient prises à l'unanimité, *sans qu'il fût besoin de la sanction du roi.* Henri crut déjouer les projets de ses ennemis en se déclarant lui-même le *chef de la Ligue* (12 décembre). Les députés, voulant le mettre à l'épreuve, et fidèles aux instructions qu'ils avaient reçues de ne souffrir qu'*une foi et une loi dans le royaume,* lui demandèrent de révoquer les derniers édits de pacification. Henri se rendit encore à ce vœu (1er janvier 1577); mais, représentant aux états que c'était déclarer la guerre, il demanda de l'argent pour la faire, ou au moins, l'autorisation de vendre pour trois cent mille livres de rente des biens de la couronne. Le clergé offrit de solder six mille deux cents hommes, la noblesse de marcher en personne; le tiers état refusa toute espèce de concours et d'autorisation. *Voilà une énorme cruauté,* s'écria le roi en apprenant cette décision; *ils ne veulent ni me secourir du leur ni permettre que je m'aide du mien.* Lui susciter d'inextricables embarras était en effet toute la politique de ses ennemis. Les états se séparèrent (1er mars) en engageant le monarque à *traiter si gracieusement ceux de la nouvelle religion qu'il n'y eût pas lieu de recommencer la guerre.*

532. Sixième et septième guerres de religion. — La guerre s'était rallumée déjà. A la nouvelle de la révocation arrachée au roi par les états de Blois, Condé en avait appelé *à Dieu et à ses armes victorieuses,* le roi de Navarre s'était emparé de Périgueux et de plusieurs autres places, et *la Noue,* avait recommencé les hostilités dans le Poitou. Toutefois les protestants furent bientôt battus sur tous les points et réduits à demander la paix. Quoique plus affaiblis qu'ils ne l'avaient encore été jusque-là, ils obtinrent du roi, qui voulait se ménager en eux un appui contre la Ligue, des conditions plus avantageuses que jamais, et les édits de pacification de *Poitiers* et de *Bergerac* (17 septembre), en cassant et annulant *toutes ligues, associations et confréries faites et à faire, sous quelque prétexte que ce soit, au préjudice du présent édit,* ne frappaient pas moins les ligueurs catholiques que les religionnaires; aussi excitèrent-ils au plus haut degré la fureur de tout le parti de la Ligue. Ce ne fut pas lui néanmoins qui recommença la guerre. Elle eut pour cause les propos inconsidérés du roi sur la conduite scandaleuse de sa sœur Marguerite, épouse du roi de Navarre. Celui-ci, qui pardonnait facilement des désordres dont il donnait l'exemple, fut toutefois irrité de voir *sa femme barbouillée de boue par son frère*, et entreprit contre lui la septième guerre civile, dite aussi la *guerre des Amoureux*, qui dura moins de six mois (5 mai-28 novembre 1580). Après quelques succès obtenus par les catholiques, elle se termina par la paix de *Fleix*. Ce traité mit le roi de Navarre en possession de l'Agénois et du Quercy, qui avaient été promis en dot à sa femme, et laissait aux protestants les avantages que leur assuraient les derniers traités.

555. ÉTAT INTÉRIEUR DE LA FRANCE. — ÉVÉNEMENTS JUSQU'A LA MORT DU DUC D'ANJOU. — Ces dernières guerres n'avait fait en quelque sorte qu'entretenir la haine réciproque des deux grands partis religieux qui divisaient la France, et des factions politiques qui s'appuyaient sur eux. Entre ces deux partis, et presque également méprisée de l'un et de l'autre, se trouvait cette cour dissolue d'Henri III, dont les mignons unissaient, comme le firent un siècle et demi plus tard les *roués* de la régence, les mœurs les plus efféminées à la bravoure féroce du spadassin, le goût des plus infâmes désordres aux manières les plus recherchées et a la plus somptueuse élégance. Les salles basses du Louvre étaient des écoles d'escrime pour toute la jeune noblesse. C'était un honneur singulier que d'exceller à courir, a franchir un fossé, a donner *prestement* un coup de poignard ou de pistolet. On ne parlait que de meurtre et de galanterie, de carnage et de fêtes; les forfaits, mêmes les plus odieux, s'excusaient facilement, pourvu qu'il s'y mêlât quelque apparence d'héroisme. Les femmes poignardaient *civilement* leurs maris, et ceux-ci lavaient leur honneur outragé dans le sang de leurs épouses et dans celui de leurs complices adultères.

A tous ces crimes, à toutes ces débauches se mêlaient sans transition aucune des actes de dévotion. On suivait, nu-pieds et couvert d'un cilice, de pompeuses et augustes processions. Puis, au sortir de l'église, on courait chez le devin ou l'astrologue; car c'était aussi le temps de toutes les croyances superstitieuses, des charmes et des philtres propres à produire l'amour ou à assurer la vengeance. On montre encore, dans le château de Blois, la tour du haut de laquelle Catherine de Médicis observait les astres, et la chambre de son astrologue, qui passait aussi pour un fort habile empoisonneur. Enfin, c'était encore la mode des dévouements les plus exagérés, des témoignages les plus outrés d'affection ou de regret. Au premier si-

gnal du prince ou d'une maîtresse, on se précipitait dans une
rivière sans savoir nager, on faisait ruisseler son sang avec la
pointe de son poignard. Et le roi n'était pas le seul à s'entourer
ainsi d'une troupe de *braves* dévoués, prêts à prendre en tout
et partout fait et cause pour lui : les Guises, le roi de Navarre
avaient leurs mignons comme Henri III. Un duel eut lieu entre
trois mignons du roi et trois de ceux du duc de Guise (27 avril
1578); quatre d'entre eux y périrent, deux de chaque côté. Le
roi donna aux siens, *Caylus* et *Maugiron*, des témoignages in-
sensés de regret, et leur éleva dans l'église Saint-Paul de magnifiques tombeaux avec leurs statues en marbre; il en fit autant
pour *Saint-Mégrin*, assassiné par ordre du duc de Guise à
cause de ses intrigues avec la duchesse. Un autre mari outragé
tua en guet-apens le beau *Bussy d'Amboise*, favori du nouveau
duc d'Anjou.

Ce prince, resté fidèle à la cause royale pendant les deux dernières guerres, s'était, après le traité de Fleix, rapproché de ses
anciens alliés les huguenots, non pour rallumer la guerre en
France, mais pour la porter dans les Pays-Bas, toujours révoltés contre Philippe II, et qui le reconnurent quelque temps
après pour leur souverain. Mais, proclamé solennellement duc
de Brabant (19 février 1582), il ne sut pas profiter de sa fortune; il indisposa les Flamands par ses vices; et ayant voulu
attenter à leurs libertés, il fut ignominieusement chassé par eux.
Cependant il négociait encore pour son retour, lorsqu'il mourut à Château-Thierry, âgé de trente ans à peine, de la même
maladie que son frère Charles IX (10 juin 1584). Il avait failli
épouser la reine Elisabeth d'Angleterre.

554. HENRI DE NAVARRE. — La mort du duc d'Anjou,
héritier présomptif de la couronne, puisque Henri III n'avait
pas d'enfants, était un événement qui devait avoir les plus
graves conséquences. En effet, si les Guises avaient pu concevoir l'espérance d'enlever la couronne aux Valois, combien cet
espoir ne devenait-il pas mieux fondé lorsqu'il ne leur restait
plus qu'à écarter du trône Henri de Béarn, parent du roi régnant, au vingt-deuxième degré seulement, et qui surtout était
protestant! La seule pensée de voir un hérétique relaps assis
sur le trône de saint Louis devait faire frémir d'horreur tous les
catholiques de France et de l'étranger. Le duc de Guise le comprit : il ne dissimula plus sa résolution de faire exclure Henri
de Bourbon et son cousin, le prince de Condé, de la succession
à la couronne comme hérétiques, et de se mettre en état d'assurer au besoin cette exclusion par la force des armes. Ce fut par
ce dernier point qu'il commença. A l'aide des troupes levées en

Lorraine. il s'assure des Trois-Évêchés, de la Champagne, de la Picardie, de Lyon et de toutes les grandes villes du centre de la France; en même temps il renouvelle son alliance avec Philippe II; puis il réussit à faire entrer dans cette coalition, par le traité de *Nemours* (7 juillet 1585), l'imbécile Henri III lui-même, qui ne s'aperçoit pas qu'il ne doit être, entre les mains de ses ennemis, que l'instrument de sa propre ruine; enfin il obtient du nouveau pape Sixte-Quint (10 septembre) la bulle qui déclare le roi de Navarre et le prince de Condé hérétiques relaps, excommuniés, *déchus de tous leurs domaines et incapables de succéder au trône de France.*

Obligé de lutter contre des difficultés infinies, Henri de Navarre déploya toutes les ressources de ce caractère extraordinaire qui, traversant avec une merveilleuse souplesse, comme avec une indomptable énergie, les situations les plus périlleuses, devait parvenir au trône dont tant d'obstacles semblaient l'écarter à jamais. « Les passe-temps ne sont plus de saison, » lui avait écrit son ami Duplessis-Mornay, à la nouvelle de la mort du duc d'Anjou. L'avis était bon; car jusqu'alors, le fils de Jeanne d'Albret, entraîné par le torrent, s'était livré tout entier à cette vie de plaisirs, de fêtes et de désordres, qui était celle de tous les seigneurs de la cour. Sans corriger entièrement ses mœurs, qui restèrent singulièrement relâchées, Henri devait montrer, au milieu des périls, des intrigues, des divisions, cette finesse qui déjoue les pièges, cette audace qui affronte et surmonte le danger, cette franche bonhomie qui déconcerte la politique, cette gaieté qui brave la mauvaise fortune, cette ouverture de cœur et cet élan généreux qui gagnent la popularité. Intrépide et vigoureux comme un enfant des montagnes, rusé et joyeux comme un habitant du Midi, plein d'expédients et sans convictions bien profondes, Henri avait, au milieu des guerres civiles, toutes les qualités d'un chef de parti, en attendant qu'il fît briller sur le trône tout le génie d'un grand roi.

A peine frappé, avec le prince de Condé, par la bulle de Sixte-Quint, Henri prend à l'instant son parti. Il répond audacieusement par une protestation affichée sur les portes mêmes du Vatican (6 novembre); il s'assure l'alliance d'Élisabeth d'Angleterre et des protestants de Suisse et d'Allemagne, gagne à son parti Montmorency, gouverneur du Languedoc, et suivant le conseil du jeune *Rosny*, si célèbre plus tard sous le nom de *Sully*, *il se cantonna puissamment dans les provinces en deçà de la Loire, qui devaient lui servir un jour à conquérir le total.*

584. GUERRE DES TROIS HENRI. — LES SEIZE. — La

guerre des trois Henri (Henri III, Henri de Navarre, Henri de Guise) commença (1586) au moment même où s'organisait à Paris, contre l'autorité royale, la *Ligue des Seize*, ainsi nommée parce que ses chefs se partagèrent l'administration des seize quartiers de la capitale. Vendus au duc de Guise, ils tentèrent de s'emparer de la personne et de la couronne de Henri III; mais le duc d'*Epernon*, favori du roi, fit échouer leurs projets en occupant la Bastille et l'Arsenal. Cependant, tandis que le roi Henri de Navarre était vainqueur à *Coutras*, où il tuait le duc de *Joyeuse* et déployait la plus brillante valeur (20 octobre 1587), le duc Henri de Guise gagnait sur une armée de Suisses et d'Allemands, envoyée au secours du parti protestant, la bataille de *Vimory*, près de Montargis, et celle d'*Auneau*, près de Chartres (octobre et novembre 1587), qui forcèrent ces étrangers à évacuer la France.

Henri III avait lui-même préparé ce succès en remportant un premier avantage sur les Suisses et les Allemands à la *Charité-sur-Loire*; mais on ne lui en sut aucun gré, tandis que les victoires du duc de Guise accrurent considérablement sa popularité. *La France*, dit un contemporain, *était folle de cet homme-là, car c'est trop peu dire amoureuse*. Dès lors, son audace et celle de la Ligue ne connurent plus de bornes. Les chefs du parti, réunis à Nancy sous la présidence de Guise, y rédigèrent (février 1588) un mémoire au roi, dans lequel ils lui demandaient la publication du concile de Trente, l'établissement de l'inquisition, le renvoi de ses favoris et le changement du gouvernement, des places de sûreté pour la Ligue, et la guerre à outrance contre les hérétiques. Cette séditieuse requête, appuyée sur l'arrogance toujours croissante des princes lorrains, apprit à Henri le peu de cas que l'on faisait de son autorité, et lui montra à quel point d'abaissement il était réduit. Ne pouvant résister ouvertement, il négocia avec les Guises, espérant conjurer le danger à force d'adresse.

386. Journée des Barricades. — Édit d'union. — Cependant les ligueurs de Paris demandaient Guise avec impatience; les Seize n'attendaient plus que sa présence pour porter à l'autorité royale les derniers coups; mais Henri III, instruit de leurs projets, envoie au duc la défense de revenir dans la capitale. Dès lors celui-ci n'hésite plus; il brave la défense du roi, et se rend à Paris, où le peuple, ivre d'allégresse, reçoit en triomphe et au milieu des acclamations d'une joie fanatique le *Macchabée de la France*, le *nouveau Gédéon, le juste qui vient confondre la cour d'Hérode, le dé-*

fenseur de la religion, le sauveur de la patrie (9 mai). Rassuré par cet accueil contre les dangers que pouvait lui faire courir son mépris des ordres du roi, Guise ose se présenter devant ce prince; et celui-ci, qui, un instant auparavant, voulait le poignarder de sa main, n'ose le faire arrêter. Le lendemain (10 mai), le duc revient sommer le roi de faire droit aux réclamations du mémoire de Nancy. Henri III lui répond par des menaces contre les Parisiens factieux; et, n'ignorant pas que Guise dispose à son gré de la population de cette grande ville, il envoie à quatre mille Suisses et à deux mille de ses gardes l'ordre de se rapprocher de Paris. Deux jours après, il veut leur faire occuper la ville : mais le peuple, soulevé par les Seize, s'oppose à leur marche. Bientôt toutes les rues sont dépavées, des barricades s'y élèvent de toutes parts; les soldats étrangers, assaillis par les fenêtres, sont tués ou désarmés, et les barricades sont poussées jusqu'au Louvre, où le roi se trouve prisonnier. C'est ce qu'on nomma la *journée des Barricades* (12 mai).

Le lendemain, tandis que la reine mère amusait Guise par des négociations captieuses, Henri III s'échappait de Paris et se retirait à Chartres, d'où il se rendit ensuite à Rouen (11 juin). Le Balafré, vivement contrarié d'avoir manqué une si belle occasion de se défaire du roi et de s'emparer de la couronne, s'assura du moins la possession de la capitale en remplaçant par des ligueurs dévoués les magistrats et les officiers royaux et en organisant tous les moyens de défense. Guise essaya aussi de rattacher le parlement à sa cause; mais son habileté comme son audace échouèrent contre la fermeté du président *Achille de Harlay*, qui osa lui tenir tête et lui répondre : *C'est grand'pitié, monseigneur, quand le valet chasse le maître; au reste, mon âme est à Dieu, mon cœur au roi, mon corps entre les mains des méchants, ils en feront ce qu'ils voudront.* — *Vous me parlez d'assembler le parlement; mais, quand la majesté du prince est violée, le magistrat n'a pas d'autorité.* Le président Brisson fut plus docile, et fit ce que désirait Guise. « Dès lors Paris, sous un gouvernement municipal tout démocratique, se trouva affranchi de l'autorité royale, et devint pendant six ans le centre de la république catholique. » (Lavallée).

Henri III, dissimulant ses pensées de vengeance, consentit à écouter les propositions d'accommodement et les assurances de fidélité que lui adressa bientôt la Ligue; mais il commit, malgré les sollicitations de sa mère, la faute grave de ne pas rentrer dans Paris, qu'il laissa ainsi sous l'influence de ses ennemis. Cependant, il réforma sa cour et son administration, révoqua les nombreux édits bursaux qu'il avait publiés depuis son avénement et qui avaient excité de graves mécontentements, renvoya le duc d'Epernon, et tandis que ce favori, irrité de sa disgrâce, s'alliait avec les huguenots, Henri traitait avec Guise, et signait (19 juillet) l'*édit d'union*. Cet acte portait amnistie pour le passé, contenait le serment prêté par le roi et l'ordre adressé par lui à ses sujets de ne poser les armes qu'après l'extermination des huguenots, déclarait tout prince hérétique exclu par avance de la succession au trône, nommait Guise lieutenant général du royaume, remettait à la Ligue plusieurs places de sûreté, et annonçait la convocation prochaine à Blois de nouveaux états généraux.

557. ÉTATS DE BLOIS. — ASSASSINAT DES GUISES. — Les seconds *états généraux de Blois*, annoncés par l'édit d'union, s'ouvrirent le 16 octobre de cette même année. Les calvinistes, exclus des élections depuis le triomphe de la Ligue, n'y avaient aucun représentant; les politiques, sur lesquels le roi comptait s'appuyer, avaient eu le dessous dans la lutte électorale; le parti des Guises et des ligueurs était donc tout-puissant dans l'assemblée. Ils le prouvèrent par l'insolence de leurs discours et de leurs exigences. Non contents de faire jurer au roi l'édit d'union comme loi fondamentale du royaume, ils exigèrent de lui l'abolition de toutes les taxes nouvelles, la suppression des charges créées depuis quinze années, la continuation des poursuites et de la guerre contre les hérétiques, sans vouloir lui donner les moyens de la soutenir. Se roidissant contre lui à mesure qu'ils le voyaient faiblir, les députés disaient que les *états avaient tout pouvoir, et que le roi ne devait qu'exécuter leurs volontés*. Poussé à bout par tant d'humiliations, n'ignorant pas d'ailleurs que le cardinal de Guise attendait avec impatience le moment où, *serrant sa tête entre ses genoux, il pourrait lui faire avec un poignard sa troisième couronne*, et que la duchesse de Montpensier, sœur des Guises, se plaisait à montrer les ciseaux d'or qu'elle destinait à lui couper les cheveux avant qu'on le jetât dans un couvent, Henri III conçut le projet de jeter l'épouvante parmi les ligueurs en faisant assassiner leurs chefs.

Le duc de Guise, averti du complot, se contenta de répondre: *Il n'oserait*. Il ne s'agissait que d'un assassinat: le fils de Catherine de Médicis osa. Le Balafré, mandé dans le cabinet du roi, fut frappé, au moment d'y entrer, par des assassins apostés par Henri lui-même (23 décembre). Son frère le cardinal, arrêté au même moment, fut mis à mort le lendemain. Catherine de Médicis, alors étendue sur son lit de mort, fut effrayée elle-même d'un pareil attentat. Lorsque son fils vint lui apprendre *qu'il était redevenu roi de France ayant fait tuer le roi de Paris*, elle lui dit : *Vous avez taillé, mon fils, mais il faut coudre. Avez-vous pris vos mesures? Deux choses vous sont nécessaires, promptitude et résolution.* L'une et l'autre lui manquèrent. Au lieu de courir à Paris avec les troupes qu'il pouvait réunir encore pour y frapper la Ligue au cœur après l'avoir blessée à la tête, il la laisse exhaler jusqu'au délire sa redoutable fureur. Les chaires chrétiennes, changées depuis longtemps déjà en autant de tribunes politiques qui eurent une immense influence sur tous les événements de cette époque, retentissent des déclamations les plus violentes contre le *nouvel Hérode*, contre le *roi assassin*. Les prédicateurs font jurer au peuple d'employer jusqu'au dernier denier de sa bourse, jusqu'à la dernière goutte de son sang, à venger les deux martyrs. Les confesseurs refusent l'absolution à ceux qui reconnaissent encore Henri de Valois pour souverain légitime. La Sorbonne déclare *le peuple français délié du serment de fidélité prêté au roi Henri III.* Le parlement seul hésitait encore : *Bussy le Clerc*, le plus furieux des Seize, s'y présente avec une bande de ligueurs, arrête le premier président de Harlay et soixante conseillers, qu'il fait conduire à la Bastille au milieu des huées de la populace : le reste, avec Brisson (n° 346), prête serment à la Ligue, et confirme le décret de la Sorbonne, qui reçut aussi l'approbation du saint-siége. La royauté des Valois sembla descendre dans le tombe avec Catherine de Médicis (janvier 1589); son dernier représentant ne devait pas longtemps survivre à cette catastrophe.

535. FIN DU RÈGNE DE HENRI III. — SA MORT. SES INSTITUTIONS. — Paris *parlait déjà de se gouverner en république, sans roi ni prince d'aucune sorte*, lorsque le duc de Mayenne, frère des Guises, y arriva (12 février 1589) à la tête d'une petite armée levée dans la Bourgogne et la Champagne. — En attendant la réunion de nouveaux états généraux nommés en remplacement de ceux que Henri III venait de congédier, il fait placer à la tête du gouvernement un *conseil général de l'Union des catholiques*, composé de quarante membres, tous choisis parmi les partisans les plus dévoués de la faction des Seize, et dont il est lui-même le président. Nommé de plus par ce conseil suprême *lieutenant général de l'État royal et couronne de France*, il s'occupe avec autant de vigueur que d'activité de rattacher à l'Union toutes les parties du royaume, qui, à l'exception de quelques provinces de la Picardie, de la

Normandie, de la Guyenne et du Dauphiné, s'empressèrent de suivre l'exemple donné par la capitale. Tandis que Mayenne organisait ainsi dans toute la France le nouveau gouvernement et le faisait reconnaître par le roi d'Espagne, Philippe II, tandis qu'il assurait la rentrée des impôts et levait deux armées pour aller combattre Henri III, celui-ci, effrayé des conséquences de son attentat, n'avait encore pris d'autres mesures que de dissoudre les états généraux (17 janvier), de déclarer criminel de lèse-majesté le duc de Mayenne et son cousin le duc d'Aumale, nommé par le conseil de l'Union gouverneur de Paris, et d'ordonner au parlement de Paris et à la chambre des comptes de se transporter à Tours, où il se rendit lui-même. Ce fut là que, n'ayant plus autour de lui qu'un petit nombre d'amis fidèles, et d'autre armée qu'un faible corps amené par d'Épernon, Henri reçut et accepta, non sans hésitation, les offres de service du roi de Navarre (20 avril).

De ce moment la guerre civile changea de nature : pendant que la Ligue se vouait à la défense des principes démocratiques éclos au sein de la Réforme, les huguenots, devenus les soutiens de la monarchie, se préparaient à faire triompher la royauté absolue. Bientôt l'armée des deux rois, renforcée de la noblesse presque tout entière, pleine de mépris pour la démocratie populacière de la Ligue, et de quinze mille Suisses, soudoyés par Harlay de Sancy, battit les ligueurs sur tous les points, et vint, au nombre de plus de quarante mille hommes, camper sur les hauteurs de *Saint-Cloud*. Les deux rois se préparaient à assiéger dans Paris les chefs de la Ligue; et, quoique appuyée seulement par une armée de dix mille hommes, cette ville se préparait à une résistance désespérée, lorsque, la veille de l'assaut général, Henri III, l'assassin des Guises, fut lui-même assassiné par le moine dominicain *Jacques Clément*. S'étant fait introduire auprès du roi pour lui remettre des lettres, le meurtrier saisit le moment où il était occupé à les lire pour le frapper au bas-ventre d'un coup de couteau (1er août 1589). Henri III était le cinquième et fut le dernier roi de la branche des Valois d'Angoulême, qui avait occupé le trône pendant soixante-quatorze ans. Avec lui s'éteignit aussi cette race des Valois qui, dans un espace de deux cent trente et un ans, avait donné treize rois à la France.

Nous avons montré comment, sous les dix premiers de ces princes, le pouvoir royal avait progressivement grandi aux dépens de la féodalité, et comment s'était successivement opérée la fusion en une puissante monarchie de toutes ces provinces, qui avaient si longtemps formé autant d'États séparés. Devenu

FIN DU REGNE D'HENRI III.   385

absolu sous François Ier et Henri II, ce pouvoir, ébranlé sous
leurs successeurs par une irrésistible réaction, n'avait pu être
protégé par les mesures même les plus violentes, et s'était
écroulé sous les coups des factions religieuses et politiques.
La funeste impuissance et les crimes qui signalent les règnes
des trois derniers Valois ne rendirent cependant pas ces règnes
totalement stériles pour la France. « C'est que, pendant que
l'ambition des grands et les passions du peuple bouleversaient
le royaume, la magistrature offrait une foule d'hommes austères,
voués à la science, impassibles gardiens des lois, tout occupés
de sages réformations. C'est à eux qu'on doit les quarante-six
ordonnances du règne de François II, les cent quatre-vingt-
huit du règne de Charles IX, les trois cent trente du règne de
Henri III. » (Lavallée.)

Parmi ces dernières, nous citerons seulement celle qui créa
l'ordre du Saint-Esprit (9 septembre 1578), par l'attrait duquel
Henri III avait espéré ramener tous les grands seigneurs à la
profession de la foi catholique, condition indispensable pour en
devenir membre; et surtout l'édit de Blois (mai 1579), complément de ceux de Villers-Cotterets et de Moulins (n{os} 348
et 222). Ces ordonnances, en achevant de créer la législation
civile, tracèrent à l'administration des règles plus sages que
celles précédemment suivies, et assurèrent aux citoyens, pour
leur honneur, leur vie et leur fortune, des garanties inconnues jusqu'alors. Mais le noble rôle si bien rempli par François Ier et par Henri II était oublié. « La France, loin d'arrêter
les progrès de la puissance de l'Espagne en Europe, était maintenant livrée à ses intrigues, et courait risque d'être réduite
prochainement en province espagnole. Dans cet état désespéré,
elle trouva Henri IV pour la sauver d'une ruine certaine. »
Poirson.)

OUVRAGES A CONSULTER. — Les Mémoires déjà cités de du Puget,
Guillaume de Tavannes, Gamon, Philippi, Merge, Henri duc de Bouillon, Marguerite de Valois, Cheverny, de Thou, de Sully, P. de l'Estoile,
registre-journal de Henri III, et la Relation de Miron placée à la suite;
Villeroy, Mémoires d'Estat; Jacq. Pape, Mornay, d'Aubigné, le duc d'Angoulême, Matth. Merle, Saint-Auban, Mémoires; Palma Cayet, Chrono-
gie novenaire, introduction; Ville-Gomblain, Mémoires des troubles arrivés
sous Henri III; Simon Goulart, Mémoires de la Ligue; Déclaration et protestation du roi de Navarre, etc.; Amplificat on des particularités qui se passèrent à Paris quand M. de Guise s'en empara et que le roi en sortit; le Martyre
des deux frères, etc., dans les archives curieuses de l'histoire de France,
XI, XII; Recueil des états généraux, t. IV et V; Pasquier, Lettres; la
vie et faits notables de Henri de Valois, par un contemporain; Bossant,
histoire mémorable de la vie de Henri de Valois; les Histoires déjà citées
de J. de Thou, de Mézeray, Anquetil, Sismondi, la Vallée; les Précis de

V. HIST. DE FR. Cl. de 2e.   17

386 FRANCE.

MM. Poirson et Michelet; Anquetil, *Esprit de la Ligue*; Lacretelle, *Guerres de religion*; Capefigue, *la Réforme et la Ligue*; Ch. Labitte, *De la Démocratie chez les prédicateurs de la Ligue*; Aug. Trognon, *Études sur l'histoire de France*.

QUESTIONNAIRE. — 349. Comment Henri III monta-t-il sur le trône? — Quels étaient les principaux chefs du parti des calvinistes et des politiques réunis? — 350. Quelle victoire remporta le duc de Guise et quel surnom reçut-il à cette occasion? — Par quel traité se termina la cinquième guerre de religion? — 351. Comment se forma la Ligue? — A quelle occasion éclatèrent les projets du duc de Guise? — Que se passa-t-il aux premiers états de Blois? — 352. Dites quelques mots de la sixième et septième guerre de religion, et des traités qui intervinrent alors. — 353. Donnez une idée de l'état des mœurs à la cour de Henri III. — Faites connaître les dernières aventures du duc d'Anjou. — 354. Quelles furent les conséquences de la mort du duc d'Anjou? — Faites connaître le caractère d'Henri de Navarre. — 355. Comment éclata la guerre des trois Henri? — Par quelle victoire se signala Henri de Navarre? — Quelle popularité et quelle audace donnèrent à Guise ses victoires sur les étrangers? — 356. Quel événement amena la journée des Barricades? — Quelle puissance donna-t-elle à Guise, et comment en usa-t-il? — Qu'est-ce que l'édit d'Union? — 357. Quel esprit animait les députés des seconds états généraux de Blois, et quelles furent leurs prétentions? — Par quel crime Henri III essaya-t-il de ressaisir son autorité? — Quelles furent les conséquences de cet attentat? — 358. A qui Henri III eut-il alors recours? — Quel événement empêcha les deux rois de poursuivre leurs succès? — Quelle branche de la famille royale finit avec Henri III? — Quelles ordonnances célèbres furent publiées et que concernaient-elles? — Quelle était la situation générale de la France à la mort d'Henri III?

APPENDICE

GÉOGRAPHIE POLITIQUE DE LA FRANCE A LA MORT D'HENRI III (1).

—

SOMMAIRE.

359. La France est réduite au plus déplorable état de morcellement et de division; les villes les plus voisines sont souvent au pouvoir des partis opposés; la féodalité et l'antagonisme des provinces et des seigneurs renaissent; la guerre civile est partout.
360. Le parti royaliste domine dans les provinces du Centre, Anjou, Touraine, Orléanais, Perche, Nivernais, Saintonge, Angoumois,

(1) Voir dans l'Atlas de M. Ansart la carte de la *France à la mort de Henri III*.

Limousin, Marche, Bourbonnais ; il possède des villes importantes en Normandie, Picardie, Champagne, Ile-de-France, Bretagne, Auvergne ; il a peu d'importance dans le Midi et dans l'Est.

361. Le parti calviniste, faible dans le Nord et dans le Nord-Est, domine dans le Midi : Cévennes, Dauphiné, Poitou, surtout Aunis, Guyenne et Gascogne ; il a des places importantes en Bretagne, en Saintonge, en Limousin, en Languedoc, et dans les diverses provinces du Centre.

362. Le parti de la Ligue, prépondérant dans le Nord et dans l'Est, occupe presque entièrement la Picardie, l'Ile-de-France, la Bourgogne, le Lyonnais, la plus grande partie de la Normandie et de la Champagne, du Maine, de la Bretagne, du Berri, du Bourbonnais, de l'Auvergne, du Languedoc, de la Provence.

359. DÉCHIREMENT DU ROYAUME. — Il faut nous arrêter un instant pour examiner l'état déplorable de déchirement auquel la France était réduite à la mort d'Henri III. Il n'était pas une province qui ne fût divisée au moins entre deux partis ; la plupart étaient partagées entre les trois factions des royalistes, des calvinistes et des ligueurs, qui se faisaient une guerre acharnée, appelant souvent à leur aide les secours des étrangers. Les grands seigneurs reprenaient leur indépendance et leur turbulente insubordination ; les provinces, rapprochées par la royauté depuis Louis XI, se morcelaient et s'isolaient de nouveau les unes des autres. Le Midi, presque tout protestant, reprenait l'attitude des provinces de l'Aquitaine sous la domination anglaise ; et les fortes villes de la Rochelle, de Montauban, de Nîmes, et les autres places de sûreté accordées aux huguenots servaient de capitales et de boulevard à une sorte de république indépendante. Comme au temps de la féodalité et des guerres privées, les hostilités renaissaient entre les provinces, les villes et les châteaux. Souvent des places toutes voisines appartenaient à des partis différents, comme Saint-Malo, Dinan et Montfort en Bretagne ; Réthel, Rocroy et Sedan en Champagne ; le Mans, la Flèche et Baugé dans le Maine et l'Anjou. Dans les grandes villes, chaque faction comptait des représentants ; une foule de familles avaient des combattants dans les rangs opposés. La discorde, la haine, la confusion étaient partout.

360. PROVINCES ET VILLES ROYALISTES. — Le parti du roi se maintenait principalement dans l'Anjou (à Angers, Ponts-de-Cé, Saumur, Baugé, etc.), la Touraine (Tours, Amboise, Loches), l'Orléanais (Blois, Chambord, Beaugency, Romorantin), le Perche (Nogent-le-Rotrou, Épernon) le Nivernais, l'Angoumois et une partie de la Saintonge (Saintes, Angoulême), le Limousin (Limoges), l'Auvergne (Clermont-Ferrand, Montpensier), la Marche, le Bourbonnais, c'est-à-dire presque toutes les provinces du Centre. — Il possédait en outre dans les autres provinces un grand nombre de villes importantes : Dieppe, Longueville, Caen, Saint-Lô, Coutances et la plus grande partie de la basse Normandie ; Calais, Boulogne, Saint-Quentin en Picardie ; Montmorency, Compiègne, Senlis, Vincennes dans l'Ile-de-France; Château-Thierry, Réthel, Châlons, Langres en Champagne; Rennes, Saint-Malo, Brest, Vannes en Bretagne; Issoudun dans le Berri; Semur en Bourgogne; Bordeaux, Bayonne en Guyenne et Gascogne; Carcassonne, Béziers dans le Languedoc; Grenoble, Vienne en Dauphiné; Roanne dans le Forez; Tarascon, Brignoles, Manosque en Provence, etc.

361. PROVINCES ET VILLES CALVINISTES. — Le parti calviniste n'avait guère d'importance dans la Picardie, la Normandie, l'Anjou, l'Orléanais, le Nivernais, la Bourgogne, le Lyonnais, c'est-à-dire le Nord et le Nord-Est; mais il dominait dans les Cévennes (Mende), le Dauphiné (Montélimar, Briançon, Gap, Lesdiguières, etc.), le Poitou (Niort, Loudun, Fontenai-le-Comte, Melle, Thouars, la Trémoille, Châtellerault, Argenton, etc.), l'Aunis (la Rochelle et Rochefort), la Guyenne et Gascogne, qui était son quartier général (Montauban, Condom, Ribérac, Albret, Tarbes, Orthez, Pau, Dax, Foix, Bergerac, Nérac, Lectoure, Auch, Pamiers et presque toutes les grandes villes de ces riches contrées).

Il possédait dans le reste de la France beaucoup de places, parmi lesquelles nous citerons la seigneurie de Montgomery en Normandie; celle de Roucy dans l'Ile-de-France; celle de Roye en Picardie; Mézières, Sedan et Bouillon au nord de la Champagne; la Roche-Bernard, Saint-Aubin, Montfort, Rieux, en Bretagne; la Flèche dans le Maine; Saumur dans l'Anjou; la Rochefoucault, Saint-Jean d'Angély, Cognac, Royan dans la Saintonge; Châtillon en Touraine; Tulle et Turenne dans le Limousin; Sancerre dans le Berri; la Charité dans le Nivernais; Nîmes, Aigues-Mortes dans le Languedoc, etc.

362. PROVINCES ET VILLES ATTACHÉES A LA LIGUE. — Le parti de la Ligue, qui était à la fois le plus nombreux et le plus puissant, possédait presque entièrement la Picardie (Amiens, Abbeville, Montreuil, Doullens, Ham), les trois quarts de la Normandie avec Rouen, le Havre, Honfleur, Pont-de-l'Arche, Eu, Fécamp, Lisieux, Elbeuf, Bayeux, Falaise, Avranches, etc.; Paris et l'Ile-de-France presque entière: Beauvais, Poissy, Pontoise, Saint-Denis, Corbeil, Mantes, Melun, Montereau, Brie, Noyon, etc.; la moitié de la Bretagne: Nantes, Quimper, Dinan, Saint-Brieuc, Tréguier, Morlaix, Dol, Fougères, etc.; les deux tiers de la Champagne avec les villes les plus importantes de cette province: Troyes, Reims, Meaux, Provins, Saint-Dizier, Crécy, Verdun, etc.; le Maine presque tout entier: le Mans, Laval, Mayenne, etc., avec une partie de l'Anjou, Chartres, Etampes, Orléans et plus de la moitié de l'Orléanais; Bourges et les trois quarts du Berri, la Bourgogne: Dijon, Auxerre, Mâcon, Autun, Châlons, etc., sauf trois ou quatre villes; Riom, Issoire et une partie notable du Bourbonnais et de l'Auvergne; Toulouse, Narbonne, Castelnaudary et la majeure partie du Languedoc, où Montpellier passa plus d'une fois d'un parti à l'autre; le Lyonnais avec sa capitale; Montbrison et les principales villes du Forez; Périgueux, Cahors, Agen en Guyenne et Gascogne; toutes les grandes villes de Provence: Marseille, Aix, Arles, Toulon, Draguignan, Digne, etc.; Valence, Saint-Laurent, Pont-de-Beauvoisin et quelques autres villes en Dauphiné.

QUESTIONNAIRE. — 359. Donnez une idée de l'état de la France? — Quelle était l'influence des événements sur la situation respective de la royauté et des seigneurs et des villes? — 360. Où dominait spécialement le parti royaliste? — Nommez quelques-unes des villes qui ont marqué pendant les guerres civiles dans le parti royaliste. — 361. Où le parti calviniste était-il prépondérant? — 362. Quel était le plus puissant des trois partis? — Quelle portion de la France lui appartenait spécialement? — Indiquez les provinces où il était encore important.

CHAPITRE VINGT-SIXIÈME.

HENRI IV.

(1589-1610.)

PREMIÈRE PARTIE.

Guerres d'Henri IV.

—

SOMMAIRE.

363. Henri IV monte sur le trône (1589) comme chef de la maison de Bourbon; la ligue lui oppose le cardinal de Bourbon, qui meurt neuf mois après. Abandonné par les exaltés catholiques et protestants, Henri s'appuie sur le tiers-parti.

364. Mayenne marche contre Henri IV: il est battu à Arques (21 septembre 1589), et ne peut empêcher le pillage d'une partie des faubourgs de Paris. Henri IV s'établit à Tours avec son parlement; il forme des alliances et gagne la glorieuse bataille d'Ivry (14 mars 1590).

365. La Ligue est battue près d'Issoire, et le siége de Paris commence (3 mai 1590); les ligueurs se signalent par leur violence, tandis que Henri reçoit les habitants chassés de la ville, enlève d'assaut les faubourgs, et laisse passer des vivres aux assiégés.

366. Paris est délivré par le duc de Parme, Alexandre Farnèse, qui fait ensuite une heureuse retraite. Henri prend Saint-Quentin et Corbie, tente de prendre Paris à la journée des Farines (janvier 1591), s'empare de Chartres et de Louviers.

367. La guerre déchire les provinces: le duc de Nemours occupe le Lyonnais, le duc de Mercœur la Bretagne, Joyeuse et Montmorency se disputent le Languedoc, le duc de Savoie prend la Provence et le Dauphiné, que Lesdiguières lui enlève.

368. Parmi les royalistes, quelques-uns songent à se rallier au nouveau cardinal de Bourbon, mais les divisions sont plus profondes parmi les ligueurs ; les plus acharnés, dévoués au roi d'Espagne, forment le conseil des Dix et offrent la couronne à la fille de Philippe II : Mayenne accourt alors à Paris, prend la Bastille, et rend la prédominance aux modérés par l'exécution de plusieurs des Seize.

369. Henri assiège Rouen, qui est délivré par le duc de Parme après le combat d'Aumale (1592); celui-ci, blessé gravement, se retire encore sans être entamé et meurt. Henri, qui a pris Epernay, perd le maréchal de Biron et plusieurs de ses capitaines.

370. Les états de la Ligue s'ouvrent à Paris (26 janvier 1593). Le principe de la souveraineté du peuple est posé par les prédicateurs de la Ligue, et le principe de la souveraineté héréditaire est soutenu par les protestants. Les états restent au-dessous de leur mission; ils sont dominés par le roi d'Espagne.

371. Les conférences de Suresne (29 avril) rapprochent Mayenne de Henri IV. Mais Philippe II revendique la couronne de France pour l'infante d'Espagne : ses prétentions sont repoussées.

372. La conversion d'Henri, après la conférence de Nantes, augmente les partisans du roi, malgré les derniers efforts de la Ligue et la tentative de l'assassin Barrière; Henri accélère la réaction royaliste par un édit d'amnistie.

373. Les gouverneurs de Vitry (4 janvier 1594) de Meaux, de la Châtre, d'Orléans et de Bourges, le parlement de Provence (7 janvier) et la ville de Lyon (7 février) se soumettent. Henri IV est sacré à Chartres (27 février.) Mayenne quitte Paris, dans laquelle Henri entre en conquérant; il reçoit la soumission de la Bastille, de Vincennes, puis celle de Rouen, du duc de Guise avec la Champagne (novembre).

374. Mercœur résiste en Bretagne, et Mayenne en Bourgogne; mais la prise de Laon et la victoire de Fontaine-Française gagnée par Henri sur les ligueurs et les Espagnols décident Mayenne à se soumettre (1595).

375. Henri IV fait des efforts pour rapprocher les partis; il rencontre de grandes difficultés de la part des exaltés des deux côtés. L'attentat de Jean Châtel (27 décembre 1594) et son supplice (29 décembre) sont suivis par le procès des jésuites et par leur expulsion.

376. Le roi, ayant reçu l'absolution du pape, pacifie la Provence, puis combat les Espagnols malgré la pénurie de son trésor, et leur reprend Amiens qu'ils avaient surpris; enfin, il achète la soumission du duc de Mercœur (1598).

377. Par le traité de Vervins avec Philippe II, Henri recouvre toutes les places occupées par les Espagnols, le duc de Savoie promet de rendre le marquisat de Saluces (1598).

378. Henri IV fixe l'état des protestants par l'édit de Nantes (13 avril 1598), qui leur assure l'égalité des droits politiques, le libre exercice de leur culte, et même des places de guerre, concession exorbitante qui excite les remontrances du parlement.

379 Le duc de Savoie, qui devait rendre le Bugey et le Val-Romey en échange du marquisat de Saluces, essaye de s'y refuser au moyen d'un complot qu'il ourdit en France, mais une brusque déclaration de guerre le force à s'exécuter (1601). La mort de Gabrielle d'Estrées est suivie du divorce du roi et de son mariage avec Marie de Médicis (10 décembre 1600).

§ Ier. GUERRES D'HENRI IV.

363. Avénement d'Henri IV. — Quelque éloigné du trône que se trouvât Henri de Béarn (voir n° 354), ses droits héréditaires étaient incontestables, et ils avaient été reconnus, depuis la mort du duc d'Anjou, par les Guises et les ligueurs eux-mêmes, qui, tout en prétendant faire exclure Henri comme hérétique, avaient dès cette époque présenté à la nation comme prince héréditaire son oncle, le vieux cardinal de Bourbon, que le duc de Mayenne fit proclamer roi dans Paris (7 août 1589), sous le nom de *Charles X*. Mais ce prince, qui fut reconnu par toutes les villes de l'Union et par les puissances catholiques, était alors entre les mains de son neveu : aussi ne prit-il pas le titre de roi, qu'il n'hésita pas à donner lui-même à Henri IV. Sa prétendue royauté fut d'ailleurs tellement insignifiante, que la mort de ce fantôme de roi, survenue neuf mois après (9 mai 1590), n'occasionna aucun changement dans l'état des affaires. — Le trône sanglant que l'on disputait à Henri IV devait pourtant sembler bien peu digne d'envie. La France était en proie à toutes les horreurs de la guerre civile; les provinces étaient ravagées, la capitale dominée par une faction sanguinaire, le trésor public grevé d'une dette de deux cents millions, et les habitants des villes et des villages dans un tel état de misère, qu'ils étaient obligés de vendre le chaume qui couvrait leurs maisons pour payer les impôts. C'est à tant de maux que le triomphe d'Henri IV sur tous ses ennemis devait mettre un terme. Mais le culte qu'il professait était un obstacle presque insurmontable : en vain s'engagea-t-il solennellement à maintenir la religion catholique, à s'en faire instruire et à ne permettre l'exercice du culte réformé que dans les limites fixées par l'édit du feu roi; une grande partie des seigneurs catholiques et les troupes réunies au camp de Saint-Cloud refusèrent le serment de fidélité et se retirèrent. Leur départ émut peu Henri, qui s'écria : *J'aurai parmi les catholiques ceux qui aiment la France et l'honneur!* — *Ah! sire, vous êtes le roi des braves*, lui repartit le baron de Givry; *il n'y a que les poltrons qui vous quitteront.* Mais une défection qui lui fut plus pénible fut celle de la Trémoille avec neuf bataillons protestants, qui refusèrent de combattre sous les drapeaux d'un souverain *qui venait de s'engager à protéger l'idolâtrie.* Ainsi,

dès le premier moment, les deux partis extrêmes abandonnèrent Henri IV ; il lui fallut donc chercher à s'appuyer sur ce
tiers parti, resté si longtemps impuissant, et qui devait en définitive assurer son triomphe.

**364. COMMENCEMENT DE LA GUERRE ENTRE HENRI IV
ET LA LIGUE.—VICTOIRES D'ARQUES ET D'IVRY.**—Tandis
que Henri IV se voyait contraint par la défection de la plus
grande partie de l'armée royale à lever le siége de Paris, cette
ville, livrée aux transports d'une joie fanatique, honorait comme
un martyr Jacques Clément, massacré par les officiers qui
étaient accourus aux cris d'Henri III (n° 358), plaçait sur les
autels le portrait du meurtrier, et se prosternait devant lui en
s'écriant : *Saint Jacques Clément, priez pour nous!* Le roi
d'Espagne, s'associant hautement à ces démonstrations impies,
avait déjà envoyé à la Ligue un corps auxiliaire, dont l'arrivée
porta à trente mille hommes l'armée du duc de Mayenne, qui
résolut alors de poursuivre Henri IV dans la Normandie, où il
s'était retiré. Le nouveau chef de la Ligue avait promis aux
Parisiens de leur ramener le Béarnais lié et garrotté; toutes les
fenêtres de la rue Saint-Denis étaient louées pour le voir passer. Mayenne avait écrit au pape et au roi d'Espagne, ses alliés,
que Henri ne pouvait lui échapper à moins de sauter dans la
mer. L'armée du roi était en effet quatre fois moins nombreuse
que celle de Mayenne; cependant celui-ci, après avoir inutilement tenté pendant quinze jours d'enlever le camp royaliste et
les faubourgs de Dieppe, fut vaincu à *Arques* (21 septembre
1589). C'est après cette bataille que Henri écrivit à *Crillon*,
un de ses amis les plus dévoués : *Pends-toi, brave Crillon :
nous avons combattu à Arques, et tu n'y étais pas. Adieu,
brave Crillon; je t'aime à tort et à travers.* — Ce premier succès, et un secours de cinq mille hommes reçu de la reine Elisabeth d'Angleterre, triplèrent son armée. Marchant alors rapidement sur Paris, il emporta d'assaut les faubourgs du midi,
dont il abandonna le pillage à ses soldats, qui manquaient de
tout (1er novembre). Satisfait de s'être ainsi montré aux ligueurs, et ne se sentant pas encore assez fort pour tenter de
s'emparer de Paris, il effectua sa retraite sur Tours, devenue,
comme nous l'avons dit (n° 358), la capitale du parti royaliste,
et où il avait promis de convoquer les états généraux. S'excu-
sant sur les embarras de la guerre du délai qu'il se voyait contraint d'apporter à cette réunion et à son instruction dans la
religion catholique, il s'efforce en même temps de conserver
tous ses partisans et d'en augmenter encore le nombre par son
affabilité, sa bonne grâce et la prodigalité de ses promesses. Puis,

à l'arrêt du parlement séant à Paris et présidé par Brisson, qui ordonnait de reconnaître pour roi Charles X et le duc de Mayenne pour son lieutenant, il oppose celui du parlement formé à Tours des conseillers échappés de Paris et présidé par Achille de Harlay, qui casse et annule tout ce qui avait été fait à Paris. Déjà, les premiers succès d'Henri avaient ramené à sa cause plusieurs puissances étrangères. Outre l'Angleterre et les Provinces-Unies, qui lui avaient toujours été dévouées, il comptait maintenant pour alliés la Suède, le Danemark, la Turquie, et même trois puissances catholiques, la république de Venise, les ducs de Mantoue et de Ferrare; enfin le pape lui-même paraissait disposé à se montrer moins hostile.

Cependant l'hiver n'avait pas suspendu les opérations militaires; elles se continuaient avec vigueur dans toutes les provinces. Le roi ne se reposait pas plus que ses lieutenants. Après avoir soumis le Maine et la Normandie, Henri voulut se rapprocher de Paris et vint assiéger Dreux. Mayenne, intéressé à ne pas le laisser pénétrer une seconde fois jusqu'au centre de la Ligue, et fortifié par deux corps auxiliaires espagnols et allemands, courut à sa rencontre. Quoique augmentée de divers renforts arrivés de toutes parts, l'armée royaliste comptait onze mille hommes à peine, tandis que Mayenne en avait plus du double. Henri, ayant levé le siège de Dreux, attendit les ligueurs dans une position avantageuse sur les bords de l'Eure, auprès du bourg d'*Ivry* (14 mars 1590). Ce fut là que se livra la plus célèbre bataille des guerres de religion. Au moment où les deux armées allaient s'ébranler, on vit Henri s'élancer tête nue en avant de ses troupes et adresser au Seigneur une fervente prière, le suppliant, *s'il était avantageux à son peuple qu'il possédât la couronne, de favoriser sa cause et de protéger ses armes.* Puis, prenant son casque ombragé de plumes blanches, et donnant le signal du combat : *Mes compagnons, s'é*cria-t-il, *vous êtes Français, je suis votre roi, voilà l'ennemi... Si vos cornettes (étendards) vous manquent, ralliez-vous à mon panache blanc; vous le trouverez toujours au chemin de l'honneur et de la victoire.* Il paya en effet de sa personne comme un simple soldat. La mêlée fut longue et terrible; mais une dernière charge, conduite par le roi lui-même, et l'ébranlement de la réserve, commandée par le maréchal de Biron, décidèrent la victoire. Les ligueurs, taillés en pièces, s'enfuirent de toutes parts. D'Egmont, commandant des troupes espagnoles, et six mille hommes, restèrent sur le champ de bataille. *Main basse sur l'étranger*, criait Henri en les poursuivant, *mais sauvez les Français!* Ces généreuses paroles et ces deux nouvelles vic-

17.

toires, ajoutées à celle de Coutras (n° 355), rendaient Henri plus populaire de jour en jour; mais l'acharnement de ses ennemis n'était pas encore refroidi.

365. PREMIER SIÉGE DE PARIS. — Mayenne, qui avait combattu contre son gré et pour apaiser les murmures de ses troupes, n'osa venir se montrer aux Parisiens après sa défaite, et chargea les prédicateurs de la Ligue d'en instruire le peuple. « Ceux-ci, dont les sermons plus violents chaque jour fournissaient sans cesse des aliments nouveaux au fanatisme, présentèrent cette défaite à leurs auditeurs comme une épreuve par laquelle Dieu voulait éprouver leur constance et leur foi, et leur firent jurer qu'ils affronteraient la faim et tous les dangers pour maintenir la sainte ville de Paris dans sa fidélité au service de Dieu. » (Davila.) — Le même jour où Henri gagnait la bataille d'Ivry, un de ses lieutenants battait et tuait près d'*Issoire*, en Auvergne, le comte de Randan, qui commandait une autre armée de la Ligue. Tout conspirait donc en sa faveur; mais, soit manque d'argent, comme le dit Sully, soit par suite d'une sorte d'indolence naturelle qui empêcha toujours ce prince, si plein d'ardeur dans le combat, de tirer de ses victoires tout le parti qu'il aurait pu, il laissa quinze jours aux Parisiens pour se reconnaître et préparer leur résistance. Enfin, ayant pris toutes les villes qui commandaient les routes et les rivières par lesquelles les subsistances arrivaient à Paris, et ayant resserré graduellement le cercle par lequel il renfermait cette ville, il vint (8 mai 1590), à la tête d'une armée de quinze mille hommes, tirer les premiers coups de canon contre les murs de la capitale, où commandaient le duc de Nemours, frère maternel de Mayenne, et son cousin le chevalier d'Aumale. La veille, la Sorbonne avait rendu un décret qui défendait expressément aux catholiques d'accepter pour roi un hérétique relaps, lors même qu'il se convertirait et se ferait absoudre. — Quelques jours après (14 mai), on vit le légat du pape conduire à Sainte-Geneviève une procession solennelle, à la tête de laquelle les prélats, les prêtres et les moines parurent revêtus de corselets et armés d'arquebuses, d'épées et de pertuisanes. Par derrière suivaient toute la garde bourgeoise, au nombre de cinquante mille hommes au moins, et la garnison, forte de plus de trois mille hommes. Tous renouvelèrent sur le tombeau de la patronne de Paris le vœu de défendre la cité jusqu'à la mort, et de se soumettre à toutes les privations, à toutes les souffrances, plutôt que de traiter avec un prince hérétique. Ces souffrances ne tardèrent pas à se faire vivement sentir. Bientôt la famine força le duc de Nemours à faire sortir les bouches inutiles. Henri avait résolu de s'opposer à leur sortie; mais à l'aspect de leur misère *Qu'on les laisse passer*, dit-il; *il y a pour eux des vivres dans mon camp.*

Cependant les jardins des dix faubourgs de Paris fournissaient encore quelques aliments aux deux cent vingt mille habitants restés dans ses murs; en une même nuit (27 juillet), ils sont attaqués à la fois par dix corps d'armée, composés en grande partie de protestants. Animés par le désir de tirer vengeance des massacres de la Saint-Barthélemy, ceux-ci s'élancent à l'assaut avec fureur : bientôt les dix faubourgs sont emportés; mais Henri, contemplant avec horreur, du haut de Montmartre, les tourbillons de flammes qui s'élevaient de toutes parts, refusa de profiter de la terreur des habitants pour faire donner un assaut général, et préféra un succès incomplet à un triomphe qui l'eût trop vengé. — Après la prise des faubourgs, il n'y eut plus de bornes à la misère et aux souffrances des Parisiens. La disette les poussa jusqu'à faire du pain avec des os de morts réduits en farine (16 août). Cette exécrable pâture, *le pain de madame de Montpensier*, coûta la vie à quinze mille personnes. Les hôpitaux étaient encombrés, les églises elles-mêmes remplies de cadavres. Bientôt la chair humaine devint la nourriture des ligueurs; on vit, comme à Jérusalem, des mères dévorer leurs enfants. Henri, qui avait déjà tenté, mais inutilement, de traiter avec les ligueurs, s'émut d'une telle opiniâtreté : *J'aimerais mieux n'avoir jamais Paris,* s'écria-t-il, *que de l'avoir tout ruiné et tout désolé par la mort de tant de personnes;* et il permit à ses soldats, pour un peu d'argent dont ils manquaient eux-mêmes, de faire passer des vivres aux malheureux Parisiens. Cette magnanimité, sans exemple dans l'histoire, fit sur ces derniers une profonde impression; mais elle ne désarma pas le fanatisme des ligueurs.

566. INTERVENTION DU DUC DE PARME ET DES ESPA-GNOLS. — Philippe II, constant allié de la Ligue, envoyait à son secours une armée commandée par le duc de Parme, Alexandre Farnèse, gouverneur des Pays-Bas (n° 319). Ce général, regardé comme le plus habile et le plus heureux de son siècle, voyant Henri venir à sa rencontre, eut l'adresse d'éviter le combat, surprit la vigilance d'un des lieutenants du roi, s'empara, malgré tous ses efforts, de Lagny, qui défendait le cours de la Marne (8 septembre), et protégea l'arrivée d'un long convoi de bateaux chargés de vivres, qui ramena l'abondance dans Paris. Le duc de Mayenne y entra lui-même avec ses principaux chefs et conseillers (18 septembre). Le duc de Parme ne fit qu'y paraître, et, après avoir pris Corbeil (16 octobre), afin d'ouvrir aux Parisiens la navigation de la Seine comme celle de la Marne, et laissé à Mayenne un corps auxiliaire, il reprit le chemin des Pays-Bas, harcelé par Henri IV, qui, malgré toutes ses tentatives, ne put parvenir à l'entamer, ni l'amener à une affaire décisive.

La retraite du duc de Parme détermina Henri IV à reprendre l'exécution du plan qu'il avait formé d'obliger Paris à se soumettre, en réduisant sous son obéissance le pays d'alentour, et particulièrement les villes d'où les Parisiens tiraient leurs subsistances. Revenant donc sur cette capitale, il prit en passant Saint-Quentin, puis Corbie (10 décembre), et arriva à Senlis. Le chevalier d'Aumale, gouverneur de Paris, afin de le tenir éloigné, essaya de surprendre Saint-Denis, occupé par une garnison royaliste, et fut tué dans l'attaque (3 janvier 1591); mais Henri échoua à son tour quelques jours après (20 janvier), dans une tentative pour s'emparer par surprise de l'une des portes de Paris (la porte Saint-Honoré), au moyen de soldats déguisés en marchands de farines. Pour faire oublier le ridicule de cette *journée des Farines*, dans laquelle il ne s'était pas échangé un seul coup d'épée, Henri alla (16 février) mettre le siège devant Chartres, dont la prise (12 avril) le rendit maître de la Beauce, le grenier de Paris. L'occupation de Château-Thierry par les ligueurs ne compensa point ce succès du roi, auquel s'ajoutèrent encore la prise, par Henri IV, de Noyon, vainement secouru par Mayenne (18 août), et celle de Louviers par le baron de Biron.

367. GUERRE CIVILE DANS TOUTES LES PROVINCES. — En même temps, la guerre se continuait à la fois dans les principales provinces, et, malgré tous les efforts de Mayenne qui s'efforçait de maintenir l'intégrité du royaume, plusieurs chefs de la Ligue, cherchant dans les troubles civils une occasion favorable pour démembrer l'État, s'efforçaient, chacun dans sa province, de faire tourner la guerre à leur profit. Ainsi, le duc de Nemours lui-même, brouillé avec Mayenne, sollicitait l'appui de l'Espagne pour s'assurer la possession de la Bourgogne et du Lyonnais; en Bretagne, un autre prince lorrain, le duc de Mercœur, l'un des principaux représentants de cette nouvelle féodalité, employait aussi les secours de Philippe II à se faire reconnaître comme l'héritier des anciens ducs souverains de cette importante province, et il en resta maître après la mort du brave La Noue, surnommé *Bras de fer*, le plus habile et le plus vertueux des chefs protestants, qui périt mortellement blessé au siège de Lamballe (1591). — Dans le Languedoc, les succès se balançaient entre Joyeuse et Montmorency, qui se faisaient la guerre en princes indépendants, soutenus, le premier par les ligueurs, les Espagnols et le parlement de Toulouse, et le second par les huguenots, les royalistes et le parlement de Carcassonne. Enfin le duc de Savoie, non content d'avoir pu profiter des troubles de la France pour lui enlever le marquisat de Saluces, seul et dernier débris de ses conquêtes d'Italie, avait conquis la Provence, et s'était fait déclarer par le parlement d'Aix (16 novembre 1590) gouverneur et lieutenant général de Provence *sous la couronne de France;* ce prince avait même conquis aussi une partie du Dauphiné; mais Lesdiguières ramena toute la province sous l'autorité royale (décembre 1590), et réclama d'Henri IV l'exécution de la promesse qu'il lui avait faite de lui en donner le gouvernement. Le conseil du roi s'y opposa, en lui rappelant l'engagement qu'il avait pris de n'accorder de gouvernements qu'à des catholiques : *Messieurs*, leur repartit l'envoyé de Lesdiguières, *si vous ne jugez pas à propos de donner à mon maître le gouvernement de Grenoble, vous songerez au moyen de le lui ôter.* Ainsi l'anarchie était partout, et, comme le disait un contemporain, *il n'y avait de fait nul roi en France.*

368. INTRIGUES DANS LES DEUX PARTIS. — Outre les divisions que suscitaient ainsi dans les deux partis toutes ces ambitions personnelles, chacun d'eux était encore travaillé par des discordes intestines. Dans celui du roi, les huguenots voyaient avec inquiétude les dispositions catholiques d'Henri; les politiques, au contraire, commençaient à se lasser de ses délais à se convertir, et une partie d'entre eux, surtout parmi les anciens courtisans d'Henri III, se montraient disposés à se rattacher au nouveau cardinal de Bourbon, l'un des fils du prince Louis de Condé, qui se regardait comme l'héritier légitime de la couronne, si Henri en était définitivement écarté comme hérétique. Mais les vices, la nullité et le caractère vain et léger de ce concurrent le rendaient peu dangereux pour Henri IV, qui s'efforçait de rallier à lui tout son parti à force de caresses, de prévenances, de saillies aimables, et d'actes d'une bravoure souvent téméraire, mais toute française.

Dans le parti de la Ligue, les divisions étaient bien plus profondes encore. Tandis que Mayenne, s'appuyant sur les politiques ou les modérés de ce parti (car il y en avait dans celui-ci comme dans l'autre), cherchait à se frayer doucement le chemin du trône, la foule, de plus en plus animée par les harangues furibondes de ses prédicateurs, ne songeait qu'à l'extermination complète des hérétiques et même des modérés, sans reculer

devant aucun moyen, sans s'inquiéter en quelles mains pourraient tomber le pouvoir et même l'indépendance nationale. Depuis la journée des Farines, le roi d'Espagne Philippe II, profitant des inquiétudes excitées dans la population par cette
tentative, avait fait entrer dans Paris (12 février 1591) une garnison de quatre mille hommes, au moyen de laquelle il était
plus maître que le lieutenant général lui-même. Il voulait faire
reconnaître pour *reine propriétaire* de France l'infante, sa fille,
née de son mariage avec Élisabeth, sœur des trois derniers
Valois; et les Seize, achetés par son or, étaient prêts à sanctionner cette violation de la loi salique. Mais ils n'ignoraient pas
qu'ils trouveraient dans les politiques et les parlementaires un
obstacle insurmontable à leurs projets. Profitant donc de l'absence de Mayenne, qui était alors à Laon, ils élurent, parmi
leurs affidés les plus dévoués, un *comité des Dix*, destiné à sé-
vir contre les politiques. On y vit figurer avec terreur des bouchers, descendants, disait-on, de ceux qui avaient organisé des
massacres dans Paris au temps de la rivalité des Bourguignons
et des Armagnacs. Leur conduite fut digne de cette origine et
des horribles exhortations des prédicateurs de la Ligue. Depuis
longtemps ceux-ci, non contents de vomir dans les chaires chrétiennes les injures les plus ignobles contre *ce chien de Béarnais*,
que le curé de Saint-Germain l'Auxerrois *eût voulu*, disait-il,
avoir tué et étranglé de ses deux mains, répétaient avec Rose,
évêque de Senlis, *qu'une saignée de Saint-Barthélemy était nécessaire, et qu'il fallait par là couper la gorge à la maladie;*
ou bien encore, avec le curé de Saint-Germain, *qu'il fallait
tuer et assommer tous malheutres ou politiques, et les envoyer
à Rouen porter par eau des nouvelles.* Enfin Pelletier, curé de
Saint-Jacques la Boucherie, déclara que *c'était trop conniver,
qu'il ne fallait attendre ni raison ni justice de la cour de parlement, qu'il fallait désormais jouer des couteaux* (1). Dans
une assemblée nocturne, tenue chez lui, on décida des moyens
d'exécution, et le lendemain (15 novembre), avec la coopération de *Bussy le Clerc*, gouverneur de la Bastille, et des
commandants des garnisons espagnole et italienne, le premier
président Brisson et deux conseillers au parlement furent arrêtés, conduits au Châtelet, et immédiatement mis à mort dans
une salle basse.

---

(1) C'est surtout lorsqu'on se trouve contraint de signaler un aussi
odieux abus du plus saint des ministères qu'on éprouve le besoin de
rappeler à l'esprit du lecteur chrétien la vérité de cette réflexion de
l'un des plus profonds penseurs de l'antiquité: *Optimi corruptio pessima.*

Alors les Seize, sans s'inquiéter du lieutenant général, que l'on *pouvait bien défaire puisqu'on l'avait fait*, écrivirent au roi d'Espagne pour offrir la couronne à l'infante. *Tous les cœurs et souhaits de tous les catholiques, lui disaient-ils, sont de voir votre catholique Majesté tenir le sceptre de cette couronne et régner sur nous.* Mais, à ces nouvelles, Mayenne, laissant le commandement de son armée au jeune duc de Guise, fils du Balafré, qui venait de s'échapper de la prison où il était gardé depuis la mort de son père, accourut à Paris avec quelques troupes, s'empara de la Bastille, fit pendre quatre des plus furieux ligueurs, et rendit ainsi la prédominance au parti modéré, mais sans pouvoir imposer silence aux prédicateurs, qui mirent les suppliciés au rang des martyrs.

569. SIÉGE DE ROUEN. — Cependant Henri IV voulait porter à la Ligue un coup plus décisif. Ayant reçu des princes protestants d'Allemagne un secours de seize mille hommes, et de la reine Élisabeth d'Angleterre de l'argent, des munitions et un corps auxiliaire de cinq mille Anglais commandés par le valeureux comte d'Essex, il donna ordre au maréchal de Biron d'aller investir la ville de Rouen, et arriva lui-même sous ses murs quelques jours après (24 novembre). Malgré la vive résistance du gouverneur *Villars-Brancas*, les efforts d'une armée de quarante mille hommes, comptant dans ses rangs tant de vaillants capitaines, allaient triompher de la persévérance des assiégés, lorsque Henri apprit que le duc de Parme arrivait pour délivrer Rouen comme il avait délivré Paris. Laissant Biron devant la place, il court avec sept mille hommes au-devant des trente mille de l'armée espagnole, la joint près d'Aumale (5 février 1592), va lui-même, avec une inexcusable témérité, la reconnaître à la tête de quelques centaines d'hommes, et se laisse, sans s'en apercevoir, envelopper par les ennemis. Devenu le point de mire de tous les coups, il est blessé par un soldat, qu'il voulut depuis avoir au nombre de ses gardes, et n'est tiré qu'avec peine du milieu des ennemis. Le prince de Parme, auquel on reprochait de l'avoir laissé échapper, répondit avec dédain : *Je croyais avoir affaire à un général d'armée et non à un carabin.* (On nommait ainsi des cavaliers armés de carabines.) — *Il est bien aisé au duc d'être prudent,* dit Henri en apprenant ce propos, *il ne risque que de ne pas faire de conquêtes; mais moi je joue ma fortune et ma couronne.* Il reconnut pourtant son imprudence, et n'appelait ce combat que l'*erreur d'Aumale.*

Cependant Biron s'était laissé battre dans une sortie par Villars, qui avait encloué les canons et ruiné les travaux des assié-

geants. Henri, ne pouvant empêcher le duc de Parme d'entrer
dans Rouen, se contente de dire : *Nous verrons comment il en
sortira,* et se retira lui-même dans le pays de Caux. Le duc,
pour achever de rendre libre le cours de la Seine, va assiéger
et prendre *Caudebec;* mais il y reçoit une blessure qui le force
à laisser le commandement à Mayenne. Henri, qui épiait ses
démarches, parvient alors à enfermer les Espagnols entre son
armée, la mer et la Seine, dont une flotte hollandaise gardait
l'entrée ; mais le duc de Parme sauve ses troupes en leur faisant
franchir le fleuve pendant la nuit sur des bateaux (20 mai), les
ramène par la rive gauche jusqu'à Paris, où il laisse un nouveau corps auxiliaire, et regagne encore une fois les Pays-Bas,
sans que Henri puisse obtenir le moindre avantage sur ce chef
habile, qui l'avait deux fois vaincu sans le combattre, et lui
échappait à demi mort ; le duc périt en effet peu de temps après
(2 décembre) des suites de sa blessure.

Henri, que sa poursuite avait conduit en Champagne, y prit
la ville d'*Epernay;* mais ce siége lui coûta un de ses plus braves
compagnons, le vieux maréchal Armand de Biron (26 juillet 1592), qui se glorifiait d'avoir passé par tous les grades, depuis celui de soldat jusqu'à celui de maréchal, et qui, tout zélé
catholique qu'il était, avait un des premiers reconnu Henri IV.
Il laissait un fils héritier de sa valeur, mais dont nous aurons à
raconter la fin déplorable (n° 381). Henri perdit encore, vers
la même époque, plusieurs autres de ses meilleurs capitaines,
et entre autres le brave *Givry,* le baron de *Guitry* et le duc
de *Montpensier;* son armée était excédée de fatigue ; il en licencia la plus grande partie, et la guerre se ralentit de nouveau.

370. ÉTATS DE LA LIGUE, OU ÉTATS DE PARIS. —
Lorsqu'on cessait de combattre, les négociations et les intrigues remplaçaient les coups d'épée. Une nouvelle arène allait
s'ouvrir. Les états généraux promis par Mayenne comme par
Henri IV, se rassemblèrent à Paris par l'ordre du premier, qui
en fit l'ouverture le 26 janvier 1593. Ils allaient avoir à prononcer entre ces deux opinions, dont la lutte, ainsi que nous l'a-
vons déjà fait remarquer, n'est pas nouvelle en France, entre le
principe de la souveraineté du peuple et celui de la succession
héréditaire. Il leur fallait décider si, comme ne cessaient de le
répéter les prédicateurs de la Ligue, « les assemblées des états
possèdent le pouvoir public et la majesté suprême, la puissance
de lier et de délier, la souveraineté inaliénable; » si « le prince
procède du peuple, non par nécessité et par violence, mais par
élection libre » (sermon de *Jean Boucher,* curé de Saint-Benoît,

surnommé le *roi de la Ligue*); si « la puissance de régner, nonobstant toute succession, vient de Dieu, qui, par les clameurs du peuple déclare celui qu'il veut qui commande comme roi : *vox populi, vox Dei*; » si « un prince peut être privé de sa principauté pour malversation ou autre incident, et déposé comme dilapidateur, dissolu, scandaleux ou inutile. » (*Pigenat*, curé de Saint-Nicolas-des-Champs, dans un phamphlet contre les partisans d'Henri de Bourbon.) Il leur fallait choisir, disons-nous, entre ces doctrines démocratiques et celles des protestants royalistes qui soutenaient « que Dieu seul impose les rois à la race humaine ; qu'il faut recevoir le souverain que Dieu envoie, fût-il hérétique et tyran ; que jamais le peuple ne peut dépouiller un prince de ses droits. » (Pasquier.) Les états de la Ligue se trouvèrent au-dessous d'une aussi difficile mission. Elus sous l'influence de Mayenne, qui avait lui-même perdu tout crédit sur les masses depuis la répression des attentats des Seize, ils furent le jouet de tous les partis, sans oser se prononcer pour aucun d'eux.

571. PRÉTENTIONS DE PHILIPPE II. — Les états subirent la domination du roi d'Espagne, qui, déjà roi en France, ajouta aux troupes nombreuses qu'il y entretenait un nouveau corps de six mille cinq cents hommes *pour assurer le calme et la liberté aux délibérations des états, et y obtenir un prompt succès.* Il mettait en même temps à la disposition de son ambassadeur des sommes considérables *pour nous rendre favorables, lui disait-il, les Français récalcitrants.* On sait quels étaient ses désirs. Toutefois, avant qu'il les pût faire connaître officiellement aux états, les catholiques attachés au parti du roi avaient proposé et les chefs les plus influents du parti modéré avaient fait accepter, du consentement de Mayenne lui-même, des conférences qui s'ouvrirent à *Suresne* (29 avril 1593), pendant une trêve conclue pour les environs de Paris. Ces pourparlers commençaient déjà à rapprocher les esprits, lorsque les envoyés du roi d'Espagne, craignant de voir échouer les projets de leur maître, proposèrent formellement, dans une réunion des principaux membres des états, tenue chez le légat (19 mai), d'élire pour reine de France la jeune infante d'Espagne, *comme étant, par l'extinction de la ligne masculine, la personne qui avait le plus de droits au trône.* Mais l'esprit national se réveillait ; et grande fut la surprise de l'assemblée en entendant l'un des plus fougueux ligueurs, l'évêque de Senlis, *Rose*, s'écrier « qu'il voyait bien que lui et tous les autres prédicateurs avaient été dupes des ruses de la politique espagnole... qu'à présent, on voyait bien que ces prétendus alliés n'étaient ni-moins intéressés ni moins politiques que le Navarrois… que la nation ne consentirait jamais à laisser porter la couronne à des femmes, et à s'exposer à la domination des étrangers ! »

Dans une séance suivante (20 juin), les états déclarèrent qu'ils *n'avaient pas de procuration pour renverser la loi fondamentale du royaume*, et, quelques jours après (28 juin), ils se virent appuyés par un autre pouvoir que la terreur avait rendu muet depuis le meurtre de Brisson : un arrêt du parlement ordonna que « remontrances seraient faites à M. le lieutenant général à ce qu'aucun traité ne se fasse pour transférer la couronne en la main des princesses et des princes étrangers ; déclarant tous faits faits ou qui se feront, pour l'établissement d'une princesse ou d'un prince étranger nuls et de nuls effet et valeur, comme faits au préjudice de la loi salique et autres lois fondamentales du royaume. » Quelques prédicateurs, soutenus par les *minotiers* (1) vendus à l'Espagne, essayèrent cependant d'ameuter le peuple contre les membres du parlement qui avaient signé cet arrêt, et continuèrent à repousser tout accommodement. Ils tournaient en ridicule les politiques, qui ressemblaient, disait le curé de Saint-André, « à des grenouilles qui font *coar, coac*, et grenouillent toujours *paix, paix, paix*, » et appelaient les femmes *de sottes caillettes qui allaient exprès à Saint-Denis pour voir ce grand nez de Béarnais*. Mais déjà les membres les plus éclairés du clergé de Paris commençaient à désavouer hautement ces violences et ces injures qui déshonoraient les chaires chrétiennes ; déjà le curé de Saint-Sulpice, prêchant (le 27 juin) sur l'évangile de la brebis égarée, avait soutenu que *le roi était cette brebis perdue et qu'on devait aller chercher*.

572. CONVERSION DU ROI (1593). — La réaction royaliste fut favorisée par un événement qui vint fixer toutes les irrésolutions et assurer le triomphe d'Henri. Ce prince, après une conférence et une controverse de cinq heures avec huit évêques, sept curés de Paris, et plusieurs théologiens réunis à *Mantes*, où il avait convoqué tout le clergé du royaume, s'était déclaré convaincu de la vérité de la religion catholique. Dès le surlendemain (25 juillet 1593), il fit son abjuration solennelle devant la porte de l'église de Saint-Denis, et reçut l'absolution de l'archevêque de Bourges, en attendant celle du pape.

_____

(1) « On nommait ainsi, dit l'Estoile, ceux du peuple qui recevoient des Espagnols et des Seize un *minot* de blé et une *dale* de quarante-cinq sols par semaine, et que l'on tenoit être au nombre de bien quatre mille dans le seul quartier de l'Université. »

La conversion d'Henri fut suivie d'une trêve générale signée à la Villette (31 juillet); ce fut le signal de la décadence de la Ligue. En vain Mayenne, après avoir congédié les états généraux (8 août), se rapprocha-t-il des Seize et des Espagnols; en vain la Ligue essaya-t-elle d'armer contre Henri le bras de l'assassin *Barrière*, qui fut saisi et écartelé (31 août); l'opinion hostile au Béarnais continua à s'affaiblir de plus en plus, tandis que la réaction royaliste gagnait chaque jour du terrain dans les rangs de la bourgeoisie. S'appuyant sur elle, Henri se vit en état d'attaquer cette féodalité de la Ligue, dont chacun des membres ne différa plus sa soumission que pour se faire mieux payer. Dans les derniers jours de l'année 1593, le roi avait publié un édit par lequel il sommait tous les vrais Français d'abandonner la Ligue, puisqu'elle s'obstinait à empêcher le rétablissement de la paix. Il promettait à ceux qui se hâteraient un pardon plein et entier, la conservation de leurs biens et de leurs dignités. Sa voix allait enfin être entendue.

575. SOUMISSION DE PLUSIEURS PROVINCES. — ENTRÉE D'HENRI IV A PARIS. — Vitry, gouverneur de Meaux, fut le premier à profiter des avantages offerts par le roi (4 janvier 1594), et son exemple entraîna les gouverneurs de plusieurs autres villes. Henri leur laissa leurs gouvernements; la Châtre lui vendit Orléans et Bourges. Le parlement d'Aix rendit (7 janvier) un arrêt qui assurait au roi la soumission de la Provence. A Lyon, où le duc de Nemours essayait de se créer une souveraineté indépendante, ce fut la bourgeoisie, qui, après s'être emparée de sa personne et l'avoir enfermé dans le château de Pierre-Encise, livra la ville au roi (7 février). Ainsi l'autorité royale commençait à prévaloir de toute part, lorsque Henri jugea utile de lui donner une sanction plus forte en se faisant sacrer. Henri se trouvant au pouvoir des ligueurs, la cérémonie eut lieu dans la ville de *Chartres* (27 février).

Trois jours après (2 mars), les Seize tenaient leur dernière assemblée à Paris, que Mayenne allait quitter (6 mars) pour se rendre à Soissons, où se réunissait une nouvelle armée espagnole. Mais à peine fut-il sorti de la ville, que *Cossé-Brissac*, qu'il venait d'en nommer gouverneur, s'entendit avec le roi pour lui vendre secrètement une des portes de Paris au prix de deux cents mille écus et vingt mille livres de pension, avec le bâton de maréchal de France et le gouvernement de Mantes et de Corbeil. Henri IV ne crut pas payer trop chèrement une ville dont la possession seule pouvait confirmer son titre de roi de France. Quelques jours après (22 mars), Brissac lui livra la Porte-Neuve (près des Tuileries), à quatre heures du matin, sans que les ligueurs et les étrangers, trahis par le gouverneur, eussent le temps ni le moyen de s'y opposer. Aussi cette entrée toute guerrière fut d'abord bien plutôt celle d'un conquérant que celle d'un souverain dans sa capitale; mais dès que la nouvelle se répandit que, depuis plusieurs jours déjà, le roi avait publié à Senlis (20 mars) une déclaration par laquelle il pardonnait à tout le monde, même aux Seize, la population tout entière se livra aux transports de la joie la plus vive. Lorsque Henri sortit de Notre-Dame, où il avait été immédiatement rendre grâces à Dieu d'un aussi heureux succès, il entendit les cris de *Vive le roi!* retentir de toutes parts. Vers trois heures de l'après-midi, les derniers ligueurs sortirent de Paris, se cachant dans les rangs des troupes étrangères, qui évacuèrent la capitale rendue enfin à son roi. *Recommandez-moi à votre maître*, dit en riant Henri IV aux troupes espagnoles, qui défilaient devant lui; *mais n'y revenez plus.*

La soumission de Paris portait le coup mortel à la Ligue, qui achevait en même temps de succomber sous l'arme, toujours puissante en France, du ridicule que versait sur elle et sur ses partisans la fameuse satire Ménippée (n° 267.) Chaque jour amenait une soumission nouvelle. Ce furent d'abord celle de la *Bastille* et celle du château de *Vincennes* (27 mars). Le même jour, et à la suite d'une négociation épineuse, conduite avec habileté par Rosny, Villars-Brancas vendit *Rouen* à Henri IV, mais non moins chèrement que Brissac lui avait vendu Paris. Presque tous les chefs mirent ainsi leur soumission à un prix élevé; mais Henri aimait beaucoup mieux, comme il le dit à Sully, « qu'il lui en coûtât deux fois autant en traitant séparément avec chaque particulier, que de parvenir à mêmes effets par le moyen d'un traité général fait avec un seul chef qui pût, par ce moyen, entretenir toujours un parti formé dans l'État. » C'était en effet un moyen infaillible de dissoudre définitivement la Ligue; et il réussit si bien, qu'avant la fin de l'année, presque toutes les provinces étaient soumises, et que le duc de Guise lui-même se vendait au roi avec la Champagne (novembre), pour quatre cent mille écus, vingt-quatre mille livres de pension et le gouvernement de la Provence.

374. Victoire de Fontaine-Française. — Les autres princes lorrains suivirent l'exemple du duc de Guise, à l'exception des ducs d'Aumale, de Mayenne et de Mercœur. Ce dernier répondait à ceux qui s'étonnaient qu'il pût encore songer sérieusement à se faire duc souverain de Bretagne : *Je ne sais si c'est un songe, mais il y a dix ans qu'il dure.* D'Aumale, malgré la prise de Laon par Henri IV lui-même, à la suite d'un siége long et difficile (juillet 1594), continuait à défendre la Picardie. Quant au duc de Mayenne, il se maintenait toujours dans la Bourgogne, qu'il n'avait pas perdu l'espoir de faire ériger en royaume à son profit par le roi d'Espagne. Henri comprit que c'était là qu'il fallait porter à la Ligue le dernier coup. Il marcha en personne vers la Bourgogne, joignit à *Fontaine-Française* l'armée des Espagnols et des ligueurs, l'attaqua avec sa témérité ordinaire, à la tête de quelques centaines de cavaliers, et remporta une victoire brillante, mais qui faillit lui coûter cher (5 juin 1595). *Peu s'en faut que vous n'ayez été mon héritière*, écrivait-il à sa sœur après ce combat. Il y courut en effet les plus grands dangers, et eut, comme il le disait, à combattre ce jour-là *non pour la victoire, mais pour la vie*. La Ligue expirante s'y défendit avec fureur; toutefois, quelques jours après, Mayenne, jugeant que cette défaite ne lui laissait plus d'espoir, se hâta de venir faire au roi sa soumission pendant qu'il y pouvait avoir encore quelque mérite; il livra à Henri le château de Dijon (28 juin), reçut de lui son pardon, et devint un de ses plus fidèles serviteurs.

375. ATTENTAT DE JEAN CHATEL. — En même temps que Henri achevait ainsi de faire reconnaître son autorité dans toute la France, il s'efforçait, mais avec moins de succès, de rapprocher les deux partis extrêmes, si profondément séparés par les croyances religieuses, et qui se défiaient presque également de lui. Les protestants l'accusaient de trahison et d'ingratitude, prétendaient conserver dans l'Etat une existence indépendante, et voulaient même qu'il leur fût donné un *protecteur*; le roi « les rabroua fort durement, disant qu'il voulait bien qu'ils entendissent *qu'il n'y avait en France d'autre protecteur que lui des uns et des autres, et que le premier qui serait si osé d'en prendre le titre, il lui ferait courir fortune de sa vie.* » (L'Estoile.) — Les catholiques peu éclairés, d'autre part, qui formaient encore la masse de la population, à Paris surtout, ne voyaient que *feintise* dans la conduite du roi, l'accusaient d'être toujours huguenot dans le cœur, et de n'aller à Fontainebleau que pour y faire plus librement ses *pâques à la huguenote*. Leur fanatisme, qui éclatait chaque jour en propos séditieux, arma contre lui le bras de plusieurs assassins, dont un seul, *Jean Châtel*, parvint jusqu'à lui, et l'atteignit d'un coup de couteau qui lui brisa une dent (27 décembre 1594). C'était un jeune homme de dix-neuf ans, fils d'un drapier de Paris, qui avait fait ses études au collège des jésuites. « Ce que le roi ayant entendu, il dit ces mots : *Falloit-il donc que les jésuites fussent confondus par ma bouche!* » (L'Estoile.)

Cette société, qui avait joué dans la Ligue un rôle fort important, et dont l'Université et la Sorbonne étaient depuis longtemps fort jalouses, succomba sous le poids des ressentiments accumulés contre elle. Le parlement qui s'efforçait de faire oublier par la rigueur de ses arrêts la conduite passée d'une grande partie de ses membres, ne voulut pas se rappeler que les doctrines régicides reprochées à quelques jésuites avaient été hautement professées à la même époque par bien d'autres membres du clergé, et que le crime de tous avait été couvert par l'amnistie royale. « Il condamna en masse, dit un historien non suspect de partialité en faveur des ordres religieux, en *quarante-huit heures* (29 décembre 1594), à un exil déshonorant, une nombreuse société religieuse, qui n'avait été ni écoutée, ni défendue, pour une tentative de régicide à laquelle elle n'avait aucune part. » (Sismondi.) Tous les membres de la société de Jésus, déclarés *corrupteurs de la jeunesse, perturbateurs du repos public, ennemis du roi et de l'État*, devaient être sortis dans trois jours de Paris et de toutes les villes où ils avaient des collèges, et dans quinze jours de tout le royaume. Le jésuite *Guignard*, chez qui on avait découvert des écrits injurieux pour le roi et pour son prédécesseur, fut pendu (7 janvier 1595), bien qu'il affirmât que « depuis que le roi s'était fait catholique il avait toujours prié Dieu pour lui et ne l'avait jamais oublié au *memento* de sa messe. » (L'Estoile.) — Châtel avait été écartelé quelques jours auparavant (29 décembre 1594). « Les ligueurs, dit l'historien que nous venons de citer, firent de ce petit assassin un martyr, à cause de la résolution par-dessus son âge qu'il montra au supplice et de sa constance. »

576. Reprise d'Amiens. — Quelques mois après cet attentat, on reçut à Paris une nouvelle qui semblait devoir en prévenir à toujours le renouvellement. Les ambassadeurs du roi, d'Ossat et du Perron, venaient, non toutefois sans se soumettre à quelques cérémonies humiliantes pour la majesté royale, d'obtenir du pape *Clément VIII* l'absolution d'Henri IV (18 septembre 1595). Cette réhabilitation du roi aux yeux du monde catholique ôtait tout prétexte fondé à ses ennemis intérieurs et même extérieurs; mais elle n'avait pas concilié tous les intérêts. Les résistances se prolongèrent encore dans quelques provinces, et le ressentiment de Philippe II, en dépit duquel Clément VIII avait accordé l'absolution, entretint encore pendant plusieurs années la guerre sur les frontières du nord.

Cependant la Provence, où l'archevêque d'Aix *Génébrard* avait attisé de nouveau, par ses discours et ses écrits, le feu de la révolte, fut pacifiée par l'exil de ce prélat fanatique, que prononça le parlement d'Aix (26 janvier 1596), par la soumission de Marseille (17 février), et par celle du duc d'Épernon, qui, après avoir combattu quelque temps et le roi et la Ligue, consentit enfin à céder au duc de Guise le gouvernement de cette province. Du côté des Alpes, Lesdiguières, que le duc de Savoie appelait le *Renard du Dauphiné*, soutenait avec avantage contre ce prince une guerre qui devait se prolonger plusieurs années encore. Les affaires du roi allaient moins bien du côté de la Picardie. Les Espagnols lui enlevèrent Calais, Guines et Ardres (avril et mai 1596); cependant il s'empara de la Fère, leur principale place d'armes, et une diversion opérée en sa faveur par les Hollandais força l'archiduc Albert, gouverneur des Pays-Bas, à évacuer la France.

La guerre continua toutefois à languir de ce côté par suite du dénûment où se trouvaient le roi et son armée. « Je veux bien vous dire écrivait-il à Sully (14 avril 1596), l'état où je me trouve réduit, qui est tel que je suis fort proche des ennemis et n'ai quasi pas un cheval sur lequel je puisse monter, ni un harnais complet que je puisse endosser : mes chemises sont toutes déchirées, mes pourpoints troués au coude, ma marmite souvent renversée, et depuis deux jours, je soupe chez les uns et les autres, mes pourvoyeurs disant n'avoir plus moyen de me rien fournir pour ma table, d'autant qu'il y a plus de six mois qu'ils n'ont reçu d'argent; partant, jugez si je dois plus longtemps souffrir que les financiers et les trésoriers me fassent mourir de faim, et qu'eux tiennent des tables friandes et bien servies. » La dilapidation des finances, déjà épuisées par une dépense de plus de cent millions qu'il avait fallu donner aux ligueurs ou aux alliés étrangers, était en effet alors une des plus grandes plaies de l'État. Henri, pour y remédier convoqua (novembre 1596) à Rouen une assemblée des notables (n° 384) qui témoigna beaucoup de zèle, mais ne proposa que des moyens impraticables. Les efforts de Sully, récemment entré au conseil des finances (mai 1596), devaient bientôt y rétablir l'ordre et la prospérité.

Pendant que Henri employait ainsi à régler les affaires urgentes de son royaume les premiers moments qu'il dérobait à la guerre, il apprit avec une vive douleur que les Espagnols venaient de s'emparer par surprise de la ville d'*Amiens* (11 mars 1597). *C'est assez faire le roi de France*, s'écria-t-il, *il est temps de faire le roi de Navarre*. Quelques jours après, il marchait à la tête de son armée sur Amiens, qui ne fut cependant reprise par le maréchal de Biron qu'après un siége de six mois (septembre). Au commencement de l'année suivante

(18 février 1598), le duc de Mercœur vit s'évanouir le long rêve dont il s'était bercé. Apprenant que le roi marchait contre lui, il lui fit offrir sa soumission, moyennant quatre millions et la main de sa fille unique, la plus riche héritière du royaume, pour César de Vendôme, l'aîné des fils d'Henri et de la belle Gabrielle d'Estrées.

377. PAIX DE VERVINS.— Enfin, quelques mois après (2 mai), Henri IV signait avec Philippe II le traité de *Vervins*, qui stipulait la remise de toutes les places encore occupées en France par les Espagnols. — Le duc de Savoie, auquel Lesdiguières venait d'enlever le *fort Barraut*, prit part à ce traité et promit de rendre le marquisat de Saluces. — Ainsi se trouvait de nouveau assurée à la France la position qu'elle avait conquise à la paix de Cateau-Cambrésis (n° 236). Ainsi restaient définitivement sans résultats les longs efforts de Philippe II, qui n'avait pas cessé, pendant un règne de quarante-quatre ans, de mettre à profit, avec une infatigable persévérance et des sacrifices d'argent qui s'élevèrent, dit-on, à cent millions de piastres (540 millions de francs), tous les embarras, tous les troubles civils et religieux de la France, pour la soumettre à sa domination ou du moins à son influence, et réaliser les projets de monarchie universelle conçus par son père. Cet important succès, la France le dut à l'énergique et intelligente résistance de la portion la plus éclairée de la nation, de ce tiers parti sur lequel s'appuya Catherine de Médicis et qui fit triompher Henri IV.

378. FIN DES GUERRES DE RELIGION. — ÉDIT DE NANTES. — Vingt jours avant la signature du traité de Vervins (13 avril 1598), Henri IV accomplissait une autre œuvre non moins difficile en rendant à son royaume la paix intérieure par l'*édit de Nantes*, qui fixait définitivement l'état politique des protestants. En rétablissant la religion catholique par tout le royaume, cet édit assurait en même temps aux huguenots une parfaite égalité de droits politiques, une entière liberté de conscience et le libre exercice de leur culte dans toutes les villes où il avait déjà été autorisé ainsi que sur les terres des seigneurs hauts justiciers, encore au nombre de plus de trois mille cinq cents, avec une chambre protestante dans le parlement de Paris, et des chambres mi-parties à Castres, à Bordeaux et à Grenoble; de plus, le roi leur laissait toutes les places qu'ils occupaient, et s'engageait même à solder et à entretenir quatre mille soldats huguenots. Ces concessions exorbitantes, que Henri ne crut pas pouvoir refuser aux vieux compagnons qui l'avaient si fidèlement servi, étaient impolitiques, sans doute, puisqu'elles laissaient les protestants former plus que jamais un Etat dans l'Etat : aussi provoquèrent-elles les remontrances du parlement: mais Henri, qui n'avait pas trouvé d'autre moyen *de faire*, comme il le disait, *le mariage de la France avec la paix*, se contenta de répondre à ces représentations : *Il ne faut plus faire de distinction de catholiques et de huguenots ; il faut que tous soient bons Français, et que les catholiques convertissent les huguenots par l'exemple de leur bonne vie.*

Les guerres civiles sont terminées, et la dynastie des Bourbons solidement établie sur le trône; une ère nouvelle va commencer pour la France et pour la royauté.

379. ACQUISITION DE LA BRESSE ET DU BUGEY. — Les douze dernières années du règne d'Henri IV, presque exclusivement consacrées par ce prince et par ses ministres à réparer les maux d'une guerre désastreuse, et à faire disparaître les désordres qu'avaient engendrés les troubles civils, n'offrent qu'un petit nombre d'événements politiques dignes d'arrêter notre attention.

La seule contestation de quelque importance qui restât à vider avec les princes étrangers était relative au marquisat de Saluces. Le traité de Vervins en avait renvoyé l'arbitrage au pape. Après d'assez longues contestations sans résultats, Henri IV, qui, n'ayant aucune intention de recommencer les guerres d'Italie, tenait peu à la possession du marquisat, offrit au duc de Savoie de le lui abandonner en échange de la Bresse et du Bugey, dont la possession lui paraissait beaucoup plus avantageuse pour la France. Un traité signé entre les deux princes (27 février 1600) laissait au duc trois mois pour se décider entre la cession demandée par le roi ou la restitution du marquisat. Charles-Emmanuel employa ce temps à ourdir en France une trame qui devait le dispenser d'exécuter les conditions du traité. N'ignorant pas les prétentions féodales qui préoccupaient encore beaucoup de grands seigneurs français, et les mécontentements excités par l'administration sévère d'Henri IV, qui ne pouvait déraciner une foule d'abus profitables aux agents supérieurs de l'administration sans léser leurs intérêts, le duc de Savoie conçut l'espoir de trouver dans une nouvelle ligue le moyen de s'agrandir lui-même. Le duc de Biron avait reçu du roi, pour prix de ses brillants services, les dignités de pair et de maréchal de France et l'important gouvernement de Bourgogne; mais ses dissipations et la passion du jeu le mettaient sans cesse à court d'argent; il se laissa séduire par l'offre que lui fit le duc de Savoie de lui donner une de ses filles en mariage avec trois cent mille écus de dot, et par la perspective de devenir duc souverain de Bourgogne. Le jeune comte d'Auvergne, Charles de Valois, fils naturel de Charles IX, et plusieurs autres seigneurs entrèrent dans le complot.

Le duc de Savoie crut cette coalition assez formidable pour refuser, à l'expiration du délai convenu, d'exécuter le traité qu'il avait signé. Henri IV soupçonnait ses intrigues, il lui déclara aussitôt la guerre (11 août 1600), et s'avançant lui-même jusqu'à Grenoble, fit envahir les États du duc par son propre complice, le maréchal de Biron, qui n'osa se refuser à l'exécution des ordres du roi, et par Lesdiguières, gouverneur du Dauphiné. Voyant ses espérances anéanties et ses États envahis, Charles-Emmanuel, réduit encore une fois à demander la paix, abandonna définitivement au roi, en échange du marquisat de Saluces, la *Bresse*, le *Bugey*, le *Val-Romey* et le petit pays de *Gex*, dont la réunion donna de ce côté le Rhône pour limite à la France (17 janvier 1601).

Ce fut dans le cours de cette expédition que le roi épousa à Lyon (40 décembre 1600) sa seconde femme, *Marie de Médicis*, fille du grand-duc de Toscane. Un an auparavant (10 novembre 1599), il avait obtenu du pape la dissolution de son mariage avec Marguerite de Valois, dont il vivait séparé depuis plus de quinze ans, et à laquelle il reprochait, outre sa conduite scandaleuse, la fâcheuse stérilité qui laissait le trône sans héritiers directs. La nouvelle reine fut plus heureuse; elle donna au roi six enfants, dont l'aîné fut le roi Louis XIII. Gabrielle d'Estrées, qui avait remplacé Marguerite dans les affections de Henri, et qu'il avait eu longtemps l'intention de faire monter sur le trône, était morte six mois avant son divorce.

QUESTIONNAIRE. — § 1er. 363. Quels droits Henri IV avait-il au trône? — Qui fut proclamé roi par les ligueurs? — Qui abandonna le parti d'Henri? — 364. Quelle fut la première victoire remportée sur le duc de Mayenne par Henri IV? — Quelle victoire confirma celle d'Arques, et quelles paroles Henri adressa-t-il à ses soldats avant la bataille? — 365. Racontez le siège de Paris, et la disette à laquelle cette ville fut bientôt réduite. — Par quelles paroles et quelles actions Henri montra-t-il alors sa clémence? — 366. Comment Henri IV fut-il forcé de lever le siège de Paris. — 367. Combien de temps se continua encore la guerre, et quels en furent les principaux événements? — 368. Quels partis divisaient la Ligue? — Sous l'impulsion de qui agissaient-ils? — 369. Faites connaître le siège de Rouen et la dernière campagne du duc de Parme. — 370. Que se passa-t-il aux états généraux de 1593? — 371. Quelles étaient les prétentions et les propositions de Philippe II? — 372. Où Henri IV fit-il son abjuration et quel en fut le résultat? — 373. Comment Henri ramena-t-il à lui plusieurs de ses adversaires? — Comment entra-t-il dans Paris? — 374. La soumission de Paris au roi mit-elle fin à la guerre civile? — Quelle victoire remporta encore Henri IV sur le duc de Mayenne, et quel en fut le résultat? — 375. Comment Henri IV essaya-t-il de rapprocher les partis? — Qui tenta de l'assassiner? — Quel ordre religieux en fut fait responsable?—376. Ne se réconcilia-t-il pas avec le pape? — Quels furent les événements de la guerre avec le roi d'Espagne, et comment se termina-t-elle? — Comment Henri IV eut-il à combattre le duc de Savoie et quels généraux conduisirent cette guerre? — 377. Quelle paix termina la guerre avec l'Espagne, et quelles en furent les principales conditions? — 378. Quel édit célèbre régla la situation des protestants? — 379. Quelle acquisition la France fit-elle en donnant la paix à la Savoie? — Qui Henri IV épousa-t-il?

SECONDE PARTIE.

Gouvernement et Institutions d'Henri IV.

—

SOMMAIRE.

§ II. 380. L'unité de la France est compromise par les prétentions des protestants, la renaissance de la féodalité et l'insubordination résultant des troubles civils. Elle sera reconstituée par le rétablissement de l'autorité souveraine, œuvre de trois grands ministres, commencée par Sully.

381. Henri IV pardonne une première trahison au maréchal de Biron, qui conspire de nouveau, est condamné et exécuté (31 juillet 1602). Les jésuites sont rappelés (1603). Après une nouvelle conspiration, le duc de Bouillon est forcé de recevoir une garnison à Sedan (1606).

382. Henri IV veut faire de l'Europe une grande république fédérative, composée de quinze États, pour expulser les Turcs et les Russes. Il se prépare à anéantir dans ce but la prépondérance de la maison d'Autriche.

383. Ravaillac assassine Henri IV rue de la Ferronnerie, le 14 mai 1610. Cet exécrable forfait excite la joie des anciens ligueurs, de l'Autriche et de l'Espagne.

384. Henri annonce sa volonté de relever le pouvoir avec le concours de la nation dans l'assemblée des notables à Rouen (1596); il s'appuie sur d'habiles ministres : Villeroy, Jeannin, Bellièvre, Sillery, et surtout Sully.

385. Sully rétablit l'ordre dans les finances; il augmente les ressources de l'État, paye la dette publique, diminue les tailles et gabelles, et laisse une réserve de quarante-deux millions. Les laboureurs sont protégés, et Olivier de Serres, agronome célèbre, est appelé à la cour par Henri IV.

386. Sully rétablit et multiplie les routes, relève les fortifications, garnit les arsenaux, trace des canaux, et exécute celui de Briare. Le pont Neuf est achevé; la galerie entre le Louvre et les Tuileries est commencée du côté du Louvre; la façade de l'Hôtel-de-Ville de Paris est construite.

387. Henri IV naturalise en France l'industrie de la soie. Les fabriques de verreries, de glaces, des Gobelins, etc., sont favorisées, et une assemblée générale du commerce est réunie; enfin la navigation

marchande est stimulée. Champlain jette au Canada les fondements
de Québec, et la colonisation de la Guyane est commencée.

388. Plein de zèle pour le bien-être des classes laborieuses, Henri IV
réprime la licence des gens de guerre, les exactions des financiers et
les abus dans l'administration de la justice. La littérature fait des
progrès sous son règne. Il transfère à Paris la bibliothèque royale;
il est récompensé de ses soins par une immense popularité.

§ II. GOUVERNEMENT ET INSTITUTIONS D'HENRI IV.

**380. SITUATION INTÉRIEURE ET EXTÉRIEURE DE LA
FRANCE.** — Les règnes des trois fils d'Henri II nous ont offert, dans les troubles suscités par les nouvelles idées religieuses
et par l'ambition des princes, le spectacle de la réaction provoquée par l'établissement de la monarchie absolue sous François Ier et sous Henri II. Cette lutte, continuée pendant les premières années du règne d'Henri IV, sembla se terminer, au
profit du pouvoir absolu, par le triomphe de ce prince, qui
monta sur le trône *par droit de conquête* autant que *par
droit de naissance;* mais l'échec qu'avait fait éprouver à l'autorité monarchique la grande réaction du seizième siècle n'é-
tait pas encore réparé. Le calvinisme s'était constitué au sein
même de l'État comme une puissance indépendante, et la
féodalité, rêvant une existence nouvelle, avait été récemment
(1596) jusqu'à proposer au roi, « comme moyen d'avoir toujours sur pied une grande armée bien soudoyée, qui ne se
débanderait jamais, de trouver bon que ceux qui avaient des
gouvernements pour commission les pussent posséder en propriété, en reconnaissant les tenir de la couronne par un simple
hommage lige. » (Sully.) Repoussée dans ses prétentions, la
noblesse essaya quelques tentatives isolées que nous aurons à
raconter pendant le demi-siècle qui nous sépare encore du
triomphe définitif de la monarchie absolue.

Les guerres de la Ligue avaient aussi prouvé quels dangers
l'insatiable ambition de la double maison d'Espagne et d'Autriche pouvait encore faire courir à la royauté, à la France, et
même à l'indépendance européenne. Pour conjurer cet autre
danger, il fallait que la France, qui s'était donné à elle-même la
noble mission de défendre la commune indépendance, se mît
en état de puiser dans une forte union intérieure la puissance
nécessaire pour sauver l'Europe de la fatale étreinte dont la menaçaient ces deux bras redoutables de la maison d'Autriche, dont
l'un s'étendait par l'Allemagne, la Franche-Comté et les Pays-
Bas jusqu'à la mer du Nord, et dont l'autre, s'appuyant sur

l'Italie et l'Espagne, atteignait le nouveau monde. Ce devait
être l'œuvre de trois grands ministres : Sully, Richelieu, Mazarin. Cette succession de trois hommes supérieurs en moins
d'un demi-siècle, employant à assurer le succès de la même
cause les qualités diverses et si remarquables que la Providence
leur avait départies, ne pouvait manquer de vaincre tous les
obstacles qui devaient se présenter encore.

581. Conspirations. — Condamnation de Biron. —
Henri IV, ainsi que nous l'avons déjà dit, n'avait pas attendu
que la guerre civile fût terminée pour essayer d'en réparer les
désastres. Malheureusement, les hautes pensées du roi, auxquelles répondaient si vivement les sympathies populaires,
étaient méconnues ou combattues par les grands dont elles
menaçaient l'influence. De nombreuses conspirations vinrent
entraver les projets d'Henri, sans que la clémence ni la rigueur pussent vaincre l'incorrigible audace des mécontents.

Au moment où se terminait la guerre contre le duc de Savoie, le maréchal de Biron était venu trouver le roi, et lui faisant un aveu sincère de la part qu'il avait prise à la conspiration
tramée par le duc de Savoie, il avait obtenu son pardon; mais,
emporté par son caractère présomptueux et brouillon, il ne
tarda pas à se mêler à de nouvelles intrigues. Il s'agissait encore d'alliance avec l'Espagne et la Savoie pour démembrer la
France en plusieurs petits États. Instruit de ces menées, Henri
fit mander Biron, et après l'avoir vainement sollicité à plusieurs
reprises d'acheter par un nouvel aveu le pardon de cette seconde
trahison, il le fit arrêter et traduire devant le parlement, qui le
condamna à mort. Ce ne fut pas sans une vive douleur que
Henri laissa exécuter cet arrêt (31 juillet 1602) prononcé contre un ami auquel il avait sauvé la vie trois fois, et notamment
à Fontaine-Française, au risque même de la sienne, et dont il
se plaisait à dire qu'*il le présentait avec un égal succès à ses amis
et à ses ennemis.* — Cette rigueur, reprochée par plusieurs historiens à Henri comme une ingratitude envers un compagnon
d'armes longtemps fidèle et dévoué, était nécessaire pour effrayer ceux qui projetaient encore le démembrement de la
France : les complots que nous venons de raconter et les soulèvements qui furent encore essayés dans quelques provinces le
prouvent suffisamment. Il faudra, comme nous le verrons bientôt, la chute de plus d'une tête illustre pour que la haute noblesse se décide à renoncer aux vieilles traditions de la féodalité.

Les dernières années du règne d'Henri IV ne présentent
plus que deux événements de quelque intérêt. Le premier est
le rappel de la société des Jésuites, auxquels Henri IV permit,

màlgré les remontrances du parlement, de rentrer en France
(1603). Il leur rendit plusieurs de leurs colléges, et leur confia
même la direction de celui de la Flèche, qu'il fonda pour y
faire élever, aux frais de l'Etat, les jeunes gentilshommes qui se
destinaient à la profession des armes. — L'autre événement est
une courte guerre contre le duc de Bouillon, qui fut puni de sa
participation à un nouveau complot tramé dans l'intérieur du
royaume, par la prise de la forteresse de Sédan, dans laquelle
Henri laissa une garnison (1606).

582. PROJETS D'HENRI IV. — PLAN DE RÉORGANI-
SATION DE L'EUROPE. — Tranquille enfin au dedans comme
au dehors, Henri voyait réunies dans son arsenal, par les soins
de Sully, l'artillerie, les armes et les munitions nécessaires pour
mettre sur pied une armée formidable, et dans les caves de la
Bastille des trésors suffisants pour la solder. Après être inter-
venu plus d'une fois comme médiateur entre ses voisins, il s'occupait d'un projet digne de son âme généreuse et grande. Il ne
s'agissait de rien moins que de réunir tous les Etats chrétiens
de l'Europe en une vaste république fédérative, composée de
quinze grands Etats, savoir : l'Etat de l'Eglise, l'Empire redevenu réellement électif; cinq royaumes héréditaires : la France,
l'Espagne, la Grande-Bretagne, le Danemark et la Suède; trois
autres royaumes électifs : la Pologne, la Hongrie et la Bohême;
le duché de Savoie, augmenté de la Lombardie, et quatre républiques, soit fédératives, soit aristocratiques, savoir : Venise
avec la Sicile, une république fédérative d'Italie, une autre formée de la Suisse avec l'Alsace, la Franche-Comté et le Tyrol,
et une quatrième de tous les Pays-Bas. La grande république
chrétienne devait avoir une diète représentative chargée de régler les différends qui s'élèveraient entre ses membres, afin d'assurer ainsi le maintien de la paix perpétuelle. Elle devait aussi
réunir les forces et l'argent nécessaires pour expulser de l'Europe les Turcs et même les Russes, qui à cette époque n'avaient
pas encore pris place dans la famille européenne.

Pour arriver à la réalisation de ce plan, il fallait avant tout
anéantir la prépondérance dont jouissait la trop puissante maison d'Autriche. La trève de douze ans, par laquelle l'Espagne
reconnut implicitement l'indépendance des Provinces-Unies, résultat important obtenu par l'habileté d'un négociateur français,
le président *Jeannin* (1609), était un premier pas fait dans
cette voie. Les complications et les rivalités d'intérêts que fit
naître en Allemagne, à la même époque, l'ouverture de l'importante succession de Clèves et de Juliers offraient à Henri IV
une heureuse occasion de s'immiscer dans les affaires de ce

pays. De grands événements paraissent sur le point de s'accomplir.

583. Assassinat d'Henri IV par Ravaillac. Déjà Henri IV avait mis sur pied trois armées, et, laissant la régence à la reine, qu'il avait fait sacrer la veille, il se préparait lui-même à partir pour aller prendre le commandement de celle de ces armées qui devait pénétrer en Allemagne, lorsqu'il tomba sous le poignard d'un assassin. *Ravaillac*, d'exécrable mémoire, saisissant le moment où le carrosse du roi se trouvait arrêté dans la rue de la Ferronnerie par un embarras d'autres voitures, s'élance sur celle d'Henri IV, auquel il porte deux coups de couteau qui lui donnent la mort (14 mai 1610). — C'était la dix-neuvième tentative d'assassinat dirigée contre un prince auquel on n'avait à reprocher d'autre crime que d'avoir enchaîné les passions furieuses qui bouleversaient la France à son avénement. Quelques vieux ligueurs et quelques mécontents applaudirent, dit-on, à cet abominable attentat ; l'Autriche et l'Espagne s'en réjouirent, mais la France entière pleura le *bon Henri*; et, comme à la mort de Charles VIII, plusieurs personnes moururent de douleur en apprenant celle de cet excellent prince.

584. Administration d'Henri IV. — Lorsque le roi entreprit son œuvre de régénération de la France, il chercha des points d'appui partout, et surtout, comme nous l'avons dit, dans les modérés. Dans la courte harangue par laquelle il ouvrit l'assemblée des notables de Rouen en 1596 (n° 376), et *qui sentoit ung peu beaucoup son soldat*, au jugement de l'Estoile, il leur avait dit : « Vous savez, à vos dépens comme aux miens, que, lorsque Dieu m'a appelé à cette couronne, j'ai trouvé la France non-seulement quasi ruinée, mais presque perdue pour les Français. Par la grâce divine, par les prières et bons conseils de mes serviteurs, par l'épée de ma brave et généreuse noblesse, par mes peines et labeurs, je l'ai sauvée de perte. Sauvons-la à cette heure de ruine. Participez, mes sujets, à cette seconde gloire avec moi, comme vous avez fait à la première. Je ne vous ai point appelés, comme faisaient mes prédécesseurs, pour vous faire approuver mes volontés : je vous ai fait assembler pour recevoir vos conseils, pour les croire, pour les suivre : bref, pour me mettre en tutelle entre vos mains : envie qui ne prend guère aux rois, aux barbes grises et aux victorieux. Mais la violente amour que j'apporte à mes sujets, l'extrême désir que j'ai d'ajouter deux beaux titres à celui de roi me fait trouver tout aisé et honorable. » Gabrielle d'Estrées, qui assistait à cette séance, témoigna au roi son étonnement de ce qu'il avait parlé de se mettre en tutelle. *Ventre-saint-gris!* lui répondit le roi, *il est vrai; mais je l'entends avec mon épée au côté.*

Ces paroles font voir comment Henri IV comprenait les devoirs de la royauté et le rôle qu'elle devait jouer dans ces temps difficiles. Sa conduite ne les démentit pas. L'assemblée des notables s'étant séparée sans avoir rien fait pour cicatriser les plaies de l'État, Henri se chargea lui-même de ce soin, sans tenter de convoquer les états généraux, dont la réunion, au milieu de toutes les passions ennemies qui fermentaient encore, aurait été plus dangereuse qu'utile. La victoire lui avait mis entre les mains le pouvoir absolu : il en profita pour accomplir, quelquefois, il est vrai, avec rudesse, avec rigueur même, une œuvre impossible peut-être avec d'autres moyens. Il y eut de nombreux, de graves mécontentements; Henri le savait, car il avait des amis qui ne lui épargnaient pas de rudes avertissements; mais il sut les entendre, et son cœur souffrait à la pensée qu'on lui tenait si peu compte des efforts qu'il faisait pour rendre le bonheur et la prospérité à son royaume. C'est par les résultats qu'il en faut juger. D'habiles ministres l'aidèrent à faire disparaître les traces d'un demi-siècle de calamités : *Villeroy* à la guerre, *Jeannin* aux affaires étrangères, les chanceliers de *Bellièvre* et ensuite de *Sillery* aux sceaux, et avant tous, le grand *Sully,* surintendant des finances (1599), grand voyer de France, grand maître de l'artillerie (1600), surintendant des bâtiments, capitaine héréditaire des eaux, rivières et forêts, gouverneur du Poitou, duc et pair (1606).

385. SULLY. — FINANCES ET AGRICULTURE. — Sully, qui s'était fort enrichi lui-même dans l'administration de ses biens, dirigea avec la même habileté et le même succès la fortune publique. À son entrée au pouvoir, le domaine royal était partout envahi, le trésor dilapidé, la dette de l'État énorme, les recettes dissipées ou détournées par les traitants et les fermiers généraux avant d'arriver aux coffres du roi. Sully s'empressa de rétablir, en la perfectionnant, la comptabilité régulière, organisée autrefois par Jacques Cœur (n° 55); il rétablit l'ordre et l'équilibre dans les finances, en introduisant partout une sévère économie, en exigeant la prompte rentrée des revenus, en relevant le prix des *baux* (1) consentis à vils prix, en supprimant

(1) Les *fermiers généraux* étaient des spéculateurs qui se chargeaient de recueillir les impôts dans chaque province. Ils passaient avec le gouvernement un *bail* par lequel ils s'engageaient à verser chaque année une somme déterminée dans les coffres de l'État. Tout ce qu'ils touchaient en plus était leur bénéfice. Il résultait de ce déplorable système qu'ils pressuraient les populations pour gagner le plus possible, et que, d'un autre côté, ils profitaient des embarras du gouvernement pour

une foule d'emplois inutiles, en percevant un droit (la *paulette*), sur la vente des offices. Il put aussi acquitter en quelques années toutes les dettes de l'État, qui ne s'élevaient pas à moins de trois cent·millions (plus de neuf cents millions d'aujourd'hui), et racheter pour cinquante millions de domaines royaux aveuglément aliénés. Malgré les charges énormes auxquelles il avait à satisfaire, il put réduire considérablement les impôts les plus onéreux au peuple, les·tailles et les gabelles, et laisser à la fin du règne d'Henri IV une somme de quarante-deux millions dans le trésor.

L'agriculture fut l'objet tout particulier des soins du ministre, qui ne cessait de répéter au roi cette sage et profonde maxime : *Labourage et pasturage sont les deux mamelles dont la France est alimentée et les vraies mines et trésors du Pérou*. La protection active et intelligente, accordée à tous ceux qui se livraient à l'agriculture, la rendirent en peu de temps plus florissante que jamais. Les instruments de labour et les bestiaux furent de nouveau, et conformément à d'anciennes ordonnances, déclarés insaisissables pour les dettes envers les particuliers et même envers l'État. Le zèle du roi et de son ministre pour l'agriculture se manifesta surtout par les encouragements qu'ils prodiguèrent au célèbre *Olivier de Serres*, qui a mérité le beau nom de *père de l'agriculture* en France. Gentilhomme du Vivarais, de Serres avait attiré l'attention générale par les améliorations introduites dans l'exploitation de ses terres. Henri IV l'appela à Paris, le chargea de diriger la culture dans ses domaines, seconda tous ses essais, et témoigna toute son estime pour les écrits de l'habile agronome en se faisant lire chaque jour quelques pages de son *Théâtre d'agriculture et mesnage des champs*. Sous cette heureuse impulsion, les produits du sol augmentèrent à tel point, que le roi ne craignit pas de permettre l'exportation des grains, jusque-là sévèrement défendue : la France était redevenue le grenier de l'Europe.

586. TRAVAUX PUBLICS. — Le zèle du roi et de son ministre pour le bien public se manifesta d'une manière plus directe encore et non moins utile par l'exécution de grands et utiles travaux. Des ouvriers flamands furent appelés en grand nombre pour opérer le desséchement de vastes marais, et, dans le Médoc, on vit en peu de temps un canton tout entier conquis

---

obtenir que la ferme des impôts leur fût donnée au plus bas prix. C'est ce système qui dura jusqu'à l'époque où Napoléon Bonaparte, premier consul, organisa les finances sur leur pied actuel. (Voir *Cours de Rhétorique*.)

sur les eaux. De nombreuses routes furent ouvertes ou réparées dans les diverses parties du territoire, et bordées d'ormes
ou d'arbres fruitiers. Sur tous les points du royaume, les places
fortes furent restaurées, les remparts relevés, l'artillerie réorganisée, les arsenaux augmentés et pourvus d'approvisionnements considérables; des canaux furent tracés pour faciliter les
transports, un plan général fut même arrêté pour toute le royaume,
et la création du *canal de Briare*, qui en inaugura dignement
la réalisation, ouvrit entre la Loire et la Seine une nouvelle voie
au commerce et aux approvisionnements de la capitale (de
Briare à Moret, sur une longueur de 55 kilomètres).

Le grand voyer de France, le grand maître de l'artillerie, le
capitaine des eaux et rivières, avait su justifier ses titres : le surintendant des bâtiments ne fit pas moins. Paris, redevenu le séjour du roi, s'embellit de beaux et utiles édifices. Le *Pont Neuf*,
dont les souvenirs sont inséparables de ceux d'Henri IV, et qui
avait été commencé sous Henri III (1), fut achevé et livré à la
circulation. Les édifices réguliers de la place Royale, où devait
se réunir bientôt toute la grande société de la capitale, s'élevèrent au commencement du dix-septième siècle. La longue
galerie qui unit le *Louvre*, ancien palais des rois, avec celui
des *Tuileries*, œuvre de Catherine de Médicis, fut commencée
du côté du Louvre, sous la direction de l'éminent architecte *du
Cerceau*. — L'*Hôtel-de-Ville* de Paris dont l'origine remonte à
François 1ᵉʳ, fut achevé sous Henri IV par la construction de
cette belle façade dont l'ordonnance harmonieuse rappelle le
style élégant de la renaissance.

---

(1) « Dans ce même moys (avril 1578), dit l'Estoile, à la faveur des
eaux qui lors commencèrent à baisser jusques à la Saint-Martin et
continuèrent à être fort basses, fut commencé le Pont Neuf, de pierres
de taille, qui conduit de Nesles à l'école Saint-Germain, sur l'ordonnance du jeune du Cerceau, architecte du roi. Le moys suivant,
Henri III vint en grande cérémonie poser la première pierre à fleur
d'eau. » Germain Pilon (n° 260) fut chargé de sculpter les masques qui
ornaient les consoles du pont; mais en 1589, les troubles civils firent
suspendre les travaux déjà fort avancés. On jeta sur les piles inache-
vées un tablier volant qui établit une communication entre le quai et
l'île du Palais. Mais ces arches en construction servirent de repaire à
des bandits dont la présence rendait le passage fort dangereux, et qui,
sous prétexte de faire la guerre aux huguenots, volaient et assassi-
naient ceux qui osaient se hasarder dans ces parages. « Quant à ceux-
là, dit Sancy dans ses *Confessions*, qui se logeaient dans les niches du
Pont Neuf lors inachevé, et qui, au soir et à la nuit, prenoient par un
pied ceux qui passoient sur le pont, et les ayant précipités et dépouillés,
ils les jetoient dans l'eau... ils présupposoient ne faire mal qu'à des
hérétiques. »

387. MANUFACTURES ET COMMERCE. — Quoique les arts industriels fussent peu appréciés par Sully à une époque où l'on éprouvait bien plus le besoin de vaillants soldats que d'ouvriers habiles, cependant les manufactures furent encouragées efficacement par l'ordre exprès du roi, qui s'occupa surtout avec ardeur de naturaliser en France l'industrie de la soie. Il chargea Olivier de Serres (n° 385) d'organiser des magnaneries pour l'éducation des vers à soie ; fit planter jusque dans le jardin des Tuileries quinze mille pieds de mûriers blancs ; ordonna l'établissement de nombreuses pépinières de cet arbre précieux, et assura ainsi dans notre patrie le développement d'une de ses industries les plus florissantes et les plus productives. Des manufactures de verreries et de glaces s'élevèrent en même temps que celles de soieries et de diverses étoffes de luxe ; l'établissement fondé dans le faubourg Saint-Marcel à Paris par les frères *Gobelin*, sous François Ier (n° 260), commença à produire ces belles tapisseries qui font de nos jours encore l'admiration de l'Europe et qui allaient bientôt mériter à cette maison le titre de manufacture royale.

Le *commerce* reçut une vive impulsion de ces progrès de l'industrie et de l'agriculture, qui fournirent de nombreux aliments à ses transactions au dedans et au dehors du royaume. La convocation d'une assemblée de notables négociants, qui proposa en 1604 des réformes dans l'organisation des corps de métiers, témoigne de la sollicitude d'Henri IV pour les intérêts commerciaux du royaume.

La *marine*, quoique moins favorisée, ne fut cependant pas négligée, ainsi que le prouve l'extension donnée aux établissements français dans les deux Amériques. C'est en effet du règne d'Henri IV que datent la colonisation de la *Guyane* (1604) et celle du *Canada*, où Champlain, gentilhomme de Saintonge, jeta (1608) les fondements de la ville de *Québec*, capitale de la *Nouvelle-France*.

388. POPULARITÉ DU ROI. — Tant de travaux et de soins pour la prospérité du royaume avaient assuré à Henri IV la plus douce et la plus belle récompense : une popularité sans bornes, que le temps ne devait pas affaiblir. Henri IV,

> Le seul roi dont le peuple ait gardé la mémoire,

a dit Voltaire, avait surtout à cœur le bien-être des classes laborieuses, si fort opprimées et pressurées pendant les guerres civiles. « Tout allait mal, disait-il, quand le père de famille n'y était pas ; aujourd'hui il a soin de ses enfants, et tout prospère. »

Henri IV réprima avec une grande sévérité les exactions des financiers et la licence des gens de guerre. « Ventre-saint-gris! disait-il, si l'on ruine mon peuple, qui me nourrira? qui soutiendra les charges de l'Etat? Vive Dieu! s'en prendre à mon peuple, c'est s'en prendre à moi-même. » Henri IV pouvait alors espérer de vivre assez pour voir l'accomplissement de ce vœu si cher à son cœur et qu'il exprimait dans ces mots tant de fois répétés : *Je veux que chaque laboureur de mon royaume puisse mettre la poule au pot le dimanche.* Afin d'ôter tout prétexte aux pillages des gens de guerre, il assura le payement exact de leur solde, et leur donna une preuve de sa sollicitude en créant, pour les soldats et officiers invalides, un hôpital militaire, noble pensée qui devait recevoir de son petit-fils un développement si magnifique et si digne de la grandeur de la France. (voir *Cours de Rhétorique.*)

Les abus que tant de troubles et de violence avaient introduits dans l'administration de la justice furent réprimés. La vénalité des charges, que l'état des finances ne permettait pas d'abolir, fut modifiée par l'institution de la *paulette*, qui rendit les offices judiciaires héréditaires dans les familles, moyennant le payement d'une somme annuelle. — Le duel fut interdit sous peine de mort (1602 et 1609). La même peine menaça les banqueroutiers, et malheureusement aussi ceux qui contrevenaient aux lois rigoureuses contre la chasse, l'une des passions favorites du roi. — L'histoire lui reproche encore sa passion pour le jeu et l'empire que les femmes exercèrent toujours sur lui. Mais, s'il montra à leur égard une déplorable faiblesse, il faut reconnaître du moins qu'il ne leur sacrifia jamais les grands intérêts de l'Etat, et que jamais non plus, elles n'exercèrent aucune influence sur le choix des sages conseillers dont il eut le rare talent et le bonheur de s'entourer. On connaît la réponse qu'il fit à Gabrielle d'Estrées, qui cherchait à renverser Sully, dont elle n'était pas aimée : « Je vous déclare que je me passerais mieux de dix maîtresses comme vous que d'un serviteur comme lui. » Quelques reproches en effet qu'ait pu mériter à ce ministre son caractère orgueilleux et dur, qui le faisait détester des courtisans, on ne peut disconvenir que le roi n'ait eu en lui le serviteur le plus fidèle et le plus dévoué, le plus habile coopérateur que jamais souverain ait possédé. Aussi n'est-ce pas le moindre mérite d'Henri IV d'avoir su conserver sa confiance à cet homme illustre, en dépit de toutes les jalousies qu'excitait sa faveur. L'histoire s'est plu à conserver un mot qui prouve de quelle considération il aimait à entourer cet ami fidèle et quelle affection délicate il lui portait. A la fin d'une explication relative à de mensongères accusations portées contre lui, Sully s'était jeté aux pieds d'Henri : « Relevez-vous, Sully, s'écria vivement le bon roi; ceux qui nous voient vont croire que je vous pardonne. »

Enfin, les progrès intellectuels du pays tenaient une grande place dans les préoccupations d'Henri IV, et ils sont attestés par les noms de moralistes, d'historiens, de poëtes qui conservent de nos jours encore une réputation méritée : saint François de Sales, d'Ossat, Etienne Pasquier, l'Estoile, Régnier, Malherbe, etc. Les savants étrangers furent attirés à Paris, et magnifiquement récompensés; de nouveaux collèges furent fondés; enfin, la *Bibliothèque royale*, qui était restée jusqu'alors à Fontainebleau, fut transférée à Paris et augmentée d'une foule d'ouvrages et de manuscrits précieux.

A l'avénement des Bourbons, une ère nouvelle s'est ouverte pour la France. En même temps que le pouvoir se centralise, la nation tend à recouvrer son unité. « C'est le temps des progrès administratifs et intellectuels à l'intérieur; c'est le temps de l'influence politique à l'extérieur. » (Lavallée.)

OUVRAGES A CONSULTER. — Les *Mémoires* déjà cités de du Puget, Guillaume de Tavannes, du duc d'Angoulême, de Villeroy, Cheverny, de Thou; *Recueil des lettres missives de Henri IV*, faisant partie de la *Collection des documents inédits sur l'histoire de France*; Pierre de l'Estoile, *Mémoires et Journal*; Maximilien de Béthune, duc de Sully, *Mémoires des sages et royalles œconomies d'Estat, domestiques, politiques et militaires du roy Henry le Grand*, avec la *Réfutation contemporaine* de Marbault; Phil. de Mornay, *Mémoires*; Michel de Marillac, *Mémoires*; Th. A. d'Aubigné, *Mémoires de sa vie*; Claude Groulart, *Mémoires ou voyages par lui faits en cour*; *Satire Ménippée, de la vertu du Catholicon d'Espagne*; Louis de Gonzague, duc de Nevers, *Traité des causes et raisons de la prise d'armes faite en janvier 1589 et des moyens pour apaiser nos présentes afflictions*, aux tomes XIII et XIV des *Archives curieuses de l'Histoire de France*; Péréfixe, *Histoire de Henri le Grand*; de Burigny, *Histoire du cardinal du Perron*; madame Thiroux d'Arconville, *Vie du cardinal d'Ossat*; ouvrages déjà cités de Pasquier, de Thou, Capefigue, Anquetil, Lacretelle, et des divers historiens de France, de Davila; Watson, *Histoire de Philippe II*; Ch. Labitte, *Prédicateurs de la Ligue*; les *Négociations du président Jeannin*; les *Lettres du cardinal d'Ossat*; les *Mémoires du maréchal de Bassompierre*; ceux de Philippe Hurault, faisant suite à ceux de Cheverny, son père; Palma Cayet, *Chronologie novenaire et Chronologie septenaire*, contenant les choses les plus mémorables advenues depuis la paix faite à Vervins (1599) jusqu'à la fin de l'année 1604; *Histoire de la vie, conspiration, etc., du maréchal de Biron*; *Histoire des années 1605-1608*; Is. de Laffemas, *Histoire du commerce de France*, et Flassan, *Histoire de la diplomatie française*, t. II, etc.

QUESTIONNAIRE. — § II. 380. Comment et par qui l'unité de la France fut-elle reconstituée? — 381. Dans quelle intrigue entra le duc de Biron et comment mourut-il? — Qu'arriva-t-il au duc de Bouillon? — **382.**

Quel était le grand projet que formait Henri IV à la fin de sa vie? —
Que fallait-il faire d'abord pour en préparer la réalisation? — 383.
Quand et par qui Henri IV fut-il assassiné? — Quels sentiments se
manifestèrent à la nouvelle de cet abominable attentat? — 384. Quelles
paroles adressa Henri IV à l'assemblée des notables tenue à Rouen?
— Par quels ministres fut-il secondé dans son administration? —
385. Comment Sully réorganisa-t-il les finances? — Quels progrès
fit l'agriculture sous le règne d'Henri IV? — Quelle opinion avait
Sully de l'agriculture? — 386. Quel canal fut ouvert par Henri IV? —
De quels monuments embellit-il la ville de Paris? — 387. Quels encouragements accorda-t-il aux arts industriels? — Les provinces n'eurent-
elles pas aussi leur part dans ces utiles travaux? — Quelles colonies
furent fondées sous le règne d'Henri IV? — 388. Donnez une idée du
zèle d'Henri IV pour le bien de son peuple. — Les lettres n'excitèrent-
elles pas aussi la sollicitude de ce grand roi? — Faites connaître les
rapports de confiance et d'affection d'Henri IV avec son fidèle ministre.

APPENDICE.

GÉOGRAPHIE DE LA FRANCE A LA MORT D'HENRI IV (1).

—

SOMMAIRE (2).

389. Les limites de la France se sont reculées depuis la mort de
    François Ier par l'acquisition de Calais, des Trois-Évêchés, de la
    Bresse et du Bugey, mais elles sont revenues à la ligne des Alpes par
    l'abandon des villes d'Italie.
390. Le domaine royal a acquis la Navarre, les principautés et sei-
    gneuries de Béarn, Bigorre, Foix, Albret, Dreux, Penthièvre, Péri-
    gord, haute Marche, Limoges, Armagnac, Fezenzac, Vendôme,
    Bresse, Bugey, Val-Romey, etc.
391. Les maisons féodales encore existantes sont : celle de Bourbon-
    Condé, avec les branches de Soissons et de Montpensier ; la maison
    de Lorraine, divisée en branches de Mercœur, Guise, Aumale, El-
    bœuf ; puis les maisons de Dunois, la Tour d'Auvergne, Béthune-
    Sully, Montmorency, la Trémoille, Gonzague, Savoie et Nassau ;
    enfin il faut noter les places protestantes.
392. La France est divisée en douze grands gouvernements, savoir :
    Picardie, Normandie, Champagne et Brie, Ile-de-France, Orléanais,
    Bretagne, Bourgogne, Lyonnais, Dauphiné, Provence, Languedoc,
    Guyenne et Gascogne.

---

(1) Cet appendice est, ainsi que celui ajouté au chapitre précédent,
destiné à montrer en quel état Henri IV avait trouvé la France à son
avénement et comment il la laissa.

(2) Voir dans L'ATLAS IN-4º DE M. ANSART la carte de France comparée à la mort de Henri III et de Henri IV.

389. LIMITES. — Depuis la mort de François Ier, les frontières de la France s'étaient étendues au N. et à l'E. et quelque peu restreintes au S. E. Au N., la limite de la France commençait un peu au-dessus de Calais, repris en 1558, suivait les hauteurs qui forment le bassin de la Somme entre cette rivière d'une part, et d'autre part Arras et Cambrai, qui n'appartenaient point au royaume, rejoignait la Meuse, puis la Moselle, en enfermant les Trois-Evêchés conquis par Henri II, et descendait le long de la Lorraine vers la Saône, qu'elle suivait jusqu'aux frontières de la Franche-Comté, où elle allait gagner le Jura derrière la Bresse et le Bugey, atteignait le Rhône près de Genève, le suivait en laissant la Savoie, puis le marquisat de Saluces à l'E., et longeait les Alpes jusqu'au Var. La Méditerranée, jusqu'aux confins du Roussillon, toujours au pouvoir de l'Espagne, les Pyrénées depuis cette province jusqu'à la Bidassoa, puis l'Océan jusqu'au nord de Calais étaient toujours les limites de la France au S. et à l'O.

390. RÉUNIONS DE DOMAINES SOUS CE RÈGNE. — Tandis que la France acquérait quelques possessions importantes, le domaine royal s'était accru considérablement.

L'avènement d'Henri IV au trône de France avait amené la réunion à sa nouvelle couronne de celle du royaume de NAVARRE, situé au pied des Pyrénées, et dépouillé de ses plus belles provinces par les rois d'Espagne, il se trouvait réduit à la *basse Navarre*, capitale *Saint-Jean-Pied-de-Port;* mais ce n'était là que la moindre partie des domaines d'Henri IV, qui comprenaient en outre les possessions de la maison de *Bourbon-Vendôme*, savoir : — la principauté de BÉARN, qui y était réunie depuis l'an 1290; — le comté de BIGORRE, réuni au Béarn en 1425; — le comté de FOIX, réuni au royaume de Navarre en 1474; — le duché d'ALBRET; — les comtés de DREUX, de GAURE, de PENTHIÈVRE, de PÉRIGORD et de la HAUTE-MARCHE; — la vicomté de LIMOGES et celle de TARTAS, au milieu des Landes de la Gascogne, réunies au royaume de Navarre en 1522; — le comté d'ARMAGNAC avec ceux de FEZENZAC, de RODEZ, de LODÈVE, de MARLE, et les vicomtés de CARLAT, de NARBONNE, de MURAT, de MILHAU, de LOMAGNE, et de FEZENZAGUET; les seigneuries de LA FLÈCHE, de MARSAN, de TURSAN, de GABARDAN et de CASTRES, réunies également à ce même royaume à diverses époques; — enfin, le duché de VENDÔME, qui fut donné en apanage par Henri IV au fils qu'il eut de Gabrielle d'Estrées, et celui de BAUMONT-LE-VICOMTE (dans le Maine), que Henri tenait de son père, Antoine de Bourbon.

En 1601 furent réunis la BRESSE, entre le Rhône et la Saône, capitale *Bourg;* le BUGEY, séparé de la Bresse par l'Ain, et ayant pour capitale *Belley*, et le VAL-ROMEY, petit pays qui s'étendait le long du Rhône à l'E. du Bugey. Ces trois petites provinces, autrefois comprises dans le royaume d'Arles, avaient été cédées, comme on l'a vu plus haut (n° 379), à Henri IV, par le duc de Savoie, en échange du marquisat de Saluces.

391. MAISONS APANAGÉES ET MAISONS FÉODALES

ENCORE EXISTANTES. — On a vu que la féodalité s'était reconstituée pendant la période d'anarchie et de guerres civiles qui avait
précédé l'avénement d'Henri IV. Ce prince avait dû, comme autrefois Louis XI, traiter avec les grands seigneurs de puissance à puissance, et si, par son gouvernement aussi ferme que sage, il avait
rendu au pouvoir royal son ascendant suprême, cependant il laissait encore à sa mort des fiefs assez puissants pour menacer bientôt
l'autorité de son successeur.

Les comtés de VENDÔME, de CHARTRES et d'ANGOULÊME étaient en
apanages.

La maison de BOURBON-CONDÉ, qui allait reprendre plus d'une
fois son attitude insoumise et turbulente, était la plus voisine du
trône. Elle comprenait les branches de *Condé*, de *Soissons* et de
Montpensier, et possédait : les principautés de *la Roche-sur-
Yon*, de *Dombes* et de *Conty*, le *Dauphiné d'Auvergne*, les
duchés de *Montpensier* et de *Chatellerault*, les comtés de *Dom-
front*, de *Mortain*, de *Beaujeu*, de *Soissons* et de *Dreux*, les
vicomtés de *Nevers*, d'*Auge* et de *Brosse*, et la seigneurie de
Combrailles.

La maison de LORRAINE, déchue du rang qu'elle avait occupé
pendant les guerres civiles, était néanmoins fort puissante encore.
La branche de *Mercœur* possédait, outre le duché de ce nom, ceux
de *Lorraine*, de *Bar*, de *Penthièvre*; une seconde branche avait
les seigneuries de *Guise*, *Mayenne*, *Eu*, *Joinville*; une troisième,
les comtés d'*Aumale* et de *Maulevrier*; une quatrième, ceux d'*El-
bœuf*, d'*Harcourt* et la seigneurie de *Lillebonne*.

La maison de DUNOIS possédait les fiefs de *Dunois*, *Châteaudun*,
Longueville.

La maison de la TOUR D'AUVERGNE avait réuni à la vicomté de
Turenne la principauté indépendante de *Sedan* et le duché de
Bouillon, par le mariage d'Henri de la Tour d'Auvergne avec
l'héritière de la maison de la Marck, en 1591.

La maison de BÉTHUNE, qui possédait le duché de *Sully*, la baronnie de *Rosny*, les comté de *Selles* et de *Charost*, s'était accrue
par le crédit de son illustre chef et l'acquisition de la principauté
indépendante de *Boisbelles*.

La maison de MONTMORENCY continuait à tenir le rang le plus
élevé par son influence et ses richesses.

La maison de ROHAN, qui possédait de nombreux fiefs en Bretagne,
commençait à jouer un rôle politique important.

La maison de la TRÉMOILLE avait acquis, depuis 1521, le comté
de *Laval*.

On peut encore citer le *Captalat de Buch*, la vicomté de *la Tour
du Pin*, les comtés de *Sault*, d'*Astarac*, d'*Orval*, de *Benauges*
et de *Parthenay*, les duchés de *Pons*, d'*Uzès* et de *Ventadour*,
le marquisat de *Mirepoix*, etc.

La maison étrangère de GONZAGUE possédait les comtés de *Nevers*,
Réthel, *Arches* et *Donzy*, que lui avait transmis par succession la
maison de Clèves; celle de SAVOIE avait le duché de *Nemours*;

celle de Nassau la principauté indépendante d'*Orange*; le *Charolais* et la *Franche-Comté* appartenaient à l'Espagne; enfin, le *comtat Venaissin* continuait à être possédé par le pape.

Aux fiefs encore existants il convient d'ajouter les places concédées par l'édit de Nantes aux protestants, telles que la Rochelle, Montauban, Nimes, Saumur (n° 359), etc., et dont ils entendaient faire de petites républiques indépendantes. On voit que la royauté, pour établir sur toute la France son autorité souveraine, avait encore à vaincre de puissants adversaires.

392. Les douze grands gouvernements. — A l'exception de six principautés indépendantes (le comtat, Orange, Sedan, Boisbelles, Arches, Dombes), le royaume était partagé en douze divisions administratives appelées les *grands gouvernements* ou *nations*.

1° *Grand gouvernement de Picardie*, capitale *Amiens*, divisé en Haute-Picardie (Vermandois, Saucerre, Amiénois, Thiérache), et Basse-Picardie (Ponthieu, Vimeux et Pays reconquis).

2° *Grand gouvernement de Normandie*, capitale *Rouen*, divisé en Haute-Normandie (pays de Caux, de Bray, d'Ouches, d'Auge, Vexin normand, Roumois, Licuvin); Basse-Normandie (Bessin, Cotentin, Avrauchin, pays de Caen, d'Houlme, d'Alençon).

3° *Grand gouvernement de Champagne et de Brie*, capitale *Troyes* (Champagne propre, Châlonnais, Rémois, Rethélois, Vallage, Bassigny, Sénonais, Argonne, Haute et Basse-Brie).

4° *Grand gouvernement de l'Ile-de-France*, capitale *Paris* (France, Parisis, Brie française, Gâtinais français, Hurepoix, Mantais, Vexin français, Beauvaisis, Valois, Soissonnais, Noyonnais et Laonnais).

5° *Grand gouvernement de l'Orléanais*, capitale *Orléans* (Orléanais propre, Sologne, Blaisois, Gâtinais, Beauce ou pays Chartrain, Dunois, Vendômois, Perche, Maine, Anjou, Touraine, Poitou, Angoumois, Aunis, Berry, Nivernais, Morvan).

6° *Grand gouvernement de Bretagne*, capitale *Rennes*, divisé en Haute-Bretagne (Rennes, Dol, Nantes, Saint-Màlo, Saint-Brieuc); Basse-Bretagne (Tréguier, Vannes, Quimper, Saint-Pol de Léon).

7° *Grand gouvernement de Bourgogne*, comprenant le duché de Bourgogne (Dijonnais, Châlonnais, Autunois, Auxois, pays de la Montagne); les comtés de Charolais (à l'Espagne), Mâcon, Auxerre, Bar-sur-Seine, la Bresse, le Bugey, le Val-Romey, le pays de Gex.

8° *Grand gouvernement de Lyonnais*, capitale *Lyon* (Lyonnais proprement dit, Beaujolais, Forez, Auvergne, Bourbonnais, pays de Combrailles, Marche).

9° *Grand gouvernement de Dauphiné*, divisé en Haut-Dauphiné (Graisivaudan, Royanez, Briançonnais, Embrunais, Gapençais, les Baronnies); Bas-Dauphiné (Viennois, Valentinois, Diois, Tricastinois).

10° *Grand gouvernement de Provence*, divisé en Basse-Provence (Aix, Arles, Marseille, Brignolles, Hyères, Grasse, Draguignan,

Toulon); Haute-Provence (Digne, Sisteron, Castellanne, Forcalquier).

11° *Grand gouvernement de Languedoc*, capitale *Toulouse*. Bas-Languedoc (Uzès, Nimes, Alais, Montpellier, Agde, Béziers, Narbonne); Haut-Languedoc (Toulousain, une partie du Comminges, Lauraguais, Sault, Carcassez, Rasez, Albigeois, comté de Foix, Gévaudan, Velay, Vivarais).

12° *Grand gouvernement de Guyenne et Gascogne*, le plus grand et le plus riche de tous, capitale *Bordeaux*, se divisant en Guyenne proprement dite (Bordelais, Bazadais, Agénois, Périgord, Quercy, Rouergue, Saintonge, Limousin); et Gascogne (Navarre, Béarn, Condomois, Marsais, Landes, Albret, Labour, Chalosse, Armagnac, une partie du Comminges, Bigorre, Conserrans, Soule).

Ces grands gouvernements, division administrative créée par le pouvoir central, tout à fait distincts, comme on le voit, des anciennes provinces, et commandés par des gouverneurs qui exerçaient au nom du roi des fonctions administratives et militaires, ne doivent pas être confondus avec les *généralités* ou *intendances*, qui furent établies sous Richelieu (voir n° 404). Les *divisions judiciaires* déterminées par le ressort des divers parlements étaient également différentes des divisions gouvernementales.

QUESTIONNAIRE — 389. Comparez les limites de la France à la mort d'Henri IV et celles qui existaient à la mort de François Ier. — Quelles modifications avaient-elles éprouvées? — 390. Faites connaître les acquisitions du domaine royal par suite de l'avénement d'Henri IV dans le courant de son règne. — 391. Quelles étaient les principales maisons féodales encore existantes? — Quels princes étrangers avaient encore des possessions en France? — Quelles prétentions avaient les protestants? — 392. Énumérez les douze grands gouvernements. — Indiquez les principales provinces qui faisaient partie de chacun d'eux.

CHAPITRE VINGT-SEPTIÈME.

LOUIS XIII.

(1610 - 1643.)

PREMIÈRE PARTIE.

Régence de Marie de Médicis. — Concini. — Luynes.

—

SOMMAIRE.

393. La mort d'Henri IV laisse le trône à un enfant de neuf ans. Le conseil des ministres propose la régence de la reine, qui est con-

armée par le parlement, dont l'importance politique est augmentée.

394. Le conseil de régence est formé des princes du sang et des plus
grands seigneurs. Sully quitte le conseil, et la politique du roi à
l'égard de la maison d'Autriche est abandonnée. La reine se rap-
proche de l'Espagne. Concini, favori de la reine, devient gouverneur de Normandie et maréchal de France; il dilapide le trésor.

395. Condé et les autres princes, jaloux du favori, se retirent de la
cour et vont soulever les provinces; mais la reine prévient la guerre
civile par d'énormes concessions (traité de Sainte-Ménehould,
15 mai 1614).

396. Le roi est déclaré majeur (2 octobre 1614). Les états généraux
se réunissent à Paris (14 octobre). Des discussions s'élèvent entre
la noblesse et le tiers état. Richelieu est l'orateur du clergé lors
de la présentation des cahiers au roi. Les états généraux sont dis-
sous (24 mars 1615). Le parlement, qui veut continuer leur œuvre,
adresse des remontrances inutiles.

397. La reine mère et le maréchal d'Ancre arrêtent le mariage du roi
avec Anne d'Autriche (18 octobre 1615). Le traité de Loudun accorde des garanties aux protestants (6 mai 1616). Le prince de Condé
est arrêté. Concini tente d'abaisser les grands, mais il est assassiné
(24 avril 1617), et remplacé par le favori du roi, d'Albert de Luynes.
La reine mère est renfermée à Blois.

398. Echappée de sa prison, elle voit ses partisans et ceux des
princes soulevés battus aux Ponts de-Cé (7 août 1620) par le roi, qui
réunit définitivement le Béarn et la Navarre à la couronne, et nomme
Luynes connétable. Les huguenots se soulèvent, mais Saumur et
Saint-Jean d'Angély sont pris par l'armée royale, qui échoue devant
Montauban. Cependant de nouveaux succès forcent les huguenots à
signer la paix de Montpellier (9 octobre 1622).

LE MARÉCHAL D'ANCRE ET LE DUC DE LUYNES.

(1610-1624.)

393. RÉGENCE DE MARIE DE MÉDICIS. — *Mes amis,*
disait Henri IV à quelques seigneurs mécontents de son administration, *quand vous ne m'aurez plus, vous connaî-
trez ce que je valais.* Les désordres qui suivirent sa mort prématurée ne confirmèrent que trop la vérité de ces paroles.
L'assassinat d'Henri IV livrait le trône à un enfant de neuf
ans, et le gouvernement à une femme d'un esprit trop au-
dessous de son ambition. Au moment où l'on ramena au
Louvre le carrosse renfermant le corps du roi, plusieurs de ses
ministres tenaient conseil dans une des salles du palais; ils se
rendirent aussitôt auprès de la reine éplorée. *Hélas! messieurs,*
s'écria-t-elle en les voyant, *le roi est mort! — Madame,* lui
répondit le chancelier de Sillery, *le roi ne meurt pas en France.*
Puis, rentrant au conseil, les ministres décidèrent que la reine

mère serait déclarée régente, et qu'il fallait lui faire décerner immédiatement la régence par le parlement. Il était assemblé en ce moment et avait déjà commencé à délibérer, lorsque le duc d'Epernon, puis le duc de Guise, y arrivèrent en costume militaire, et pressèrent la compagnie de se hâter; les circonstances étaient impérieuses : quelques heures après la mort de Henri tout était terminé. « La reine, mère du roi, était déclarée régente en France, pour avoir l'administration des affaires pendant le bas âge de son fils, avec toute puissance et autorité. » Ce fut ainsi que le parlement, investi, à défaut de tout autre pouvoir national, d'une autorité qui ne lui appartenait nullement, mais que la volonté publique et la force des circonstances avaient remise entre ses mains, vit s'augmenter son importance politique, et se trouva désormais autorisé à se regarder lui-même comme le représentant de la nation et le tuteur de la royauté. — La décision prise ainsi d'urgence fut confirmée le lendemain en présence du roi, dans un lit de justice solennel. (15 mai 1610).

594. Abandon de la politique d'Henri IV contre la maison d'Autriche. — Le maréchal d'Ancre. — Le conseil de régence qui fut formé pour aider la reine dans l'administration, se composa des princes du sang, des ducs d'Epernon, de Guise et de Mayenne et des ministres du feu roi; mais Marie de Médicis cessa bientôt de le consulter. Dominée par une Italienne nommée *Léonore Galigaï*, sa sœur de lait, elle donna toute sa confiance au mari de cette femme, le Florentin *Concini*. Sous cette fatale influence, la politique de Henri IV fut abandonnée, les projets du grand roi contre la maison d'Autriche furent écartés, la reine se rapprocha des Espagnols, en s'engageant à n'intervenir en rien dans les affaires des princes autrichiens en Allemagne. Sully fut forcé de quitter le conseil, et se retira dans ses domaines, ne conservant de toutes ses charges que le titre de grand maître de l'artillerie. Aux vues si hautes, si fécondes et si nationales du grand Henri allaient être substitués les calculs étroits et égoïstes d'une ambition vulgaire; la direction ferme et puissante imprimée aux affaires de l'Etat allait faire place aux incertitudes de l'inexpérience et aux ténébreuses menées de l'intrigue : la France, si grande sous Henri IV, allait s'abaisser et s'amoindrir entre les mains d'un étranger.

Le favori de la reine, et déjà le véritable maître de l'Etat, était fils d'un notaire de Florence. Venu avec sa femme à la suite de Marie de Médicis, il n'apportait d'autre titre à la faveur royale qu'une grande souplesse de caractère et une merveilleuse aptitude à flatter tous les goûts de sa souveraine, à laquelle sa présence rappelait les plus chers souvenirs de sa jeunesse. Sans biens et sans ressources personnelles, il avait su s'attirer de telles libéralités, que, peu après la mort de Henri IV, il put acheter le marquisat d'Ancre, beau domaine de Picardie, et plusieurs charges brillantes. Non content de sa nouvelle noblesse, il se fit nommer gouverneur de Normandie, et osa prendre, chose inouïe, le titre de maréchal de France sans avoir jamais manié l'épée ni assisté à un seul combat. Successeur de Sully à la tête du gouvernement, on le vit substituer à la sage économie de ce grand ministre une effroyable dilapidation des deniers publics, se faisant à lui-même une large part dans le pillage du trésor, et distribuant par cent et deux cent mille écus aux plus grands seigneurs, au prince de Condé, au comte de Soissons, au duc de Guise, etc., les épargnes si laborieusement amassées pendant le dernier règne.

595. RÉVOLTE DES PRINCES. — Concini espérait partant de largesses gagner au moins des partisans dévoués; il ne put désarmer l'irritation que sa fortune scandaleuse excitait dans toute la noblesse. La nullité à laquelle il réduisait le conseil de régence et l'ascendant qu'il s'était arrogé sur toutes les affaires de l'État mirent le comble au mécontentement. Les dons accordés aux grands seigneurs, loin d'avoir assouvi leur avidité, n'avaient fait qu'accroître leurs désirs, et quand la reine, effrayée de leurs prétentions toujours croissantes, crut devoir refuser les places fortes, les provinces, les gouvernements qu'ils réclamaient avec hauteur, un soulèvement éclata dans plusieurs parties du royaume.

Le prince de Condé, quittant la cour, se mit à la tête du mouvement et prit les armes en faisant appel à la fois au parti protestant, auquel était attachée sa famille, et au parti catholique, auquel il appartenait personnellement. Un grand nombre de seigneurs, et parmi eux les ducs de Mayenne, de Vendôme, de Nevers, etc., répondirent avec empressement à cet appel, et l'on vit une ligue formidable organisée contre l'autorité royale par la féodalité renaissante (1614). La régente, n'osant lutter à force ouverte, prévint la guerre civile qui menaçait d'embraser tout le royaume en signant avec les mécontents le traité de *Sainte-Ménehould* (15 mai), par lequel elle leur abandonnait avec de nouvelles et énormes gratifications en argent, les gouvernements les plus importants et s'engageait à convoquer les états généraux.

596. MAJORITÉ DU ROI. — **ÉTATS GÉNÉRAUX DE 1614.** — Louis XIII, ayant atteint sa quatorzième année, fit proclamer sa majorité par le parlement (2 octobre 1614), quelques jours avant l'ouverture des états généraux. Ces états, les derniers qui aient été assemblés sous l'ancienne monarchie avant ceux de 1789, se composaient de cent quarante députés du clergé, cent trente-deux de la noblesse et cent quatre-vingt-douze du tiers état, élus d'une manière fort irrégulière dans les divers bailliages des douze *nations* de la France, comme on disait alors (voir n° 392). — Convoqués d'abord à Sens pour le 10 septembre, puis ajournés, ils ne se réunirent que le 14 octobre à Paris, dans le couvent des Augustins. Chacun des trois ordres s'occupa d'abord d'élire son président; ensuite (26 octobre) eut lieu ce que l'on appelait la procession des états, qui se rendirent en grande pompe des Augustins à l'église Notre-Dame. La séance royale d'ouverture se tint le lendemain dans la grande salle de l'hôtel Bourbon. Elle commença par un discours prononcé par le jeune roi, qui céda bientôt la parole au chancelier. Les présidents des trois ordres, celui du tiers état *à genoux*, répondirent par des discours de remerciment. Le jour de la Toussaint (1er novembre), tous les députés des trois ordres reçurent la communion dans l'église des Augustins. Enfin, cinq jours après (6 novembre), on commença à s'occuper des affaires, chaque ordre délibérant séparément sur les réclamations contenues dans les cahiers des diverses provinces et se communiquant les décisions prises dans chacune des trois assemblées. Mais les discussions marchèrent avec lenteur, interrompues qu'elles étaient sans cesse par les défiances du tiers état et par les prétentions orgueilleuses des nobles. Ceux-ci, se tenant pour offensés du titre de frères aînés que leur donnaient les députés du tiers état, repoussaient toute communauté d'origine. Les rapports, osait-on dire, étaient tout au plus de *maîtres à valets*. Les états de 1789 devaient se charger de trancher cette question.

Après bien du temps perdu en vaines disputes, les trois ordres formulèrent séparément leurs réclamations. Le clergé demandait la publication du concile de Trente, la noblesse la suppression de la *paulette* (voir n° 385) et de la gabelle levée sur les nobles, le tiers état la réduction d'un quart sur la taille et les pensions. Le clergé et le tiers état s'unirent pour demander aussi une loi capable de réprimer la fureur toujours croissante des duels : les trois ordres s'accordèrent à réclamer un tribunal d'exception pour juger les financiers concussionnaires. Toutes ces demandes, à l'exception de celle contre la paulette, demeurèrent sans résultat.

Près de quatre mois furent employés à rédiger les trois

cahiers généraux, dans lesquels chacun des trois ordres résumait les doléances et les réclamations contenues dans les cahiers des douze grandes provinces ou circonscriptions électorales de la France. L'intention annoncée par le tiers état de placer en tête du sien quelques articles qu'il présentait comme *lois fondamentales* du royaume, et dont le premier proclamait la complète indépendance des rois de toute puissance soit temporelle, soit spirituelle, excita les réclamations du clergé, qui avait, du reste, joué jusque-là le rôle de pacificateur. Un discours adressé au tiers par le cardinal Duperron n'ayant fait qu'augmenter les dissentiments, le roi évoqua l'affaire à son conseil. De nouvelles réclamations pour la diminution des impôts ne reçurent d'autres réponse qu'un exposé inexact de l'état des finances. Enfin arriva le jour où les cahiers des trois ordres furent présentés au roi en séance publique (23 février 1615). Dans cette occasion, le clergé eut pour orateur un homme déjà reconnu dans son ordre comme *un des plus habiles et des mieux disants*. C'était Armand-Jean du Plessis de *Richelieu*, alors âgé de vingt-neuf ans, et déjà pourvu depuis sept années de l'évêché de Luçon. « Son discours signale un progrès immense dans l'art de la parole appliqué aux affaires : à peine peut-on y reconnaître un léger sacrifice fait à la manie du siècle, l'étalage d'érudition... Partout l'homme d'État y domine sur l'homme d'Église, et l'on reconnaît déjà la main puissante qui devait rendre si redoutable un sceptre emprunté. » (Sismondi.) — Les états, après avoir inutilement attendu pendant un mois les réponses promises à leurs cahiers, se séparèrent (24 mars), n'emportant que de vaines promesses qui furent bientôt oubliées. — Le parlement ayant essayé de se substituer à eux pour donner suite à leurs réclamations et ayant adressé des remontrances dans ce sens, il lui fut répondu que « la France était un État monarchique, et que le roi ne devait compte de ses actions qu'à Dieu. »

·597. Fin du ministère de Concini. — Sa mort. — Louis XIII, gouverné par sa mère, resta pendant les premières années de sa majorité sous la domination de cette princesse et de son favori, le maréchal d'Ancre. La reine mère avait fait sanctionner par les états, malgré l'opposition des princes, un double projet de mariage, dans lequel le roi se trouvait personnellement intéressé. Il devait épouser *Anne d'Autriche*, fille du roi d'Espagne Philippe III, et donner lui-même en mariage au fils de ce prince sa sœur Élisabeth. Le projet de cette union des maisons de France et d'Autriche, cet abandon de la politique d'Henri IV, avaient, dès que le bruit s'en répandit, excité le mécontentement des princes et les inquiétudes des protestants. Lorsqu'on apprit que la cour se rendait à Bordeaux pour la conclusion du double mariage, les princes, accusant la reine de trahir les intérêts de la France pour ceux de l'Espagne, levèrent des troupes dans leurs gouvernements, et soulevèrent les protestants du Midi. Ces derniers, malgré la défiance qu'ils avaient témoignée. à Henri IV de son vivant, comprirent que sa mort les avait privés de leur plus ferme protecteur. Dans une assemblée tenue à Saumur, peu de temps après ce malheureux événement (1611), ils avaient, sous l'inspiration du duc de *Rohan*, qui devint alors le principal de leurs chefs, renouvelé le projet d'une union générale et d'une organisation provinciale de la France protestante; cependant la reine mère, en confirmant l'édit de Nantes et en comblant de faveurs et de gratifications Sully et les autres chefs protestants, les avait, à cette époque, empêchés de se réunir aux seigneurs, qu'elle désarma par le traité de Sainte-Ménehould (n° 395). Elle fut moins heureuse cette fois.

Redoutant une attaque de leurs forces réunies à celles des princes, la reine ne put se rendre à Bordeaux qu'escortée d'une armée, que les révoltés suivirent de loin, mais sans oser l'attaquer. Après la célébration du mariage du jeune roi (18 octobre 1615), elle entama des négociations avec les princes, et parvint à les désarmer une seconde fois en signant avec eux le traité de *Loudun* (6 mai 1616), qui accordait à Condé cinq villes de sûreté, et à ses adhérents de nouvelles dignités et six millions à se partager. Villeroy, Jeannin, Sillery, furent renvoyés du ministère, où entra Richelieu, protégé de Marie de Médicis. Concini, menacé par Condé, qui était devenu le maître du gouvernement, se retira en Normandie; mais du fond de sa retraite et d'accord avec Richelieu, il décida la reine à faire arrêter le prince de Condé, qui fut renfermé à la Bastille (1er septembre).

Ce n'était pas assez d'enlever ainsi son chef à cette nouvelle féodalité, il fallait la réduire à l'impuissance en lui ôtant les emplois et les gouvernements. C'est ce que tenta Concini, après s'être entouré d'une garde pour sa sûreté personnelle et avoir levé à ses frais en Allemagne une armée de six mille fantassins et huit cents chevaux. Les grands, de leur côté, renouvelèrent leur ligue, et parvinrent à y faire entrer Louis XIII lui-même, alors âgé de seize ans, et dominé par un obscur gentilhomme, nommé Charles d'*Albert de Luynes*, qui avait gagné les bonnes grâces de ce roi enfant en lui dressant des pies-grièches. Cet ambitieux n'eut pas de peine à persuader à

Louis, qui avait peu d'affection pour sa mère, qu'il était temps pour lui de s'affranchir de l'importune tutelle de cette princesse et de la domination de son favori. Le jeune roi oublia un instant les futiles amusements qui faisaient toute son occupation, pour accomplir cette révolution de cour. Déjà les princes, vivement pressés par trois armées envoyées contre eux par Concini, étaient assiégés dans Soissons, lorsque l'orgueilleux favori, qui abusait depuis sept ans d'un pouvoir sans bornes, fut assassiné à la porte du Louvre par *Vitry*, capitaine des gardes, auquel le roi avait donné l'ordre de l'arrêter et de le tuer à la moindre résistance (24 avril 1617). Sa femme, après un procès inique, fut condamnée à mort et brûlée comme sorcière ; la reine mère fut renfermée dans le château de Blois, et Richelieu exilé dans son évêché de Luçon. Les ministres de Henri IV, Villeroy, Jeannin, Sillery, furent rappelés au conseil, et le traité de Loudun renouvelé ; mais le prince de Condé, dont on redoutait l'influence, resta en prison.

598. Administration de Luynes. — Désordre universel dans l'État. — La joie que fit éprouver la chute de Concini fut de courte durée : le favori du roi remplaça le favori déchu, dont il s'attribua la dépouille, et il ne se montra ni moins cupide ni moins insolent que lui. *La taverne avait seulement changé de bouchon*, disait le maréchal de Bouillon. Une assemblée des notables réunie à Rouen (1617), sous la présidence de Gaston d'Orléans, frère du roi, alors âgé de neuf ans, ne fit rien pour remédier aux désordres de l'administration. Les grands recommencèrent leurs intrigues. Le duc d'Épernon, qui se faisait un jeu de braver les lois et l'autorité, fit évader du château de Blois (21 février 1619) la reine mère, qui se trouva ainsi à la tête des révoltés.

De Luynes, redoutant les suites de ce mouvement, rappela Richelieu, qui se chargea d'opérer la réconciliation de la reine mère avec son fils ; elle fut signée à Angoulême (29 août). Mais l'Anjou, dont cette princesse s'était fait abandonner le gouvernement, ne tarda pas à devenir le foyer de nouvelles intrigues. Tandis que les seigneurs prenaient une troisième fois les armes sous le commandement du duc de Longueville, Rohan et la Trémoille soulevaient les huguenots. De Luynes, qui avait mis dans ses intérêts le prince de Condé en lui rendant la liberté (20 octobre), s'unit à ce prince pour conseiller au roi de marcher lui-même à la tête de l'armée dirigée contre les révoltés. Tout se soumit à son approche, et une assez vive escarmouche en avant des *Ponts-de-Cé*, sur la Loire, où les troupes de la reine mère et des seigneurs furent mises dans une déroute complète (7 août 1620), amena la paix, qui fut encore conclue par l'entremise de Richelieu et confirma le traité d'Angoulême (9 août). Le roi poursuivit sa marche jusque dans le Béarn et la Navarre, et y rendit un édit qui réunissait définitivement ces deux provinces à la couronne de France, dont elles étaient restées séparées jusqu'alors, y rétablissait le culte catholique, et faisait restituer au clergé les biens dont il avait été dépouillé (octobre).

Ce fut alors que de Luynes, qui s'était déjà fait créer duc et pair (novembre 1619, obtint du roi la plus grande dignité du royaume ; cet homme, *qui ne savait pas ce que pesait une épée*, comme disait le duc de Mayenne (fils du ligueur mort en 1611), reçut celle de connétable (2 avril 1621.) Cependant les huguenots, comprimés par l'expédition du roi, mais non soumis, reprenaient les armes. En même temps, une grande assemblée de leurs principaux chefs réunis à la Rochelle (mai 1621), y rédigeait la *loi fondamentale de la république des églises réformées de France et de Béarn*, répartissait les sept cent vingt-deux églises de cette France protestante et républicaine en huit cercles, dont elle nommait les gouverneurs civils et militaires, levait des troupes et des subsides, et désignait comme *chef général des armées réformées* le duc de Bouillon : mais ce prince et plusieurs des chefs nommés par l'assemblée refusèrent les commandements qui leur étaient déférés.

Le roi, après avoir confirmé de nouveau l'édit de Nantes, afin d'ôter tout prétexte aux révoltés, se remit lui-même à la tête de son armée. Saumur, où commandait *Duplessis-Mornay*, fut enlevée par surprise, et Saint-Jean d'Angély emportée d'assaut malgré la brave défense de *Soubise*; mais l'armée royale perdit inutilement huit mille hommes devant Montauban, la seconde capitale des huguenots, défendue avec autant d'habileté que de vigueur par *la Force*. Un mois après la levée honteuse de ce siège (15 décembre 1621), une maladie violente emporta le duc de Luynes, « qui, en quatre ans, dit un historien, avait mis plus de biens et de charges dans sa maison que le maréchal d'Ancre, contre lequel on avait tant crié. »

L'échec éprouvé par l'armée royale au siége de Montauban avait ranimé l'ardeur des protestants. Le Poitou, la Guyenne, le Languedoc et les provinces voisines virent se renouveler toutes les horreurs des guerres de religion. Cependant le prince de Condé, qui avait succédé au duc de Luynes dans la confiance du roi, marcha avec lui contre les révoltés, et battit complétement Soubise dans les marais de *Rié*, en Poitou (16 avril 1622). Royan, Tonneins et plusieurs autres villes furent prises ; la Force vendit Montauban pour deux cent mille écus ; Lesdiguières acheta par sa conversion au catholicisme l'épée de connétable ; plusieurs autres chefs protestants les imitèrent, et ce parti ne comptait plus qu'un chef déterminé, le duc de Rohan, lorsque la prise des villes de Privas, de Nîmes, d'Uzès, et la vigueur avec laquelle était poussé le siége de Montpellier, le déterminèrent lui même à demander la paix. Le traité de *Montpellier* (9 octobre 1622) confirma l'édit de Nantes, mais ne laissa entre les mains des protestants que les deux places de la Rochelle et de Montauban.

QUESTIONNAIRE. — § Ier. 393. Quel était l'état du royaume à l'avénement de Louis XIII? — Comment la régence fut-elle remise à Marie de Médicis? — 394. Quel ministre choisit-elle? — La politique de Henri IV fut-elle suivie? — Quel était l'origine du favori de la reine? — Quelles dignités se fit-il donner? — Comment administra-t-il? — 395. Quelle fut l'issue de la première révolte des princes? — 396. A quel âge Louis XIII fut-il déclaré majeur? — Que firent les états généraux de 1614? — 397. Racontez la fin du ministère de Concini. — Qui eut-il pour successeur? — 398. Parlez des intrigues, puis des soulèvements qui agitèrent le royaume. — Quelle dignité obtint de Luynes? — Comment mourut-il?

SECONDE PARTIE.

Ministère de Richelieu. — Abaissement des protestants et de la noblesse.

—

SOMMAIRE.

§ Ier. 399. Richelieu, nommé cardinal, entre au conseil du roi (19 avril 1624). Il trouve l'influence de la France abaissée devant celle de la maison d'Autriche, tandis qu'à l'intérieur, l'autorité royale est avilie. On retourne à la politique extérieure d'Henri IV, grâce à la confiance du roi en Richelieu.

400. Celui-ci menace à la fois les grands, les protestants et la maison d'Autriche. Les protestants se soulèvent; mais, battus, ils renouvellent le traité de Montpellier (5 février 1626) Gaston et la reine conspirent contre Richelieu, que le roi soutient. Après la réunion des notables aux Tuileries (2 décembre), des réformes sont faites dans les finances et dans l'armée, la marine royale est organisée, et le cardinal reprend ses projets.

401. Une rupture éclate avec l'Angleterre. Les Anglais, débarqués à Ré, sont vaincus par Schomberg (8 novembre 1627). La Rochelle est prise par le cardinal (octobre 1628), et Privas emporté d'assaut (27 mai 1629), le traité d'Alais (23 juin) met fin aux guerres de religion et détruit l'État protestant organisé en France.

402. Richelieu lutte alors contre les grands, et déjoue leurs intrigues à la journée des Dupes (10 novembre 1630). Marillac est mis à mort; la reine mère est exilée; Gaston est obligé de fuir (31 janvier 1632), et ses partisans sont punis.

403. Gaston vient rejoindre Montmorency, qui soulève le Languedoc; celui-ci, fait prisonnier au combat de Castelnaudary (1er septembre), est condamné à mort et décapité (30 octobre). Gaston se soumet, puis il s'enfuit, et enfin revient après un nouvel abandon de tous ses partisans (octobre 1634).

404. Richelieu diminue la puissance des gouverneurs en créant les intendants qui exercent l'administration civile au profit du roi; il détruit les charges de connétable et de grand amiral et fait démolir des forteresses.

405. En Italie, il obtient la levée du siége de Casale (mars 1629); devenu principal ministre (21 novembre 1629), il retourne en Italie (décembre). Pignerol est enlevé au duc de Savoie (29 mars 1630). Après la victoire de Vegliano, une trève est conclue par l'entremise de Mazarin (2 septembre), qui négocie la paix de Ratisbonne (13 octobre) et de Cherasco (1631).

406. Richelieu arme Gustave-Adolphe contre la maison d'Autriche; celui-ci remporte les victoires de Leipzig (2 septembre 1631) et de Lutzen (16 novembre 1632), où il meurt.

407. La période française de la guerre de Trente ans commence. Richelieu s'allie avec la Hollande (8 février 1635), déclare la guerre à l'Espagne (mars) et remporte la victoire d'Avein (20 mai). Il fait des alliances en Italie (11 juillet) et avec Catherine de Suède (20 mars 1636). La campagne de 1637 est signalée par les succès de Schomberg, de Châtillon et du prince d'Orange.

408. La guerre continue par les victoires du duc de Saxe-Weimar à Rheinfelden (3 mars 1638), à Fribourg (28 mars), à Brisach (19 décembre); elle est signalée par la prise d'Arras et de plusieurs places. Guesbriant est vainqueur à Wolfenbuttel (1641) et à Kempen (1642).

409. La flotte espagnole est brûlée par Sourdis (22 août 1638). La révolution de Portugal (1640) et la révolte en Catalogne (23 janvier 1642), affaiblissent l'Espagne. Le Roussillon et la Catalogne se soulèvent en faveur de Louis XIII, qui a conquis l'Artois, la Lorraine, l'Alsace et la Savoie.

410. Le comte de Soissons prend les armes et se fait tuer au combat de la Marfée (6 juillet 1641), où il est vainqueur. La conspiration de Cinq-Mars, d'accord avec Gaston et le duc de Bouillon, est découverte; Cinq-Mars et de Thou sont exécutés (12 septembre 1642). Perpignan est enlevé aux Espagnols (9 septembre).

411. Richelieu meurt (4 décembre 1642), mais Louis XIII reste fidèle à sa politique. Mazarin, d'un caractère fin et rusé, remplace Richelieu. Louis XIII meurt (14 mai 1643).

§ II. 412. Richelieu a réprimé les prétentions des parlements au pouvoir politique; mais il livre l'administration de la justice à des commissions, et l'odieux Laubardemont fait brûler Urbain Grandier après un procès inique. — Saint Vincent de Paul a institué sous ce règne les sœurs de charité et l'œuvre des Enfants trouvés. L'archevêché de Paris est établi (1622). Louis XIII fait un vœu par lequel il consacre la France à la sainte Vierge (1637).

413. L'Académie française est fondée (1635) pour fixer et polir la lan-

gue. Richelieu favorise et pensionne les savants et les littérateurs, mais il a de puériles prétentions poétiques; il a écrit d'importants mémoires.

414. Richelieu fonde le collège du Plessis et agrandit la Sorbonne; il construit le Palais-Royal, et commence, au jardin des Plantes, les collections qui contribueront puissamment au progrès de l'histoire naturelle en France.

§ 1er. MINISTÈRE DE RICHELIEU.

(1624-1642.)

390. RICHELIEU. — Un mois auparavant, Richelieu avait reçu le chapeau de cardinal, à la recommandation de la reine mère, qui était rentrée dans le conseil du roi, où elle fit bientôt admettre (19 avril 1624) ce prélat lui-même, l'un des plus grands hommes qui aient jamais gouverné un État.

Ce ministre, qui devait éclipser complétement le prince au nom duquel il régna, arrivait au pouvoir au milieu des circonstances les plus difficiles; mais il trouva dans son génie les moyens de triompher de tous les obstacles. — Au dehors, la maison d'Autriche avait recouvré toute l'influence dont elle jouissait en Europe sous Charles-Quint. L'union de ses deux branches était devenue, malgré les liens de famille contractés par Philippe III avec Louis XIII, plus intime que jamais, et pour mieux cimenter encore cette union si menaçante pour la France, l'Espagne avait assuré des communications directes entre son duché de Milan et la province autrichienne du Tyrol, en s'emparant, de concert avec le pape, de la *Valteline*, vallée du versant méridional des Alpes, arrosée par la haute Adda. La petite république des Grisons, à laquelle appartenait cette vallée, était l'alliée de la France, qui avait ainsi un double intérêt à empêcher cette usurpation; mais le roi et le prince de Condé, alors occupés à combattre les protestants, n'avaient pu s'y opposer. Ce n'était pas tout. L'abandon de la politique de Henri IV avait facilité les succès obtenus par l'Empereur pendant la période palatine de la guerre de Trente ans (voir chap. XXVIII) et aidé ainsi au rétablissement de la prépondérance de la maison d'Autriche en Allemagne. La république des Provinces-Unies, alliée naturelle de la France, était affaiblie par ses défaites; enfin, l'Angleterre elle-même, la constante auxiliaire du parti protestant, était sur le point de s'unir par un mariage avec l'Espagne.

Au dedans du royaume, les difficultés n'étaient pas moindres. Le retour des guerres de religion et des troubles suscités

par l'ambition des grands avait de nouveau paralysé complète-
ment l'action de la puissance publique, soit à l'intérieur, soit à
l'extérieur. « Je puis dire avec vérité, écrivait Richelieu à
Louis XIII, que les huguenots partagent l'Etat avec Votre
Majesté, que les grands se conduisent comme s'ils n'étaient pas
vos sujets, et les plus puissants gouverneurs de provinces,
comme s'ils étaient souverains en leur charge. »

Dès qu'il eut pris en mains les rênes de l'Etat, ce grand
ministre démontra au roi que la politique d'Henri IV était la
seule qui pût assurer l'indépendance et la grandeur de la
France, en lui rendant en Europe le haut rang auquel lui donnaient droit sa population et ses richesses, la bravoure et l'é-
nergie de ses habitants, sa situation géographique et la forme
de son gouvernement. Mais, pour qu'elle pût exercer au dehors
cette glorieuse influence, il fallait avant tout qu'elle fût unie et
paisible au dedans, que le pouvoir y fût fort et ponctuellement
obéi. Louis XIII, dénué du génie qui conçoit les grandes
choses, de l'énergie nécessaire pour les accomplir, avait l'esprit assez juste pour comprendre la grandeur et la sagesse des
plans que lui proposait Richelieu : il y donna son entier assentiment, et, convaincu que son ministre méritait toute sa confiance, il la lui conserva, non-seulement en dépit des intrigues
de ses ennemis, mais encore malgré ses répugnances personnelles · car il ne l'aimait pas, il tremblait devant lui, et fut
plus d'une fois tenté de secouer un joug qui lui pesait et dont
il se sentait humilié. Il n'en fit rien toutefois, et il dut à cette
sage persévérance la splendeur de son règne. « Richelieu, dit
Montesquieu, fit jouer à son monarque le second rôle dans la
monarchie et le premier dans l'Europe : il avilit le roi, mais il
illustra le règne. »

**4.0. POLITIQUE DE RICHELIEU. — SES PREMIERS
ACTES.** — Toute la politique de Richelieu peut être ramenée
à trois points principaux : *abaisser la maison d'Autriche;
réduire les protestants à l'impuissance de troubler l'Etat ;
enfin soumettre définitivement les grands à l'obéissance.* Mais,
à son début, l'habile cardinal commit une faute dont il s'aperçut bientôt : il eut l'imprudence de dévoiler tous ses plans à la
fois. Avant d'avoir bien assuré sa position à la cour contre les
intrigues des grands qui pressentaient en lui un ennemi, il
inquiéta les protestants, en entravant sous main l'exercice de
leur culte et en faisant bâtir un fort près de la Rochelle. En
même temps, il enlevait le roi d'Angleterre à l'alliance espagnole, en lui faisant épouser la princesse *Henriette*, sœur de
Louis XIII (11 mai 1625), il organisait contre la maison

d'Autriche une grande ligue, dans laquelle il faisait entrer
l'Angleterre, la Hollande, le Danemark, la Savoie, Venise et
les protestants du nord de l'Allemagne, etc. ; enfin, il renouvelait l'alliance avec les Grisons et faisait occuper la Valteline
par une armée, destinée, disait-il, à rendre le pape moins incertain et les Espagnols plus traitables. Cependant les deux
frères Rohan et Soubise, les chefs les plus actifs des protestants, crurent le moment favorable pour reprendre les armes ;
tandis que Rohan soulevait le Languedoc, Soubise s'emparait
de quelques vaisseaux armés par le gouvernement dans le port
de Blavet en Bretagne (18 janvier 1625) ; il excitait le Poitou à
la révolte, et réunissant son escadre à celle des Rochellois, il
vint à la tête de soixante-quatorze vaisseaux attaquer la flotte
royale, composée de navires empruntés par Richelieu à l'Angleterre et à la Hollande et montés par des marins français ; il
la battit et s'empara des îles de Ré et d'Oléron : mais elles
furent bientôt reprises par Montmorency, qui vainquit à son
tour les protestants sur mer (15 septembre), força Soubise à
chercher un refuge en Angleterre et réduisit les huguenots à
demander la paix. — Richelieu, inquiet des intrigues qui se
tramaient contre lui à la cour, et reconnaissant aussi qu'il avait
trop présumé de ses forces et des ressources de la France,
résolut de traiter à la fois avec tous ses ennemis. Cet habile politique savait en effet employer d'autres moyens que le canon, sur
lesquels il avait fait graver cette devise : *Ultima ratio regum*
(dernière raison des rois). Sans s'inquiéter des clameurs des
catholiques, qui l'appelaient le *pape des huguenots*, le *patriarche des athées*, il accorda aux calvinistes le renouvellement du
traité de Montpellier, dont les stipulations leur furent même
garanties par l'Angleterre (5 février 1626), et un mois après,
il signait avec l'Espagne le traité de *Monçon*, en Aragon, qui
restituait aux Grisons la province de Valteline.

Richelieu put alors s'occuper de déjouer les intrigues qu'a-
vaient suscitées contre lui à la cour la fermeté de son administration et la rigueur avec laquelle il faisait exécuter les édits
destinés à réprimer les abus dont profitaient les grands, ainsi
que le mépris hautain qu'ils affectaient pour les lois de l'Etat.
Le frère du roi, *Gaston*, duc d'Orléans, prince ignorant, jaloux,
lâche et débauché, et même la jeune reine, étaient entrés dans
ces complots, qui, si l'on en croit Richelieu lui-même, n'allaient à rien moins qu'à renverser du trône Louis XIII pour
lui substituer son frère. Quant au ministre, son sort devait être
celui du maréchal d'Ancre. Richelieu commença par s'assurer
des dispositions du roi. « Je ne vous abandonnerai jamais, lui

dit Louis, et quiconque vous attaquera, vous m'aurez pour second. » Puis, il lui donna des gardes pour sa sûreté, et l'autorisa à modifier à son gré le conseil. — Le maréchal d'*Ornano*, gouverneur et confident de Gaston, le duc et le grand prieur de *Vendôme*, fils naturels d'Henri IV, et le comte de *Chalais*, furent arrêtés. Ce dernier fut condamné à mort et exécuté (19 août 1626) ; d'Ornano et le grand prieur moururent en prison ; le duc de Vendôme, le comte de Soissons et plusieurs autres grands seigneurs furent exilés ; la reine fut réprimandée par le roi en plein conseil. Gaston s'humilia lâchement devant le cardinal, qui lui fit épouser mademoiselle de *Montpensier*, la plus riche héritière du royaume ; il reçut de plus en apanage le duché d'Orléans.

À la fin de cette même année, si remplie d'événements, Richelieu associa en quelque sorte la nation à ses projets en convoquant aux Tuileries une assemblée de notables (2 décembre), d'où il avait pris soin d'exclure toute la haute noblesse. On y arrêta d'importantes réformes financières, des règlements de douane et de commerce, la composition, la force et la solde de l'armée, enfin l'organisation d'une puissance maritime, indispensable, comme le démontra le cardinal, pour abaisser l'orgueil de l'Angleterre et de la Hollande, et pour assurer la ruine des huguenots. Afin de mieux prouver encore l'importance qu'il attachait à cette dernière création, il se fit nommer lui-même *grand maître de la mer, de la navigation et du commerce.*

491. Abaissement des protestants. — Prise de la Rochelle. — Traité d'Alais. — Rien ne semblait plus s'opposer à ce que le tout-puissant cardinal reprît l'exécution de son triple projet contre la maison d'Autriche, les grands et les protestants ; cependant, il voulait différer encore, lorsqu'une rupture survenue entre la France et l'Angleterre le força à recommencer plus tôt qu'il ne le désirait la guerre contre les protestants. Henriette de France, épouse du roi d'Angleterre Charles Ier, avait provoqué dans sa nouvelle patrie de violents mécontentements, en manifestant imprudemment l'intention de ramener à l'unité catholique l'hérétique Angleterre. Charles et son ministre Buckingham crurent ne pouvoir calmer l'effervescence populaire qu'en chassant les nombreux prêtres et serviteurs catholiques qu'Henriette avait amenés avec elle. Cette expulsion, regardée comme une insulte par Louis XIII, devint un prétexte de guerre. Buckingham, à la tête d'une flotte de quatre-vingt-dix vaisseaux montés en partie par des réfugiés français, vint (23 juillet 1627) débarquer dans l'île de Ré, voisine de la Rochelle, qui signa bientôt une ligue offensive et défensive avec l'Angleterre. Les huguenots se soulevèrent de toutes parts, et Rohan ranima la guerre dans le Languedoc.

Richelieu commença par jeter dans l'île de Ré, malgré tous les efforts de la flotte ennemie, six mille hommes commandés par Schomberg, qui remporta sur les Anglais une victoire complète et les contraignit à se rembarquer (8 novembre). Puis, décidé à s'emparer de la Rochelle et à renverser ce boulevard du protestantisme en France, il rassembla toutes ses forces pour l'assiéger, et appela le roi lui-même à partager son triomphe. Cependant, grâce aux avantages de sa situation au milieu de marais qui la protégeaient du côté de la terre, et au fond d'un petit golfe qui permettait à ses cent vaisseaux, et à ceux de l'Angleterre de la fournir de vivres et de munitions, cette ville prolongea près d'un an sa résistance. Convaincu de l'impossibilité de s'en emparer tant que subsisteraient ses communications avec la mer, Richelieu les ferma à l'aide d'une digue jetée au milieu du golfe et regardée encore de nos jours comme un ouvrage gigantesque. En vain les flottes anglaises s'efforcèrent-elles d'arrêter les travaux et de rompre la digue : en vain les Rochellois, réduits à leurs propres ressources, mais soutenus par l'indomptable énergie de leur maire *Guiton*, opposèrent-ils à toutes les attaques une constance et des efforts inouïs. Réduits par la famine à cinq mille, de vingt-six mille qu'ils étaient au commencement du siége, ils furent contraints de se rendre (30 octobre 1628) et de rendre leurs armes. Toutes les fortifications qui défendaient la ville du côté de la terre furent rasées et tous les priviléges de la commune abolis.

Les réformés, atterrés par ce terrible échec, n'opposèrent plus qu'une faible résistance. Rohan, qui s'était mis à la solde de l'Espagne par un traité signé avec cette puissance, ne put tenir contre la formidable armée conduite dans le Midi par le roi en personne. Privas fut pris d'assaut, incendié, et ses principaux habitants pendus ou envoyés aux galères (27 mai 1629). Effrayées de cette exécution, toutes les autres villes se soumirent, et de toutes les places qui étaient restées aux protestants, Montauban seule tenait encore, lorsque Rohan consentit, moyennant une somme de cent mille écus pour lui-même et la promesse d'une amnistie générale, à signer le traité d'*Alais* (28 juin), qui mit enfin un terme aux guerres de religion. Ce traité assurait aux protestants le libre exercice de leur culte; mais toutes leurs forteresses leur étaient enlevées, leurs assemblées étaient supprimées et toutes leurs prérogatives abolies;

19.

en un mot, ils avaient cessé de former un Etat dans l'Etat.

402. ABAISSEMENT DES GRANDS. — JOURNÉE DES DUPES.
— La défaite des protestants privait les grands de leurs plus puissants auxiliaires *Vous verrez que nous serons assez fous pour prendre la Rochelle*, disait le maréchal de Bassompierre. Ce fut en effet le signal de leur ruine. — *Défiez-vous de votre petit coucher*, disait Richelieu à Louis XIII; *il m'a donné plus de mal à lui seul que tous vos ennemis ensemble*. Pendant toute son administration, en effet, Richelieu eut à combattre, soit pour lui-même, soit pour l'Etat, les seigneurs qui entouraient le roi. Nous avons déjà raconté le commencement de cette lutte. L'année qui suivit l'exécution de Chalais, deux seigneurs des plus illustres affectèrent de braver les lois que le cardinal avait fait renouveler contre le duel, en se battant en plein jour contre deux autres sur la place Royale : Richelieu les fit décapiter en place de Grève (1627). La noblesse, indignée, prit l'obligation qu'on lui imposait de se soumettre aux lois de l'Etat pour une violation de ses privilèges, et jura de les défendre. Elle trouva de puissants alliés dans la famille royale elle-même, et particulièrement dans la reine mère, irritée de se voir réduite à plier sous un ministre dont elle avait fait la fortune, et dans lequel elle avait compté trouver toujours un esclave soumis. De concert avec la jeune reine Anne, avec Gaston, frère du roi, avec le chancelier et son frère le maréchal de Marillac, et avec plusieurs autres grands seigneurs, elle chercha à faire échouer une expédition en Italie (n° 405), en entravant l'arrivée des troupes auxiliaires, des convois et de l'argent. Toutefois, Richelieu se fit déclarer principal ministre (21 novembre 1629), et revint d'Italie plus puissant encore.

Pendant une maladie du roi, la reine mère parvint à lui arracher la promesse qu'il renverrait son ministre, et lorsqu'on fut de retour à Paris, elle le somma impérieusement de choisir entre sa mère et son *valet*. Richelieu lui-même se croyait perdu; il voulut toutefois tenter un dernier effort. Louis XIII, indécis, s'était retiré dans sa petite maison de chasse à Versailles. Le cardinal va le trouver et lui démontre qu'on poursuit en lui *le dragon veillant incessamment au salut de son maître*. En un instant, il a repris son ascendant et obtenu du roi la promesse qu'il le maintiendra contre tous ceux qui ont juré sa perte. Ce fut la *journée des Dupes* (10 novembre 1630). La jeune reine fut reléguée au Val-de-Grâce; le chancelier de Marillac, jeté d'abord en prison, alla mourir en exil; son frère, le maréchal, illustré par quarante années de ser-

vices rendus à son pays, fut arrêté en Italie au milieu de son
armée ; après avoir langui dix huit mois en prison, il fut traduit
devant une commission siégeant à Rueil, dans le palais même
du cardinal, condamné à mort comme concussionnaire et exécuté (9 mai 1632). La reine mère, exilée à Moulins, s'enfuit à
Bruxelles, *jurant de se donner au diable plutôt que de ne pas
se venger*. Enfin Gaston, après avoir été, à la tête d'une troupe
de gentilshommes armés, menacer *cet homme de rien de le châtier comme un valet*, s'était retiré dans le château d'Orléans,
son apanage, et s'y disposait à prendre les armes, lorsque Louis,
instruit de ses préparatifs, marcha contre lui et le força à fuir
en Lorraine, où il épousa en secondes noces une sœur du duc.
Mais Louis XIII le fit poursuivre par une armée ; le duc de
Lorraine paya de quatre de ses forteresses l'hospitalité qu'il
lui avait accordée, et dut renvoyer son nouveau beau-frère,
qui alla chercher un asile à Bruxelles (31 janvier 1632). Un
arrêt du conseil du roi déclara ses partisans criminels de lèse-
majesté, et cet arrêt, rendu sans aucune procédure, ayant
provoqué les représentations du parlement, Louis alla de sa
main déchirer la feuille du registre où était consignée cette
déclaration et envoya plusieurs conseillers en exil. La prison,
la confiscation, le bannissement, la privation des grades ou des
emplois, atteignirent une foule de seigneurs des plus illustres.
Le cardinal ayant réussi à persuader au roi que c'était à lui
que s'adressaient tous les coups portés à son ministre, l'avait
rendu aussi despote, aussi inflexible que lui-même.

463. EXÉCUTION DU DUC DE MONTMORENCY. — Les
conspirations devenaient désormais trop dangereuses contre
ce ministre, qui était aussi parvenu à convaincre le roi que,
dans l'impossibilité où l'on était presque toujours d'avoir des
preuves mathématiques des conspirations ou des cabales, il
fallait *les prévoir par fortes conjectures et les prévenir par
prompts remèdes :* la révolte succéda donc aux intrigues. Le
Languedoc, où, depuis les guerres de religion, le feu couvait
toujours sous la cendre, avait pour gouverneur le maréchal
de Montmorency, « le premier des grands du royaume, dit
Richelieu, mais de l'humeur de ceux qui avaient vécu depuis
cent ans, lesquels transportaient à leur grandeur et à leurs intérêts l'affection que leurs prédécesseurs portaient à leur roi
et à l'État. » D'accord avec lui, ainsi qu'avec le roi d'Espagne
et le duc de Lorraine, et comptant sur l'appui de ces princes,
qui essayèrent sans succès de le soutenir, Gaston traversa la
Bourgogne et l'Auvergne (juin 1632), à la tête d'un corps de
troupes levé à l'étranger avec l'argent de l'Espagne, et vint

rejoindre, dans le Languedoc, Montmorency, dont les préparatifs n'étaient pas achevés. Dans le combat qu'ils livrèrent près de *Castelnaudary* (1er septembre) à l'armée royale commandée par Schomberg, Montmorency combattit avec le courage du désespoir; mais ayant été renversé à terre, couvert de blessures, il fut lâchement abandonné par Gaston, qui se hâta d'envoyer au roi sa soumission. Fait prisonnier, le duc de Montmorency fut traduit devant le parlement de cette province de Languedoc, où depuis un siècle sa famille régnait en souveraine, condamné à mort comme coupable de haute trahison et décapité (30 octobre), malgré toutes les sollicitations adressées en sa faveur au roi et à son inexorable ministre.

Le supplice de cet illustre et dernier représentant de la féodalité apprit à la noblesse que le rang le plus élevé ne serait plus un asile pour ceux qui tenteraient de s'appuyer sur l'étranger afin de porter le trouble dans l'Etat. Tous les complices de Gaston furent encore une fois emprisonnés, exilés, condamnés aux galères ou décapités: son beau-frère, le duc de Lorraine, fut dépouillé de ses Etats par un arrêt du parlement, que le roi en personne, à la tête de son armée, alla mettre à exécution; enfin son mariage fut cassé par ce même arrêt du parlement. Quant à Gaston lui-même, il s'était enfui à Bruxelles. Jurant de venger ses amis morts sur l'échafaud, son beau-frère et sa femme il fit avec l'Espagne un traité d'alliance auquel accéda aussi la reine mère (12 mai 1633). Richelieu, impatient de mettre à exécution ses projets contre la maison d'Autriche, en faisant intervenir vigoureusement la France dans la guerre de Trente ans, et inquiet de voir l'héritier de la couronne (car le roi n'avait pas encore d'enfant) entre les mains de ses ennemis, fit faire à Gaston les propositions les plus avantageuses, avec promesse d'un complet oubli du passé. Ce prince, sans cœur et sans caractère, abandonna sa mère, sa femme, son beau-frère et ses alliés, comme il avait trahi ses amis, revint trouver le roi, qui le reçut à Saint-Germain avec de grandes démonstrations d'affection, jura d'*aimer monsieur le cardinal autant qu'il l'avait haï*, et s'en retourna vivre obscurément dans son château de Blois (octobre 1634). La reine mère, contre laquelle le roi restait toujours prévenu, alla chercher un refuge auprès de sa fille, la reine Henriette d'Angleterre.

404. CRÉATION DES INTENDANTS. — Richelieu affermit son triomphe sur la féodalité par une réforme administrative dont les conséquences furent immenses; à côté des gouverneurs choisis originairement dans les plus grandes familles, et

qui s'étaient rendus par le fait presque tous héréditaires dans leurs grands gouvernements, devenus pour eux de véritables fiefs, le ministre plaça les *intendants*, officiers nommés par le roi, qui pouvait les révoquer à son gré, et dont les fonctions embrassaient les diverses branches de l'administration (1633). Ces fonctionnaires, qui représentaient directement l'autorité royale, éclipsée, au contraire, par le pouvoir des gouverneurs, dessaisirent peu à peu ceux-ci de toutes leurs attributions civiles, ne leur laissèrent guère que le commandement des troupes, et affaiblirent considérablement leur influence sur les populations, en relevant par là même celle du souverain. Cette institution fut un grand pas vers l'unité nationale, en rendant impossible le rétablissement de ces petites principautés presque indépendantes, dont Henri IV, montant sur le trône, était obligé naguère de marchander et de payer chèrement la soumission douteuse. Cette grande et décisive mesure avait été précédée et préparée par l'abolition des charges de connétable et de grand amiral, qui donnaient aux plus grands seigneurs une autorité souveraine sur la flotte et sur l'armée. En même temps, la démolition d'un grand nombre de forteresses, en punition des révoltes de leurs maîtres, enlevait aux seigneurs leurs plus redoutables moyens de résistance. L'influence féodale s'anéantissait : la main du roi était partout.

405. ABAISSEMENT DE LA MAISON D'AUTRICHE : TRAITÉS DE RATISBONNE ET DE CHÉRASCO. — Avant même que la complète soumission des protestants et l'entière répression des conspirations et des révoltes de la nouvelle féodalité eussent laissé Richelieu libre dépositaire de toutes les forces de France, il avait commencé à mettre à exécution ses projets de politique extérieure, dont l'abaissement des deux branches espagnole et allemande de la maison d'Autriche devait être le résultat.

La lutte commença en Italie contre l'Espagne. Pendant que le cardinal s'emparait de la Rochelle, les Espagnols avaient cherché à enlever à un prince français, le duc de Nevers, Charles de Gonzague, la belle succession que venait de lui laisser son parent, le duc de Mantoue et de Montferrat. Il était d'une telle importance pour la France de ne pas laisser l'Espagne accroître sa puissance dans le nord de l'Italie, que Richelieu hésita s'il ne lèverait pas le siége de la Rochelle pour aller secourir Casale, vivement pressé par les Espagnols; toutefois il se contenta de négocier, et, dès que la Rochelle eut ouvert ses portes, il courut vers les Alpes, força le Pas-de-Suze, dont Victor-Amédée, duc de Savoie, lui refusait le passage, envahit les Etats de ce prince, qu'il contraignit à acheter la paix par la cession de la ville de Suze, et obligea les Espagnols à lever le siége de Casale (mars 1629). Mais à peine le cardinal eut-il quitté l'Italie pour aller achever la soumission des protestants, que l'Autriche fit envahir par trois armées le pays des Grisons, le Mantouan et le Montferrat.

Richelieu, qui, après avoir heureusement mis fin à la guerre civile, avait été déclaré principal ministre (21 novembre 1629), partit pour l'Italie avec le titre de *lieutenant général représentant le roi*, et à la tête d'une puissante armée, commandée sous ses ordres par le cardinal la Vallette, les maréchaux de la Force, de Créqui, de Schomberg et de Bassompierre, et l'archevêque de Bordeaux Sourdis, comme lieutenant chargé de l'administration. Le duc de Savoie s'était encore une fois joint aux ennemis de la France ; il en fut puni par la prise de la forteresse de *Pignerol* (29 mars 1630). Au mois de mai, le roi vint en personne se mettre à la tête de son armée, et soumit en peu de temps toute la Savoie. Le duc de Montmorency battit les troupes du duc au pont de *Vegliano*, près de Turin (10 juillet), et conquit le marquisat de Saluces. Mais, tandis que les Allemands s'emparaient de Mantoue (18 juillet) et que les Espagnols assiégeaient de nouveau Casale, les maladies se mettaient dans l'armée française, et le roi, qui était retourné à Lyon, y tombait malade lui-même (septembre).

Quelques semaines auparavant (2 septembre), une trêve avait été signée par l'entremise d'un envoyé du pape ; c'était l'abbé *Julio Mazarini*, qui sut gagner, par son esprit souple et délié, l'estime de Richelieu, dont il devait être le successeur. Cette trêve ayant permis à l'armée française de recevoir des renforts, elle s'avançait vers Casale pour en faire lever le siége, lorsqu'on y reçut la nouvelle d'un traité signé à *Ratisbonne* (13 octobre 1630) entre la France et l'Empire. Ce traité fut suivi de celui de *Chérasco* avec le duc de Savoie (1631), qui livrait à la France Pignerol avec les passages des Alpes, et assurait au duc de Nevers la possession de Mantoue et du Montferrat. Ce premier avantage contre la maison d'Autriche, dont les deux branches étaient ainsi mises dans l'impossibilité de se rejoindre en Italie, fut bientôt suivi de succès plus décisifs.

40°. LA GUERRE DE TRENTE ANS. — GUSTAVE-ADOLPHE. — Depuis seize ans déjà (1618-1634), cette maison était engagée dans la grande lutte qu'avait suscitée en Allemagne sa prétention de rendre l'Empire une monarchie héréditaire et absolue (voir l'histoire de la *guerre de Trente ans*, chap. XXVIII). Le cardinal, qui avait déjà scandalisé l'Europe en faisant la guerre au pape, ne craignit pas d'exciter un scandale plus grand encore en favorisant de tout son pouvoir en Allemagne les hérétiques qu'il venait d'écraser en France, en se mettant en quelque sorte à la tête de la grande ligue protestante qu'il opposait à la ligue catholique, dont l'Empereur était le chef. — Mais il fallait à la première un général capable de tenir tête à ceux des catholiques. Richelieu alla le chercher au milieu des frimas du Nord, et le roi de Suède Gustave-Adolphe conquit toute l'Allemagne occidentale par la sanglante victoire de *Leipzig* (7 septembre 1631), et allait peut-être devenir, par celle de *Lutzen* (16 novembre 1632), redoutable à l'Europe entière, lorsqu'il trouva la mort au milieu de son triomphe (voir n° 435). — Cet événement changea complétement la face des affaires, et bientôt les discordes des généraux suédois et allemands amenèrent la défaite de *Nordlingen* (1634), qui termina malheureusement la période suédoise de la guerre de Trente ans.

447. PÉRIODE FRANÇAISE DE LA GUERRE DE TRENTE ANS. — Richelieu, qui suivait avec anxiété les progrès de la puissance impériale, comprit que le moment était arrivé pour la France d'intervenir directement dans cette grande querelle, où il ne s'agissait de rien moins que de l'indépendance européenne. Mais, en réservant désormais à sa patrie le rôle principal, le cardinal ne voulut pas qu'elle s'engageât sans alliés dans cette lutte dangereuse. Non content de prendre à sa solde l'armée mercenaire de la Suède avec son habile général, le duc *Bernard de Saxe-Weimar*, et de renouveler son alliance avec les protestants du nord de l'Allemagne, il suscite un nouvel ennemi à l'Espagne et à l'empereur en faisant entrer dans la ligue contre la maison d'Autriche, la Hollande à laquelle il promet le partage des Pays-Bas espagnols (8 février 1535); puis il déclare la guerre à l'Espagne (25 mars).

Bientôt l'occupation de la Valteline et la victoire d'*Avein* dans le Luxembourg (21 mai), gagnée par les maréchaux de Châtillon et de Brézé sur les Espagnols, donnent à la France de nouveaux alliés. La république de Florence et les ducs de Savoie et de Parme signent avec elle une alliance offensive et défensive (11 juillet). Au commencement de l'année suivante (20 mars 1636), la reine *Christine* renouvelle l'alliance de la Suède avec Louis XIII. Toutefois le prince de Condé assiége inutilement la ville de Dôle, en Franche-Comté, et les Espagnols, ayant à leur tour envahi la Picardie et pris *Corbie* (15 août), s'avancent ainsi à moins de trente lieues de Paris, qui, croyant voir l'ennemi à ses portes, pousse des cris de fureur contre le cardinal. Celui-ci, effrayé lui-même, voulait quitter le ministère; mais, suivant le conseil du père *Joseph*, capucin, qui possédait toute sa confiance, il parcourt d'un air tranquille et sans gardes les principales rues de la capitale, et flatte le peuple, qui se rassure en voyant son calme. *Eh bien!* lui dit le capucin à son retour, *ne vous avais-je pas dit que vous n'étiez qu'une poule mouillée, et qu'avec un peu de fermeté vous rétabliriez les affaires* (1)? — Elles se rétablirent aussi bientôt à l'extérieur. Le cardinal se rendit lui-même à l'armée du Nord avec le roi; fit condamner les généraux qui avaient laissé prendre Corbie et plusieurs autres forteresses à être écartelés comme traîtres et dirigea lui-même les travaux du siége de Corbie, qui fut repris (14 novembre 1636), après huit jours de tranchée ouverte. Pendant ce siége, Gaston et le comte de Soissons avaient formé une nouvelle conjuration pour faire assassiner le cardinal; mais Gaston n'osa pas donner le signal convenu, et les deux princes, redoutant la découverte de ce complot, s'enfuirent, le premier à Blois et le second à Sedan.

La petite ville de *Saint-Jean-de-Losne*, en Bourgogne, venait de prouver ce que peut le courage d'une population énergique. Assiégée par le duc de Lorraine à la tête d'une armée de quatre-vingt mille hommes, ravagée par la peste et la famine, elle n'avait plus pour défenseurs que cent cinquante soldats et quatre cents bourgeois, lorsque l'artillerie ennemie fit dans les murs une large brèche. Aussitôt femmes, enfants, vieillards, tout devient soldat : deux assauts sont repoussés (1 et 2 novembre); enfin le comte de Rantzau vient mettre un terme à cette lutte héroïque en forçant les Impériaux à lever honteusement le siége. Poursuivis par le cardinal de la Valette et le duc de Saxe-Weimar, ils perdent encore huit mille hommes dans leur retraite. — L'année suivante (1637), les Espagnols sont battus dans le Roussillon par Schomberg et expulsés de la Picardie par la Valette; Châtillon pénètre dans le Luxembourg, et le prince d'Orange enlève Bréda aux Espagnols (6 octobre).

---

(1) Ce capucin, qu'on appelait l'*Éminence grise*, fut employé avec succès dans un grand nombre de négociations difficiles par le cardinal, qui disait de lui : *Il n'y a ni plénipotentiaire ni ministre en Europe qui puisse faire la barbe à ce capucin, et pourtant il y a belle prise.* Il mourut (14 décembre 1638) au moment où il allait être fait cardinal, et où l'importante ville de Brisach, assiégée depuis neuf mois, tombait au pouvoir de la France : *Courage, père Joseph,* lui criait Richelieu pour le tirer de l'assoupissement de l'agonie, *Brisach est à nous;* et lorsqu'il fut mort : *Je perds ma consolation,* dit le cardinal, *mon unique secours, mon confident, mon ami.*

**408. VICTOIRES DE BERNARD DE WEIMAR, DE D'HAR-
COURT, DE GUESBRIANT.** — L'Allemagne devient bientôt à son
tour le théâtre d'événements plus décisifs. Le duc de Weimar,
battu par Werth (28 février 1638), prend, quelques jours après,
sa revanche à *Rheinfelden* (3 mars), s'empare de *Fribourg*
(27 mars), puis de *Brisach*, la clef de l'Alsace (1) (19 décembre), après la résistance la plus opiniâtre de la part des assiégés ; mais il meurt au milieu de l'année suivante (18 juillet 1639).
Richelieu acheta son armée, qui, avec six autres que la France
avait alors sur pied et deux armées navales, continua de combattre contre les Espagnols et les Autrichiens. Trois de ces armées furent dirigées vers les Pays-Bas, où elles s'emparèrent
d'*Hesdin* (30 juin 1639), d'*Arras* (2) (10 août 1640), d'*Aire*
(juillet 1641) et de plusieurs autres villes.

En *Allemagne*, le duc de Longueville, général des armées
française et suédoise réunies, s'empara de plusieurs places du
Palatinat, et le comte de *Guesbriant* gagna sur l'archiduc Léopold de Piccolomini la bataille de *Wolfenbuttel* (25 juin 1641),
puis une autre plus importante encore à *Kempen*, sur Lamboi
et Mercy, qui y furent faits prisonniers (17 janvier 1642). Cette
dernière victoire assura la conquête de l'électorat de Cologne.
— En *Italie*, Turin, enlevé aux Français (27 août 1639), fut repris (24 septembre 1640) par le comte d'*Harcourt*, après un

---

(1) Avant d'être à la France, Brisach était à Bernard, qui comptait
bien le garder. Richelieu, en effet, avait acheté ses services moyennant
un million cinq cent mille livres pour lui-même, quatre millions pour
l'entretien de son armée, et enfin la donation de l'Alsace quand elle
serait conquise. Mais ni Richelieu ni Bernard ne comptaient beaucoup sur l'exécution de ce dernier article. Aussi, quand Richelieu vit
son allié, maître de la clef de l'Alsace, rechercher la main de la veuve
du landgrave de Hesse-Cassel, et à la veille de devenir une puissance
en Allemagne, il voulut l'attirer à Paris sous prétexte de lui faire
fête ; mais l'Allemand pressentit le piège et l'évita. Richelieu lui offrit
la main d'une de ses nièces ; le fier prince de l'Empire la refusa, en
déclarant qu'il ne voulait pas souiller par une mésalliance le noble
sang saxon. Richelieu dès lors ne vit plus en lui qu'un ennemi, et il
allait le traiter comme tel, quand Bernard succomba à une maladie
pestilentielle qui fit croire à un empoisonnement ; il avait à peine
trente-six ans.

(2) Cette importante capitale de l'Artois, le principal boulevard des
Pays-Bas contre la France, était regardée comme imprenable ; aussi
les habitants avaient-ils placé sur une des portes cette inscription :

> Quand les Français prendront Arras,
> Les souris mangeront les chats.

Un Français l'ayant lue après la prise de la ville, fit sauter avec son
sabre la première lettre du mot *prendront*. Arras, en effet, ne s'est jamais rendu depuis à aucun ennemi.

siége difficile et glorieux, où le jeune vicomte de Turenne commença à signaler sa valeur.

409. LE PORTUGAL SE SOULÈVE CONTRE L'ESPAGNE. — Sur les côtes de l'*Espagne* enfin, l'archevêque de Bordeaux, *Sourdis*, commandant la flotte française, avait brûlé ou coulé à fond une flotte espagnole (22 août 1638). Mais les succès étaient partagés, lorsqu'une double révolution excitée par le despotisme d'Olivarès, ministre du roi Philippe IV, vint opérer de ce côté une puissante diversion en faveur de la France. Le Portugal, qui depuis soixante ans supportait avec impatience le joug de l'Espagne, le brisa en portant sur le trône un descendant de ses rois, Jean de Bragance (1640), qui fit alliance avec la France et commença aussitôt les hostilités (juin 1641). Quelques mois après, la Catalogne et le Roussillon se soulevèrent à leur tour et conclurent avec la France un traité par lequel ils reconnaissaient Louis XIII comme comte de Barcelone et de Roussillon (23 janvier 1642).

En résultat, malgré quelques échecs, la puissance de la France s'était immensément accrue aux dépens de la maison d'Autriche ; l'Artois, la Lorraine, l'Alsace, la Savoie, le Roussillon et la Catalogne, étaient occupés par ses armées. Le despotisme exercé par Richelieu au nom de la royauté avait, il est vrai, grandi en même temps que la puissance nationale ; mais cet habile ministre avait mis tous ses plans à exécution, lorsque la féodalité dirigea contre lui ses dernières et impuissantes attaques.

410. RÉVOLTE DU COMTE DE SOISSONS. — CINQ-MARS ET DE THOU. — Le comte de Soissons, le seul des grands seigneurs qui n'eût point plié sous Richelieu, s'était, comme nous l'avons dit, retiré à Sedan après une conspiration sans résultat contre la vie du ministre, et, de là, il entretenait des relations avec la reine mère et avec tous les mécontents du royaume. Richelieu somma le duc de Bouillon de livrer cet ennemi de l'État ; et, sur son refus, il envoya contre lui une armée qui fut défaite à *la Marfée* (6 juillet 1641) par le comte de Soissons ; mais ce prince fut tué en poursuivant les fuyards, et le duc de Bouillon, attaqué par une autre armée, demanda la paix, que Richelieu, inquiet d'une nouvelle intrigue tramée à la cour, s'empressa de lui accorder.

Cette intrigue avait pour chef un jeune homme que le cardinal lui-même avait placé auprès du roi pour lui faire oublier la dépendance où il le tenait. *Cinq-Mars*, non satisfait de son titre de grand écuyer, conçut la pensée de supplanter le ministre. D'accord avec Gaston et le duc de Bouillon, sûr d'ailleurs d'é-

tre appuyé par tous les mécontents du royaume, il signa un
traité secret avec l'Espagne. Une copie de ce traité tomba entre
les mains de Richelieu, alors retenu à Tarascon par la maladie
qui devait mettre fin à sa vie. Aussitôt Cinq-Mars, le jeune
de Thou, son confident, et le duc de Bouillon sont arrêtés; Gaston est retenu prisonnier à Blois. Cependant les preuves manquaient. Ce fut Gaston qui eut la lâcheté de les fournir afin
d'obtenir sa grâce. Le duc de Bouillon acheta la sienne par
la cession de l'importante forteresse de Sedan. Cinq-Mars,
qui avait essayé d'obtenir par un aveu la même faveur, et de
Thou, qui n'avait commis d'autre crime que de ne pas trahir
son ami en révélant un complot dont il n'avait d'ailleurs entre
les mains aucune preuve, furent condamnés à mort et exécutés
à Lyon (12 septembre 1642). — Quelques jours auparavant
(9 septembre), Perpignan, assiégé depuis plus de trois mois,
s'était rendu aux maréchaux de Schomberg et de la Meilleraie;
le cardinal envoya au roi cette double nouvelle dans une lettre
ainsi conçue : *Sire, vos ennemis sont morts, et vos armes sont
dans Perpignan.*

**411. Mort de Richelieu. — Mazarin lui succède.
— Mort de Louis XIII.** — Tout avait réussi à l'habile
cardinal; ainsi se trouvait justifiée par le succès la règle de
conduite qu'il s'était faite : *Je n'ose rien entreprendre sans
y avoir bien pensé*, disait-il; *mais quand une fois j'ai pris
une résolution, je vais à mon but, je renverse tout, je fauche
tout, et ensuite je couvre tout de ma soutane rouge.* Mais
cette âme si vigoureuse avait promptement usé le faible corps
qui la renfermait. A peine âgé de cinquante-huit ans, Richelieu se mourait. Engagé par le confesseur qui le préparait à la
mort à pardonner à ses ennemis : *Je n'en ai jamais eu d'autres
que ceux de l'État*, répondit-il; et au moment où l'on approchait de ses lèvres l'hostie sainte : *Voilà mon juge*, dit-il, *le
juge qui prononcera bientôt ma sentence; je le prie de me condamner si dans son ministère je me suis proposé autre chose
que le bien de la religion et de l'État.* Il précéda de cinq mois
dans la tombe le prince au nom duquel il avait régné (4 décembre 1642). *Voici mort un grand politique*, dit froidement
Louis XIII; mais s'il vit sans chagrin la mort d'un ministre
dont il n'était que le glorieux esclave, il conservait une telle
confiance dans sa politique, qu'il défendit d'y rien changer. Richelieu d'ailleurs y avait pourvu, et s'était assuré en quelque
sorte de se survivre à lui même en léguant à son prince un
successeur capable de continuer son œuvre. C'était le cardinal
Mazarin, qui, depuis trois ans, avait passé du service du pape

à celui du roi de France (1). Devenu l'ami et le confident de Richelieu, et chargé de ses missions les plus difficiles depuis la mort du père Joseph, il se trouvait naturellement appelé à continuer le système politique de son prédécesseur.

Le renard succédait au lion. Doué d'une finesse et d'une habileté peu communes, d'un sens exquis et d'une admirable pénétration, Mazarin comprit combien il lui importait de ne point accepter le funeste héritage de toutes les haines que Richelieu laissait après lui. Prévoyant la mort du roi, qui ne pouvait tarder longtemps, et comprenant que c'était pour la prochaine minorité qu'il lui importait de se ménager le pouvoir, il ne négligea rien pour se réconcilier avec tous les ennemis de la cour. Un caractère conciliant, un esprit fécond en expédients, des formes douces et polies, lui permirent de tenter avec succès la difficile entreprise de calmer les passions en servant d'intermédiaire entre les partis. Il voulut détendre tous les ressorts, tout adoucir, gagner partout de la reconnaissance, et cependant ne causer aucune secousse, n'amener aucun brusque changement de système. Cette politique habile lui réussit complétement, et lorsque arriva la mort de Louis XIII (14 mai 1643), il se trouva prêt à se charger seul du pouvoir, qu'il avait jusque-là partagé avec deux secrétaires d'Etat.

§ II. ÉTABLISSEMENTS ET INSTITUTIONS.

442. CRÉATIONS DIVERSES. — Les institutions de la France reçurent peu de développements pendant ce règne, tout consacré à faire triompher de grandes combinaisons politiques ; mais nous devons mentionner une ordonnance (1641) qui complétait le système politique de Richelieu. Par cette ordonnance, le roi, qui vint en personne la faire enregistrer, rappelait aux parlements « qu'ils n'avaient été établis que pour rendre la justice; il leur faisait en conséquence très-expresses inhibitions et défenses de prendre à l'avenir connaissance d'aucunes affaires qui peuvent concerner l'Etat, administration et gouvernement d'icelui; déclarait nuls toutes délibérations et arrêts qui pourraient être rendus à l'avenir contre cet ordre; ordonnait que tous les édits qu'il enverrait à ses cours sur le gouvernement et l'administration de l'Etat fussent publiés et enregistrés, *sans que le parlement en prît même connaissance;* permettait seulement de

---

(1) *Julio Mazarini* (1602-1661), fils d'un noble Sicilien, débuta dans le métier des armes, puis se distingua dans la diplomatie.

déduire les difficultés que pourraient présenter ceux qui regarderont les finances, mais non d'y apporter aucune modification ; et, si le roi ne jugeait pas à propos d'y rien changer, ordonnait qu'ils fussent enregistrés toute affaire cessante. • Afin d'ôter au parlement l'envie de résister à cet acte, qui le dépouillait d'un pouvoir usurpé, il est vrai, mais que la nation pouvait regarder comme sa dernière sauvegarde, le roi déclara qu'il supprimait les charges d'un président et de quatre conseillers qui s'étaient signalés récemment par leur opposition. L'acte qui enlevait ainsi violemment à la magistrature son inamovibilité était le complément de toutes les mesures despotiques employées par Richelieu pour établir la royauté absolue sur les derniers vestiges des libertés nationales.

Ces violences dirigées contre les cours judiciaires indiquent assez quelles garanties pouvait offrir aux accusés l'administration de la justice. Livrés à des commissions extraordinaires, ils n'avaient aucune chance d'échapper à la mort, si la politique du ministre exigeait leur supplice. Le nom du conseiller *Laubardemont*, qui accepta l'odieuse commission de faire brûler vif le curé de Loudun, *Urbain Grandier*, accusé de sortilége (1634), est devenu pour les juges sans conscience la plus sanglante injure.

A cette époque vivait *Vincent de Paul*, que son immense charité et ses vertus ont fait mettre par l'Église au nombre des saints. Plusieurs des institutions de cet illustre bienfaiteur de l'humanité, et particulièrement celle des sœurs de Charité, se rapportent au règne de Louis XIII. L'établissement des Enfants trouvés, qui fut aussi une des créations de ce vénérable apôtre de la charité chrétienne, fut fondé seulement dans les premières années du règne de Louis XIV (1648). L'érection du siége épiscopal de *Paris* en archevêché date du règne de Louis XIII (20 octobre 1622). — Ce fut aussi ce prince qui, longtemps privé de l'espoir d'avoir un fils et désirant obtenir l'heureuse délivrance de la reine devenue enceinte après vingt-deux ans de mariage, plaça son royaume sous l'invocation de la vierge Marie, et institua en son honneur la procession dite du *vœu de Louis XIII* (1637).

413. L'Académie française. — Parmi les titres de Richelieu à la reconnaissance nationale, il ne faut pas oublier les encouragements qu'il accorda aux lettres et aux sciences. Voulant mettre dans la langue française le même ordre et la même discipline que dans l'État, il institua (1635) l'*Académie française*. Il s'était formé en 1629 une association littéraire qui se livrait sans bruit à de modestes travaux ; Richelieu fut instruit

de l'existence et des plans de la société, et, pour ne pas laisser
une institution indépendante, même dans le domaine littéraire,
il lui imposa sa protection, au grand regret de la plupart des
membres de la réunion. Les statuts furent dressés aussitôt sous
l'approbation du cardinal. Il eut toutefois le bon sens de faire
disparaître un article qui portait que chacun des académiciens
promettait de révérer la vertu et la mémoire de monseigneur
leur protecteur. Le parlement n'en vit pas moins dans l'Académie naissante l'établissement d'une sorte de censure à l'usage
du cardinal, et avec quelque raison, ce me semble, alors que
les académiciens écrivaient à Richelieu : « Si monsieur le cardinal avait publié ses écrits, il ne manquerait rien à la perfection
de la langue, et il aurait fait ce que l'Académie se proposait de
faire. » On répandit le bruit au palais que tout procureur qui
ferait une faute de langage contre les règles de la nouvelle Académie serait aussitôt frappé d'amende. Le parlement, effrayé,
s'opposa de toutes ses forces à l'enregistrement des lettres pa-
tentes que le roi avait accordées ; et il ne céda qu'au bout de
deux ans et demi, et après trois lettres de jussion. Encore, pour
éviter, du moins autant que possible, que le nouveau corps ne
devînt une arme politique entre les mains de Richelieu, il déclara enregistrer seulement « à la charge que ceux de ladite assemblée et Académie *ne connaîtront* que l'ornement, embellissement et augmentation de la langue française, et des livres qui
seront par eux faits, ou par autres personnes qui redimeront et
voudront. » (Pellisson.) Cette garantie d'indépendance n'empêcha pas que, d'après l'ordre du tout-puissant ministre, une
des premières sentences de l'Académie ne fût la condamnation
du *Cid* de Corneille, sur un réquisitoire de l'envieux Scudéry.
Chapelain fut le rédacteur de l'arrêt. L'Académie française fut
composée dès l'origine, comme elle l'est encore aujourd'hui,
de quarante membres choisis parmi les littérateurs les plus
renommés. Ses premiers travaux consistèrent dans des discours
prononcés chaque semaine en présence de tous les membres
assemblés, et que Richelieu se plaisait à entendre. Bientôt à ces
exercices d'apparat, et sans utilité bien réelle, se joignit un
travail plus sérieux et plus utile, celui de la recherche et du
choix des mots qui devaient demeurer acquis à la langue française, et de ceux qu'un goût sévère devait, au contraire, en
bannir. Telle fut l'origine de ces *dictionnaires* de l'Académie
qui ont singulièrement contribué à fixer et à polir notre langue, et dont la première édition, préparée par le patient et
puriste *Vaugelas*, devait être publiée à la fin du dix-septième
siècle.

Richelieu s'est montré lui-même un écrivain éminent dans les *Mémoires* pleins d'intérêts et de hautes vues politiques qu'il a laissés sur les événements auxquels il a pris part. On lui attribue également un *Testament politique* qui renferme des considérations de l'ordre le plus élevé. Malheureusement, Richelieu voulut à toutes ces gloires ajouter celle de poëte et fit des tragédies fort médiocres. S'il pensionnait le grand *Corneille* ainsi que plusieurs savants et artistes, il avait la faiblesse d'en être jaloux, et la postérité, qui applaudit chaque jour les vers de notre illustre tragique, n'a retenu que le titre d'une pièce que Richelieu regardait comme un chef-d'œuvre (*Mirame*).

414. LA SORBONNE. — LE PALAIS-ROYAL. — LE JARDIN DES PLANTES. — Richelieu manifesta son zèle pour les progrès des études laïques et théologiques en fondant plusieurs établissements remarquables. C'est à lui qu'est due la création du collège appelé, de son propre nom, *collège Duplessis*, qui était situé près de l'emplacement actuel du lycée Louis le Grand, à Paris. Il réorganisa la Sorbonne, qui avait fort souffert des troubles des derniers temps, rendit à cette association théologique tout son éclat, agrandit les bâtiments qui lui étaient consacrés, et embellit l'église, qu'il choisit pour le lieu de sa sépulture. On y voit encore aujourd'hui le mausolée du ministre de Louis XIII ; et ce fut là que, plus tard, l'empereur de Russie, *Pierre le Grand*, devait lui rendre un magnifique hommage en s'écriant : « O grand homme ! si tu vivais, je te donnerais la moitié de mon empire pour apprendre de toi à gouverner l'autre ! »

Richelieu, toujours occupé de relever le pouvoir et d'en augmenter le prestige, croyait devoir l'entourer de magnificence et d'éclat. A la simplicité d'Henri IV, aux habitudes modestes de Sully, il avait substitué un faste qui avait rendu la cour de Louis XIII la plus brillante de l'Europe. Il en donnait lui-même l'exemple, et déploya toute sa splendeur dans le beau et vaste palais qu'il se fit construire au centre de Paris, et qui fut appelé le *Palais-Cardinal*. Il le légua à Louis XIII comme une demeure dont un roi seul était digne après lui. Ce palais, en effet, maintenant appelé *Palais-Royal*, est resté une habitation princière.

Une des créations les plus utiles du génie de Richelieu est celle du *jardin des plantes*, établissement qui devait rendre aux sciences naturelles de si éminents services. Le grand ministre fit commencer ces belles collections d'animaux et de plantes, cet immense musée d'histoire naturelle, qui, sans cesse enrichi depuis cette époque, est devenu un objet d'admiration pour le monde entier, et a fourni aux investigations des savants les plus célèbres d'inestimables matériaux. C'est encore à Richelieu que l'*Imprimerie royale* a dû ses plus notables développements.

OUVRAGES A CONSULTER. — Le cardinal de Richelieu, ses *Mémoires*, son *Testament politique*, sa *Succincte narration des grandes actions du roi* et l'*Histoire de la mère et du fils* (de Marie de Médicis et de Louis XIII), rédigée sous ses yeux et attribuée à tort à Mézeray; P. de l'Estoile, *Continuation de mes mémoires-journaux et curiosités, tant publiques que particulières, commençant au règne de nostre petit nouveau roy Loys XIII*, etc.; les *Mémoires* déjà cités de Sully et de Bassompierre; le président Jeannin, *Mélanges diplomatiques*; les *Mémoires* de Fontenay-Mareuil, de Pontchartrain, du duc de Rohan, du comte de Brienne, de Talion, de Gaston duc d'Orléans, du maréchal d'Estrées, de Bourdeilles, de Michel de Marolles, de Pontis, de Monglat, de madame de Motteville, d'Arnaud d'Andilly, de l'abbé Arnaud, etc.; maître Jacq. Gillot; *Relation de ce qui se passa au parlement touchant la régence de la reine Marie de Médicis*; Dubois, *Mémoire fidèle des choses qui se sont passées à la mort de Louis XIII*; la *Gazette de France*, fondée en 1631, et le *Mercure français*, où se trouvent divers articles rédigés par le roi Louis XIII lui-même et par le cardinal de Richelieu; Levassor, Griffet, *Histoire du règne de Louis XIII*; Bazin, *Histoire de France sous Louis XIII*; madame d'Arconville, *Vie de Marie de Médicis*; Gérard, *Vie du duc d'Epernon* et *Relation exacte de tout ce qui s'est passé à la mort du maréchal d'Ancre*; *Recueil de pièces qui ont été faites pendant le règne du connétable de Luynes*; Vialard, A. Jay, *Histoire du ministère du cardinal de Richelieu*; Aubery, Leclerc, Richard, *Vie du cardinal de Richelieu*; Capefigue, *Richelieu*, etc.; l'abbé Richard, *Histoire de la vie du P. Joseph Leclerc du Tremblay*; les diverses Collections relatives aux états généraux, etc.

QUESTIONNAIRE. — § Ier. 399. Faites connaître le ministre célèbre qui remplaça de Luynes. — 400. Quelle triple tâche Richelieu avait-il à accomplir? — Quel moyen prit-il pour y arriver? — Dans quelle situation se trouvaient en France les protestants? — Comment fut apaisée leur première révolte? — Parlez du caractère de Gaston d'Orléans. — 401. Comment éclata de nouveau la guerre contre les protestants? — Faites connaître la conduite de Richelieu au siége de la Rochelle, et la manière dont il s'en empara. — Par quel traité fut terminée la guerre, et quelles en étaient les conditions? — 402. Quelles nouvelles intrigues furent ourdies contre Richelieu? — Qu'appela-t-on la journée des Dupes? — Qui en fut victime? — 403. Quelle révolte succéda aux intrigues? — Quelle bataille fut livrée? — Quel fut le sort de Montmorency? — Quelle fut cette fois encore la conduite de Gaston? — 404. Comment Richelieu abaissa-t-il la puissance des gouverneurs? — 405. Quel objet se proposa Richelieu dans sa politique extérieure? — Sur quelles contrées dominaient les deux branches de la maison d'Autriche? — Résumez les événements de la guerre d'Italie en indiquant ses causes et ses résultats. — 406. Quel était l'état de l'Allemagne? — Comment la guerre fut-elle conduite par le roi de Suède Gustave-Adolphe? — Comment mourut-il? — 407. Comment Richelieu dirigea-t-il la guerre? — Quelles furent les alternatives de la guerre jusqu'en 1637? — 408. Quels sont les quatre généraux qui se sont le plus illustrés les années

suivantes? — 409. Qu'est-il arrivé en Portugal? — Le cardinal vit-il
son plan entièrement accompli? — 410. Quelle nouvelle révolte éclata
contre le roi et son ministre? — Quel en fut le résultat? — Parlez
d'une conjuration célèbre organisée de concert avec Gaston et le duc de
Bouillon. — Quel en était le chef?.— En quel état se trouvait la féodalité à la mort du cardinal de Richelieu? — 411. Parlez des derniers moments de ce grand ministre. — Quel témoignage se rendit-il à lui-
même? — Louis XIII survécut-il longtemps à son habile ministre? —
§ II. 412. Quelle ordonnance fut rendue concernant le parlement? —
Quel grand saint vécut sous Louis XIII? — 413. Quelle institution célèbre fonda Richelieu en faveur des lettres? — Quel but se proposa l'A-
cadémie française? — Donnez quelques détails sur son établissement.
414. Que fit Richelieu pour la Sorbonne? — Qu'offre de remarquable
l'église de la Sorbonne? — Comment Richelieu cherchait-il à augmenter
le prestige de la royauté? — Quel palais construisit-il? — Quel établissement scientifique fonda-t-il?

CHAPITRE VINGT-HUITIÈME.

ÉTATS DU NORD ET ALLEMAGNE.

PREMIÈRE PARTIE.

États du Nord.

SOMMAIRE.

1er. 415. La Russie ne commença à s'organiser que dans la seconde
moitié du quinzième siècle, sous Ivan III et Vasili IV; elle s'éclaire
et s'empare de plusieurs villes de Pologne (1333-1370).

16. La Pologne s'est réorganisée sous Casimir le Grand; l'avénement
des Jagellons avec Vladislas V (1386) lui ouvre une ère de prospérité par la réunion de la Lithuanie et la conversion au catholicisme.
Casimir IV organise le gouvernement; Alexandre, un de ses fils,
s'efforce de civiliser ses peuples, mais inutilement. Le règne de Sigismond, qui lui succéda, fut troublé par la révolte de Glinski, qui
appela les Russes en Lithuanie.

17. Sous Sigismond Ier (1506-1548), la réforme pénètre en Pologne,
et Albert de Brandebourg établit le duché de Prusse. Sigismond II
(1548-1582) réunit définitivement la Livonie et la Lithuanie; mais
après l'extinction de la famille des Jagellons, le pouvoir royal s'affaiblit sans cesse. Henri de Valois, élu roi (1574), s'enfuit pour régner en France. Etienne Bathori (1575-1586) lui succède et règne
glorieusement; son successeur, Sigismond III (1587-1622), réunit
un instant la couronne de Suède, qui lui est bientôt ravie. Le fils de
ce roi, Ladislas, voit commencer la guerre avec les Cosaques, qui
doit être une des causes de la ruine de la Pologne.

418. Valdemar IV rétablit l'unité en Danemark, et prépare le règne de la grande Marguerite. Le trouble se met en Suède, depuis que la noblesse augmente son influence. La couronne est donnée à Albert de Mecklembourg, qui est détrôné par Marguerite la Grande (1389), qui désigne pour son successeur Erik le Poméranien.

419. Marguerite établit l'union de Kalmar, proclamée par les députés des trois Etats scandinaves (1397); ils ne doivent avoir qu'un seul roi, élu dans la race d'Erik. Marguerite règne avec gloire.

420. Des symptômes de dissolution se manifestent sous Erik le Poméranien (1412); il est déposé (1437), et lutte en vain contre Christophe le Bavarois. L'union est définitivement dissoute.

§ II. 421. La ligue de Kalmar a produit l'abaissement de la Suède, qui élit Charles VIII (1448). Christian Ier est roi de Danemark et de Norvége. Une lutte s'engage entre la Suède et le Danemark. Christian, appuyé par le clergé suédois, s'empare de la Suède (1457). Charles VIII, rappelé, meurt sur le trône.

422. Sténon Sture Ier, administrateur, délivre la Suède du joug des Danois (1471). Jean II, cependant, couronné en Danemark (1481), l'est en Norvége, puis en Suède (1497). Les Danois sont de nouveau expulsés. Swante Nilson Sture (1504) et Sténon Sture II (1512), administrateurs, gouvernent la Suède.

423. Christian II renouvelle les prétentions de sa famille sur la Suède, de concert avec l'archevêque d'Upsal. Une première invasion est repoussée. Une nouvelle invasion (1520) est suivie de la mort de Sténon et de la soumission de la Suède. La résistance de Stockholm est punie par les vengeances atroces des vainqueurs.

424. Gustave Vasa, retenu en captivité, échappe à Christian; il se réfugie chez les Dalécarliens, les soulève et remporte divers avantages contre les Danois. Gustave est nommé administrateur, puis roi après la prise de Stockholm (1523). Christian est remplacé par Frédéric de Holstein. Le traité de Malmoë (1524) reconnaît l'indépendance de la Suède.

425. Gustave Vasa introduit le luthéranisme en Suède. Son but est, en favorisant les progrès de la Réforme, de s'emparer des biens du clergé. L'assemblée de Vesteras (1527), le concile d'OErebro et les mesures énergiques de Gustave consomment la révolution religieuse malgré la résistance des populations.

426. Gustave abaisse le clergé et la noblesse; il fait régner la paix et la prospérité intérieure; il conclut un traité de commerce avec la Russie et avec la France. La royauté est déclarée héréditaire dans la famille de Gustave par la constitution d'OErebro, confirmée à Vesteras (1540-1544).

§ III. 427. L'introduction du luthéranisme à la diète d'Odensée en Danemark est favorable à l'aristocratie. Des troubles éclatent pendant le règne de Frédéric Ier (1523-1533), successeur de Christian, déposé, qui fait de vaines tentatives pour reprendre la couronne.

428. Christian III (1534-1559) triomphe des efforts des évêques pour maintenir le catholicisme. Le fils de Christian II est en vain opposé à Christian III. Celui-ci dépouille le clergé catholique. La noblesse, qui soutient le roi, obtient d'importants priviléges. — La Norvége est réunie à la couronne de Danemark.

§ Ier. ÉTATS SLAVES ET SCANDINAVES AU COMMENCEMENT DES TEMPS MODERNES.

415. RUSSIE. — Pendant la plus grande partie du moyen âge, la Russie resta étrangère aux destinées de l'Europe (voir *Cours de troisième*, chap. XXVIII). Désolée sans cesse par les invasions mongoles et tartares, elle soutenait péniblement une lutte contre ces sauvages tribus, et bien qu'accrue par la réunion de quelques principautés secondaires, la *grande principauté de Moskou* n'en demeura pas moins tributaire des Tartares durant toute la première partie du quinzième siècle.

Pendant la seconde moitié de ce siècle, la Russie change entièrement de face. En effet, au lieu d'une race morcelée en tribus isolées les unes des autres, et toutes soumises au joug de l'étranger, on vit apparaître une nation forte, unie, indépendante, qui commença à secouer sa barbarie pour se façonner aux mœurs moins grossières de l'Europe. Ce fut Ivan III Vasilievitch qui opéra ce prodigieux changement. A peine revêtu (1462) de la dignité de grand-duc, il réduisit tous les seigneurs à reconnaître son autorité, et subjugua la république de Novgorod, si puissante, que l'on disait alors en Russie : *Qui oserait s'attaquer à Dieu et à Novgorod la Grande?* Ce fut encore Ivan III qui, après avoir refusé l'hommage humiliant et le tribut auquel étaient soumis ses prédécesseurs, détruisit la grande horde d'Or, dernier démembrement du vaste empire de Gengis-Khan. Une autre horde établie à Kasan se soumit au tribut après la prise de sa capitale. Ainsi s'éteignit la domination des Tartares, près de deux siècles après leur établissement en Russie. Ivan III ne s'était pas contenté de fonder l'unité et la grandeur de sa patrie, il s'efforça de l'éclairer et de la civiliser en appelant à sa cour plusieurs savants et artistes étrangers. Son successeur, Vasili IV, continua d'agrandir la Russie par les conquêtes. La trahison de Glinski, gouverneur de Lithuanie, fut l'origine d'une guerre qui valut à la Russie la possession de plusieurs villes sur les frontières de la Pologne, et établit son influence parmi les peuples du Nord. Elle était montrée à ses destinées. (Voir *Cours de rhétorique*, chap. XIII.)

416. POLOGNE. — La Pologne avait végété au milieu d'une profonde anarchie, pendant les dernières années du treizième et le commencement du quatorzième siècle, mais elle se releva sous *Casimir le Grand*, dernier descendant de la race de *Piast* (1333-1370), lequel triompha de tous les ennemis extérieurs, chevaliers Teutoniques, Bohémiens, Russes et Lithuaniens. — Le roi donna à son peuple ses premières lois écrites et l'enrichit par le développement du commerce. — Après la mort de Casimir, et le règne agité de *Louis le Grand* (1370-1382), déjà roi de Hongrie, l'élévation de la famille lithuanienne des *Jagellons* au trône de Pologne allait mettre fin à la longue rivalité des deux nations voisines, et les rendre plus que jamais redoutables à leurs ennemis communs, les Russes et les chevaliers Teutoniques.

Jagellon reçut le baptême, et prit le nom de *Vladislas V* (1586). Le christianisme fut déclaré par un décret la religion de la Lithuanie, et l'idole de Péroun tomba devant la croix. Plusieurs victoires remportées sur les khans tartares furent les premiers fruits de l'union des deux peuples (1597). — La prospérité et les victoires continuèrent sous Vladislas VI (1434-1445). — Sous le successeur de ce roi, le traité de Thorn démembra au profit de la Pologne les États des chevaliers Teutons, qui, désormais, ne furent plus que les vassaux des Polonais. Casimir IV joignit à la gloire d'avoir fait ce traité célèbre celle d'organiser définitivement le gouvernement polonais, en y introduisant le mode de représentation nationale déjà adopté par plusieurs nations européennes. En 1467, il réunit, pour la première fois, les députés ou nonces des provinces pour établir un impôt général. Mais l'admission de l'aristocratie seule dans les diètes polonaises, et la nécessité du consentement unanime, regardée comme une loi constitutive de l'État, devaient être deux sources fécondes de rivalités et de désordres.

Les fils du grand Casimir durent à la renommée de leur père d'être appelés à plusieurs trônes étrangers : en 1471, Vladislas, élu roi de Bohême, conserva sa couronne en dépit des efforts de Mathias Corvin; en 1490, il succéda à Mathias lui-même, en Hongrie. Jean-Albert, son frère, hérita, en 1492, de la royauté en Pologne, tandis qu'un autre fils de Casimir, Alexandre, gouvernait les Lithuaniens. Après la mort de Jean-Albert, l'élection d'Alexandre par la diète polonaise amena la réunion définitive de la Pologne et de la Lithuanie. Alexandre, comme Ivan III, travailla à la civilisation de son royaume, en s'entourant d'étrangers distingués par leurs talents et leur savoir. Mais ses barbares sujets se hâtèrent de mettre un frein aux libéralités dont il comblait ses illustres hôtes par la loi appelée statut d'Alexandre. Ce prince couronna son règne glorieux par une grande victoire sur les Tartares. Celui de Sigismond (1506-1548), son frère, fut troublé dès les premiers jours par la révolte de Glinski, qui, cité devant le sénat pour avoir voulu se rendre indépendant en Lithuanie, alla implorer les secours des Russes contre sa patrie.

417. LA RÉFORME EN POLOGNE. — ÉTABLISSEMENT DU DUCHÉ DE BRANDBOURG. — La guerre avec les Russes fut heureusement terminée par la victoire d'*Orsza*, mais l'insubordination de la noblesse et les dissensions religieuses devinrent une cause d'affaiblissement dont Albert de Brandebourg, qui avait adopté le luthéranisme, profita pour établir l'indépendance de la Prusse orientale (1525). — Sous Sigismond II, Auguste (1548), dont le règne commence par des intrigues de cour, la Livonie se soumet à la Pologne (1561), malgré l'opposition de la Russie, et la réunion définitive du duché de Lithuanie est consommée (1569); mais la noblesse devenait sans cesse plus insoumise. L'extinction de la famille des Jagellons (1572) fit surgir de nombreuses candidatures à la couronne de Pologne. La diète de convocation consacra les progrès de l'influence aristocratique par les *pacta conventa* (1573), qui furent jurés par Henri de Valois, élu roi (1574); mais celui-ci ne tarda pas à s'enfuir pour aller régner en France. Une nouvelle élection consacra l'avénement d'Etienne Bathori (1575), sous lequel la Pologne reprend son ascendant, grâce aux talents du nouveau roi. Une invasion en Russie est terminée par le traité glorieux de Kiverova-Horka (1582). Le progrès des lumières et la prospérité marchent ensemble sous ce règne. Après lui, la réunion entre les mains de Sigismond III (1587-1632) des sceptres de Suède et de Pologne ne fit pas cesser la rivalité et la lutte des deux pays. Charles IX est proclamé en Suède, qui ne voulait pas d'un roi catholique. Quelques succès contre les Russes, suivis de revers, et une trève avec la Suède signalent la fin de ce règne. — Ladislas, fils de Sigismond (1632-1648) termina la guerre avec les Russes par la paix de Viarma, mais ce roi vit commencer une guerre horrible contre les Cosaques qui devaient, sous le règne suivant, se livrer à la Russie et préparer ainsi la ruine de la Pologne.

418. ÉTATS SCANDINAVES. — Les Etats scandinaves, après avoir été groupés en un seul empire sous Kanut le Grand, étaient divisés et morcelés. La réorganisation vint du Danemark. Valdemar IV (1340-1376), forçant à l'obéissance toutes les provinces danoises partagées entre six princes indépendants, rendit la force au gouvernement par une politique habile et sévère, et au territoire son étendue, par la conquête des îles d'Aland, de Gothland et par celle du Holstein. Ce prince prépara le règne glorieux de sa fille *Marguerite*, dernier rejeton de la race d'Odin, qui, régente de Danemark (1387), reine de Norvége par mariage (1388), et de Suède par élection (1389), réunit sur sa tête les trois couronnes du Nord.

En Suède, les troubles avaient également déchiré la monarchie pendant longtemps. Le roi Magnus avait fondé le pouvoir de la noblesse, qui devint une cause nouvelle de troubles sous ses successeurs, pendant que la Suède luttait avec peine contre les Russes et les Danois. Après la déposition de *Magnus II* et de son fils *Haquin*, qui avaient réuni sur leurs têtes les couronnes de Suède et de Norvége, les nobles appelèrent au trône un étranger, *Albert de Mecklembourg* (1363). Mais le nouveau roi essaya de se soustraire à leur tutelle et fut bientôt déposé à son tour. Ce fut alors que le sénat suédois offrit la couronne à la veuve de Haquin, *Marguerite* de Valdemar. Cette princesse vainquit Albert à Falkœping (1389); et aussitôt elle présenta aux états de Suède son petit-neveu *Erik le Poméranien*, qui fut proclamé son héritier.

419. MARGUERITE LA GRANDE. — UNION DE KALMAR. — Le grand résultat de cette victoire fut l'*union de Kalmar* (1397). Les députés du Danemark, de la Suède et de la Norvége proclamèrent par acte solennel que les trois Etats n'auraient, à perpétuité, qu'un seul et même roi élu d'un commun accord par les sénateurs et les délégués des trois royaumes; que l'élection ne pourrait porter que sur les descendants d'Erik; que les trois royaumes s'assisteraient mutuellement de leurs forces contre tous les ennemis du dehors; que chacun d'eux garderait sa constitution, son sénat et ses propres lois. Malheureusement, cette union de toutes les races scandinaves, quoique acceptée avec enthousiasme, ne reposait sur aucune base solide. Un système fédératif ne pouvait longtemps se maintenir entre trois monarchies puissantes, divisées entre elles par des lois, des coutumes, les jalousies anciennes, les intérêts opposés. Toutefois, durant le règne de Marguerite, les rivalités nationales, dominées par son génie, respectèrent la paix universelle, et la prudence, le courage de la grande reine lui méritèrent le surnom de *Sémiramis du Nord*. Stockholm, qui était restée fidèle au roi déchu, ouvrit ses portes à la nouvelle du traité de Kalmar; et l'île de Gothland, dernier refuge d'Albert, se livra à Marguerite en 1408. Elle régna glorieusement jusqu'en 1412.

420. Rupture de l'union de Kalmar. — Mais l'œuvre de cette illustre princesse lui survécut peu. Vainement *Erik le Poméranien* renouvela l'union de Kalmar. Il apercevait déjà des symptômes de dissolution, et ne sut que les aggraver. Une guerre sanglante avec les villes Hanséatiques, la concurrence commerciale de l'Angleterre et de la Hollande, épuisèrent ses ressources, tandis que son égale défiance pour tous ses sujets, et son obstination à ne résider ni en Suède ni en Danemark, mécontentaient les peuples unis, qui tour à tour prononcèrent sa déposition (1439).

Les Danois choisirent à sa place son neveu, *Christophe le Bavarois* (1440), que les Suédois reconnurent la même année et les Norwégiens en 1442. Après de longues hésitations, Christophe, proclamé *archi-roi* de l'empire scandinave, transféra sa résidence à Copenhague. La plus grande partie de son règne fut troublée par les pirateries d'Erik le Poméranien, qui aborda en Suède à plusieurs reprises, ravagea les campagnes et força les habitants affamés à se nourrir de farine mêlée à des écorces pulvérisées. Christophe, accusé de tous les malheurs du pays et en butte à la haine des peuples, qui ne le nommaient plus que *le roi d'écorces*, mourut de chagrin en 1448. Après lui, l'union de Kalmar fut définitivement dissoute.

§ II. CHRISTIAN II ET GUSTAVE VASA : LA RÉFORME EN SUÈDE.

421. Charles VIII, roi de Suède. — La ligue, œuvre de la grande Marguerite, qui semblait devoir être le fondement inébranlable d'un puissant empire scandinave, n'avait eu pour résultat que l'assujettissement de la Suède et de la Norvége au Danemark. La Suède protesta contre un pareil abaissement par l'élection de *Charles VIII Canutson Bonde* (1448), qui rompit l'union pour la première fois. *Christian Ier* ou *Christiern* d'Oldenbourg ne régna que sur le Danemark et sur la Norvége, qu'il disputa pendant deux ans au roi de Suède. Celui-ci, élu malgré les prélats suédois, fut assez imprudent pour les braver. Une conjuration se forma dans le clergé en faveur du Danemark. L'archevêque d'Upsal, quittant la crosse pour l'épée, afficha à la porte de la cathédrale une déclaration de guerre contre le roi, et fit proclamer Christian. Canutson, abandonné par tous ses sujets, quitta la Suède, et Stockholm ouvrit ses portes à l'archevêque, qui bientôt après couronna le roi de Danemark à Upsal (1457). Mais l'union de Kalmar ne put être solidement rétablie. Christian, qui, selon l'expression d'un contemporain, *cherchait de l'argent dans l'eau, dans la terre et dans l'air*, se rendit odieux par sa rapacité, et fut obligé de quitter Stockholm, qu'il avait dépouillée comme une ville prise. Charles VIII, rappelé, puis chassé une seconde fois, mourut cependant sur le trône.

422. La Suède sous les administrateurs. — Le neveu de Charles, *Sténon Sture Ier* (1470), avec le simple titre d'administrateur, vainquit à la tête d'une armée de paysans les chevaliers du roi de Danemark, qui fut contraint d'abandonner définitivement ses projets sur la Suède (1471). Sténon profita de quelques années de paix pour faire refleurir dans toute la Suède l'agriculture et le commerce : il fonda une université dans la ville d'Upsal (1476), qui depuis le treizième siècle possédait une école renommée; et il obtint de Rome l'autorisation d'y faire enseigner la théologie, le droit canon, le droit civil, la médecine et la philosophie. A la mort de Christian (1481), les troubles recommencèrent. Jean II, couronné en Danemark, puis en Norvége, conclut (1483) avec les états de Suède une convention qui avait pour but le rétablissement de l'ancienne union. La Suède se lassait du gouvernement provisoire de l'administrateur, et, malgré les efforts de Sténon, elle proclama Jean II, l'an 1497. L'administrateur parvint à chasser encore une fois les Danois (1501), en faisant un énergique appel à l'esprit national, et après sa mort (1503), les états lui donnèrent pour successeur *Swante Nilson Sture* (1504), ne s'inquiétant pas plus des arrêts lancés par le Danemark que des menaces de l'empereur Maximilien Ier. Bien que favorisé par les dissensions perpétuelles de la Suède et par l'influence du clergé, Jean II ne put empêcher, en 1512, l'élection de *Sténon Sture II*, fils du premier administrateur.

423. Christian II, roi de Danemark, s'empare de

LA SUÈDE. — ATROCES VENGEANCES. — L'année suivante (1513), le trône de Danemark passa à *Christian II*, fils de Jean, qui fit valoir de nouveau les prétentions de sa famille. L'archevêque d'Upsal, Gustave Troll, uni d'intérêts avec le roi de Danemark, souleva quelques villes en sa faveur; tandis que le pape Léon X excommuniait Sténon. Cependant les Suédois, dévoués à leur sage et habile administrateur, repoussèrent un prince déjà connu par son caractère violent et ambitieux, ses inclinations féroces et grossières. Une première attaque des Danois (1518) échoua complétement. Mais deux ans après, Christian envoya une nouvelle armée plus nombreuse et plus formidable. A la première bataille, Sténon fut tué. La Suède consternée se soumit tout entière. La ville de Stockholm seule, où s'était enfermée la veuve de Sténon, animée par les exhortations et les exemples de cette femme intrépide, fit une longue et vigoureuse défense. Toutefois, n'ayant plus d'espoir d'être secourue, elle consentit à capituler aux conditions honorables que lui offrait Christian.

Ce prince, profondément irrité de la résistance qu'il avait éprouvée, dissimulait son ressentiment pour mieux assurer sa vengeance. S'étant fait proclamer par les états d'Upsal souverain légitime de la Suède, il invita les principaux seigneurs suédois à une fête magnifique. Pendant deux jours, ce ne fut que festins, que jeux et que plaisirs. Le troisième jour, le roi fit appeler tout à coup la veuve de l'administrateur, et lui ordonna de rendre compte de la conduite de son mari. Tandis que celle-ci répondait avec autant de noblesse que de courage, des soldats allaient arrêter dans le palais les seigneurs, les évêques même qui s'y étaient rendus sur l'invitation de Christian, et les faisaient comparaître devant un tribunal chargé de les juger ou plutôt de les condamner, sans même leur permettre de se défendre. Une sentence de mort fut prononcée contre tous les prisonniers, et à peine cet inique procès fut-il terminé, qu'on publia un ordre du roi qui défendait à qui que ce fût de sortir de la ville, sous peine de la vie. Toute la garnison danoise était sous les armes, des canons étaient braqués contre les principales rues; la ville entière était dans la consternation et se demandait dans quel but on prenait toutes ces mesures sinistres, lorsque soudain on vit les portes du château s'ouvrir, et tous les plus illustres personnages de la Suède, la plupart revêtus encore des marques de leurs dignités, s'avancer entre deux rangs de soldats. Ils marchèrent ainsi jusqu'à la grande place, lieu désigné pour leur supplice. Par un raffinement atroce de cruauté, le roi refusa à ses victimes, malgré toutes leurs supplications, les secours de la religion, et quatre-vingt-quatorze seigneurs furent décapités successivement.

Après cette abominable exécution, Christian, regrettant de n'avoir pu se rendre maître de tous ceux qu'il regardait comme ses ennemis, abandonna la ville à la fureur des soldats. Ces forcenés égorgèrent d'abord les habitants qui était accourus sur le lieu de l'exécution; puis il se répandirent dans les rues et dans les maisons qu'ils mirent à feu et à sang. Un gentilhomme suédois, qui s'était soumis aux Danois, ayant osé déplorer publiquement les malheurs de son pays, Christian ordonna qu'on l'attachât à un poteau, qu'on lui fendît la poitrine et qu'on lui arrachât le cœur. Enfin, comme s'il ne lui suffisait pas de punir les vivants, le monstre voulut se venger sur les morts eux-mêmes. Il fit déterrer le corps du dernier administrateur, et livra ses restes aux plus odieux outrages. La veuve de Sténon Sture avait été condamnée à être noyée; mais l'amiral danois, épris de cette princesse, lui sauva la vie en offrant au roi une somme considérable. Pendant plusieurs mois, les soldats de Christian continuèrent à égorger ceux qui leur étaient suspects, ou dont ils convoitaient les richesses. Le *Néron du Nord* publia un édit où il menaçait les paysans, au moindre mouvement qui aurait lieu, de leur faire couper un pied et une main pour les empêcher de se révolter, ajoutant qu'un villageois qui était né pour la charrue et non pour la guerre, pouvait parfaitement se contenter d'une main et d'un pied avec une jambe de bois. Christian quitta la Suède après l'avoir inondée de sang, espérant y avoir à jamais affermi son autorité.

424. Gustave Vasa délivre la Suède — Il est proclamé roi. — Mais un jeune descendant des anciens rois, *Gustave Vasa*, retenu depuis longtemps en Danemark comme otage, vivait pour être le vengeur de son père assassiné et de sa patrie opprimée. Il s'échappe du château où on le retenait captif, passe en Suède sur un vaisseau de la république de Lubeck, et, caché dans les montagnes de la Dalécarlie, où il travaille dans les mines de cuivre parmi les paysans, il attend l'heure de la délivrance. Une femme le découvrit, malgré son déguisement, au collet brodé de la chemise qu'il portait sous ses vêtements de paysan. Les Danois furent avertis, et Gustave, poursuivi de forêt en forêt, de retraite en retraite, trahi enfin par un seigneur auquel il avait demandé asile, ne put s'échapper que par la générosité de la femme même du perfide Dalécarlien. Un domestique fidèle le conduisit chez un curé du voisinage, qui le cacha au fond de son église, dans un endroit où lui seul pouvait pénétrer.

20.

Cependant, une assemblée nombreuse des paysans de la province devait avoir lieu prochainement, à l'occasion des fêtes de Noël, dans la ville de *Mora*. Gustave, las de fuir sans cesse les poursuites de ses ennemis, résolut de chercher son salut dans un coup de main audacieux. — Informé que les Suédois murmuraient de tous côtés contre la tyrannie de Christian, il quitte sa retraite et se présente tout à coup au milieu de l'assemblée de Mora. Il harangue, il anime ses compatriotes ; il excite leur haine contre les Danois, leur fait craindre le sort le plus affreux, s'ils ne secouent le joug de leurs ennemis. Transportés par ses paroles, tous demandent des armes, et supplient Gustave de se mettre à leur tête : le vent du nord, qui a soufflé pendant tout son discours, leur paraît un signe infaillible de succès, et ce présage augmente encore leur ardeur. Ils forment sur-le-champ une petite troupe, qui, d'abord composée de quelques cavaliers et d'une centaine de fantassins, va se grossir de jour en jour. Gustave, pour ne pas laisser refroidir leur enthousiasme, les mène aussitôt contre le gouverneur de la province, le surprend dans son château, et plante le drapeau national sur les murs de la forteresse. Au bruit de ce succès, les Suédois se soulèvent de toutes parts. Un corps d'armée est battu par ces hommes intrépides et infatigables qui ne boivent que de l'eau et se nourrissent au besoin de pain d'écorces, et les vainqueurs répètent avec allégresse ce chant de victoire : *Le fleuve de Bruneback est bien profond ! nous y avons précipité les Danois.*

Les armées danoises étaient battues de tous côtés par des troupes irrégulières, qui quittaient leur général plusieurs mois de l'année. Gustave, par son infatigable énergie, avait triomphé de tous les obstacles. Une partie de la noblesse couronna ses succès en le proclamant administrateur (1521). La ville de Stockholm fut forcée de se rendre, après un siége de deux ans, lorsque les vaisseaux de Lubeck eurent bloqué le port, et l'enthousiasme général décerna le sceptre au libérateur du pays (1523). L'union de Kalmar était définitivement rompue. Christian II ne conserva pas même ses États de Danemark : ses sujets, las d'obéir à un prince aussi inhabile que cruel, proclamèrent à sa place *Frédéric de Holstein*, qui, l'année suivante, reconnut solennellement l'indépendance de la Suède (traité de Malmoë, 1524).

425. GUSTAVE VASA INTRODUIT LE LUTHÉRANISME EN SUÈDE. — Maître de toute la Suède, Gustave Vasa y introduisit le luthéranisme. Il voyait dans la réforme un moyen d'affermir la couronne sur sa tête par l'affaiblissement du clergé, qui avait joué un si grand rôle dans les dernières révolutions, et surtout, de s'enrichir par la spoliation des biens ecclésiastiques. L'an 1527, une assemblée extraordinaire des États, à *Vesteras*, rompit l'union de l'Église de Suède avec le saint-siége, ôta au clergé ses dîmes et sa juridiction, enleva aux prélats les châteaux et places fortes qu'ils avaient entre les mains, et autorisa les seigneurs à reprendre les biens qui avaient été concédés par leurs ancêtres aux évêchés et aux abbayes. Deux ans après, le *concile d'OErebro* établit une liturgie presque semblable à celle de la confession d'Augsbourg, tout en conservant la hiérarchie ecclésiastique. Les démonstrations de la bourgeoisie et de la noblesse étouffèrent la résistance du clergé. Cependant ces mesures violentes et injustes ne s'accomplirent pas sans troubles: La Dalécarlie, fidèle à la religion comme à la liberté, repoussa le culte nouveau qu'on voulait lui imposer. Gustave soutint par les armes ses réformes religieuses contre ses premiers et ses plus dévoués partisans, et, vainqueur de tous les obstacles, il se proclama chef suprême de l'Église de Suède (1).

426. RÉFORMES POLITIQUES. — TRAITÉS AVEC LA RUSSIE. — Du moins Gustave sut tourner cette révolution au profit du pouvoir royal et de la nation. S'il s'empara de treize mille terres ou fermes, s'il préleva souvent au nom du fisc la dîme qu'il avait abolie, s'il battit monnaie avec les cloches des églises, il parvint à rétablir l'ordre dans les finances, il employa son trésor à affranchir la Suède de la dépendance où les villes Hanséatiques retenaient son commerce, à favoriser les progrès de la navigation et de l'industrie, à entretenir une armée régulière et à garnir ses frontières de forteresses. La noblesse, que le roi avait su intéresser à la ruine du clergé, et qui s'était flattée d'en tirer tout le profit, vit son influence fortement ébranlée par les réformes de Gustave. Ce prince rétablit tous les droits de la couronne sur les fiefs accordés aux nobles, et fit payer exactement leurs redevances. L'affaiblissement des grands fut le gage de la tranquillité du pays, qu'ils avaient si souvent agité par leur insubordination et leurs querelles.

Gustave recueillit, à l'extérieur comme à l'intérieur, les fruits de sa politique. Deux conventions avec la Russie (1526-

---

(1) « Si vous ne voulez pas encourir notre disgrâce et une punition sévère, vous obéirez à nos ordres royaux, tant dans les affaires mondaines que dans celles de la religion. » (*Lettre de Gustave Vasa.*)

1537) donnèrent aux Suédois le droit de commercer librement dant tous les Etats du czar, et de fonder un établissement à Novgorod ; les conférences de *Bromsebro* terminèrent les différends de la Suède et du Danemark ; enfin, en 1542, un traité de commerce unit la Suède à la France. La reconnaissance des Suédois déclara la couronne héréditaire dans la famille de Gustave Vasa, par la constitution d'*OErebro* (1540) ; confirmée à la seconde diète de *Vesteras* (1544), qui proclama de nouveau l'établissement du luthéranisme en Suède. Quelque temps après, à la diète d'*Arboga*, Gustave fit reconnaître solennellement par les députés de Suède les droits de son fils Erik (1).

§ III. LA RÉFORME EN DANEMARK ET EN NORVÈGE.

427. FRÉDÉRIC Iᵉʳ. — INTRODUCTION DE LA RÉFORME EN DANEMARK. — Nous venons de voir la révolution religieuse fortifier en Suède le pouvoir royal ; en Danemark, où elle s'opéra à la même époque, elle eut un résultat tout différent : funeste au souverain, elle fut tout entière à l'avantage de l'aristocratie. *Frédéric Iᵉʳ* (1523-1533), successeur de Christian II déposé (n° 423), fit abolir, par la *diète d'Odensée*, le célibat des prêtres et des religieuses, et ordonna la prédication du luthéranisme. L'établissement de la religion nouvelle fit éclater des troubles de toutes parts. Christian II, soutenu par les secours de Charles-Quint, en profita pour envahir la Norvège, qui le reçut avec enthousiasme (1531) ; mais il fut battu par les troupes de Gustave, allié de Frédéric, fait prisonnier, et jeté par son rival dans un château fort, où il languit captif pendant vingt-sept ans.

428. CHRISTIAN III. — INTRODUCTION DE LA RÉFORME EN NORVÈGE. — Après la mort de Frédéric, les évê-

---

(1) Les vices et l'incapacité d'Erik (1560-1568) lui firent perdre la couronne après une guerre avec le Danemark et la Pologne. — Jean III (1568-1592) conclut une paix désavantageuse avec le Danemark, fait la guerre avec la Russie, et conquiert l'Esthonie. — Sigismond réunit la Pologne et la Suède ; mais le duc Charles soulève la Suède et se fait proclamer roi (1604). Son gouvernement ferme et glorieux est signalé par son intervention en Russie. — *Gustave-Adolphe* (1611-1652) lutte avec la Russie, et conclut la paix avantageuse de Stolbova (1617). Il obtient aussi des succès contre la Pologne. L'intervention de Gustave-Adolphe dans la guerre de Trente ans marque l'apogée de la grandeur et de l'influence de la Suède (nᵒˢ 406 et 434).

ques firent un nouvel effort pour prévenir la ruine de la religion catholique en Danemark : à *Christian III* (1534), élevé en Allemagne, étranger aux mœurs de son pays, ils opposèrent le plus jeune fils du dernier roi, qui n'était pas encore prévenu en faveur des luthériens. La noblesse soutint énergiquement le protecteur de la Réforme, et le Danemark fut en proie à la guerre civile. Pour comble de malheur, le royaume fut envahi par les troupes de Lubeck, qui s'était déclaré en faveur de Christian II, et fut ravagé avec une barbarie qui est restée proverbiale. Plusieurs villes, suivant l'exemple de la capitale, ouvrirent leurs portes aux étrangers. Mais Christian III, en mettant le siége devant Lubeck elle-même, força la ville à rappeler ses soldats ; il reprit Copenhague (1536), et se vengea des catholiques, alliés de Lubeck, en dépouillant le clergé et en substituant aux évêques des surintendants, chargés de gouverner et d'étendre l'*Église évangélique* de Danemark. Toutefois, la noblesse, qui avait fait vaincre le roi, recueillit tous les fruits de la victoire : elle s'empara des biens ecclésiastiques, força Christian III à déclarer solennellement le trône électif, et se fit accorder une autorité souveraine sur les paysans. En même temps, *pour tenir les engagements pris envers le sénat et les nobles*, Christian, dans un décret célèbre, décida « que la Norvége était désormais trop déchue de sa puissance pour conserver un roi, et que s'étant montrée, à plusieurs reprises, ennemie de la couronne de Danemark, contre son devoir et ses engagements, elle serait et demeurerait soumise au roi de Danemark, de sorte qu'elle ne serait plus un royaume à part, mais une province danoise, comme le Jutland ou la Scanie. » Bientôt l'établissement du luthéranisme avec les formes et la hiérarchie que ce culte avait adoptées en Danemark acheva de détruire la nationalité norvégienne.

OUVRAGES A CONSULTER. — *Révolutions des peuples du Nord*, par Chopin (1841); *Histoire de Russie*, par le même; *Histoire de Russie*, par Karamsin; *Histoire de Suède*, par Geyer; *Histoire du Nord*, par Lacombe; *Histoire de Danemark*, par Muller; Depping, *Histoire des expéditions maritimes des Normands*; Liquet, *Histoire de Normandie* (Ier vol.); *Pologne* (dans l'*Univers pittoresque*) ; *Suède*, par Lebas ; Petit-Baroncourt, Gaillardin.

QUESTIONNAIRE. — § Ier. 415. Quel est l'état de la Russie au moyen âge? — Sous quels souverains ses progrès commencèrent-ils ? — 416. Que se passa-t-il en Pologne sous Casimir le Grand? — Quel fut le premier Jagellon? — Racontez les faits les plus saillants de l'histoire des princes de cette dynastie? — 417. Comment la Réforme pénétra-t-elle en Pologne? — Quel État fut créé à cette époque? — Racontez brièvement le règne d'Etienne Bathori et de ses deux successeurs. — 418. Quel roi réorganisa le Danemark? — Que se passa-t-il en Suède depuis Magnus? — Comment Marguerite monta-t-elle sur le trône? — 419. Qu'est-ce que l'union de Kalmar? — Combien dura-t-elle de temps? — 420. Quel fut le successeur de Marguerite? — Quel souvenir son règne a-t-il laissé? — § II. 421. Qui régna en Suède et en Danemark après la rupture de l'Union de Kalmar? — Comment Christian s'empara-t-il de la Suède, et pour quelle cause la perdit-il? — 422. Les Suédois ne donnèrent-ils pas un nouveau nom à leur chef? — 423. Qu'était-ce que Christian II? — Sur qui remporta-t-il une brillante victoire? — Racontez ses horribles cruautés. — 424. Comment Gustave Vasa parvint-il à délivrer sa patrie? — Nommez la ville qui lui fournit des secours. — Quelle fut la punition de Christian II? — 425. Dans quel but Gustave Vasa chercha-t-il à introduire le luthéranisme en Suède? — Comment y parvint-il? — 426. Faites connaître les réformes politiques de Vasa. — Comment sa dynastie s'affermit-elle? — § III. 427. Quel fut l'effet de l'introduction du luthéranisme en Danemark? — 428. Racontez le règne de Christian III. — Comment s'accomplit la déchéance de la Norvége?

DEUXIÈME PARTIE.

Allemagne. — Guerre de Trente ans. — Paix de Westphalie.

(1618-1648.)

SOMMAIRE.

429. La politique de Ferdinand Ier, après son avénement, est tolérante (1556-1564). Sa modération et sa prudence sont imitées par Maximilien II (1564-1576).

430. Le règne de l'incapable Rodolphe II (1576-1612) est signalé par des mesures de rigueur qui font naître les ligues protestantes de Heilbronn et de Halle. Les intrigues de Mathias et les querelles de la succession de Juliers augmentent ce désordre. La ligue catholique de Wurtzbourg s'organise.

431. Les lettres de Majesté, favorables aux réformés de Bohême, enchaînent la liberté de l'Empereur. Mathias devient empereur à la mort de Rodolphe (1612). Une insurrection de la Bohême éclate contre lui, les gouverneurs autrichiens sont jetés par les fenêtres (1618).

432. A l'avénement de Ferdinand II (1619), l'électeur palatin Frédéric V est proclamé par les protestants bohémiens, et Betlem Gabor en Hongrie. Frédéric est battu à Prague (1620). La Bohême est soumise, et les mesures vigoureuses prises par Ferdinand terminent la période palatine.

433. La période danoise commence par l'alliance de Christian IV de Danemark avec les protestants. Les victoires des généraux catholiques Waldstein et Tilly amènent la paix de Lubeck (1629). L'édit de restitution châtie les protestants. Waldstein est disgracié.

434. La période suédoise est inaugurée par l'entrée de Gustave-Adolphe, roi de Suède, en Allemagne (1630) ; sa tactique déconcerte Ferdinand, qui redouble ses rigueurs contre les protestants. La ruine de Magdebourg par Tilly épouvante l'Allemagne. Les Impériaux sont vaincus à Leipzig par Gustave-Adolphe et perdent Tilly.

435. Waldstein, nommé généralissime, est battu à Lutzen par Gustave-Adolphe (1632), qui meurt au milieu du combat.

436. Les Suédois continuent la guerre sous la régence d'Oxenstierna. La France soutient la Suède, et l'Empereur fait assassiner Waldstein (1634). Cependant la bataille de Nordlingen, gagnée par les Autrichiens, amène la paix de Prague (1635).

437. La période française commence avec Richelieu ; Bernard de Saxe-Weimar et Banner commandent ses armées. Ferdinand III monte sur le trône (1637). Les succès temporaires des Impériaux sont arrêtés par les exploits de Bernard. La mort de ce général est suivie de celles de Banner, de Richelieu et de Louis XIII.

438. La lutte continue entre Piccolomini et Mercy d'une part, Torstenson, Wrangel et Turenne de l'autre. Le règne de Louis XIV est inauguré par le triomphe du duc d'Enghien à Rocroy (1643) et les succès des Français en Italie. Après la mort de Torstenson, le duc d'Enghien défait Mercy à Fribourg (1644), puis le tue à Nordlingen (1645). Les succès de Turenne et de Wrangel sont suivis de la victoire de Condé à Lens. La conclusion de la paix de Westphalie a lieu après de longues négociations (1648).

439. La France acquiert définitivement l'Alsace. L'indépendance des Provinces-Unies et de la Suisse est reconnue. Les calvinistes sont en Allemagne placés au même rang que les luthériens. Une composition mixte est donnée à la chambre impériale et au conseil aulique, qui perd de son influence.

440. Le traité de Westphalie rend la monarchie universelle définitivement impossible, il augmente le morcellement de l'Allemagne fractionnée en trois cent soixante Etats, et consomme la ruine de l'Empire comme corps politique. Il couronne la politique suivie par la France et l'Angleterre, qui remplace le système pratiqué pendant le moyen âge à la faveur de la suprématie pontificale devenue désormais impossible.

441. Le système d'équilibre est organisé d'après le principe d'une balance de pouvoirs capable de garantir les nations plus faibles contre l'ambition des plus forts. La constitution germanique est organisée contre la maison d'Autriche. Malheureusement, les rapports religieux et naturels des peuples ne sont pas suffisamment respectés, et l'équilibre n'est pas organisé pour les puissances du Nord.

429. Causes de la guerre de Trente ans. — Ferdinand Ier. — Maximilien II. — La guerre de Trente ans fut la dernière et la plus terrible des grandes luttes à main armée du catholicisme et du protestantisme en Europe. Les germes de division que la paix d'Augsbourg avait laissés entre les catholiques et les protestants s'étaient développés lentement, mais constamment, pendant toute la seconde moitié du seizième siècle, période de l'agrandissement de la Réforme aux dépens de la puissance des successeurs de Charles-Quint en Allemagne. Le frère du grand Empereur suivit une politique tout opposée à celle de son neveu Philippe, roi d'Espagne. *Ferdinand I*er (1556-1564), d'un caractère naturellement doux et modéré, était d'ailleurs mal affermi dans la Bohême et la Hongrie, et menacé par les perpétuelles attaques des Turcs. Il avait réprimé vigoureusement les révoltes des hérétiques bohémiens pendant le règne de Charles-Quint; mais, appelé au trône impérial à la suite de l'abdication de son frère, il craignit avant tout de se créer de nouveaux embarras, et évita toutes les mesures de rigueur. Après d'inutiles efforts pour ramener les dissidents à l'Eglise catholique, il laissa leurs sectes se multiplier, se diviser à l'infini, se contentant de leur opposer l'influence toute morale que commençaient à exercer les jésuites.

Maximilien II (1564-1576) imita sa modération et sa prudence; les discordes religieuses s'apaisèrent peu à peu, et l'Empire ne fut troublé que par une guerre contre le prince de Transylvanie et par une lutte contre les Turcs, que Maximilien termina en 1568 par une paix avantageuse.

430. RÈGNE DE RODOLPHE II. — LIGUES PROTESTANTES ET CATHOLIQUES. — Le règne de *Rodolphe II* (1576-1612) mit fin à la tranquillité générale. L'incapacité d'un prince qui, au lieu de s'appliquer aux affaires de l'Empire, cherchait à lire l'avenir dans les astres, fit retomber l'Allemagne dans toutes ses discordes. Il fallut en revenir aux mesures rigoureuses pour vaincre les résistances des princes réformés. L'archevêque de Cologne, qui voulait séculariser ses Etats, contre les clauses de la paix d'Augsbourg, fut dépossédé; les villes d'Aix-la-Chapelle et de Donawerth, où la Réforme prétendait s'établir par la violence, furent mises au ban de l'Empire. Aussitôt, les protestants de toute l'Allemagne renouvelèrent à Heilbronn (1594), puis à Halle (1608), leur ancienne union, pour résister aux entreprises de l'Empereur; tandis que, parmi eux, les princes du Palatinat ne craignaient pas de faire passer violemment leur duché du luthéranisme au calvinisme, et de chasser plusieurs milliers de fonctionnaires qui refusaient de se prêter à leurs odieux caprices.

En même temps, une guerre malheureuse contre les Turcs (1606) affaiblissait l'Empire, que les projets ambitieux de l'ar-

chiduc Mathias, frère de Rodolphe, menaçaient d'un démembrement. L'an 1608, Mathias, soutenu par l'*union évangélique*,
parvint à se faire céder la Moravie, l'Autriche et la Hongrie.
Enfin, la succession de Clèves et de Juliers (1609), disputée
par plusieurs princes protestants et catholiques, vint jeter au
milieu de cette confusion une nouvelle cause de querelles.
Toute l'Allemagne se divisa en deux camps. La confédération
catholique de Wurtzbourg s'organisa en face des ligues protestantes, et déjà les hostilités commençaient, quand la mort du
roi de France, Henri IV, qui s'était déclaré contre la maison
d'Autriche, les suspendit tout à coup.

**431. Lettres de Majesté. — Mathias, empereur.
— Défénestration de Prague. —** Mais la ruine de Rodolphe ne fut pas retardée longtemps. Pour apaiser les troubles sans cesse renaissants, il avait publié les fameuses *lettres
de Majesté*, qui reconnaissaient formellement la confession religieuse de la Bohême, et déclaraient nulle toute ordonnance
postérieure qui tendrait à les modifier elles-mêmes. Les Bohémiens eurent bientôt trouvé quelque violation à ce traité
insensé, qui enchaînait indéfiniment l'exercice de l'autorité souveraine. Ils se soulevèrent et donnèrent le sceptre à l'archiduc *Mathias*. L'infortuné Rodolphe en était réduit à sa couronne impériale quand il mourut, léguant au frère qui l'avait
dépouillé d'inextricables embarras (1612). Les amis de Mathias
rebelle devinrent pour la plupart ennemis de Mathias empereur. La destruction imprudente de deux temples protestants
en Bohême, malgré les lettres de Majesté, provoqua un soulèvement, et le comte de Thurn, chef des révoltés, fit précipiter quatre gouverneurs autrichiens par les fenêtres du château de Prague (1) (1618).

**432. Ferdinand II. — Période palatine de la
guerre de Trente ans. —** Ce fut le signal de la guerre de
Trente ans. Mathias, qui l'avait engagée, mourut presque
aussitôt, et laissa sa déplorable succession à *Ferdinand II*
(1619-1637). Les protestants bohémiens donnèrent la couronne à *Frédéric V*, électeur palatin et gendre du roi d'Angleterre; la Hongrie se livrait à *Bethlem Gabor*, prince de
Transylvanie.

Frédéric hésita longtemps à se mettre à la tête des rebelles.
Mais sa femme, pleine d'ambition et d'énergie, lui dit en se

---

(1) Cet événement est désigné dans l'histoire sous le nom de *défénestration de Prague.*

jetant à ses pieds : « Vous avez pu devenir le mari de la fille d'un roi, et vous n'osez pas accepter la couronne que tout un peuple vient vous offrir! Pour moi, j'aimerais mieux ne manger que du pain et être reine, que de vivre dans les délices et n'être que femme d'électeur. » Vaincu par ses instances, Frédéric prit enfin le commandement des insurgés, et déclara la guerre à l'Empereur. En même temps, Ferdinand II, entouré d'ennemis, faillit être pris dans Vienne. Mais le duc de Bavière et la ligue catholique d'Allemagne se déclarèrent en sa faveur; le calviniste Frédéric V, abandonné des luthériens, qu'il irritait par des violences et des persécutions, méprisé de tout son parti, dont il dépensait les finances en fêtes et en prodigalités, perdit par sa négligence et sa lâcheté la *bataille de Prague* (1620) : il donnait tranquillement un festin à l'ambassadeur d'Angleterre, pendant que ses soldats se faisaient tuer pour lui. Il ne sut pas même conserver le Palatinat. Ferdinand partagea entre ses alliés les dépouilles du vaincu, qui alla cacher en Hollande la honte de sa défaite. Pour punir la révolte de la Bohême, l'Empereur y rétablit solennellement la religion catholique, bannit les ministres protestants, et déchira les lettres de Majesté. Sept cents nobles furent dépouillés de leurs biens, et près de trente mille familles furent expulsées du pays pour cause de religion. Ces mesures rigoureuses terminèrent la *période palatine* de la guerre de Trente ans.

435. Période Danoise. Waldstein. — Tilly. — Bientôt commença une seconde période, où les Danois jouèrent le rôle principal. Les protestants, inquiets de la puissance de Ferdinand, appelèrent à leur secours Christian IV, roi de Danemark (1625). Ferdinand, pour ne pas se mettre sous la dépendance de la ligue catholique d'Allemagne, dont les troupes avaient seules jusqu'alors soutenu le poids de la guerre, donna le commandement au célèbre comte de *Waldstein* (ou *Wallenstein*), le plus riche, le plus puissant seigneur de la Bohême. Waldstein se chargea de lever lui-même et d'entretenir à ses frais une armée de cinquante mille hommes, à condition qu'il en aurait le commandement absolu et nommerait tous les officiers. La ligue catholique avait confié ses troupes à *Tilly*, homme dur et farouche, mais infatigable à la guerre, ne craignant ni les peines, ni les privations, et aussi terrible pour ses ennemis que sévère pour ses propres soldats. Les protestants eurent aussi à leur tête d'habiles généraux, dont le plus célèbre fut le comte *Ernest de Mansfeld*. Ce seigneur, d'abord catholique et attaché au parti de l'Empereur, se fit protestant par ambition, et devint un des ennemis les plus redoutables de l'Autriche. Comme les capitaines des condottières en Italie, on le vit, à la tête d'une armée d'aventuriers levés dans tous les pays, ravager les possessions autrichiennes, et, s'unissant aux Danois, qui avaient envahi l'Allemagne (1625), déployer contre Ferdinand une activité prodigieuse. Mais il devait périr dès le commencement de la guerre sans avoir pu vaincre les armées impériales.

Les talents militaires de Mansfeld et de Bernard de Saxe-Weimar, joints aux Danois, n'empêchèrent pas une seconde défaite du parti protestant. Tilly remporta une grande victoire à *Lutter* sur le roi Christian IV, qui s'enfuit au delà de l'Elbe. Le nouveau chef des protestants allemands, *Christian de Brunswick*, impie et cruel comme un chef de bandits, semait la terreur dans les pays catholiques où il pillait toutes les églises, et fondait les vases sacrés pour en faire une monnaie avec cette inscription : *Ami de Dieu, ennemi des prêtres*. Mais vainement ce chef intrépide, qui, blessé au bras, se le faisait couper au son des trompettes, appela sous ses drapeaux tous les hommes avides de sang et de pillage. Waldstein envahit le Mecklembourg, la Poméranie, le Holstein, et ne put être arrêté que par l'héroïque résistance de Stralsund (1628). Le roi de Danemark, tremblant pour ses propres Etats, conclut à Lubeck une paix humiliante (1629). Ferdinand, encore une fois vainqueur, traita sévèrement l'Allemagne ; *l'édit de restitution* des biens ecclésiastiques fut lancé contre les protestants, qui durent rendre à leur destination primitive tous les couvents et tous les biens ecclésiastiques sécularisés depuis la paix de religion. Waldstein, chargé d'exécuter les ordres de l'Empereur, livra l'Allemagne à la merci de ses soldats. Ce fut une effroyable dévastation, et les plaintes des alliés mêmes de Ferdinand le forcèrent à disgracier Waldstein. L'Empereur s'était privé de son meilleur général, quand les Suédois et *Gustave-Adolphe*, qui venaient de s'illustrer par trois guerres glorieuses contre le Danemark, la Russie et la Pologne, se précipitèrent sur l'Allemagne.

454. **Période suédoise.** — **Gustave-Adolphe.** — *Ce roi de neige fondra au soleil du midi*, disait Ferdinand à la nouvelle de l'invasion. Mais si les hommes du Nord déconcertèrent la routine allemande en commençant la guerre en plein hiver, ils ne furent pas moins redoutables l'été suivant, et l'impétueuse rapidité de leurs mouvements rendit inutile tout le système de défense adopté par l'Empereur. « S'emparer des places fortes en suivant le cours des fleuves, assurer la Suède en fermant la Baltique aux Impériaux, leur enlever tous leurs

alliés, cerner l'Autriche avant de l'attaquer, tel fut le plan de Gustave-Adolphe. S'il eût marché droit à Vienne, il n'apparaissait à l'Allemagne que comme un conquérant étranger; en chassant les Impériaux des Etats du Nord et de l'Occident qu'ils écrasaient, il se présentait comme un champion de l'Empire contre l'Empereur. » (Michelet.)

Ferdinand, « qui avait d'abord semblé un prince très-juste, dit Richelieu, mais que les artifices de l'Espagne avaient détourné de son naturel, » prononça d'avance une sentence de mort contre tous ceux qui prêteraient assistance aux ennemis, et fit exécuter ses menaces avec une impitoyable rigueur. Le sac de la ville de Passewalk, qui fut le théâtre d'épouvantables vengeances, fut bientôt suivi de la ruine de Magdebourg. *Il faut bien que mes soldats se dédommagent de leurs peines!* dit le farouche Tilly en ordonnant le pillage. La destruction de cette grande et riche cité, qui fut réduite en cendres après avoir été livrée à toutes les fureurs d'une armée sans discipline et sans frein, déchaînée par son propre chef, ne fit qu'attirer sur Tilly l'exécration générale, et augmenter le nombre de ses ennemis. — Vaincu par les Suédois à la sanglante *bataille de Leipzig* (1631), il ne put empêcher Gustave-Adolphe de traverser comme un torrent les électorats de Trèves, de Mayence, du Rhin, les provinces d'Alsace et de Bavière, et il mourut de ses blessures en défendant les bords du Lech (1632).

455. BATAILLE DE LUTZEN. — Ferdinand, sans armée, sans général, dut recourir à Waldstein. L'orgueilleux sujet exigea une autorité militaire au moins égale à celle de son souverain. Nommé généralissime de toutes les troupes de la maison d'Autriche, il put interdire à l'Empereur l'entrée de son camp; il reçut le pouvoir de conférer seul des grades dans l'armée, et d'exercer dans tout l'Empire des droits de confiscation et de grâce. A ce prix seulement, il consentit à reprendre le commandement. Bientôt les deux plus grands généraux de leur siècle furent en présence, hésitant l'un et l'autre à compromettre leur réputation d'invincibles. Enfin Gustave-Adolphe attaqua le premier, pour défendre l'électeur de Saxe, son allié. Au moment d'engager la bataille près du village de *Lutzen*, en Saxe, le roi de Suède se jeta à genoux devant toute son armée pour implorer la protection du ciel, puis il donna le signal, et fondit sur les Impériaux avec une rapidité foudroyante. Déjà l'armée de Waldstein commençait à s'ébranler, lorsque le roi de Suède tomba dans la mêlée, atteint d'un coup de feu, tiré, dit-on, par un traître. Le bruit de sa mort se répandit aussitôt, mais il ne fit qu'accroître l'ardeur des Suédois, qui jurèrent de le venger, et continuèrent le combat avec un acharnement inouï. A la fin du jour, Waldstein fut forcé de battre en retraite, laissant les Suédois rendre en paix les derniers honneurs au héros qui les avait tant de fois conduits à la victoire (16 novembre 1632).

436. Suite et fin de la période suédoise après la mort de Gustave-Adolphe. — La Suède conserva le rôle glorieux que lui avait donné Gustave. Le patriotisme du sénat suédois, dont la conduite en cette circonstance solennelle rappelle celle des sénateurs de la vieille Rome, le génie du chancelier Oxenstierna, premier ministre et ami de Gustave-Adolphe, devenu régent du royaume pendant la minorité de sa fille *Christine*, et l'alliance de la France empêchèrent la dissolution de la ligue protestante. Richelieu, qui s'était engagé à payer à Gustave-Adolphe un million deux cent mille livres par année pour l'entretien de son armée, renouvela le traité avec Oxenstierna, qui fut nommé directeur de la confédération. D'habiles capitaines, formés à l'école de Gustave-Adolphe, continuèrent la guerre.

Cependant Waldstein vivait dans ses vastes domaines avec toute la splendeur d'un souverain. Son château de Prague, orné avec un luxe royal, était gardé par de nombreuses sentinelles. Des pages choisis parmi les enfants des plus nobles familles d'Autriche et de Bohême accompagnaient partout le puissant seigneur, et lorsqu'il allait en voyage, une foule de carrosses attelés de six chevaux transportaient sa suite, plus nombreuse que celle d'un monarque. Il attendait l'occasion d'accabler les Suédois, et peut-être celle de se rendre tout à fait indépendant de l'Empereur. Ferdinand II s'en débarrassa (1634), comme Henri III du duc de Guise, par un assassinat (1).

---

(1) Trois traîtres, trois Irlandais, officiers de Waldstein, se firent ses assassins. Le meurtre devait s'accomplir dans un festin auquel le général devait assister, avec ses plus fidèles amis. Mais Waldstein n'y parut pas. Au dessert, des dragons pénétrèrent dans la salle aux cris inattendus de : *Vive Ferdinand II! Vive la maison d'Autriche!* et se placèrent derrière les convives le sabre à la main. Les amis de Waldstein furent aussitôt égorgés. Pendant ce temps, Waldstein était occupé non loin de là à consulter les astres avec un astrologue dont il raillait les prédictions alarmantes : « L'étoile menaçante n'a pas encore quitté l'horizon, disait l'astrologue. — Elle l'a quitté, » répondit Waldstein, qui ne voulait pas même accorder au ciel le droit de contrarier ses desseins. Et prenant à son tour un ton prophétique, il ajouta : « Sous peu tu seras jeté en prison! Voilà, ami Seni, ce que je viens de lire dans ta constellation. » Quelques instants après, les assassins, accompagnés de hallebardiers, enfonçaient la porte de la chambre à coucher de Waldstein, qui s'était couché et endormi. Réveillé par le bruit, il sauta à bas de son lit. « Es-tu

— Malgré la mort de cet illustre capitaine, une victoire de
l'archiduc Ferdinand releva le parti impérial, et la paix de *Prague* (1635) suivit de près la bataille de *Nordlingen*. Les Suédois
n'étaient pas assez forts pour lutter seuls; mais la France allait
paraître sur le champ de bataille et terminer glorieusement la
guerre.

437. PÉRIODE FRANÇAISE. — PREMIÈRE PARTIE JUS-
QU'A LA MORT DE LOUIS XIII. — Richelieu, qui depuis
longtemps soutenait les Suédois et les protestants d'Allemagne
de ses secours, se déclara ouvertement contre l'Espagne et l'Autriche (n° 407); il acheta les services de *Bernard de Saxe-
Weimar*, le meilleur général de Gustave-Adolphe, dont les Etats
n'existaient encore que sur le papier, mais qui comptait sur
son épée pour les conquérir et les garder. *Banner*, autre général suédois, ouvrit la campagne par la victoire de *Wittstock*. En
même temps, à Ferdinand II succédait *Ferdinand III*, prince
plus tolérant et plus modéré; mais la guerre allumée de toutes
parts ne pouvait s'éteindre tout d'un coup. Un instant, les Impériaux reprirent l'avantage en Allemagne, et la frontière française des Pays-Bas fut entamée. L'armée ennemie surprit la
ville de Corbie et jeta l'épouvante dans la capitale, tandis que la
fortune en Italie semblait favorable aux Espagnols (n° 407). Mais
les exploits de Bernard, qui, vainqueur de quatre armées, emporta Fribourg et l'imprenable place de Brisach, et surtout la
révolution de Portugal (1640), qui vint occuper ailleurs les
forces de l'Espagne, rendirent au parti français toute sa supériorité, quoique le duc de Weimar eût péri au milieu de ses
triomphes (1639). La mort de Richelieu et celle de Louis XIII
(1643), précédées de celle du brave et habile Banner (1641),
n'arrêtèrent pas ses succès (1).

458. VICTOIRES DE CONDÉ ET DE TURENNE. — FIN DE

---

bien le scélérat, lui dit le chef de la troupe, qui veut livrer à l'ennemi
l'armée impériale, et arracher la couronne de la tête sacrée de Sa Majesté? En ce cas, ton heure est venue; tu vas mourir! » Waldstein ne
répondit rien; il reçut un coup de pertuisane, et tomba mort... Ferdinand pleura la mort tragique de son généralissime, et fit dire trois
mille messes pour le repos de son âme; mais il distribua en même
temps à ses assassins des chaînes d'honneur, des clefs de cham-
bellan, des titres, des hautes charges et des domaines considérables.
(Schiller.)

(1) Voici comment Schiller termine le portrait du général Banner:
« Les diverses batailles qu'il livra sur le sol allemand coûtèrent la vie
à plus de quatre-vingt mille hommes, et les six cents drapaux et étendards qu'il envoya à Stockholm immortalisèrent son nom, en constatant
ses nombreuses victoires. »

LA GUERRE. — La guerre, en Allemagne, était soutenue de part et d'autre avec une admirable habileté par *Piccolomini* et *Mercy*, généraux de l'Empereur, *Torstenson*, *Wrangel*, élèves de Gustave-Adolphe, et *Turenne*, associé d'abord aux succès de Bernard et de Banner, bientôt chargé seul du commandement des troupes françaises.

Aussi ce fut un beau jour pour notre patrie que celui où le jeune *duc d'Enghien*, qui sera bientôt le *grand Condé*, apparaissant au milieu de ces fameux tacticiens, détruisit à *Rocroy* « ces vieilles bandes vallonnes, italiennes et espagnoles, qu'on n'avait pu rompre jusqu'alors » (1643). Cette mémorable bataille inaugurait glorieusement le règne de Louis XIV. Pendant que les victoires de Turin, de Casale et d'Ivrée assuraient le triomphe des Français en Italie, le paralytique Torstenson étonnait l'Allemagne par la foudroyante rapidité de ses manœuvres, vengeait à Leipzig, par une nouvelle victoire, la mort de Gustave-Adolphe, s'emparait du Holstein et du Jutland, envahissait la Moravie et l'Autriche après la victoire de *Jancowitz*, et allait peut-être à lui seul mettre fin dans Vienne à la guerre, quand sa retraite, nécessitée par son infirmité, sauva l'Empereur (1644). Il fallut un nouvel effort de la France pour amener enfin la paix, que l'Europe appelait de tous ses vœux. Mercy, après une résistance de trois jours, fut forcé dans les lignes de *Fribourg* par le duc d'Enghien (1644), et l'année suivante battu et tué à *Nordlingen* par son heureux ennemi. Enfin les succès de Turenne et de Wrangel, la victoire de *Zusmarhausen* remportée par les deux généraux réunis, la prise de Prague par le Suédois *Kœnigsmark*, et la célèbre victoire de *Lens*, remportée par Condé sur l'archiduc Léopold (1648), fixèrent les hésitations des plénipotentiaires. L'Empereur était réduit à un isolement complet au milieu de son vaste empire ; il était sans armées, sans généraux et sans alliés. La *paix de Westphalie*, dont les préliminaires avaient été arrêtés à Hambourg dès 1641, abandonnés, puis repris à Munster quatre ans après, fut enfin signée à *Munster* et à *Osnabruck* (1648) par les représentants de la France, de l'Allemagne, de l'Autriche et de la Suède. L'Espagne seule continua la guerre.

459. TRAITÉ DE WESTPHALIE. — SES PRINCIPALES DISPOSITIONS. — Les dispositions du fameux traité de Westphalie eurent un triple objet : régler la situation politique des puissances qui avaient pris part à la guerre, déterminer la position des protestants d'Allemagne et leurs rapports avec les catholiques, fixer la constitution intérieure de l'Empire.

Il assura à la France la souveraineté des Trois-Évêchés (Metz,

Toul, Verdun), conquis depuis Henri II, et de toute l'Alsace, récemment soumise et qui lui resta définitivement ; à la Suède, une grande partie de la Poméranie, l'archevêché de Bremen et l'évêché de Verden, plusieurs autres villes et bailliages, avec trois voix aux diètes de l'Empire. L'électeur de Brandebourg, dépossédé de la Poméranie, eut en échange l'archevêché de Magdebourg, les évêchés sécularisés de Halberstad, de Minden et de Camin. Le fils de Frédéric, l'ancien électeur palatin (n° 432), recouvra le bas Palatinat, et un huitième électorat fut érigé en sa faveur. La maison de Mecklembourg obtint les évêchés de Schwérin et de Ratzebourg, et deux canonicats dans la cathédrale de Strasbourg. Les autres petits États d'Allemagne reçurent diverses indemnités. Enfin, l'indépendance des provinces-Unies et de la Suisse, à l'égard de l'Empire, fut formellement reconnue.

Le traité étendit aux calvinistes la jouissance des droits accordés aux luthériens par la paix d'Augsbourg. Du reste, la transaction de Passau (1552) et la paix de religion de 1555 furent adoptées comme bases de la décision des griefs religieux ; et l'état public des différents cultes dut être en général remis par toute l'Allemagne sur le pied où il était le 1er janvier de l'an 1624, qui fut appelé *année décrétoire* ou *normale*. Tous les biens ecclésiastiques dont les protestants étaient en possession à cette époque furent laissés entre leurs mains. La chambre impériale dut être composée à l'avenir de vingt-quatre protestants et de vingt-six catholiques : le conseil aulique lui-même reçut six membres de la religion réformée. Le droit de suffrage fut formellement assuré aux princes et États d'Allemagne dans toutes les délibérations sur les affaires d'intérêt général ; l'Empereur, accordant une prérogative qu'il n'avait jamais reconnue jusqu'alors, déclara qu'aucune décision au sujet de la paix, de la guerre, des contributions, des levées de troupes, ne serait prise sans le libre consentement de la diète germanique. Le conseil aulique fut assujetti aux règlements établis pour la chambre impériale.

440. RÉSULTATS DU TRAITÉ DE WESTPHALIE. — Telles étaient les principales dispositions du traité de Westphalie, dont le résultat immédiat fut de délivrer à jamais les peuples d'Europe de la crainte d'une monarchie universelle en préparant la ruine de l'Empire comme corps politique. L'isolement et la faiblesse des innombrables souverainetés d'Allemagne devinrent en même temps irrémédiables. Depuis cette époque, il y eut en Allemagne plus de trois cent soixante États souverains, la plupart pauvres et sans force, que les étrangers purent dé-

. sormais soudoyer selon leurs intérêts. L'autorité impériale, destinée à réunir en un seul corps tous ces éléments divers, se vit
réduite, après avoir tenté de dominer toute l'Europe, à n'être
plus qu'un vain nom héréditaire dans cette maison d'Autriche,
désormais déchue de son imposante et passagère grandeur.

. Aussi l'Allemagne, qui jusqu'au dix-septième siècle, n'a pas
vu la guerre étrangère dépasser ses frontières, l'aura maintenant presque toujours dans son sein. Exposée aux attaques de
toutes parts, dénuée de frontières naturelles nettement déterminées, sans autorité supérieure pour rallier ses forces dissémi-
nées, sans communauté de religion et d'intérêt, elle expiera,
par une guerre éternelle, sa haine pour l'unité politique : elle
deviendra le champ de bataille de l'Europe. Russes, Anglais,
Français, s'y donneront rendez-vous pour vider leurs querelles
et s'indemniser, s'ils le peuvent, à ses dépens. Tel sera le prix
de l'ambition de tous ces princes, qu'elle n'a pas voulu réduire
de bonne heure au rang de gentilshommes sans armées ni forteresses. (Le Bas, *Allemagne*.)

Quant à ses résultats généraux, le traité de Westphalie est
remarquable surtout en ce qu'il est le résultat et l'expression
complète d'une politique entrevue par la France et par l'Angleterre dans la lutte contre la maison d'Autriche, essayée par Élisabeth pendant les guerres religieuses, comprise par Henri IV,
et surtout poursuivie avec autant d'habileté que de persévérance
par Richelieu et Mazarin. Un système tout nouveau était substitué à celui qui avait réglé les rapports des nations pendant le
moyen âge. Alors, au milieu du désordre d'une société en travail
de sa constitution, les souverains, impuissants les uns contre les
autres, impuissants contre leurs propres sujets, les peuples eux-
mêmes, dénués de la protection d'un ordre légal régulièrement
établi, avaient invoqué constamment l'autorité qui, seule au
monde, offrait un caractère de fixité et de supériorité, l'autorité des souverains pontifes. Ainsi s'était établi l'arbitrage suprême des papes. Cet arbitrage était possible, il était utile, il fut
un bienfait pour l'humanité, tant qu'il s'agit de régler les différends de peuples que leur division et leur faiblesse rendaient
souvent incapables de terminer eux-mêmes leurs querelles. Il
ne put désormais être considéré que comme une magnifique,
mais impraticable utopie, du moment où quelque prince d'Europe fut assez fort, ou pour pouvoir braver les décisions d'un
tribunal dont la puissance était toute morale, ou pour tenir le
juge lui-même sous sa dépendance, ainsi que l'avait tenté
Charles-Quint.

441. ÉTABLISSEMENT INCOMPLET DE L'ÉQUILIBRE EURO-

PÉEN. — « Alors, les grands souverains, hors d'inquiétude du
côté de leurs vassaux, avaient commencé à étendre leurs vues
au dehors, à former des projets d'agrandissement et de conquête; alors aussi, la politique dut faire de nouveaux progrès,
et les ressorts qu'elle mit en œuvre opérèrent l'influence des
diverses puissances les unes sur les autres. Celles qui, jalouses
de leur indépendance, craignaient pour leur liberté, conçurent
l'idée *d'une balance de pouvoirs capable de les garantir de
l'oppression, ainsi que des entreprises des princes ambitieux;*
de là les fréquentes ambassades, les négociations multipliées,
les guerres devenues générales par le concours des puissances
qui se croyaient dans la nécessité d'y prendre part, enfin les
projets qui occupèrent toutes les cours. La maison d'Autriche,
qu'un concours de circonstances heureuses avait rendue assez puissante pour être soupçonnée d'aspirer à une monarchie
universelle, fut la première contre laquelle on crut devoir diriger les ressorts de cette nouvelle politique. La constitution
germanique, réorganisée par la paix de Westphalie, se trouva
par là érigée en barrière contre les autres puissances, et ce
traité devint la source de toute la politique moderne. » (Koch.)
Le système d'équilibre, système éminemment défensif et con-
servateur, eut ainsi pour double objet de maintenir les justes
rapports des peuples grands ou petits entre eux, en mettant
obstacle au développement excessif d'une puissance, et de tendre
de plus en plus à prévenir les guerres, en substituant à la force
des armes l'art de la diplomatie.

Mais l'application fut loin de répondre à cette grande et
noble théorie. Le traité de Westphalie n'atteignit qu'imparfaitement son but, parce qu'il ne fonda pas sur les bases les plus
solides et les plus naturelles l'équilibre qu'il devait établir entre
les peuples. Dans leur dessein de balancer l'influence des Etats
d'Allemagne, les négociateurs ne se préoccupèrent que de leurs
rapports purement physiques, sans songer aux rapports de caractère, de génie, de religion, bien autrement importants encore; et sacrifiant à leurs calculs les droits les plus légitimes,
ils unirent violemment, en vue de certaines convenances géographiques, des peuples entièrement divisés d'intérêts et de
croyances. Ainsi un grand nombre de diocèses catholiques
furent livrés à des princes protestants, et l'on vit, par une combinaison insensée, les églises d'Osnabruck et de Lubeck alternativement destinées à un évêque luthérien et à un évêque catholique. « La pensée d'équilibre pour les Etats devint de plus
en plus matérielle; ce fut une estimation exacte de ressources,
un mesurage des produits des empires, et une supputation du

nombre des sujets et des soldats. Toutes les fois qu'un peuple s'arma, son voisin prit aussi les armes ; et ce fut presque l'unique raison des relations entre les peuples, tandis que les forces intellectuelles et morales ne furent comptées pour rien, parce qu'on ne pouvait les mesurer. L'intelligence délaissée abandonna tout cet échafaudage, qui ne pouvait subsister que par elle. » (Kolbrausch.)

Telle fut la raison des guerres sanglantes qui devaient éclater au dix-huitième siècle, et des crises religieuses et politiques qui, de nos jours, troublent encore le centre de l'Europe. D'ailleurs, l'équilibre organisé pour le Midi ne fut jamais qu'incomplétement établi dans le Nord, dont on n'apercevait pas encore les grandes destinées. Et de là, l'accroissement prodigieux d'une puissance qui, par la plus grande iniquité politique des temps modernes, l'anéantissement de la Pologne, et par ses envahissements successifs, menace de renverser un système, fruit de tant de luttes et d'efforts, au moment où il tend à se régulariser enfin.

OUVRAGES A CONSULTER. — *Histoire de la guerre de Trente ans*, par Schiller ; Kolbrausch. Schmidt, *Histoire d'Allemagne* ; Varillas, *Politique de la maison d'Autriche* ; *l'Allemagne et la Suède*, par M. Lebas ; Heeren. *Manuel de l'histoire moderne* ; Schœl, Koch, *Histoire des traités de paix* ; *Histoire du traité de Westphalie* ; Ragon ; Michelet, *Histoire du monde* (4e vol.).

QUESTIONNAIRE. — 429. Où faites-vous remonter les causes de la guerre de Trente ans? — Dites quelques mots du règne de Ferdinand Ier et de Maximilien II. — 430. Quelles fautes commit l'empereur Rodolphe? — 431. Comment l'agitation recommença-t-elle en Allemagne? — Qui se mit à la tête des rebelles? — Qu'est-ce que les lettres de Majesté? — Qu'entend-on par la défénestration de Prague? — 432. Quel fut le prince opposé par les Bohémiens à l'empereur Ferdinand II? — Racontez la première période de la guerre de Trente ans. — 433. Quel fut le nom de la seconde période? — Nommez les chefs des deux partis? — Comment se termina la période danoise? — 434. Qui était Gustave-Adolphe? — Rappelez le nom donné à la troisième période de la guerre de Trente ans. — Racontez le sac de Magdebourg. — Où mourut Tilly? — 435. Donnez une idée de l'orgueil de Waldstein. — Racontez la bataille de Lutzen et la mort du roi de Suède. — 436. Comment mourut Waldstein? — Qui succéda à Gustave-Adolphe? — Comment s'appelle la quatrième période de la guerre de Trente ans? — 437. Quel fut le successeur de Ferdinand II? — 438. Nommez les nouveaux généraux catholiques et protestants. — Énumérez les victoires remportées par le duc d'Enghien. — 439. Quelles furent les principales dispositions du traité de Westphalie? — Quelle conquête conserva la France? — Sur quel pied furent mis les États catholiques et protestants? — 440. Donnez une idée du morcellement de l'Allemagne. — Que devint la puissance impériale? — Quelle devait être la situation de l'Allemagne vis-à-vis de l'étranger? — Quel avait été le pivot de la politique européenne au moyen âge? — 441. Quel système nouveau devait y être substitué? — Donnez une idée du système d'équilibre. — Quels obstacles devaient empêcher la réalisation de l'équilibre européen?

CHAPITRE VINGT-NEUVIÈME.

ANGLETERRE.

RÉVOLUTION DE 1648. — CROMWELL. — JACQUES Ier. CHARLES Ier.

—

SOMMAIRE.

§ 1er. 442. L'Angleterre à l'avénement des Stuarts est fatiguée du despotisme des Tudors. Elle aspire à recouvrer ses libertés.

443. Jacques Ier (1603-1625) montre un caractère composé de pédantisme et de faiblesse. Il mécontente les protestants et persécute les catholiques, qui tentent de se venger par la conspiration des poudres (1605).

444. Les prétentions du roi à l'autorité absolue irritent le parlement, et les principes démocratiques du presbytérianisme agitent les esprits. L'affaiblissement de l'influence anglaise en Europe et la faveur de Buckingham indignent la nation. La seule gloire de Jacques Ier est la civilisation de l'Irlande.

445. Le règne de Charles Ier (1625-1649) est inauguré par la défaite de la flotte anglaise. La pétition des droits (1628) manifeste les vœux de la nation. Charles proroge le parlement et exerce des rigueurs contre les non-conformistes. Il essaye d'établir l'anglicanisme en Ecosse, qui forme un *convenant* pour la défense de ses libertés. Le roi est contraint de convoquer le parlement (1640).

§ II. 446. Le *long parlement* (1640) refuse au roi des subsides. Charles se fait battre par les Ecossais à Newborn, et se laisse arracher la condamnation de son ministre Strafford. Une insurrection éclate; le roi est forcé de quitter Londres (1642).

447. La lutte est inaugurée par la défaite des *Cavaliers* à Newbury (1643). Cromwel se distingue à la tête des *Saints*. Les exploits de Montrose contre les covenantaires ne peuvent relever la cause royale, qui est abattue par la deuxième bataille de Newbury et celle de Marston-Moor (1644).

448. Les indépendants sont vainqueurs à Naseby (1645). Charles Ier est livré par les Ecossais (1647); il tombe aux mains de Cromwell, qui, accusé devant le parlement, n'en devient que plus puissant.

449. Les progrès de l'anarchie inquiètent Cromwell lui-même; il réprime les *Niveleurs*; bat les Ecossais et fait subir des purgations au *rump-parlement*. Il obtient ainsi la condamnation de Charles Ier qui meurt sur l'échafaud avec un courage héroïque (30 janvier 1649).

450. La république est établie. Le brave Montrose est pris et mis à mort, et Charles II est défait à Worcester (1651). La réunion de l'Ecosse à l'Angleterre est prononcée; enfin l'acte de la navigation porte un coup fatal au commerce de la Hollande.

451. Cromwell chasse le rump-parlement et se fait proclamer protecteur (1653). Son gouvernement est tolérant, ferme et habile. Il fait d'utiles traités avec les Provinces-Unies (1654), avec la France, avec la Suède, et avec l'Espagne, après les succès de l'amiral Blake. — Cromwell meurt assailli de remords (1658).

§ III. 452. Richard Cromwell abdique le protectorat (1658); Charles Stuart est rappelé par le général Monk.

453. Charles II (1658-1685), par son gouvernement arbitraire, par ses vengeances, par ses persécutions contre les presbytériens, prépare une nouvelle révolution.

§ Ier. LES STUARTS. — JACQUES Ier. — CHARLES Ier.

442. État de l'Angleterre a l'avénement des Stuarts. — Les Tudors, arrivant au trône d'Angleterre après une désastreuse époque de troubles et d'anarchie, au moment où ce pays soupirait après l'ordre et le repos, y avaient établi sans peine le plus complet despotisme. La volonté du prince avait dominé, et pour ainsi dire annulé tous les pouvoirs. Peu à peu cependant, la nation, perdant le souvenir de ses vieilles querelles et de ses anciens malheurs, songea à ses libertés perdues. Pendant un demi-siècle encore, elle obéit sans murmure à une femme; mais cette longue et passive soumission d'un grand peuple n'était plus fondée que sur son admiration pour le génie et pour la gloire. Le sceptre devait sa force à l'éclat, et le pouvoir royal s'ébranla dès que son prestige s'évanouit.

Avec le dix-septième siècle commence une lutte où l'autorité royale, portée à un excès dangereux et imprudemment agressive, sera battue en brèche par d'antiques traditions de liberté, que soutient l'esprit nouveau du protestantisme, entraîné par les tendances à la fois démocratiques et aristocratiques. La Réforme, qui a été entre les mains des rois un puissant instrument de domination absolue, va se retourner contre eux et devenir un redoutable levier de révolution.

443. Jacques Ier. — Son caractère. — Ses fautes politiques. — L'avénement au trône d'Angleterre (1) (1603) de Jacques Ier, descendant d'une fille d'Henri VII, mariée au Stuart Jacques IV, fut accompagné de sinistres présages. Les

_____

(1) Il avait été proclamé roi d'Ecosse presque en naissant, par suite de l'abdication forcée de sa mère Marie Stuart (1567) (no 306 et suiv.).

Anglais virent avec peine sur leur trône un roi écossais, entouré d'Ecossais, un théologien subtil et exercé, instruit en tout, excepté dans l'art de régner, que ses flatteurs surnommaient le *Salomon de l'Angleterre* (1), mais à qui son pédantisme a mérité, de la part de notre Henri IV, le surnom de *maître Jacques;* un souverain jaloux de son autorité, et pourtant gouverné par des favoris; un prince, enfin, timide jusqu'à pâlir devant une épée nue, et dont le plus grand plaisir était d'assister à des combats de coqs. Jacques Ier, accueilli par des préventions défavorables, aurait dû se conduire avec une extrême réserve; cependant il mécontenta ses sujets d'Angleterre par la faveur qu'il accorda aux Ecossais; ceux d'Ecosse, par son projet d'unir les deux nations rivales. Les presbytériens murmuraient de sa partialité pour les anglicans; après de longues discussions avec leurs docteurs, il les renvoya en concluant que le presbytérianisme s'accommodait avec la royauté *comme le diable avec Dieu*, et qu'il aviserait.

Les catholiques attendaient au moins quelque tolérance du fils de Marie Stuart. Jacques renouvela contre eux tous les statuts tyranniques d'Elisabeth, et ordonna que les amendes auxquelles les lois les condamnaient seraient payées rétroactivement. Par cette mesure, des seigneurs opulents furent réduits tout à coup à la misère. La fameuse *conspiration des poudres* (2), qui devait envelopper dans une ruine commune et le roi et le parlement, faillit manifester d'une manière terrible le ressentiment de plusieurs d'entre eux (1605). — Jacques se vengea par les supplices, par le bannissement des jésuites et par l'institution du *serment d'allégeance (ad legem)*, serment de fidélité que les Anglais devaient prêter à leur roi en échange de sa protection, et qui refusait au pape tout droit de déposer les rois et de délier les sujets du serment de fidélité (1606).

444. HOSTILITÉ DU PARLEMENT. — ABAISSEMENT DE L'ANGLETERRE VIS-A-VIS DE L'ÉTRANGER. — Mais Jacques Ier n'en devint pas plus sage; il choqua sans ménagement la susceptibilité du parlement lui-même, par ses prétentions à une autorité sans limites comme sans contrôle, par ses imprudentes

---

(1) On a de lui quelques écrits, entre autres le Βασιλικον δωρον (*Basilicon dôron* ou *don royal*) et un *Commentaire sur l'Apocalypse.*

(2) Quelques mécontents résolurent de faire périr le roi quand il se rendrait au parlement, et dans ce but ils introduisirent trente-six barils de poudre à canon dans les caves du palais de l'Assemblée, pour le faire sauter avec toutes les personnes qui y seraient réunies. Cet épouvantable projet fut découvert à temps, et les coupables punis.

proclamations sur le droit divin des rois. Cependant ses prodigalités le mettaient souvent à la merci de ce même parlement.
Les ressources que ses prédécesseurs avaient trouvées dans la
spoliation du clergé avaient été bientôt épuisées; et les biens
envahis, augmentant peu à peu les domaines des seigneurs,
avaient rendu à l'aristocratie féodale sa vigueur primitive.
Jacques, réduit à demander des subsides, n'en avait pas moins
déchiré les registres des parlements, et déclaré qu'il n'avait
recours à eux que par respect pour d'anciens usages. Mais les
représentants de la nation, qui sentaient leur force, commençaient à manifester un esprit inquiétant d'insubordination et
d'indépendance. Les principes démocratiques du prebytéria-
nisme, qui fermentaient dans tout le pays, augmentaient l'ascendant des communes, et agitaient les rangs inférieurs de la
société : l'orage grondait de toutes parts.

Jacques, que sa faiblesse et son impéritie dans le gouvernement avilissaient aux yeux de ses sujets, aurait dû se relever
du moins en soutenant au dehors la dignité de l'Angleterre.
C'était ainsi que les Tudors avaient établi et maintenu leur
domination. Jacques abandonna leur glorieuse politique, et se
réduisit à un rôle humiliant. Son attachement imprévoyant
à la paix lui fit perdre le rang qu'avait tenu Élisabeth, comme
chef de tous les protestants d'Europe et de tous les adversaires
de l'Espagne. Il laissa l'Autriche enlever la Bohême à son gendre
Frédéric V, l'électeur palatin (voir n° 432), maria son fils aîné
à la fille du roi de France, Henri IV, et engagea à regret avec
l'Espagne une lutte sans résultats. Il mourut en 1625, léguant
à son fils Charles un trône dont les bases étaient ébranlées, des
théories intempestives sur le pouvoir absolu, les embarras d'une
guerre commencée imprudemment et sans ressources pour la
soutenir, enfin la fatale influence de l'insolent *Villiers, duc de
Buckingham*, son favori et son ministre. Jacques Ier n'avait eu
qu'une vraie gloire, celle de civiliser l'Irlande, et de faire plus
pour elle en quelques années que ses prédécesseurs n'avaient
fait en quatre siècles. Il avait pris, le premier, le titre de roi de
la *Grande-Bretagne*.

**445. CHARLES Ier. — POLITIQUE IMPRUDENTE. — LE
COVENANT D'ÉCOSSE. —** La marche des idées d'indépen-
dance et de révolte fut rapide sous le règne de *Charles Ier*
(1625-1649), doublement suspect par son mariage avec une
catholique, *Henriette* de France, sœur de Louis XIII, et son
aveugle attachement pour Buckingham, favori du dernier roi.
La défaite de la flotte anglaise, envoyée, sous les ordres du
favori, au secours des protestants de la Rochelle (1627), affai-

blit encore l'autorité du roi, qu'avaient menacée les principes du libre vote et de la liberté individuelle, mis en avant de nouveau au parlement dans la fameuse *pétition des droits*. Obligé par un refus de subsides de sanctionner cet acte (1628), Charles renvoya successivement quatre parlements, et pendant onze ans (1629-1640), essaya de remplir son trésor sans le concours d'une assemblée dont les dispositions hostiles l'épouvantaient; mais les taxes illégales, les impôts arbitraires, les amendes odieuses auxquels il fut contraint d'avoir recours, indisposèrent toutes les classes à la fois. Mal secondé par la noblesse, inquiet des progrès des communes, le roi s'efforça de s'attacher du moins le clergé anglican en persécutant les *non-conformistes* ou *dissenters*. On les condamna au pilori, à d'énormes amendes, à l'emprisonnement perpétuel. Le désordre ne fit qu'augmenter, et l'assassinat de Buckingham par *Felton*, puritain fanatique, révéla dans toute sa violence l'irritation populaire (1628).

Charles fut obligé de retenir par force une foule d'Anglais qui quittaient leur patrie pour fuir son gouvernement vexatoire : l'ordre qui interdisait les émigrations fut publié au moment où un vaisseau allait mettre à la voile pour emporter à jamais en Amérique *Olivier Cromwell!* Ainsi la Providence se joue des vains projets des hommes. La politique de Charles ne faisait qu'ajouter à ses embarras des obstacles nouveaux. Il voulut introduire la religion anglaise en Écosse et imposer à tous ses sujets une nouvelle liturgie établie par l'archevêque Land, successeur de Buckingham (1637) : c'était soulever contre lui tous les presbytériens et tous les dissidents. « Désormais la réforme presbytérienne, ennemie de la réforme anglicane, trouva le trône entre elle et l'épiscopat; elle attaqua le trône. »

Les Écossais s'unirent par un *Covenant* (1638) pour la défense de la religion, des lois, des libertés de leur pays; l'armée, envoyée contre eux, refusa de combattre ses frères (1639). Le roi, par désespoir, convoqua le parlement (1640). Ce fut ce *long parlement* qui devait consommer la révolution.

§ II. RÉVOLUTION DE 1648.

446. LE LONG PARLEMENT. — SUPPLICE DE STRAFFORD. — Convoqué au moment où la fermentation était universelle en Angleterre, où la guerre civile éclatait en Écosse, le parlement

refusa de nouveau les subsides demandés par le roi. Charles
prorogea les chambres et voulut tenter lui-même la fortune des
armes; mais il alla se faire battre par les Écossais à *Newborn*.
Le parlement, convoqué de nouveau, menaça plus directement
la royauté par la condamnation inique du comte de *Strafford*,
l'un des plus grands hommes qui aient honoré l'Angleterre
(Hume). Ennemi infatigable des *entrepreneurs de la misère publique*, Strafford avait eu la gloire de calmer toutes les dissensions de l'Irlande, d'en régulariser le gouvernement, d'y rétablir l'union, la justice et la paix, *sans qu'un catholique pût se
plaindre que sa foi lui eût coûté un cheveu de la tête*. Mais il
était poursuivi avec acharnement par les ennemis du trône
comme l'un de ses plus fermes soutiens. Les chambres exigèrent
qu'il fût mis en jugement. Charles, sur les instances de Strafford lui-même, eut la faiblesse de signer sa condamnation (1641).
Il ne voyait pas que le coup porté contre son fidèle ministre l'atteignait lui-même, et qu'il avait signé son propre arrêt.

L'année suivante, le parlement s'alliait aux Écossais révoltés,
accusait faussement le roi du massacre des protestants en Irlande, lui notifiait la déchéance de toutes ses prérogatives, et
lui déclarait la guerre. Charles, forcé de quitter Londres, va
lever à Nottingham l'étendard royal et commencer la guerre
civile (1642).

**447. COMMENCEMENT DE LA GUERRE CIVILE. — CROM-
WELL. — BATAILLE DE NEWBURY.** — Le parti du parlement avait l'avantage de l'enthousiasme et du nombre; de toutes
parts, des volontaires venaient augmenter son armée; beaucoup de familles se privaient d'un repas par semaine, pour en
offrir la valeur au parlement, qui rendit cette taxe obligatoire
pour la capitale et ses environs. Les troupes parlementaires que
commandaient le comte d'Essex, fils du malheureux favori
d'Élisabeth, Fairfax et Cromwell (1), vainquirent à *Edge-Hill*
(1642) et à *Newbury* (1643) les *Cavaliers*, c'est-à-dire les nobles qui s'étaient levés pour le roi. Le colonel Cromwell s'illustrait entre tous dans les rangs des parlementaires, et ses soldats,
que leur exaltation religieuse avait fait appeler les *Saints*, mé-
ritaient aussi par leur valeur le nom de *Côtes de fer*. Un instant
la fortune sembla ramenée sous les drapeaux de Charles par la

(1) Olivier Cromwell (1599-1658) était né dans le comté de Hun-
tingdon, et appartenait à une famille distinguée. Député au long parlement, il s'y signala par des sarcasmes contre le papisme et le despotisme. Quand la guerre éclata, il leva à ses frais un régiment de
cavaliers. Sa bravoure, son habileté, son éloquence emphatique, son
ambition, firent le reste.

victoire des troupes royales sur le comte d'Essex, et par les exploits héroïques de *Montrose*, « l'un de ces hommes que l'on ne
retrouve que dans Plutarque » (de Retz), qui, à la tête des
montagnards écossais, battait de tous côtés les *Covenantaires* (1). Charles marchait sur Londres, où la terreur était grande.
La seconde bataille de *Newbury*, où il fut défait lui-même, et
celle de *Marston-Moor*, perdue par le prince Rupert (Robert
de Bavière, neveu de Charles), commandant les troupes royales,
anéantirent toutes les espérances du malheureux roi (1644).

448. BATAILLE DE NASEBY. — CHARLES Ier PRISON-
NIER DE CROMWELL. — Déjà les presbytériens, auteurs de
la révolution, étaient dépassés; inquiets de voir leur influence
le céder à celle des *Indépendants* et de leur chef Cromwell, ils
entamèrent des négociations avec le roi, et l'on put croire à un
rapprochement; mais tout fut rompu par une grande victoire
des Indépendants à *Naseby*, qui assura le pouvoir à leur parti
(1645). Charles Ier s'était réfugié dans le camp des Écossais :
« l'assemblée ecclésiastique décida qu'un prince ennemi du *Covenant* ne pouvait être admis dans le royaume des *Saints*; les
saints d'Écosse vendirent leur roi aux saints d'Angleterre pour
800,000 liv. sterl. » (Lally-Tollendal.)

Cromwell parvint à tirer le roi des mains des presbytériens
pour le livrer à l'armée (1647); mais les communes, irritées
de cette audace, l'accusèrent solennellement. « Cromwell tomba
à genoux, fondant en larmes avec une véhémence de paroles, de
sanglots et de gestes, qui saisit d'émotion et de surprise tous les
assistants : il se répandit en pieuses invocations, en ferventes
prières, appelant sur sa tête, si quelque homme était plus fidèle
que lui à la chambre, toutes les condamnations du Seigneur...
Tel fut son succès, que lorsqu'il se rassit, l'ascendant avait passé
à ses amis, et que, s'ils l'eussent voulu, la chambre eût envoyé ses accusateurs à la Tour comme calomniateurs. » (M. Guizot.) Après cette scène étrange, il se hâta d'assurer son avantage en faisant entrer les troupes indépendantes à Londres, pour
y dominer en maître. En même temps, la fuite de Charles dans
l'île de Wight le livrait à la discrétion de Cromwell.

449. LE RUMP-PARLEMENT. — JUGEMENT ET SUP-
PLICE DU ROI. — Après avoir triomphé du parti révolution-
naire le plus modéré avec l'aide de ses fanatiques partisans,
Cromwell eut à craindre d'être renversé lui-même par les
effrayants progrès de l'esprit anarchique; les *Niveleurs* mena-

---

(1) Le duc de Montrose fut d'abord du côté des rebelles, mais chargé
d'une mission auprès du roi, il se laissa gagner, et devint un des plus
intrépides défenseurs de la cause royale.

çaient de laisser loin derrière eux les indépendants et leur chef.
Cromwell sut les réprimer en faisant condamner et exécuter
devant l'armée un des plus exaltés; puis il les gagna à son
parti en les menant battre les Ecossais qui, dans leur tardif repentir, se soulevaient en faveur du roi (1648). Déjà Cromwell
était tout-puissant; il fit demander par son armée victorieuse
le jugement du roi, et brisa la résistance du parlement, en le
réduisant par des *purgations* successives à cinquante-trois
membres. Cette assemblée mutilée, qui reçut du mépris public
le nom de *rump* (croupion), nomma un tribunal pour juger
le roi.

Charles déclina la compétence de la cour, et refusa de répondre : il fut jugé par contumace, et condamné à mort comme
traître, tyran et meurtrier. Et pourtant, quand il fallut signer
l'ordre du supplice, on eut grand'peine à rassembler les commissaires. « Cromwell, presque seul, gai, bruyant, hardi, se
livrait aux plus grossiers accès de sa bouffonnerie accoutumée.
Il barbouilla d'encre le visage de Henri Martyn, assis près de
lui. Le colonel Ingoldsby, son cousin, inscrit au nombre des
juges, mais qui n'avait pas siégé à la cour, entra par hasard
dans la salle. Cromwell, s'emparant d'Ingoldsby avec de grands
éclats de rire, lui mit la plume entre les doigts, et lui conduisant la main, le contraignit de signer. On recueillit enfin cin-
quante-neuf signatures; plusieurs noms étaient tellement grif-
fonnés, soit par trouble, soit à dessein, qu'il était presque
impossible de les distinguer. » (M. Guizot.) Charles Ier marcha au supplice, supportant avec un héroïque courage les lâches
insultes de ses ennemis, qui osèrent lui cracher au visage. Il
mourut le 30 janvier 1649 sur un échafaud dressé en face de
son palais de White-Hall.

**450. La république proclamée. — Charles II battu
a Worcester. —** A la mort de Charles Ier, le gouvernement
était au pouvoir du *rump-parlement*, ou plutôt d'un conseil
d'officiers, qui se hâtèrent d'abolir la chambre des pairs et la
monarchie ; la république fut proclamée. *L'an Ier de la liberté
anglaise* (1649) fut signalé par le supplice de plusieurs seigneurs
attachés au parti du jeune *Charles II;* et Cromwell, nommé
gouverneur d'Irlande, s'efforça d'y établir le protestantisme par
les violences et les dévastations. L'Écosse cependant avait accueilli le roi fugitif et déclaré la guerre à la république d'Angleterre; mais le brave Montrose, livré par trahison, fut condamné à être pendu et écartelé (1650). Cromwell lui-même
battit l'armée écossaise à *Dunbar;* l'année suivante, il rencontra à *Worcester* Charles II, qui avait pénétré en Angleterre et

s'était fait couronner à Scone (1651). Le régicide remporta une victoire complète. Charles, échappé, après mille dangers, à la poursuite de ses ennemis, se réfugia en France. Cromwell revint à Londres jouir de son triomphe. L'Écosse, par un acte du parlement, fut réunie à l'Angleterre; la république anglaise fut reconnue par toutes les puissances de l'Europe. Pour punir la Hollande, qui seule restait attachée au parti des Stuarts, Cromwell fit passer le fameux *acte de navigation*, qui portait un coup fatal au commerce de la Hollande, en fermant les ports de l'Angleterre à tout autre vaisseau qu'aux vaisseaux anglais; et les victoires des flottes anglaises forcèrent les Hollandais à s'y soumettre.

451. PROTECTORAT DE CROMWELL. — GRANDEUR DE L'ANGLETERRE. — Cromwell voyait le Rump s'alarmer de ses projets ambitieux, il se débarrassa bientôt de ce frêle obstacle : ses mousquetaires chassèrent honteusement de Westminster les députés des communes, et sur la porte de la salle on écrivit : *Maison à louer.* Cromwell, qui avait présidé lui-même à cette scène scandaleuse, fit nommer aussitôt, par le conseil des officiers, un parlement de cent quarante-quatre fanatiques, qui gouvernèrent quelques mois, et qui bientôt, comme il l'avait prévu, lui remirent l'autorité souveraine, avec le titre de *protecteur de la république d'Angleterre, d'Écosse et d'Irlande* (1653). Le protectorat de Cromwell fut glorieux pour l'Angleterre. Cet homme, « d'une profondeur d'esprit incroyable, hypocrite raffiné autant qu'habile politique, capable de tout entreprendre et de tout cacher, également actif et infatigable dans la paix et dans la guerre, qui ne laissait rien à la fortune de ce qu'il pouvait lui ôter par conseil et par prévoyance; cet esprit remuant et audacieux, qui semblait né pour changer le monde; cet homme enfin à qui il fut donné de tromper les peuples et de prévaloir contre les rois, » (Bossuet, *Oraison funèbre d'Henriette de France*) Cromwell fit respecter au dehors la puissance de l'Angleterre, en même temps qu'à l'intérieur, il faisait régner l'ordre et la paix. Ce fanatique, ce régicide sut être tolérant en religion comme en politique; il laissa à chacun la liberté de suivre en particulier la foi qu'il adopterait dans sa conscience, et plusieurs royalistes furent appelés par lui aux premières dignités.

En 1554, Cromwell termina la guerre avec les Provinces-Unies, par un traité où le grand pensionnaire de Hollande, Jean de Witt, s'engageait à ne pas recevoir les Stuarts, et à exclure du stathoudérat le jeune prince d'Orange Guillaume III. La France, gouvernée alors par Mazarin, fit alliance avec le protecteur tout en donnant asile au fils de Charles Ier, et livra Dunkerque à l'Angleterre. Christine la Grande, reine de Suède, reçut le portrait de Cromwell en gage de son amitié. L'Espagne, malgré ses humbles sollicitations, ne put éviter une guerre malheureuse. L'amiral Blake parut avec une escadre dans la Méditerranée, où, depuis les croisades, aucune flotte anglaise n'avait osé pénétrer ; il triompha partout, et força l'Espagne à offrir des réparations et à céder la Jamaïque à l'Angleterre.

Au milieu de toute cette gloire, Cromwell vivait dans les alarmes, poursuivi par les reproches de sa conscience et par les libelles de ses ennemis, déchiré par les inquiétudes et par les remords. Il mourut le jour anniversaire de ses deux plus grandes victoires (3 septembre 1658), *condamné à une renommée éternelle* (Pope). Il avait eu pour secrétaire le plus grand poëte de l'Angleterre après Shakspeare, Milton, l'auteur du *Paradis perdu*.

§ III. RESTAURATION DES STUARTS.

452. ABDICATION DE RICHARD CROMWELL. — RETOUR DE CHARLES II. — L'Angleterre, encore en proie aux agitations d'une première révolution, allait en préparer une seconde par ses divisions et ses querelles intestines. Après la mort d'Olivier Cromwell, son fils *Richard* (1658) fut reconnu protecteur de la république d'Angleterre, d'Écosse et d'Irlande ; Mais cet homme qui n'avait ni l'ambition ni les talents de son père, ne put porter son lourd héritage de crimes et de gloire : forcé de dissoudre le parlement, qui seul le soutenait, il abdiqua quelques mois après son avénement pour vivre dans une retraite absolue. La réaction royaliste se préparait. « Après bien des mouvements, des chocs et des secousses, il fallut se reposer dans le gouvernement même que l'on avait proscrit. » (Montesquieu.) Le *Rump*, rétabli à Londres, fut bientôt remplacé par un nouveau parlement, qui reçut dans son sein les membres qui autrefois avaient refusé de juger le roi. La présence du général royaliste *Monk*, à la tête d'une armée qui lui était dévouée, mit fin aux dernières hésitations des chambres. Au mois de mai 1660, Charles II fut proclamé solennellement.

453. TROUBLES ET DIVISIONS. — RIGUEURS IMPOLITIQUES DU ROI. — Le roi revint en Angleterre au milieu de l'enthousiasme universel, et l'amnistie (*déclaration de Bréda*) qu'il publia aussitôt acheva de lui rallier tous les partis ; mais sa popularité ne fut pas de longue durée. Charles avait déclaré qu'il accordait un pardon général à tous ses sujets, sauf ceux

que le parlement jugerait à propos d'excepter de cette grâce ;
qu'il rendait la liberté aux consciences, et défendait qu'aucune
personne fût inquiétée pour ses opinions religieuses. On ne
tarda pas à reconnaître combien ces concessions étaient déri-
soires. Le roi ne se borna pas à envoyer au supplice les juges de
Charles Ier, qui avaient été formellement exceptés de l'amnistie ;
le parlement recula les effets de cet acte jusqu'en 1671, pro-
nonçant des confiscations et des amendes énormes pour tous les
crimes commis jusque-là, et déclarant que *quiconque intercé-
derait même pour les enfants d'un condamné, devrait être condamné lui-même*. Bientôt, les échafauds se dressèrent de toutes
parts dans l'Écosse, à laquelle on refusa d'étendre l'amnistie ;
et le supplice odieux du marquis d'Argyle, arrêté par trahison
lorsqu'il venait prêter serment de fidélité au roi, apprit à tous
que le temps de la vengeance n'était point passé. En même
temps l'*acte d'uniformité* anéantissait tout espoir de tolérance
religieuse. La nécessité de l'ordination épiscopale imposée à tous
les ministres et l'obligation d'accepter les prières communes
rédigées pour le rit anglican, frappaient à la fois les presbytériens et les catholiques. La démission de deux mille ministres
non conformistes (*Saint-Barthélemy des presbytériens*) protesta
vainement contre le triomphe de l'épiscopat (24 août 1662), et
les émigrations recommencèrent comme sous le règne de
Charles Ier, jusqu'à ce que le roi, effrayé, suspendît ces mesures
rigoureuses par un *acte d'indulgence*. Cette réaction n'apaisa
que quelques instants les rivalités et les discordes politiques et
religieuses dont nous verrons se manifester les plus graves
conséquences. (Voyez *Cours de Rhétorique*.)

OUVRAGES A CONSULTER. — Lingard, Hume, Mac-Kintosh ; Villemain, *Vie de Cromwell* ; Chateaubriand, *les Quatre Stuarts* ; Guizot, *Histoire de la Révolution d'Angleterre* ; Mazure, *Révolution de 1648* ; Ragon,
Michelet.

QUESTIONNAIRE. — § Ier. 442. Quel était l'état de l'Angleterre à l'a-
vénement des Stuarts ? — Quels symptômes de révolution allaient bientôt se manifester ? — 443. Nommez le successeur d'Elisabeth ? — Faites
connaître le caractère de ce prince. — Par quelles mesures s'attira-t-il
la haine de tous les partis ? — Qu'est-ce que la conspiration des poudres ?
— 444. Quelle était la cause de la lutte du parlement et du roi ? —
Quelle fut la politique de Jacques Ier à l'étranger ? — Quelle fut la
seule gloire de ce prince ? — 445. Quels griefs les Anglais avaient-ils
contre Charles Ier ? — Quels faits inaugurèrent son règne au dedans et
au dehors ? — Comment mourut Buckingham ? — Qu'arriva-t-il lors
des émigrations ? — Quel projet forma Charles à l'égard de l'Ecosse ? —
Quelles en furent les conséquences ? — § II, 446. A qui Charles Ier fit-il
la guerre ? — Quelle condition le parlement lui imposa-t-il ? — Dites
l'admirable dévouement de Strafford. — 447. Qui se mit à la tête des

révoltés contre Charles Ier? — Nommez le général qui combattait pour Charles Ier? — 448. Dites les principaux succès de Cromwell. — Comment le roi fut-il livré aux Anglais? — 449. Comment Cromwel réprima-t-il les niveleurs? — Quel fut le dernier effort des royalistes? — Comment Cromwell traita-t-il le parlement? — Racontez le jugement et la mort de Charles Ier. — 450. Quel fut le gouvernement établi à la mort de Charles Ier? — Cromwell ne remporta-t-il pas une victoire sur Charles II? — Quel pays réunit-il à l'Angleterre? — Qu'entend-on par l'acte de navigation? — 451. Comment Cromwell se débarrassa-t-il du rump-parlement? — Quel titre se fit-il donner? — Quel fut l'état de l'Angleterre sous le protectorat de Cromwell? — Comment finit-il sa carrière? — § III. 452. Quel fut le successeur de Cromwell? — Comment fut rappelé Charles II? — 453. Quelle fut la politique de Charles II à son avénement et quels en furent les résultats?

CHAPITRE TRENTIÈME.

GÉOGRAPHIE POLITIQUE DE L'EUROPE EN 1648.

SOMMAIRE.

454. L'Europe septentrionale renferme quatre États: — 1° le royaume-uni de Grande-Bretagne et d'Irlande, comprenant l'Angleterre, l'Écosse, avec les Orkney et les Shetland, et l'Irlande; puis les colonies de l'Amérique du Nord, quelques Antilles et factoreries dans les Indes; — 2° le royaume de Danemark, dont la Norvége est une vice-royauté, et qui a perdu toute la Gothie, le Halland et la Scanie; — 3° la Suède, augmentée de ces dernières provinces et de presque toutes celles que baigne la Baltique au S. et à l'E.; Poméranie, Livonie, Esthonie, Ingrie, Carélie, etc.; — 4° l'empire de Russie, privé des trois dernières provinces, mais accru aux dépens des khans mongols, notamment de la Sibérie.

455. L'Europe centrale comprend six États: — 5° la France, avec la Navarre, augmentée des Trois-Evêchés, de l'Alsace, de la Bresse, du Bugey, etc., Pignerol, Roussillon, Cerdagne, Artois, diverses places sur la frontière du nord, duché de Carignan; ses colonies sont la Nouvelle-France et une partie des Antilles en Amérique; — 6° la Suisse, composée de treize cantons, ayant conquis Vaud, Thurgovie, et s'étant associé Saint-Gall, Grisons, Valais, Genève; — 7° les Provinces-Unies ou Hollande, composées de sept provinces du nord des Pays Bas, et possédant d'immenses colonies; — 8° l'Allemagne, comprenant trois cent soixante États souverains, divisée en dix cercles: Autriche, Bourgogne, bas Rhin, haute Saxe, Franconie, Bavière, Souabe, haut Rhin, Westphalie, basse Saxe; l'Autriche possède la Hongrie, la Bohême, l'Illyrie, la Dalmatie, etc.; — 9° la Prusse,

grand-duché accru de Clèves, d'une partie de la Poméranie, etc; — 10° la Pologne avec la Lithuanie, ayant acquis la Pomérellie, l'Ermeland, Smolensk, Tchernigov, l'Ukraine, le duché de Mazovie, et dont relevait la Courlande.

456. L'Europe méridionale contient dix-sept États : 11° — le Portugal, n'ayant plus que quelques colonies en Afrique et en Asie, mais le Brésil en Amérique ; — 12° l'Espagne, réunissant toute la péninsule, sauf le Portugal, puis la Sardaigne, la Sicile, Naples, le Milanais, la Franche-Comté, les Pays-Bas, sauf l'Artois ; possédant en outre les Philippines, les Canaries, etc., les Grandes-Antilles, les Florides, le Mexique, la Terre-Ferme, le Pérou, le Chili, la Plata ; — 13° le duché de Savoie avec Saluces ; — 14° Monaco ; — 15° Gênes dépouillée de ses comptoirs ; — 16° Mantoue ; — 17° Venise, avec la Polésine de Rovigo, n'ayant plus que les îles Ioniennes et Candie assiégée par les Turcs ; — 18° Modène ; — 19° Parme et Plaisance ; — 20° Massa-Carrara ; — 21° Lucques ; — 22° le grand-duché de Toscane ; — 23° Piombino ; — 24° les États de l'Eglise ; — 25° Saint-Marin ; — 26° Malte ; — 27° l'empire ottoman, s'étendant du lac Balaton en Hongrie et de la mer Adriatique jusqu'au delà du Tigre, et des autres contrées au nord de la mer Noire jusqu'au sud des États barbaresques, de l'Egypte et de l'Arabie.

454. SITUATION ET LIMITES DES ÉTATS DE L'EUROPE SEPTENTRIONALE EN 1648. — La paix de Westphalie (1648) avait arrêté définitivement les grandes divisions politiques de l'Europe, dont le nombre se trouva fixé alors à vingt-sept, savoir : quatre dans l'*Europe septentrionale*, six dans l'*Europe centrale*, et dix-sept dans l'*Europe méridionale*.

Les quatre États de l'Europe septentrionale étaient de l'ouest à l'est :

I. GRANDE-BRETAGNE. — Les possessions du royaume-uni de la Grande-Bretagne et d'Irlande comprenaient :

1° Le royaume d'ANGLETERRE, avec les îles de *Man*, d'*Anglesey*, de *Scylly*, de *Wight*, et les îles *Normandes*, sur la côte de France.

2° Le royaume d'ÉCOSSE, auquel étaient alors réunies toutes les îles qui l'entourent, c'est-à-dire outre les *Western*, les *Orkney* et les *Shetland*, acquises dans la seconde moitié du quinzième siècle.

3° Le royaume d'IRLANDE enfin, que les persécutions religieuses et les cruautés commises par les deux partis avaient réduit à l'état le plus déplorable.

4° Les COLONIES anglaises, qui se composaient d'établissements importants dans les deux Indes, mais surtout dans l'Amérique septentrionale, où s'étaient formées successivement, de l'an 1607 à l'an 1648, les colonies de la *Virginie* proprement dite (1) et du *Maryland* (2), et, plus au N., celles du *Massachussets* (Boston),

---

(1) Colonisée en 1584 par *Walter Raleigh*.
(2) Colonisée en 1633 par des catholiques anglais, et ainsi appelée

du *Maine*, du *New-Hampshire*, de *Rhode-Island* (1) et du *Con-necticut* (2). Plus au N. encore, les Anglais possédaient le *Labra-dor* (3) et *Terre-Neuve* avec le *banc* de ce nom.

Dans les *Antilles* ou *Indes occidentales*, l'Angleterre possédait : *Saint-Christophe*; la *Barbade*; *Antigoa*; la *Providence*; et les *Bermudes*.

Enfin, dans les *Indes orientales*, les Anglais s'étaient vus chassés par les Hollandais de plusieurs établissements. Ils n'avaient guère que quelques factoreries sur la côte de Malabar et le comptoir de *Bantam* dans l'île de Java.

II. DANEMARK et NORVÉGE. — Le DANEMARK, dont la *Norvége* était devenue une vice-royauté en 1531, crut trouver dans la guerre de Trente ans une occasion de faire rentrer aussi la *Suède* sous son joug; mais il y perdit, en 1645, tout ce qui lui restait dans l'ancien royaume de *Gothie*, ainsi que les iles de *Gottland* et d'*OEsel*. Bientôt, la paix de Copenhague, en 1660, lui enlèvera les provinces de *Halland* et de *Scanie*.

III. SUÈDE. — Le royaume de SUÈDE avait acquis, outre ses con-quêtes sur le Danemark, presque toutes les provinces allemandes que baigne la mer Baltique au S. et à l'E. et notamment : — l'ar-chevéché de *Brême*, et l'évéché de *Verden*; le port de *Wismar*; la plus grande partie de la *Poméranie*, et les îles de *Rugen*, d'*Usedom* et de *Wollin*; — bientôt (1660) il y ajoutera la *Livonie*, et l'*Esthonie*, enlevées à la Pologne; — enfin l'*Ingrie* et la *Caré-lie*, enlevées à la Russie. La Suède était devenue par la guerre de Trente ans le plus puissant des Etats du Nord.

IV. RUSSIE. — L'*empire de Russie*, ainsi nommé depuis que Ivan III, en 1492, et son fils Vasili IV (1505), avaient pris les titres de *seigneur* et de *czar de toutes les Russies*. s'était considérable-ment accru depuis la chute de Constantinople. Non contents d'in-corporer définitivement à la *Grande Principauté* les domaines d tous les princes apanagés, les républiques de *Novgorod*, de *Pskof*, et de *Viatka*, avec la partie orientale de la *Laponie*, les czars avaient encore enlevé aux Mongols le khanat de *Kazan*, celui d'*Astrakhan*, le pays des *Tartares-Noyaïs*, entre le Volga et le fleuve Oural : acquisitions qui avaient donné le dernier de ces fleuves et la mer Caspienne pour limites S. E. à l'empire de Rus-sie, qui s'agrandit encore, à la même époque, de toute la *Sibérie*.

(terre de Marie) en l'honneur de *Henriette-Marie* de France, femme de Charles Ier.

(1) Colonisé en 1636, et ainsi appelé de l'île de Rhodes (Rhode-Island qui est dans la baie de Narragansett.

(2) Colonisé en 1635; mais ce ne fut qu'en 1662 que les diverses co-lonies du Connecticut (nom d'une rivière), réunies en confédération, re-çurent une charte du roi Charles II.

(3) Découvert en 1496 par le Vénitien *Sébastien Cabot*, mais colonisé dans le principe par le Portugais *Cortereal*, qui le nomma *Terra de Labo-rador* (Terre de Labour), d'où Labrador.

autre khanat mongol. La Russie venait toutefois d'abandonner à la Suède l'Ingrie et la Carélie.

455. SITUATION ET LIMITES DES ÉTATS DE L'EUROPE CENTRALE. — Les six États compris dans l'Europe centrale étaient de l'O. à l'E.

V. FRANCE. — La paix de Westphalie avait confirmé à la FRANCE les conquêtes des premières années du règne de Louis XIV et celles de ses prédécesseurs; c'est-à-dire, à l'E. : — 1° les TROIS-ÉVÊCHÉS (*Metz*, *Toul* et *Verdun*) et provisoirement le reste de la Lorraine; — 2° l'ALSACE, avec le *Sundgau*, ainsi que la ville et le territoire du *vieux Brisach*, sur la rive droite du Rhin, mais à la réserve de *Strasbourg* et de quelques autres seigneuries; — 5° la BRESSE, le BUGEY, le VAL-ROMEY, le pays de GEX, cédés à Henri IV (1601) par le duc de Savoie, la ville de *Pignerol*, l'une des clefs des Alpes, conquête de Richelieu (1652-1655). — Du côté du N., outre *Calais*, — la lisière méridionale de la FLANDRE et du HAINAUT, — la principauté de *Sedan* et *Raucourt*; — enfin, le duché de CARIGNAN. — Le royaume de *Navarre* était réuni au royaume de France depuis l'avénement d'Henri IV.

Hors du territoire européen, la France avait acquis en Amérique : la NOUVELLE-FRANCE (aujourd'hui le Canada) (1); — l'ACADIE (aujourd'hui Nouvelle-Écosse), colonisée, en 1598, par les Français du Canada et nommée Acadie par les indigènes; — la CAROLINE, colonisée en 1562, par *Jean de Ribault*, au nom de Charles IX, mais presque anéantie par les Espagnols. — Dans les Antilles, la partie N. O. de la grande île de *Saint-Domingue*, la *Martinique*, la *Guadeloupe*, etc., etc.

VI. SUISSE. — La CONFÉDÉRATION HELVÉTIQUE, dont l'indépendance fut définitivement confirmée par le traité de Westphalie, se composait de treize cantons, savoir : — 1. SCHWYZ. — 2. URI. — 5. UNTERWALDEN. — 4. LUCERNE. — 5. ZURICH. — 6. GLARIS. — 7. ZUG. — 8. BERNE. — 9. FRIBOURG. — 10. SOLEURE. — 11. BALE. — 12. SCHAFFHAUSEN ou *Schaffo* ise. — 15. enfin, APPENZELL.

Ces treize cantons avaient conquis le pays de VAUD, la THURGOVIE, capitale *Bellinzona*, et quelques places d'Italie. Ils avaient pour associés et alliés la ville de SAINT-GALL; la république des GRISONS, la VALTELINE, en Italie, conquise par les Grisons et vainement revendiquée par l'Espagne les armes à la main pendant la guerre de Trente ans; *Mulhouse*, en Alsace; le HAUT et le BAS VALAIS, et enfin *Genève*.

---

(1) Découverte en 1497 par le Vénitien *Cabot* (au service de l'Angleterre), colonisée en 1535 par le Français *Jacques Cartier* au nom de François 1er, et appelé *Canada*, soit du mot iroquois qui signifie réunion de cabanes, soit du mot espagnol *Aca nada* (ici, rien), mots prononcés par les Espagnols, qui n'y trouvaient aucune trace de mine d'or ou d'argent, et répétés plus tard aux Français par les indigènes. En 1542, le *Roque de Roberval* y avait élevé le fort de Charlebourg, et en 1608, *Samuel Champlain* la ville de Québec.

VII. Provinces-Unies ou Hollande. — La république des Provinces-Unies, également reconnue par le traité de Westphalie, était composée des sept provinces septentrionales des Pays-Bas, savoir : — i. celle de Groningue ; — ii. la Frise ; — iii. l'Over-Yssel ; — iv. la Hollande, capitale *Amsterdam*, la plus grande, la plus riche et la plus belle ville des Provinces-Unies ; — v. la Zélande ; — vi. la province d'Utrecht ; — vii. enfin, la Gueldre. — La Hollande possédait de plus un grand nombre de colonies qui en faisaient la première puissance maritime du monde.

Dès la fin du seizième siècle, Cornélius Holmann avait été reconnaître les îles de la Sonde. En 1602. les états généraux fondèrent la *compagnie des Grandes-Indes*. Investie du droit de paix et de guerre avec l'Orient, du pouvoir d'élever des forts et d'entretenir des garnisons, elle établit ses comptoirs dans les *Moluques* (1607-1625), fertiles en muscade, en girofle, en épices de tout genre ; dans les *Célèbes*, où abondent l'or et les tortues aux précieuses écailles ; dans les îles de *Sumatra* et de *Java*, où les montagnes recèlent l'émeraude, le rubis et le diamant. Pendant que le roi d'Espagne leur défendait, *sous peine du fouet*, de trafiquer dans son empire des Indes, les Hollandais prenaient *Cananor* et *Cochin*, ces vieilles conquêtes du Portugal, et l'importante ville de *Malakka* (1641). *Batavia*, bâtie dans l'île de Java (1619). était l'entrepôt de tout ce commerce, le centre de tout ce mouvement et de toute cette puissance ; bientôt l'établissement fondé en 1650 au *cap de Bonne-Espérance* en sera le boulevard, et en 1658 l'empire hollandais s'étendra sur la riche île de *Ceylan* enlevée aux Portugais. La Hollande n'avait eu à craindre en Orient que la concurrence des Anglais, redoutables d'abord par l'appui de la Perse, mais bientôt accablés par les attaques simultanées de la Hollande, de la France et du Grand-Mogol. — En Amérique, les Hollandais parvinrent à s'emparer de *Curaçao* (1634). colonie espagnole, et de *Suriram* (1660). exploité depuis vingt ans par les Anglais. La *paix de Bréda* leur assura cette possession, dont, à force de patience et de travaux, ils changèrent le sol malsain et meurtrier en une terre féconde, où la *compagnie des Indes occidentales* éleva bientôt la ville de *Para-Maribo* (1673).

VIII. Allemagne et Autriche. — L'Allemagne, comprenant une multitude d'États souverains dont le nombre dépassait 360, était divisée en dix cercles, savoir : — i. le cercle d'Autriche, comprenant les États héréditaires de cette maison (Autriche, Styrie, Istrie. Carinthie, Carniole), qui possédait en outre la Bohème avec la Moravie et la Silésie, la partie N. O. de la Hongrie, l'Illyrie, une partie de la Croatie et de la Dalmatie, de la Souabe, etc.; — ii. le cercle de Bourgogne, composé de la portion de l'héritage des ducs de Bourgogne restée à cette même maison d'Autriche, et réduit par l'émancipation des *Provinces-Unies* ; — iii. le cercle du bas Rhin, renfermant les États des *trois électeurs ecclésiastiques* (Trèves, Mayence, Cologne) et de l'*électeur Palatin*, à qui le traité de Westphalie avait rendu ses États, moins le haut Palatinat; — iv. le cercle de HAUTE SAXE, formé des électorats de *Saxe* et de *Brandebourg*; — v. le cercle de FRANCONIE, comprenant cette province et le *haut Palatinat*; — vi. le cercle de BAVIÈRE; — vii. le cercle de SOUABE; — viii. le cercle du HAUT RHIN, au S. de celui du BAS RHIN; — xi. le cercle de WESTPHALIE; — x. enfin le cercle de BASSE SAXE, comprenant toute la partie centrale de l'Allemagne septentrionale.

La *Prusse* et la *Bohême* avaient refusé de se laisser comprendre dans cet arrangement, auquel la *Hongrie* est toujours restée étrangère.

IX. PRUSSE. — Ce duché, sécularisé en faveur du grand maître de l'ordre Teutonique (1525), Albert de Brandebourg, était devenu un des États importants de l'Europe et s'était accru du duché de *Clèves* et des comtés de *la Marck* et de *Ravensberg*, d'une partie de la *Poméranie*, dont le reste avait été échangé avec les évêchés de *Halberstadt*, de *Minden* et de *Kammin*, et l'archevêché de *Magdebourg* sécularisé.

X. POLOGNE. — Ce royaume, toujours réuni au grand-duché de *Lithuanie*, qui y avait été définitivement incorporé en 1569, avait fait, depuis le quinzième siècle, d'importantes acquisitions, savoir: — 1° les provinces de POMÉRELLIE et d'ERMELAND, avec les villes de *Thorn*, *Culm*, *Marienbourg*, *Danzig* et *Elbing*, conquises sur l'ordre Teutonique (1466) et désignées sous le nom de *Prusse occidentale* ou *Prusse polonaise*; — 2° les provinces de SMOLENSK et de TCHERNIGOV, dans le S. O., conquises sur les Russes; — 3° une partie de l'UKRAINE, plus au S. E., conquise sur les *Cosaques*, qui venaient de se séparer de la Pologne. L'*Esthonie* et la *Livonie* cédés, en 1561, par l'ordre de Livonie à la Pologne, qui venait, comme nous l'avons dit, de les abandonner à la Suède, en 1656. — La Pologne avait fait une acquisition plus durable, en 1526: celle du duché de MAZOVIE, cap. *Varsovie*. — Le duché de *Courlande* relevait du royaume de Pologne.

456. DIVISIONS ET LIMITES DE L'EUROPE MÉRIDIONALE. — Les dix-sept États du midi de l'Europe étaient:

XI. PORTUGAL. — Ce royaume avait recouvré, par la révolution de 1640, son indépendance et ses anciennes limites, mais en Europe seulement, car ses ennemis avaient profité de son asservissement pour lui enlever une très-grande partie des contrées qu'il avait découvertes et soumises.

En *Afrique*, les Portugais ne possédaient plus que quelques comptoirs sur la côte de Guinée; — une souveraineté plutôt nominale que réelle sur les royaumes de *Loango*, de *Congo*; — *Sofala*, capitale du royaume du même nom; — *Mozambique*, *Quiloa*, *Mombaza*, *Mélinde*, etc., etc. — En *Asie*, les Portugais ne conservaient plus qu'un petit nombre d'établissements, dont les principaux étaient: — *Ormus* ou *Ormouz* (jusqu'en 1662): — *Diu*, *Daman*, *Bombay*, *Goa*, *Cochin*, dans l'Hindoustan; — et *Macao* sur les côtes de Chine. — En *Amérique*, ils possédaient l'immense contrée du *Brésil* ou *Nouvelle-Lusitanie*, dont une partie toutefois avait été envahie par les Hollandais.

XII. ESPAGNE. — LA MONARCHIE ESPAGNOLE, agrandie des possessions du royaume de *Grenade* et de toute la partie espagnole du royaume de *Navarre*, et comprenant la péninsule espagnole tout entière, à l'exception du *Portugal*, et en outre les îles *Baléares*, continuait à posséder les îles du royaume de SARDAIGNE et de SICILE, celui de NAPLES, le MILANAIS, la FRANCHE-COMTÉ, enfin les provinces méridionales des Pays-Bas, moins l'*Artois*, réuni à la France, savoir, du S. E. au N. E.: les duchés de LUXEMBOURG, de LIMBOURG, de la GUELDRE MÉRIDIONALE; le comté de NAMUR, le comté de HAINAUT, le duché de BRABANT, le marquisat d'ANVERS, la seigneurie de MALINES, et le comté de FLANDRE.

Les colonies de l'Espagne s'étendaient dans toutes les parties du monde alors connu.

En *Asie*, elle possédait, au N. de l'Archipel des Indes, les deux groupes des îles *Philippines* et des *Marie-Anne*.

En *Afrique*, plusieurs places fortes ou *présides* (*Ceuta*, *Melilla* etc.), sur la côte septentrionale de l'empire de Maroc, et *Oran* dans la régence d'Alger; — le riche et fertile archipel des îles des *Canaries*.

Dans le *Nouveau monde*, les Espagnols s'étaient attachés à coloniser les Grandes-Antilles: CUBA, HAÏTI, PUERTO-RICO, la JAMAÏQUE. En outre, sur le continent américain, ils possédaient d'immenses territoires, savoir: — 1° les FLORIDES; — 2° le MEXIQUE ou la *Nouvelle Espagne*, immense empire, qui comprenait toutes les parties S. O. de l'Amérique septentrionale; — 3° la TERRE-FERME, nom donné par Colomb à la vaste contrée qui occupe tout le nord de l'Amérique méridionale; — 4° le PÉROU, vaste empire situé au S. O. de la Terre-Ferme; — 5° le CHILI, au S. du Pérou; — 6° enfin les provinces de LA PLATA, qui s'étend du pied des Andes aux rivages de l'Océan Atlantique.

XIII. SAVOIE. — Les ducs de SAVOIE, dépouillés quelque temps de la plus grande partie de leurs États, les avaient tous recouvrés à l'époque qui nous occupe, à l'exception de la *Bresse*, du *Bugey*, du *Val-Romey*, du pays de *Gex*, de la forteresse de *Pignerol*, cédés à la France, mais en échange desquels ils avaient recouvré le marquisat de *Saluces* et obtenu quelque territoire dans le Montferrat.

XIV. MONACO. — Les princes de MONACO, dont les faibles États se trouvaient enclavés dans le comté de Nice, possédaient en France le duché de *Valentinois*.

XV. GÊNES. — Cette république, affranchie, en 1525, par André Doria, avait perdu ses possessions en Orient, et suit en ce moment les destinées de l'Espagne.

XVI. MANTOUE. — L'ancien margraviat de MANTOUE avait été élevé au rang de duché par Charles-Quint.

XVII. VENISE. — Cette république, qui avait gagné aux guerres d'Italie la *Polésine de Rovigo* et avait perdu les villes de la *Romagne*, s'était vu enlever par les Turcs toutes ses possessions sur le continent et dans les îles de l'ancienne *Grèce*, à l'exception des îles *Ioniennes*, sur la côte occidentale de la Morée, et de quelques autres îles peu importantes dans l'Archipel. Elle avait aussi perdu celle de *Chypre*, et défendait avec peine contre les Turcs les dernières places fortes de l'île de *Candie*, dont la capitale ne devait succomber, en 1668, qu'après une glorieuse défense.

XVIII. MODÈNE. — Les duchés de MODÈNE et de *Reggio* formaient, avec les principautés de *Carpi* et de *Corregio*, tous les domaines de la maison d'Este, qui avait perdu le duché de *Ferrare*, rentré sous l'autorité immédiate du saint-siége.

XIX. PARME et PLAISANCE. — Ces villes, anciennes possessions des ducs de Milan, avaient été érigées en duché par le pape Paul III.

XX. MASSA-CARRARA. — Le margraviat de MASSA était toujours uni à celui de *Carrara*, qui avait été élevé au rang de principauté.

XXI. LUCQUES. Petite république indépendante.

XXII. TOSCANE. — La république FLORENTINE avait été remplacée par le duché, devenu le *grand-duché de Toscane*, qui s'était augmenté de *Sienne* et d'une partie de l'île d'*Elbe*.

XXIII. PIOMBINO. — Petite principauté indépendante.

XXIV. ETATS DE L'ÉGLISE. — L'ÉTAT ECCLÉSIASTIQUE avait recouvré *Ravenne* et plusieurs autres villes de la *Romagne* restituées par les Vénitiens, *Ferrare* par la maison d'Este. — *Bologne* et le puissant duché d'*Urbin*.

XXV. SAINT-MARIN, petite république enclavée au milieu des Etats de l'Eglise.

XXVI. MALTE. — L'île de MALTE était possédée, avec celles de *Gozzo* et de *Comino*, par les chevaliers de Saint-Jean de Jérusalem.

XXVII. EMPIRE OTTOMAN. — Cet empire avait pris, depuis l'an 1453, d'importants accroissements; mais il avait dépassé les bornes qu'il devait conserver, et l'achèvement de la conquête alors commencée de l'île de *Candie* devait être son dernier succès. Au milieu du dix-septième siècle, il s'étendait depuis les rives du lac Balaton, au cœur de la Hongrie, et depuis les mers Adriatique et Ionienne à l'O., jusqu'au delà des rives du Tigre à l'E. Du côté du N., ses possessions entouraient tous les rivages de la mer Noire et de la mer d'Azof, et couvraient les deux versants du Caucase; vers le S., enfin, elles s'étendaient jusqu'aux frontières méridionales d'Alger, de Tripoli, de Tunis, d'Egypte et jusqu'aux extrémités de la grande péninsule d'Arabie.

QUESTIONNAIRE. — 454. Quels étaient les Etats de l'Europe septentrionale? — Enumérez les colonies anglaises. — 455. Quels étaient les Etats de l'Europe centrale? — Enumérez les colonies hollandaises. — 456. Quels étaient les Etats de l'Europe méridionale? — Enumérez les colonies portugaises et les colonies espagnoles. — En combien d'Etats l'Italie était-elle divisée? — Quelle était l'étendue de l'empire ottoman?

FIN.

TABLE DES MATIÈRES.

—

Chapitres.   Pages.

I. Commencement de la guerre de Cent ans. — Philippe de Valois et Édouard III...................... 1

II. Jean II le Bon.................................. 11

III. Charles V dit le Sage. — Édouard III en Angleterre. — Le grand schisme de l'Occident.............. 18

IV. Charles VI. — Richard II et Henri IV de Lancastre.... 29

V. Les Armagnacs et les Bourguignons. — Henri V d'Angleterre. — Traité de Troyes.................. 38

VI. Henri VI et Charles VII..................... 44

VII. Fin de la guerre de Cent ans. — Institutions de Charles VII.................................... 56

VIII. Allemagne. — Maison de Luxembourg. — Maison d'Autriche..................................... 63

IX. Les Turcs en Europe. — Prise de Constantinople..... 74

X. Géographie politique de l'Europe en 1453........... 87

XI. Louis XI et Charles le Téméraire.................. 105

XII. Guerre des deux Roses. — Avénement des Tudors.... 125

APPENDICE. Les Stuarts en Écosse.............. 133

XIII. Formation du royaume d'Espagne. — Ferdinand et Isabelle..................................... 136

XIV. Histoire du Portugal. — Découverte des Portugais et des Espagnols............................... 150

XV. PREMIÈRE PARTIE. L'Italie au quinzième siècle....... 167

DEUXIÈME PARTIE. Charles VIII et Anne de Beaujeu en France.................................. 185

XVI. Louis XII.................................. 200

XVII. François Ier et Charles-Quint................... 214

XVIII. Suite de la rivalité des maisons de France et d'Autriche. — Henri VIII d'Angleterre. — Soliman II..... 228

XIX. Henri II. — Abdication de Charles-Quint. — Philippe II. 244

Chapitres.   Pages.
XX. PREMIÈRE PARTIE. Découvertes scientifiques. — L'im-
       primerie. — La boussole. — La poudre........... 253
    DEUXIÈME PARTIE. La Renaissance en Italie........ 259
    TROISIÈME PARTIE. La Renaissance en France....... 269
    QUATRIÈME PARTIE. La Renaissance en Europe....... 283
XXI. La Réforme en Suisse et en Allemagne. — Luther et
       Zwingle.................................... 290
XXII. La Réforme en Angleterre et en Écosse............ 310
XXIII. La Réforme dans les Pays-Bas. — Philippe II en Es-
       pagne.. 327
XXIV. La Réforme en France. PREMIÈRE PARTIE. François II. 335
    SECONDE PARTIE. Charles IX..................... 351
XXV. Henri III et la Ligue........................... 370
    APPENDICE. Géographie politique de la France à la mort
       d'Henri III................................ 386
XXVI. Henri IV. PREMIÈRE PARTIE. Guerres............. 389
    SECONDE PARTIE. Gouvernement et institutions...... 411
    APPENDICE. Géographie de la France à la mort de
       Henri IV................................... 422
XXVII. Louis XIII et Richelieu. PREMIÈRE PARTIE. Régence de
       Marie de Médicis. — Concini. — Luynes........ 426
    SECONDE PARTIE. Ministère de Richelieu............ 436
XXVIII. PREMIÈRE PARTIE. Les pays du Nord à l'époque de la
       guerre de Trente ans......................... 457
    DEUXIÈME PARTIE. L'Allemagne pendant la guerre de
       Trente ans. — Paix de Westphalie.............. 470
XXIX. Les Stuarts en Angleterre. — Révolution de 1648. —
       Cromwell. — Restauration des Stuarts.......... 481
XXX. Géographie politique de l'Europe en 1648.......... 495

FIN DE LA TABLE DES MATIÈRES.

(1969) Paris. — Imprimerie de Édouard Blot, rue Saint-Louis, 46.